A Dream of the Grand Secretariat

Huang Jingfang and Political Situation in Late Ming Dynasty

论宰相梦

黄景昉与晚明政局

陈祖武 书

朱曦林 著

中国社会科学出版社

图书在版编目（CIP）数据

纶扉宦梦：黄景昉与晚明政局 / 朱曦林著 . —北京：中国社会科学出版社，2022.3（2022.11 重印）

ISBN 978 - 7 - 5203 - 9558 - 8

Ⅰ. ①纶…　Ⅱ. ①朱…　Ⅲ. ①黄景昉(1596 - 1662)—人物研究②政治—研究—中国—晚明　Ⅳ. ①K827 = 48②D691

中国版本图书馆 CIP 数据核字（2022）第 012482 号

出 版 人	赵剑英
责任编辑	宋燕鹏
责任校对	杨　林
责任印制	李寡寡

出　　版	中国社会科学出版社
社　　址	北京鼓楼西大街甲 158 号
邮　　编	100720
网　　址	http://www.csspw.cn
发 行 部	010 - 84083685
门 市 部	010 - 84029450
经　　销	新华书店及其他书店

印　　刷	北京明恒达印务有限公司
装　　订	廊坊市广阳区广增装订厂
版　　次	2022 年 3 月第 1 版
印　　次	2022 年 11 月第 2 次印刷

开　　本	710 × 1000　1/16
印　　张	27.25
插　　页	2
字　　数	426 千字
定　　价	156.00 元

黄景昉像
（晋江市文物保护中心提供）

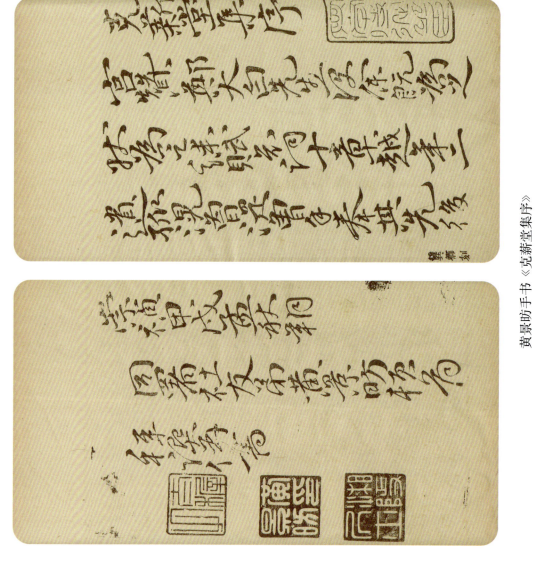

黄景昉手书《兑薪堂集序》
（中国国家图书馆藏品）

"徐乐忧崩土，于兹信有焉"

——《纶扉宦梦：黄景昉与晚明政局》序

刘跃进

2019 年底，朱曦林通过电子邮件，将新著《纶扉宦梦：黄景昉与晚明政局》文稿发给我，希望我写推荐信，争取创新工程的出版资助。我当时的本能反应是婉拒，因为我对这个选题，完全没有发言权。但在研究所里，还真没有人比我更了解作者。曦林是历史研究所前所长陈祖武先生的博士研究生，他获得博士学位后，陈先生郑重地推荐他进入文学所博士后流动站工作。

在此期间，他以《黄景昉著作三种》（《宦梦录》《馆阁旧事》《屏居十二课》）为题，申请 2018 年度国家古籍整理出版专项经费资助，该书即将由中华书局出版。在系统整理文献的过程中，他将研究所得，陆续撰写并发表了《黄景昉〈宦梦录〉史料价值初探》（《古代文明》2015 年第 3 期）、《黄景昉年谱简编》（《明史研究论丛》第十四辑，2015）、《〈宦梦录〉校点》（《明史研究论丛》第十五、十六辑，2016、2017）、《黄景昉〈国史唯疑〉探微》（《史学史研究》2017 年第 4 期）、《黄景昉见存著作考述》（《古籍整理研究学刊》2022 年第 2 期）等论文，得到了学术界关注。经过两年的沉潜，几度增删，曦林最终完成了《黄景昉与晚明政局》的定稿工作。这些成绩，为他顺利出站并留在研究所工作提供了强有力的学术支撑。

据我所知，关于黄景昉的生平事迹及其仕宦经历，以往的研究主要依据《明史》本传等有限资料，多为表面文章，而且还有很多遗漏、舛误之处。2011 年底，朱曦林将硕士论文选题确定为《黄景昉及其著作研究》，从此便开启了长达十年之久的研究工作。《黄景昉与晚明政局》是他十年磨一剑的成果。

从社会流动及人际关系交往的视角，系统地描述了黄氏家族的发展线索及黄景昉通向仕宦的必由之路，这是《黄景昉与晚明政局》的第一个学术贡献。

黄景昉（1596—1662），福建晋江人。他所以能够顺利踏上仕途，并平步青云，与他家族密切相关。《黄景昉与晚明政局》根据《檗谷黄氏家谱》等文献资料，梳理了檗谷黄氏家族在明代由匠到儒的过程。黄氏家族命运的转变始于七世祖黄容，他入赘泉郡富人余氏，经济上得到改善。黄容之子黄克复始受业于同乡蔡清学《易》，开始走上读书科考之路。黄克复长子黄润以《易》为本经考中正德十六年进士，注重家族内部"讲贯授学"的传承，从此确立了黄氏"家世业儒"的传统。由此可见，明代的科举制度已成为社会向上流动的阶梯，但随着社会的演进，越到后期，科举世家的文化优势越趋强大，完全出自寒素之家的科举士人比例越来越小。黄氏家族的变迁就是一个典型案例。这是黄景昉日后成为晚明阁臣的重要背景。

天启五年（1625）乙丑，黄景昉三十岁，参加会试，以第九十三名中式，廷试二甲十八名，考选翰林院庶吉士，从此开启他跌宕起伏的政治生涯，自编修以至宰辅，从庙堂政治的旁观者，到中枢政治的协理者，再到密勿之地的筹划者，几乎贯穿了天启、崇祯、隆武三个时期。隆武政权覆灭后，黄景昉一直在家乡隐居，直到康熙元年（1662）七月病逝，享年六十有七。这样的晚明阁臣，在清初"文网多繁"的政治高压下，居然平稳度过余生，也是令人啧啧称叹的传奇。

在崇祯政局与晚明政治文化背景下，全面地展现了黄景昉的从政经历和丰富的为政思想，这是《黄景昉与晚明政局》的第二个学术贡献。

清修《明史》，入《宰辅年表》者一百六十三人。崇祯皇帝在位十七载，"无一岁不枚卜"，在阁者先后多达五十人，史称"崇祯五十相"。其中能"克保令名者"，仅"数人而已"。黄景昉即是五十相中少数得以"克保令名"者。他从政十九年，经历了大大小小的各种政治事件，如魏忠贤乱政、己巳之变、温体仁秉政、推知改选、庚辰特科、黄道周之狱、刘宗周削籍、壬午枚卜、薛周勒缢，等等，可谓险象环生。围绕上述历史事件，《黄景昉与晚明政局》以黄景昉著作《宦梦录》《馆阁旧事》《瓯安馆诗集》《鹿鸠咏》等文献为中心，广泛参考了《明史》《国榷》《崇祯长编》《崇祯实录》《石匮书后集》《春明梦余录》《山书》《烈皇小识》《三垣笔记》《三朝野记》《玉堂荟记》《樊谷黄氏家谱》等正史、野史、笔记、文集、传记、书信、方志等资料，在还原考证黄景昉仕宦生涯的同时，彰显出晚明"意向倏移，扞格恒生"的复杂时局。在时代大潮的裹挟下，我们看到黄景昉不时地调整自己，不断地做出选择，在如此逼仄、如此复杂的施政空间中，他艰难地达到了力所能及的人生高度。

黄景昉在历史、哲学，乃至文学创作方面，也有一定的贡献。《黄景昉与晚明政局》充分占有资料，深化了对《国史唯疑》一书的研究，还首次对《宦梦录》一书进行拓荒性的考察。这是《黄景昉与晚明政局》的第三个学术贡献。

他晚年所著《屏居十二课》专辟《著书》一节，对自己的著述有过总结。他说："余先后所著书，有《湘隐堂文集》四十卷、《瓯安馆诗集》三十卷、《古史唯疑》十六卷、《国史唯疑》十二卷、《制词》十卷、《古文纂卜》四卷、《六朝诗话》二卷、《唐诗话》十卷、《宋诗话》八卷、《古今明堂记》六卷、《奏疏》二卷、《试录》二卷、《讲章》一卷、《馆阁旧事》二卷、《经史要论》六卷、《对句》一卷、《尺牍》二卷、读《洪范》《豳风》《月令》《易林》各一卷、《读〈世说新语〉〈何氏语林〉》二卷、《朱陆集》二卷、《杂记》一卷、杂著《三考》《四征》《五怀》《六化》《七遗》《八箴》《九说》《十志》《十二课》《十五绎》之类若干卷，总数百万言。"这些著作，绝大多数已经散佚，《国史唯疑》《宦梦录》《瓯安馆诗集》等是黄景昉现存几部最重要的著作。

《国史唯疑》十二卷，自洪武以迄天启为十一卷，第十二卷为补遗，分条记述，合计得一千八百三十四条，反映了作者"经世致用"的学术思想。黄晋良序称：黄景昉"于国史旧文，节取成编，命曰《唯疑》。夫'唯'也者，受而不辞也；'疑'也者，俟诸人惧偏也。"这部书以"唯疑"命名，以明代年号先后为题，辑录了洪武、建文、永乐、洪熙、宣德、正统、景泰、天顺、成化、弘治、正德、嘉靖、隆庆、万历、泰昌、天启等朝的历史传闻、文人雅事、朝纲典章等，知人论世，辨析史实，体现了"既不同于野史，也不同于考异，而兼有博闻与史评之长"的特色。我比较感兴趣的是书中所引用的著作，还有大量的文人轶事。黄景昉曾编过《六朝诗话》《唐诗话》《宋诗话》等著作，如果从《国史唯疑》《宦梦录》《瓯安馆诗集》等著作中辑出诗文史料，可以自成一部《明诗话》或《明代文话》。

《宦梦录》亦称《自叙宦梦录》，约作于明亡之后，可以说是一部甲申之变后的"宦梦"追忆。全书共四卷，凡四百五十六条。记述的时间"始乙卯，讫癸未"，内容上主要记录了黄景昉在朝十九年的所见所闻，举凡"同里同朝同籍同官所见所闻，或以册封主试，旁采风谣，或于掌院署詹，详翻典故，以及讲幄之所赓飏，纶扉之所票拟，主恩国论，世态物情，备载其中"。

上述两部著作，《黄景昉与晚明政局》皆辟有专章论述，系统而深入。《瓯安馆诗集》则付之阙如，稍感遗憾。

《国史唯疑》"天顺"朝引《古穰录》说："今士大夫不求做好人，只求做好官"。这话很耐人寻味。从现存材料看，黄景昉的性情比较温和，也善于审时度势。早年，黄景昉凭借着科场同年、师门之谊的关系，广泛结交乡里前辈如曹学佺（1574—1646）、社友姻亲如黄道周（1585—1646）等人，由此扩大了朋友范围，又与旧友新知如黄文焕（1595—1664）、周亮工（1612—1672）等人交往日益密切。他长期供职于晚明朝廷中枢，所结识的官场人物，不论是庶常挚友，还是仕途同道，更是不胜枚举。像王思任（1575—1646）、王铎（1592—1652）和方以智（1611—1671）等，都是我们耳熟能详的名字。可以设想，如果没有1644年甲申巨变，尽管会遇到各种各样的坎坷，但总的来说，黄景昉一定是一个仕途平顺的好官。

但是，1644年，一切都变了。

这年正月，李自成称王于西安，国号大顺。三月攻陷北京。十九日，崇祯皇帝自缢于万岁山。五月，清兵进京。十月，清世祖告祭天地，即皇帝位。

此时，黄景昉正在家乡泉州隐居。就在头一年，也就是崇祯十六年（1643）癸未九月，黄景昉以违忤崇祯皇帝，失意去职。他说："余曩滞公车十年，通籍仕宦者十有九年，至癸未四十八岁而梦醒矣。"可惜他"梦醒"得太晚了。就在他归隐家乡的第二年，风云骤变，山河破碎。这一年，他四十九岁。此后虽曾被迫到南明小朝廷供职，但时间很短。他非常清楚，大势已去，无可挽回。于是决计隐居家乡泉州，自筑瓯安馆，以著述为事，他说："君子上交不谄，下交不渎，言有则也。业身逢易代，罢废屏居，纵不能披发入山，亦宜稍杜门却轨。"隐居家乡十八年，临终时，他"索纸笔，于膝上疾书"，成诗二首。其一曰："国亡身合殉，家破弟先归。伤心陵北望，松柏不成园。"其二曰："嬉游皆假合，啼笑亦随缘。耿耿孤明处，佯狂二十年。"黄景昉的绝笔诗，流露出强烈的故国之思。而在《国史唯疑》《宦梦录》等著作中，我们几乎看不到这种亡国之痛，虽偶有灵光一现，但瞬间就归为平淡。《瓯安馆诗集》则不然，它真实地记录了作者三户亡秦之志和九章哀郢之情。这些诗歌在当时的情况下，是不可能面世的，直到顺治十一年，社会逐渐平定下来，他才小心翼翼地将诗稿刊布出来。《瓯安馆诗集》三十卷，收录了二千四百多首诗歌，其中明亡之后的作品，约占三分之一，感时忧世，大有严霜夏坠、大树飘零的末世景象。

可以说，《瓯安馆诗集》是我们了解黄景昉心路历程的最重要史料，这是其他任何史料所不能代替的。

甲申年（1644）五月，黄景昉在家乡惊闻事变，写下《闻甲申三月十九日京师报痛绝》四首（卷十一），其二曰："杀机天地动，妖梦鬼神来。"又有《变闻大临》四首（卷三十），其一曰："三月凶音五月闻，迢迢闽岭隔燕云。兴亡旧例今翻覆，覆国惊看到圣君。"其二曰："天崩地塌欲何归，四海凄惶泣帝畿。"与此同时，他的好友方以智也惊呼："我生何不辰，天地遂崩裂。"（《瞻旻集·纪难》。作者自注："甲申三月十九日，李自成破北京"）从这些诗句中，我们可以感受到那场巨变对于当时人的巨大冲击。

扼腕悲叹之后，就是反思。黄景昉《闻甲申三月十九日京师报痛绝》第四首说："徐乐忧崩土，于兹信有焉。"徐乐，燕无终（今河北玉田）人。汉武帝元朔元年（公元前128年）作《上武帝书言世务》，中心思想就是"天下之患，在于土崩，不在于瓦解。"所谓"土崩"的例子是陈胜、吴广起义，而"瓦解"样板为吴楚七国之乱。徐乐生逢汉武帝时代，正是国力最强盛的时期，但他深于治道，居安思危，极切人情。如今，山河破碎，当年徐乐最担心的局面，"于兹信有焉"。大难来临，读书人面临着艰难的选择。有的人甘当贰臣，有的人奋起抵抗，也有的人归隐山林。

黄景昉毫不犹豫地选择了退隐。当然，做官不易，辞官也不易。

就在清兵攻陷北京的同时，福王朱由崧在马士英、阮大铖等人的拥立下，即位于南京。翌年，建元弘光。这年五月，清兵渡江，南都失守，弘光帝被俘。同年闰六月，黄道周、郑芝龙等奉唐王朱聿键称号于福州，改元隆武。

泉州毗邻福州，近在咫尺。南明小朝廷征召黄景昉赴任，黄景昉却表示："最笑陶朱贪再相，五湖清浅不胜尘"，决意归隐。后在陈翔"以死力请"之下，他才勉强入直，晋为武英殿大学士。隆武二年（1646）春夏之际，清军攻陷吉安、抚州等地，闽中"关警频传，人心惑乱"。黄景昉趁机辞去职事，永远告别了官场。

退隐家乡期间，他时刻关注着时局的变化，并且深刻地反思明王朝败局出现的历史原因，以及百姓在离乱社会的痛苦遭遇。黄景昉《忆昔》说："忆昔南奔日，仓皇泪眼枯。短章遵国禁，新法罢邮符。"杜甫也曾"忆昔开元日"，但那是回忆盛世，而黄景昉的《忆昔》却是国破家亡时的"仓皇泪眼枯"。杜甫"三吏三别"中《新安吏》诗："白水暮东流，青山犹哭声。莫自使眼枯，收汝泪纵横。"黄景昉借用杜甫的诗意，表达了他对"天地终无情"的绝望。只有经过乱世的人，对杜甫才会有更多的会心之感。

他还常常想到历史上那些改名换姓、急流勇退的高士，如范蠡、范雎、第五伦、梁鸿、陶弘景、刘𤩽、杨愔、李密等人，为此创作了《录古来变姓名诸公》。而在易代之际选择避世的文人雅士，更叫他心有戚戚。卷三《读史于鼎革之际得十九人各随其性所近遇所宜人为一诗冀览者或哀其志》选择了商容、鲁仲连、梅福、龚胜、杨彪、管宁、佛图澄、范粲、陶潜、王绩、武攸绪、司空图、韩偓、郑遨、谯定、姚平仲、家铉翁、谢翱、郑思肖等人，为每人赋诗一首，用以自况。如论晋宋之际的陶潜："后人论陶公，往往滋文藻。江憎石头城，菊耻寄奴草。"他说后人往往关注陶渊明的文采，很不全面。陶渊明曾在江州供职，不愿意为五斗米折腰向乡里小人，故挂冠归隐。石头城指南京，为刘宋朝廷所在地。寄奴是宋武帝刘裕的小名。陶渊明隐居家乡，常在菊花丛中饮酒作诗。东晋灭亡后，据说他耻做宋民，作诗不用刘宋年号。"江憎石头城，菊耻寄奴草"一联确实写得精彩。"江"和"菊"指代陶渊明；"石头城"和"寄奴草"指代刘宋王朝。一个"憎"，一个"耻"字，斩钉截铁，表现了陶渊明耻仕二姓的决心。又如论宋元之际的郑思肖："贾生长过秦，屈子自哀郢。孤赖鬼护持，四百卧波冷。重愁出世期，复值烽烟警。天地知何心，踌躇发深省。"以屈原、贾谊作比拟，烘托出郑思肖铭肌镂骨的亡国之痛。

由此看来，《瓯安馆诗集》三十卷具有很高的诗史价值，值得做系统深入的研究。初踏仕途，黄景昉汲汲于功名，无暇于文章，或者说，就没有把文章视为经国大业。经历了刻骨铭心的世事变迁，黄景昉好像找到了托命余生的所在。他说："余自归田后，手鲜释卷，即枕上、厕上亦然。"在与黄居中论诗时，黄景昉对于自己的诗作，颇为自负。他说："使昉若改从时贤，坠今吴楚诸名流派中，则亦有所不屑。惟鲍叔知我，始敢略吐其胸怀耳。"当时诗坛盛行吴中、公安、竟陵等诗风，黄景昉则耻与为伍，难以同调。他更欣赏《史记》《汉书》等历史著作，认为这些著作"即近穷远，推微见著，缭绕回环，以无戾乎六经之旨"，显然，黄景昉更加注重文学的历史价值。

如果这个判断大体不错的话，从历史与文学的双重角度研究《瓯安馆诗集》的价值和意义，不失为一个重要的选题。这方面的研究，陈寅恪先生以诗证史的方法，可以给我们提供有益的参照。譬如《柳如是别传》以柳如是的交游为线索，形象地描绘了明清鼎革时代的沧桑巨变，以及当时读书人的艰难选择，视角独特，探幽入微。又譬如《元白诗笺证稿》，作者站在历史的高度，细读文本，批隙导窾，俯瞰大唐帝国由盛而衰的变迁轨迹。这些著作，详略去取，各有裁制，所得结论，往往给人深刻的启迪。

当然，诗无达诂。解读诗歌本来就不容易，尤其是易代之际的诗歌，理解起来更是难上加难。诗人忧怀惴惴，如临深渊，形诸笔墨，"言在耳目之内，情寄八荒之表"，常常写得隐晦，不易索解。惟其如此，这种研究也许更富有挑战性。

兜了这么大一个圈子，我不过是想表达这样一个意思，在《黄景昉与晚明政局》已有的六章外，还可以考虑增设一章专门论述《瓯安馆诗集》。诚然，说易行难。我的这点建议，曦林自可姑妄听之。

《纶扉宦梦：黄景昉与晚明政局》出版在即，朱曦林不以我为外行，仍索序于我。以上所说，只是一些零碎的感想，权作引言，期待广大读者批评指正。

壬寅年二月于京城爱吾庐

《纶扉宦梦：黄景昉与晚明政局》序

赵轶峰

政治历史上的晚明，是一个"天崩地坼"的时代。在这个时代，人世间平素雍和景穆的所有制度、关系、观念、品格等等，都被置于极端冲突的情境中，显露出终极的本相。很大程度上与此相关，晚明成为中国历史上受到学术关注最多的时代之一，这个时代对于学术思想者的魅力，亦随之与日俱增。在众多关于晚明的研究论著基础上，今有朱曦林《纶扉宦梦：黄景昉与晚明政局》杀青付梓，为读者提供了一部值得细细阅读的新著。

曦林虽属学界新秀，然而其研究黄景昉与晚明史事、文献却已历 10 年有余。他的硕士学位论文，即以《黄景昉及其著作研究》为题。其后，他又多年持续钻研，不断扩展、深化、打磨，举世所存黄氏著作，网罗净尽，直至如今，方得形成这部 40 多万字的著作。除绪论、附录之外，书分六章，分别在晚明政治文化语境下考察黄景昉的家世与早年经历、仕宦生涯、为政思想、交游著述、经世思想与《国史唯疑》、甲申之变与《宦梦录》。此书出，中外学术界关于黄景昉其人、其事、其著作的研究，得臻空前完整系统；关于晚明政局的研究，也得进一步深化。

晚明政局由明初政局逐步推演而来，约两个半世纪间种种国内、国际重大事变皆有后果累加其间。最迟抵于万历后期，明朝之趋于崩溃已成定势，非个别人力可以挽回。这种在历史回顾时显而易见的局面对于时人而言，却并非确定，因而崇祯十七年间的庙堂政治，在每况愈下的氛围中，仍然贯穿着力挽时艰的种种努力。黄景昉在这样的时候进入明朝内阁，成为所谓"崇祯五十相"之一，在时代湍流的中心参与了那种努力。所以他亲身经历的事情、他的著作与心境，都为我们了解晚明朝政与整个时局变迁提供具体的信息。然而黄景昉是一个儒者，他钻研最深的学问，本是《诗经》。其人和平中正，怀着"以道事君"的理想，忠悫地提供朝政运行的建议，勤谨地履行日常职责，却和大多数儒者一样并不具有力挽狂澜的气魄与狠辣。他所逢际的崇祯皇帝，比明朝中期的绝大多数皇帝都要勤政，本是可以成为"太平天子"的人，却在内外交困、险象环生的挣扎中，操切求治，深刻多疑，无人可信，"治术专尚刑名，政体归之丛脞"，终于在有君无臣的孤家寡人境地里国破身亡。这种种逼仄，除了时局推演的外部条件之外，都与明朝庙堂政治体制有关。自朱元璋废除丞相制度，将六部九卿的职事纳入皇帝一人乾纲独断的直接统筹之下开始，国家政务中枢的功能就残缺不全了。后来形成的以"备顾问、代王言"、"调和、献替"为主要职事的内阁并不能补足这种体制缺陷。其长期的后果是，文官士大夫这个中国传统国家政治中人数最多的中坚人群在最高决策层面难有作为。仅有的如张居正这样挺身担当的人物，也遭猜忌和死后的清算，留下的是后来阁臣百计规避的前车之鉴。这其实是在朝所有儒者的尴尬。崇祯十七年统治时期，竟轮番任用了五十位大学士。其中除了温体仁那样精心倾轧、导帝深刻的权谋之士，以及孙承宗那样知其不可而为之的少数烈士，大多是揣摩"圣心"，将顺折衷，今人所谓"躺平"的人物，而朋党之争，却又在末世的阴影下依样喧嚣。于是，黄景昉的"以道事君"只能以"不可则止"作为了局。他三度入朝为官，终能全身而退，出处进退之际，识见有过于常人者，此亦不待多言。

　　儒者人生追求，有立德、立功、立言不同境界。黄景昉遭逢乱世，其德不足溥惠天下，差可俯仰无愧于心；无不世之功，然能苦心孤诣、恪尽职守；一旦归于水边林下，则只有著述一事为其消磨岁月的唯一寄托。这种寄托却也苦涩。因为在退出隆武朝局之后，他只能眼睁睁地看着明朝彻底地倾覆，耳聆新朝推进的鼙鼓，去追忆正在成为"胜国"的明朝之往事。他的《国史唯疑》和《宦梦录》，是史家力求存真的著述，也是这位成了遗民的大学士心境之投影。他的余生尽皆付诸写作，所成之书却又多难刊刻行世。他的呕心沥血，流离辗转，每归流散，幸而存世者，多为抄本，世人得而读之，也多在隔世之后了。

　　晚明是个大时代，黄景昉不能说是小人物，即便如此，他在时代的推演中，除了勉力公事，兼以自保，也只剩下埋头故纸，浅吟低唱。这种无奈，对于他的同时代人，并无什么特殊之处，所以也没有什么回响。倒是300 多年之后，终于有人在审视他的时代时，逐渐看清了他的经历，甚至看进了他的梦境。如此说来，曦林竟是黄景昉的一个知音了。

曦林家学渊源，秀外慧中，加以勤奋谨严，早在东北师范大学求学期间，我就期其将来大成。他到中国社会科学院陈祖武先生门下攻读博士学位数年间，师生相得，显有进境。如今读其新作，体例严整，行文凝练晓畅，言有据而说成理，无论于黄景昉其人其事，晚明政局，乃至黄景昉著述版本、流传与价值之剖析，皆洞察幽微，丝丝入扣，游刃有余。读罢掩卷，回味悠长。喜从中来，因有是序。

2022 年 1 月 22 日于长春

目录

绪　论

清修《明史》，入《宰辅年表》者一百六十三人①，崇祯皇帝御宇十七载，在阁者先后多达五十人，史称"崇祯五十相"。但其中能"克保令名者"，仅"数人而已"②，黄景昉即是五十相中少数得以"克保令名"者。黄景昉（1596—1662），福建晋江人，天启五年（1625）乙丑科进士，其仕宦生涯，自编修以迄宰辅，几与天启、崇祯两朝相始终，直至崇祯十六年（1643）九月才被迫乞休。南明隆武元年（1645），唐王以黄景昉"敏慎弘亮，才堪救时"③，力聘其复职，但不久知时局无可挽回，遂于隆武二年（1646）八月再次请辞。自此决意终隐，以著述为事。康熙元年（1662）七月卒于家，享年六十有七。

晚明的中枢政治，承续自嘉靖以降的基本格局，随着士大夫的政治诉求在"大礼议"中遭受挫折，在皇帝绝对权威恢复之下，内阁已然从士大夫政治领袖的角色异化为皇权的高度附庸，特别是在经历张居正时代之后，由于士大夫群体的分裂和党争的悄然兴起，阁臣在任仅能"以柔弱折中为能事，言路纷纷扰扰，难以形成一致的行动方略"，形成了晚明内阁的软熟和难有作为。④ 延至崇祯时期，在即位之初，崇祯皇帝曾有志更始，尝试重用士大夫，然而温体仁枚卜的喧呶和"己巳之变"的兵临城下，使其深感"党势已成燎原"⑤，认为群臣不可具信，外廷不足倚重。而另一方

---

① 关于明代内阁大学士人数的讨论，如王其榘、谭天星、王天有、田澍、洪早清等学者都曾有过考证，但因各自观点不同，在统计时人数略有差异。本书仍循《明史·宰辅年表》所列人数，共为163人。

② （清）张廷玉等：《明史》卷251《赞》，中华书局1974年版，第6506页。

③ （明）陈燕翼：《思文大纪》卷3，《台湾文献史料丛刊》第99册，大通书局1987年版，第45页。

④ 参见赵轶峰《明代嘉隆万时期政治文化的嬗变》，《社会科学辑刊》2012年第4期。

⑤ （清）汪楫：《崇祯长编》卷21"崇祯二年闰四月戊寅"条，台湾"中央研究院"历史语言研究所1962年校印本，第1332页。

面，在崇祯皇帝锐意求治之下，内外交困的时局却日趋深重，令其本已"急于求治"的心态越发凸显，由操切而转向刻深，对士大夫动则处以严罚。与此同时，阁臣的辅政方式自温体仁入阁后，面对崇祯皇帝乾纲独断的制驭方式，不仅进一步呈现出揣摩迎合以求善保名位，甚至在标榜"孤执不欺"的掩饰下"导帝以刻深"，从而酿成"用人太骤、杀人太骤，一言合则欲加诸膝，一言不合则欲堕诸渊"① 的政治氛围，直至最终"溃烂而莫可救"。②

身处崇祯朝的政治氛围之中，黄景昉自元年入京授职伊始，在十六年的仕宦生涯中，崇祯朝几乎所有的重大政治事件，如枚卜阁臣、己巳之变、温体仁秉政、推知改选、召回监视内臣、庚辰特科、黄道周之狱、壬午枚卜、议处白广恩、刘宗周削籍、薛周勒缢等，他或是亲历者，或是参与者。其间，黄景昉不管是任职翰林院、詹事府，还是此后的入预机务，从讲筵启沃、召对问答到票拟谏言，都曾力图补偏救弊于庙堂。但事实上，崇祯皇帝对之既未能尽其言，也未能尽其用。得不到上意的首肯，他所有的为政举措只能是"尽其心而已"，与其少年时所期许的立朝为政当"有补于国家"③ 的理想相去甚远。最终在现实与理想的张力中，由于票拟谏诤违忤崇祯皇帝的旨意，又深感"国家事实难措手，意向倏移，扞格恒生"，在"阙廷望断，补报无繇"的怅惘心情中请辞归里。④ 黄景昉晚年在回顾其崇祯朝的经历时，自我评价为"斤斤循职"⑤，这既是事实，也是无奈。

然而，面对晚明的社会危机，救世已然成为士大夫共同的时代论题，在庙堂失意的黄景昉，将其经世的主张转向史事的研究，希望从本朝过往的经验中寻求借鉴，探求走出时局困境之道，并陆续撰成《读史唯疑》《国史唯疑》等考史之作。不幸的是，在黄景昉辞官后不久，北京陷落，随后弘光、隆武等南明政权也在风雨飘摇中相继覆灭。黄景昉的晚年，归隐乡里，专事著述，也尽己所能致力于泉郡社会的维系和重建，但在鼎革

① （清）张岱：《石匮书后集》卷1《烈皇帝本纪》，中华书局1959年版，第42页。
② （清）张廷玉等：《明史》卷24《赞》，第335页。
③ （明）黄景昉：《宦梦录》卷1，罗振玉辑《罗氏雪堂藏书遗珍》第9册，全国图书馆文献缩微复制中心2001年版，第74页。
④ （明）黄景昉：《宦梦录》卷4，第287、289页。
⑤ （明）黄景昉：《端揆征》，《馆阁旧事》附录，国家图书馆藏抄本。

后局促的政治环境中，带着对胜朝的追忆和无限的痛惋走向了人生的终点。而他的著作也因谋刻未果，儿孙辈未能传其志业，在其病逝后散佚殆尽，虽经其弟子努力搜寻，也仅得数种而已。

作为崇祯阁臣群像之一，黄景昉的仕宦经历，除了乡邦文献外，不管是在官修《明史》，抑或时人的记载中，均非中心人物。近年来，随着《国史唯疑》的整理出版，因书中丰富的史料记载，渐为学界所重视，黄景昉也由此受到关注。① 但迄今为止，多为直接征引书中内容，对该文献本身则鲜有专门的研究，而关于黄景昉更多的是对其生平的梳理介绍，他具体的仕宦经历、著作的存佚情况尚乏系统爬梳考证。虽然黄景昉在晚明时局中未以政显，却是切身经历了一朝的政治变迁，并长年任职于明廷中枢，而在他的存世著作中恰有一部分是直接记述其在天启、崇祯年间及南明隆武时期的经历见闻，对于深入研究崇祯朝政局及明清鼎革之际史事，具有独特的史料价值。因此，系统地梳理还原黄景昉的生平，挖掘其著作的价值，不仅有助于呈现崇祯朝纷繁的时局，补正明季史事的阙漏，也对进一步深入地研究明清之际的政治史、制度史、史学史有所助益。

一 学术史综论

对于黄景昉及其著作的关注，除了各类官私史书之传记外，揆诸文献的记载，最早可溯源自明清之际。顺治初年，黄景昉的同乡好友林胤昌② 为《屏居十二课》作跋，盛赞其"作事立言皆不愧古人"，有"叶文忠之广大，而兼李文节之狷洁"，但"惜其用之未竟也"。对于二人同讲的"旦气之学"，则佩服黄景昉能"童而习之，老而不衰"的进行"躬践"。③

康熙年间，闽中后学黄晋良在《国史唯疑序》中回顾了他"趋侍瓯安

---

① 如陈时龙在《明代的科举与经学》中就说："笔者对这一问题（明代科举制度下地域与经学之间的关联）的关注，始于读到明末大学士黄景昉《国史唯疑》中的一段话。"（陈时龙：《明代的科举与经学》，中国社会科学出版社 2018 年版，第 3 页）

② 按，据其跋文可知林孕昌（林胤昌，避清世宗讳）长黄景昉一岁，生于万历二十三年（1595），卒年据乾隆《泉州府志》在顺治十四年（1657），享年六十三岁。故此文必定撰于黄景昉退隐之后，林孕昌病逝之前。其生平详见郭庚武、黄任、怀英布等纂修（乾隆）《泉州府志》卷 44《林孕昌传》，上海书店出版社 2000 年版，第 2 册第 465—470 页。

③ （明）黄景昉：《屏居十二课》，罗振玉辑《罗氏雪堂藏书遗珍》第 9 册，全国图书馆文献缩微复制中心 2001 年版，第 347 页。

馆"的经历，对书名的"唯疑"之义，解释道："夫'唯'也者，受而不辞也；'疑'也者，俟诸人惧偏也。"并认为该书立论高于王世贞的《弇州史料》和何乔远的《名山藏》："《弇州史料》，凡例不同，犹疑孤愤，间涉轩轾，料焉而已。何氏《名山藏》，苦心详略，亦或百一存疑，藏焉而已。唯疑之义，殆为此欤？"同时，他还指出该书最能反映黄景昉寄寓胜朝之情："所留连往复于本朝之故，一切寄意于单辞尺牍中，其文约，其旨该，莫此书为盛。"①

至乾隆时期，全祖望在《鲒埼亭集》外篇中介绍了黄景昉的《国史唯疑》和《宦梦录》②。全氏因黎士宏言《国史唯疑》有"一尺许"，而其所借抄之范光阳本只有四册，即认为"殆亦非足本也"③，自是也引发了后世关于十二卷本《国史唯疑》是否为足本的讨论。而对于《宦梦录》一书，全氏在《题宦梦录》一文中肯定其史料价值，称"黄太稚《宦梦录》言魏藻德之骤进，由于冯铨，其言足补《明史》"，但也批评黄景昉因与李建泰相善，而过誉李氏为"失人"。然而，全氏在文中对景昉的评价也有不妥之处，如称"太稚颇讥兴化受督师之命而惰，然兴化之才远在太稚之上。其督师非惰也，实当事不可为之时耳"④，则有失考证。

稍后，吴骞、吴寿旸父子在《拜经楼藏书题跋记》中介绍了所藏《宦梦录》的基本情况，并迻录了高兆、徐釚的跋文。⑤ 而周中孚的《郑堂读书记》则著录了黄景昉的《屏居十二课》，认为该书"皆其所自警之词"，并转录金淳的跋文，指出读此书即可知景昉之为人："此徐虹亭太史钞白藏本，晋江相国为崇祯五十宰相之一人，入阁年余，急流勇退，读其自课，可想见其人矣。"⑥

迄于清季，傅以礼在《华延年室题跋》一书中亦著录了黄景昉的《国

---

① （清）黄晋良：《〈国史唯疑〉抄本原序》，（明）黄景昉《国史唯疑》卷首，陈士楷、熊德基点校，上海古籍出版社 2002 年版，第 1 页。

② 《宦梦录》又称《自叙宦梦录》，为引用之便，本书统一称《宦梦录》。

③ （清）全祖望撰，朱铸禹汇校集注：《鲒埼亭集外编》卷 29《国史唯疑跋》，《全祖望集汇校集注》中册，上海古籍出版社 2000 年版，第 1317 页。

④ （清）全祖望撰，朱铸禹汇校集注：《鲒埼亭集外编》卷 29《题宦梦录》，《全祖望集汇校集注》中册，第 1340 页。

⑤ （清）吴寿旸辑：《拜经楼藏书题跋记》卷 2，郭立暄标点，上海古籍出版社 2007 年版，第 58 页。

⑥ （清）周中孚：《郑堂读书记补逸》卷 25，《郑堂读书记》下册，北京图书馆出版社 2007 年版，第 604 页。

史唯疑》，但由于受全祖望的影响，认为四册十二卷本的《国史唯疑》"殆即全氏所云节钞之本"，并对《国史唯疑》的成书时间及是否为足本论道："书中纪有明一代事实，起洪武迄崇祯，逐则胪列。于治乱得失，直书无隐，盖成书在易代后也。惟无一语及国变后事，其非足本，即此可证。"① 自全、傅相因之后，十二卷本是否为足本的问题也成为讨论《国史唯疑》时的重要议题。

民国初年，缪荃孙多次校勘《国史唯疑》，并与一时友人相互讨论，沈曾植在致书缪氏时曾谈及黄景昉的学术倾向及《国史唯疑》版本情况，称："黄景昉《国史唯疑》，谈掌故是叶文忠一派，书十二卷，公曾见之否，可刻否？向似未见刻本也。"② 与此同时，傅增湘在《藏园群书经眼录》中也著录了《国史唯疑》各卷标题和每卷条数。③ 倡修于 20 世纪 20 年代末的《续修四库全书总目提要》，则不仅著录了黄景昉的《国史唯疑》《宦梦录》，并且《鹿鸠咏》《瓯安馆诗集》《屏居十二课》等书，也分别撰写了提要。但其中除了《鹿鸠咏》和《屏居十二课》的提要对著作本身进行梳理评价外，其他著作的提要多是直接抄录前人的序文和跋文。不过该《提要》的著录也说明，迟至民国年间，《鹿鸠咏》《瓯安馆诗集》等书在大陆尚能觅得。

具体于黄景昉的著作，现有的研究主要集中在《国史唯疑》一书，孟森于 1934 年 8 月所撰的《传钞本黄景昉〈国史唯疑〉跋》堪称晚近对该书研究的首出之作。他认为《国史唯疑》："编次非随意为之，不及崇祯朝者，崇祯朝无实录，无国史可'唯'与'疑'也。国变以后更不必言。观其所命名，即限制了然，本非泛记时事之作也。"其观点恰与全祖望、傅以礼二人相反，认为十二卷本的《国史唯疑》即为足本。同时，孟森对黄景昉的评价亦较全祖望中肯，称："（黄景昉）和平中正，不榜门户……盖所与皆善类，所防杜者用奄。其人其文，无可非难。"而对于书中的记载，孟森指出"遗闻逸事足补史传者极多，故自可贵"，复将该书的内容划分为三个时期，即万历以来为"所见世"，正德、嘉

① （清）傅以礼：《华延年室题跋》卷上，主父志波标点，杜泽逊审定，上海古籍出版社2018 年版，第 120 页。

② 顾廷龙校阅：《艺风堂友朋书札》，上海古籍出版社 1983 年版，第 174 页。

③ 傅增湘：《藏园群书经眼录》史部二《杂史类》，中华书局 2009 年版，第 303—304 页。

靖为"闻见世"，弘治以前则为"传闻世"，其中"传闻之世，好记异闻，未必尽确"①，并举出潭王、王守仁和戚继光的例子加以辨正。

谢国桢虽然在初刊本的《晚明史籍考》中著录了《国史唯疑》和《宦梦录》，但未作评论，仅标注了所见之版本、馆藏地，并部分过录了两书的序跋。② 直至 1964 年增订《晚明史籍考》时，刚主先生始对《国史唯疑》另加着笔，他指出该书卷十二《补遗》的史料价值尤高："通记历朝人物遗事，后半卷专记闽事，文字简括精练，撷拾旧闻，兼抒己见，对于当时人物，颇加评骘。其记嘉隆以来社会风俗，经济状况，如所述福建、广西为征播助饷。闽粤商人至海外经商，一鸪鸟可获二十金等条，颇裨异闻。"这一看法，与孟森认为该书后半部分专记黄氏之见闻，尤具价值相近。同时，他也赞同孟森对黄景昉的评价，并接武其说，云："唯景昉一生为人束身自好，在明代身居显位既不傍依门户，入清后杜门不出，又恐触忌讳，慄慄自危。"③ 此外，张宗祥在《铁如意馆手抄书目》中著录了其所见版本的《国史唯疑》之卷数、册数④；王重民的《中国善本书提要》则介绍了原北平图书馆所藏旧抄本《宦梦录》，并摘录了部分序文。⑤

至 20 世纪 80 年代，南炳文、李小林主编的《明史研究备览》中也对《国史唯疑》进行了简要介绍，认为："所记嘉靖、隆庆以来社会经济与民情风俗状况，颇具价值。"⑥ 随后，熊德基在历经数十年的搜集后，将《国史唯疑》整理点校，并在《前言》⑦ 部分，依据《檗谷黄氏家谱》的记载，梳理了黄景昉的生平及著作情况，迄今仍是研究黄氏生平的重要论著。另外，熊先生还从版本、成书时间和取材三个方面对《国史唯疑》进行了探讨，他赞同孟森的看法，认为十二卷本《国史唯疑》即为足本，但

① 孟森：《传钞本黄景昉〈国史唯疑〉跋》，收入《明清史论著集刊》，中华书局 2006 年版，第 12—14 页。
② 谢国桢：《晚明史籍考》卷 1、5，国立北平图书馆民国二十一年刊本。
③ 谢国桢：《增订晚明史籍考》卷 1，北京出版社 2014 年版，第 62—65 页。按，在《增订晚明史籍考》中，谢国桢对《宦梦录》的著录一仍其旧，仅过录了吴寿旸、高兆、徐釚和全祖望的跋文。
④ 浙江省文史研究馆编：《张宗祥文集·铁如意馆手抄书目》，上海古籍出版社 2013 年版，第 187 页。
⑤ 王重民：《中国善本书提要》，上海古籍出版社 1983 年版，第 345 页。
⑥ 南炳文审订，李小林等主编：《明史研究备览》，天津教育出版社 1988 年版，第 347 页。
⑦ 按：熊德基先生的《〈国史唯疑〉序言》写成于 1987 年 5 月。

也主张："这个问题仍有细加探讨的必要。"① 并提出傅以礼跋文中所谓《国史唯疑》成书于"国变"后的看法恐不确切，应是"脱稿于崇祯十七年三月李自成入北京之前"。同时，他还指出《国史唯疑》的取材不限于实录，而是参考了包括残存的陈于陛所修《国史》在内的诸多史料。但熊先生也有武断之处，如认为《宦游录》② 也是"成书于'国变'之前夕"③，则是由于未见原书，过分推断之误。

近年来，关于黄景昉及其著作的研究，有杨艳秋的《〈国史唯疑〉双云堂抄本传藏考略》，该文通过对天一阁所藏双云堂本《国史唯疑》传藏过程的考证，指出该本是由范光阳双云堂本及其后人范邦堂补抄本组成，并对该本入藏天一阁的时间、经过进行了考辨。④ 赵万里在《明人文集题记》中重刊早年所作部分《续修四库全书总目提要》，对《鹿鸠咏》一书作了简要介绍。⑤ 此外，如林金水的《利玛窦与福建士大夫》提及黄景昉曾与利玛窦有过往来，但具体行文中则未见详述；⑥ 而其《何乔远与艾儒略交游的泉州士大夫》一文，则论及黄景昉与何乔远的交游情况。⑦ 黄一农的《明末韩霖〈铎书〉阙名前序小考——兼论历史考据与人际网络》在考证《铎书》阙名序文时，曾梳理了黄景昉在天启、崇祯年间的仕宦经历，并论及他和韩霖的关系及其对天主教的态度。⑧ 高春媛的《何乔远之品德与事功》则谈及黄景昉对何乔远的评价。⑨ 李文玉的《崇祯五十相研究》在对崇祯朝阁臣群体的研究中，亦间有涉及黄景昉的政绩。⑩

另外，通过对黄景昉著作征引情况的梳理，大陆各类期刊、硕博学位

---

① 熊德基：《〈国史唯疑〉序言》，（明）黄景昉：《国史唯疑》，第 5 页。
② 按，《宦游录》当是《宦梦录》之误。
③ 熊德基：《〈国史唯疑〉序言》，黄景昉《国史唯疑》，第 6 页。
④ 杨艳秋：《〈国史唯疑〉双云堂抄本传藏考略》，《汉学研究学刊》2012 年 10 月，总第 2 辑。
⑤ 赵万里遗著：《明人文集题记（三）》，《文史》2001 年第 1 期。
⑥ 林金水：《利玛窦与福建士大夫》，《文史知识》1995 年第 4 期。
⑦ 林金水：《何乔远与艾儒略交游的泉州士大夫》，《晋阳学刊》2018 年第 1 期。
⑧ 黄一农：《明末韩霖〈铎书〉阙名前序小考——兼论历史考据与人际网络》，《文化杂志》（澳门）2000 年第 40—41 期。
⑨ 高春媛：《何乔远之品德与事功》，《德行教育与军事专业伦理学术研讨会》，2003 年8 月。
⑩ 李文玉：《崇祯五十相研究》，博士学位论文，吉林大学，2016 年。

论文在参考文献中明确注明征引黄景昉著作的大约在 500 篇左右①，主要集中在《国史唯疑》一书上，对《宦梦录》《馆阁旧事》的引用则相对较少，其余黄氏著作更是罕有征引者，且这些研究的主题大多围绕明代制度史、政治史及特定人物展开。相对于大陆学者，因馆藏的便利，台湾地区学者②曾分别引用过《瓯安馆诗集》③《鹿鸠咏》这两本大陆稀见的黄氏著作，但其余学者的征引则仍然集中于《国史唯疑》上。由此不难看出，不管是大陆，还是台湾地区，学者对于黄景昉著作的关注主要还是在《国史唯疑》一书，其他著作近年虽渐有涉及，但仍为少数。

值得注意的是，对于黄景昉的生平，通过对《檗谷黄氏家谱》《宦梦录》《国榷》《明通鉴》《南明史》《福建通志》《泉州府志》《晋江县志》等书的整理，并与《明史·黄景昉传》④ 进行比对后，可以发现黄景昉身仕天启、崇祯两朝，居官历编修、中允、侍读、谕德、庶子、侍讲学士、少詹事、詹事、礼部尚书兼东阁大学士、户部尚书兼文渊阁大学士、太子少保，并曾任乡试主考官，经筵日讲官，实录、会典总裁等官，而《明史》本传的记载不仅内容较为简略，且多有遗漏、不确之处。并且迄今也尚未有文献或论著能翔实地反映黄景昉的生平，故仍有必要对其生平进行系统的考证梳理。

而关于黄景昉的著作，在《屏居十二课·著书》⑤ 及其为族谱所作的《睦宗十二志序·宗才志》⑥ 中他都曾有过自述，但经检阅国内外各主要大

---

① 此数据为 2021 年 9 月的数据，以中国知网文献、期刊、硕士博士论文全文数据库所提供的参考文献为准。

② 如黄一农《明清天主教在山西绛州的发展及其反弹》（台湾《"中研院" 近代史研究所集刊》第 26 期，1996 年 12 月）、邱雯惠《晚明的舆论——李三才个案之研究（1593—1623）》（硕士学位论文，中央大学，2005 年）、萧意茹《明代西苑研究》（硕士学位论文，台湾师范大学，2011 年）等。

③ 需要指出的是，近年随着福建师范大学陈庆元教授对黄景昉《瓯安馆诗集》的点校整理，不管是他的《曹学佺生平及其著作考述》（《福州大学学报》2016 年第 2 期），还是他指导的学生于莉莉《石仓烟景自风骚——曹学佺后期家居文学活动考论》（博士学位论文，福建师范大学，2017 年）、魏宁楠《明代福州林浦林氏家族与文学研究》（博士学位论文，福建师范大学，2019 年）都关注并征引了黄景昉的《瓯安馆诗集》。

④ 《明史·黄景昉传》为研究黄景昉最基础的文献，并且作为正史，影响超过其他的史籍，因此将《明史·黄景昉传》作为对比的依据。

⑤ （明）黄景昉：《屏居十二课·著书》，第 343—344 页。

⑥ 《檗谷黄氏家谱》不分卷《睦宗十二志序·宗才志》，檗谷村村委会藏清光绪二十六年长房家乘钞本复印本。

学、研究机构、图书馆馆藏目录、数据库等①，已知存世的黄氏著作仅有
《国史唯疑》《瓯安馆诗集》《古今明堂记》《馆阁旧事》《读史唯疑》《鹿
鸠咏》《宦梦录》《刻黄太穉先生四书宜照解》《新镌三太史评选历代名文
凤采文集》。② 近年来随着国家古籍整理出版事业的蓬勃发展，除《国史唯
疑》《瓯安馆诗集》③ 已整理出版外，《宦梦录》收入《罗氏雪堂藏书遗
珍》《原国立北平图书馆甲库善本丛书》、《馆阁旧事》收入《中华再造善
本》、《鹿鸠咏》收入《明别集丛刊》第五辑、《屏居十二课》④ （附《夜
问九章》）收入《丛书集成初编》《罗氏雪堂藏书遗珍》，这些著作内容丰
富，不仅有助于爬梳考证黄景昉的生平及思想，对于明清之际史事的研究
也颇具价值。

二　研究思路与框架

通过以上的梳理，不难发现，迄今为止学界有关黄景昉及其著作的研
究尚显薄弱，既有研究仍有进一步深入讨论的必要，并且随着晚近新史料
的问世，许多此前未涉及的问题也有待拓展。其中尤以如下几个方面值得
注意：

首先，关于黄景昉的生平，迄今学界的研究主要以介绍性为主，尚未

---

① 代表性的书目、数据库有：《明史·艺文志》、《千顷堂书目》、《中国古籍总目》、《中国
古籍善本书目》、《稿本中国古籍善本书目书名索引》、《中国善本书提要》、《北平图书馆善本书
目》、《中国丛书综录》、"四库系列"、"明别集丛刊"、"明代诗文集珍本丛刊"以及全国古籍普
查登记基本数据库、国家图书馆、上海图书馆、台湾"国家"图书馆、台湾"中研院"图书馆、
台湾"中研院"傅斯年图书馆、台湾汉学研究中心、日本所藏中文古籍数据库、东京大学东洋文
化研究所所藏汉籍目录、CALIS 联合目录公共检索系统等。

② 按，此处现存著作为笔者能明确知道其所藏地，且通过相关机构检索，能够提供该书准
确典藏号、索书号者。其中除了已整理出版，或影印出版者外，《刻黄太穉先生四书宜照解》仅有
清刻本藏于日本龙谷大学，《瓯安馆诗集》仅有清刻本藏于日本内阁文库，《读史唯疑》仅有清抄
本藏于台湾"中研院"傅斯年图书馆，并且这几种著作大陆均未见收藏著录者。另外，台湾"中
研院"傅斯年图书馆著录现存清抄本《读史唯疑》十六卷（清陈少蟠跋），而黄景昉自述其《古
史唯疑》亦为十六卷，这两种著作名称仅一字之别，且卷数相同，《读史唯疑》在内容上亦以明
以前之古史为主，故笔者推测二者可能是同一著作。此外，关于黄景昉存世著作的主要内容及馆
藏情况，可参见本书第四章及附录三。

③ 按，《瓯安馆诗集》现存世的仅有日本内阁文库所藏清刻本，日本京都大学人文科学研究
所、台湾汉学研究中心和台湾"中研院"傅斯年图书馆藏本均是据日本内阁文库本影印，但该书
迄今尚未有机构正式出版印行。陈庆元教授整理的《瓯安馆诗集》所据底本即是该刻本的影印本。

④ 《宦梦录》书后附有《屏居十二课》，该版本的《屏居十二课》与《丛书集成》本所据砚
云甲编本略有不同，且该本之后附有林胤昌跋，为砚云甲编本所无。

有论著进行细致的考证，并且由于明清之际文献记载的舛误丛杂、详略不一，在具体研究时往往要面对前后抵牾的问题，以故仍有必要在充分利用黄景昉著作的基础上，参酌相关文献，考证还原其生平。同时，通过对《檗谷黄氏家谱》的爬梳，可以发现在黄景昉科考、仕进、归隐的不同历程中，均离不开家庭的濡染、学术的传授及黄氏家族奠基乡里的人际网络，个中细节的梳理有助于全面呈现黄景昉学宦的一生。

其次，在崇祯年间的政局中，黄景昉能够久任于庙堂之上，并最终得以"克保令名"，驰驿归里，其具体的仕宦经历、施政举措及其事君思想、为政思想，尚有待进一步厘清。特别是随着嘉靖"大礼议"以降内阁在庙堂政治中角色的嬗变及崇祯皇帝乾纲独揽的"威权政治"背景下，黄景昉的辅政实践，尤应加以关注。

最后，对于黄景昉的著作，现有的研究主要集中在《国史唯疑》一书，其中除了在十二卷本是否为足本、成书时间及双云堂抄本传藏等问题上研究较为深入外，其他多属介绍性质，对该书的史料来源、著述思想、撰述目的、撰著原则与方法等方面则尚缺乏系统的研究。至于黄景昉的其他存世著作，至今尚未有论著进行研究。此外，对于黄景昉著作的存佚情况，也有必要进行全面的访查梳理，以为学界下一步的研究提供基础。

有鉴于此，本书的研究将主要围绕黄景昉及其著作这两个维度进行，具体分述如下：

第一章，在系统利用《檗谷黄氏家谱》的基础上，梳理黄景昉一系在明代的传衍、发展，还原黄氏家族由匠转儒，到家世业儒，再到形成科举家族的过程，并着重厘清黄氏家族的学术传授、人际网络。与此同时，结合黄景昉的自述及相关文献，呈现其幼承庭训、弱冠登科、结社乡里、久困场屋的早年经历，由此反映其登第前的家庭教育及奠基乡里的个人交游圈。

第二章，是对黄景昉仕宦生涯的考证还原。黄景昉自入仕以后，其余生几乎与政治相伴，不仅经历了天启、崇祯两朝的宦海浮沉，又短暂出仕南明隆武政权，甚至晚年也是在鼎革后"文网多繁"的政治高压氛围中度过。本章通过对黄景昉《国史唯疑》《宦梦录》《馆阁旧事》《鹿鸠咏》《瓯安馆诗集》等著作的梳理，结合《明史》《国榷》《崇祯长编》《崇祯实录》《罪惟录》《石匮书后集》《烈皇小识》《三朝野记》《檗谷黄氏家谱》等文献，辅之以相关时人的记载，考证还原黄景昉从登第入仕到决意归隐的"政治人生"，并对过往文献中记载的舛误，进行辩证澄清。

第三章，旨在探析崇祯朝政治嬗变中黄景昉的为政思想及实践。崇祯朝的政治生态，既有承续自嘉靖"大礼议"以降中枢政治变迁的格局，亦有因内忧外患及崇祯皇帝个人性格形成的政治文化。在梳理崇祯庙堂政治变迁与阁权空间的基础上，结合黄景昉的仕宦生涯及其自述，厘清其事君思想及辅政理念，从个案的角度，呈现"有君无臣"的崇祯朝，阁臣的为政举措和施政空间。

第四章，主要围绕黄景昉的著作及交游情况进行分别考述。对于黄景昉的著作，本章将在细致查访的基础上，逐一考察其著作的存佚情况，并分为大陆见存及其他见存两个部分，对《屏居十二课》（附《夜问九章》）《纷纭行释》《古今明堂记》《馆阁旧事》《瓯安馆诗集》《鹿鸠咏》《读史唯疑》等存世著作的内容进行梳理，并结合相关题跋、提要、评论，略述各书的史料价值。而关于黄景昉的交游，通过对其著作的爬梳，区分为师门之谊、闽地乡情、宦途同道、举业门人四大类，细述各人之间的往来情形，呈现其不同时期的交游圈，以作为黄景昉仕宦生涯的补充。

第五章，则着重于《国史唯疑》一书的研究。黄景昉所处的时代，士大夫面对朱明王朝空前深重的内忧外患，如何救世已然成为时代的主题，而从本朝史事中探求走出时局困境之道，则是史以经世的重要途径。与此同时，在经世思潮影响下，传统的实证史学风气也随之在晚明盛行。《国史唯疑》的结撰即凸显了黄景昉在这两方面的宗旨。本章将以社会史与思想史、史学史相结合的视角，通过对《国史唯疑》的文本细读，探析其经世史学思想及撰著宗旨，并在对比多种官私修撰的明代史书及文集、方志、碑传等基础上，考证归纳《国史唯疑》的史料来源。同时，结合黄景昉的自述、著作、现存馆藏版本、明清之际史家著录情况以及前人研究成果，重新考察十二卷本《国史唯疑》是否为足本的问题。

第六章，将聚焦于黄景昉的仕宦自述《宦梦录》一书。通过梳理黄景昉的自述、《宦梦录》自序、现存版本、相关序跋及后人所作之提要，厘清该书的成书时间、流传情况，澄清熊德基先生提出该书著于甲申之变前的观点。并以《明史》为主要参照，结合明清之际史书及时人文集、笔记等文献，考辨《宦梦录》的相关记载，以呈现该书在明清之际史事研究上的独特价值。

另外，本书附录分为《檗谷黄氏家族世系表》《黄景昉生平年表》《黄景昉存世著作及其馆藏地》《抄本〈鹿鸠咏〉整理》四个部分，以期能为学界进一步的研究提供帮助。

三 资料概述

本书以黄景昉及其著作为主要研究对象，他所身处的明清鼎革之际，存世至今的文献宏富、种类繁多、记载庞杂，全祖望就曾说"明野史凡千余家"[①]，并且由于这些作者"家期马班，人各操觚，但凭传闻"，间有"断烂不完，或抄写舛谬"，导致史事的记载存在前后抵牾、评价不一的情况，因此谢国桢即指出，对于明季史事"须合观数人所著之书，而后得其全""凡数书所记略同，且由身历目验者，其说较确"。[②] 本书所据史料，以黄景昉著述为核心，在参酌同时人的记载、"明实录"、官私修撰的明代史籍、文集、笔记、地方志、谱牒等文献的基础上，以期能"折衷众说，以归一是"，兹撮要略述如下：

其一，黄景昉的著作。现存世的黄景昉著作《国史唯疑》《宦梦录》《读史唯疑》《屏居十二课》《夜问九章》《馆阁旧事》《鹿鸠咏》《瓯安馆诗集》《纷纭行释诗》等书，内容不仅涉及黄景昉的生平、思想及其经历的鼎革之际史事，而且通过对《国史唯疑》《宦梦录》等书的文本细读，亦能反映其撰著之目的及与晚明经世思潮的互动，是本文的核心史料。此外，黄景昉为他人著作所撰写的序文，如《赵文毅公集序》《刘见初先生集序》《何镜山先生奏议序》《凌义渠奏牍序》《方密之激楚序》《三山论学记序》等，对于本书的研究也都具有一定的参考价值。

其二，各类黄景昉著作的序、跋及提要。如林胤昌的《屏居十二课跋》、黄晋良的《国史唯疑》抄本原序、高兆和徐釚的《宦梦录跋》、全祖望的《国史唯疑跋》《题宦梦录》、傅以礼的《国史唯疑跋》、傅增湘的《国史唯疑跋》、孟森的《传钞本黄景昉〈国史唯疑〉跋》、谢国桢的《晚明史籍考》、王重民的《中国善本书提要》以及《续修四库全书总目提

---

① （清）全祖望撰，朱铸禹汇校集注：《鲒埼亭集外编》卷44《与卢玉溪请借钞续表忠记书》，《全祖望集汇校集注》中册，第1705页。

② 谢国桢：《增订晚明史籍考·自序》，第4、11—12页。

要》、台湾"国家"图书馆编的《"国家"图书馆善本书志初稿》、汤蔓媛撰辑的《傅斯年图书馆善本古籍题跋辑录》等。这些序跋、提要不仅涉及黄景昉著作的成书时间和流传状况，亦间有对其思想、为政取向及著作内容的评论。

其三，谱牒、方志史料。《檗谷黄氏家谱》是黄仙举一系的家乘，该谱不仅详细记载了黄氏一族的传衍和发展，而且对黄景昉生平记载之翔实尤为现存诸书之最，是梳理黄氏家族及考证黄景昉生平的重要参考文献。同时，《家谱》中保存了许多弥足珍贵的史料，如黄景昉所撰的《睦宗十二志序》《祧祀议》及《参祧祀恻》。在地方志文献方面，本书涉及的省志有何乔远《闽书》、康熙《福建通志》、乾隆《福建通志》、同治《福建通志》和民国《福建通志》《福建通纪》，府志有乾隆《泉州府志》，县志则有乾隆《晋江县志》和道光《晋江县志》，合计九部方志。这些方志虽然存在后代照搬前代的情况，但对于考证梳理黄景昉的生平、交游及家世仍有参考价值，特别是乾隆《泉州府志》、乾隆道光两朝的《晋江县志》，还保存一些已经散佚的黄氏著作的内容。

其四，"明实录"、官私修撰的明代史籍及时人的文集、笔记。"明实录"为黄景昉《国史唯疑》所疑之核心文献（其中包括明万历年间陈于陛等所修"国史"），因此，明代的历朝实录是本书研究《国史唯疑》所必须依据的核心史料之一。官、私修撰的明代史籍，包括《崇祯实录》《明□宗□皇帝实录》《崇祯长编》《明史》《明史稿》《明会典》《国榷》《明史纪事本末》《石匮书后集》《南疆逸史》《罪惟录》《明季北略》《明季南略》《思文大纪》《春明梦余录》《山书》《烈皇小识》《三朝野记》《东南纪事》《明通鉴》等，由于《熹宗实录》缺天启四年及七年六月、崇祯朝及南明诸政权皆无实录①，而这些史籍均是研究明清之际史事的重要参考文献，并且各书还散记了与黄景昉有关的事迹，既提供直接之史料，亦能

---

① 谢贵安认为："从严格的意义上来讲，崇祯及南明实录已不属于《明实录》之列。因为崇祯死后，明朝灭亡，未来得及为崇祯修《实录》，他身后所修的两部实录及一部长编都是清人追纂，无复实录原意，南明诸朝非明朝正传，且所修实录多残缺或散佚。"（谢贵安：《明实录研究》，湖北人民出版社2003年版，第177页）所以像《崇祯实录》《崇祯长编》《明□宗□皇帝实录》虽属官修，但已不具有实录原意，乃清初明史馆为修《明史》而纂辑。且《崇祯实录》只是简单记述崇祯朝十七年间的史事；《明□宗□皇帝实录》只存天启七年八月至十二月；《崇祯长编》只存天启七年八月至崇祯五年十二月、崇祯十六年十月至十七年三月。

起佐证之作用。其他时人的文集、笔记亦散记着与黄景昉相关的记载及评价，如蒋德璟的《敬日草》《悫书》、吴甡的《柴菴疏集》《忆记》、骆日升的《骆先生文集》、黄道周的《黄漳浦集》、郑之玄的《克薪堂文集》、钱士升的《赐余堂集》、姚希孟的《文远集》、张镜心的《云隐堂文集》、揭重熙的《揭蒿庵先生文集》、曾异撰的《纺授堂文集》、陈龙正的《几亭全书》、金日升《颂天胪笔》、杨士聪的《玉堂荟记》、李清的《三垣笔记》、史惇的《恸余杂记》、周亮工的《赖古堂集》、陆世仪的《复社纪略》等。并且像杨士奇的《东里文集》、金幼孜的《北征录》、李贤的《古穰集》、祝允明的《野记》、王世贞的《史乘考误》《嘉靖以来首辅传》、郑晓的《吾学编》、陆容的《菽园杂记》、于慎行的《谷山笔麈》、朱国桢的《涌幢小品》等，皆是《国史唯疑》的史料来源，对该书的研究具有参考价值。

第一章　檗谷黄氏家族与黄景昉的早年经历

有明一代的福建地区，承续自宋元以来的人文传统，公私教育发达，科举氛围浓厚，弘治、嘉靖以降经济的发展①，又进一步推动了文化的繁荣，从而使八闽之地在历次科考中取得了斐然的成绩，特别是高级官员主要来源的一甲进士、庶吉士人均数在明代皆位居首位。② 其中，泉州一地不仅"科第文物之盛，彬彬与上国齿"③，其府治晋江县人均进士数更是居全国之首，形成了"温陵人文之盛，晋江一邑与海内诸名邦相抗衡"的局面。④ 随着通籍者日众，出自泉州、晋江的进士屡登庙堂，甚至仕至显宦，位居宰辅者亦不乏其人⑤，终明之世，福建共有十一人入

① 徐泓：《明代福建社会风气的变迁》，《浙江学刊》2007 年第 5 期。
② 郭培贵：《论福建科举在明代的领先地位及其成因》，《福建师范大学学报》（哲学社会科学版）2013 年第 6 期；刘海峰、庄明水：《福建教育史》，福建教育出版社 1996 年版，第155—170 页。
③ （清）郭庚武、黄任、怀荫布纂修：（乾隆）《泉州府志》卷 20《风俗》，第 1 册第 482 页。
④ （清）郭庚武、黄任、怀荫布纂修：（乾隆）《泉州府志》卷 20《风俗》，第 1 册第 483 页。
⑤ 按，关于这一变化趋势，结合王世贞、沈德符的记载可见其概，王世贞在"福建大魁无显者"条中记道："福建自开科至宣德间最多高第，以后寥寥矣，然少显贵者。状元则乙丑丁显、丁丑陈䢍、丙戌林环、壬辰马铎、戊戌李骐、庚戌林震、辛未柯潜、丙戌龚用卿、癸丑陈谨，凡九人。仅柯至少詹事，龚至祭酒，四品而已。陈至右中允，余俱修撰，皆夭。而䢍仅为司宾署丞，以不令终。会元则壬辰林志、乙未洪英、辛丑陈中、庚戌傅夏器、己未蔡茂春五人，惟洪至右都御史。及第者，戊辰唐震、辛未张显宗、丙戌陈全、辛卯黄暘、壬辰林志、乙未李贞、陈景著、丁未谢琏、庚戌林文、癸丑赵恢、壬辰李仁杰、戊辰戴大宾，凡十二人，仅谢琏至侍郎，林文太常少卿，仁杰祭酒，张显宗曾为侍郎终交阯布政而已。无论阁部，一品俱不可得。今己未及第林宗伯士章始破天荒矣。"[（明）王世贞：《弇山堂别集》卷 18《皇明奇事述三》，魏连科点校，中华书局 1985 年版，第 330 页] 沈德符亦记道："向来闽中无大拜者，惟永乐间杨文敏入阁，然不由翰林，此后二百年绝响矣。今上丁未科会试，大主考二人为杨荆嵓道宾、黄毅菴汝良，俱以礼右侍兼读学入场，而李九我廷机以礼左侍兼读学署部，为知贡举官，俱福建晋江人也。南宫大典，以同邑三人主之，此明兴所未有。三月廷试，则张瑞图为探花，五月考馆，则林欲楫、杨道寅为庶吉士。又皆晋江人。至六月而李升尚书，福清叶从南少宰升礼尚书，同日大拜，盖八闽之盛际极矣。是科经房同考官、检讨黄国鼎，亦晋江人。至己酉散馆，林、杨二吉士俱留为史官，今皆显重矣。"[（明）沈德符：《万历野获编》卷 10《词林·丁未闽中词林之盛》，中华书局 2007 年版，第 269 页]

预机务[1]，在隶属泉州府的七人中，即有六人出自晋江县，科名仕进之盛于此可见。与之相表里，黄氏家族自南宋时迁居晋江檗谷，至正统末年移居泉州郡城后，在"闾阎山海之间，家诗书而户业学，即卑微贫贱之极，亦以子弟知读书为荣"[2] 的文化氛围之下，从八世祖黄克复受业蔡清学《易》，始肆力于读书举业，此后通过家学传承和人际网络的拓展，迄于明季共产生了八位举人、三位进士，成为晋江一地的"科举家族"。出生其间的黄景昉，受家庭的濡染，自幼秉承庭训，以"儒宦为业"，与伯仲二兄共学，由此开启了他的科考仕进之路。本章旨在梳理檗谷黄氏家族的发展及其人际网络的基础上，呈现黄景昉的早年经历。

第一节　檗谷黄氏家族的发展及其人际网络

檗谷黄氏一族，在唐代末年由河南光州固始县避地入闽，至南宋时，复经两世迁转，自黄仙举始定居于晋江仁和之檗谷村，并自号"檗谷逸叟"。永乐元年（1403），黄君仲在为族谱所作的《世系图序》中，对南宋以降迄明初檗谷黄氏的传衍情况追溯道："仙举公，字云宾，号鹤皋，守先业而定居焉。生子二，长子文，次子海。文生子四，曰一郎、二郎、三郎、四郎，海生子五，曰廿六郎、廿七郎、廿八郎、廿九郎、三十郎，皇朝洪武初始分户籍，今复合为一。"[3] 此后，黄景昉在《宗系志》中又对本支迁入郡城的情况作了补充："仙举公，号鹤皋，子二，长子文，次子海。子文公五传至君仲，字亚甫，能文，有《族谱序》。六传顺，字宗和，以字行世。正统十四年，广寇黄萧养从海道攻掠泉州，宗和统乡兵捍御，死之，所为义烈也。义烈公殁，其季子容驰入郡城，会富人余翁奇之，妻以

---

① 梁章钜所载："吾闽在前明登政府者凡十七人，而泉州即有十人，建安杨荣，沙县陈山，福清叶向高，莆田周如磐、朱继祚、黄鸣俊，漳浦黄道周，其余李廷机、史继偕、张瑞图、杨景辰、黄景昉、蒋德璟、林欲楫、陈洪谧、刘鳞长，皆晋江人，林釬，同安人，皆泉属也。"［(清) 梁章钜：《归田琐记》卷4《宰相尚书》，于亦时点校，中华书局1981年版，第79—80页］这十七人中包含了南明史期所授者，而在北都时所授者则为杨荣、陈山、李廷机、叶向高、史继偕、周如磐、张瑞图、杨景晨、林釬、蒋德璟、黄景昉。

② (清) 郭庚武、黄任、怀荫布纂修：(乾隆)《泉州府志》卷20《风俗》，第1册第482页。

③ 《檗谷黄氏家谱》不分卷《永乐元年族谱世系图序》《睦宗十二志·宗系志》。

女。容，字祥哲，号质真，是为黄郡城始祖。"① 也就是说，黄景昉这一支在入明以后，经黄君仲、黄顺，到正统末年，黄容入赘于余氏始移居泉州郡城，《宗宅志》记道："既质直公入郡，赘余翁家，潜庵公继起，世居南镇抚巷，今山中人犹指为镇抚黄巷是也。"②

自迁入檗谷村后，黄氏一族"治田网鱼，铸铁器为生"，以是"隶于官曰匠籍"。③ 而黄容后来虽移入郡城，但其子孙仍延续着这一户籍，黄润、黄景昉在《进士题名碑录》中均标注为"匠籍"，直至晚明时随着户籍制度的松动才由"匠籍"转为"民籍"，黄景昉长兄景明即以"民籍"中式崇祯七年（1634）甲戌科进士，景昉在《家谱·宗行志》中也曾提及"匠籍相沿已久，今改称民籍"，正如学者所观察到的，"崇祯年间，民籍进士占到了97%—99%"，这表明了"特殊的军、匠、灶、医等籍，成了普通的百姓"。④

相对于檗谷黄氏的其他支派，移居泉州郡城的黄容一系，"生长郡中者，彬彬饶文学，屡试高等"。⑤ 根据《家谱》的记载，在黄仙举一脉中登科第者几乎皆出自黄容、黄克复、黄润一系，呈现出家族的向上流动。⑥ 这除了得益于明中叶以降，晋江"人文甲于诸邑"外⑦，家族内部经济的保障和良好的教育，也是族内成员取得科考功名的重要决定因素。⑧ 事实上，自黄容入赘泉郡富人余氏，才在经济上得到了较大的改善，此后其子黄克复受业于同乡名儒蔡清，考取廪膳生员，黄氏家族始肆力于举业之学，因此黄景昉在《家谱·参祧祀悯》中对黄容、黄克复的贡献总结道

---

① 《檗谷黄氏家谱》不分卷《睦宗十二志·宗系志》。按，《家谱》对黄容的情况介绍道："容公，顺公三子，字祥哲，号质直，为入郡城之始祖。生宣德壬子年十月初三日未时，卒弘治庚申年九月二十日戌时，娶余氏，讳淑真，谥顺德，生正统丙寅年五月十九日辰时，卒成化庚子年十二月十六日子时。……生二子，曰克复、克明。"

② 《檗谷黄氏家谱》不分卷《睦宗十二志·宗宅志》。

③ 《檗谷黄氏家谱》不分卷《睦宗十二志·宗行志》。

④ 钱茂伟：《国家、科举与社会——以明代为中心的考察》，北京图书馆出版社2004年版，第174页。参见萧国亮《清代匠籍制度废除述略》（《社会科学辑刊》1982年第3期）、范金民《清代废除匠籍的历史意义》（《社会科学辑刊》1995年第1期）。

⑤ 《檗谷黄氏家谱》不分卷《睦宗十二志·宗宅志》。

⑥ 按，明中期以降，随着寒素之家"向上流动"的趋势递减，"要爬升社会——官僚体系的阶梯，其困难与挫折越来越大"，但另一面，出生官宦之家者逐步获得了更多的向上流动的空间。（［美］何炳棣：《明清社会史论》，徐泓译注，联经出版事业股份有限公司2013年版，第153页；徐泓：《明清社会史论集》，北京大学出版社2020年版，第325—366页）

⑦ （清）郭赓武、黄任、怀荫布纂修：（乾隆）《泉州府志》卷20《风俗》，第1册第483页。

⑧ ［美］何炳棣：《明清社会史论》，徐泓译注，第45—58、156—205页。

"质直公肇郡城之基，中宪公开诗书之统"，认为二人"均所谓有功之祖，百世不迁，宜与大参公并祀不祧者也"①，这从《家谱》所载的先人传记及谱系传衍中亦可以得到印证。

幸运的是，在经过黄容、黄克复两代的积累和奋斗后，到第三代黄润时，即考中了正德十六年（1521）进士，成为檗谷黄氏一族在明代的首位进士。其间，黄润从正德八年（1513）中式癸酉科举人到登进士，共经历了三科会试，由于京闽路远，仅往返路费对于应试者来说已是不菲的花费，时人曾说："闽中自宋来，号为南方邹鲁。文学之士，束带结发，以功业自奋者，恒倍于他州。然以其地之远也，计偕而上，逾连山，冒重江，担簦蹑屩，劳与费亦倍于他州。一举捷礼闱，登大廷，岁固不数人也。蹶而还复来，则其劳与费又有倍于是者。以故闽士之不偶者，不入成均，则遂领部符，教郡邑，以俟再举。其能从容翱翔归故乡，展庭闱之敬，无反顾之忧者，非高赀则宦族也。"② 从这一方面来说，至少到黄润时，黄克复一系虽非"高赀宦族"，但在经济上已经有所保障。③ 不可否认的是，由于黄润在仕宦历程中"兢持名行，居官不苟取一文"，认为"虽宦囊空虚，犹愿以'清白'两字遗子孙"，致使后来虽升至从三品的布政司左参政，却仍颇为拮据，以至于告老还乡后"贫不可以为家"。④ 但事实上，正如学者所指出的"更高的科名会导致个人的经济和社会地位骤然提高"⑤，在他请辞归里后，乡中之人仍视其为"邑中归隐大老"，并且在"鬻废兰若以居"不久，时任泉州府推官的门生袁世荣就为黄润"捐廉请产，起盖以答师恩"，即《家谱》所言之"光孝黄氏祖宅"。⑥ 到了黄润晚

①　《檗谷黄氏家谱》不分卷《参桃祀悯》。

②　（明）顾清：《东江家藏集》卷18《送陈举人归莆田序》，《景印文渊阁四库全书》第1261册，第541—542页。

③　按，明代的科考费用及士子备考的经费来源，参见刘明鑫《明代科举考试费用及其影响研究》（博士学位论文，福建师范大学，2018年）。由于史料的阙如，黄润在会试落第后的情形已难考见，但不管以哪种方式筹措科考经费，至少可以确证其有足够的经济来源作保障以应付科考所需的费用。

④　《檗谷黄氏家谱》不分卷《睦宗十二志·宗行志》。

⑤　[美]何炳棣：《明清社会史论》，徐泓译注，第49页。

⑥　《檗谷黄氏家谱》不分卷《光孝宅考》。案，据黄氏二十世孙秀勋所作《光孝宅考》，该宅至清光绪末年犹存，规模地势亦颇为可观："清源、赐恩、弥陀三山为屏，八卦沟为带，大棚山为左插耳，紫帽山为右插耳，地势开拓，可谓钟灵毓秀之区矣。而宅分进之四，前进临沟以收案前之水，后进负山以挹屏后之峰，中二进高耸以壮观瞻，东西分为马路，以为辐辏之途，四围坚固可比金汤。"

年，甚至"积古今书五十万卷"，如果没有稳定的经济收入作为保障，是难以实现如此之多的藏书，黄景昉曾对士大夫通籍后的经济状况总结道："试观海内仕绅，那个是真贫的？自通籍后，谁无数亩之田，数椽之屋，但肯安心于此，勿复生事旁求，即以称贤士大夫可也。"① 事实也正如其所言，景昉兄弟子侄在崇祯年间更是宅第毗连，园亭林沼环绕，在郡中有"钜丽之目"。② 而与景昉颇事交游的同乡曾异撰对当时举业所需之费则记道："一人登贤书，极俭如弟者，亦费至五百金，其余奢者可知。"③ 两相对照，也从一个侧面反映了士大夫在登第后的经济状况，即使在廉洁自守的情况下，在家资方面也颇为可观，否则世代业儒的黄氏一族，在科考所费日趋上涨的情况下④，是难以延续其家族的举业之路⑤。

与此同时，良好的家庭教育和学术传授也为子弟辈应试科考奠定了基础，黄氏家族的这一传统，自黄克复开其端，复由黄润光发扬光大。如前所述，晋江在明代科举中以《易》闻名⑥，始于蔡清教授乡里，时人称："泉南人物一时之盛，皆先生所造就。今天下称《易》学者，犹推泉南。"⑦ 黄克复亲炙于蔡清，传其《易》学，著有《太极图说》《人心道心

---

① （明）黄景昉：《宦梦录》卷2，第129页。

② 《檗谷黄氏家谱》不分卷《睦宗十二志·宗宅志》。据黄景昉《瓯安馆诗集》卷一中的诗题可为证，如《瓯安馆坐处有五观焉各系一诗识之》《伯兄馆署澹轩凭河榕绝大是千百年物》《仲兄南楼隶屋旁正面净塔》《四弟晋园特宏葺木石价皆昂环水构亭右迭山通楼余为名补山楼以旌其胜》《五弟航斋与伯兄馆毗河业见余八汝咏中兹增为修径丽堂杂植花卉有足观者》《兄子知章别墅有源川澄阁超然台诸胜前夏韩云太守假馆其中》。

③ （明）曾异撰：《纺授堂文集》卷5《与施渔仲书》，《四库禁毁书丛刊》集部第163册，第586页。

④ 刘明鑫：《明代科举考试费用及其影响研究》，博士学位论文，福建师范大学，2018年，第345—349页。

⑤ 按，据黄景昉在《宗宅志》的记述，到了他这一代时，几乎各家均有宅第，在补述中他说道："余所居与旧宅毗连，北向，内小委弄相通。弟景昭、姪知章、伯兄澹叟宅并南向，相距仅数十武。余宦归，颇于宅后饰园亭林沼自娱，兄弟姓群效之，踵事增华，颇有钜丽之目。世变后，多为兵将所占居，人马蹂躏，供应不胜苦。斯时也，求塞向墐户，得乎？仲长统《乐志论》所愿'居有良田广宅，溝池环匝，场圃筑前，梁园树后'，昔贤哜之，谓必如斯，乐志终身无可乐之时。儒有一亩之宫，环堵之室，亦自可读书谈道，何必园亭林沼为哉？余业悔之无及，姑识此，为作法于凉之鉴。盖虽于宗宅无涉，而亦因事垂戒之一端也夫。"（《檗谷黄氏家谱》不分卷《睦宗十二志·宗宅志》）由此可见，从黄容、黄克复，经黄润、黄国彦，到黄景明、黄景昉一辈，伴随着家族的向上流动，至少在鼎革之前，黄氏一族的经济状况是较为富庶的。

⑥ 陈时龙：《明代的科举与经学》，第78—82页。

⑦ （明）林希元：《林次崖文集》卷14《南京国子祭酒虚斋蔡先生行状》，《四库全书存目丛书》集部第75册，齐鲁书社1997年版，第699页。

解》《易备忘》等书，其《易》学著作"辞理精醇，议论警辟"，为时所称。① 自克复以降，黄氏子弟多以研习《易》经为业，其长子黄润即以《易》为本经登科第，并历仕至山西布政司左参政，时人称其："公志存忠孝，学本诚明，果毅之才，随试辄效，刚方之操，笃老不渝。"② 黄润的宦学功绩及个人行止对于黄氏家族的垂范意义，黄景昉曾总结道："自参政公兢持名行，居官不苟取一文，后人则而象之，辄以清白吏子孙自许，敦孝友，砺廉隅，闺帏谨恪，虽终老缝掖，未尝有所蹲绌。"③ 又称："吾宗自高祖大参公，始受爵于朝，宦履亨融，学行峻洁，以启我后人，其世祀不祧焉宜矣。"④ 也就是说，黄景昉这一支派直至黄润登第才真正奠定了以学宦为业的基础，故黄氏后人将之推尊为"不祧之祖"。

黄润归乡后，不仅"读书手不释卷""以著述自娱"⑤，在家族之内亦课子侄"勤学敏读"以承志业，时人张岳赞许其"当于古人中求之"⑥，其子伯敬、伯宪均克绳其业，督课子侄辈力学，以至于黄国彦、国贤在登科后仍"从绳督焉"。⑦ 梳理黄克复、黄润一系的家世传衍，可以发现除了长辈的倾囊讲授外，子弟辈自幼亦能肆力于学，如黄润长子伯敬"以积学高行，著声艺苑"⑧；次子伯光"八岁能古文辞，十四岁天文、地理、诸子、稗官野史无不精通"，所著《苏松赋》"山川、风土、人物、昆虫、草木毕具，时推与左太冲《三都赋》伯仲"⑨；三子伯宪"善古文词，诗歌著声艺苑"，与颜廷矩、黄孔昭"雅相酬倡"⑩；四子伯度亦"有文名"，为何乔远所称许。⑪ 孙辈国彦"读书警敏，瞥目便记，下笔滚滚"⑫、国贤"邃于经传"⑬、国元"明经术，能诗善署书，诸当道暨邑名绅多延致，尊

① 《樊谷黄氏家谱》不分卷《克复公传》。
② 《樊谷黄氏家谱》不分卷《润公传》。
③ 《樊谷黄氏家谱》不分卷《睦宗十二志·宗行志》。
④ 《樊谷黄氏家谱》不分卷《祧祀议》。
⑤ 《樊谷黄氏家谱》不分卷《润公传》《光孝宅考》。
⑥ （清）李清馥：《闽中理学渊源考》卷58《参政黄以诚先生润》，何乃川点校，商务印书馆2018年版，第598页。
⑦ 《樊谷黄氏家谱》不分卷《伯宪公传》。
⑧ 《樊谷黄氏家谱》不分卷《伯敬公传》。
⑨ 《樊谷黄氏家谱》不分卷《伯光公传》。
⑩ 《樊谷黄氏家谱》不分卷《伯宪公传》。
⑪ 《樊谷黄氏家谱》不分卷《伯度公传》。
⑫ 《樊谷黄氏家谱》不分卷《大彦公传》。
⑬ 《樊谷黄氏家谱》不分卷《大贤公传》。

事之如大师"①，且国彦、国贤均以《诗》经中式乡试；曾孙辈宗鼎"屡试高等"、宗彝亦自幼随父国彦读书。到了黄景明、景昉这一辈，其父宗彝更是"教子甚严"，母谢太夫人亦"课督诸儿从令力学"，甚至于"每出就试有司，为浃旬不寐；试场屋，为浃月不寐"，以故不仅二人同以《诗》经登甲科，称"兄弟进士"，景昉仲兄景晔亦于"毛郑小序靡不淹洽贯穿为一家言"，被推为"文在闽则冠闽，在天下则冠天下"，甚至"里中会问，未得公名弗缔社，未得公艺弗汇编"。② 四弟景昭、五弟景嘻尊父命受学于长兄景明，"一听澹叟公指示"，被誉为"一时惠连"，在乡"屡试高第"，著声文苑。③ 可见从黄克复、黄润以降，黄氏家族内部的讲习教育和学术传授，为子弟辈的举业之路和家族学术的传承提供了助力和保障。

　　值得注意的是，自黄润登科第后，黄氏一族共有五人登科、两人登第④，分别是黄国彦、黄国贤、黄道开⑤、黄景明、黄景昉，但以上登科第者中，除了黄克复玄孙道开仍以《易》为本经考中万历三十四年（1606）乡试外，其余出自黄润一系者皆改易《诗》为本经。这一转变与黄润长子伯敬深于《诗》学有关，《族谱》中称其："学本渊源，邃于《诗》《易》。"⑥ 虽然黄克复、黄润专精《易》经，但在黄伯敬兼修《诗》经的影响之下，这一系自其子黄国彦、侄黄国贤以降，以至孙辈黄景明、黄景昉均改习《诗》经，时人就曾注意到闽中经学传授的特点："今天下之士于艺场之习，惟闽中为专。盖非其父兄师友之所源流，必其里间之所鼓舞也。"⑦ 与黄氏一族往来密切的何乔远也说道"有泉先辈之盛，士专一经者，弟子聚而师之，楷其模范而守其训诂，终身无所改徙，以故师名其

---

① 《檗谷黄氏家谱》不分卷《大元公传》。
② 《檗谷黄氏家谱》不分卷《景晔公传》。
③ 《檗谷黄氏家谱》不分卷《景昭公、景嘻公传》。
④ 按，黄景昉在《家谱·宗甲志》中记道"吾宗登科凡八人，仅登第者三焉"，登科八人分别是黄润、黄国彦、黄国贤、黄道开、黄景昉、黄景明、黄景焕、黄辅达，登第三人则是黄润、黄景明、黄景昉，其中黄景焕、黄辅达所举为唐王隆武二年丙戌科乡试，因此迄于崇祯朝檗谷黄氏一族登科者为六人，登第者三人。
⑤ 按，黄道开在血缘上虽为黄克复玄孙，但由于黄克复之弟克明早卒，克复次子黄泽过继于克明，故在《家谱》中黄道开属于黄克明、黄泽、黄伯通、黄国桢一系，不属黄润一系。
⑥ 《檗谷黄氏家谱》不分卷《伯敬公传》。
⑦ （明）罗圯：《圭峰集》卷2《送高司训之任灵山序》，《景印文渊阁四库全书》第1259册，第25—26页。

家，士名其学，文献之盛，所由来也。"① 可见父子、叔侄间于家庭内部的经学传授，自黄伯敬之后，在黄润一系由此前的专精《易》经发展为对《诗》经的递相传承以应科考，甚至于在甲申之变后，黄景昉从弟景焕仍以《诗》经获举隆武二年（1646）丙戌科乡试。② 与黄氏一族颇有交往的骆日升将黄氏的家学传承盛赞为"名门隽轨"③。

在家庭教育和学术传授之外，奠基乡里的人际网络对于家族的发展、个人的功名追求和仕进中的迁转，同样发挥了积极的作用。④ 其中，通过联姻来拓展家族的人际网络无疑是较为普遍而又有效的方式之一⑤，黄景昉在《睦宗十二志》中就专辟《宗渭志》，强调："内外家之并重，于古所从来矣。"⑥ 如前所述，对于黄氏一族来说，自黄容娶余翁之女为妻，"赖余氏起其家"，始为黄氏家族此后的发展确立了基础，因此在很长的一段时间内"世祀余翁妪"。⑦ 到黄克复时，借助姻亲的关系进一步拓展了交际网络，《家谱》称："东石公为乐平令张南溪文应公甥，母太恭人，南溪女弟也……有子天衢、天叙，并知名，今缔中表谊。"⑧ "东石"即黄润，其母张氏为同乡名宦、《春秋》学名家张文应胞妹，何乔远称文应："治《春秋》学，义据通深，读三《传》者多师之。"⑨ 可见文应在乡里举业中的影响，其二子天衢、天叙亦"以学行见重于时"⑩。同时，黄克复之长女嫁郡中王纲之子王宗濬为妻，林希元所作《墓志》写道："配宜人黄氏，封松江知府黄希颜之女，东石黄公之女兄也。敬慎节俭，克相其夫。公之

---

① （明）何乔远：《镜山全集》卷57《林坦斋公传》，陈节、张家壮点校，福建人民出版社2015年版，第1503页。

② 关于专经、地域专经的研究，参见陈时龙《明代的科举与经学》，第54—75页；丁修真《明代福建地区的科举竞争与地域专经》[《安徽师范大学学报》（人文社会科学版）2021年第5期]。

③ （明）骆日升：《骆先生文集》卷2《叙黄太穉诗义》，《四库全书存目丛书》集部第177册，齐鲁书社1997年版，第519页。

④ 参见陈宝良《明代的士大夫、士大夫家族及其关系网络》（《福建论坛》2012年第2期）、黄宽重《孙应时的学宦生涯：道学追随者对南宋中期政局变动的因应》（台大出版社2018年版，第17—18页）、陈时龙《明代的科举与经学》（第70—71页）。

⑤ 关于婚姻与家族延续的关系，参见潘光旦《明清两代嘉兴的望族》（商务印书馆2015年版），第384—392页。

⑥ 《樊谷黄氏家谱》不分卷《睦宗十二志·宗渭志》。

⑦ 《樊谷黄氏家谱》不分卷《睦宗十二志·宗渭志》。

⑧ 《樊谷黄氏家谱》不分卷《睦宗十二志·宗渭志》。

⑨ （明）何乔远：《闽书》卷84《英旧志·张文应传》，福建人民出版社1994年版，第2547页。

⑩ （清）李清馥：《闽中理学渊源考》卷65《司训张月洲先生天衢》，第658页。

敭历中外，得尽心王事，无内顾之忧者，宜人之助也。"① 黄润少时更是与宗濬共学于开元寺僧舍。② 此后宗濬登嘉靖五年（1526）进士，历官至湖广佥事，其兄宗源则为正德六年（1511）进士，仕至广东按察司副使，其弟宗澄师承蔡清，"以学业著闻"，乡里名士如苏浚、张冕"俱出其门"。③ 黄克复次女则嫁同乡南京户部侍郎顾珀之子，顾珀师从与蔡清同时之诸葛骏④，亦以《易》为本经考中弘治十二年（1499）进士。是时，黄克复、黄润父子专研《易》经，而顾氏、王氏兄弟虽师承不同，但均同治《易》经，且黄氏、王氏更是亲传蔡清之学，有理由相信，黄、王、顾三家最初的往来即以经学的切磋研习为基础。延至黄润一辈时，因其登第通籍，所联姻者皆为泉州世家，长子伯敬所娶者为弘治十五年（1502）进士陈宁之女、正德三年进士陈尚文之妹，据黄景昉所载，其祖父黄国彦与后来的广东提学副使陈鸣华、右春坊右庶子兼翰林院侍读黄国鼎、知府秦锺震"咸于陈氏为外甥"。⑤ 黄润季女嫁都察院右都御史、湖广总督张岳之子张宓，徐阶曾记"宓，太学生，娶黄大参润女"。⑥ 张岳私淑于蔡清，又与陈琛、林希元相友善，在泉郡"倡明正学，风传响应"⑦，虽以《易》名世，但其学承自惠安张氏一族，根柢于《诗》，黄氏一族亦自通婚张氏，子弟辈始以《诗》为本经。⑧ 此后与黄氏一族联姻者，非乡里仕宦之家，即为名士之后，黄国彦之原配及继室分别为通判叶廷麟、名士庄廷芳之女⑨，黄国贤之妻为南京户部主事徐荣之女，黄宗彝之妻、景昉之母为进士谢吉卿

① （明）林希元：《林次崖文集》卷13《湖广按察司佥事少山王公墓表》，《四库全书存目丛书》集部第75册，第689页。

② 《檗谷黄氏家谱》不分卷《睦宗十二志·宗栶志》。

③ （清）李清馥：《闽中理学渊源考》卷69《文学王次山先生宗澄》，第687页。

④ 按，关于诸葛骏在当时晋江的影响，李清馥记道："诸葛骏，字文敏，晋江人。究心经史，为文傅经义，以理胜，泉士宗之，陈琛、李源、詹源、顾珀诸公皆出其门。"［（清）李清馥：《闽中理学渊源考》卷65《训导诸葛文敏先生骏》，第654页］

⑤ 《檗谷黄氏家谱》不分卷《睦宗十二志·宗渭志》。

⑥ （明）徐阶：《世经堂集》卷17《明故资政大夫总督湖广川贵军务都察院右都御史赠太子少保谥襄惠净峰张公墓志铭》，《四库全书存目丛书》集部第79册，齐鲁书社1997年版，第721页。

⑦ （清）李清馥：《闽中理学渊源考》卷64《襄惠张净峰先生岳学派》，第642页。对于张岳在泉州一地的影响，李清馥指出："泉自成化后风气淳庞，人物挺生，一时经学之茂，海内宗之。如虚斋蔡先生、紫峰陈先生、次崖林先生、净峰张先生后先倡明正学，风传响应，兴起者多。"（《闽中理学渊源考》卷58《成化以后诸先生学派》，第592页）

⑧ （清）李清馥：《闽中理学渊源考》卷64《惠安张氏家世学派》，第641页。

⑨ （明）何乔远：《镜山全集》卷69《黄国相公暨叶、庄二孺人墓志铭》，第1800页。

之女，至景昉时，由于"儿姪辈以余兄弟通籍，多姻贵阀"①，其姻亲分别为何九云（何乔远之子）、林胤昌、周廷钺、郭炜、郭必昌，不但皆为晋江的簪缨世家，也是其乡里、科考、宦途之至交。

需要补充的是，借助梳理黄氏家族的姻亲关系，可以发现随着家族的向上流动和发展，乡里的姻亲选择也随着家学传授的转变悄然发生变化。早期黄克复、黄润专精《易》学，其姻亲如王氏家族、陈氏家族亦均以《易》为本经者。而自黄润以降，与惠安张氏联姻后，其子黄伯敬即兼习《诗》经，此后黄氏一族亦多有改习《诗》经者，到黄国彦、黄景昉一辈时，姻亲如谢氏家族、林氏家族皆以治《诗》名家。可见对于科举家族来说，姻亲的选择，除了门第相当外，与自身家学传承之旨趣也密切相关，而通过家学与联姻的互动，对于家族科第的延续及人际网络的扩展，也发挥了积极的作用。

具体于黄景昉，外家对其个人影响较大的则是其外祖谢吉卿、叔祖谢台卿。谢吉卿（1549—1629），字修之，号可航，福建晋江人。万历八年（1580）进士，先后任清江、海盐知县，"以曲庇前令"被劾乞归。在《宦梦录》中，景昉对其外祖回忆道："余外祖海盐令谢公吉卿，举万历庚辰进士第五人，宦蚤废，工诗，追和唐人韵数百首。性至孝，居丧如礼。何司空公乔远赠之诗'七十在身犹致毁，三年食旨未尝甘'，盖纪实也。"在景昉登科时，吉卿还曾以诗为赠，称："晚及见余举乡试，忆送行首末韵云'羡汝蚤登科，魏舒宅相多'、'三春临别去，不觉醉颜酡'，词朴情真，诵之弥深寒泉之感。"② 台卿（1555—1636），字登之，吉卿之弟，亦万历八年进士，初授宛陵教授，历任大理寺评事、寺副、寺正、韶州知府、广东按察使司副使、陕西苑马寺卿等职。以父忧归，遂不复再仕。③ 黄景昉对叔祖在其屡厄会试时的鼓励颇为感怀，称："问寺谢公台卿，为先外祖同气同榜，口微吃，好追叙夙昔困阨状。余时滞公车，贫甚，公每过，语家慈曰：'未也，愈贫乃当愈佳耳。'迄今恒有味乎其言。"④ 从上述的回忆中，可以看出黄景昉对外祖吉卿、叔祖台卿之感情，并且二人均以治

---

① 《樊谷黄氏家谱》不分卷《睦宗十二志·宗渭志》。
② （明）黄景昉：《宦梦录》卷1，第68页。
③ （清）郭庚武、黄任、怀荫布纂修：（乾隆）《泉州府志》卷49《谢台卿传》，第2册第603—604页。
④ （明）黄景昉：《宦梦录》卷1，第68—69页。

《诗》中科第，台卿更是著有《诗经课子浅义》三卷，在世家通婚又往来频繁的情况下，以《诗》为本经的景昉得谢氏一族的传授亦自然之理，他在《上外祖海盐公冢》一诗中就称其外祖"毛郑谈经古，鸿光俪德饶"①。黄景昉在天启五年（1625）中式进士，该科知贡举的礼部尚书林尧俞，在往日即与其外祖谢吉卿颇有交谊。同时，谢吉卿擅诗，时人称其诗作"和平稳顺，格律不失，其长篇累句，追步古人"，在归里后集同人结社吟咏，被推为祭酒②；台卿宦归后，亦与兄吉卿及友朋知己"觞咏自适，敲棋赋诗"，景昉后来以诗名于缙绅之间，当不乏外家的影响。

除了家族间的通婚，同窗、社友的关系也是拓展乡里人际网络的重要一环。据黄景昉记载，仕至南京礼部尚书的同乡前辈黄凤翔（1538—1614），与其祖父国彦即为同窗，"宗伯黄文简公凤翔，与先祖尝同学，投刺称窗生"，景昉在幼年时亦曾见及："余幼及望见之，身不踰中人，萧然儒素。"③ 曾任南京户部主事的吴龙徵（1546—1613），则与黄国彦为"里中文酒社，过从相欢"，景昉兄弟入泮时，龙徵"制骈语为贺，云：'江夏童谁证无双，双璧诧难兄难弟；东石裔其昌在五，五玄征联甲联科。'"此后，景昉与之颇有往来："公雅善尺牍，余幼所裒集往还札，若大牛腰，今无存者，犹时时怀其秀句。"④ 四川按察副使骆日升在丁艰期间，由于与黄国彦的交谊，对黄景昉关爱备至，有"国士知"，并为其少作《诗义》撰序。⑤ 而从何乔远（1558—1632）的回忆中可以看出，早在其公车时期，黄国彦已与之往来："余童子时读公应举文能成诵也，已从公计偕，后知公豪于酒，时望见心惊：'夫夫也，酒人也。'公家居，余亦坐废，时时有招余同席者，见公杯罍列陈，一吸都尽，心惊曰：'夫夫也，酒天也！'"⑥ 且据前文中何乔远赠诗谢吉卿来看，何、谢两家在乡里的交谊亦非泛泛。虽然黄景昉直至天启二年始识何乔远于京师，但在三代交厚的前提下，自是与何乔远往来密切，并与其子何九云结社乡里，九云后来登第也不无景

---

① （明）黄景昉：《瓯安馆诗集》卷15《上外祖海盐公冢》。

② （清）郭庚武、黄任、怀荫布纂修：（乾隆）《泉州府志》卷49《谢吉卿传》，第2册第603页。

③ （明）黄景昉：《宦梦录》卷1，第67页。

④ （明）黄景昉：《宦梦录》卷1，第67—68页。

⑤ （明）骆日升：《骆先生文集》卷2《叙黄太犀诗义》，《四库全书存目丛书》集部第177册，第519页。

⑥ （明）何乔远：《镜山全集》卷69《黄国相公暨叶、庄二孺人墓志铭》，第1800页。

昉襄助之功，到何、黄二氏子辈时更是缔结姻亲。此外，黄景昉在宦途中的同道知交，不少也是始于乡里结社、同窗旧友，如下文提及的黄道周、蒋德璟、林胤昌、郑之玄、陈士奇、李焻、张维机、何楷、周廷铖等等。需要补充的是，由于黄氏家族在乡里的影响，与府县中的仕宦群体亦不乏往来，从而使子弟辈受到更多的关注，如陈之淯在任晋江知县时，就对景昉兄弟之文颇有赏识："宪副陈公之淯旧令余邑，最奇爱伯兄澹叟文，仲兄可发及余亦蒙赏识。邑汇试，伯兄第一，余第二，仲兄第三，称知己。"在这样的情谊之下，黄景昉在崇祯三年湖广乡试出闱后，即"首过其家"，时人盛赞其"有敦旧思"。① 崇祯末年仕至吏部尚书的郑三俊，万历年间任福建学政时，黄景昉曾师从受业，后来景昉得以登第即缘自三俊的荐举。

第二节　黄景昉的早年经历

黄景昉，字可远②，又字太稺，号东崖③，为黄国彦之孙、黄宗彝第三子。据《宗宅志》所载，黄国彦一系在万历二十一年（1593）移居"涂门礼拜寺前"④，涂门为晋江县城的东南门通淮门，而礼拜寺即清净寺，是回回人兹喜鲁丁于宋绍兴元年所建，位于晋江县城的东南部，三年后的万历二十四年（1596）十一月初六日卯时⑤，景昉出生于此。

由于黄国彦在登科谒铨后，即"推所闢业予二弟"⑥，宦途时又秉持"清白为官"的庭训，归乡后复以"重伦谊、笃宗蒙"不时抚恤贫宗，以故到了黄景昉时，国彦一系在经济方面颇为拮据，景昉少时也由于受"家

---

① （明）黄景昉：《宦梦录》卷1，第109页。

② 按，除《樊谷黄氏家谱》载黄景昉"字可远"外，如《明史》《明史稿》《石匮书后集》《南疆绎史》《崇祯五十宰相》《崇祯阁臣行略》《南天痕》《南明史》《福建通志》及《晋江县志》等文献之本传均未见记载，故录存之。

③ 黄景昉自记有明一代同号东崖者共六人："本朝李状元旻、许襄毅进、翁襄敏万达、王参议激、虞督府以及王心斋之子璧，皆号东崖，与余同。附记于此。"（《国史唯疑》卷12《补遗》，第374页）

④ 《樊谷黄氏家谱》不分卷《睦宗十二志·宗宅志》。

⑤ 《樊谷黄氏家谱》不分卷《景昉公传》。按，黄景昉的出生年月及时辰，管见所及的存世文献中，只有《家谱》进行了详细的记载。

⑥ 《樊谷黄氏家谱》不分卷《睦宗十二志·宗宅志》。

贫所累"，而"备历苦景"①。但作为科举世家，黄景昉在良好的家庭教育和学术传承之下，自幼就展现出"好古能文"的天赋，七岁时所作制艺"顾鸿雁麋鹿"，已能"博赡陆离"②，甚至于以"读书警敏"著称的祖父黄国彦在读其所作之后"每奇之，夜饮为加爵"。③ 而在本经的选择上，黄景昉专研《诗》经，除了秉承家学之外，也受到"场屋文字"的影响，他曾说："曩者曰王、唐、瞿、薛皆以《毛诗》起家，余乃习《诗》。"④

在入泮之前，黄景昉主要接受家庭的教育及熏陶，林胤昌在《屏居十二课跋》中对景昉早年的印象曾回忆道："先生少余一岁，总卯偕二昆，与余同学，寡言笑，鲜戏谑，早然古处，识者占为大物。"⑤ 泉郡耆宿何乔远也对黄景昉说过"合君一家，当名东石为前呆，观石为中呆，而君为后呆矣"，称其为"家学渊源之渐，而笃行敦伦之大者也"。⑥ 但相对于远慕高祖黄润的遗范，对黄景昉来说，祖父、父母的庭训及与二位兄长的共学经历对其产生的影响则更为直接。祖父黄国彦（1541—1609），字士美，号观石，"读书警敏，瞥目便记，下笔滚滚"⑦，虽"于书无所不窥，间评点见意"，但"寡所撰述"。⑧ 隆庆元年（1567）以第七名中式丁卯乡试，后屡赴公车不第。万历八年（1580）铨授新宁知县，历任泗州知州、全州判官，十九年（1591）升任绍兴府通判，以崇府左长史致仕。由于黄国彦"官中所行事不以语家人"，后来景昉也仅能从故帙旧牍及时人口中得其梗概，据何乔远所作《墓志》，国彦在新宁时，"豁田赋、均徭役，延隽士课教之"，此后"士渐有举于乡者"。任泗州知州时，"州刑故严于他州"，国彦"悉轻弛之，奉梏委地"，并为民众"预为修赈"以备"岁涝"，泗州之民称其"惠政种种难更仆"。⑨ 万历三十七年七月二十七日卒于家，享年六十九岁，崇祀于广州府名宦祠。

---

① （明）黄景昉：《屏居十二课》，第344页。
② （清）郭庚武、黄任、怀荫布纂修：（乾隆）《泉州府志》卷54《黄景昉传》，第3册第96页。
③ 《檗谷黄氏家谱》不分卷《景昉公传》。
④ （明）郑之玄：《克薪堂文集》卷3《黄太穆制义序》，国家图书馆藏明崇祯七年刻本。
⑤ （明）林胤昌：《屏居十二课跋》，第347页。
⑥ （明）何乔远：《镜山全集》卷69《黄国相公暨叶、庄二孺人墓志铭》，第1800页。
⑦ 《檗谷黄氏家谱》不分卷《睦宗十二志·宗才志》。
⑧ 《檗谷黄氏家谱》不分卷《大彦公传》。
⑨ （明）何乔远：《镜山全集》卷69《黄国相公暨叶、庄二孺人墓志铭》，第1800页。

父亲黄宗彝（1570—1631），为国彦次子，字秉甫，号屺湘。为人至孝，《家谱》中记道"长史公既老病，伯子殇，诸孙出就省试，公独侍晨夕，执持浣厕褕，浃旬不解衣"，而其自号"屺湘"，则因"长史公在全州，公居治家，而母殁痛不及视，每食必涕"，故以此"志憾也"。宗彝"教子甚严"，每日"天未明起梳洗，子姓、僮仆无敢后者"，在其课督之下，子弟辈皆著声乡里，景明、景昉更是连登科第。与此同时，宗彝读书守礼，"起居坐止，不失尺寸"，即使在黄景昉通籍贵显后，"犹以布衣与故人往还"，到晚年"益简出"，《传》中还特举一事写道："一日敞车出，逢某封君阿殿来，令避车，公亟引避，舆人不肯，曰：'此太老乎？'公笑从车后步去。"① 崇祯辛未年四月癸酉卒②，享年六十二岁。

与传统的世家一样，母亲在子孙辈早年的教育生活中往往充当着重要的角色，景昉一系同样也不例外。景昉尊人谢太夫人（1572—1655）为谢吉卿之女，在《宦梦录》中他曾写道："余外祖海盐令谢公吉卿举万历庚辰进士第五人"③。她严于子弟辈的教育，"课督诸儿从令力学"，当诸儿外出就试时，每每旬月"不寐"。而从后来景明、景昉立朝为政的表现中，也不乏母亲的教导和期许，《家谱》记道："澹叟公令长乐，戒勿烦刑，庭下稀箠楚声，恒欢呼曰：'此太夫人赐也。'东厓公经筵召对，面捄郑司寇狱，旋奉旨严。信闻，合家皆惊，太夫人笑曰：'为讲臣不当如是耶？'"④ 正如黄景昉门生、顺治首科状元刘子壮所总结的：

> 太师母生为名进士女，长为贤大夫妇，克配君子，有子五人，皆身致通显，名当世。而吾师特以一人简为辅弼，泽被天下，出其门者遍四方。诸孙曾兰英玉立，绳绳振起未有艾，人以为母之福如此。然母之事翁姑也，佐其廉以孝；相夫子也，济其严以宽；教子也，慈而义；御下也，恕而仁，人以为母之德又如此。而至其盛而不溢，勤而好

① 《檗谷黄氏家谱》不分卷《宗彝公传》。
② 《檗谷黄氏家谱》记卒于崇祯辛未年二月十二日吉时，卒年日期或有误，《宦梦录》卷2记其在崇祯四年五月朔日的前一日。
③ （明）黄景昉：《宦梦录》卷1，第68页。引文所说"万历庚辰进士第五人"，非该榜第五名，查《明清进士题名碑录索引》可知谢吉卿为三甲第一百零八名，实为该年晋江籍进士的第五人，排在其前面的是温显、黄克缵、洪有复、陈绍功。
④ 《檗谷黄氏家谱》不分卷《谢太夫人传》。

施，处废兴之际，皆能知几以善其进退，则又古人之所难。而太母若性成而天授，吾是以知太母之福本于其德，而于天人之际有得其全者也。①

此后，黄景昉昆仲五人，非通籍显宦，即著声文苑，其中除了黄氏家族的家学传承和学术传授外，也离不开谢太夫人母教的影响。而在子弟辈"显名当世"后，谢太夫人仍以身作则："奉先祀肃，必祭毕始惠余馂，初无敢尝一脔者，晚犹偏诣宗祠致敬，或劝少休，辄揪然曰：'吾黄家老宗妇也，敢自迢逸，且何以式后来妇孺辈。'"并秉承"清白"之训，不喜奢华，以俭持家，以至于"家有新纳婢见太夫人綦缟朴素，询孰为太夫人者"。卒于顺治十二年（1655）乙未八月十二日亥时，享年八十四岁。

在黄景昉早年经历中，除了祖父和父母的影响外，也不乏与伯仲二兄共学的收获，他曾说："余心念学务自得耳，摹仿先辈，追随名士，均为用心于外，非实益，遂一意闭户，同二家兄诵。"② 长兄黄景明（1590—1672），字可文，一字无垢，号澹叟。幼时读书，已能"过目成诵"，及长则"手不释卷"，所作之文时为乡里所称颂，黄景昉曾说，陈之淯任晋江知县时"最奇爱伯兄澹叟文"③。但与祖父国彦相近，景明喜事评点选辑而寡于撰述，据《家谱》记载："所选《左传》至《汉书》二十本，秦汉文至明共十八本，韩柳八大家及明王阳明等六大家共二十五本，诸子共十二本，与所辑《比事》八本，《纂言》八本，《杂抄》十本，《偶律》一本，共百有二本。"④ 同时，景明亦承黄氏家学，专研《诗》经，以第十名中式崇祯六年（1633）癸酉科乡试举人，并以会试第五十一名联捷甲戌科进士，在乡有"兄弟进士"之誉。景明登第后，崇祯八年铨授为广东长乐县知县，十三年升礼部制司主事，历任祠祭司员外郎、郎中，十四年八月外任广西按察司提督学政佥事，十六年擢浙江金衢兵巡道、布政使司右参议，翌年请辞归里。景明在宦途秉持庭训，"惟以爱民为心"，平反冤狱，识拔才俊，定顷刻之变，阻开采之役，多有善政，"民赖以安"⑤，时人尤

---

① （清）刘子壮：《屺思堂文集》卷5《黄太师母八袠寿序》，《四库全书存目丛书》集部第216册，齐鲁书社1997年版，第811页。

② （明）黄景昉：《宦梦录》卷1，第70页。

③ （明）黄景昉：《宦梦录》卷1，第109页。

④ 《檗谷黄氏家谱》不分卷《景明公传》。

⑤ 《檗谷黄氏家谱》不分卷《景明公传》。

称颂其"力挽浮靡，文风一变，人不敢干以私"之功。① 仲兄黄景晔
（1591—1654），字可发，号余庵。虽"十赴龙门点额回"②，未能如景明、
景昉荣登科第，但以文辞著声泉郡，尤有诗名，后以"鸿名硕学"荐授为
温州别驾，《家谱》对景晔评价道："天性和易，与人处不为翕翕热态，亦
不为崖岸斩绝之行，遇挚性知己披肝露臆，声如洪钟，谈累日，夜靡厌，
非其意抗手谢绝，虽豪贵不为避。"③ 这里稍作补充的是景昉的四弟景昭、
五弟景曦，二人由于年辈较晚，未能与景明、景晔、景昉等共学，而是遵
从父命师从于长兄景明，但从《家谱》的记载中可以看到，二人均能世其
家学，这也从一个侧面反映了科举世家内部的学术传承。景昭（1606—
1662），字可冲，号晋叔，不仅屡试高等，并且"性英敏多通，每遇疑难，
人赖剖决，凡纷乱葛藤百辞莫折者，以片语了之"，唐王隆武时期虽被荐
授海阳县令，但之官三月即"以世事日非"辞官。④ 景曦（1611—1668），
字可亭，号航厓，数得葛寅亮、李长倩等人奖掖，于闽中尤有高名，然不
幸遭遇鼎革，"遂一意教子，不复问浮名，却扫斋中，以一花一石自娱"，
其妻为刑部尚书陈道基孙女。⑤

值得注意的是，家庭的教育除了学术的传授外，也包含德行的培养，
从前述中已可具见黄国彦、黄宗彝及谢太夫人的操守，黄景昉兄弟五人在
这样的家风熏陶之下，自幼孝事双亲，友爱昆仲。景明未登第时，"天未
明梳洗，往寝所问安，立逾时方敢退"，太夫人中年善病，"每五鼓自往迎
医，风雨不辍"⑥；景晔于"封公辛未即世，孺慕弥至，每定省太夫人，日
三四往"⑦；景昉在十六时，因见谢太夫人"连岁病羸"，即"私为叩头吁
天，愿自减箕益母"。⑧ 景曦"孝友出自天性"，当父亲黄宗彝病逝时，
"哀悔不欲生，复饮泣不重伤太夫人意"，后来谢太夫人就养长兄景明官
署，景曦跋涉数千里问母起居。顺治十五、十六年冬，景昉、景昭接连患

---

① （清）金鉷修，钱元昌纂：（雍正）《广西通志》卷68《名宦·黄景明传》，《景印文渊阁
四库全书》，台湾商务印书馆1986年版，第147页。
② （明）黄景昉：《瓯安馆诗集》卷30《哭仲兄余庵别驾》。
③ 《檗谷黄氏家谱》不分卷《景晔公传》。
④ 《檗谷黄氏家谱》不分卷《景昭公传》。
⑤ 《檗谷黄氏家谱》不分卷《景曦公传》。
⑥ 《檗谷黄氏家谱》不分卷《景明公传》。
⑦ 《檗谷黄氏家谱》不分卷《景晔公传》。
⑧ 《檗谷黄氏家谱》不分卷《景昉公传》。

病，景暿虽有疾在身，仍"日必勉造床前，调药视膳，奚翅灼艾"。① 而从黄景昉的诗作中，也不难看出兄弟间彼此的情谊，如长兄景明谒铨时，景昉写道："兄德秉清刚，于礼先一饭。差池台阁间，何异琼与琬。弟妹各长成，绮罗羞南阮。为长心独辛，能不念翩反。"② 后来景明督学广西，景昉亦作诗赠别："追出彰义门，扶携申薄饯。别酒惨不盈，离怀何繇展。遵海道青州，夷稍异邹兖。过家或少留，岁值寒毛毡。堂奉老母欢，庙祀先公腆。"③ 又如仲兄景晔在入都后由于随即南下赴考，景昉适逢陪祀太庙未能送行，在诗作中写道："屡乖当道意，累尔去留难。马又遵前路，鹰终刷远翰。朱丝萦社鼓，玄酒荐斋盘。恰值匆匆别，愁人是此官。"④ 对于诸弟，景昉也不时挂怀在心，诗集中即收有《元二日送可冲弟之湖州兼寄谭服膺明府》《可冲弟入都未几值余致政行赋示》《送可冲弟之鹭门》《题可亭五弟航斋用韵》《示五弟可程》等写示题赠之作。鼎革之后，景昉一家仍相处如旧，《诸兄弟夕数过合饮》一诗写道："各自滋柔爱，谁知等辈尊。豆笾传雅咏，桃李集芳园。母老欢其顺，儿痴教使惇。对床风雨约，身到已忘言。"⑤ 颇能反映家中其乐融融的情景。不久，伯仲二兄连登耳顺之年，景昉作《伯仲二兄间岁寿各登六秩赋祝》为贺，这样的情谊直至顺治十一年，仲兄景晔病逝，始趋于消散，在《哭仲兄余庵别驾》中景昉痛惋道："收拾遗篇准备铭，家传七世缺稀龄。毋年踰耋兄兼长，为放松梢久远青。"⑥

而从上述的梳理中也可发现，自祖父黄国彦伊始，子弟辈为官则能爱民，为学则以文名，为子则有孝名，黄景昉能在明季淆乱的时局中"和平中正，不榜门户"⑦，诗文"于闽人成派，别开生面"⑧，离不开庭训的涵养。晚年他自言"余非不慕贵游，非不慕亲暱，直以世承先父祖之训，罔

---

① 《檗谷黄氏家谱》不分卷《景暿公传》。
② （明）黄景昉：《瓯安馆诗集》卷2《喜大兄可文谒铨至赋呈》。
③ （明）黄景昉：《瓯安馆诗集》卷2《送大兄可文仪部出视粤西学政》。
④ （明）黄景昉：《瓯安馆诗集》卷9《仲兄可发以夏末入都旋跟跄就南试是晨适陪祀太庙复诣礼部护日归追送弗及诗用写叹》。
⑤ （明）黄景昉：《瓯安馆诗集》卷15《诸兄弟夕数过合饮》。
⑥ （明）黄景昉：《瓯安馆诗集》卷30《哭仲兄余庵别驾》。
⑦ 孟森：《传钞本黄景昉〈国史唯疑〉跋》，第12页。
⑧ 陈田辑撰：《明诗纪事》辛籤卷十八，上海古籍出版社1993年版，第3256页。

敢隙越"①，而对于"交游当道"则认为："余私念敝有数端焉，耗精神一也，糜酒食二也，荒学业三也，启窥伺四也。昔称贤士大夫，动以干旄子子趋诣不得一望见颜色为高，所以身后志文，喜谈孤洁，酾若生前缛节，雅尚圆融，抑何名实之不相副乎?"② 可见其渊源所自。

万历四十一年（1613），黄景昉入泮，与长兄景明、仲兄景晔及林胤昌等同学，受业于黄瑞台③，而郑三俊则为其督学师。④ 两年后，黄景昉以《诗》为本经，中式万历四十三年（1615）乙卯科乡试举人，位列第十六名。⑤ 该科乡试，翰林院检讨来宗道、刑科给事中姜性分别为其正、副座师，仙游知县徐观复为其房师。⑥ 天启年间仕至刑部尚书的苏茂相在看到黄景昉的乡举程文后也对之多有赞许，不仅"手柬奖藉"，还特治具款待。⑦

随后的十年，黄景昉连试礼部不第，久困场屋，他在晚年回忆道"余少为家贫所累，公车十载，备历苦景"⑧，虽然有家贫所累的原因，但也只是相对而言，然而据此也可知黄景昉在登第之前曾不止一次参加过会试。他在著作中提到过："沈同和榜出，余计偕时所亲见，都下闃然。"⑨ 此事为明代科场案中最为严重的一桩，发生在万历四十四年⑩，《实录》载其始末："会元同和，吴江人，席官籍，余业好冶游，拈笔不能成句，预购善细书者，猎时艺为小册，挟以入闱，得中乡试。其同邑赵鸣阳，薄有文声，同和结为姻。至是贿胥役，三场皆同号舍，每题出，挟本誊写，间有不备者，鸣阳代为之，遂得第一，而鸣阳亦在第六，于是士论哗然矣。"⑪

① （明）黄景昉：《鉴通谱》，《馆阁旧事》附录。
② （明）黄景昉：《戒援上》，《馆阁旧事》附录。
③ （清）周学曾等纂修：(道光)《晋江县志》卷31《选举志·贡生》，第860页。
④ （明）黄景昉：《宦梦录》卷1，第74页。
⑤ 《檗谷黄氏家谱》本传载"十九岁入泮，二十一岁为万历乙卯科中式第十六名举人"，但林胤昌称"先生少余一岁，总卯偕二昆，与余同学……乙卯弱冠，与余同年，公车追随"，则黄景昉中式举人时当在二十岁，而据其生年推算，万历四十三年时景昉亦恰为二十岁，那么《家谱》所载与实计稍有不同，但如以此岁差来计算，则黄景昉入泮当在万历四十一年，时年十八岁。
⑥ 据《宦梦录》卷1，第74—75页、《国史唯疑》卷12，第367页整理。
⑦ （明）黄景昉：《宦梦录》卷1，第69页。
⑧ （明）黄景昉：《屏居十二课》，第344页。
⑨ （明）黄景昉：《国史唯疑》卷11，第324页。
⑩ 南炳文、吴彦玲辑校：《辑校万历起居注》"万历四十四年三月三日"，天津古籍出版社2010年版，第3232页；郭培贵：《明史选举志考论》，中华书局2006年版，第327页。
⑪ 《明神宗实录》卷542"万历四十四年二月戊辰"条，"中研院"历史语言研究所1962年校印本，第10309—10310页。

黄景昉在会试后亲睹了当时"都下阒然"之状,也就是说,他第一次应礼部试即在乡试中举后的翌年。在同书中,景昉还提到:"己未二月午后,风雨骤作,黄尘赤雾四塞,天色晦墨如深夜。余时以计偕寓邸中,业上灯矣,徐乃渐明。未几,而四路溃师报至,正其日也。"① "己未"为万历四十七年,是年二月,经略杨镐誓师于辽阳,会同总兵官李如柏、杜松、刘綎、马林分兵四路出塞援辽,为清兵所败,丧师殆尽。景昉在京中寓邸亲历了"天人应征之奇",则是其第二次计偕之时。在后来的自述中,黄景昉还记其第三次落第时的经历:"余壬戌京中得《嘉隆首辅传》一书,恒寓目焉。蒋公以忧归,偶舟中见之,亟持去不还,蒋时视余一落第举子耳。"② 又称:"景陵王给谏鸣玉、黄广文问,余旧交,记壬戌落第,给谏别余诗。"③ 并亲见清兵攻陷广宁等四十余城后,京师震动,"计偕士纷纷南下,有甫入都,旋襆被出城者"的情形。④ 通过上述的梳理,黄景昉在天启五年登第前,先后参加过万历四十四年(1616)丙辰科、四十七年(1619)己未科、天启二年(1622)壬戌科三次会试,即所谓的"余曩滞公车十年"⑤。

其间,在万历四十四年落第后,黄景昉"以为不得第一,宁俟再举耳,慨然有旗鼓中原之志"⑥,南归后即与郑之玄、何九云结社乡里,"以文字相弹射"⑦,先后同社者有林胤昌、黄道周、蒋德璟、庄际昌、傅元初、王之骥、黄日昇等人,相与"为文章性命之交"⑧,其诗集中如《立秋日同傅子讱王何称林为磐郭闇生穿莲东湖分得莲字》《五日集何舅悌邸舍》等均是当时谦集唱和之作。黄景昉在社中,颇得同道的推许,林胤昌盛赞景昉"文必师古,事必师古,学必读遍古人书"⑨,蒋德璟则赞许道:"自

---

① (明)黄景昉:《国史唯疑》卷11,第325—326页。黄景昉在《宦梦录》中又称:"宜兴万公德鹏素于余非识,戊午偕计偶邂逅,慨然以车马畀余同乘传。"[(明)黄景昉:《宦梦录》卷4,第297页]

② (明)黄景昉:《馆阁旧事》卷下。

③ (明)黄景昉:《宦梦录》卷1,第110页。

④ (明)黄景昉:《宦梦录》卷1,第124页。

⑤ (明)黄景昉:《宦梦录》卷首《序》,第64页。

⑥ (明)郑之玄:《克薪堂文集》卷3《黄太穉论草叙》。

⑦ (明)林胤昌:《屏居十二课跋》,第347页。

⑧ (清)李清馥:《闽中理学渊源考》卷75《庶常何培所先生九云》《宫赞郑大白先生之玄》,第731、737页。

⑨ (明)林胤昌:《屏居十二课跋》,第347页。

吾与道圭、直夫、擎甫、舅悌诸子，以诗取大于匪莪先生，而太稺方弱冠，上公车，负磊落姿，其诗则已葳蕤僬挺，如鹓雏决起，顾盼而唳苍昊矣。"① 在诸位社友中，郑之玄是最能得其肯綮者，景昉曾说"惟郑道圭能见吾长耳"，之玄亦言"凡太稺之见，多与余合"②，并称："吾党惟太稺之才，云垂雨注，无之不可。余区区怜之爱之，珍重其言，谓之为金。其必以子厚所属于退之者属太稺矣，岂以制义之文哉？"③ 可见二人之往来情谊及郑之玄对黄景昉推崇之意。在社中，同道之间除了评骘文章、讨论性命之学外，亦不时谈论"勋名所至"等话题，黄景昉在与林胤昌、郭炜谦集时，就提出了"他日稍有补于国家，无得罪于名教足矣"④的入仕志向，并成为此后其立朝为政的准则，这在下文中将有专节讨论。从这一层面来说，也可以看到，随着内忧外患的渐趋深重，明季的结社为文，往往由切磋制义，发展为关切时政⑤，正如时人对结社与科考入仕的关系所观察的一样："令甲以科目取人，而制义始重。士既重于其事，咸思厚自濯磨，以求副功令。因共尊师友，互相砥砺，多者数十人、少者数人，谓之文社，即此以文会友、以友辅仁之遗则也。"⑥虽然有"好修之士，以是为学问之地"与"驰骛之徒，以是为功名之门"的区别，但实际上在入仕之后则渐趋于一，如黄道周、蒋德璟、黄景昉等入仕后均名列于"社事宗主"之中。⑦ 黄景昉晚年在《宦梦录》中对同社科甲仕进情况不无自豪地总结道："屈指同社八九人，六举制科，鼎元一，史馆三，两登铨省，信一时意气之盛也。"⑧

天启二年（1622），郑之玄、林胤昌、蒋德璟、黄道周等社友同登壬戌科进士，而黄景昉却第三次落榜，在《述怀》中他写道："不理湾头楫，栖栖何所希。已如春社燕，犹恋帝京飞。五月长被褐，故人半赐绯。忽传

① （明）蒋德璟：《敬日草》卷4《东厓诗序》。
② （明）郑之玄：《克薪堂文集》卷3《黄太稺论草叙》，国家图书馆藏明崇祯七年刻本。
③ （明）郑之玄：《克薪堂文集》卷3《黄太稺制义序》。
④ （明）黄景昉：《宦梦录》卷1，第74页。
⑤ 谢国桢：《明清之际党社运动考》，北京出版社2014年版，第6—11页；郭绍虞：《明代的文人集团》，收入《照隅室古典文学论集》，上海古籍出版社1983年版，第520—530、585—586页。
⑥ （清）陆世仪：《复社纪略》卷1，《续修四库全书》第438册，上海古籍出版社2002年版，第473页。
⑦ （清）陆世仪：《复社纪略》卷2，《续修四库全书》第438册，第511页。
⑧ （明）黄景昉：《宦梦录》卷1，第73页。

家信近，应是寄当归"，"敢恨逢三黜，休言读五车。千金燕市骏，大雪灞桥驴。壁立终能赋，途穷早著书。蒯缑吾自可，未肯学弹鱼"。① 可见其当时怅惘的心绪。所幸的是，由于与何九云的至交关系，在京中始获识闽中耆宿何乔远，并得其奖掖："司空何公乔远，邑名德长者。壬戌，余始识之京师，尝夜侍，露坐论文，余狂率颇陈所见，公喜。……蜀奢酋变作，礼部试观政进士《五月渡泸》诗，有传宗伯郑公以伟诗用'布伯'二字者，何公偶问奚出，余对曰：'出田汝成《炎徼纪闻》。'公亦喜余能记也。"② 据《温陵旧事》记载，在万历之末，何乔远"以藻鉴品题天下士，所奖赏为时闻人，掇巍科、登台辅者未易枚举"，以至于"郡人士束身修行，求所以当先生之意，先生亦极相推引，所谓暮得一，旦以告人，如恐其或失之也"。③ 何乔远的评价在士林中的影响力于此可见。此次拜见之后，景昉又随何乔远父子同谒长陵定陵，他对当时的情形回忆道："余时易皂帽，被一青布直裰，短才至膝，故不欲人识之。公子九云序余诗谓'尔时意色寒逊'，正指其事。"④《瓯安馆诗集》中收录的《游海淀》《从何稚孝先生骑马出海淀暮抵高良桥已昏黑矣先生马上扬鞭裁如二十许人而余前日适堕马》《宿高梁桥》《昌平道中》《恭谒长陵》《定陵》《北望》等"颇见赏作者"之作，皆写成于此时。在留寓京中数月之后，是年秋天，黄景昉出都归里，并作诗奉别何九云、郑之玄，从诗句之中颇能感受其当时的心境：

　　三月开厢已敝裘，何不理楫俟清秋。燕市只今谁屠狗，楚人自昔但冠猴。与子周旋觉子好，更逢寂寞长安道。十日欢笑九日同，别去犹言意草草。非以途穷故相怜，意气生成不由天。譬之择交如别酒，清者为圣浊为贤。纵横调笑且为乐，破帽青衫自不恶。岂必大官方上陵，况有李侯好池阁。……迟子同归东海滨，久客京华为老亲。顾我行藏真孟浪，如君谊已重公卿。是日无风官路旷，壬戌之秋月既望。故人珍重惜别离，犹恐骊歌惨不壮。自骑奔马来追我，盘中数楉具瓜

① （明）黄景昉：《瓯安馆诗集》卷7《述怀》。
② （明）黄景昉：《宦梦录》卷1，第71—72页。
③ （清）郭赓武、黄任、怀荫布纂修：（乾隆）《泉州府志》卷20《风俗》，第1册第484页。
④ （明）黄景昉：《宦梦录》卷1，第74页。

果。平日相忘尔汝交，为送将归更上坐。坐上深杯百不迟，人生知己
如星稀。若愁别后无伴侣，犹有郑公好论诗。①

归乡之后，黄景昉有一段家居徘徊的时期，他自言"贫甚学聊且，蓬
头已不巾"问"行藏犹未定，随地足渔樵"②。但不久，在接到同乡余姚知县
马用锡的延请后，黄景昉即入浙讲学，《余姚县志》对此记道："时邑令马
用锡为乡人，延请讲学，士子沐其教者甚多。"③ 据《杭州府志》记载，马
用锡任余姚知县的时间在天启三年至六年之间④，由于天启五年春黄景昉
已在京中备考，故其执教余姚的时间当在天启三年至四年之间。郑道乾在
《古今明堂记跋》中对黄景昉的这一经历曾指出："（《古今明堂记》）此书
或为主讲余杭时所作，故至今流传于浙水间也。"⑤

天启五年（1625），黄景昉第四次入京应礼部试，是时随着社中友人
接连入仕后的揄扬以及同乡耆宿、在京业师座主的奖掖荐举，黄景昉在京
中已被视为"闽中名士"，舆论亦称该科"入闱得此公焉足矣"。⑥ 至此，
在历经三科会试、久困场屋十年之后，黄景昉以二甲第十八名中式乙丑科
进士，自此正式开启了他十九年的仕宦岁月。

通过以上的梳理，可以看到，黄氏一族自唐末由河南固始避地入闽后
历经迁转，在南宋时始定居于晋江檗谷村，世以治田网鱼、铸铁为生，以
是入明之后，被编为"匠籍"。延至正统末年，广东贼寇黄萧养攻掠泉州，
六世祖黄宗和统乡兵捍御，战死于乱中，其子黄容避入城中，幸得富人余
翁所赏识，妻之以女，由是黄容一系乃迁居泉州郡城。自此随着家族经济
状况的改善，黄容长子克复受业于同乡蔡清，传其《易》学，黄氏家族始
致力于举业。经过黄容、黄克复两代的积累，到黄润时方以《易》为本经
中式正德十六年（1521）进士，自此确立了"家世业儒"的基础，在家族

① （明）黄景昉：《瓯安馆诗集》卷5《出都奉别何舅悌兼简郑大白太史》。
② （明）黄景昉：《瓯安馆诗集》卷7《家居即事》。
③ （清）张思齐纂修：康熙《余杭县志》卷4《官师志·黄景昉传》，清康熙十二年刻本，
第10a页。
④ （清）马如龙、杨鼐等纂修，李铎等增修：康熙《杭州府志》22《守令下》，清康熙三十
三年李铎增刻本，第8b页。
⑤ （清）郑道乾：《古今明堂记跋》，（明）黄景昉：《古今明堂记》，浙江省图书馆藏
清抄本。
⑥ （明）黄景昉：《宦梦录》卷1，第78页。

内部也形成了"讲贯授学"的学术传承。其间，由于黄润的通籍，此后子弟辈相与缔亲者，非里中仕宦之家，即为名士之后，通过与乡里世家的联姻，黄氏家族在向上流动的过程中，也进一步拓展了自身的人际网络。而专研《易》经的家学传授，在黄润一辈与惠安张氏通婚后，长子伯敬遂兼习《诗》经，在他的影响之下，从子侄辈黄国彦、黄国贤，到曾孙辈黄景明、黄景昉，均改以《诗》为本经，在三代中四举乡试、两登甲科，形成晋江的又一科举世家。与此同时，借助上一辈的同窗之谊和社集之交，黄氏家族的人际网络也在代际间承续，黄景昉兄弟受到乡里耆宿、仕宦的关注和赏识，在很大程度上得益于祖父黄国彦、外祖谢吉卿同窗社集的交游圈和在郡县中的世家名望。

自幼成长于其间的黄景昉，在入泮之前主要接受家学的传授和家风的濡染，良好的家庭教育，使其在弱冠之年即中式举人。虽然接下来的十年，黄景昉备历了三赴公车、久困场屋的苦景，但可以看到在第一次落第归乡后，通过与友朋同道的结社，在切磋文字、讨论文章性命之学的同时，以世道时局相期许，形成社集的群体认同，并在黄氏家族的人际网络之外，进一步拓展了个人的交游圈。此后，随着业师座主的升迁、友朋同道的先后登第及闽中耆宿的奖掖，在他们揄扬荐举之下，黄景昉在第四次入京会试时，已为时论所推重，从而顺利的登第入仕。

总之，从宏观的视角来看，檗谷黄氏家族由匠转儒，再到形成科举家族，虽有其偶然的因素，但在一定的经济保障之下，家学的传承、良好的家风和不断拓展的人际网络，保证了此后家族的良性发展，也为子弟辈走上科考之路提供了支持。而对于黄景昉来说，从举业科考，到京中宦海，再到鼎革后的维系乡里，均不乏业师前辈、友朋同道的护持、提携和襄助，在他"政治的人生"中，黄氏家族及其个人奠基乡里的人际网络在不同时期都为他发挥过积极的作用。

第二章　晚明政局演进与黄景昉的仕宦生涯

黄景昉的仕宦生涯，自编修以至宰辅，从庙堂政治的旁观者，到中枢政治的协理者，再到密勿之地的筹划者，几乎贯穿了天启、崇祯、隆武三个时期，于崇祯一朝更是近乎相始终。晚明的重要政治事件，如魏忠贤乱政、己巳之变、温体仁秉政、推知改选、庚辰特科、黄道周之狱、刘宗周削籍、壬午枚卜、薛周勒缢等，黄景昉或是亲历者，或是参与者。他在自述中，一再强调随着政局的演进及温体仁、杨嗣昌、薛国观等人的接踵引导，崇祯皇帝"治尚刻深操切"日渐加深，阁臣的辅弼空间也随之缩小，面对皇帝的绝对威权，仅能"委曲弥缝"，以至于"在廷则门户纠纷，疆场则将骄卒惰。兵荒四告，流寇蔓延"，最终导致"溃烂而莫可救"。[①] 本章以黄景昉为"第一视角"，通过对其仕宦经历的梳理考论，在厘清补正明清之际诸多史事的同时，进一步呈现晚明的时局和政治文化。

第一节　天启时期：初入仕途

天启五年（1625），在备历十载公车的苦景后，黄景昉以会试第九十三名中式，据《实录》记载，该科会试主考官为大学士顾秉谦、魏广微，同考官为左谕德杨景辰、右谕德萧命官，修撰庄际昌，编修朱继祚、侯恪、张翀、姜曰广、孔贞运，简讨姚希孟、杨世芳、胡尚英、吴士元，都

---

① （清）张廷玉等：《明史》卷24《赞》，第335页。

给事中许崇礼、罗尚忠，吏部郎中白储珝。① 黄景昉以治《诗经》②为罗尚忠所取中，与该科状元余煌及后来的庶吉士刘垂宝同出其门："都谏罗公尚忠，贵池人，余乙丑春遇之少司农郑公三俊邸中，以郑为同里姻，逊余揖。郑目余，笑谓罗曰：'此闽中名士，公且入闱，得此公焉。足矣。'比榜放，果出师门。师最精鉴识，所得士为一时冠，鼎元余公煌、庶吉士刘公垂宝本《春秋》房孔公贞运落卷，师为搜出之，二公终身执门人礼惟谨。"③ 从这则自记中可以看到，在会试之前时任户部侍郎的郑三俊已曾向罗尚忠荐举黄景昉。三月殿试，景昉以二甲十八名，得赐进士出身④，他曾自记廷试题名的情形："乙丑廷试，初拟翁公鸿业第一，以其卷有'崩析'二字，不便进读，已之。"⑤ 可知廷试之难，"科名之有数"。黄景昉仕宦生涯亦自此始。

登第后，黄景昉观政于吏部，他曾说"太宰崔公景荣，余观政恒肃揖堂前"，可为证。⑥ 同年六月，考选翰林院庶吉士，在临试前，罗尚忠召集了该科中式的学生面谕："临庶常试，罗师偶集诸同门，有'闭户谢客，肆诗文，多观前辈馆课'之谕。众唯唯。"⑦ 考选后，改授进士黄景昉、杨汝成、王建极、钱受益、王廷垣、张维机、项煜、朱兆栢、师雅助、计尧俞、马之骐、江鼎镇、李觉斯、卫嵚、刘垂宝、李建泰、闪仲俨、褚泰初

---

① 《明熹宗实录》卷56"天启五年二月乙酉"条，"中央研究院"历史语言研究所1962年校印本，第2562页。

② 《檗谷黄氏家谱》不分卷《仙举公子孙累世科第题名录》。按，陈龙正在《分考再回奏》一疏中提及"（左谕德黄景昉、闪仲俨）二臣皆习《诗经》"，亦可证黄景昉是以《诗经》为本经。[（明）陈龙正：《几亭全书》卷38《分考再回奏》，《四库禁毁书丛刊》集部第12册，北京出版社1997年版，第348页]

③ （明）黄景昉：《宦梦录》卷1，第78页。

④ 朱保炯、谢沛霖主编：《明清进士题名碑录索引》，上海古籍出版社1998年版，第1564页。另，《国榷》载"癸亥，策贡士于皇极殿"[（清）谈迁：《国榷》卷87"天启五年三月癸亥"条，张宗祥点校，中华书局2005年版，第5301页]，《明史》卷22《熹宗本纪》载"丙寅，赐余煌等进士及第、出身有差"（第303页），则是年殿试在"三月十五日"，赐出身在"三月十八日"，故《明史·选举志》称"廷试，以三月朔"，不确。

⑤ （明）黄景昉：《宦梦录》卷1，第76页。

⑥ （明）黄景昉：《宦梦录》卷1，第79页。按，黄景昉在《观政后呈同部诸公》中曾提及其观政时"得旨免捐俸助工""时部试辽东露布"二事。[（明）黄景昉：《瓯安馆诗集》卷7]

⑦ （明）黄景昉：《宦梦录》卷1，第95页。

等十八人为庶吉士，同一甲进士余煌、华琪芳、吴孔嘉送翰林院读书。[①]
此次考选，黄景昉名列第三[②]，景昉认为其能中选，虽是吏部尚书崔景荣
所拔识，但实际上定自礼部侍郎薛三省之手："太宰崔公景荣……属试庶
吉士，公分阅闽卷，首拔余，时少宗伯薛公三省与联坐，公以阅卷事委
之，实定自薛公手。"[③] 是时，大学士魏广微亲临庶吉士考选，因先期曾
"举省直知名士密先疏记"，故对黄景昉颇为瞩目："南乐魏师广微，在阁
殊不满舆论，其人实清肃，班役辈无敢横索一钱者。颇留意人才，临庶常
试，举省直知名士密先疏记，试日躬出巡行，过余及同乡黄公文焕几前，
各驻视少顷，会日暮，师以腹痛出。"[④] 据黄景昉所记，此次馆选曾试以
《皇极殿成赐百官宴辅臣献诗志喜》，景昉诗云："敛福归皇极，承恩满建
章。星垣元拱北，帝座俨当阳。万国经营就，三朝作述长。斗牛依藻井，
龙虎护雕梁。朱绂登筵宠，金茎挹露香。箕畴谁可访，天子正垂裳。"[⑤] 而
考选之难，正如其回忆所言，凡稍有"疎脱落笔"即"置不录"，其同年
陈士奇虽"才最高"，但因诗作"内有'天子焚裘出'之语涉忌"，遭考
官黜落。[⑥]

内阁本下后，新选庶吉士依例谢恩，黄景昉与同年丘瑜、李觉斯、张
维机因到场稍迟而合疏待罪，明熹宗传旨："念系新进书生，宥之。"[⑦] 黄
景昉在《纪误》诗中曾追咏此事，从中可以看出他初入宦途时惴惴不安的
心情：

> 綆短不汲深，斯言良有味。嗟余顽鄙姿，久合方外置。貂尾滥华
> 缨，螭头直草制。是晨天气晶，亲观重瞳丽。敕纸黄似鸦，中有蛟龙
> 字。心知执玉难，上殿神先悸。藩吏老龙钟，东西忘审谛。磬折欲从
> 之，于礼为非例。故乏胆坚刚，亦缘学疑滞。常恐并淮南，谪去守天
> 厕。叨逢宽大朝，未即从黥劓。归卧三日恶，至今犹病嚏。因思适馆

---

① 《明熹宗实录》卷60"天启五年六月庚子"条，第2848—2849页。计尧俞，原作"□□
俞"，据朱保炯、谢沛霖《明清进士题名碑录索引》补正，第2603页。
② 《樊谷黄氏家谱》不分卷《景昉公传》。
③ （明）黄景昉：《宦梦录》卷1，第79页。
④ （明）黄景昉：《宦梦录》卷1，第80页。
⑤ （明）黄景昉：《瓯安馆诗集》卷15《皇极殿成赐百官宴辅臣献诗志喜》。
⑥ （明）黄景昉：《宦梦录》卷1，第76页。
⑦ （明）黄景昉：《宦梦录》卷1，第80页。

初，获事熹皇帝。同舍三四郎，大昕仍摇曳。竟坐朝参迟，矧堪诖误继。黾勉奉至尊，竭心自勖属。慎当学数马，恭则如承祭。东方偷桃儿，消稽无较计。大隐居市朝，小遗及殿砌。腰领汝几何，岂足膏斧剜？不见鲁宣尼，鞠躬恒屏气。煌煌明主恩，诛乃宥琐细。终惭体骨疏，致远吾恐泥。盍挂神武冠，行采故园荔。重复语儿曹，金门难避世。①

入馆后，黄景昉曾以诗言志，称："仙宇蔼沉沉，登瀛始自今。五经师席重，三策主恩深。书欲穷东观，赋谁准上林。隃糜初赐墨，骕騻别名金。小技文章厌，吾曹礼数钦。宫云多正色，院鸟无卑吟。世远希前躅，天高信此心。终知琬琰贵，千载有遗音。"② 依《庶吉士进学条规》，庶吉士每月需作馆课六篇，"文三诗三，务于月内作完，陆续呈馆师批改"，每年二月至五月、八月至九月朔望赴内阁考试二次，"中堂考试文一篇、诗一首"。③ 黄景昉所作馆课，颇为馆师丘士毅、李康先所器赏，其自记云："馆师少宗伯丘公士毅、李公康先咸器赏余文。余时年甫壮，意气溢发，每阁试未尝起草，惟诗一再推敲耳。"④ 另外，《瓯安馆诗集》所收《阁试鸿雁来宾》《阁试玉河春水》《赋得龙池柳色雨中深》《赋得夏木啭黄鹂》等诗，当是出自内阁考试及馆课者。

是年十二月，为"尽逐东林"，阉党藉魏忠贤之力，以"三案及辛亥、癸亥两京察与熊廷弼狱事"构陷东林诸人。⑤ 其中"廷弼之祸，大学士丁绍轼有力焉。冯铨因使人嗾裕中劾绍轼，而先报忠贤曰：'裕中必为廷弼报仇。'"⑥ 吴裕中是熊廷弼姻亲，为申廷弼之冤，上疏弹劾丁绍轼"误国

---

① （明）黄景昉：《瓯安馆诗集》卷2《纪误》。

② （明）黄景昉：《瓯安馆诗集》卷15《初入瀛州言志》。

③ （明）梁维枢：《内阁典仪》，上海图书馆藏钞本。

④ （明）黄景昉：《宦梦录》卷1，第80页。《明熹宗实录》卷60载"天启五年六月甲辰，以礼部右侍郎丘士毅、李康先教习庶吉士"可为证。

⑤ （清）张廷玉等：《明史》卷305《魏忠贤传》，第7820页。

⑥ （清）张廷玉等：《明史》卷306《门克新传》，第7859页。按，黄景昉在《宦梦录》中亦载："阁师丁公绍轼……夙仇熊廷弼，疑吴公裕中熊姻，疏代熊报复，遂阴中以危法。"[（明）黄景昉：《宦梦录》卷1，第82—83页]

欺君"①，旋即得旨："次辅于皇祖初起熊廷弼时，即首论廷弼，盖已具先见之明，足征实心为国。今廷弼既伏厥罪，神人之所共欢，吴裕中乃以乡戚儿女之情辄敢趁空乘机逞其报复，欺肆狂悖诋辱大臣，显与廷弼一样肺肠，与廷弼尚在何异？似此扰乱，本当从重下狱，鞫究根因，与廷弼同诛，姑从轻。着锦衣卫拏来午门前着实杖一百棍，革了职为民当差，仍追夺诰命。"② 黄景昉亲历此事，记道："时吴有疏攻丁公绍轼，余询及之，吴意甚和，答云：'疏仅据实，有欲授余事款者，不应。同台中尚以乏风力见诮耳！'谈正洽，忽外哗动，有数旗尉直入觅吴，附耳语趣诣朝房候旨，甚急。吴尽委衣冠王公所，易服出，余送之门曰：'公好自爱！'吴回颜曰：'小疏不审奉旨云何，即有不测，莫非圣恩也。'仓卒不乱，余大以是服之。良久，闻杖一百，革职为民，即以其夕驱出城。次日，余趋视之城外。卧簀上，伤重，语自如，但虑惊家中老母为词。"③ 内阁对吴裕中的疏奏，原拟"已有旨了，姑不究"，但因阉党唆使，魏忠贤遂矫旨"削籍廷杖"，裕中当亦预知其中原委，故对景昉说"小疏不审奉旨云何，即有不测，莫非圣恩也"，由是其卒时"楚人无敢临其丧者"，唯景昉割俸金赙之。④ 事后黄景昉曾作诗追忆此事，云："绁急棒深话不冤，到头生死是君恩。株连楚祸绳姻娅，溃绝台纲奉寺阍。白旆风牵归广柳，清宵月落泣孤猿。汝乡骚赋缠绵恨，千载重招屈贾魂。"⑤

翌年（1626）五月，随着周起元、高攀龙、周宗建、缪昌期、周顺昌、黄尊素、李应升等东林士人先后被以门户之名逮治，吴裕中亦被杖卒，致使"正人去国，纷纷若振槁"，内外大权总持于魏忠贤之手，"自内阁、六部至四方总督、巡抚，遍置死党"，朝政纷纷而阉党势盛。⑥ 黄景昉

---

① （清）孙奇逢：《夏峰先生集》卷7《御史磊石吴公墓表》，朱茂汉点校，中华书局2004年版，第248页。

② 《明熹宗实录》卷66"天启五年十二月辛丑"条，第3154页。按，《明熹宗实录》于此事未言矫诏，而《明史》则直书："忠贤传旨诘裕中为廷弼姻戚，代之报仇。"[（清）张廷玉等：《明史》卷245《吴裕中传》，第6369页]

③ （明）黄景昉：《宦梦录》卷1，第81—82页。

④ 《檗谷黄氏家谱》不分卷《景昉公传》。

⑤ （明）黄景昉：《瓯安馆诗集》卷17《追哭吴磊石御史》。

⑥ （清）张廷玉等：《明史》卷305《魏忠贤传》，第7819、7822页。

因之"忧愤无仕宦意",遂请假归里。此举为该科庶吉士之首,故自记道:
"同馆请假自余始。"① 六月出都时,黄景昉有诗作奉别馆中诸君,云:"榴
树荷花相对红,劳劳筵帐帝城东。何人唱罢骊驹曲,此夜魂销白虎通。宽
大主恩容洗瀚,飘零宦路臂飞蓬。江湖魏阙终殊调,已觉金门似梦中。"
"霜台六月客心悲,归省何蕃去不迟。小雅笙箫存华黍,上林风露让高枝。
湖开宝应连瓜步,山过弋阳揖武夷。珍重故人频见祝,函来时复寄相
思。"② 其间,名列阉党"五虎"之一的吴淳夫出于同乡之谊,亦来送行:
"时吴淳夫方郎兵部,过别,余问归见里中诸绅有见命者乎?吴曰:'里中
某公必大拜,某公必内召,某公必赐环。'余私笑一曹郎何妄擅部署乃尔。
甫抵里,靡弗验者,始知吴线索关通久矣。"③ 吴淳夫一年之中累升至工部
尚书,加太子太傅,史称"岁中六迁,至极品"④,从景昉的回忆中,不难
看出当时魏忠贤把持朝政,"珰焰方张"的情形。

值得注意的是,黄景昉虽称魏广微为"魏师",丁绍轼、冯铨为"阁
师",与黄克缵、张瑞图、吴淳夫等亦有同乡之谊,但对阉党中人却有意
远之,从其婉拒霍维华属稿之事,即可见其概:"太常霍维华为时要人,
忽介其门客同邑徐君芬来属某寿序,勉诺之。逾月再至,余束徐云:'令
师雅意,偶一为之可耳,若频频属草,则近于奉常门馆之役矣,某亦不敢
任也。'霍,逆案中人,余故欲以是远之,遂绝。"⑤ 对庶吉士及馆师阿谀
魏阉者,黄景昉亦嗤之以鼻:"乙丑馆课……内一题为《古今名宰辅评
见》,某文作胪列颇详,末独推韩魏公琦,却去一'韩'字,云'惟魏公
卓然为不可及'。馆师字字加圈,批曰:'归结专重魏公,尤为卓识。'时
章疏称'厂臣'、称'魏公'遍天下,不知此作者、批者有意乎?无意乎?
不欲言其名,闻堪哕呕。"⑥ 而对同年杨汝成、闪仲俨、马之骐、刘垂宝等

① (明)黄景昉:《宦梦录》卷1,第84页;(清)张岱:《石匮书后集》卷13《黄景昉
传》,中华书局1959年版,第99页;(清)周学曾等纂修:道光《晋江县志》卷56《文苑志三·
黄景昉传》,第1350页。

② (明)黄景昉:《瓯安馆诗集》卷17《请假出都奉别诸同馆丈》。

③ (明)黄景昉:《宦梦录》卷1,第84页。

④ (清)张廷玉等:《明史》卷306《吴淳夫传》,第7850页。

⑤ (明)黄景昉:《宦梦录》卷1,第81页。

⑥ (明)黄景昉:《宦梦录》卷1,第84—85页。

"以门户削籍为民"一事，更是批评道："得散馆报，同年削籍四人，或以梓里，或以师门，内亦有不可知者。庶吉士原以书生作养，未隶品官，何职可削？亦苛绳及之。朝议淆极，业预知其不久矣。"①

天启年间，黄景昉初入宦途，由观政而考选庶吉士，读书中秘，"潜心问学，恬素自守"，为阁臣、馆师所赞赏。是时，魏忠贤乱政，"方标门户"，东林与阉党势若水火，黄景昉"兢兢无所倚着"②，虽得阉党诸人赏识，但有意避趋，并对之颇有批评，从对待吴裕中被杖一事，即可看出其态度，故张岱于此事之后称"人服其胆"③。而对于东林诸人，黄景昉虽称赞杨涟、高攀龙"杨矜气节，高本学问"④，但认为杨涟"移宫一案，微病其急激近名"⑤，可见其对时局颇能有持正的态度。

第二节　崇祯时期：宦海浮沉

一　史馆履新

天启七年（1627）八月，信王朱由检即位，是为崇祯皇帝。十一月，上谕东厂太监魏忠贤安置于凤阳，"寻命逮治"，与客氏先后伏诛，史称："崇祯始政，天下翕然称之。"⑥ 是时，黄景昉尚未有回京复职之意，然而崇祯元年（1628）元旦"章服拜庆"时，"缘登极恩诏，诸同年多荣，所生庶常未授职，二尊人尚仍初服"，其父黄宗彝已"色微不怿"。不久，黄景昉在询知王建极、李建泰"赴京题授有成命"后，"始黾勉为

---

① （明）黄景昉：《宦梦录》卷1，第89页。此条史料中"同年削籍四人"，据《明熹宗实录》所载，当为杨汝成、闪仲俨、马之骐、刘垂宝，此四人皆为天启五年六月考选的庶吉士。（《明熹宗实录》卷86"天启七年七月丙戌"条，第4176页）据郭培贵的考证，"庶吉士'以门户削籍为民'，这是明代仅有的一次"。（郭培贵：《明代科举史事编年考》，中华书局2008年版，第301页）故黄景昉言："庶吉士原以书生作养，未隶品官，何职可削？"

② 孟森：《传钞本黄景昉〈国史唯疑〉跋》，第12页。

③ （清）张岱：《石匮书后集》卷13《黄景昉传》，第99页。

④ （明）黄景昉：《国史唯疑》卷11，第337页。

⑤ 孟森：《传钞本黄景昉〈国史唯疑〉跋》，第12页。

⑥ （清）谷应泰等：《明史纪事本末》卷72《崇祯治乱》，中华书局1977年版，第1173页。

趣装计”。[1]

回京后，黄景昉在同年六月被授为翰林院编修[2]，对此过程他曾记道：“授职复职，过吏部投四司帖，于左司务厅坐，诸铨司□，同上坐。候本部升堂，堂吏来请，循堂檐阶□，行至两柱中间，作三揖，一躬而退，司官送出二门外上马。”[3] 七月管理诰敕[4]，并充经筵展书官[5]。对于这一经历，黄景昉在回忆经筵展书见闻及任管理诰敕官时所亲见袁崇焕自诩五年平寇之事即可为证：“经筵展书例，惟一展一收。是日，倪公元璐讲章长，

① （明）黄景昉：《宦梦录》卷1，第89页。

② 据《崇祯长编》卷10“崇祯元年六月戊戌”条记“授庶吉士黄景昉为编修”。

③ （明）黄景昉：《馆阁旧事》卷上。

④ 对于“管理诰敕”及其具体情况，梁维枢《内阁典仪》载：“文官诰敕，翰林院坊局官五员管理。”［（明）梁维枢：《内阁典仪》，上海图书馆藏钞本］黄景昉在《馆阁旧事》中也有相关记载：“五品以上称诰，下称敕，必考三年满始颁。惟遇覃恩得骤给，其大僚身后赠诰，及外司道应领敕者，出内阁中书手，具有成规。凡官是者，署曰‘管理文官诰敕’，或辄称‘制诰’，非是。知制诰，系内阁衔。”“撰诰敕体，若封赠父母，书曰‘尔某乃某官之父，尔某氏乃某官之母’，祖父母同。封赠妻则曰‘尔某官妻某氏’，尊卑判然，父殁母封，始加太字，三母三妻，例不并封，嫡母存，不得封所生母，或愿以妻秩貤封者听。又两子当封，从一高者，父官高于己，母封亦从父官。”“凡诰敕，一品用玉轴，二品用犀轴，三品用抹金轴，五品以下用角轴，俱墨笔书。万历初，王崇古诰用金书，被劾，夺销改给，惟铁券字得填金，法颇严。”“一品赠三代四轴，二品、三品赠二代三轴，四品至七品封赠父母妻室二轴，俗谬称四代诰命，实惟天子得称四代耳。观汉光武立四亲庙，及本朝德懿熙仁尊号可见。隆武行朝，有误踵俗称者，大被怪责。”“制词宜典雅温茂，文质相□，前辈惟冯公琦、孙公承宗、罗公喻义、蒋公德璟，雅擅兹技，次则余，不敢多让。”［（明）黄景昉：《馆阁旧事》卷上］另外，他也曾记其撰写的诰敕：“佥院左公光斗赠官诰为余视草，内云：‘柴市悲扬尘之惨，如可赎号百身；虞渊念夹日之勲，犹将宥之十世。’本宋人语，变化用之。又其父诰云：‘伍奢尽节，预明胥尚之心；狐突抗辞，不改偃毛之事。’其母诰云：‘读范滂诀母之语，能不悲伤；虽苏轼为儿之时，已知慨慕。’颇精切，为时传诵。余前后再司制诰详具《制词》中。”“余既以北闱事积忤温公体仁，分无完理。一日温忽诣余，求为撰三代诰。此公终识文字，每制词中，甫自觉一二字未安，随点出。柄国累年，于所憎无弗毒螫者，余犹俛全，因为譔数语云：‘凝尘蔽席，人莫敢干；积案如山，判可立尽。’亦不尽没其实也。”“余先后所譔阁臣诰命：周公延儒、成公基命、何公如宠、钱公象坤、温公体仁、孔公贞运。”［（明）黄景昉：《宦梦录》卷1，第94页；卷2，第146页］

⑤ 关于经筵展书官的任命，梁维枢《内阁典仪》记道：“每月初二、十二、二十二日，寒暑及有故暂免。凡进讲，先从阁臣点题，票示讲官分撰讲章，送阁详定。制敕房官用高头白手本写成二，通用象管朱印成句读，科发隔日进呈。其一在御座展览，其一在讲案供讲。勋臣一人知经筵事，内阁或知，或同知经筵事，九卿之长及学士、祭酒等官侍班，詹翰坊局及国子祭酒每二人为讲官，詹事等官侍郎出由翰林者仍为讲官，翰林、春坊每二人为展书官，制敕房、诰敕房官每四人为书写讲章官，给事中、御史各二人侍仪，鸿胪寺、锦衣卫堂上官各一人供事鸣赞、一人赞礼，序班四人举案，侯伯一人领将军入直，通谓之经筵官，皆得入衔。”

御座拔不尽，既半讲，东面内官屡点头招余，仍膝行前。上微声曰：'再展过。'凡再展一收为从来未有之事。讲章旧长十二幅，准御座为限云。"① 又记："督师袁崇焕召至，自诩五年灭寇，举朝耸动。尝于会极门宣赐蟒衣玉带等物，袁固辞云：'自来督臣只为贪却蟒玉误事，倘此行稍效尺寸，受未迟。'坚伏地不起，旁内珰譬晓之，即辞宜具疏，无面却理，始罢。余时携李公建泰为捧敕官，见其人面如黄叶，昂首结喉，瞻视速，疑非成功相，私忧之，不两年旋验。"②

至十二月，黄景昉被题请同纂修《熹宗实录》。③ 参与纂修《实录》，为编修职掌之一④，他曾自述其供职史馆的情况："余隶史馆时，同邑丁公启浚、张公维枢并为侍郎，同省四衙门醵为公燕，月数集。适楚人某御史有所憾于张公，疏以聚族而谋诋之，自是公燕例遂废，冷落久之。"⑤ 此则史料中，所谓御史弹劾张维枢"聚族而谋"，事在崇祯元年八月："御史饶

---

① （明）黄景昉：《宦梦录》卷1，第97页。此条中，"讲章旧长十二幅"，北图本作"二十幅"，雪堂本作"十二幅"，据黄景昉《馆阁旧事》记载："崇祯己巳二月，余忝供役，值讲官倪元璐讲章长，特再进前展。旧讲章满十二幅，以御案为度，未有踰是者，事属创见。"故从"雪堂本"作"十二幅"。[（明）黄景昉：《馆阁旧事》卷上] 另，梁维枢《内阁典仪》也记经筵展书情况："序班二人举御案，将至御前，二太监东西来接，举至御前近座。上有金尺二条，用以镇压讲章，序班二人举讲案置御案之南，正中当殿门坎下白石北二、三尺地。讲案衣裙用纯黄绮，御案面衣青绿团花锦，围裙赭黄金龙小团花。鸿胪赞进讲，讲官一人从东班出，一人从西班出，俱诣讲案前，稍南，北向并立，鸿胪赞'鞠躬叩头'，毕。每讲《四书》，展书官从东班出，每讲经史，展书官从西班出。进诣御案前跪，出手展讲章，二太监接手摊书，以金尺镇定，然后起。展《四书》，毕，东讲官进至讲案前立，奏讲某书，讲毕稍退。复展经史，讲毕稍退，仍并立，鸿胪赞'鞠躬叩头'，经筵官分东西序次侍立，再立一行居后。惟御史傍南楹，东西北面立，以备观察。"[（明）梁维枢：《内阁典仪》] 另，《崇祯长编》卷6"崇祯元年二月壬寅"条记倪元璐为讲读官，而卷20"崇祯二年四月甲寅"条记倪元璐升任南京国子监司业，故其在崇祯初年任经筵讲官的时间必定在此一年二个月内。

② （明）黄景昉：《宦梦录》卷1，第92～93页。《崇祯长编》《明史》及《国榷》皆记此事在崇祯元年七月，黄景昉能亲见袁崇焕，且自言任捧敕官，故其于七月任此职无疑。按，据黄景昉在《馆阁旧事》中的记载，"捧敕官"即为"管理诰敕官"职掌之一："管理诰敕官遇早朝，随中堂上台，近御座，立于中堂之后，手捧敕听唱。领敕官过，转□□立。得旨，予他敕，跪，喏，起，由东阶下行御道边旁，向上鞠躬，举手授敕，一躬退。东阶御道，非捧敕莫敢行者，百僚□观，而于天颜咫尺，称最盛举。若免朝，止会极门捧授。"

③ 《檗谷黄氏家谱》、（康熙、乾隆、同治、民国）《福建通志》、《石匮书后集》皆记此事，而《明史》《国榷》《崇祯长编》《崇祯实录》等书则未载。另外，现所见黄景昉关于其参与纂修《录》的自述，多为言及其入阁后之事。

④ 修撰、编修、检讨皆为史官，而管理诰敕、充经筵展书官则为史官职责之一。参见（清）张廷玉撰《明史》卷73《职官二》，第1786页；（明）申时行等《明会典》（万历朝重修本）卷221《翰林院》，中华书局2007年版，第1096页。

⑤ （明）黄景昉：《宦梦录》卷1，第104页。

京先曾以工部侍郎张维枢留诸事例捐纳人咨文不发入告，至是复劾其旨未下先知，聚党而谋，仍索多金，并言其附吴淳夫、李夔龙等，乞速罢斥。"① 翌年（1629）正月，张维枢即"冠带闲住"，不久丁启浚也因袁燿然疏论其宜斥而引疾求去。② 可见张、丁二人同任侍郎仅在天启十二月至崇祯二年正月之间，而景昉则是在崇祯元年六月授编修，故三人的"公谦"当在景昉复职之后、维枢受劾之前的大约二个月内。由于管见所及的史料均未载其参与编纂《实录》的时间，但至崇祯二年四月时黄景昉已任召对记注官，而结合前述的梳理，可以推断景昉如果参与《熹宗实录》的编纂，最有可能是在崇祯元年十二月至二年四月之间。晚年他曾回忆《实录》编纂的情形，可借此稍作补充："《实录》所资，惟六曹章奏及科抄、邸报。事本阔略，纂修官才识有限，为总裁者复漫无留心，篇中重出错见，误难缕举，如'流星西南行近浊'，'浊'讹作'蜀'；'攻我矣兰箇舍等寨'，按，'矣兰箇舍'，□寨名，辄圈'攻我矣'三字为句，得乎？学浅才疏，真不能辞其咎也。"③

崇祯二年（1629）四月，黄景昉与顾锡畴、方逢年、杨汝成、何瑞徵等同任召对记注官④，他记道："召对记注，惟崇祯戊辰、己巳之岁屡举行。初仅阁臣记，后用记注官八员，每次四员侍立，携纸笔审听疾书，若天语迅，诸臣轮奏繁夥，姑影响记一二语，出凑成之。"⑤ 在《宦梦录》中，他对这段经历也曾回忆道："记注携楮墨袖中，袍服为湿，犹古人荷囊簪笔遗意。立或文华殿御座旁，或平台槛外。余供事四次，同顾公锡畴、方公逢年、张公四知等，辞繁声急，呼吸倏过，仅草录一二字，出共忆所闻，补就之。值己巳有警，所记尤多，五官并用，莫有盛于此时。"⑥由此可见此时政事之繁，且从景昉的记载来看，"召对记注"并非常制，仅在崇祯初政时才屡有举行。值得注意的是，黄景昉称"值己巳有警，所

---

① （清）汪楫：《崇祯长编》卷12"崇祯元年八月甲寅"条，第700页。

② （清）汪楫：《崇祯长编》卷17"崇祯二年正月乙酉"条、卷18"崇祯二年二月乙卯"条，第1014、1091页。

③ （明）黄景昉：《馆阁旧事》卷上。

④ （清）汪楫：《崇祯长编》卷20"崇祯二年四月丁未"条，第1243页。按，关于黄景昉任召对记注官的记载，《家谱》与《崇祯长编》在月份上稍有差异，《家谱》记二月，由于暂无其他史料可加以佐证，故两者皆存。

⑤ （明）黄景昉：《馆阁旧事》卷上。

⑥ （明）黄景昉：《宦梦录》卷1，第97—98页。

记尤多"，但他在六月时即值起居馆编纂六曹章奏，而清兵入关已是十月以后之事，在时间上似稍有不合之处，故有必要略作辨析。据《明史·职官志》载：

> 史官掌修国史。凡天文、地理、宗潢、礼乐、兵刑诸大政，及诏敕、书檄，批答王言，皆籍而记之，以备实录。国家有纂修著作之书，则分掌考辑撰述之事。经筵充展卷官，乡试充考试官，会试充同考官，殿试充收卷官。凡记注起居，编纂六曹章奏，膳黄册封等咸充之。①

其沿革则是：

> 史官，自洪武十四年置修撰三人，编修、检讨各四人。其后由一甲进士除授及庶吉士留馆授职，往往溢额，无定员。嘉靖八年复定讲、读、修撰各三人，编修、检讨各六人，皆从吏部推补，如诸司例。然未几，即以侍从人少，诏采方正有学术者以充其选，因改御史胡经、员外郎陈束、主事唐顺之等七人俱为编修。以后仍循旧例，由庶吉士除授，卒无定额。②

根据上述记载，自嘉靖八年（1529）以后，编修、检讨均由庶吉士除授，故黄景昉授职编修，则不论是崇祯元年（1628）七月任管理诰敕官、经筵展书官、纂修《熹宗实录》，还是翌年任记注官、编纂六曹章奏，皆为其任史官的职掌，只是所办之事不同而已。《檗谷黄氏家谱·景昉公传》于此处题为"再起居馆编纂六曹章奏"，"再"字如非有误，应是指黄景昉当时兼任了此二职。③ 这从他晚年的追忆中也可以找到印证："协理李公罢，闵公梦得继之。受事日，上谕令：'用心料理，不可推诿。'对：'不敢。'上

---

① （清）张廷玉等：《明史》卷73《职官志二》，第1786页。
② （清）张廷玉等：《明史》卷73《职官志二》，第1788页。
③ 《檗谷黄氏家谱》不分卷《景昉公传》。按，对于编纂六曹章奏的情形，黄景昉曾自记道："编纂六曹章奏，用六员分直某曹，稍删除章奏首末及中重复汗漫者。编完，史馆分写。每月初十日，内阁同供事各员，诣实录馆，日讲官奉起居注，编纂官奉六曹章奏，入柜，封锁，出，揖别。"[（明）黄景昉：《馆阁旧事》卷上]

曰：'偏见也使不得。'对：'不敢。'遂出。余辈记注，仅记两'不敢'而已。"① 此条中的"李公"，指协理京营戎政兵部尚书李邦华，其被罢职闲住在十一月，闵梦得继任在十二月，而是时黄景昉仍以记注官记录此次召对，则可确证其兼任二职之说。②

这一年底，黄景昉还曾与同年李建泰、闪仲俨亲访申甫，知其为市井之士，料师出必败，而庶吉士金声、刘之纶亦非可委任之才，其云："庶吉士金声、刘之纶请对，荐申甫才任将，即召见，拜副总兵。擢刘兵部侍郎，金改御史，监其军。申甫本游僧，好大言，余偕李公建泰、闪公仲俨夜访之，西字脸，举止猥陋，动称犁庭扫穴，业知必败。比师出，流丐、戏子皆从，未至卢沟桥，战溃死；刘趋援遵化，至百草顶，矢贯脑死；金谢病归。闻二公素师事吾闽人柯仲炯，柯旧从董公应举屯田，一妄男子耳。"③

自崇祯元年六月复职以来，黄景昉履职史馆，以旁观者的角色，经历了崇祯初政的鼎新及影响深远的"己巳枚卜"、"己巳之变"，正如他在回忆中所提到的，崇祯皇帝对于"党比"的重新认识，始于枚卜时，温体仁、钱谦益的奏辨："初召对，如温体仁、钱谦益喧争浙闱事，上问何谓浙闱，阁臣以实对。尝叹诸章奏屡牵东林门户，曰东呢林呢，盖宫中语也，久益明习矣。偶怒时，语责群臣，多悸慑莫敢对者，竞传为有召无对云。"④ 而崇祯皇帝驭下渐趋"乖戾刻深"，则缘于温体仁秉政时期的刻意引导："少师温公体仁，初以枚卜不与，疏劾钱公谦益。钱既得罪去，遂蒙眷。省台数丑诋之，不动。间一推南宗伯，不用，示欲留之，寻柄国。累年门庭颇静，才亦炼直，以始进热中，出于讼师、博徒之习，为公论厌薄，因之启上杀机，酿成十数年乖戾刻深之治，实始基是。"⑤ 由此也奠定了崇祯一朝的君臣关系及政治文化的走向。

---

① （明）黄景昉：《宦梦录》卷1，第102页。
② （清）谈迁：《国榷》卷90"崇祯二年十一月丁未、十二月己卯"条，第5505、5507页。
③ （明）黄景昉：《宦梦录》卷1，第98—99页。
④ （明）黄景昉：《馆阁旧事》卷上。
⑤ （明）黄景昉：《宦梦录》卷1，第105页。

二 主考湖广

崇祯庚午三年（1630）五月，黄景昉与吏科给事中钟炌受命主考湖广乡试。① 据《会典》规定，凡两京乡试主考官，虽由翰林院侍讲、侍读、编修、撰修中选任，但亦须内阁具名奏请崇祯皇帝钦命。② 其中，浙江、江西、福建、湖广四大省乡试，以"编修或简讨为正考官，六科一员副之"③。此次典试之行，黄景昉不仅获交后来出任都察院左都御史的钟炌，也得到了主持清议的姚希孟等东林士人的推许，然而由于《试录》砭切时政，触忤了大学士温体仁，也导致了此后数年间屡次被弹劾降级。《家谱》记此事云："念词林无言责，寄熟观时事，愤慨填膺，抒发之二三场论策中。《录》出，举朝悚叹，时贵不悦，政府乌程温公、大司马鄢陵梁公憾甚。"④ 而对于《试录》之事，黄景昉曾记道：

> 总宪钟公炌，以给谏偕余典楚试，周慎详稳。睹余《试录》中多鲠切语，屡相嫉训。余媿谢其意，究亦不能从也。公应撰次义及表，余并代草，相与欢然。⑤

> 司马梁公廷栋自边拔任中枢，方以逐寇自功，睹余《试录》有"逆寇遁北，为上威灵变化，诸臣无能发二策"等语，怒甚。温公体仁亦衔鲠刺，必欲处余。宗伯李公腾芳为楚人，都谏钟公炌为同事，持不可。钟为余言，一日谒见，温声色俱厉云："部科不肯任怨，该参的不参。"时盛传温欲处南直、湖广试官，指余及姜公曰广言也。竟不行，余益知行止有命。⑥

> 楚抚洪公如钟，业得罪去，以余《录序》中有"楚兵抵司马门，实非徒手"之辞，颇代浣雪。感甚，特贻札谢。而郧抚梁公应泽，乃以"郧师后至"一语为恨，几欲出揭。⑦

---

① （清）汪楫：《崇祯长编》卷34"崇祯三年五月丙午"条，第2053页。

② （明）申时行等：《明会典》（万历朝重修本）卷221《翰林院》，第1097页。

③ （明）黄景昉：《馆阁旧事》卷上。

④ 《檗谷黄氏家谱》不分卷《景昉公传》。

⑤ （明）黄景昉：《宦梦录》卷1，第105—106页。

⑥ （明）黄景昉：《宦梦录》卷1，第114页。

⑦ （明）黄景昉：《宦梦录》卷1，第106页。

从这三条史料中，大致可以看出黄景昉《试录》之文主要是针对"己巳之变"，内容涉及军事和朝臣决策，故此文一出即令内阁大学士温体仁、兵部尚书梁廷栋切齿。而洪如钟、梁应泽的不同态度，也与景昉文中"聊直述所见闻"有关，其中洪如钟被革职，缘"湖广永顺司土官彭翼翎、田志禄等率兵攻茅冈隘、七菌塞诸处，守御兵以四月初四日迎拒，败之。巡抚洪如钟至是方上闻，帝怒其迟报，行巡按御史查核"，并以"屡旨违误军需，命革职为民"。① 黄景昉所言"楚兵抵司马门，实非徒手"，实则为其辩白。而所谓"郧师后至"，指的是梁应泽己巳入援京师时，虽奏发兵入援，但兵后至且未能如数，崇祯皇帝不得已谕令"其未到者不必催调"。②

此次主考湖广乡试，黄景昉虽然以《试录》砭切时政与温体仁、梁廷栋等人结怨，但因时任礼部尚书李腾芳以及不久升任礼科都给事中的钟炌对温体仁的议处"持不可"，才使得景昉免于被磨勘，后来他在《宦梦录》中所言"是斜楚闱士得免于磨勘之罚，余幸藉手逭罪，赖公力"③，即指此。另外，崇祯四年（1631）八月，刑科给事中吴执御弹劾周延儒④，亦言及黄景昉"楚《录》箴砭异同"之事，将其奏疏迻录如下：

> 塘报、奏章，一字涉盗贼，一字涉边防，辄借军机密封下部，明畏廷臣摘其短长，他日败可以捷闻，功可以罪按也。词臣黄道周，清廉不阿，欲借《试录》处之，未遂其私，则迁怒仪部。黄景昉楚《录》，箴砭异同，必欲斥之。李元功、蒋福昌等夙夜入幕，私人如市，此岂大臣壁立千仞、不谂群小之所为哉？⑤

对于吴执御疏论中所言，黄景昉曾指出并非出自周延儒之意，而是温体仁所为，认为吴执御所奏有"失实"之处："归后阅给谏吴公执御疏云：'以楚《录》砭切异同，欲逐词臣黄某。'周辨揭云：'词臣何仇而至欲逐之。'余愕然，当时下石余属乌程，非属宜兴。虽默感给谏意，而亦以其

---

① （清）汪楫：《崇祯长编》卷36 "崇祯三年七月乙未、戊戌"条，第2213、2218页。
② （清）汪楫：《崇祯长编》卷31 "崇祯三年二月癸丑"条，第1714页。
③ （明）黄景昉：《宦梦录》卷1，第106页。
④ （清）谈迁：《国榷》卷91 "崇祯四年八月庚戌"条，第5569页。
⑤ （清）黄宗羲：《明儒学案》卷55《谏议吴郎公先生执御》，吴光主编《黄宗羲全集》第8册，浙江古籍出版社2012年版，第671页。按，此处点校略有改动，未全据整理本。

言为失实也。"①

乡试放榜的次日，黄景昉同钟炌、黄宗昌拜谒楚王，认为此楚王即为楚恭王之子，并对万历年间所争的"楚宗案"颇为感慨："放榜次日谒楚王……即三十年前所喧争假王也。余以汝阳眉宇验之，殊非假，不审诸公昔何缘作许葛藤？"②由此可见，万历三十一年（1602）的"楚宗案"实因士大夫群体间欲借此案打击政敌而促成。对于此次觐见，黄景昉有诗云"衡岑二岳忽呈身，肆夏工歌酒七巡。隆准衣冠高帝后，夥颐宫阙大江滨。南风久罢腰纤好，汉史先书肺附亲。敢向梁园夸授简，一官终自倚王人"③，颇可见一时情景。

乡试后，黄景昉先后拜谒了葛大同、陈之湉、王鸣玉等故交前辈，时人赞许其"有敦旧思"。另外，竟陵派的代表人物谭元春也因其弟元礼是科中举，过访拜谒，并作诗云"因友知君深梦寐，得师教弟荷穹苍"，景昉则答之以"相思不藉弟为媒，萧槭江帆肯自开"。④

在回程中，黄景昉沿途观览名胜，并记：

> 余自景陵过襄阳习池，便道游武当。初抵均州，礼净乐官，华表通衢，高阔类辇下。自山门入，憩遇真宫，观张邋遢像，所遗铜扇笠犹存。晚宿太子坡。凌晨由绛霄上三天门，初坐小软舆，以机发之，高下适平，至三天门下舆，用布为绲系腰后，两夫前挽手，巡旁辘轳铁索行，喘甚，遂登太和绝顶。⑤金殿光四射，旁存元人小铜殿，制不逮。五鼓，道士为奏青词，凌虚禹步。良久，日出如颓玉盘，云气瀹之，众峰仅露末，列阶庭下。已，从山背行，历南岩、五龙、玉虚诸胜，莫丽玉虚、莫幽五龙、莫峻太和绝顶，恨水少耳。道士屋居若

---

① （明）黄景昉：《宦梦录》卷1，第117页。

② （明）黄景昉：《宦梦录》卷1，第109—110页。

③ （明）黄景昉：《瓯安馆诗集》卷18《撤棘侍燕楚王殿上笺谢》。

④ （明）黄景昉：《宦梦录》卷1，第108—110页。按，该诗收入《瓯安馆诗集》卷十八，题为《谭友夏就访鄂城答赠时余将有景陵之行》："相思不藉弟为媒，萧槭江帆肯自开。历览东南存北草，掀翻雅颂见骚才。张华颇负知龙鲊，陆羽重看出鸬胎。我过寒河君滞此，反嗟容易刺船来。"

⑤ 按，黄景昉于此有诗二首记登太和绝顶："博山炉好峙当中，日射黄金帐殿雄。天野星躔包两戒，国朝岳礼俯三公。榔梅树老蛇盘磴，鸾鹤偬来虎啸风。归向阙庭应有乞，一官提举洞霄宫。""天门诀荡绛瞳开，无数群真朝帝回。布地金银坤络尽，步虚箫管羽声哀。辘轳菓任斋公施，沉瀣浆迟海客来。谁识文皇檀樾意，看将悲悯是雄猜。"[（明）黄景昉：《瓯安馆诗集》卷18《登太和绝顶》]

缀附壁，如蜂蛎房，或坐树杪，或穴树腹为龛，经声琅琅，实阴利檀施而已。例呼进香客、斋公，男女遍唱无量寿佛，哀音满壑。棚梅树已枯，有小柏叶可箧藏，得水青润如初，号"万岁松千年柏"，或贻余红豆，亦佳。铜像大小无虑千万尊，游客各用磁石勒名嵌道左，数如之。余后亦属襄守唐公显悦为刻数诗其上，近此中遂为虎豹啸聚之区，往来人绝迹久矣。回首旧游，真何啻南柯一梦。①

……

过信阳州，掉挈巍然，知何大复先生故里，为俯躬式。已，经定州诸学官，观苏子瞻所咏雪浪石，和其韵。宿真定，适郡倅黄公，余里人，邀游大佛阁。佛指大如椽，顶以上容一壮夫，杰阁三重，围其体始尽。旁一钟，唇厚尺余，以扇横量之称是，高广可知，自谓南还数伟观也。②

……

滹沱河春溢冬缩，余夏甫渡过，比归，业架木为梁，草土杂壅填其上，车行坦然，因悟孟子"徒杠舆梁"之说。岁十一二月始成，春仍撤去，南人罕习其制，宜不解此书指。不然，既杠梁成后，那又烦岁岁议及。③

入朝后，由于《试录》箴砭时政之举，黄景昉颇得主持朝中清议的姚希孟所称许，并以意气相期："詹事姚公希孟，高持清议，岳岳少许可，于余初亦淡然耳。自楚归，遂承奖饰，深以意气相期。"④ 对于此次典试湖广，黄景昉在晚年曾记道："庚午之役，江浙闽楚四省典试，三属闽人。浙黄公道周，江郑公之玄，楚则余，颇称鼎立。"⑤

---

① （明）黄景昉：《宧梦录》卷1，第111—112页。
② （明）黄景昉：《宧梦录》卷1，第112—113页。
③ （明）黄景昉：《宧梦录》卷1，第113页。按，黄景昉于此有诗云："津头沙尾涨全消，差比来时益数桥。何处雀台霜片瓦，几家牛屋树单条。道逢香客金书额，时有健儿箭系腰。邺酒无多休酌我，此中经产盖宽饶。"［（明）黄景昉：《瓯安馆诗集》卷18《再过漳水冬涸已梁之矣》］
④ （明）黄景昉：《宧梦录》卷1，第115页。
⑤ （明）黄景昉：《宧梦录》卷1，第114—115页。

三　丁艰家居

崇祯四年（1631）五月朔，因久旱，崇祯皇帝亲赴南郊祈雨，黄景昉作为导驾官，事先至右掖门外等候黎明。在这一晚中，景昉感知其父黄宗彝病故，彻夜难眠："先一夕宿右掖门外候黎明，驾出忽遍体狂热，神惊肉战，终夜不成寐，晨逐队踉跄几仆，不揣何故？是夕为先严大故之期，罪大衅深合尔尔。"① 六月接到讣告后，黄景昉闻信即归，在《宦梦录》中他记录了此次归途中过黄河时所遇到的险情：

> 忆辛未奔父讣归，抵清浦，二舟忽胶其一，强催发，柁折伤人，询装宅眷舟子，颇悭窘，未具簿祭，且意同舟可并福也。至是，余笑曰："河神夙有索酬意，吾食之，祭献如礼。"已，经宝应湖，风浪汹涌，家人皆呕伏，余开窗偃视，与相低昂者四十里。垂入口，他舟有覆者，独所乘稳自如，遂抵高邮。相与欸乃之歌，以为神德。②

这里需要补充的是，在丁忧之前，当年辛未科的廷试，黄景昉被选派充任掌卷官。③ 明代的廷试，学士以上任读卷官，另用衙门资浅者四员为掌卷官，资深者二员为弥封官，又以资深者二员为受卷官。④ 其中，受卷、弥封、掌卷官，"内阁于本院及春坊等官，并制敕房官内推选"⑤，而掌卷一职，"得以某束送某读卷官，微知姓名"，因此，及第后鼎甲三公例投"各员门生帖"⑥。这从后来黄景昉的自述中也可以得到印证，由于该科掌卷的缘故，他曾亲见状元陈于泰、榜眼吴伟业廷试卷中有崇祯皇帝御笔为二人笔误涂改的情况："以余所见，辛未状元陈于泰卷内重写二字，榜眼吴伟业卷内'旷骑'，'旷'字误填'马'旁，俱御笔为涂改，以后进呈卷经改

---

① （明）黄景昉：《宦梦录》卷2，第128页。按，《檗谷黄氏家谱·宗彝公传》记黄宗彝"生隆庆庚午年八月十五日吉时，卒崇祯辛未年二月十二日吉时，享年六十二岁"，但据此条中黄景昉的自述，当卒于五月朔日，似《家谱》所记有误。
② （明）黄景昉：《宦梦录》卷4，第294—295页。
③ 据上文引《明史》卷73《职官二》可知仍然为编修职责之一。
④ （明）黄景昉：《馆阁旧事》卷上。
⑤ （明）申时行等：《明会典》（万历朝重修本）卷221《翰林院》，第1097页。
⑥ （明）黄景昉：《馆阁旧事》卷上。

换尤多，不复尽由阁拟矣。"① 复社领袖张溥的试卷，他也曾听闻送往徐光启处读卷，并对其只置三甲传胪表示惋惜："庶常张公溥，初廷试有巍峨望。余时掌试卷，或为言卷送宗伯徐公光启所，从之。适卷有茶湿痕，透累叶，叹科名之有定分如此，仅擢首三甲。"② 对此，黄景昉认为科举名次具有偶然性"尽有佳卷，阻抑不得前，即鼎甲文字未必逾胜。科名有数，昔或譬之骰子选，良然"，并举了舒芬的例子"前辈如杨升庵丁丑科掌廷试卷，得舒国裳策，上之阁老梁储，梁欲置第三，力争得首"。③ 黄景昉在主考乡试后，随即受命廷试掌卷，虽职掌所在，但由此可知其时已渐为阁臣所重，如时任首辅的周延儒就对其关爱有加"周公延儒在阁日，雅以文事知余，躬求余诰命。余闻讣归，特赐吊"④，故自称是"俱幸供役"。

从崇祯四年夏至崇祯七年（1634）秋，黄景昉开始了居乡生活，借丁忧之机，"家居二载，不复问人世事"⑤。其间，同乡林胤昌筑"在兹堂"于笋江，与请假归里的詹事府右春坊右中允蒋德璟⑥及布衣黄文炤倡明"旦气之学"，时任福建兴泉道兵备道曾樱、泉州知府樊维城、晋江知县戈简皆曾"俱集听讲"，甚至黄道周过境时亦入社听讲，由是慕道来学者"往往屡满"，一时称盛。⑦ 黄景昉应邀为其堂题联，手书"泉山群拱紫，襟江带海，斯文重遇在兹时"，他认为"闽学首尊朱，穷理致知，吾党更观未发处"，对闽学"遵朱遗杨"颇有看法："稽闽学始杨龟山，以静观喜怒哀乐未发气象为宗，至紫阳微属转解。今人率遵朱遗杨，有沿流忘源之弊，故联语及之。"⑧ 这种宗朱的学术取向，林胤昌就曾指出："吾郡自紫阳过化以后，学脉火传，至蔡文庄师弟薪而杨之；近何司徒倡学于泉山，

① （明）黄景昉：《宦梦录》卷1，第91页。
② （明）黄景昉：《宦梦录》卷1，第118页。
③ （明）黄景昉：《馆阁旧事》卷上。
④ （明）黄景昉：《宦梦录》卷1，第117页。
⑤ （明）黄景昉：《宦梦录》卷2，第128页。
⑥ 按，蒋德璟在崇祯癸西六年所上的《乞假归省祖母疏》中，官职题为"右春坊右中允兼翰林院编修"。[（明）蒋德璟：《敬日草》卷1]
⑦ （清）郭庚武、黄任、怀荫布纂修：（乾隆）《泉州府志》卷44《林孕昌传》，第2册第466页。
⑧ （明）黄景昉：《宦梦录》卷2，第128—129页。

家省庵开讲于不二，又灯而燃之。"① 但有别于其伯父林学曾 "独禀朱子
《小学》教人成法，步趋不失，年耄不衰"②，林胤昌学兼姚江，认为 "一
味枯静，终无着落"，主张 "以躬行为本"，"用戒慎恐惧工夫，使一日之
间无非旦气之流行，推之应事接物，随处提醒，随处迫现，则不独静可观
未发，动亦可观未发矣"。③ 因此与黄景昉秉承的 "以静观喜怒哀乐未发气
象" 略有差异，故景昉在题联时言及此事。④

　　除此以外，正如黄景昉在自述中所言，在这期间鲜与他人交往，直至
长兄黄景明以第十名中式癸酉科乡试时，才不得已 "始出与应酬"。对此，
他也说："伯兄安贫力学，自余通籍十载，郡邑未一知姓名，有开列及者，
至疑为非。久困竟伸，遂连第，久称福善佑怙之报。"⑤ 从黄景昉《瓯安馆
诗集》所载的诗作来看，迄于他入都复职，可以考见的是，他曾为同年庄
际昌上坟，接待孝廉徐明彬、秀才王徽的过访，寄赠郑之玄书，题赠温如
珙、张燮，答陈肇曾题诗，与姻亲郭炜谦集，送别林青斐、叶君节、诸葛
羲，同陈元龄、林胤昌、欧阳懋寅、黄文焅小集，赠别黄道周，与曹学佺
社集等等。⑥ 其间，黄景昉在崇祯六年秋，与林胤昌、谢元珧同建 "襟云
亭" 于南台⑦；在崇祯七年秋日，经由叶向高之孙叶君节的介绍，纳郑氏
之后为妾。⑧ 之后不久，黄景昉启程入京。

---

　　① （清）李清馥《闽中理学渊源考》卷 77《遗侠黄季毅先生文焅》，第 755 页。
　　② （清）李清馥《闽中理学渊源考》卷 76《司徒林省庵先生学曾学派》，第 742 页。
　　③ （清）李清馥《闽中理学渊源考》卷 76《铨部林素庵先生孕昌》，第 744 页。
　　④ 据黄景昉《宦梦录》卷 2，第 128—129 页和（乾隆）《泉州府志》卷 44《林孕昌传》，
第 2 册第 465 页整理。按，《国榷》卷 92 "崇祯六年二月丁卯" 条记 "王锡衮、黄景昉、李建
泰、刘若宰管理文官诰敕"，据黄景昉自述，崇祯六年二月仍为丁忧之期，不可能履任，故
所记有误。
　　⑤ 《檗谷黄氏家谱》不分卷《景明公传》。
　　⑥ 参见《瓯安馆诗集》卷 9、18、19。
　　⑦ （清）郭庚武、黄任、怀荫布纂修：（乾隆）《泉州府志》卷 44《林孕昌传》，第 2 册第
466 页。另，黄景昉有《南台同林让庵媚丈邀集黄季毅周台石二先生是日重建天然图画石亭用韵
各赋》亦言及此事："尽道峰高巧障天，那知天在几亭前。仙家阆苑琉璃浦，禹贡扬州篆篿田。岩
壑蕰开平似掌，桑麻写出淡于烟。吾徒举足关兴废，可信春游不枉然。""绝壁何缘玉一区，即教
善画莫能图。为云合覆三千界，置邑将容十五都。日出金鸡啼破灭，风来黑鲤渴吞湖。诸公绿笔
夸强健，最早诗成字字珠。"［（明）黄景昉：《瓯安馆诗集》卷 19］
　　⑧ （明）曾异撰：《纺授堂集》卷 8《秋日黄可远太史道过三山纳姬姬为郑解元之后几沦落
吾友文忠公孙叶君节收而嫁之走笔为花烛诗纪事》，《四部禁毁书丛刊》集部第 163 册，北京出版
社 2000 年版，第 468 页。

四 讲筵获识

崇祯七年（1634）冬，黄景昉抵京复职。① 从这一年开始到崇祯十一年四月册封淮王，黄景昉自翰林院编修晋升为詹事府右春坊右庶子，并题补为日讲官暨经筵讲官。借助讲筵启沃之机，他不时匡谏时政，深得崇祯皇帝的"圣眷"，同时缘于与复社诸人的"气谊相合"，阁臣钱士升、何吾驺、文震孟等人对其也多有赏识和推崇②，遂渐由初入宦途的旁观者，转变为中枢政治的协理者。然而，由于典试湖广时与首辅温体仁的积怨，黄景昉也备历艰险和弹劾，不得已借差封之行，自请告假省亲。

关于黄景昉入京的具体时间，因史料的阙如尚难考定，但据其自述，在居乡期间他曾亲历甲戌科误报李焻举状元"满城讙动"的情形："甲戌春暮，忽报李公焻廷试鼎元，满城讙动。竖旗日，有司俱造宅拜，余以居迹，趋陪贺客喧嗔。既二十日后，方知其误。先是，李试卷实拟第一，临期，上忽易刘理顺，而以李首二甲，卷经御墨。"③ 迄于是年闰八月，长兄黄景明甲戌科连捷进士归里，黄景昉有《先封史诞辰寔值中秋，余以乙卯举于乡，岁闰八月得驰觞为寿，去之二十年，甲戌伯兄可文成进士，归适中秋再闰，而先封史不复作矣，涕述寄仲兄可发兼示可冲、可亭二弟》一诗，回忆其举乙卯乡试时适逢中秋再闰得驰觞为父祝寿的情形："驰到泥金母弟开，三年负土恨蒿莱。春风得意饶莺语，夜月伤心损蚌胎。幼种黄杨仍再厄，仙飞华鹤不重回。即看幄底曾孙宴，也唱人间曲子哀。"④ 则至少在闰八月时，黄景昉尚未启程回京。但根据《宦梦录》的记载，他曾为蒋德璟癸酉科乡试磨勘之事亲谒大学士钱士升，故至迟在是年底，已

---

① 此时黄景昉仍为丁忧前的官职，即翰林院编修，正七品。黄一农《明末韩霖〈铎书〉阙名前序小考——兼论历史考据与人际网络》中涉及黄氏崇祯六年、七年的履历皆误。

② （清）陆世仪：《复社纪略》卷2，《续修四库全书》第438册，第511页。

③ （明）黄景昉：《宦梦录》卷2，第129—130页。孙承泽也记道："甲戌廷试，阁拟李焻为第一。上在文华殿翻阅初进十二卷，顷之，阁臣趋出入阁，再搜十二卷以进，特拔第二十二卷刘理顺为状元，而李焻为二甲首，第二杨昌祚，第三吴国华，皆特拔也。"[（清）孙承泽：《春明梦余录》卷7《策士》，第115—116页]

④ （明）黄景昉：《瓯安馆诗集》卷19《先封史诞辰寔值中秋余以乙卯举于乡岁闰八月得驰觞为寿去之二十年甲戌伯兄可文成进士归适中秋再闰而先封史不复作矣涕述寄仲兄可发兼示可冲可亭二弟》。

在京中。① 他说："余从甲戌冬服阕到京，补原职。"②

回京后，黄景昉经钱士升、何吾驺、文震孟等人的荐举，很快在崇祯八年（1635）三月转詹事府左春坊左中允兼翰林院编修。③ 对于此次升转，他说道："前辈编、简须十三四年始转宫坊，亦值神庙中推迁难得旨故。既转坊，则不复濡滞，大约十八年可望三品矣。余历编修十一年，升中允，计各衙门，未有十年甫转官者，淹于前，获稍疏通于后，势亦相因。"④ 同年八月，黄景昉题补为日讲官暨经筵讲官，开启了他六载讲筵生涯的序幕。⑤ 按仪制，新补日讲官须于"大班叩头外，另跪致词"，虽"同升或四五人，惟听首一位总叙"，黄景昉即以首一位代丘瑜、闪仲俨、刘若宰、徐开禧等各致词。⑥ 依讲筵规制，"经筵称官人，日讲称先生，日讲必兼经筵，经筵未必尽兼日讲"⑦，日讲旧例"必尊宿老儒"，因此初任讲官的黄景昉颇有窘迫之状，但因"事急并竞，惧亦所不遑"，反倒"毫无惧意"：

> 初，余题日讲官，窘甚，念平日捧敕御前，手犹微战，兹保无隙越羞。既未由辞免，祇得黾勉供事。盘辟前，牙签在手，直信口讲去，毫无惧意，缘事急并竞，惧亦所不遑，始知苏子瞻所云"乐事可

---

① 按，据黄景昉《郑平远携姬暂之将乐舟别赋赠》中云"空载乘珠分手去，不知秋气为谁多"，其启行人都当在秋后。[（明）黄景昉：《瓯安馆诗集》卷19]

② （明）黄景昉：《馆阁旧事》卷上。

③ 按，《国榷》卷94"崇祯八年正月庚申"条载"正月庚申，进姜逢元太子少保礼部尚书，李建泰、黄景昉、张维机、丘瑜为左右谕德"，所记有误。《家谱》所记更为准确。据《明史》卷73《职官志二》记："按詹事府多由他官兼掌。天顺以前，或尚书、侍郎、都御史，成化以后，率以礼部尚书、侍郎由翰林出身者兼掌之……嗣是，出阁讲读，每点别员，本府坊局仅为翰林官迁转之阶。"可知詹事府坊局"仅为翰林官迁转之阶"，又张岱《石匮书后集》卷13《黄景昉传》记黄氏曾"升左中允"，故景昉先升左春坊左中允兼翰林院编修，而后再升左谕德。此段史料中"进姜逢元太子少保礼部尚书"与《崇祯实录》相同，而据《明史》卷112《七卿年表二》记其为礼部尚书在崇祯九年七月，《崇祯长编》卷66则记在崇祯五年十二月癸酉，故此事尚待考证。

④ （明）黄景昉：《馆阁旧事》卷上。

⑤ 《檗谷黄氏家谱》不分卷《景昉公传》；（清）张岱《石匮书后集》卷13《黄景昉传》，第99页；（清）谈迁：《国榷》卷94"崇祯八年八月癸未"条，第5710页。按，对于充任讲筵官，黄景昉颇以为荣，他说："泉郡词林前后辈，未有任日讲者，如李文节、杨文恪各带日讲衔，值神庙端拱高居，止依期进章耳，非面讲也。即实讲经筵者，亦靡其人，疑以闽音累，惟余首叨冒是役近六载，幸无隙越。"[（明）黄景昉：《馆阁旧事》卷上]

⑥ （明）黄景昉：《馆阁旧事》卷上。

⑦ （明）黄景昉：《馆阁旧事》卷上。

慕，苦事可畏，此未至时心耳。及苦乐既至，以身履之，求畏慕初不可得"，数语妙甚，明乎畏慕之犹属第二念也。①

他认为此时的情形与沈一贯初任日讲官时颇为相似，在《国史唯疑》中曾引述道："自万历乙亥王山阴家屏、沈四明一贯以史官进，去其戊辰登第才七年，越登讲筵，昔未有也。且江陵心眼之明，后寝杂进矣。沈自云：'始闻命不信，已果然。逃之如逃死，不可得。'宛类余初被命时。"② 同时，他指出日讲近御座，讲官应"气温色和"，不可"发扬蹈厉"，并以丘瑜"神静气肃，安安直若固然"与卫胤文"卒坐讲音太宏，更换去"作对比。③ 由于讲官可在总结讲章大意之后，"间及时政"④，时任阁臣的何吾驺就曾称许黄景昉"讲筵风度有异，将来当大用"⑤，此后其渐被委以重任并最终入阁也印证了何吾驺的观察："因在讲筵，每值直讲敷时事，深得圣眷，后来纶扉之简实基于是。"⑥

由于日讲上的表现，黄景昉在崇祯九年（1636）正月升任詹事府左春坊左谕德兼翰林院侍读⑦，并在崇祯十一年（1638）正月擢升为詹事府右春坊右庶子兼翰林院侍读⑧。同年二月的经筵，崇祯皇帝问"保举、考选，孰为得人"，黄景昉上言"刑部尚书郑三俊四朝元老，至清无俦，不当久系狱"⑨，并指出推官成勇、朱天麟"廉能素著，乃不得预清华选"，是考选不公，讲官黄道周、项煜、余煌等亦助为言。在细询之后，崇祯皇帝面谕黄景昉"三俊蒙徇，虽清何济"，数日后的日讲又再次面谕景昉"昨原切责郑三俊，岂是矜亮"，但不久郑三俊获释，朱天麟也在考选后改任翰

---

① （明）黄景昉：《宦梦录》卷2，第139页。北图本作"第二念"，雪堂本作"第一念"，据文意当为"第二念"，据北图本改。

② （明）黄景昉：《国史唯疑》卷9，第258页。

③ （明）黄景昉：《宦梦录》卷2，第138—139页。

④ （明）黄景昉：《馆阁旧事》卷上。

⑤ （明）黄景昉：《宦梦录》卷2，第134页。

⑥ 《檗谷黄氏家谱》不分卷《景昉公传》。

⑦ 《檗谷黄氏家谱》未记详细月份，《国榷》《崇祯实录》《明史》等书亦未见记载，唯张岱的《石匮书后集》记"丙子九年，转左谕德"。同时，丁丙《善本书室藏书志》卷22，有黄景昉在崇祯九年为周如砥《道德经集义》作的传，并著"左春坊左谕德兼翰林院侍讲晋江黄景昉撰"，可证在崇祯九年时景昉已任此职。

⑧ （清）谈迁：《国榷》卷96"崇祯十一年正月戊寅"条，第5797页。"兼任翰林院侍读"的记载，仅见《家谱·景昉公传》，他处未见，故兼采以存之。

⑨ （清）张廷玉等：《明史》卷251《黄景昉传》，第6503页。

林院编修。①《国榷》中详记了此次经筵召对的情形：

> 二月丙午，御经筵毕，召詹事翰林诸臣顾锡畴等二十余人，问："保举、考选，孰为得人？"……庶子黄景昉请宥郑三俊，又朱天麟、成勇不得考选，非是。上以三俊蒙徇，虽清何济，至朱天麟、成勇，则李达〔建〕泰等咸称其枉。又命诸臣各陈所见，上各随答，且曰："言须可行，如故讲官姚希孟等欲折漕一年，误矣。"编修杨廷麟曰："自温体仁荐唐世济、王应熊荐王继章，今二臣皆败，而荐者无恙，是连坐之法先不行于大臣，而欲收保举之效，得乎？"上色动，默然久之。项煜曰："成勇不得考选，以榆次知县任浚为辅臣张至发姻也，前任浚考选列第二，易以成勇，辅臣不欲，谓得则皆得，失则皆失。"至发辨其非姻，命诸臣出宴午门之庑。……丁未，少詹事黄道周，左右庶子余煌、黄景昉，检讨杨士聪各补奏时政。……（黄道周）："臣又从班末闻皇上微采黄景昉之言，垂詧郑三俊，问余煌讲章，似尚仍旧讲官姚希孟之言，私计天下人才，生如郑三俊，没如文震孟、姚希孟，求其影似，未可多得。皇上诚爱士莫如爱已成之士，诚理财莫如理有式之财，当此众涣之时，稍弘字粹之旨，使廉夫立士有以自振，亦收拾人心，灭胡寇之一大机也。"②

黄景昉疏奏成勇、朱天麟考选不公后，"首揆益加嫉忌"③。此时首辅为张至发，于温体仁为"传衣钵"，"一切守其所为""大旨相绍述"④，且与田维嘉⑤有师生情谊，史𡎴与田维嘉亦相厚。黄景昉因顺天乡试已与史𡎴龃龉，而疏奏考选之事，则既为吏部尚书田维嘉所嫉恨，并为首辅张至发所"嫉忌"，从谈迁的记载即可看出张、田、史三者关系：

---

① （清）万斯同：《明史稿》卷356《黄景昉传》，《续修四库全书》第330册，上海古籍出版社2002年版，第318页。张廷玉等：《明史》卷251《黄景昉传》，第6503页；卷254《郑三俊传》，第6565页；卷255《黄道周传》，第6595—6596页；卷258《成勇传》，第6680页；卷279《朱天麟传》，第7156页。（明）文秉：《烈皇小识》卷5，第137页。

② （清）谈迁：《国榷》卷96 "崇祯十一年二月丙午、丁未"条，第5799—5801页。

③ （清）张岱：《石匮书后集》卷13《黄景昉传》，第99页。

④ （清）张廷玉等：《明史》卷253《张至发传》，第6534页。

⑤ 由于本书所引史料有田惟嘉、田唯嘉、田维嘉之别，但实为一人，故依据《明史·七卿年表二》，皆统称为田维嘉。

检讨杨士聪论陆自岳、沈迅、张若麟钻营，命核三人治状。于是，吏部尚书田维嘉奏辨，项煜又论之，士聪劾维嘉讳三人之罪，开复、考满、裁俸日月，欺蒙有据，及前太仆寺少卿史躉通关布置，命若麟及史躉各回奏。维嘉于张至发为师生，史躉特虎而鸷，父丧家居，颐指诸大吏为威福，人莫敢言。①

黄景昉之所以没有被田维嘉弹劾，则是因当时"误传奏成、朱者为杨廷麟"，而田维嘉已疏攻杨廷麟，且奉崇祯皇帝御旨"原奏系黄景昉，何讹为杨廷麟？还通着明白回奏"②，故不便再改口补奏：

余既以经筵面对成公勇、朱公天麟不宜先转部曹，上着阁臣传吏部察奏。时阁传偶误，以余奏为编修杨公廷麟奏，冢宰田公唯嘉恨杨甚，遂摘江右考选某事诬杨，经杨疏辨明，田始知误，不便再改口攻余。恒思兹误若或使之，使当日阁传非误，田必直攻余，必亦摘闽考选事为诬，黄公文焕将受累非浅。黄每谈及，辄叹为弩下避箭，信功名之有定分云。③

黄景昉的解释与文秉的记载可相互印证，不久因预先"泄士聪之疏于维嘉"，首辅张至发、吏部尚书田维嘉相继去职，此事方告一段落。④ 此后，黄景昉曾谈及其力言考选不公，并非出于私心，他与成勇虽是同年，但"仅一识面"，与朱天麟更是"并面未识"：

御史成公勇先被推为南铨部，改南台，在事数月，弊绝风清，南中颂，先后仅见。以救黄公道周疏，逮系累年，困中节愈厉，真铁汉也。余于公同年，仅一识面耳，若朱公天麟并面未识。时因余奏，得自部属改馆员、科道者十数人，上亦自是罢馆员议。⑤

---

① （清）谈迁：《国榷》卷96"崇祯十一年二月丁未"条，第5801页。
② （明）文秉：《烈皇小识》卷5，上海书店出版社1982年版，第138页。
③ （明）黄景昉：《宦梦录》卷2，第157页。
④ （明）文秉：《烈皇小识》卷5，第137—148页。
⑤ （明）黄景昉：《宦梦录》卷2，第158页。

这里提到的"时因余奏，得自部属改馆员、科道者十数人"，即是年五月经崇祯皇帝策试考选后，钦定的考选官：

> 钦定考选官：曾就义、李士淳、朱天麟、黄文焕、黄奇遇、虞国镇为翰林院编修；张缙彦、汪伟、屠象美、马刚中为检讨；王调鼎、熊维典、李希沆、张希夏、张作楫、耿始然、解学尹、成仲龙、李清、孙承泽、吴希哲、张淳为给事中；李嗣京、秦廷臻、汪游龙、喻上猷、李春蓁、任濬、杨鹗、李云鸿、柯元伯、左永图、宗敦一、张尔中、邓希忠、黄谏卿、张懋爵、王章、蔡鹏霄、陈天工、高明衡、郭景昌、徐养量、罗起凤、王聚奎、涂必泓、甘维荣、王范为试监察御史；阎嗣科、叶树声、林景友、詹兆恒为南京试监察御史；张若麒、沈迅为刑部主事。越数日，下各部前议可者覆行之。①

其中，除成勇已赴任南京吏部主事而不与考选外，朱天麟获选为翰林院编修。另外，黄景昉在《宦梦录》中还提到，此次考选中还出现了"匿名帖"事件，并且相似的事件在崇祯十二年（1639）枚卜时再次发生，令正在居家省母的黄景昉"深受其谤"："戊寅考选，同乡有用匿名帖夜投省台门，祈阴中诸同事者，迹绝丑。己卯枚卜，复踵行之，余身受其谤。所投帖后为余收得焚之，谤沮不行，害人者竟亦何益？"② 同时，他也批评这种"自坊局五六品得列枚卜，各部院三、四品得与纶扉，各部属得改授科道，各推官、知县得选入词林"的考选变革，使得"内外大小衙门咸嚣然，有逾涯越幅，希荣兢进之心"，以致出现"厌弃职业，窥伺径窦"的现象，认为此举"弊有不可胜道者"。③

在这期间，黄景昉虽深得崇祯皇帝的赏识及钱士升、何吾驺、文震孟等阁臣的推许，但也屡遭非难及牵连，在这些事件中均可看到时任首辅温体仁的身影。先回到崇祯七年冬刚刚抵京时的情形，黄景昉首先面对的是蒋德璟因主考应天乡试磨勘待罪之事。④ 是年正月，南京广西道御史张寿

---

① （清）谈迁：《国榷》卷96"崇祯十一年五月乙丑"条，第5808页。
② （明）黄景昉：《宦梦录》卷2，第158页。
③ （明）黄景昉：《宦梦录》卷2，第152页。
④ （清）夏燮：《吴次尾先生年谱》，《续修四库全书》第553册，上海古籍出版社2002年版，第457页。

祺奏右庶子丁进主考南闱有受贿通关节之状，随后礼部磨勘京省乡试墨卷，议处举子多人。① 至十二月，兵部职方主事贺王盛、刑科给事中黄绍杰弹劾温体仁，并言及其"庇主考丁进，从宽磨勘"，崇祯皇帝遂下令"取癸酉南场朱墨"②。其中该科策论有"圣心如日明水清"之题，而黄美中以"奢闻嫫刀，青山绿树"为关节，查有实据，责处丁进削籍，礼部尚书李康先也因此前磨勘"郑雅孙等七卷策论多用禅语，考官批更妄诞"，未能"纠驳回奏，反行曲庇"，勒令致仕。③ 为此，黄景昉求解于阁臣钱士升，在其营救下，圣旨以蒋德璟"同有衡文之任，批词虽无妄诞，岂能辞责，着降三级照旧"④，景昉后来记道："同邑蒋公德璟以癸酉南闱事回奏，时主考丁进业革职，势垂剧。余诣钱公士升邸，力言之。既得旨，钱贻余札云：'令亲事已奉处分，及于宽政，皆圣恩也。先此奉慰。'蒋得降级照旧，实钱公偕何公吾骆力。时温公体仁病，王公应熊被纠，同不入直，不然事正难测耳。"⑤ 从这一记载也可看到，如非温体仁、王应熊未能入直，即使钱、何二人尽力转圜，同为该科主考的蒋德璟很难仅是"镌三级"的处分。⑥

值得注意的是，黄宗羲虽多次反驳"党社"之说⑦，但该年的甲戌科会试，复社领袖张溥、徐汧等曾为党社中人暗中推举，后来首辅温体仁以"《国表》姓氏查对"，发现该科进士"多出复社"，从而进一步加深了与复社诸人之间的嫌隙。其中文震孟即为该科会试同考官，也是张溥确有实据的请托者。⑧ 崇祯八年（1635）七月，文震孟以讲《春秋》，受知于崇

---

① （清）谈迁：《国榷》卷93"崇祯七年正月辛卯、丁巳"条，第5624、5627页。黄景昉也曾记是年磨勘之役，云："部科磨勘闱墨，或用'今古如一丘之貉'句，或用'地过日月之表'句，并拟参罚。余曰，一出《汉书·杨恽传》，一出《春秋纬》，云'神农地过日月之表'，见《杨升庵集》。为觅二书示之，得免究，莫知何人。士大夫不读书，辄谬訾摘人文字。后语犹小奥，岂有《汉书》未经目理。"［（明）黄景昉：《宦梦录》卷2，第140页］

② 此事缘起详见《国榷》卷93"崇祯七年十二月丁亥"条，第5681页。

③ （明）李逊之：《三朝野记》卷5《崇祯朝纪事》，文津出版社2020年版，第210页；（明）文秉：《烈皇小识》卷4，第95页；（清）谈迁：《国榷》卷93"崇祯七年十二月戊戌"条，第5682页。按，黄景昉记颜茂猷之博学，即曾以此事为佐证："癸酉南闱墨有用'奢闻嫫刀'，为御笔涂乙者，询及，惘然。颜公茂猷与余言：出《荀子》。阅之，篇名《佹诗》，其辞曰：'闾娵子奢，莫之媒也；嫫母刀父，是之喜也。'又荀子《与春申君书后赋》亦有此语。学不厌博，信然。"［（明）黄景昉：《宦梦录》卷2，第139—140页］

④ （明）蒋德璟：《敬日草》卷1《主臣远在万里惊服》。

⑤ （明）黄景昉：《宦梦录》卷2，第131页。

⑥ （清）谈迁：《国榷》卷94"崇祯八年四月乙巳"条，第5702页。

⑦ （清）黄宗羲：《汰存录》，《黄宗羲全集》第1册，第330—331页。

⑧ （清）陆世仪：《复社纪略》卷2，《续修四库全书》第438册，第510页。

祯皇帝，特旨入阁。但未及三月，即因拟升许誉卿南京太常卿之事，与温体仁"在阁时相持激"①，被其以"科道为民，是天下极荣事，赖公玉成"之语揭奏上闻，而触忤崇祯皇帝，随即勒令文震孟"冠带闲住"，何吾驺致仕，时人以"轻付一掷""未尽其用"惜之。② 然而，何、文二人在朝"引掖后进"，复社之人"崇为宗主"，黄景昉亦曾受其"荐拔"，并"在内为之谋爱立"，包括其长兄黄景明也是在甲戌科中连捷进士，故对二人之去职记道：

> 吴门文公震孟在讲筵专讲《春秋》，上每倾听，亦以其神采英毅异恒人，故入阁。甫瑜月，会太宰谢公升疏攻许都谏誉卿，阁拟重遣，公力捄不能得，微愠，云："谏官获革职为民，是极荣事。"温公体仁怒，遂以上闻，谓"股肱心膂之臣，作此违礼蔑法之语"。得旨，闲住去。……香山何公吾驺亦坐吴门累，罢归。③

文震孟、何吾驺去职后，黄景昉循例为之送行，对于当时文震孟的落魄情形，他后来回忆道："余辈送之郊，雪中乘骡舆行，为阁臣去国未有故事。"④ 而何吾驺临行时则嘱托黄景昉当"自爱"，以待将来大用："临行夕，称余在讲筵风度有异，将来当大用，祝余自爱。时甫供事旬月，局踏甚，不审公何自见赏，恒愧谢其意。"⑤

随后的崇祯九年四月，另一位素为东林、复社所推重的阁臣钱士升⑥，由于所上《四箴》及拟重处武生李琎之事积忤于崇祯皇帝，同时也因首辅温体仁的忌惮，欲借经历吴鲲化讦奏其弟钱士晋营贿之事以逐之，钱士升不得已而引罪乞休。⑦ 临行时，黄景昉趋门送别，钱士升也以"世道人心为嘱"，《宦梦录》记此事云："嘉善钱公士升，初登庸，众疑出乡衮乌程

---

① 《崇祯实录》卷8"崇祯八年四月乙巳"条，"中央研究院"历史语言研究所1962年校印本，第263页。

② （明）文秉：《烈皇小识》卷4，第110—111页；（清）张廷玉等：《明史》卷251《文震孟传》，第6499页。

③ （明）黄景昉：《宦梦录》卷2，第132、134页。

④ （明）黄景昉：《宦梦录》卷2，第132页。

⑤ （明）黄景昉：《宦梦录》卷2，第134页。

⑥ （明）夏允彝：《幸存录》卷下，国家图书馆藏清钞本。

⑦ （清）张廷玉等：《明史》卷251《钱士升、钱士晋传》，第6487—6489页。

援引，实不然。尝撰为《四箴》以献，多规切语，失上意。旋复有所陈奏，上手报云：'倘欲沽名，前四箴已足致之，无劳汲汲。'钱皇恐，得致仕去。余趋别及门，垂登车矣。无他语，第以世道人心为嘱，意惓惓可念。"①

同年九月乡试，黄景昉与同年左谕德闪仲俨获典选主考顺天乡试。②此次乡试，黄景昉"照坊僚往例资序"应主考应天乡试，由于湖广乡试《试录》等事积忤首辅温体仁，特改其主考顺天乡试"以相苦"，他说道："各省乡试发榜日，诸生业多预归，惟顺天籍辇毂下。生长于斯，兼太学监生五方杂处，每落第，口语嘈嘈，最易腾谤。或京官内尚有连，复阴佐之，故衙门盛厌苦北闱。余丙子科资序原该南闱，为当事者矫易，抗辞不能得，坐致部科纷纭匝年，亦其数也。"③

该科顺天乡试，本因清军入寇而议改期，后侦得清军已出关，遂改在九月二十九日合闱。十月放榜，例取一百五十五人，由于真定、保定、永平的考生被警不至，实际只取中一百二十四人。④ 对于闱中阅卷情形，黄景昉记道："闱中例，房考呈卷，主考阅定去取，落卷从无经目者，意省烦，亦避形迹。余不可，悉取《易》《书》二房皿字号落卷审阅，《易》拔张罗俊、王龙贲，《书》拔叶永华⑤。初，房考微有难色，余为详加开譬，各欣然。榜放，三生俱名士，张、王同举癸未榜。叶尤负奇，厄于渡，卒，为痛惋久之。其不能遍及他经者，职也；即一经落卷，仅能阅皿

---

① （明）黄景昉：《宦梦录》卷2，第131页。

② （明）陈龙正：《几亭全书》卷38《分考一回奏》，《四库禁毁书丛刊》集部第12册，第348页。

③ （明）黄景昉：《馆阁旧事》卷上。按，顺天乡试因在京城，相对于其他省乡试更容易引起皇帝的注意，因此明代乡试科场案以顺天为多，《明史·选举志二》即说道："（科场弊窦）往往北闱为甚，他省次之。"杨士聪也说："自庚午姚现闻希孟以中武生被处，北闱遂为畏途。盖辇毂之下，议论易生、风波易起也。"［（明）杨士聪：《玉堂荟记》卷上，《丛书集成新编》第88册，第704页］

④ （清）谈迁：《国榷》卷95"崇祯九年九月己巳"条，第5759页。按，黄景昉记此事云："丙子秋，寇自陵后溃墙入，破昌平州，杀掠甚惨。总兵巢丕昌降，巡关御史王肇坤死之。迤递南下，陷雄县，阻白沟河。返时，逼诸生乡试期，议暂改，侦既出口，始以九月二十九日合闱试，亦异事。"［（明）黄景昉：《宦梦录》卷2，第142页］又记："北闱考试官，出东长安门，乘舆诣顺天府宴。宴毕入闱，比撤棘，仍骑马归。次日宴，舆骑往返如之。闱中用中书官写白纸题，卷入大竹筒，加小铜锁，外黄绢装裹，具香案拜，府丞鼓乐接出进呈，始阖闱试，大略仿会试体。初发榜，先进题名，中宫东宫亦各二本。"［（明）黄景昉：《馆阁旧事》卷上］

⑤ 按，黄景昉在《送叶永华门人还松阳》一诗中，曾说道："唐叶法善、国初御史叶希贤，皆松阳人，或其后裔。"［（明）黄景昉：《瓯安馆诗集》卷19］

字号，而不能遍及于贝字号者，势也。"① 正如他所说："闱中正考阅《易》《书》，副考阅《诗》《春秋》《礼》，或二人公同裁定不妨，但无一经分二主考之例。"② 也就是说，正副主考不能同阅一经，黄景昉作为正主考依例只阅《易》《书》二房之卷，故搜取落卷也只能在此二经中进行，且仅限于"皿字号"的监生卷中选取，因此他认为："科场主试，关防严密，外帘只字不通，题先拈阄，系某书某什，房考分拟，卷到摊定，信手分某房，即鬼神莫知，卷优劣凭文去取。世每言科场关节弊，余寔不解所以，使卷不落其房，则房考何从通，使房考不进某卷，则主考何从取，即进而主考不取，计亦何施？"③ 对于从《易》《书》落卷中搜取的三人，黄景昉也觉："仅此三生已费余多方曲折矣。"④ 据他后来的回忆，此次顺天乡试，有十三人在崇祯十年的会试中连第，"丁丑会榜，北畿士连第者十三者，正魁二人，楚诸生亦登五人，颇称快意。"⑤

在此科的北闱《试录》中，黄景昉"所选策仍剀直如楚《录》，加峻焉"⑥，从而进一步加剧了与温体仁的对立。不久，陈启新即以解元马之骐墨卷"文体荒谬"为"下第者吹索字句投揭"之事，上疏弹劾，并及主考

① （明）黄景昉：《宦梦录》卷2，第142—143页。此段史料中所云之"王龙贯"，据《明清进士题名碑录索引》，当为"王龙贲"，特改之。（第2622页）在《馆阁旧事》中，黄景昉也曾回忆道："丙子北闱，余先率诸同考告天矢誓曰：'王畿首善，大比宾贤，务得真才，以光盛典。凡我同事，矢慎矢公，如或怀私，明神鉴殛。'后风波屡起，部科吹索，闻先帝宫中，至悬金募发情弊，究莫能点者。即余于《易》《书》落卷搜取三人，内一系同乡不为嫌，总心事皦然。"（《馆阁旧事》卷上）

② （明）黄景昉：《馆阁旧事》卷上。另外，在同书中，黄景昉还记道："房考送卷主考所，服衬摆衣，余俱朱衣供事。房考阅卷用蓝笔，主考墨笔，例不许携朱□入，防有添改。凡房考所需饮食药饵之类，具单由主考标日，发外帘取进，会试先二日，乡试先一日，送墨卷入对号。"

③ （明）黄景昉：《馆阁旧事》卷上。

④ （明）黄景昉：《宦梦录》卷2，第143页。

⑤ （明）黄景昉：《宦梦录》卷2，第154页。按，黄景昉是时作《春榜放喜黄以实赵前之许钦哉并首闽》诗："赋成吴楚气凌云，榜下先占吉语闻。神骏腾骧先万马，丘车砑磕列三军。各矜铅椠风霜积，行勒旃常日月分。追笑昨年瘢垢索，劳劳省罥太深文。"又有《揭万年以五经连隽二榜喜赠》一诗："浪涌万川百灌河，西江才子更谁过。真膺射策明经选，重荐宏词博学科。中夜墨胥愁腕脱，满堂星史羡胸罗。称师吾敢康成并，现撤皋比拟负戈。"[（明）黄景昉：《瓯安馆诗集》卷19]

⑥ 《檗谷黄氏家谱》不分卷《景昉公传》。黄景昉在《国史唯疑》卷三载其《丙子畿录》言诸藩王事，虽与温体仁无关，但可由此窥见其言事之直切："余《丙子畿录》有云：'昔襄王扬王概之善，善亦归之；襄垣王诬年富之恶，恶亦及之。'指是。时诸藩恃上恩，屡劾奏疆臣，辞示劝讽。"（第81页）

黄景昉，虽然景昉疏辨："吏科无衡文之权，启新非知文之士，擅肆讥评，殊属厚颜。"[①] 并作《磨勘试卷严赋呈礼部科诸公》一诗申辩[②]。但崇祯皇帝以"御笔涂吏科句"，谕处马之骐停四科会试，黄景昉、闪仲俨降二级。[③] 时人对此曾评论道"部议竟以核字不雅罚至四科，无论一字不足以累全文，即专论一字，有何大戾而至是也。启新不足责，仪制案呈，逢迎启新者，推其用心，何所不至"[④]，感叹部科"逢迎启新如此"[⑤]。对于此中的缘由，黄景昉后来解释道：

> 陈启新疏摘北闱元卷，自有公论。事缘大理少卿史𡐯为北畿要人，其姻亲靡入彀者，憾甚。陈即史武举门生。史与政府厚，部科惴惴，百计求悦其意。闻上于宫中悬金募发科场弊，厂卫大无所得，仅以一胡维孚应命，复于余无涉，会史忽丁艰去，风波始息。史后竟以贪横论罪，死狱中，家资没入。[⑥]

从此段史料即可看出，温体仁此次弹劾事件中所处的主导地位。陈启新为

① 《崇祯实录》卷10"崇祯十年十二月戊辰"条，第315页。按，此事《崇祯实录》《国榷》均记在崇祯十年十二月，但依黄景昉的自述及《明史》所言，此事应在温体仁当政之时，而体仁在十年六月已致仕，十一年七月卒，则可证事发时必定不在十年十二月。另外，据该科同考官陈龙正回奏胡维孚之事始于崇祯十年闰四月，而此事与温体仁之授意有关，故笔者推断陈启新弹劾之事，当在顺天乡试之后，丁丑科会试之前，只是具体处罚在崇祯十年十二月与陈龙正之事同时颁下。

② （明）黄景昉：《瓯安馆诗集》卷19《磨勘试卷严赋呈礼部科诸公》。该诗云："军须投笔掾须钱，薄命书生倍可怜。鹰击搏风忧堕武，鹿鸣食野念登贤。伤心蕙芷焚骚谱，入眼虫鱼费郑笺。八郡良家今辇毂，屋乌明宿午楼前。""楚才多幸荷陶甄，敢劾荒鸡再失晨。求士自矜罗得俊，设官终号署为春。深宵杀气缠奎壁，献岁雷声起凤麟。密网重嗟小峻，谁家不奋棘闱身。"

③ 据《宦梦录》卷二记"宫谕闪公仲俨初偕余典畿试，同降二级"（第183页），可知此次被弹劾降二级，因诸书未见明确记载，故补之。另，《国榷》卷96"崇祯十年十二月戊午"条中所载"副考口口闪仲俨"应为"副考左谕德闪仲俨"，"主考口口黄起有奏辨"实为"主考左谕德黄景昉"，故特改之。另外，闪仲俨又因胡维孚事连累，再降二级，黄景昉曾上疏请求共同处分，云："先哲有言，与同功宜与同过，贞臣自矢不负友，斯不负君。"但崇祯皇帝最终未允景昉此请。

④ （明）杨士聪：《玉堂荟记》卷上，第704页。

⑤ （明）李逊之：《三朝野记》卷6《崇祯朝纪事》，第244页。

⑥ （明）黄景昉：《宦梦录》卷2，第145页。黄景昉对胡维孚之事，曾记道："中翰陈公龙正笃学善谈，论闱中所拔，如黄国琦、朱充鱲辈，才已穷，姑取胡维孚殿后。胡行稍不简，物论籍籍，陈呼到，训饬之，答复不逊，陈怒作《醒迷记》一篇自讼。辞渐流传，至上达圣听，回奏再三，大行胡公麒生竟坐累逮。拟胡实于陈无涉，第以胡维孚同姓同经，颇曾来往，不无瓜李之嫌，上微闻之，特宽陈罪胡。事牵连踰年始息，亦其数也。"[（明）黄景昉：《宦梦录》卷2，第154—155页] 此事原委，可参见陈龙正《几亭全书》卷38《奏议》，第348—361页。

史䜮门生，并且由于史䜮与首辅温体仁关系密切，故而部科借陈启新弹劾马之骊一事，牵连黄景昉，以此取媚于温体仁。《明史》对此曾评道"诚意伯刘孔昭劾倪元璐，给事中陈启新劾黄景昉，皆奉体仁指"①，其意即指此。

虽然受北闱事的牵连，但这一年（1637）三月丁丑科的廷试，依照《会典》"受卷、弥封、掌卷官从内阁于本院及春坊等官，并制敕房官内推选"②的规定，黄景昉仍以詹事府左春坊左谕德兼翰林院侍读充任殿试弥封官。不久，温体仁去职，张至发、薛国观先后继任首辅，"接踵一迹"③，由是在历经北闱磨勘的牵连及崇祯十一年二月经筵面奏考选之事后，为从时局中脱身，同年四月，黄景昉自请册封淮王④，对此他曾自述道"旧例，讲筵礼隆重，鲜与册封差，惟江右傅公冠尝一行之，余援为请"，并援引钱龙锡之语自嘲："君离讲筵得封差，何异巨鱼之纵大壑耶？"⑤从当时黄景昉所作的《出都留别诸同人》诗中亦可窥见其心情："五年别柳屡萦尘，此日歌骊亦到身。老子归与江攫鳌，诸公幸矣阁图麟。守心荧惑行当退，射昂槜枪莫又新。镇日帷前挥涕说，拟将危苦向谁陈。""节拥皇华亦自公，敢希驰传赐金崇。饿麟无意长游薮，羁鸟但求一出笼。家梦虿悬钟阜晓，宦情全似蠡湖风。故人便使能相念，已隔闽山东复东。"⑥

出都后，黄景昉途经山东郯城、南直隶镇江抵江西饶州，册封礼毕即行，尽却淮府馈赠，他记道："淮藩册封礼竣，燕殿上，具太牢，用乐，馒头大如车轮，王坐立南向，揖必三。越日，为曲宴，宣劝甚勤，始终不出一语，疑藏拙。然淮故贫藩，宴办自所封郡王手。余趣辞去，仅留二日，领饔器数种而已。"⑦张岱也说此次景昉册封之行"省贫藩无算"⑧。

---

① （清）张廷玉等：《明史》卷308《奸臣·温体仁传》，第7935页。

② （明）申时行等：《明会典》（万历朝重修本）卷221《翰林院》，第1097页。

③ （清）张廷玉等：《明史》卷253《赞》，第6551页。

④ 张岱就曾指出黄景昉自请册封的缘由，称："首揆益加嫉忌，景昉即以封差行。"〔（清）张岱：《石匮书后集》卷13《黄景昉传》，第99页〕

⑤ （明）黄景昉：《宦梦录》卷2，第158—159页。

⑥ （明）黄景昉：《鹿鸠咏》卷2《出都留别诸同人》。

⑦ （明）黄景昉：《宦梦录》卷2，第166—167页。按，黄景昉有《淮藩册封成纪事》之作记此事："帝子朱扉重，王人绛节高。自郊陈宝辂，当殿响云璈。龙虎英为簜，璠玙锦作韬。望知藩政肃，声问圣躬劳。饧省荣登册，词林盛拥旄。椒闱仍有赐，蚕馆恰宜缫。是日芝森秀，无风蠹息涛。金苞周社栗，黍雪鲁宫桃。簧炙长吹管，殽蒸特具牢。鹿鸣歌未拜，凤鹙笔曾操。国始仁宣派，时忧江汉豪。晏婴殊使楚，王粲薄依曹。几杖尊黄发，球图侈赤刀。尚期欣玉藻，聊用荐溪毛。"〔（明）黄景昉：《瓯安馆诗集》卷15〕

⑧ （清）张岱：《石匮书后集》卷13《黄景昉传》，第99页。

可见至明季之时，随着财政危机的加深，藩王的经济状况也每况愈下，但从另一方面来说，也反映出黄景昉所秉持的"莅官守正"之说，并非虚语。

淮王差封之行后，黄景昉疏请给假，南下省母，于是秋抵家。① 其间，会推阁员，吏部尚书商周祚先后以翰林院二十一人列名枚卜，但由于"俱不惬上意"，仍"命再酌之"，并谕令："词臣不拘资序，前旨甚明，何滥徇游移也，其并推在籍堪任者。"② 是时，崇祯皇帝"意已前定"，遂"以考为名"，召廷臣七十余人于中极殿，亲发策问考选阁员，借此点用杨嗣昌、程国祥、方逢年、蔡国用、范复粹。③ 随后，熊维典弹劾商周祚枚卜徇私，崇祯皇帝旋即下旨切责"吏部尚书商周祚枚卜滥徇"，周祚虽称疾引咎，仍于是年十二月以"瞻徇溺职削籍"。④ 此次枚卜，黄景昉也名列其中，对此他颇为懊悔："初，太宰商公周祚枚卜，先后推词林二十一人，新资末品靡弗与者。得旨，汰其半，犹存冒滥，余亦叨列名，启上疑始此。商旋逐去，本吾辈自酿成之过。"⑤ 而黄景昉在归途中得知入阁的名单后，更是"怅惘累日"，并指出："数公实非辅器弼器，蔡、范在台班平平，免例转为幸，程耄，杨慒。"他认为此举"缘上疑深，决意简六曹参大政，为厌薄词林之举"。⑥ 虽然崇祯皇帝想通过"内外兼用"的办法，"欲阁臣通知六部事"，但事实上，以此入阁者亦难久任，皆不旋踵而罢去。

从崇祯十一年秋抵家至崇祯十二年（1639）底回京，黄景昉除居乡省母外，还为其父黄宗彝修筑坟茔，至工竣始还朝。其间，黄景昉于是秋忽遭病患，在《病中》诗中，他对其病状及治疗情况记道："病到逡巡觉，卫生良已难。石鍼犹有疢，金踊不成丹。坦腹凭方试，将身当幻看。露湛

---

① 按，对日讲官给假回籍的制度，黄景昉曾补充云："日讲官给假回籍，得赐银币，驰驿行，或丁父母忧，三品给祭葬，余亦得祭一坛。"［(明) 黄景昉：《馆阁旧事》卷上］

② (清) 谈迁：《国榷》卷96"崇祯十一年六月丙午"条，第5812页。

③ (清) 张廷玉等：《明史》卷253《程国祥传》，第6542页；(明) 李逊之：《三朝野记》卷6《崇祯朝纪事》，第258—259页。

④ (清) 谈迁：《国榷》卷96"崇祯十一年七月己巳、十二月乙未"条，第5814—5815、5825页。商周祚被削籍的月份《崇祯实录》《国榷》和《明史》所记不同，前两书在十二月，《明史》卷112《七卿年表二》所记在十一月，因无从考证，故二者皆存。

⑤ (明) 黄景昉：《宦梦录》卷2，第167—168页。按，黄景昉在《馆阁旧事》卷下中亦言及此事，云："戊寅六月，余先以册使出都，闻此番召对，令各书所见，上意兼用六部，除吏部、刑部不称旨外，户部尚书程国祥、兵部尚书杨嗣昌、礼部侍郎方逢年、工部侍郎蔡国用、大理少卿范复粹五人同入阁，时词林仅方公一人，旋闲住去。"

⑥ (明) 黄景昉：《宦梦录》卷2，第167页。

宁解渴，宵忆蔗浆寒"，"向晚偏增困，匡床兀自持。调糜忧老母，丸药倩诸姬。神鬼将无意，风霆合有时。梦中传呓语，谁料到曹丕"，"服食愁多误，从师演五禽。巫荒祈术验，医缓斗功深。去病因思霍，长生敢望阴。终嫌尘扰扰，第一莫萌心"。① 但由于归期临近，黄景昉不得已带病启程："余己卯家居，秋忽病，病中屡呓语，云：'魏文帝丕索太后册文，甚急！'不测何解，愈后为家人所强，姑谬草数语焚之，携药饵行。中途始全平复，以逼腊入都。"② 从《将入都五鼓出城别亲友作》一诗中可见其当时的心情："家鸡喔喔鸣，游子长行色。中夜起严装，仆马饭匀毕。老母佛前拜，阑干双泪湿。毛羽各分飞，念彼桓山翼。三度入长安，兹行苦不力。属目气怆凄，嗟岂恋家室。坊僚踵列卿，惭非鼎铉质。峭壑乏修绠，王明曷用汲。亦有牵衣感，琐细语难悉。骊驹声复嘶，慷慨驱车出"，"车过上东门，梦里统统鼓。媄宾念我行，张灯竞出祖。何期雒浦风，翻听渭城雨。旅客重别离，于谊亦云古。里正或闾师，道左扶携语。祝我官职高，欣我疾病愈。惭媿父老言，吾何德与汝。筮仕十载余，未敢累乡土。行当释绶归，耰耔事农圃。旁观辄哂予，未出先谋处"。③ 在入京途中，他曾与杨元锡、林胤昌等人相遇，并有《杨康侯中翰尊人于余同庚初归自京师赋赠时余病新愈》《还朝过太平驿次壁间韵》《桃源逢林为盘选部谴归夜酌赋别》等诗作，近腊月时抵京。

五　职掌詹翰

崇祯十三年（1640），黄景昉在差竣复职后，同年三月的庚辰科廷试，仍依规制出任该科的受卷官。从崇祯四年辛未科廷试迄于是年，黄景昉先后历任廷试掌卷、弥封、受卷官，以故他自言："辛未、丁丑、庚辰三科俱幸供役。"④ 随后的四月，黄景昉升任詹事府少詹事兼翰林院侍讲学士，署理詹事府事⑤，并在十二月以詹事府詹事兼翰林院侍读学士，掌翰林院印。自是通过讲筵启沃、召对问答、疏奏上陈等方式"正言谠论，补益当时"，而深得崇祯皇帝的信任，逐渐由此前中枢政治的协理者转变为中枢

---

① （明）黄景昉：《瓯安馆诗集》卷10《病中》。
② （明）黄景昉：《宦梦录》卷2，第168页。
③ （明）黄景昉：《瓯安馆诗集》卷2《将入都五鼓出城别亲友作》。
④ （明）黄景昉：《馆阁旧事》卷上。
⑤ （清）谈迁：《国榷》卷97"崇祯十三年四月辛酉"条，第5862页。

政治的参与者。另一方面，随着周延儒在崇祯十四年九月入都复任首辅，经其推荐，也为黄景昉在崇祯十五年廷推入阁奠定了基础。

黄景昉升任少詹事后不久，在召对时首先言及高起潜逡巡不撤之事。崇祯十三年三月，崇祯皇帝曾下诏撤各镇监视中官，高起潜亦在其列①，却仍拥兵关外，未有撤回之意，大臣虑有他变而无敢言者，黄景昉入对时力言此事，《明史》及《石匮书后集》对此曾分别记载，但各有取舍，现将二书合观，则可知此事原委：

> 庚辰（崇祯十三年——引者注），差竣报命，转少詹事，同詹翰官入对。时太监高起潜拥重兵关外，骤撤回，未至。中外虑有他变，无敢言及者。……景昉面对时，即昌言御前，以"才撤回监视，而辽抚即有警报，疑此中或有隐情"。②

> 尝召对，言："近撤还监视中官高起潜，关外辄闻警报，疑此中有隐情。臣家海滨，见沿海将吏每遇调发，即报海警，冀得复留。触类而推，其情自见。"帝颔之。③

由于高起潜担忧被崇祯皇帝撤回，故凡遇下诏撤回监视中官，则报关外有警，黄景昉遂以其见闻上言于崇祯皇帝，但最终未能被采纳。由此也可看出，随着崇祯皇帝对士大夫群体的"不信任感与日俱增"，他对宦官群体的倚重日渐加深，认为"任大臣而不法，用小臣而不廉，言官首鼠而议不清，武将骄懦而功不奏"④，这也凸显了他对宦官、士大夫群体之间亲疏关系的变化。⑤ 以故，崇祯皇帝虽然深知黄景昉所言颇能切中政局时事的要害，也仅仅是"颔之"而已。正如黄景昉所总结的："大都督抚与镇弁争，弁胜；与监珰争，珰胜，习为固然。"⑥

随后，由于署理詹事府事，黄景昉需要面对素称棘手的考察属员之

---

① （明）蒋德璟：《敬日草》卷12《庚辰三月七日忽奉圣谕尽撤边腹监视诸珰志喜》；（清）谈迁：《国榷》卷97"崇祯十三年三月戊子"条，第5859页。

② （清）张岱：《石匮书后集》卷13《黄景昉传》，第99页。

③ （清）张廷玉等：《明史》卷251《黄景昉传》，第6503页。

④ （清）计六奇：《明季北略》卷20《十一颁罪己诏》，第446—447页。

⑤ 参见周晓光《论明代崇祯年间的宦官》（《学术月刊》1992年第1期）、冷冻《也谈崇祯年间的宦官》（《学术月刊》1993年第3期）。

⑥ （明）黄景昉：《宦梦录》卷3，第199页。

事。虽然"掌詹只考本府录事主簿属员"，但依例应"外转一人，降处二人，浮躁不谨各有差"①，由于此制已久不奉行，最终也仅能以"最无行者"一人开送，他记道："余以少詹事署理府事，内计，詹府应考察属员，久不奉行矣。余时廉其最无行者赵某开送，部列不谨。赵某为茗溪私人，交通贵游，尝见缉于厂卫，逃归，黜之。去一臣蠹，颇亦捉兔费狮子力。"②

同年十二月，黄景昉升任詹事府詹事兼翰林院侍读学士，署掌詹事府事，并在崇祯十四年（1641）二月京察中，得奉"学行素优"之旨。③《明史》载："考察之法，京官六年，以巳、亥之岁，四品以上自陈以取上裁，五品以下分别致仕、降调、闲住为民者有差，具册奏请，谓之京察。"④ 黄景昉此时任詹事府詹事兼翰林院侍读学士，为正三品官员，故其京察需上疏自陈由崇祯皇帝裁定，他曾说："官至学士者，遇考察，上疏自陈，奉有'学行素优，照旧供职'之旨。出谢阁谢部，由部后门入送，出同亚卿礼。"⑤

---

① （明）黄景昉：《馆阁旧事》卷上。

② （明）黄景昉：《宦梦录》卷2，第172页。

③ 《檗谷黄氏家谱》不分卷《景昉公传》。按，《檗谷黄氏家谱》此处的记载与他书稍异，如《明史稿》《明史》《石匮书后集》等书记在崇祯十四年，未记年月，故采《家谱》之说，且两种说法兼存。按《国榷》记载：崇祯十三年闰正月，陈演以礼部右侍郎署詹事府事，四月丙辰蒋德璟任詹事，陈演随即以礼部左侍郎入阁；七月癸巳，李绍贤为詹事兼翰林院侍读学士；十一月甲申，蒋德璟为礼部右侍郎兼翰林院侍读学士，同月壬寅，李绍贤为户部右侍郎。而黄景昉在十三年四月以少詹事署理府事，由此可以看出，蒋德璟、李绍贤的詹事府詹事皆为兼官，实掌詹事府的是黄景昉，而十一月蒋德璟、李绍贤升任之后，黄景昉即升任詹事。又，《国榷》记十四年五月，詹事兼翰林院侍读学士钱受益卒，钱氏在十三年十月为左春坊左庶子，其升任詹事的年份无可考，而黄氏在十四年四月以原官改掌翰林院印，十五年六月入阁前仍为詹事，并且钱氏卒后，即起雷耀龙礼部右侍郎署詹事府事，则可有两种推测：其一，钱受益、雷耀龙实则皆为兼官，而黄氏至入阁之前皆由其属掌詹事府事，并以侍读学士掌翰林院印，正如他所说："詹事系正三品，与侍郎同，每礼部侍郎缺，以次轮升，无缺升侍郎，协理府事。"其二，是黄景昉以詹事府詹事掌翰林院印，而由钱受益署理詹事府事，钱氏卒后由雷耀龙署理府事。而黄氏入阁时因詹事府詹事为正三品，侍读学士仅为从五品，故仅提及其品级较高的官阶，景昉实则以侍读学士署理翰林院事。但无论何种推测，《家谱》记崇祯十三年腊月升任詹事府詹事是可信的。据《明史·职官志》，詹事府皆为兼官，而詹事旧例仅一人，但因明季无实录，无可划一之史料，故仅依所管见者推测。

④ （清）张廷玉等：《明史》卷71《选举三》，第1723页。

⑤ （明）黄景昉：《馆阁旧事》卷上。

　　其间，黄景昉在崇祯十三年秋题补为经筵讲官①，并在翌年七月再题补为日讲官②。是时，因黄道周系狱，黄景昉在经筵时，于讲章之末，"以'审几'为祝"，希望崇祯皇帝能"廓大公之道以应无穷，敛神武之威而归不杀，及举错合万方公论"。③此外，据其回忆，从崇祯十一年四月册封淮王出都，越两年再任日讲官时，仍从"弘毅"章续讲，由是感慨道："余戊寅以封差行，所撰讲章已及'托六尺之孤'章，比还朝再补日讲，越两年仍以'弘毅'章接讲，岂两年间多从罢辍耶？旧例，或边警，或祈祷，或圣躬微不豫，讲暂停。固时事多艰，益追想初年缉熙之学。"④

　　京察之后，黄景昉于崇祯十四年四月以原官改掌翰林院印。⑤是时，考虑到翰林院官多被废谪，遂与吏部尚书李日宣密商起复诸臣之事："余初掌院篆，念前后辈废谪多，与太宰李公日宣密商，自罗公喻义而下得九人，各详开履历予之。"⑥因黄景昉未言及其所列九人之名，故已难一一考实，但从现有的记载来看，罗喻义最终未能复职。时至崇祯十五年（1642）正月，李日宣始正式奏请起复废谪诸臣，崇祯皇帝令其"开列自崇祯元年以来并列之"⑦。由于已得崇祯皇帝的旨意，黄景昉遂乘间上疏，"先为项公煜、刘公同升、赵公士春疏请复官，仍移文催诸里居未到者，如杨公士聪、李公世奇等"⑧。对此，《明史·黄景昉传》记道："时庶常停选已久，景昉具疏请复，又请召还修撰刘同升、编修赵士春，皆不报。"⑨但黄景昉在自述中说"余疏末附言，起居注体宜正，庶吉士官宜复"⑩，则其疏请恢复庶吉士考选与召还刘同升、赵士春等当为同一奏疏。赵士春、刘同升虽没有当即复职，但在同年五月蒋德璟所开送的《起废

---

① 因其经筵时，以黄道周系狱事规劝崇祯皇帝，故其题补经筵官必在是年八月之前。

② 《檗谷黄氏家谱》不分卷《景昉公传》。

③ （明）黄景昉：《宦梦录》卷3，第194页。

④ （明）黄景昉：《宦梦录》卷3，第194—195页。

⑤ 黄景昉因曾同掌詹、翰二篆，曾对比道："詹事府印，永乐二年造；翰林印，正统六年造，俱铜铸。詹印稍加巨，用紫粉，院印间用朱，移各衙门，有写衔不写衔、金名不金名之分，具详《典故》。余于崇祯庚辰年，以学士掌院署詹，得兼视二篆。"

⑥ （明）黄景昉：《宦梦录》卷2，第182页。

⑦ （清）谈迁：《国榷》卷98"崇祯十五年正月戊戌"条，第5916页。

⑧ （明）黄景昉：《宦梦录》卷2，第182页。

⑨ （清）张廷玉等：《明史》卷251《黄景昉传》，第6503页。

⑩ （明）黄景昉：《宦梦录》卷2，第182页。

单》中已经注明"词臣刘同升、赵士春现候回奏"①，至九月时先后以原官复职②，故《明史》说"皆不报"，未尽准确。

而关于恢复考选庶吉士一事，《明史》的记载也值得商榷，黄景昉言：

> 余疏末附言"起居注体宜正，庶吉士官宜复。"旬月，忽得旨，允行，蒙御笔字字加圈。时考选，诸推、知鳞集，渴望馆员，怒甚，即前自推知改入者亦不便余言。楚廖公国遴首造余，诘何主意，且欲率同考诸公俱见过，意示要挟。余正色答之，不为动。是岁，竟罢馆员议，因有癸未（崇祯十六年）庶吉士之选。此官废十二年矣，始自余复。

从他的自述中可以看到，崇祯皇帝在御批中已同意厘正起居注体、恢复庶吉士考选。其中提到的"起居注体宜正"，黄景昉曾解释道："每月起居注，列阁臣及日讲官姓名，实讲官未一寓目，只内阁中书抄记，所载惟朝讲享祀日期，与赐阁臣酒馔等事耳。余尝奏'起居注之体宜正'，指是。"③而所谓"诸推、知鳞集，渴望馆员"，在《国榷》中也能找到印证：

> 三月辛卯，定考选诸臣：朱徽、马嘉植、廖国遴、杨枝起、姜埰、倪仁桢、顾鈜、方士亮、王士鏻、翁元益、光时亨、金汝砺为给事中。徽、嘉植吏科，国遴、枝起户科，埰、仁桢礼科，鈜、士亮、士鏻兵科，元益、时亨刑科，汝砺工科。周灿、刘熙祚、阮震中、区联芳、萧鸣美、汪宗友、严云京、刘达、曹溶、张鈜、徐一抡、廖惟羹、李成梅、李瑞和、伦之楷、卫周胤、沈向、宁承勋、杨尔铭、成友谦、李振声、陆清源、金日新为试监察御史，黄沾玄、李沾为南京户礼科给事中，王国楠、陈良弼、米寿图、张希奎为南京试监察御史。④

---

① （明）蒋德璟：《敬日堂外集》卷3《开送部院起废单》。
② （清）谈迁：《国榷》卷98"崇祯十五年九月丙子、辛巳"条，第5941、5942页。
③ （明）黄景昉：《馆阁旧事》卷上。
④ （清）谈迁：《国榷》卷98"崇祯十五年三月辛卯"条，第5920—5921页。

由于廖国遴列名此次考选之中，故而有诘问黄景昉，并欲偕"同考诸公"要挟之事。所谓考选馆员，旧例由"一甲进士除授及庶吉士留馆授职"①，因崇祯四年馆选后，大学士郑以伟票拟将奏疏中"何况"二字误为人名，受到崇祯皇帝诘责②，"自是词臣为帝轻，遂有馆员须历推知之谕，而阁臣不专用翰林矣"③，而时任首辅的温体仁亦"倡论行取推知考选馆员"④，崇祯皇帝遂于七年六月谕吏部："馆员应先历推官、知县、科道，不必尽由考选。二甲每十四授知州，三甲每十九授知县，俱令涉历民事，俸满一体考选。"⑤ 并在不久后议定：

> 吏部议于二甲前八人仍除主事，第九、第十除知州，余除主事；第四、第五、第九、第十俱知州，至二甲末止于三甲如旧除。评事、博士、中书、行人，十之一；推官、知县十之九。惟馆员，国初杨士奇、张洪自王府审理、教授，储懋、王洪、陈山自给事中，于敬自御史，刘球、李时勉自主事，黄淮自中书舍人，蒋骥自行人，胡俨自知县，邹济、陈仲元自教职，今定甲戌科为始，选庶吉士临期题请，亦馆员应令先历推知之明意也。又，科、道官每三年期，留题行取，推官、知县、知州与评事、博士、中书、行人同考科、道、部、寺等官，如非觐年，遇急阙，风宪照往例行取，不必悬人待考。部属才著，同部科酌题。此亦科道不必尽由考选之旨之意也。⑥

同时，又采纳了倪元璐的意见："请以吏部先以治行考定科道、部司等官，其于科道但拟悬衔，部司照实铨次，具题得旨。则以所定科道人数送阁，考选馆员，自部司而下不得参预。凡与试者，悉为治行之尤，在内阁即可

① （清）张廷玉等：《明史》卷73《职官二》，第1788页。
② （清）孙承泽：《春明梦余录》卷32《庶吉士》，第503页。
③ （清）张廷玉等：《明史》卷251《郑以伟传》，第6495页。相似的记载亦见《明史》卷266《汪伟传》："十一年，由慈溪知县行取。帝以国家多故，朝臣词苑起家，儒缓不习吏事，无以理纷御变，改旧例，择推治行卓绝者入翰林。"（第6860页）
④ （明）文秉：《烈皇小识》卷4，第95页。
⑤ （清）谈迁：《国榷》卷93"崇祯七年六月戊午"条，第5643页。按，黄景昉对此曾言："时推知求选词林，部属求改科道，以至大小卿僚，无不垂涎府者，咸嚣然有出位之思。"[（明）黄景昉：《馆阁旧事》卷上]
⑥ （清）谈迁：《国榷》卷93"崇祯七年六月丙子"条，第5644页。

一意征文，不必分心采望。其高下名次，以文而定，而授官编、检，仍准官评。如原系给事，则授编修；原拟御史，则授简讨。如此则阁自归阁，部自归部；治行自治行，文章自文章。可以按图众察，可以糊名暗摸，拔科道之尤为馆员，既可尊文章于政事之上，定编检之次以部议，仍是升器识于文艺之先。至于教习之师，理自难齐，但须大举更张，一新沿套。如读经济典故之书，习平章处分之事；讽诵易以讲说，励其启沃之忠；诗赋代以制诰，淬其丝纶之业。至于燕会往来，通行严禁，日省月试，三年有成，救时之科，尽于此矣。"① 自此以后，崇祯七年、十年两科不从新进士中考选庶吉士充当馆员，而从"俸深候考知、推"中选授。然而这种改变，在施行中也呈现出他的弊端："以学，庶吉士初释褐，铅椠尚亲，推知久困案牍间，素业荒尽；以人，庶吉士如未字女，未雕璞，推知于宦途径窦全熟，营求已惯；以味，庶吉士泊然耳，推知经五六年，身家肥足；以体，词林踞省台铨三衙门上，今多为推知荐师选师，见侧坐，行避马，成何规矩？"② 时人就曾批评道："自外吏入馆，止论足赋，不问文学，月课庸拙，讹字杂出矣。"③ 以故崇祯十三年庚辰科廷试后，崇祯皇帝虽亲拔赵玉森等授为检讨，但并无实际的职任，仍送馆命蒋德璟、王锡衮教习之，这在形式上已与崇祯四年以前的庶吉士无异，只是名义上还没有恢复庶吉士考选的旧制。④ 由此可见，黄景昉疏请恢复庶吉士考选一事，经崇祯皇帝御旨同意后，在崇祯十五年九月下令恢复旧例，于崇祯十六癸未科新进士中考选庶吉士。⑤ 据此，《明史》所说"皆不报"，似有未确之处。

在黄景昉职掌詹翰期间，还有两次陪祀之行。一次是崇祯十四年八月，重建太学成，崇祯皇帝躬临太学行释奠礼，钦点黄景昉、宋之普、房可壮、宋玫、朱兆栢、丘瑜、孙从度、朱统鍨等八人分奠。⑥ 另一次是崇祯十五正月初五日至初十日，亲行祈穀礼，黄景昉与蒋德璟、王锡衮同为

---

① （清）谈迁：《国榷》卷93 "崇祯七年年十二月乙酉"条，第5680页。
② （明）黄景昉：《馆阁旧事》卷上。
③ （清）谈迁：《枣林杂俎·馆选》，罗仲辉、胡明校点校，中华书局2006年版，第75页。
④ 郭培贵：《明代科举史事编年考》，科学出版社2008年版，第317、320页。
⑤ （清）谈迁：《国榷》卷98 "崇祯十五年九月庚寅"条，第5943页；卷99 "崇祯十六年十月庚午"条，第5995页；"崇祯十六年十一月辛亥"条，第6002—6003页。
⑥ （明）陈镐撰，（清）孔胤植补：《阙里志》卷22，国家图书馆藏清刻本。按，黄景昉曾记道："余官詹事时……值临雍，遣启圣祠行礼，同分献八员，各赐生羊一只，酒十瓶，甜食一盒。"［（明）黄景昉：《馆阁旧事》卷上］

上香导引官①，"王公上香请神，璟与黄公导引太常官，以次捧昊天上帝正位、高皇帝位神版，诣大享殿奉安"②。黄景昉也自记道："余官詹事时，值祈穀，充导驾官，再充请神导引官，蒙赐甜食一盒。"③

此外，还有两件事需要稍作补充。首先，是他对薛国观秉政的批评。薛国观早年依附于魏忠贤，后又与温体仁朋比，"为人阴鸷溪刻，不学少文"，素仇东林，在继任首辅后更是"一踵体仁所为，导帝以深刻"。④ 黄景昉崇祯十一年封差之行，依例可"在籍转假"，但所上奏疏即为薛国观票驳，他说道："词林封差旧倍于六垣，值薛公国观为政，尽夺予垣中，仅差吴公伟业一人。闻掌院王公铎偶失辞，以敞衙门为言，致薛怪怒，即余在籍转假疏，为例所宜得请者，亦票驳，乖戾可知。"⑤ 自此以后，"词林渐改心事薛，有入幕者"，如崇祯十三年庚辰科会试，照例应以詹事府官入闱，因薛国观欲多用编修、检讨，遂改往例，黄景昉虽讼言此事，但未达薛国观处，已被其援引入阁的姚明恭以"此好少好老之喻也"嘻笑拒之。同年五月，姚明恭致仕归里，黄景昉为其送行，适逢崇祯皇帝下令五府九卿议处薛国观：

> 余辈方出郊送姚公明恭行，是日，适闻薛公国观有府部看议之举。偶便道过金鱼池，余句云："沉李浮瓜看过鸟，知他秦楚几行归。"意为二公发。又余前赋《百舌鸟》诗起云："物化悲何始，三生靳尚魂。"亦阴有所指。时政值乌程、虞山喧诟事，读鲜知者。⑥

在感慨之余，黄景昉对姚明恭评论道："姚最畏伏薛，奉若神人，即薛议论强半出姚手。"⑦ 同时，对于薛国观及其施政的影响，他认为"从此内阁盘踞嚣张，政尚深刻，公然加词林以疏脱之名，巧宦趋时，争复改颜事之矣"⑧，并对之冠以"毒鸷"之评。

---

① （清）孙承泽：《春明梦余录》卷14《祈穀记》，第204—205页。
② （明）蒋德璟：《慤书》卷3《祈穀导引恭记》，国家图书馆藏抄本。
③ （明）黄景昉：《馆阁旧事》卷上。
④ （清）张廷玉等：《明史》卷253《薛国观传》，第6538—6539页。
⑤ （明）黄景昉：《宦梦录》卷2，第168页。
⑥ （明）黄景昉：《宦梦录》卷2，第171页。
⑦ （明）黄景昉：《宦梦录》卷2，第170—171页。
⑧ （明）黄景昉：《崇祯十七年阁臣考》，《馆阁旧事》附录。

　　另一件是崇祯十五年（1642）元旦朝贺，崇祯皇帝以"先生"称阁臣之事。黄景昉对此曾记道："壬午元旦，上御殿受朝贺毕，忽宣传阁臣来。上下御坐，东面立，命阁臣西面立，揖之，诸公惶恐跪退，具疏谢。"① 不久，崇祯皇帝谕令"以后大班召对称卿，独对称先生"。《国榷》对此事的记载可与之互证：

　　　　正月辛未朔，上朝毕，召大学士周延儒、贺逢圣、谢升入殿，曰："古圣帝、明王皆崇师道，今日讲犹称'先生'即其意，卿等即朕之师也。今而调和燮理，奠安宗社，万惟诸先生是赖。"命东向立，上降座西向揖之，各愧谢。②

朝贺之后，黄景昉在入揖阁臣时，亲见周延儒因"先生"之称，而面有忧色，他对景昉说："此非佳事，上责备将益深矣。"③ 此后的事实也正如周延儒所预料，时人对崇祯皇帝此举曾评价道："以君揖臣，非也。大臣非罪在不赦，而遽勒自尽，亦非也。其过之也，有溢恩，故其遣之也，亦有溢罚。上意固自谓鼓舞驾驭，曲尽其方，初不知亵主尊，伤国体，胥失之矣。宜兴之死，即死于下御座之日。'责备益深'一语，似略窥破机关，所当救过不遑，终日如刃在颈，而察其行事，乃无复忧勤惕励意。岂天夺其鉴，而益之疾耶？"④

　　以上补充的两则记载，与黄景昉入阁后所面临的君臣时局密切相关。早在崇祯皇帝即位后不久，刘宗周就上疏指出："陛下求治之心，操之太急。酝酿而为功利；功利不已，转为刑名；刑名不已，流为猜忌；猜忌不已，积为壅蔽。正人心之危，所潜滋暗长而不自知者。"⑤ 钱士升也曾以"宽以御众，简以临下，虚以宅心，平以出政"为规劝。⑥ 然而，温体仁当政后"导帝以刻深"，薛国观又"一蹈体仁之所为"，更进一步加深了

　　① （明）黄景昉：《宦梦录》卷2，第184页。
　　② （清）谈迁：《国榷》卷98"崇祯十五年正月辛未"条，第5913页。
　　③ （明）黄景昉：《宦梦录》卷2，第184页。
　　④ （明）黄景昉：《自叙宦梦录》卷2，中国国家图书馆编《原国立北平图书馆甲库善本丛书》第554册，第574—575页。
　　⑤ （明）刘宗周：《面恩陈谢顶矢责难之义以致君尧舜疏》，吴光主编《刘宗周全集》第3册，浙江古籍出版社2007年版，第56—57页。
　　⑥ （清）张廷玉等：《明史》卷251《钱士升传》，第6487页。

"治尚操切"的局面。① 同时，崇祯皇帝"性多疑而任察，好刚而尚气"②，以是形成了对阁臣"一言合，则欲加诸膝"③，而阁臣又畏惧崇祯皇帝的"刻深"，仅能"承顺为恭""聊以充位"。薛国观、周延儒接连"缢死"，即因秉政时"蒙眷最甚"，且欲有所作为，故在行事时不得不"蒙蔽欺饰"，正如周延儒临终前对黄景昉所说："上如此圣明，岂一味拙直所能伏事？委曲弥缝亦将以求济也。"④ 黄景昉入阁后，虽然"勤谨任事"，力求持正，但随着周延儒罢遣和票拟忤逆上意，即因疑似"朋比"行迹而屡遭"猜忌"，不得已只能上疏引归，所谓"盘水氂缨，莫有峻于此时"也反映了皇权高度强化之下，阁臣的处境。

六　纶扉岁月

（一）枚卜典选，赴任阁臣

崇祯十五年（1642）五月，由于大学士张四知、谢升、魏炤乘、贺逢圣相继去职，内阁仅周延儒、陈演二人在任，崇祯皇帝下旨令吏部廷推，并在六月十九日召枚卜诸臣于中极殿，以"逆奴未灭，流寇猖獗，天变民穷，卿等有何嘉猷"策问。黄景昉奏对认为"守关外必须守关内，保河南必先固河北，防江北尤当固江南"⑤，颇得崇祯皇帝首肯，后经首辅周延儒的荐举，遂依从廷推顺序⑥，以第二名点用入阁⑦，开始了他十五个月的"纶扉殊遇"。对此，黄景昉曾记道："余与蒋公同邑廷推，蒋公第一，余次之，并蒙点用，里中颇称奇。"⑧《国榷》对于此次廷推的情况颇有记载：

---

① （清）张廷玉等：《明史》卷253《赞》，第6551页。

② （清）张廷玉等：《明史》卷309《流贼序》，第7948页。

③ （清）张岱：《石匮书后集》卷1《烈皇帝本纪》，第42页。

④ （明）黄景昉：《宦梦录》卷4，第293—294页。

⑤ （明）蒋德璟：《悫书》卷4《中极殿召对枚卜诸臣》。

⑥ 按，关于廷推之制，黄景昉曾记道："吏部会推本发下，将各正推、陪推评该才品，亦不便过于褒许之辞，略云某职某职而已。如不点，则云这员缺，着另推，或再推几员来看。""阁员以廷推先后为序，中有情谊牵连，不安占长者，具揭闻，许从更定。"[（明）黄景昉：《馆阁旧事》卷下]

⑦ （清）张廷玉等：《明史》卷251《蒋德璟传》记"六月，廷推阁臣，首德璟"，有误，实在五月。五月廷推，而六月以召对称旨，擢礼部尚书兼东阁大学士入阁。五月会推可在《明史》卷254《李日宣传》中得到印证（第6566页），而蒋德璟则记枚卜诸臣在"崇祯壬午六月十九日"（《敬日草》卷4《召对忝附枚卜事》）。另，《樊谷黄氏家谱》记黄景昉"会推阁员，名列第一"，据黄景昉在《馆阁旧事》中的自述，当为"第二"。

⑧ （明）黄景昉：《馆阁旧事》卷下。

先是大学士周延儒、陈演请补阁员，下吏部。尚书李日宣谓："故事：廷推重詹、翰，铨、宪之长附之，年来中外兼用。"命文选郎中卢化鳌会吏科都给事中章正宸、河南道御史张煊，拟八人，稍增至十三人，吏部右侍郎蒋德璟、詹事黄景昉、尚宝司卿姜曰广、礼部右侍郎王锡衮、国子监祭酒倪元璐、少詹事杨汝成、右谕德杨观光、礼部右侍郎李绍贤、刑部尚书郑三俊、吏部左侍郎刘宗周、兵部右侍郎吴甡、刑部右侍郎惠世扬、都察院左都御史王道直。①

……六月己亥朔，命吏部再推阁员，尚书李日宣参往尝推至二三十人，因广及之：礼部尚书林欲楫、少詹事谢德溥、詹事丘瑜、南京国子祭酒王廷垣、左庶子闪仲俨、刑部右侍郎徐石麒、都察院左副都御史房可壮、工部右侍郎宋玫、通政司使沈惟炳、大理寺卿张三谟、吏部尚书李日宣。日宣初未列名，上问阁臣，此故事，何外之也，故今列上。②

点用阁员虽由崇祯皇帝钦定，但廷推名单则是由吏部尚书李日宣、吏科都给事中章正宸和河南道御史张煊所拟定。由于初次不与推者先已"流言入内"，再推又有不与者复"阴行中伤"，"大僚不获推者"更创为"二十四气"之说"迳达御前"，遂使崇祯皇帝深信此次廷推阁臣存在徇私的情况，以致有枚卜后的"喧呶"。③ 所谓"大僚不获推者"，事因大学士陈演亲信廖惟一未能获推，而陈演以枚卜不公言于崇祯皇帝：

初，大学士陈演所亲廖惟一试御史，才庸甚，及考职，托左副都御史房可壮为之地，不纳，张煊又加厉焉，惟一坐调，演憾之。适上游西苑，召周延儒、陈演，延儒辞足疾，演入舟中云："枚卜皆数人主持，故滥。"上怒甚，欲重谴之。④

黄景昉则猜测此事出自宋之普之手："闻蜚语流传为山东人自相排挤致然，或疑出宋公之普手，无确据，未知信否。"⑤ 综合现有的史料来看，批评此次

① （清）谈迁：《国榷》卷98"崇祯十五年五月甲申"条，第5927页。
② （清）谈迁：《国榷》卷98"崇祯十五年六月己亥"条，第5928页。
③ （明）蒋德璟：《敬日堂外集》卷4《中左门召对面救会推下狱诸臣》。
④ （清）谈迁：《国榷》卷98"崇祯十五年七月乙亥"条，第5934页。
⑤ （明）黄景昉：《宦梦录》卷3，第202页。

"枚卜不公"之说应由陈演上达崇祯皇帝的可能性较大，但"二十四气"之说则尚难确定，黄景昉即言"莫测所自"①。此次枚卜，景昉因列名"二十四气"而受牵连，不得不向崇祯皇帝"详白其故"，才得以平息此事②：

> 方枚卜，有倡为二十四气之说，遍帖都下。凡时流稍负才名者，咸罗入其中，余偕吴公甡与焉，莫测所自。后省台屡有及之者，姜公垛至蒙重遣。余尝于御前同吴公叩头详白其故，议始息。③

而所谓"二十四气"之说，李清曾详记其原委：

> 大僚及台谏以枚卜构竞不休，其不得与会推者，遂造为二十四气之目，摇惑中外。以吴辅甡为杀气，下注"再生吴起"。孙廷尉晋为棍气，下注"两头蛇"。金金宪光辰为戾气，下注"金甲神"。章都谏

---

①　孙承泽在《春明梦余录》记此事，认为是吏部侍郎蔡奕琛所为："吏部侍郎蔡奕琛贪狡异常，御史成勇参之，下抚按察，经年不敢问。科臣袁凯、孙承泽力纠逮之至京，复捏二十八宿锦囊计邪说，希饰罪。刑部审明，拟奕琛戍，发遣。后复捏二十四气匿名帖，托其亲官金吾者揭之皇城内外。前此为枚卜处分六人，此番刘公、金公皆气中人，盖已深中其毒矣尔。"（《春明梦余录》卷48，第1057页）

②　此处黄景昉所说的"详白其故"，当是在崇祯十五年闰十一月庚申日，姜垛疏奏二十四气之说下狱后，吴甡、黄景昉为其求情而言及之事："上召九卿、科道于平台，面谕各官：'迩来贼寇愈炽，朝政多舛，皆由诸臣比周结党，壅蔽耳目不得上闻，以后各省改，大小文武官但有请者，赴会极门报名，次早候对。'退而给事中姜垛上疏，内言：'朋党之说，皆小人欲壅蔽人主耳目，故为此言。近日二十四气之谣，奸邪捏造以倾正类，不可不察，臣不知陛下所称壅蔽，何所见而云然也。'上大怒，以忤旨诘责。予进朝时，忽闻召锦衣卫官甚急，予语首辅曰：'此必廷杖姜给谏也，速宜进揭申救。'首辅曰：'徐之，俟乃可。'予曰：'旨下即杖，揭无及矣，岂可坐视给谏血溅阙廷。'首辅方具稿，而旨已下，果廷杖矣。揭入，无济也。次日，上召内阁，臣甡奏言：'姜垛廷杖待毙，古人有言，岂可贻老亲忧？垛有父母，年老可悯，复下锦衣卫狱，万一不起，陛下负杀谏臣名，臣等俱应待罪，乞移刑部幸甚。'首辅等俱申救，乃送刑部拟罪。臣甡偕臣景昉复奏：'姜垛疏内小人以朋党之说壅蔽人主，乃宋臣欧阳修曾有论著，言之痛切，臣等未枚卜先即闻小人造言二十四气，两臣名亦与其中，以匿名文书不必穷诘。今垛言及此，臣等不敢隐默二十四气，或即朋党之意，而立名新奇，易炫听闻。臣等蒙圣明简在，所司不过票拟及召对奏闻而已，拟旨皆取决圣裁，奏对皆仰承清问，未尝誉一人，毁一人，颠倒一事，上所洞鉴，朋党何为？臣等在天启朝，魏、崔欲倾陷不肯依附之人，皆诬以朋党，魏、崔诛，而上所录用者，即不依附魏、崔、魏、崔所诬为朋党之人也。今非魏、崔时，小人复造此言，臣等窃抱忧惶。'上曰：'匿名文书，朕岂不知为奸人诬造，卿等所奏，朕知道了，不必疑虑。'臣甡、臣景昉叩头退。"（吴甡：《忆记》卷4，《四库禁毁书丛刊》史部第71册，北京出版社1997年版，第715—716页）姜垛奏疏全文见《敬亭集》卷7《恭读圣谕因明言职疏》（华东师范大学出版社2011年版，第226—228页）。

③　（明）黄景昉：《宦梦录》卷3，第205页。

正宸为阴气，下注"灰地蛇"。吴铨曹昌时为妖气，下注"摩登伽女"。倪宗伯元璐为淫气，下注"假姜诗"。王少宗伯锡衮为瘴气，下注"夜郎王"。黄辅景昉为时气，下注"赛黄巢"。马给谏嘉植为膻气，下注"小华光"。杨给谏枝起为贼气，下注"桃树精"。王给谏士镳为悔气，下注"金枪手"。倪给谏仁祯为霸气，下注"塑大虫"。周仪曹仲琏为疝气，下注"靠壁鬼"。房给谏之麒为粪气，下注"倭房公"。沈少宰维炳为痰气，下注"喉下瘿"。姚都谏思孝为毒气，下注"姚令言"。贺冏丞王盛为逆气，下注"黑面豹"。房少司空可壮为臭气，下注"海上暴客"。吴谕德伟业为望气，下注"啮人马"。冯司马元飏为杂气，下注"顺风火"。袁给谏恺为浊气，下注"泼天罡"。徐词林泓为油气，下注"九尾狐"。瞿给谏式耜为秽气，下注"两眼枪"。钱寺丞元悫为尸气，下注"痴虎伥"。末又云："若水棉花之李日宣，假飞虎之孙承泽，卑卑不足道也。"时日宣太宰，承泽都谏。①

对于此次枚卜，杨士聪虽评价为"六月之荐从众望也"②，但从现有记载来看，也并非全无私情，如宋玫获推，则为首辅周延儒所定，而吏部尚书李日宣不知情；吴甡入阁同样也是由周延儒所推荐，虽然大学士陈演不同意，但周延儒以整顿京营为词荐举吴甡入阁：

> 周延儒颇有所参预，（宋）玫之得预再推，延儒实主之。延儒客盛顺，尝为浙江巡抚熊奋渭营内召，果推南京户部侍郎。玫父继登，官浙江右参政，知其事，遂深信顺。顺为玫营推举于延儒甚力，而日宣不知也。③

> 兴化吴公甡协理京营，为首揆周公荐入阁。初，陈公演意弗善也，事难显沮，特具揭以整顿京营为词。上是之，几辍吴入阁，赖周

---

① （明）李清：《三垣笔记》附识中《崇祯》，中华书局2008年版，第200—201页。
② （明）杨士聪：《玉堂荟记》卷下，第708页。
③ （清）夏燮：《明通鉴》卷88"庄烈皇帝崇祯十五年"，沈仲九点校，中华书局2009年版，第3383页；李清：《三垣笔记》附识中《崇祯》，第201—202页。

公力请，始定。①

黄景昉因在会推名单中，故而亲历此次枚卜事件，他记道：

> 召对，余幸偕蒋公德璟、吴公甡蒙点用。自词林外，同列名廷推
> 者六、七人，宋公玫、房公可壮、张公三谟，对亦辨晰。忽奉旨严驳
> 不堪，着吏部回话，且旨即附见于余辈点用疏中，尤属异事。余再疏
> 辞云："第欣拔茹，适当师济，同升之期，堂泣向隅。"终有恩威兼用
> 之感，盖阴指是寓讽。②
> 越日，上尚青袍御中左门，皇太子、二王旁侍立，召吏部、都察
> 院切责滥徇状。太宰李公日宣、吏都谏章公正宸、掌道御史张公煊，
> 同前推宋公、房公、张公俱下狱，圣怒赫然。时召帖无詹翰名，仅蒋
> 公、吴公以部侍趋赴，出班救，弗解。首揆周公延儒日偶病。③

崇祯皇帝因听信蜚语，于中左门召对时，诘责吏部尚书李日宣"宁背君父
不背私交，宁隳职业不破情面"，认为会推阁员未能做到"矢公矢慎，勿
滥勿遗"，并在翌日"下日宣等六人刑部狱，夺职"④，而这一谕令正如黄
景昉所回忆"旨即附见于余辈点用疏中"⑤。为此，黄景昉与蒋德璟、吴甡
会商，认为："吾三人会推中人，已蒙点用，而房、宋、张三公与推，反
下狱，升沉悬隔，踧踖不安。且吏部、都察院、吏科河南道皆推举之人，
推者下狱，则为所推者岂有冒昧入直之理。"⑥遂上疏辞礼部尚书兼东阁大
学士，力救李日宣等，称："臣等并在会推中，若诸臣有罪，臣等岂能

---

① （明）黄景昉：《宦梦录》卷3，第205页。黄景昉虽然入阁，但对陈演也颇有忌惮，执
后辈礼惟谨："陈公机最深，即于余亦加萋菲，周公尝微及之。既同事，余执后辈礼惟谨，顾气味
不投，毕竟为所阴中。"
② （明）黄景昉：《宦梦录》卷3，第201—202页。
③ （明）黄景昉：《宦梦录》卷3，第202页。
④ （清）谈迁：《国榷》卷98"崇祯十五年六月辛酉"条，第5931页。
⑤ 按，该奏疏见于蒋德璟《敬日堂外集》卷4《辞入阁疏》中，因记载稀见，现迻录如下：
"本月二十二日准吏部咨为钦奉圣旨事。奉圣旨：蒋德璟、黄景昉、吴甡俱升礼部尚书兼东阁大学
士入内阁，同首辅周延儒等办事。会推大典当矢公矢慎，勿滥勿遗，况系辅弼重臣，宜何如敬举。
今乃任意称诩，徇情滥推，内如房可壮、宋玫、张三谟是否皆堪斯任，着吏部回将话来。
钦此。"
⑥ （明）蒋德璟：《敬日堂外集》卷4《中左门召对面救会推下狱诸臣》。

安！"首辅周延儒等亦乞求崇祯皇帝优容李日宣等人，廷臣交章论救，但均未获允。① 随后崇祯皇帝疑李日宣等未就狱，切责刑部"克期三日定谳"。是时，刑部侍郎惠世扬、徐石麟拟李日宣等"贡举非其人律，拟杖"，崇祯皇帝复疑二人有"党比"行迹，故意轻拟，命惠世扬削籍、徐石麟镌二级，钦定李日宣戍重庆、章正宸戍湖广、张煊戍陕西，房可壮、宋玫、张三谟削籍。② 定罪之时，黄景昉等人亦曾为李日宣、章正宸、张煊等祈宽，但周延儒认为"恐伤圣度"而不允：

> 初召对，行面恩礼，因环跪为冢宰李公、都谏章公等祈宽，首揆周公以恐伤圣度为言，弗允。狱具，直批从戍遣出独断。李公宽和有度，人咸乐观己，微不无委狥之过，上尝面责其瞻顾情面多，绳之有素。③

最终，黄景昉对此次会推枚卜感慨道："自己巳枚卜喧呶后，兹再见云。"④ 同时，他在《宦梦录》中也表露出对崇祯皇帝在此次处分李日宣后，明谕"此后枚卜照旧推词林，惟吏部尚书、都察院左都御史准陪推，余概罢寝"，但"甫逾年，而所为特简者仍见告矣"的不满，所谓"特简"即指崇祯十六年五月骤擢魏藻德以礼部右侍郎入阁之事。⑤ 对季夏赴任，因晦有终之意，景昉颇为担忧：

> 余辈以季夏月杪上阁任，私念昔人举大事多避晦朔，晦日月皆终，疑非吉。属首揆周公频来催，且云："即日孟秋朔，上享太庙，阁臣无弗出陪祀理。"勉诺之，意终怦怦，后果致参差。同事中有冒重遣去者，周公亦终不免，孤虚避忌之谈，所从来远。⑥

---

① （清）夏燮：《明通鉴》卷88"庄烈皇帝崇祯十五年"，第3384页。
② （清）张廷玉等：《明史》卷254《李日宣传》，第6567页；（清）谈迁：《国榷》卷98"崇祯十五年七月庚午、乙亥、甲午"条，第5933、5934、5936页。
③ （明）黄景昉：《宦梦录》卷3，第203页。
④ （明）黄景昉：《宦梦录》卷3，第202页。
⑤ （明）黄景昉：《宦梦录》卷3，第203—204页。按，蒋德璟曾记崇祯皇帝之谕令，云："此后枚卜，只用翰林，其各衙门三品以上间陪一二人，不许多推，永著为令。"［（明）蒋德璟：《敬日堂外集》卷4《中左门召对面救会推下狱诸臣》］
⑥ （明）黄景昉：《宦梦录》卷3，第203页。

此次枚卜虽屡经周折，但最终黄景昉与蒋德璟同蒙点用入阁，堪称"温陵盛事"①。后来黄景昉回忆纶扉岁月时，曾以万历三十五年（1607）叶向高、李廷机同入阁，而李廷机先去位之事相比：

> 叶、李二公同登拜。李自云："此地无纯用闽人之理，纵然一皋一夔，一孔一孟，也要一个抽身。"二公迄始终无间言，自盛德事。余之获偕同邑蒋公被命也同是。余亦先退，顾所为仰愧前修多矣。仅列御官少亦偶似。②

六月二十九日，黄景昉至内阁"到任办事"，上疏谢恩。③ 不久，题充实录、会典总裁，同知经筵日讲。④ 据《职官志》的记载，"充实录、会典总裁"当为大学士之职掌：

> 中极殿大学士，建极殿大学士，文华殿大学士，武英殿大学士，文渊阁大学士，东阁大学士，掌献替可否，奉陈规诲，点检题奏，票拟批答，以平允庶政。……御经筵，则知经筵或同知经筵事。东宫出阁讲读，则领其事，叙其官，而授之职业。……修实录、史志诸书，则充总裁官。……以其授餐大内，常侍天子殿阁之下，避宰相之名，又名内阁。⑤

另外，黄景昉在《馆阁旧事》中对此也有提及：

> 阁员例总裁实录、会典，同知经筵日讲，提调东宫诸王讲读，尚书自礼部及户部、吏部止，宫衔自太子少保至太子太保、少傅、少师止，阁殿自东阁至文渊阁、武英殿、建极殿、中极殿止，勋至左右柱

---

① （明）林胤昌：《屏居十二课跋》，第 347 页。
② （明）黄景昉：《国史唯疑》卷 11，第 317—318 页。
③ （明）蒋德璟：《敬日堂外集》卷 4《内阁到任谢恩疏》。按，枚卜点用后，依例需上疏请辞，得旨后方可到任，黄景昉记道："枚卜钦点后，例上疏辞二次。得旨，择吉到任，首撰具揭题知，仍各疏谢恩，附有敷陈。"［（明）黄景昉：《馆阁旧事》卷下］
④ 《檗谷黄氏家谱》不分卷《黄景昉传》。
⑤ （清）张廷玉等：《明史》卷 72《职官一》，第 1732 页。

国止，赠至曾祖父止，荫子至尚宝司丞止，要皆幻荣耳。①

据以上记载，则黄景昉"充实录、会典总裁"，只是循"阁员例"，非职外的特别任命。但谢贵安曾据谈迁《枣林杂俎·逸典》的记载，推测《熹宗实录》成书在崇祯十年之后，而黄景昉此时充任实录总裁官，且自记："《熹宗实录》久纂完，进呈，属先帝意有所嫌，每卷各涂乙数处，或字误，或圈误，每月删'奉先殿行登礼'六字，遇挺击、红丸二案，有议光庙事过激，如'女谒'、'酖毒'、'弑逆'等语，多抹去，发阁更改。宜兴周公以属余，为逐款改正，业有成绪。奏进，竟留中，莫测何故。"② 则可进一步推测，《熹宗实录》最终成书或在崇祯十五年以后。③

黄景昉"同知经筵日讲"虽是职掌所在，但亦出自崇祯皇帝的敕谕。④对讲筵的情形，同年十一月的记载可资佐证：

> 讲筵例寒暑暂辍，是岁仲冬辍讲后，上忽精勤，每日轮讲官二员，讲《大学衍义》及《宝训》《大明律》诸书。一夕御德政殿，讲《西铭》，谕阁臣曰："宋儒程子有言：'人主一日之间亲贤士大夫之时多，亲宦官宫妾之时少，则自然君德清明，君身强固。'语最有味，朕恒熟诵之。"于时，边报纷纭，讲自若，以其余裁决机务，夜分始罢。或隆古未卜何如耳，汉唐以来良所稀见。⑤

（二）召对申救，道周获释

黄景昉入阁后面对的第一件重要事情，即是"黄道周之狱"。此事肇始于崇祯十一年七月召对，是时流贼大炽，明廷又有"东顾忧"⑥，崇祯皇帝认为"可属大事者惟嗣昌"，因令其夺情入阁，并从杨嗣昌之荐，夺情起用陈新甲为兵部右侍郎兼右佥都御史、总督宣大山西军务。⑦ 以故，黄

---

① （明）黄景昉：《馆阁旧事》卷下。
② （明）黄景昉：《馆阁旧事》卷上。
③ 谢贵安：《明实录研究》，第175—177页。
④ （明）蒋德璟：《悫书》卷5《赐经筵敕谕》。
⑤ （明）黄景昉：《宦梦录》卷3，第222页。
⑥ （清）张廷玉等：《明史》卷252《杨嗣昌传》，第6512页。
⑦ （清）谈迁：《国榷》卷96"崇祯十一年六月月壬辰"条，第5811页。

道周上疏弹劾杨嗣昌、陈新甲①，并于平台召对时再申此议"举纲常名教声责"，以致违忤崇祯皇帝之意，而被处以降六级，贬为江西布政使知事。②

崇祯十三年四月，巡抚江西右金都御史解学龙升任南京兵部右侍郎，依例荐举属吏，他对黄道周"推奖备至"，由此引发了辗转三年才得以解决的"黄道周之狱"。③ 解学龙之荐举黄道周，只需"但下所司，帝亦不覆阅"，但因大学士魏炤乘素恶道周，票拟以"群臣结党标榜，欺侮君父，屡旨训诫，毫不省改"，责解学龙滥荐，遂致崇祯皇帝立削二人籍，逮下刑部狱，并以"党邪乱政"，各杖八十。是时，户部主事叶廷秀、监生涂仲吉因疏救道周，被下狱杖责，并论戍；编修黄文焕、吏部主事陈天定、工部司务董养河、中书舍人文震亨，也因狱词牵连而被系狱。刑部尚书李觉斯初拟谳词，认为"学龙、道周无大罪，予轻比"④，被严旨切责，随后再拟黄道周谪戍烟瘴，崇祯皇帝仍以为失出，将李觉斯除名，并命将黄道周移至镇抚司讯问后，再系刑部狱。

黄道周下狱后，黄景昉曾亲往趋视，他记道："创虽重，神气未损，独以亏体辱亲为言。"⑤《石匮书后集》记景昉为救黄道周，在经筵时以"用舍喜怒之间，须再加斟酌"规劝崇祯皇帝，大臣听者皆为咋舌。⑥《宦梦录》亦叙此事：

> 经筵余叨讲《尚书》"帝慎廼在位"章，末以"审几"为祝，愿上"廓大公之道以应无穷，敛神武之威而归不杀，及举错合万方公论"云云。时黄公道周系未释，故微及之。司寇刘公泽深出遇余，举

---

① 两疏分别题为《论杨嗣昌疏》《论陈新甲疏》，见《黄道周集》第 1 册（中华书局 2017 年版，第 219—225 页）。

② （明）黄景昉：《黄道周志传》，侯真平、娄曾泉点校《黄道周年谱》，福建人民出版社 1999 年版，第 121 页。

③ "黄道周之狱"事出崇祯十一年六月召对，至崇祯十四年周延儒复相才解决，因事情所跨年份较长，且所涉事繁杂，故崇祯十三年以前事不作细述。参看《明史》卷 251《黄景昉传》、卷 252《杨嗣昌传》、卷 255《黄道周传》、卷 307《奸臣·周延儒传》；《国榷》卷 96，崇祯十一年七月戊辰、己巳、壬申、甲戌、戊寅条；卷 97，崇祯十三年四月戊午、八月己未，十一月壬辰，十二月庚申、辛酉条；十四年二月丙辰条。《崇祯实录》卷 11，崇祯十一年七月己亥、戊申、庚戌、甲寅条；卷 13，崇祯十三年四月戊午、八月己未、十一月壬辰条；卷 14，崇祯十四年二月丙寅条。

④ （清）夏燮：《明通鉴》卷 87"庄烈皇帝崇祯十三年"，第 3029 页。

⑤ （明）黄景昉：《黄道周志传》，载《黄道周年谱》，第 121 页。

⑥ （清）张岱：《石匮书后集》卷 13《黄景昉传》，第 99 页。

手曰："知公讲苦心，言言规讽。"余亟逊谢之，空言济得甚事。①

"北图本"《宦梦录》中，批点者在本条之后对黄景昉此举称道："先帝雅不能受直言，闻此讲而无忤色，想必有动于天怀者。后来镇海得生，即权舆于此，宜兴特迎机而导耳。谁谓空言不济事耶？"景昉在该书中还记录了"黄道周之狱"的相关内容：

> 江抚解公学龙升任，例荐属僚，黄公道周以降谪藩幕官与焉。阁粘疏进览，上怒，遣缇骑逮二公，未到，复严催，众知有廷杖之举矣。甫到，各杖八十，下刑部。余趋视之，黄公以亏体辱亲为言，疮重，神气自如。医言可调理。是日风沙大作，天色惨淡异常。②

> 濮州叶公廷秀，余同年，官户部主事，疏救黄公，业为必死计。卫校至，不入内，即与偕行，小立待杖，进酒饭若平时，寻杖一百。余省之郭外，为言每午后魂气飘荡，九死一生耳。太学生涂仲吉复疏救，亦杖一百。时上怒甚，谓刑部故延狱待救，司官吴文炽杖六十，尚书李公觉斯坐为民去，举朝揣恐，相视无人色。③

> 复自刑部移黄公、解公等下诏狱，叶公已归里，仍逮到。时有密诏谕问刑官乔可用逼供党与，诸公五毒备尝，号呼彻晨夜，昏溃中有录姓名授之者，莫审谓何。旨下，逮编修黄文焕、吏部陈天定、工部董养河、中书文震亨，四人实于黄无涉，各疏辨，至剧诋黄。无何，黄复自北司移西曹，文震亨几欲拳殴之，余各出怨望语。流谤喧腾，更谓编修、吏部二公偶同年。黄属余、陈属同乡陈少参璸，要吓百端，词多不可闻。④

> 通政马公思理坐发保涂仲言革职，下诏狱。马前以草场事蒙祸，至是复然，生平凡再践西曹、北司，备历苦趣，一之为甚，可再乎？亦蹇遭也。⑤

---

① （明）黄景昉：《宦梦录》卷3，第194页。
② （明）黄景昉：《宦梦录》卷2，第176页。
③ （明）黄景昉：《宦梦录》卷2，第176页。
④ （明）黄景昉：《宦梦录》卷2，第177页。
⑤ （明）黄景昉：《宦梦录》卷2，第177—178页。

从这四段史料中，不难看出当时崇祯皇帝对"黄道周之狱"的态度，同时此中所反映的也是他对士大夫群体的不信任，因此，但凡有疏救者，即认为是"朋党"，实则亦有借此严惩"朋党"之意。此次处治的程度相比崇祯十一年时更甚，前次只降谪处理，此次凡疏救者皆下狱。其中，黄文焕、陈天定、董养河、文震亨四人系狱，则"俱讲学友也"①，黄宗羲曾解释道："先生在狱中，同狱者多来问学，侦事者上闻，词连黄文焕、陈天定、文震亨、孙嘉绩、杨廷麟、刘履丁、董养河、田诏。上使镇抚司杂治之，连及者既不承，至有戟手而詈者，诸人皆返刑部，而先生改下北寺。当是时，告讦公行，小人创为福党之说，以激上怒，必欲杀先生而后已。"② 由此可知，不仅是疏救黄道周者，凡是与黄道周有接触者，侦事者皆以上闻，黄景昉趋视黄道周于西曹时，也险遭不测："故事，朝绅下诏狱，同乡、同事咸送至狱门而反。后因兹厉禁。忆庚辰八月，宫詹黄石斋公廷杖系西曹，余一趋视之圜中，旋为缉事者侦知，祸几不测云。"③另外，"福党"之说，景昉在《宦梦录》中所述"密诏谕问刑官乔可用逼供党与""实于黄无涉"二句，更凸显了"黄道周之狱"实为崇祯皇帝借此惩治士大夫群体的手段，即他所认为的"朋党"，此在刑部尚书刘泽深面奏时所说"党者，见诸行事。道周抗疏，祗托空言，一二知交相从罢斥，乌睹所谓党，而烦朝廷大法乎"，已可作解释。④ 此事与钱谦益、钱龙锡、温体仁、杨嗣昌被弹劾事相仿，即疏救者愈多则疑之"结党"愈深，弹劾者愈多则信之"孤立"愈切。但景昉敢于在此"举朝揣恐，相视无人色"的情况下，不避嫌忌，探望黄道周、叶廷秀，则可见其人之胆识及为官之持正。

"黄道周之狱"的转机，始于崇祯十四年四月周延儒之受召复相。在此之前，刑部虽数次定黄道周之罪，但皆"屡谳屡驳"，黄景昉曾偕蒋德璟、王家彦求救于大学士谢升，谢升叹息道："死矣，迟秋为幸！"⑤ 与此同时，杨嗣昌、陈新甲"最蒙帝眷"，却以夺情被劾事，对之置若罔闻；张四知、陈演虽与黄道周同年，且"情谊悠悠"，亦不肯出一语相救；钱龙锡

---

① （清）谈迁：《国榷》卷97"崇祯十四年二月丙辰"条，第5887页。文中"养河"应为"董养河"，据《明儒学案》卷56补正。
② （清）黄宗羲：《明儒学案》卷56《忠烈黄石斋先生道周》，第677页。
③ （明）黄景昉：《国史唯疑》卷8，第244页。
④ （清）张廷玉等：《明史》卷255《黄道周传》，第6599—6600页。
⑤ （明）黄景昉：《黄道周志传》，载《黄道周年谱》，第122页。

则屡贻书其门人魏炤乘，使其相救，但炤乘"竟视漠如，且若有深仇宿撼"，并对黄道周"下石矣"；而坊间更有造蜚语者，称"蒋抵死周旋，余（黄景昉）抱头痛哭"，欲借此牵连蒋德璟与黄景昉，景昉对此时情形说道"势危甚，莫知所出"①，并在《国史唯疑》中以俞大猷被逮捕情形相比：

> 俞大猷之自浙帅逮也，寄其孥宁波，谭纶厚资给之费，溧阳史际遗五百金于道。既入都，御史周用避正堂，戒胥隶无索一钱。而陆炳特为行千金严世蕃所。一时人心皇皇，如失重寄，议论明，风俗古，即是可征。以余所见，惟前黄石斋道周下狱时气象差类，余不再睹矣。②

是年九月，周延儒入朝，以大学士直文渊阁。③ 其门生、故人皆力请其解救黄道周，延儒亦颇自任，从李清的记载中可窥见其态度："周辅延儒问曰：'今最急当入告者何事？'牲曰：'自薛韩城、谢德州在阁，皆严刻绳下，致主上疑猜日甚，如黄道周、解学龙诸人，逮系两年余，然果何罪哉！公到，上信任甚笃，宜乘间以至诚感动，佐圣主行宽大。'延儒然之。"④ 直至此时，黄景昉才说道："始窃窃有更生望。"⑤

十二月，刑部尚书刘泽深上言："道周之罪，前两疏已严矣，至此惟有死，死生之际，臣不敢不慎也。自来论死诸臣，非封疆则贪酷，未有以直言诛者。今以此加道周，道周无封疆、贪酷之失，而有直言蒙僇之名，于道周得矣。非我皇上无不覆、无不载之心也。且皇上所疑者党耳，党者，见诸行事，相聚讼言乃为植党。道周自上疏空言无当，睿照一临，肝胆寒裂，如解学龙等，始未不相与，今且短之，道周亦不较，乌有所谓党，而烦圣明之震怒，朝廷之大法耶！去年行刑时，忽传旨停免，今皇上岂有积恨于道周？万一转圜动念，而臣已论定，噬脐何及？所以当此生死之间，不敢不慎，亦惟恩威出自皇上，仍以原拟候裁。"⑥ 在周延儒的揭救下，崇祯皇帝同意刘泽深的建议，定黄道周永戍辰州卫，解学龙、涂仲吉

① （明）黄景昉：《宦梦录》卷2，第178页。
② （明）黄景昉：《国史唯疑》卷7，第203页。
③ （清）谈迁：《国榷》卷97"崇祯十四年九月甲申"条，第5906页。
④ （明）李清：《三垣笔记》附识中《崇祯》，第202页。
⑤ （明）黄景昉：《宦梦录》卷2，第178页。
⑥ （清）谈迁：《国榷》卷97"崇祯十四年十二月甲子"条，第5911页；张廷玉等：《明史》卷255《黄道周传》，第6599—6600页；《崇祯实录》卷14"崇祯十四年十二月甲子"条。

并戍极边，叶廷秀边远，各充军。黄景昉在《宦梦录》中亦载周延儒揭救黄道周及大臣"醵金"替黄道周交纳坐赃款之事：

> 周公延儒再起元揆，得上意，笔舌松妙，善宛转关生，揭救甚婉。谳上，黄公等得免死，各远戍，黄加永远，坐赃五百余，诸同志阴醵金输纳，不使黄知也。①

其中，叶廷秀由于疏救黄道周而遣戍福建，黄景昉因其"橐如洗"，乃召集同年进士，每人捐二金，共得四十余金赠与叶氏。十五年正月廿九日，黄道周、叶廷秀、涂仲吉诸人各就戍所，黄景昉、蒋德璟等人于天宁寺与之作别。② 自此，迁延数年的黄道周之狱"始租结"。③ 此后，景昉为道周撰写《行状》，对"黄道周之狱"记道：

> 江抚解公升任，蒋僚属，疏例下部，不足劳万几，闻有签贴其旁致上怒者，遂得扭逮之命。比入狱，廷杖拟罪，屡严驳，声息汹汹，莫必其命。余为拉同乡蒋德璟等谒谢德州请之。谢太息曰："死矣，迟秋为幸。"闻之失色。总承韩城毒炎之后，余威尚震，武陵虽出督师，柄得遥参，宣督遂入为中枢，同憾公前疏刺骨；同年费县、井研交谊漠如，滑县且下石矣。宜兴周公新召至，众喁喁望丰采，诸名流力怂恿之，婉代开释，得免死，改戍。④

同时，对被杖诸人皆能保全，黄景昉也感叹道："自上登极，所廷杖靡一全者，给谏傅公朝佑杖六十，死矣。及是黄、解、叶、涂诸公俱保全无恙，疑有神灵拥护力。"⑤

时至崇祯十五年（1642）八月，迁延数载的"黄道周之狱"，以黄道周的赦免复官，始得最终解决。道周之得赦，缘日讲召对时，黄景昉与周延儒、蒋德璟借崇祯皇帝谕问张采、张溥"科道官如何尚说他好"之机，

---

① （明）黄景昉：《宦梦录》卷2，第179页。
② （明）蒋德璟：《敬日草》卷12《天宁寺别石斋戍楚兼别马公思理叶公廷秀诸保宙时壬午正月廿九日也》。
③ （明）黄景昉：《宦梦录》卷2，第179页。
④ （明）李逊之：《三朝野记》卷6《崇祯朝纪事》，第294—295页。
⑤ （明）黄景昉：《宦梦录》卷2，第179页。

称赞黄道周之博学，并以永戍累及子孙为言，求赦免。景昉于《宦梦录》记此间情形：

> 召对，周公为张采、张溥祈宽云："二人肯读书，博通经史，为东南士子所宗。诸言官离书生未久，歆慕其名，致随声附和，非他有所党比。"因言："即如黄道周亦以多读书得海内士大夫心，与张采、张溥同。"蒋公因称其博学清修状。余进曰："道周见蒙永戍，凡永戍之苦视死刑尤甚。死刑罪止其身耳，永戍且及子孙，闽楚隔远，道周子幼家贫，流离可悯，倘可改充附近戍，微恩非浅。"周公旁扬言曰："也不争近戍、永戍，皇上倘怜其才，倒不如索性用他。"上不答，微笑。退，随奉御批："黄某准赦罪复职。"阁中惊喜相贺，朝野欢传，竞颂圣天子如天赐，有泣下者。①

另一位亲历者蒋德璟，在《日讲召对并救黄宫詹恭记》中，也详细地记录了此事，节录其文如下：

> 八月二十四日，上御文华殿。阁臣五人及讲官王侍郎锡衮、丘詹事瑜五人等入侍，一拜三叩头毕。……讲官既出，臣等五人入文华东室小憩，上令文书官召入后殿。上目令司礼退，诸珰群趋远避，臣等环跪御案前。……有顷，上手一本，问："张溥、张采何如人？"延儒对："读书的好秀才。"上曰："张溥已死，张采小官，科道官如何尚说他好？"延儒对："他胸中颇有书，亦会做文章。科道官做秀才时见其文章，又以其用未竟惜之。不然，张溥已死，说他亦无用。"上曰："亦不免偏。"延儒对："张溥、黄道周皆有些偏。只是会读书，所以人人惜他。"上默然。臣璟言："黄道周前蒙皇上放他生还，他极感圣恩，只是永远充军，家贫子幼，还望天恩赦回，或量改附近也好。"上微笑。景昉言："永远充军，子孙世世要去承当，也是可怜。"延儒言："道周在狱中，尚写许多书，即向前章奏，皆系亲手写的。"璟言："道周写有《孝经》一百本，每本做有一篇文字，各一样，共一百样，多是感颂圣德。"景昉言："皇上表章《孝经》，所以道周写有一百

① （明）黄景昉：《宦梦录》卷3，第211—212页。

本，内有《圣德颂》，深感圣恩。"演言："他事亲亦极孝。"璟对："顷
皇上问知乐之人，即道周便知乐。"甡对："道周无不博通，不止知乐，
且其清苦极不可及。"璟言："臣与道周同年，他登第后每徒步往来，至
今尚未有住屋，最是清苦。且子方十岁，但得免其永戍便好。"延儒言：
"道周也不在永戍与不永戍，就是读书亦还用得。"上不答，微笑而已。

……翌日奉手敕云："昨先生每面奏，永戍黄道周清操博学，见
今戍远子幼，朕心不觉怜悯。彼虽偏迂，经此一番惩创，想亦改悔。
人才当惜，宜作何赦罪酌用？先生每密议来奏。"

……崇祯十五年八月二十五日酉时，亲批封发。是夜即具揭……
八月二十六日巳时，奉御批："朕知道了。黄道周准赦皋复职。先生
每即拟旨来行。"是日，即谕吏、兵二部："永戍黄道周罪本应得，念
其清操力学，尚堪策励，已经一番惩创，想知悔改自新。特准赦罪复
职，以昭朕奖廉尚学、宥过惜才至意。特谕。"臣等即附上揭帖曰：
"适巳时，蒙发下匣封一本，系臣等昨日具揭，钦奉御批'朕知道了，
黄道周准赦罪复职，先生每即拟旨来行，钦此'。臣等叩头祗承，深
相赞服，以为皇上此举，众美俱备。在庙堂既悬的以为招，则海内将
闻风而共起。从此皆知学行之足贵，皆信廉吏之可为，皆悉圣明善善
从长、宥过无大之本意，皆感前日磨砺造就、因材器使之深心。盖所
关于道周一人者犹小，而所裨于作人励世、君德治象者实多，正非臣
等一时笔舌所能尽赞颂也。谨遵旨恭拟圣谕一道以进。伏候圣裁。原
奉批揭，尊藏阁中。谨题。"是日既发圣谕，仍封到阁中，以示臣等。
一时中外臣民欣忻鼓舞以为中兴盛事云。①

《国榷》于此事的记载在时间上相近，但过程则有不同，其记载以周延儒借
岳飞为秦桧构陷事为言，这一来源很可能是出自杨士聪的《玉堂荟记》：

宜兴进言，亦甚有法。如黄石斋一事，本因上问撼山易，撼岳家军
难，何以能至此。宜兴奏曰："飞在当时，固是忠勇，然亦未尽如所云。

---

① （明）蒋德璟：《悫书》卷5《日讲召对并救黄宫詹恭记》。另，孙承泽《山书》卷16
《讲筵肆赦》所记亦与此相近。[（清）孙承泽：《山书》卷16《讲筵肆赦》，浙江古籍出版社1989
年版，第414—415页]

但因秦桧逸构，飞遂不得其死。后世怜之，所以说得飞更好，就是古今所无。即如黄道周，皇上罪之甚当，但此人素有浮名，亦只是作得时文好，故一时文士多称其美。今在瘴疠之乡，一旦不保，则后世亦止知怜他，就与岳飞相类。"上微笑而不言。蒋晋江因曰："道周在狱逾年，只是读书及感戴圣恩，曾手书《孝经》百卷，各有题跋，此人大要，还在忠孝一边，还望皇上赦他。"上曰："既是卿这等说，岂止赦他，就是用他，也不难。"翌日，降御札云："永戍黄道周，罪无可逭，今特赦免前罪，着以少詹事兼翰林院侍读学士，以见朕重学惜才、赦过宥罪之意。"①

此事于黄景昉、蒋德璟均为亲历者，孙承泽、李清②、杨士聪是时虽任职于京师，但与黄、蒋相较，阁臣所记当更为接近于实情，而杨士聪、谈迁的记载或可作为补充。③ 在黄道周复任之后，黄景昉在召对时，又曾极言同年叶廷秀"清苦力学"和"啣恩负耆图报状"，但因给事中左懋第、御史李悦心荐举解学龙等，致崇祯皇帝疑心再起，使得此事最终不果，景昉对此感慨道："上恩威自出，恶臣下矫之为名，诸台省非可遍谕，往往以急性激成滞局，事非一端。"④ 论者亦言："当叶公廷杖时，省台何无一

---

① （明）杨士聪：《玉堂荟记》卷上，《丛书集成新编》第88册，第699页。

② （明）李清：《三垣笔记》附识中《崇祯》，第202—203页。按，李清的记载当听闻自吴甡，可从另一角度看到当时的奏对情形："壬午七月，上召对，问：'张溥、张采何如人？'周辅延儒对曰：'读书好秀才。'上曰：'亦不免偏。'延儒因奏曰：'张溥、黄道周皆微偏，只因会读书，所以人人惜之耳。'蒋辅德璟曰：'黄道周永远充军，家贫子幼，还望天恩赦回，或量移附近。'上微笑。黄辅景昉复与吴辅甡同言之，延儒曰：'皇上无我之心有同天地，既黄道周有学，便可径用，何言移戍？'上不答，复微笑。既退，延儒顾同辈曰：'上将用之矣。'甡请以公揭荐，延儒曰：'不可，当听圣裁耳。'翼日，遂奉敕，云'黄道周清操博学，见今戍远子幼，朕心不觉怜悯。彼虽偏迂，经此一番惩创，想亦改悔，人才当惜，宜作何赦罪酌用，先生等密议来奏。'上亲书也。延儒等请复黄道周原官，且言：'皇上此举，众美咸备，在庙堂既悬的以招，则海内将闻风而起，从此皆知学行可贵，皆信廉吏足为，皆悉圣明善善从长，宥过无大之本意，皆感前日磨礲造就，因才器使之深心。盖所关于黄道周一人者小，而所裨于作人历世君德治象者极大。'从之。"

③ （清）谈迁：《国榷》卷98"崇祯十五年八月乙丑"条，第5940页。

④ （明）黄景昉：《宦梦录》卷3，第212页。《明史》卷255《黄道周传》《叶廷秀传》，卷275《解学龙传》，第6600、6602、7044页。另，黄景昉得知黄道周自戍所召复原官后，作诗四首，题为《黄石斋先生自戍所召复原官喜寄》"苦望鸡竿久，欣还鹤署新。普天垂涕说，前夕叩头陈。北寺冰霜骨，西曹煅炼身。重阴终一扫，龙起不无神。""尧德故难称，粗窥覆帱弘。转圜青史记，乘石赭衣登。揆路宽唐介，椒宫识魏征。不知樊棘旧，何苦集营蝇。""黍谷春回日，扁舟返洞庭。北辰生气象，高庙有神灵。辇毂开诗禁，舆台诵孝经。露膏空长养，恩更属雷霆。""书下五溪闻，侏离亦解云。巴歌溢浦断，秦树西阳分。饴髓逢仙启，桁杨趣吏焚。迩来瞻紫气，渐到濮州云。"[（明）黄景昉：《瓯安馆诗集》卷10]

言？窥机有可采，又急欲攘之为名，而反以阻其向用。非可以言而不言，则不可以言而言，恶在其为言路也。"①

（三）封还诏书，面捄宗周

黄道周赦还复任后不久，崇祯十五年（1642）闰十一月，姜垓、熊开元以言事下诏狱，适逢崇祯皇帝召见廷臣，刘宗周闻有密旨将"置二人死"，因在面奏时即请释二人于狱所。崇祯皇帝闻讯大怒，疑其有"党比行迹"，谕令处以"革职，刑部拟罪具奏"②，遂有黄景昉封还诏书、面捄宗周之事。

是时，周延儒再相以"贪墨著闻"，刘宗周曾上"长安金贵"之疏，延儒惧而密疏于崇祯皇帝，诬以"皆言官所为"③，故而崇祯皇帝下诏戒谕言官，"责言路尤至"④。姜垓因此上《恭读圣谕因明言职疏》，专论此事，兼及"二十四气"之说、刘三聘疏荐冯铨之事，遂使崇祯皇帝震怒："方枚卜，有倡为二十四气之说，遍帖都下，凡时流稍负才名者，咸罗入其中。……后省台屡有及之者，姜公垓至蒙重遣。"⑤ 而熊开元则因弹劾首辅周延儒，崇祯皇帝以"小臣犯分且诡称密奏"，令其具疏补奏，由于孙晋、冯元飚、吴履中、吴昌时等人为延儒开脱说情，称"首辅多引贤者。首辅退，贤者且尽逐"，遂使熊开元在补奏时，"止述奏辞，不更及延儒他事"。而崇祯皇帝"方信延儒，大清兵又未退，焦劳甚"⑥，黄景昉虽票拟"姑不究"，仍御批"下镇抚司拿问"，并于二十三日御皇极门时，"嚄礼科给事中姜垓、行人司司副熊开元出班，上手持红本，亲宣玉音"，下姜垓、熊开元于镇抚司狱，黄景昉申救，崇祯皇帝责以："顷面谕已明，不必申救。"⑦ 不久姜垓、熊开元同受廷杖，景昉因票拟熊开元奏疏，故于此事记道：

---

① （明）黄景昉：《自叙宦梦录》卷3，中国国家图书馆编《原国立北平图书馆甲库善本丛书》第554册，第582—583页。

② （清）孙承泽：《山书》卷18《责躬儆臣》，第434页。

③ （明）姜垓：《敬亭集》卷7《恭读圣谕因明言职疏》，第226页。

④ （清）张廷玉等：《明史》卷258《姜垓传》，第6666页。

⑤ （明）黄景昉：《宦梦录》卷3，第205页。

⑥ （清）张廷玉等：《明史》卷258《熊开元传》，第6670页。

⑦ （明）姜垓：《敬亭集》附录《被逮纪事》，第315页。据此即可证姜、熊二人实同日下狱。

行人熊公开元自谏垣谪补，负才名，尝于文昭阁面对，颇称旨，因再求见。已，奏事毕，请间，上为移御内殿，屏左右，惟阁臣侍，熊请更屏阁臣，意效范睢说秦昭王事，首揆周公请趋出避之，不许。熊稍失措，遂面讦周公短，周亦奏辨，请罢斥。上以熊小臣犯分且诡称密奏，非是，叱出，命补疏。越日疏下，余为拟姑不究，内批镇抚司挐问，逼供同谋。寻同姜公垛各廷杖一百。案驳经年，朝端辗转多事，自兹始。①

是月二十九日，崇祯皇帝召内阁、五府、六部、九卿、科道等官及起居记注官于中左门，问御胡及用督抚事。刘宗周借此申救姜垛、熊开元，言"厂卫不可轻信"，并援引黄道周之事，祈请宽宥。崇祯皇帝因六月枚卜时，有"二十四气"之说，而刘宗周名列其中，且有大臣密疏姜垛、熊开元上言"疑有主使"。此时刘宗周申救，即被崇祯皇帝认为"熊开元这疏定有主使，想是刘宗周主使了"，并令其候旨处分。大学士周延儒、蒋德璟、吴甡先后申救，皆不允；兵部尚书张国维、刑部尚书徐石麒请宽宥，兵部左侍郎冯元飚哭泣救争致衣袖尽湿，亦不纳；工部尚书范景文及五府勋臣申救，亦皆不允。左金都御史金光宸以刘宗周上言"非从二臣起见"，是"愿皇上为尧、舜之君，广纳言之美"，被谕令候旨议处。随后，崇祯皇帝谕退诸臣，召阁臣再入，并下旨："刘宗周革职，刑部拟罪，即奏。"② 此时，黄景昉亟语首辅周延儒"宜留批面奏"，并请求文书官暂缓发至司礼监，以"律有七十以上收赎之条"解救刘宗周，最终得以圈去"刑部拟罪"数字，革职为民。因此条史料未见于他书，故迻录如下：

姜公垛、熊公开元系久，遇召对，九卿、科、道各以恩宥请。左都御史刘公宗周请尤力，且援黄公道周为比，上曰："黄道周系特恩，何得妄援？"刘益抗陈不少挫，云："皇上即加臣斧钺之罪，亦不敢辞。"上怒，声色俱厉。金院金公光辰复从旁代述刘意，并叱出候旨，

---

① （明）黄景昉：《宦梦录》卷3，第223—224页。黄景昉所言"内批镇抚司挐问"，即姜垛《被逮纪事》中崇祯皇帝宣读御批之语。

② （清）孙承泽：《山书》卷16《责躬徵臣》，第429—435页；（清）谈迁：《国榷》卷98 "崇祯十五年闰十一月庚申、甲子""十二月丙子、戊寅"条，第5951、5952、5953、5955页。

诸臣为引罪求宽，不允。驾暂起。良久，上亲批"刘宗周革了职，刑部拟罪具奏，金光辰降三级调外"，遣文书官赍示阁臣，讫即发下。余心念刘累朝老成，所争执事正，倘令身就牢狱，谓朝论何？谓主德何？亟语首揆周公，宜留批面奏。周虑文书官不肯授，难之。余躬请之文书官，曰："旨漫抄发，暂留此，少顷再召，阁中尚有所陈。"适其人年少和雅，答云："容询敝堂翁可否？"嗣闻司礼王公意亦缓。于是上张灯再御，周公两手恭奉批，余辈同入，跪案前奏："刘某罪自难辞，念已老，律有七十以上收赎之条，伏望圣恩免其刑部拟罪。"言再三。上徐曰："果已七十乎？"对："诚然。"上略起，俯手接批，思移时，改云："姑念辅臣申救，奏其已老，着革了职为民。"众叩头出。噫！当日亦殊费苦心，有封还诏书遗意，谁知之者。①

黄景昉的记载，除反映解救刘宗周的过程外，亦可窥见明季内阁与司礼监仍保持固有的监阁关系，即皇帝下旨，经内阁票拟，再由文书官送司礼监的过程。并且从"容询敝堂翁可否"一句，亦可推断内阁票拟之后，司礼监有催促定夺的权力。由此也可看出司礼监仍延续着对内阁的制衡关系，只是由于崇祯皇帝的"乾纲独断"，监阁均听上意裁夺。

同年十二月狱具，刘宗周革职为民；姜埰、熊开元廷杖后，仍下镇抚司；金光宸降三级调用。崇祯皇帝对于刘宗周、姜埰、熊开元等人的处罚，可从对"黄道周之狱"的态度中窥见，而此次相对于黄道周之事更甚：其一，即是六月枚卜的"二十四气"之说。孙承泽认为崇祯皇帝深信此说，"前此为枚卜处分六人，此番刘公、金公皆气中人，盖已深中其毒矣尔"②，刘宗周、金光宸因罗列二十四人中，并且姜埰上言亦论及此说，故而认为刘宗周、金光宸是以朋党申救，以致将刘宗周视为姜埰、熊开元上言的主谋。其二，崇祯皇帝厌恶大臣结党。崇祯初年东林当政排斥阉党，而己巳枚卜，温体仁以朋党之说启崇祯皇帝对大臣党比的猜忌。体仁当国，"以私憾撑拒诸大臣，辗转不肯诎。帝谓体仁孤立，益向之"③，凡攻体仁者，即导以党比之说，崇祯皇帝对此也深信不疑，以后凡大臣群谏

① （明）黄景昉：《宦梦录》卷3，第224—225页。
② （清）孙承泽：《春明梦余录》卷48，第1057页。
③ （清）张廷玉等：《明史》卷308《温体仁传》，第7932页。

即疑为有党，并施以酷刑。黄景昉认为"酿成十数年乖戾刻深之治，实始基是"①，《明史》对此看法亦同："自温体仁导帝以刻深，治尚操切，由是接踵一迹。"② 因此，不论是黄道周之狱，或是请宽刘宗周之事，申救者愈多、愈激烈，受罚者亦愈多愈重。刘宗周非有黄景昉"封还诏书"之举，处罚必重于此前的"黄道周之狱"，而崇祯皇帝深疑朋党之说即为此事潜在原因。

此外，初入纶扉的黄景昉迄于崇祯十五年底，除了"黄道周之狱""面救刘宗周"等事外多有建言外，在著作中还提到了以下几件事：

其一，是崇祯十五年九月起复倪元璐。初时，首辅周延儒欲改翰林院官一人为兵部侍郎兼学士，原定以黄景昉为之，并以"宰相不答钱谷之问，词林改计部，非是。惟兵机宜谙晓，备帷幄筹"为劝，但景昉力辞此议，在《宦梦录》他解释道："余辈所为力辞者，固以枢贰储督抚选，封疆重寄，未易担承。时大司马陈公新甲势方横，亦不乐与共事故也。"③ 由于黄景昉坚辞，并在不久后入阁，周延儒迫于众论，遂家起倪元璐为兵部右侍郎兼翰林院侍读学士。④

其二，是同年十月驸马都尉巩永固疏请补建文君谥号之事。对于此事，崇祯皇帝虽已着下部科"详酌确议"，但对此仍颇有难色。⑤ 黄景昉上言："此大典礼，海内属望久矣，在成祖形迹间似有所疑，若以太祖大公至正之心视之，则圣子神孙俱属一体，何疑之有？圣明在上，诚千载一时，愿以太祖之心为心，即赐举行。"⑥ 同官也多助景昉之言，如吴甡就上奏称："我朝缺典有三：建文宜补谥号，景泰宜建庙号，靖难诸忠臣宜谥录。"但崇祯皇帝仍以事体重大，坚持"祖宗遗事，未便骤为更正"，认为应"俟徐议"。⑦《国史唯疑》中对此亦记道：

> 建文年号，业复于万历乙未冬，从给事杨天民、御史牛应元请，

① （明）黄景昉：《宦梦录》卷1，第105页。
② （清）张廷玉等：《明史》卷253《赞》，第6551页。
③ （明）黄景昉：《宦梦录》卷3，第192页。
④ （清）谈迁：《国榷》卷98"崇祯十五年九月壬申"条，第5941页。
⑤ （清）谈迁：《国榷》卷98"崇祯十五年十月壬戌"条，第5945页；（清）孙承泽：《山书》卷16《建文巨典》，第422—423页。
⑥ （明）黄景昉：《宦梦录》卷3，第210—211页。
⑦ （明）吴甡：《忆记》卷4，第717页。

事迹准载《太祖实录》之末。惟帝号、谥号隆重，屡议辍。即以一端论之，帝号复，则懿文当仍称孝康皇帝，配仍称后。事可行乎？宜诸史臣之相视阁笔也。余尝于文华后殿造席力言之，竟格。①

其三，则是谏议"恩威相济"处置白广恩之变。崇祯十五年（1642）十一月，清军分兵四路大举入侵，崇祯皇帝因廷臣举荐，自广东戍所起复赵光抃为总督蓟州、永平、山海、通州、天津诸镇军务，兼督诸路援军。赵光抃率各总兵防御清军，过都门时上言："诸将愿一望清光，求赐对，假之颜色。"崇祯皇帝大悦，如其所请，并命光禄寺备宴，阁臣陪侍，具仪卫以待。总兵白广恩闻讯，因惧蓟州虚报战情事②，被"即席擒之"而奔还，赵光抃召之不至。崇祯皇帝不得已改谕"边报急，诸将免召见，筵席牛酒等物仍赏赐。"黄景昉认为，此事因"所伤国体多矣"，致使崇祯皇帝"深憾赵，卒置之法"，并指出此中缘由"非外廷耳目所知"。③

白广恩既不赴召，但大学士蒋德璟、礼部尚书林欲楫仍"数誉广恩才"，并以洪承畴所荐为词"微护之"，黄景昉对此反驳道："当此事势，即洪公不能自必，何况所荐用之人乎？"④ 并上言处置之法："此两言决耳，在兵部宜声其罪示法，在皇上宜怜其才示恩。"⑤ 崇祯皇帝虽称善，但并未采纳黄景昉的建议，而特遣内侍至白广恩营厚赐银币，沿途仍给饷送诣督师孙传庭军前。黄景昉在《宦梦录》中对此事记之如下：

> 蓟督赵公光抃自戍罪释用，未受事，寇已大入，率各总兵逐寇。过都门言："诸将愿一望清光，求赐对，假之颜色。"上悦，如所请召见，命光禄寺备宴，阁臣陪，具仪卫以待。逾午不至，忽疏称："总兵白广恩赴召，垂入城，有密言于马首云：'召非佳意，疑即席擒之。'广恩惧，奔还。虑他变，臣立驰诣其营，慰安之，召未能赴。"

① （明）黄景昉：《国史唯疑》卷1，第24页。
② 事见《国榷》卷98"崇祯十五年十一月丁丑"条，第5948页，"谕京堂、科、道上措饷、守城事宜。时报建虏六万攻宁远，进界岭口；六万攻山海关，进青山口；又五万进蓟州，皆虚报也，实二万骑入墙子岭。"
③ （明）黄景昉：《宦梦录》卷3，第229—230页。
④ （明）黄景昉：《宦梦录》卷3，第230页。
⑤ （明）黄景昉：《宦梦录》卷3，第230页。

举朝愕然，不得已改谕边报急，诸将免召见，筵席牛酒等物仍赍赐。缘广恩职镇蓟门，有失信地罪，方自危，憸弁得乘机要嚇，顾所伤国体多矣。上所为深憾赵，卒置之法坐是，非外廷耳目所知。

白广恩本流寇部曲，或云即过天星，为洪公承畴招抚，携至边，家属从焉。至是，有违召罪，惧诛，拥兵自卫，驻邯郸匝月，索饷与邯人閧，疏词悖慢，众愤。然同官蒋公德璟偕宗伯林公欲榰数誉广恩才，微护之。询故，以洪公所荐为词，余曰："当此事势，即洪公不能自必，何况所荐用之人乎？"一日阁部同议御前，迟回久，余进曰："此两言决耳。在兵部宜声其罪示法，在皇上宜怜其才示恩。"上称善，究亦不能从也。特遣内臣抵广恩营，厚赐银币，仍沿途给饷，送诣督师孙传庭军前。孙战败，广恩遂从贼叛，卒符余言。①

清初之时，张岱曾对黄景昉入阁"受事"半载作过统计："赐坐三次，赐宴三次，赐骑马游西苑一次，召对六十余次，每呼'先生'而不名，皆异数也。"② 引文中，"先生"之称是崇祯十五年元旦，崇祯皇帝所亲下之旨，即阁臣"大班召对称'卿'，独对称'先生'"③；而"赐骑马游西苑一次"，则为是年九月初七日事，同游者有阁臣周延儒、陈演、蒋德璟、吴甡、勋臣成国公朱纯臣、京营恭顺侯吴惟英、署吏部侍郎王锡衮、户部尚书傅淑训、署兵部右侍郎冯元飚、署工部侍郎沈惟炳、侍郎刘余祐等，共十二人。④ 据蒋德璟《西苑明德殿召对赐宴侍坐复观火箭恭纪》的记载，赐游期间，崇祯皇帝还曾就郑芝龙、郑同玄等事询问黄景昉的看法。对于此次西苑之事，黄景昉记道：

　　赐游西苑，先命锦衣卫备马，候许，骑行禁中。同游自阁臣外，合勋臣、部臣十三骑⑤，出西安门，历圆殿，踰金鳌、玉蝀二桥，小憩。顷之，上御明德殿，入行礼。赐宴，廷坐席棚下，左右分列。宴

① （明）黄景昉：《宦梦录》卷3，第229—231 页。
② （清）张岱：《石匮书后集》卷13《黄景昉传》，第99—100 页。
③ （明）黄景昉：《宦梦录》卷2，第185 页。
④ （明）蒋德璟：《悫书》卷5《西苑明德殿召对赐宴侍坐复观火箭恭纪》。
⑤ 按，下录黄景昉《赐马游西苑坐宴仍观放火箭恭纪》诗中有云"十二羽林骑"，故所谓"十三骑"之自述，或是笔误，或是将崇祯皇帝算在其中。

用金葵花杯注酒，奉馔俱光禄寺官，上亦即殿上宴酒。毕，起谢，召同成国公、恭顺侯暨吏、兵、工三部署篆、侍郎商略久之，寻命放火箭、火枪，势若龙蛇，所及数百步外。晚辞出，经紫光阁，阁前即太液池。时为壬午季秋七日，荷柳未残，鸥鹭群飞，依依有江南意，因复上马，沿堤观水磨、水碓等物，归抵阁，已薄暝矣。惜当日不及详记，岁久依稀忆录，遗漏已多，私诩为蓬壶瑶岛之观，亦何远过。①

另外，黄景昉在《国史唯疑》中谈及《实录》"例焚之芭蕉园"时，也说道："园在太液东，余赐游西苑日所经到。"② 可资补充。

(四) 周吴致仕，藻德超拜

时至崇祯十六年（1643）三月，由于李自成攻陷襄阳，承天失守，崇祯皇帝有意令阁臣督师"以图恢复"，故屡次向阁臣称颂"昔大臣有自请视师者"。而在阁诸辅中，吴甡原以"知兵名"由周延儒荐举入阁协理戎政，崇祯皇帝对之早已"默有所属"，在随后的召对中就面谕吴甡："自杨嗣昌后，督师无人，致有今日。卿曩历岩疆，可往湖广督师，以图恢复。"③ 不久即命其以礼部尚书、东阁大学士兼兵部尚书督师平寇。④ 吴甡虽然受命，但考虑到"左良玉跋扈不用命，当年阁部十檄征兵，一旅不发，近日河南总督赢卒数十，仅充舆从"⑤ 的情况，奏请："必得精兵三万，敢战之将，统之南征，出奇制胜，可以恢复襄承，清扫陵园。"⑥ 崇祯

---

① （明）黄景昉：《宦梦录》卷3，第214—215页。黄景昉亦有诗纪此事，见《赐骑马游西苑坐宴仍观放火箭恭纪》："咸池昂毕间，参星表天圉。不谓光倒垂，明河澹白昼。十二羽林骑，鞍辔黄金绣。恩许沿堤行，绿杨色微绉。椒园荷气香，圈殿松阴覆。蜌影横卧波，鳌身高吐溜。遥靚华盖张，钩陈俯列宿。勋辅各堂卿，造膝轮班奏。少焉皇意欢，席罗夹庭廇。稍依官序联，特遣中珰侑。犀箸纷纶披，驼峰磊落肉。天厨富八珍，法最重醇酎。溦潋葵花杯，工镂四朝旧。微觉仙颜酡，风动赭黄袖。礼成趣登阶，滚滚洪钟扣。忽惊金电流，俄出火枪斗。万树樱桃然，千骑骅骝骤。岂矜绝技雄，时颇防胡寇。蛙怒车式之，予曰有奔走。是日天气清，水木湛森秀。宫榜画沙锥，一一薄篆籀。浮舟列榭藏，激磨飞湍就。怳惚江南秋，柏白枫丹候。悬知万宝成，于此腰镰耨。晚过太液池，紫阁唧光透。耄卑黄竹吟，荒笑长杨狩。似闻蓬岛声，三呼圣人寿。讵惟魂梦凉，此生如再幼。安得苍龙精，长萦朱鸟味。庶几卖卜人，识我星槎又。"[（明）黄景昉：《瓯安馆诗集》卷2]

② （明）黄景昉：《国史唯疑》卷12，第350页。

③ （明）吴甡：《忆记》卷4，第719页。

④ （明）蒋德璟：《敬日堂外集》卷7《恭拟钦命督师谕》。

⑤ （明）吴甡：《柴菴疏集》卷18《召对纪略》，《四库禁毁书丛刊》史部第51册，北京出版社1997年版，第681页。

⑥ （明）吴甡：《忆记》卷4，第719页。

皇帝虽允其请，但也强调："卿受任专征，朕伫望成功，倚赖甚重，亟宜迅速振励，救民水火，慎勿缓稽。"① 对此，黄景昉认为"吴公宜速行"，但出于顾虑"嫌难出口"。一日见吴甡"领敕置案上，坐语自如，不一视"，景昉即私语蒋德璟："出师颁敕，大事也。受命而惰，吴公其终不前乎？"② 此事终为景昉所言中，不久次辅陈演上密揭称"孙传庭见统大兵，堪任督剿，不必又遣阁臣"，随后崇祯皇帝下旨"五省督师，专委秦督孙传庭就近料理，吴甡不必行，还着入阁佐理"③，并令"辅臣吴甡着致仕去"④。临去时，吴甡仍踌躇"虑有后命"，景昉对李清讲明缘由：

> 吴辅甡行后，黄辅景昉语予曰："吴公必有后祸。"予问故，景昉曰："每阁中见劾周疏，必云发踪由吴，恐浸入圣听，祸同连鸡耳。"其意盖指陈辅演也。演素与甡不协，故云。⑤

吴甡因与次辅陈演不和，此前壬午枚卜及点用时皆曾遭其谗言阻隔，故而担心其从中陷害，黄景昉对陈演评价道："陈公机最深，即于余亦加荑菲，周公尝微及之。既同事，余执后辈礼惟谨，顾气味不投，毕竟为所阴中。"⑥ 《明史》亦称其"庸才寡学，工结纳""一无筹划，顾以贿闻"⑦，即可概见其人。至是年七月，张献忠破武昌，已升任首辅的陈演又构吴甡以"专任秦督之非"⑧，崇祯皇帝遂着锦衣卫催令入都候"法司拟罪"⑨，十一月令携妻遣戍金齿卫⑩，吴甡所虑终成事实。全祖望在《跋

---

① （明）吴甡：《柴菴疏集》卷18《预筹讨贼大局以定庙算疏》，第678页。
② （明）黄景昉：《宦梦录》卷3，第234页。
③ （明）吴甡：《柴菴疏集》卷20《题揭》，第693页。按，吴甡曾对李清说："'我日请兵，兵不集，若足迹先越春明，恐当事者愈作秦越人视耳。'及边警弛，先所请唐总戎通兵，又为陈辅演揭留，云关门不可无备，不得已刻期辞朝。行之前一日，出劳从骑，上犹命内官赐银牌给赏。越一宿，忽责其逗遛，命辄行入阁。或云，骆金吾养性之媒孽也。"[（明）李清：《三垣笔记》卷中《崇祯》，第62页]
④ （明）吴甡：《柴菴疏集》卷20《恭奉明纶益深愧悚谨席藁待罪疏》，第694页。
⑤ （明）李清：《三垣笔记》卷中《崇祯》，第67页。
⑥ （明）黄景昉：《宦梦录》卷3，第205页。
⑦ （清）张廷玉等：《明史》卷253《陈演传》，第6547页。
⑧ （明）吴甡：《忆记》卷4，第721页。
⑨ （明）吴甡：《柴菴疏集》卷20《遵旨回话疏》，第697页。
⑩ （明）黄景昉：《宦梦录》卷3，第233—234页、卷4，第259页；（清）谈迁：《国榷》卷99，崇祯十六年三月癸卯，五月戊申、戊午，十一月癸丑，第5967、5976、5977、6003页。

〈宦梦录〉》一文中对黄景昉评论道："太穉颇讥兴化受督师之命而惰，然兴化之才远在太穉之上。其督师非惰也，实当事不可为之时耳。"① 实则黄景昉并非讥其"受督师之命而惰"，而是担忧其迁延不出，虑有后祸，吴甡亦自知，事实也如黄景昉所预料，故此处全氏的评论有失公允。

在吴甡受命督师同时，崇祯十六年四月，清军自山东还自近畿，"屯驻三河、武清间，诸援兵莫敢击"②，首辅周延儒慨然自请督师，"朝受命，夕启行"③，崇祯皇帝嘉许以"忠猷奋发，义气沉雄，自请视师，不避危险"，特命其以原官督饬近畿各处军务，一切关系援剿事宜"悉听节制，便宜调度"。④ 然而，延儒至通州，见"清兵势大，畏不敢逼"⑤，"内惊面谕之谆切，外惊出口之骄嘶，近忧通城之脆薄及兵将之寡弱"⑥，而"诸将骄蹇，久互观望，屡檄不前"⑦，"未尝出城数武，为濠外窥一矢相加遗"⑧，一月之间唯"与幕下客饮酒娱乐，而日腾章奏捷"。至五月初六日，清军北遁出塞，周延儒上疏"敌退，请下兵部议将吏功罪"。⑨ 崇祯皇帝闻奏，随即召还延儒入直，旋进为太师兼中极殿大学士。但数日之后，崇祯皇帝即以周延儒"蒙蔽推诿"，谕府、部、科、道等官勘议，黄景昉曾解释其推诿之缘故，并坦言此事乃崇祯皇帝借故而发，实"意别有在"：

> 余杜门候旨三日，出廷谢，始知昨晚周公奉府部看议事。询故，云："昨朝罢召对，司马冯公元飚力言袁继咸不任江督状，上面命推换，咸举吕公大器。上顾周公问：'吕大器何如?'不答，因致怒，有'玩误推诿'之批。"周公所为不答者，虑吕难独任，又袁督为吴公甡力荐，吴得罪，冯公略窥测微指，因以为逢耳。要之圣怒特借端发，意别有在。⑩

① （清）全祖望著，朱铸禹校注：《全祖望集汇校集注》卷29《题跋三》，第1340页。
② （明）黄景昉：《宦梦录》卷4，第251页。
③ （清）张廷玉等：《明史》卷252《吴甡传》，第6524页。
④ （明）蒋德璟：《敬日堂外集》卷7《恭拟首辅周延儒视师》。
⑤ （清）计六奇：《明季北略》卷之十九《周延儒》，任道斌、魏得良点校，中华书局1984年版，第341页。
⑥ （明）李逊之：《三朝野记》卷7《崇祯朝纪事》，第321页。
⑦ （明）黄景昉：《宦梦录》卷4，第252页。
⑧ （清）计六奇：《明季北略》卷之十九《周延儒续记》，第345页。
⑨ （清）张廷玉等：《明史》卷308《周延儒传》，第7930页。
⑩ （明）黄景昉：《宦梦录》卷4，第262—263页。

对于周延儒的罹祸，黄景昉后来曾回忆，在他视师之前已"谗间潜生"，有谤帖暗讽其"终日召召，出一个大曹操；终日对对，出一个大秦桧"，景昉认为此事"大概群珰为之"，并记道："（周延儒）甫还朝，随独召对，咨询良久……未几，遂有府部看议之举"。① 但事实上，这些谣传使得周延儒在出征时，已令崇祯皇帝起疑，时人指出"必有朝行夕伺者"，故其视师所为"内官密以闻"②，在其入朝后"养性及中官尽发所刺军中事"③。其中，关于周延儒与内侍的结怨，与他"奏罢厂卫缉事"有关，此事使得"朝士不肖者因通贿遗，而厂卫以失权，胥怨延儒"，"内臣日夜文致之"④，东厂太监王之心也曾对他说："我们才力有限，还求老先生包容!"⑤ 而司礼监王裕民处斩之事更使内侍对其"益怪恨"：

> 内珰刘元斌统禁旅剿李青山寇，颇有功。师还，或言其纵兵淫杀状，南御史王公孙蕃疏劾之，验实，上蚤朝面奖赏御史，立逮司礼太监王裕民，并元斌下诏狱。裕民久侍左右，见秉笔司礼亲重视外廷首揆等，元斌其名下也。上以其狡饰，屡询不实对，怒甚。周公难显诤，第用"因物付物，以人治人"之说进。未几，刘、王竟死西市。时每召对阁臣，内珰辄屏去数丈许，语毕呼司礼监官来，始应声进。既莫测何语，至裕民事益怪恨，谓阁中阴有意杀之，将来周公祸始是。⑥

另外，周延儒"自持圣眷"，视次辅陈演"蔑如也"，使"演衔刺骨"；而

---

① （明）黄景昉：《宦梦录》卷4，第260页。
② （明）李清：《三垣笔记》卷中《崇祯》，第58页。
③ （清）张廷玉等：《明史》卷308《周延儒传》，第7930页。
④ 李清曾记此事道："台省谢恩后，类候阁，周辅延儒讽以无及厂卫，无及谢辅陛。盖延儒之入，王内臣裕民有力，其罢厂卫，亦有力。已，以祖制，并罢裕民所管京营，裕民恚为延儒所卖，延儒亦惧为中伤，乃托所善董心葵调停，阴还厂权。相约不罗织士大夫，犹惧诸新进言及，复激其怒，故云。"［（明）李清：《三垣笔记》附识上《崇祯》，第58页］谷应泰对此曾记道："延儒当中外交讧，竟无能为上画一策。其罢内监，撤厂卫，内臣日夜文致之，故延儒始终皆以珰败。初，延儒受主眷深，诸珰稍稍乘间媒孽，上俱不信。延儒益忽之，不为虑。追视师行边，上意稍移，而诸珰乃尽发其蒙蔽状，上信之。"［（清）谷应泰：《明史纪事本末》卷74《宦侍误国》，第1244页］
⑤ （明）文秉：《烈皇小识》卷8，第212页。
⑥ （明）黄景昉：《宦梦录》卷3，第207—208页。

延儒利用锦衣卫都督同知骆养性之"阴事","使为己用",也令其"饮恨刺骨",以致骆养性"与中官结,刺延儒阴事"。①

周延儒虽受府、部勘议,但崇祯皇帝仍"不忍竟其事",批谕"应免看议处分,准致仕回籍,仍赐路费驰驿,以昭朕保全优礼至意"。② 然而数日之中,争摘周延儒"夙昔纰漏状"者,已满公车。崇祯皇帝遂命黄景昉拟旨,诫谕言官,景昉票拟云:"奏内事疑多端,是否有据? 从前何无指及? 若因去后信口讥弹,岂言官入告之体?"③ 虽谕旨如此,然言官章奏仍不绝如缕,故而景昉也感叹道:"时机局已全变,堤溃河决,故非区区木石所能支耳。"④ 周延儒致仕不久,言官屡有弹劾其蒙蔽之事,并因吴昌时事所累,在召对阁臣时,崇祯皇帝由于感叹"周某负朕"以至于涕下,进而述其"佻巧状"。黄景昉担心崇祯皇帝会对周延儒加以严处,曾出语同官:"诸公如为周公地,宜为上一处分,或闲住、革职,庶将来免意外祸。"⑤ 但已莫有应者。是年七月,雷演祚与范志完面质于中左门,雷演祚揭奏周延儒:"招权纳贿,如起废、清狱、蠲租,自以为功,考选科道尽收门下;凡求总兵、巡抚必先通贿幕客董心葵,然后得之。"范志完以雷演祚为吴甡党,对以:"朝臣一半是周延儒之党,一半是吴甡之党。两家不和,因连累及于臣"⑥ 崇祯皇帝听闻范志完"二辅党论之说",旋即手书"周蒙蔽欺饰,吴推诿要挟",命骆养性派官校令周延儒、吴甡星夜来京候问,此即黄景昉所说的缇骑之行。闻旨后,吴甡由"陆道星驰",入京待罪;周延儒则"从水道徐行",安置正阳门外古庙,并于十二月赐死。⑦ 正如时人李清所总结:"盖陈辅演孽甡于内,骆金吾养性构延儒及甡于外,然激成两辅臣祸,使群小藉为口舌者,曹、龚两给谏也。"⑧

其间,在是年五月,黄景昉与蒋德璟、吴甡等人同升为太子少保、户

---

① (明)文秉:《烈皇小识》卷8,第212页;(清)张廷玉等:《明史》卷308《周延儒传》,第7930页。

② (明)蒋德璟:《敬日堂外集》卷7《回奏看议首辅揭帖》。

③ (明)黄景昉:《宦梦录》卷4,第263页。

④ (明)黄景昉:《宦梦录》卷4,第263页。

⑤ (明)黄景昉:《宦梦录》卷4,第266页。

⑥ (清)孙承泽:《山书》卷17《逮系二辅》,第465页。

⑦ (明)黄景昉:《宦梦录》卷4,第266、271页;(清)谈迁:《国榷》卷99"崇祯十六年七月乙卯、十二月辛未"条,第5985、6005—6006页;(清)张廷玉等:《明史》卷308《奸臣·周延儒传》,第7930—7931页。

⑧ (明)李清:《三垣笔记》卷中《崇祯》,第71页。

部尚书兼文渊阁大学士，荫子入国子监，并赐金币。谈迁记此次升迁云：

> 丁未，进周延儒太师中极殿大学士，荫中书舍人，陈演太子太保、户部尚书、武英殿大学士，蒋德璟、黄景昉、吴牲并太子少保、户部尚书、文渊阁大学士，牲兼兵部尚书，各荫子入国子监，赐金币，以延儒视师，倍之。①

值得注意的是，在进封黄景昉等人的同时，崇祯皇帝还擢升翰林院修撰魏藻德为礼部右侍郎兼东阁大学士。对于魏藻德的入阁，黄景昉曾预先言于首辅周延儒，并在《宦梦录》中记其入阁的过程及其宅邸"貂珰满座"之状：

> 通州魏公藻德，前同熊开元、吕兆龙面对，颇称旨。疏留中半载不下，忽召入文华殿独对。退诣阁，述其故，微露上意。周公尚未悟，曰："得无以钱粮兵马事相烦乎？"余曰："非也，上或举行先朝商文毅、彭文宪故事耳。"余辈晚出阁，及金水桥得旨，魏某以礼部侍郎入阁矣。周公始服余先见。经其邸，貂珰满座。②

魏藻德以礼部右侍郎兼东阁大学士超擢入阁，由于无前例可考，故而辞礼部右侍郎衔，仍以翰林院侍读学士直阁，谈迁对此评论道："藻德不辞阁衔而辞部衔，巧矣。"③ 但不久，魏藻德旋即参照嘉靖年间李本以詹事府少詹事入阁之例，进詹事府少詹事兼东阁大学士：

> 魏再辞阁，为改少詹事衔，以嘉靖中吕文安本④亦自祭酒加少詹入阁故也。少詹秩四品，乘马，魏难之。以谘余邑蒋公，蒋其教习师，云"乘马便"，殊拂其意，姑勉骑二日，旋改肩舆。阁臣出乘马，

---

① （清）谈迁：《国榷》卷99"崇祯十六年五月丁未"条，第5976页。
② （明）黄景昉：《宦梦录》卷4，第261页。
③ （清）谈迁：《国榷》卷99"崇祯十六年五月甲寅"条，第5977页。
④ 即李本，《明史》卷110《宰辅年表二》皆以吕本为李本。王世贞《皇明奇事述》卷一"两李本、两吕本"条，吕本即李本改姓。

百僚避道，未为不佳，不审文安当日礼若何。①

杨士聪对魏藻德"居其重而辞其轻"的做法，认为"殊欠光明"：

> 初谕升礼部右侍郎，魏疏辞甚力，上改为侍讲学士，原不甚错，以魏自请阁议，乃以少詹兼大学士，曷若单用东阁大学士乎？学士五品，衔门之品级已极，其加官虽至少师，仍学士，仍五品也。若言无五品入阁者，亦岂有四品入阁者乎？牵拘沿袭之陋，阁议未为当也。独怪通州不辞入阁办事，而极力辞侍郎、辞学士。其疏历引岳正、彭时以修撰入阁办事，无非明己之入阁办事不为躐等，但不必升官耳。官重乎？办事重乎？居其重而辞其轻，以为不失吾之重者，而其轻者转盼仍吾有也。此等心事，殊欠光明，吾于其始进而知之矣。……今贪鄙怗恋之状，先见于辞疏之中，异日遇国家大事，欲其以去就争之，何可得也！吾非有意深求之也，使傥幸得贤辅之效，而余独被失言之名，所甘心矣。②

黄景昉对崇祯皇帝骤擢魏藻德入阁之举颇有看法，认为："词林旧无三载入阁者，即商、彭二公祗以本官加侍读，无骤晋卿贰例。"③ 并以诗隐喻此事：

> 状元超拜主恩新，可有彭商线袜尘。更越群真题蕊榜，三年前是榜中人。
>
> ［释义］通州魏公藻德，庚辰状元，越癸未入阁，遂主其科会试，遡其及第之举甫三年耳。先朝商文毅、彭文宪二公登用颇速，然未有超腾至是者。殿廷之桑，一夕化而为穀，大几合抱，昔人以为不祥。若魏者，意亦先朝之祥桑与。④

---

① （明）黄景昉：《宦梦录》卷4，第262页。
② （明）杨士聪：《玉堂荟记》卷下，第708—709页。
③ （明）黄景昉：《宦梦录》卷4，第262页。《明史》卷253《魏藻德传》于此亦言："正统末年，兵事孔棘，彭时以殿试第一人，逾年即入阁，然仍故官修撰，未有超拜大学士者。"看法与黄景昉同。（第6548页）
④ （明）黄景昉：《纷纭行释》第八首，第315页。

后来黄景昉指出，魏藻德通籍三年即得超拜入阁，与冯铨的谋划有关，而周延儒复相，冯铨亦曾"助为谋"：

> 涿州冯公铨，为周公同籍缔姻，雅相善，屡议复冠带示酬，惮众论，未果。……即通州暴致亨融，抑或其力。察厂卫狱词，有为涿州所笑等语，后通州面对，亦直举冯某守城输饷劳为词，微指可知。①

此条史料即是全祖望所说"黄太稺《宦梦录》言魏藻德之骤进，由于冯铨，其言足补《明史》"的原文。周复相、魏骤进皆由冯铨，周、魏亦有意起复冯铨以示酬，只因冯铨名列逆案，惮于舆论，而最终不果，周延儒对此曾说道："钱少宗伯之起，易于外而难于内，冯旧辅之起，难于外而易于内。"② 由此可推知，明季北都的士大夫对逆案中人的起复仍极为警惕，并非一、二阁臣可以改变的。

（五）揭奏持正，违忤上意

随着周延儒、吴甡的先后致仕，黄景昉的纶扉岁月也进入了尾声，时人曾说："宜兴既罢，兴化同时闲住，虽各有其事，而先后荐用之人，岂能复安？则两晋江及巴县之罢必也。"③《明史》等书将景昉的乞休归因为："南京操江故设文武二员，帝欲裁去文臣，专任诚意伯刘孔昭。副都御史惠世扬迟久不至，帝命削其籍。景昉俱揭争，帝不悦，遂连疏引归。"④ 此记载虽不误，但失于简略。黄景昉执意求去非仅因操江及惠世扬削籍二事，实乃合数事所致，且有不得不去之机局。过去由于史料的散佚缺失，对于这一过程尚未有论著进行梳理，以下将通过爬梳黄景昉在《宦梦录》中的自述，厘清其请辞求去的原因。

黄景昉之失上意，始于崇祯十六年（1643）五月票拟唐通疏劾赵光抃事：

> 西协总兵唐通忽疏侵蓟督赵光抃，语不伦，余拟旨下部察奏发改。奉御批："公平出自政本，朕知识寡昧，惟辅臣是赖，镇臣非万

---

① （明）黄景昉：《宦梦录》卷4，第260—261页。
② （明）李清：《三垣笔记》附识中《崇祯》，第195页。
③ （明）杨士聪：《玉堂荟记》卷下，第708页。
④ （清）张廷玉等：《明史》卷251《黄景昉传》，第6504页。

分屈抑，安敢上疏？仍改拟。"余具揭谢，因言："文武一体，情意固贵流通；上下相维，纪纲尤宜严肃。不便以镇将单词遽罪督臣。"并及近旨太优假镇臣状。诸同官沮余，谓："批严切，姑引罪足矣。"余不可。上览奏不怿，意亦微悔。及周公还自军中，独召对，犹语及之。余所为失上意始是。①

继而陈燕翼疏攻黄澍中州决河之事，"颇极丑诋"，崇祯皇帝着令议处，黄景昉票拟其"罚俸"，但崇祯皇帝不准此议，下旨处陈燕翼降调，"并究部科掌印官"。② 景昉由此感慨"自愧不能留一同乡贤者"，并且，自此以后崇祯皇帝对景昉的建议鲜有采纳，以致其感叹道："所处光景有岌岌不可再留之势，非事外人所知"③。

不久黄澍出任湖广巡按御史，疑都察院有故意排挤者，黄景昉以《会典》有"凡北人，如北直隶、山东、山西、陕西、河南，不差两广、云贵；南人如福建、广东、广西、云南、贵州，不差三边"之制④，为都察院左佥都御史毛士龙说情，再次触怒崇祯皇帝，使得景昉"谋去益决"：

> 御史黄公澍之按楚也，上疑都察院故挤之，命取原注差簿进览，特召佥院毛公士龙诘问："据簿尚有杨若桥，何故用黄澍？"众未对，余不觉率尔云："杨若桥，通州人，或其才宜于北，不宜于南乎？"上怒，变色曰："宜北不宜南出何典制？"同官蒋公对："有之。旧制，南人不差三边，北人不差两广。"既出，自思台差与阁中无涉，且余于杨道长非素识，何苦代对，致犯转喉触讳之讥。余先为唐通事，业怀去志，至是遂谋去益决。⑤

---

① （明）黄景昉：《宦梦录》卷4，第253—254页。按，"北图本"《宦梦录》此处有批语云："文臣凌压武〔臣〕，在承平时则然，兵兴以来，武臣寝骄蹇，非复向时卑靡矣。上意偏右镇将，终是矫枉过正，然非弼直如先生，亦何敢犯颜兵诤乎？"

② （清）李清《南渡录》卷2记"陈燕翼先帝时以劾黄澍冒功谪"即此事（《南渡录》卷2，江苏古籍出版社1999年版，第190页）。谈迁《国榷》卷98"崇祯十五年十一月庚午"条记"□科给事中陈燕贻劾黄澍决水灌城之失，不问"，其中"□科给事中陈燕贻"应为"工科给事中陈燕翼"。按李清《南渡录》卷2"七月辛卯条"、孙承泽《山书》卷17《用人听言》、万斯同《明史稿》卷26《庄烈皇帝四》。

③ （明）黄景昉：《宦梦录》卷4，第255页。

④ （明）申时行等：《明会典》（万历朝重修本）卷210《奏请点差》，第1046页。

⑤ （明）黄景昉：《宦梦录》卷4，第256页。

随后接连发生的揭救惠世扬削籍、力争操江独任刘孔昭及揭奏推任南京守备官等事，使黄景昉深知其所上之言已难为崇祯皇帝所用，且因崇祯皇帝疑其有"党比"行迹，对之已失去信任，遂使景昉不得不执意求去。

惠世扬削籍一事，虽因其"迟久不至"，但在点用时，崇祯皇帝对之并非意有所属，只是由于吏部尚书郑三俊的推举及阁臣的代请，才"姑勉从"：

> 总宪刘公宗周得罪去，推李公邦华代，舆论翕然属副院张公玮，卒难其继。郑公面奏起惠公世扬。惠自少司寇闲住未久，上难之，阁臣为代请，姑勉从。辞疏久不下，会郑公罢，立擢方公岳贡副院，示意吏部请别用惠。旨以郑朦荐为罪，惠革职为民，郑议处。①

事实上，由于崇祯十五年五月惠世扬会推忤旨之事，崇祯皇帝对其并无起复之意，以故郑三俊罢职，即立擢方岳贡任左副都御史，同时以郑三俊"朦荐为罪"，议处惠世扬。黄景昉票拟认为"惠素清鲠，起废籍蒙恩，非梦想及，朦荐罪不在惠，且原罪止闲住耳，骤革职太重"②，遂与蒋德璟合上公揭，代为求情："前世扬处分，原案系冠带闲，旋蒙恩起用，实非梦想所及。朦奏罪责，自有所归，乞俯念仍准炤旧闲住，免其革职。臣等每窃见皇上恩威并用，操纵如神，于明罚饬法之中，恒寓恤旧原情至意，不揣补牍，幸赐矜宥。"但最终崇祯皇帝御批"惠世扬已有旨了，卿等不必申捄"。③ 而黄景昉也因此再次违忤崇祯皇帝之意。

关于力争操江与推任南京守备事，黄景昉在《宦梦录》中曾有自述，兹迻录其文如下：

> 操江高公倬④甫任，众坚执宜换，启上疑。忽有旨，文操臣缺，

---

① （明）黄景昉：《宦梦录》卷3，第236页。
② （明）黄景昉：《宦梦录》卷3，第236页。
③ （明）蒋德璟：《敬日堂外集》卷8《记惠司寇事》。
④ 考《明史》卷275《高倬传》记："（崇祯）十六年二月擢右佥都御史，提督操江。其秋，操江改任武臣刘孔昭，召倬别用，未赴而京师陷。"（第7047页）《宦梦录》记此事在定陈演、魏藻德主会试后，考《国榷》卷99，定会试主考在八月乙丑，裁南京操江都御史事在崇祯十六年八月辛未，故高倬离职应在此段时间之内。

着裁革归并，勋臣以诚意伯刘孔昭总其事。余同蒋公揭称"官制骤易，将来统辖、呼应、联络均非便"，求发部院详酌，复传诸部科执奏，不听。上久欲重勋臣权，特南召抚宁、忻城、诚意三侯伯来。方议复漕运总兵旧制，外廷仍嘈嘈构之，致中决无从挽回。诚意前为发倪公元璐事稍得过，其才亦自可观。①

南守备魏国②病，予告，御批问勋臣谁可任此？余同蒋公回揭："勋旧诸臣概少来往，未有确见，不敢轻易推举。"旋奉批："外廷见闻甚广，岂有勋臣才品通未一识之理，不过云此该部事，部推有一不商确辅臣者乎？未可诿不知，仍着具奏。"③ 盖上疑已深，词厉意猜，非复如平日温蔼气象矣。余姑再同蒋公婉答。④

黄景昉在推任南守备事之后，即深感崇祯皇帝对其已不信任，御批"非复如平日温蔼气象矣"。景昉认为，崇祯皇帝对他的猜疑，除前述票拟忤旨之外，也因此前的起废复官疏周延儒多委派由其拟旨，并且吏部尚书郑三俊为其所疏救、赵光抃又是其同门，而他为赵光抃之事揭奏唐通更令崇祯皇帝起疑，随着延儒因"推诿蒙蔽"获罪，使得崇祯皇帝进一步深信他有"党比"形迹。黄景昉对此颇为无奈，自称有"哑吃苦瓜之恨"，并

---

① （明）黄景昉：《宦梦录》卷4，第283—284页。

② 按，《明史》卷105《功臣表一》魏国公十世徐弘基："万历二十三年七月己亥袭，金书南京军府。三十五年协守南京，领后府。三十七年四月提督操江。天启元年，以疾辞任，加太子太保。崇祯十四年复守南京，加太傅。卒谥庄武。"（第3001—3002页）考李清《南渡录》，记其卒于崇祯十七年十二月戊寅，赠太师，谥庄武，荫世锦衣。弘光元年四月丙辰，徐久爵袭封魏国公。黄宗羲《弘光实录钞》所记卒年、月与李清相同。李清任职于南都，所记当不误。另，《明史·功臣表一》载魏国公十一世为"徐文爵"，考钱海岳《南明史》，"徐文爵"在该书卷37有传，可证袭封者非"徐文爵"。钱氏记"胤爵"袭封魏国公，但李清则记为"久爵"，或钱氏所记有误，或《南渡录》此后避清世宗之讳，改胤为久。此外，钱海岳《南明史》卷19《诸臣封爵世表一》记九世为徐弘基，《明史》则记在十世，或因《明史》魏国公六世为空，而《南明史》则将五世、七世衔接所致。但钱氏标注徐弘基"崇祯十七年十二月卒"，与李清、黄宗羲所记相同。故综上所考，可证景昉此处提到的魏国公当是徐弘基。另，蒋德璟在《回奏密举勋臣》一揭中提到"（南都守备）旧制多用魏国，以元勋世胄，且家在南中，与卫所官军恩信素联，而其体貌崇重，惟内守备及参赞枢臣得相颉颃，有难以轻议更代者。今徐弘基既引年恳切，蒙恩解任……"，亦可为证。[（明）蒋德璟：《敬日堂外集》卷8《回奏密举勋臣》]。

③ 崇祯皇帝御批见蒋德璟《回奏密举勋臣》之后，原文为："外廷见闻其真甚广，岂于勋臣才品通未知识一人之理？不过云此该部之事。然该部用人有不商确辅臣否？会推各官，有不经辅臣拟议否？卿等未可诿于不知也，仍应具奏。"[（明）蒋德璟：《敬日堂外集》卷8《回奏密举勋臣》]

④ （明）黄景昉：《宦梦录》卷4，第284—285页。

分析道："方周公在事，遇吏部起废复官，疏多委余，不知何意？如许公誉卿、蒋公允仪、张公采等，俱经余拟旨释用，上意或疑徇比。余旧救司寇郑公，郑起柄铨，余虽屡自远形迹，终在侧目中。又与赵公光抃同门，前唐通事，上默疑代赵报复。在郑公、赵公，复以余不显代推挽为訾。事难自明，每有哑吃苦瓜之恨。"① 虽然景昉不久即具疏求去，但认为这段时间对他来说"不啻以日为岁"。

（六）越次典试，具揭请辞

崇祯十六年八月会试②，旧例应以"内阁首次主试"，是科主考推陈演、蒋德璟、黄景昉、魏藻德等四人，崇祯皇帝最终点用太子少保户部尚书武英殿大学士陈演、少詹事兼东阁大学士魏藻德，后人对崇祯皇帝此举评价道："上命演、藻德，皆有成心，故不数日景昉予告。"③ 此事，除了蒋德璟、黄景昉二人为周延儒所荐，崇祯皇帝疑二人有"党比"行迹，已心存芥蒂外，他对魏藻德之厚眷，也使藻德有越次主会闱之意，究其实乃上下相维使然，黄景昉事后的记载即可佐证：

> 会闱副主考序属蒋公，通州魏公得上卷，暗垂涎其侧，一夕偶云："误蒙大用，致乡会试不得与，班役有怨色。"蒋公漫以将来事慰之。答云："安能邑邑俟此乎？"众始疑讶。至是，果越次点魏。自来无登第三年主会闱之理，内谋昭然，并累代典章、盈廷议论通不遑顾矣。余先梦旨下，有陈、魏名，以语人，当亦前定。④

据此分析，魏藻德早有越次主考会试之意，并已得到崇祯皇帝的默许，故而当蒋德璟以将来事安慰时，即应之以："安能邑邑俟此乎？"黄景昉认为，即使如景泰五年商辂以登第十年主考会试已"时以为速"，而魏藻德登第三年即入阁，已破"词林旧无三载入阁者"之例，更遑论"自来无登第三年主会闱之理"，因此景昉暗指藻德能接连破例为之，必有"内谋"，

---

① （明）黄景昉：《宦梦录》卷4，第285页。

② 按，该科会试原在是年春季，因清兵入寇，"试期改于八月，故以九月望日殿试"。[（明）蒋德璟：《敬日堂外集》卷8《恭拟殿试策问》]。

③ （清）谈迁：《国榷》卷99"崇祯十六年八月乙丑条"条，第5986页。

④ （明）黄景昉：《宦梦录》卷4，第282页。

且在事前已有谋划，只是因其不便直言，故以梦为托词，继而言"当亦前定"，所以此后他又说："会试主考，旧用部堂詹翰各一员，其以内阁充，自万历癸丑始。时阁止元辅叶福唐公一人，系特恩，本章送入闱票，亦系异典，至壬戌，阁用二人，遂为例，且有越次营求，如乙丑南乐、癸未通州事矣。"①

崇祯皇帝以陈演、魏藻德主会试，实则欲以陈、魏为首、次辅，陈演既已为首辅，会闱复越次点用魏藻德，则意示蒋德璟、黄景昉请辞，杨士聪对此也说道："宜兴既罢……癸未主考越两晋江而及通州，则已示其意矣。"② 黄景昉因此前数事已深知不为崇祯皇帝所信任，恰逢蒋德璟丁祭文庙，仅其一人直阁，而所票章奏与"连日"相较为多，因而自记：

> 蒋公遣祭国雍，余独守阁。是日疏最多，余手票六十余本，他汎尝出旨者不与焉，殆百余本。察连日先后鲜尔，岂上意欲以鞅掌见困乎？亦漏下即出，寡驳者。③

黄景昉自觉崇祯皇帝此举实欲以"鞅掌见困"，有令其自去之意，故而不久之后即具揭称病求去：

> 会榜放，陈、魏二公入，余勉追陪。晚出，垂登车，私语蒋公曰："明晨不复进是矣。"蒋犹疑漫语。余心念宋儒胡文定公有云"出处大事，宜内断于心"，"如人饥饱自知，非可决之他人，亦非人所能代决"。故虽蒋公称同里相知，晨夕聚首，未一轻露去意，临别始微及。即舍弟暨二婿同处邸中，亦不以告，颇自谓决几之勇。④

从黄景昉此段自述中，也可看出其处事之谨慎，即使执意求去依然不敢轻易露出引退之意，甚至同官同乡的蒋德璟，也仅在临别之前才微露去意，甚至同邸至亲亦不以告。但事实上，早在周延儒致仕之前，景昉在与诸位

---

① （明）黄景昉：《馆阁旧事》卷上。
② （明）杨士聪：《玉堂荟记》卷下，第708页。
③ （明）黄景昉：《宦梦录》卷4，第283页。
④ （明）黄景昉：《宦梦录》卷4，第286—287页。

阁臣交谈时已曾表露此意："曩周公终日言决去，即陈公亦云。周公曰：'公那得遽尔？譬顶闸粮船，须第一帮船先行，次帮船始继之。'余笑曰：'亦难尽拘先后，公不闻有抽帮之说乎？'然余平日未尝效人辄套称弃官，尝语蒋公云：'盈虚消息，时至则行，非独恋官之念不着胸中，即弃官之说，亦觉无所用之，要看到头一着何如耳！'想蒋公犹能忆此。"①

黄景昉虽然去意已决，但会试前仍为举子奏请会试："闱期伫逼，部覆举子开复并诸陈乞疏尚留中，为揭奏：'诸生三年磨厉，万里间关，岂望此数日耳。过此，虽复朝廷浩荡之恩，已非躬被。'并言今岁遭警，迁道改期，劳费可念状。旨始下，距入闱仅旦夕间，中遂有袞擢高第，如庶常何公九云其人者。"② 黄景昉这一揭奏，题为《请发举人会试各疏》，迻录如下：

> 题适蒙发下礼部一本，为会场届期事，内称"今科会试已到举人，仅二千余人，为数甚少"，察有举人李汝为等五人，久经疏请，未蒙简发，年来房寇交讧，贫士奔驰，往返艰苦万状，多有策蹇徒步，冒病前来，其情甚可怜悯。倘若再迟时日，即蒙圣恩，亦已逾入场之期。三载蹉跎，尤为可惜。
>
> 臣等再察，得数月来其具疏陈请及已经部覆者，不止李汝为等五人，俱见在候旨。伏望圣恩概赐简发，庶益广皇上作人德意，而于薪櫎大典，亦为有光矣。谨题。崇祯十六年八月初四日。
>
> 是日，即简发李汝为等五人疏，随再发何九云、彭遵琦、杨懋官等连日夜搜寻诸疏，凡系部疏乞会试者悉下，而初八日三鼓尚发山西举人赵联元等。圣明爱士求贤，惓惓留神如此，乃知向之苦求，皆非圣意。③

其中，黄景昉所言及的何九云，为其同乡前辈何乔远次子，亦是其姻亲，时任应天府教授。④ 据《明史》所载，成化以后多取副榜举人为教官，仍

① （明）黄景昉：《宦梦录》卷4，第287—288页。
② （明）黄景昉：《宦梦录》卷4，第286页。
③ （明）蒋德璟：《敬日堂外集》卷8《请发举人会试各疏》。按，此揭与黄景昉所述内容相近，当为内阁共同所上之揭奏。
④ （清）谈迁：《国榷》卷99"崇祯十六年八月己巳"条，第5987页。

许其会试，只是有一定的条件限制。① 何九云在崇祯十年丁丑科会试下第后，授漳平教谕，故其会试需奏请获准，方可与试。② 从前引揭奏的内容来看，黄景昉、蒋德璟所提到的举人群体应大多属于这种情况。

关于乞休的经过及情形，黄景昉自叙道："具揭称病，出直，奉暂假调理旨，次日即上疏，坚卧求归。越数日，得请。"③ 崇祯皇帝对于黄景昉提出辞官的请求，或早在意料之中，并且由于已越次点用魏藻德，亦望其求去，故对之并无挽留之意："或以余一疏即放为非体者，释之曰：'三揖进，一辞退，礼也。'往见万历中诸辅求去至百余疏，或七八十疏，称危悬苦，词蹙意穷，冀一动天听不可得。余蹇劣，何敢望前辈，惟此一事差

---

① （清）张廷玉等：《明史》卷69《选举志一》，第1680页；郭培贵：《明史选举志考论》，第54—59页。

② 何九云为何乔远次子，黄景昉长子黄知白之妻，即何九云之女。（《檗谷黄氏家谱》不分卷《知白公传》）。黄景昉在《宦梦录》中曾记何九云历十一科始登第："祭酒陈公仁锡登鼎甲，计历会试九科，尝见其祭李宗伯腾芳文云：'闻某每落第，先生辄为废餐三日，奈何以小子故，累先生二十七日不举火乎？'传者笑之。李公建泰每举是嘲庶常何公九云，何历十一科始第，尤为前后榜稀有。"［（明）黄景昉：《宦梦录》卷2，第150页］由此可知，何九云之任教谕，已是时人何出光所言"夫大方豪杰期登第，谁肯未三会试而就教哉"的无奈之举，也正如郭培贵所说："副榜乞恩者虽多，却率为会试屡挫、甲第无望之人……也就是说，'乞恩就教'仍是下第举人的无奈之举。"（《明史选举志考论》，第58页）关于何九云的记载鲜少，唯李清馥的记载较详，现迻录如下："何九云，字舅俤，号培所，镜山仲子也。万历壬子举于乡，天启辛酉，镜山起用少卿，九云侍京师，同里相国蒋八公、黄石斋、黄东崖，太史庄羹若、郑大白，铨部林素庵皆为文章性命之交。东崖复特荐于朝。丁丑下第，授漳平教谕，端严率士，捐俸构布衣陈先生祠，又筑讲堂于东山寺侧。每释奠，先期亲视。捐俸修文庙，刻《宋名臣言行录》，举先朝未祀乡贤中允景公旸以下十人。癸未登进士第，授庶常，读中秘书。不浃旬而际国难，誓死，以父未葬，自贼营逃遁南归。归后扁其轩曰：'东湖闲史'。与二三遗老结社山中。顺治己丑年卒，年六十九。九云嗜好经籍，癸丑北返，过维扬，咸使者为镜山门徒，驰书相问。淮商欲夤缘纳贿，九云叱之曰：'奈何以不肖之行辱我故人！'阁部曾二云参藩泉州，闻九云名，造庭下交，九云不受刺，不庭谒。既成进士，或谓公宜见府政，早为地，九云曰：'某平生不敢丧其所守。'其出处大节类此。所著有《荷野集》。"［（清）李清馥：《闽中理学渊源考》卷75《庶常何培所先生九云》，第731页］

③ （明）黄景昉：《宦梦录》卷4，第287页。对于黄景昉致仕的确切日期，《国榷》《明史》皆记在九月，《宦梦录·自序》只记"癸未秋谢政归"，未有确切的日期。《国榷》记在九月壬辰，《明史》则记在九月己亥日，查陈垣《二十史朔闰表》崇祯十六年九月壬辰为朔日，己亥为九月八日，相差八天，而《国榷》在壬辰日所使用的词为"予告"，而非"致仕"，而《明史》在己亥日使用的则是"致仕"。《宦梦录》言"具揭称病，出直，奉暂假调理旨，次日即上疏，坚卧求归。越数日，得请"，又言"得旨即辞朝行，计期未十日也""会榜放，陈、魏二公入，余勉追陪，晚出，垂登车，私语蒋公曰：'明晨不复进是矣。'"杨士聪《玉堂荟记》也说"出闱之日，黄以一疏准辞"，即放榜之日，黄景昉上疏乞归。按此，即九月壬辰朔日上疏乞休，于己亥日得请，共计八日，正符合他所说"计期未十日"，故《国榷》所记壬辰日乃其称病乞休之日，《明史》所记己亥为得旨致仕之日。

为省力耳，亦自解嘲。"① 景昉得旨后即归，其言："余早自束装，闻命后，疏辞银币，得旨即辞朝行，计期未十日也。"② 并且濒行仍具疏规劝崇祯皇帝："简发章奏，爱惜人才；雄断仍本小心，询谋无妨舍己；毋以仁义不效，辄疑王道为迂阔。或狂愚可矜，尚望神威稍霁，云云。自知非入耳之谈，葵藿之忱，筍梁之谊，实亦不能已已。"③ 然而此疏为崇祯皇帝留中，至逾岁始下。

黄景昉后来在自述中曾回忆致仕归里时复杂的心情："是日出国门，饯送礼讫，睹水木清疏，爽然如释重负，忽追念十九载翰苑隆恩，十五月纶扉殊遇，自兹阙廷望断，补报无繇，又不觉怆然欲涕矣。"④ 这种如释重负后的"怆然欲涕"在所作的诗中表现得尤为明显：

> 公车今岁道途阻，天意分明困仆围。春省仲秋始闭闱，词林三载遂知举。满拟霜蹄掣电飞，不谓迍者又空归。人生安得全如意，披褐且养怀中辉。相汝神姿各英妙，盈盈二纪年犹少。瓦缶何能阁黄钟，玉瑵自合陈清庙。潞河风景我周知，灞雪恒吟歇后诗。即今解组登舟日，依旧当年落第时。留俟同舟谢弗果，梦魂已鼓钱江柁。多情自快入门欢，如我栖迟无不可。归期迟早数旬间，即论名场亦等闲。世路艰虞忧未已，里中何处是深山。⑤

随后他在潞河舟旁与诸位送行者话别，并以诗自记：

> 我本川泽姿，谬充廊庙贡。斤斧或随宜，才岂堪梁栋？
> 蒙恩趣放归，无俟连章控。颇廉疏傅恬，亦薄薛卿戆。

---

① （明）黄景昉：《宦梦录》卷4，第288页。

② 《檗谷黄氏家谱》记道："奉俞允，有'忠勤敏练'之褒，准驰驿去，仍赐路费银三十两，纻缯二表裏。"

③ （明）黄景昉：《宦梦录》卷4，第288—289页。此处"北图本"《宦梦录》有批语云："句句是先帝对症药石。"

④ （明）黄景昉：《宦梦录》卷4，第289页。张岱在《石匮书后集》中亦记道："癸未，见时事日非，遂怀乡志。缘先帝性明察，而于大机宜，顾屡多违拂，喜怒旋更，所施行，往往惟意。以此，终不能有所济，惟有急求引退而已。"［（清）张岱：《石匮书后集》卷13《黄景昉传》，第100页］

⑤ （明）黄景昉：《瓯安馆诗集》卷5《送林存茹郭亦仲二婿落第还时余业得请行舟亦仁发》。

诸公不见遣，盛具衣冠送。犹以隼集陈，而例鹖飞宋。

追思在阁时，触手等雾霿。篷席滥堂餐，觍颜叨月俸。

朝行六七里，两脚剧酸痛。得上潞河舟，自疑真软梦。

未觉郊光殊，已欣潭影空。岸树半扶疏，水禽亦清哢。

从此蓬池滨，无复讥蹲凤。冬后冰稜生，归迟虑守冻。

话久立逾辰，重恐呵驺哄。便当拜别公，珍重万机综。①

其间，由于未能与获推回京的李建泰晤面，成为黄景昉终身引憾之事。崇祯十六年七月，李建泰与姜曰广同被会推为吏部侍郎，依例"两京祭酒、司业、吏、礼部左右侍郎从吏部会推，然俱先移文内阁，取一正一陪职名"②，内阁知姜曰广不甚得崇祯皇帝之意，故"词隐右李"，李建泰遂被点用。③黄景昉本欲与其见面后，"以国事详托之"，但迫于时局，不久即具疏请辞。对此，景昉颇为遗憾，云："余初意俟李到，与握手别，且以国事详托。既自惟出处大义不便苟淹，念十数载深交从兹永隔，为泫然久之。"④并在出都时以诗留别"行踪传渐迩，应在井陉间。席侧观新政，簪抽恋故山。白虹钟鼎气，丹颊术芝颜。重会知何日，三生涕泪潸。""千里趣趋朝，凌烟阁画凋。隰朋将代管，罕虎合推侨。岁月迟良晤，河山订久要。论兵休造次，连夜角星摇"⑤。前一首寄托离别之意，后一首则寓以时局之情。

另外，痛史本《崇祯长编》在崇祯十六年十一月甲寅日条，收录了黄景昉疏陈陕西、河南战守事的奏疏，但据史传及其自述，景昉已在是年九月去职，并且得旨即归，无在朝之理。细考奏疏中"贼入潼关，不惟资彼形势，恐强兵健卒举而附之，不可伏制"一句，可推测景昉上此疏时，李

---

① （明）黄景昉：《瓯安馆诗集》卷 2《出都抵潞河别诸送者》。

② （明）黄景昉：《馆阁旧事》卷下。

③ 按，这里需要补充的是，自李建泰任编修时，崇祯皇帝对之已"简在帝心"，黄景昉的两条记载可资补充："曲沃李公建泰伟仪观，音吐如钟，为编修日，职宣读，偶下直，上特遣中使即其家召入，简在有素。""井研陈公演、德州谢公升入阁。初传李公建泰亦蒙点用，三家得报同，李竟寂寂。先是，蕲水、费县大拜时，上即欲用李，为韩城显沮，云：'李某偏锋，不可用。'至是复然。虽行止有命，可为小人媚嫉之鉴。李旋丁艰去，迟三年，至癸未冬始真拜，虽欲不归之，命不可得也。"[（明）黄景昉：《宦梦录》卷 1，第 93 页；卷 2，第 171—172 页]

④ （明）黄景昉：《宦梦录》卷 4，第 278 页。

⑤ （明）黄景昉：《瓯安馆诗集》卷 10《出都留柬少宰李括苍年丈》。

自成尚未破潼关。又据《国榷》五月丙申日的记载，因巡抚河南右佥都御史秦所式上言中州形势，崇祯皇帝谕令"延绥、甘肃、宁夏各兵即遣监军速驰河南，听豫抚调发"①，而景昉奏疏中所云"惟有速饬三边总督，由兴县渡河，直趋榆林，提调甘、延、宁三抚，汲汲拊循边兵，鼓励边将，使其齐辑捍剿"及河南形势，于秦所式所言实有补充之处，似此奏疏当上于崇祯皇帝谕令之后不久。同时，此疏奏称黄景昉为大学士，但此时景昉已致仕，称谓于例不符，则又可推断此奏疏应是其在去职之前所上，只是崇祯皇帝将之留中至十一月始下，故而所记在十一月，而不是其上疏的日期。景昉著作历经流转散佚，存世的奏疏较少，而痛史本《崇祯长编》所载的这一疏奏，为其少有的完整疏奏，故迻录如下，以见其对当时战守形势的清晰认识：

> 大学士黄景昉疏奏：今天下兵将，惟陕西为能战，而陕西腹中之兵三，不当边兵之一。贼入潼关，不惟资彼形势，恐强兵健卒举而附之，不可伏制。惟有速饬三边总督，由兴县渡河，直趋榆林，提调甘、延、宁三抚，汲汲拊循边兵，鼓励边将，使其齐辑捍剿，然其事未易言也。年来各镇，京民二运，□不解给，兵之饥窘逃亡，居者已不成旅，行者未常得息，谓宜设处十余万金，先付督臣，以为招补犒赏之费。若徒手而往，必无所济。臣过陕西，惟见凤翔、西安二府，今岁稍稔。其庆、平、汉三府，荒残已为极矣，盗贼伏多，已费料理，大寇一入，各处夥盗附丽以逞，火光燎原，非只用督臣，便可了当。见在各抚才力平平，而道府各官员缺甚多，固原一道，不补官者几年矣。宜推择能干几人，与督抚协力，于现在将士之外，多方搜罗，收召豪杰，此救秦之先著也。河北三府，在承平无事时，原甚眷薄，况凋残之后，事力单虚。今上自藩王，下至抚按，大凡河南无任可履之官，皆驻扎彼所，其供亿之费，固已难矣。而调防之官兵士马，避难之绅衿军民，屯聚骚扰，何以堪之？况如昨者进剿之时，责以输运，自不得喘。百姓嗷嗷之心，不待贼至，而已思离散矣。故急宜选抚按之廉洁干济者，加意绥辑而保障之。然抚按不为河北设也，

---

① （清）谈迁：《国榷》卷99"崇祯十六年五月丙申"条，第5973—5974页。

当思所以渡河而南之计矣。贼入陕西，则尚在河南者，率多伪设之官，与诡附之土寇耳。若能广布威略，鼓率义勇，佐以官之侦探精确，相机进取，可复则复，可守则守。臣请敕行该抚按，将河南道府州县大小官兵，一一核实，所驻何地，所司何事，随事课功。至于乡绅士民，宜令纠集壮丁，各建恢复故土之策，如有功效，一体叙推。臣闻汴梁新决沙河口，业已成河，归德竟在新河之东矣。则归德、汝宁二府之情形，宜责令该抚察明具奏，先行克复。不然，中原底定，何日之有？伏望皇上召在廷诸臣，问以此议，仍令条画便宜以闻。①

七　驰驿归闽

黄景昉致仕，得奉旨驰驿，归途皆依驿站而行，即如其在杭州听闻常、玉、铅山一带盗起，道路不得通时，仍坚持"奉旨驰驿行，大臣之义，岂可闻警迁驰"，也就是说，驰驿还乡所行路线不可轻易更动。他沿途经过之地大略如下：自北京出发，经德州、临清、济宁，出黄河，抵高邮，再经维杨、徐州、扬州、苏郡、松江、杭州、衢州、常山、玉山、铅山，抵江闽分界车盘驿，过分水关，入闽。② 据杨正泰《明代驿站考》所载，从北京至福建的驿站路线基本与黄景昉行程相同③，亦可为证。黄景昉沿途记下了他所遇之人、所见之事，以下就其归途中所见深有感慨之事及所遇深交之人撮要略作梳理，其他见闻将在研究其著作时再作讨论。

黄景昉出都后，经过济宁，遇到将入都待罪的周延儒，与之交谈甚久，并言及其何以"以巧事君"的缘由。临别时，景昉有"知同永诀"的感慨，并以"杜甫送郑广文台州时"作比拟：

> 过济宁，遂遇周公船，病未愈，挟一医一僧自随，叩余别后状。余不便深言，第云："上嫌公巧耳。"周公曰："巧之一字，我不敢辞，上如此圣明，岂一味拙直所能伏事？委曲弥缝亦将以求济也。"为留话逾久，夜禁舟人鼓角声，虑伤其意。明晨仍过别，周公业载木自

① 《痛史本崇祯长编》卷 1 "崇祯十六年十一月甲寅"条，第 37 页。
② 据黄景昉《宦梦录》卷 4，第 291—305 页整理。
③ 杨正泰：《明代驿站考》，上海古籍出版社 2007 年版，第 112—118 页。

随，情景凄然，知同永诀。直如杜甫送郑广文台州时。①

随后过高邮，见淮扬巡抚路振飞，并询及给事中陈启新近况。黄景昉认为，崇祯皇帝处陈启新以"革职，抚按提问"过严，并且"侍从官囚首公庭"非体。但鉴于此前陈启新希温体仁旨疏劾崇祯九年顺天乡试解元马之骟事，黄景昉自觉其以"情理衷之"颇为宜。②

经扬州时，遇御史杨仁愿，谈及其所上《请禁饬厂卫疏》与厂卫深憾之状，仁愿"怵然心动"，可见士大夫对厂卫的忌惮：

> 御史杨公仁愿，数言事，《请禁饬厂卫疏》尤佳。得旨依允，本宜兴、江夏二公力。比余出都，事局变，所删改厂卫原敕已照旧行。阅吴昌时狱词，有"杨御史仁愿上疏后，厂中久不与事"之语，蓄憾殊深。余过扬州密语之，怵然心动。闻杨以监差出游，有缇骑阴随其后，迹行事无所得始还。信城狐社鼠之喻。③

过武林时，黄景昉遇姜曰广，问及其与陈演同事南闱之事，姜氏对之颇有讥讽之意：

> 武林遇姜公曰广赴南詹事任，余问曩井研陈公与公同事南闱，察陈意，微若有所不足，何也？姜公云："余初入闱，即明告陈曰：'公能任，任之。不然，请悉以见委，毋使此中人讥议。'谓公以中卷欲提衡南士也。"余私叹姜公伉直乃尔，近鲜见，宜不为同事所欢。④

不久，黄景昉入闽至延平，门人祁熊佳来拜谒，得知王应熊家召抵都，而"不容一日觐阙廷"的情况，对崇祯皇帝此举颇觉不妥："王公诚

---

① （明）黄景昉：《宦梦录》卷4，第293—294页。

② （明）黄景昉：《宦梦录》卷4，第295页。

③ （明）黄景昉：《宦梦录》卷4，第298页。按，杨仁愿《请禁饬厂卫疏》上后，崇祯皇帝随即"谕东厂，言所缉止谋逆乱伦，其奸犯科，自有司存，不宜缉，并戒锦衣校尉之横索者"，但事实上，崇祯皇帝"倚厂卫益甚，至国亡乃已"。[（清）张廷玉等：《明史》卷95《刑法志三》，第2334页] 时人曾对杨仁愿此举评价道："东厂缉事，为害甚烈，仁愿一言而少止，仁人之言其利溥，洵哉！"[（清）计六奇：《明季北略》卷之18《杨仁愿论东厂缉事》，第308页]

④ （明）黄景昉：《宦梦录》卷4，第299—300页。

忮刻，前不宜召起，即起亦可因其辞罢之，岂有远诣都门，不容一日觐阙廷理？此何异抟黍呼小儿，招来麾去，随手戏剧。"认为崇祯皇帝如此对待士大夫，乃是对士大夫的蔑视，而士大夫对崇祯皇帝如此态度仍"众论称快"，则是"毫不为国体计"。① 嘉靖以降，士大夫风气丕变，迄于末季更是以揣摩迎合上意"以固宠"，全无"以道事君"的气节，由此亦可见一斑。

黄景昉于除夕前五日抵家，自言其"在道颇具威仪"，并非为了"藉是夸荣父母之邦"，而是以此"宣播国恩，激励乡俊，示大臣出处光明之义，不可废也"②，可见景昉处事谨慎有致，凡事皆有深虑。

第三节　南明、清初时期：再相与终隐

一　隆武再相

崇祯十七年（1644）三月"甲申之变"后，五月马士英、阮大铖等拥立福王朱由崧即位于南京。翌年（1645）五月，清兵渡江，南都失守，弘光皇帝亦就擒北狩。同年闰六月，唐王聿键称号于福州，改元隆武，随后下诏"敷求耆硕"：

> 孤今监国闽省，遵照祖制，举用阁部等官，虚心听纳，惟慎惟公。除不忠先帝皇上、负国害民者概不敢用外，藩院诸衙门既会议确当，即允所启，分别摄事还职。……计开：内阁（旧）何吾驺、蒋德璟、黄景昉；（新）黄道周、朱继祚、丁魁楚。……③

对于隆武皇帝的征召，黄景昉接连"力疏上辞"④，故至是年十一月，唐王再敕吏部，着中书舍人陈翔赴晋江以原官敦聘黄景昉起复：

---

① （明）黄景昉：《宦梦录》卷4，第305页。
② （明）黄景昉：《宦梦录》卷4，第305页。
③ （明）陈燕翼：《思文大纪》卷1，第13页。
④ （清）计六奇：《明季南略》卷11《闽纪·文武诸臣》，任道斌、魏得良点校，中华书局2008年版，第304页。

敕吏部云："方今中兴事重，政务繁多。惟旧辅黄景昉受简先帝，敏慎宏亮，才堪救时；旧辅高弘图直道壮节，望重具瞻。即着吏部补本起用。仍着中书舍人陈翔遵旨前去晋江敦聘二辅臣来。"①

此次黄景昉依然坚持不欲赴召，认为"最笑陶朱贪再相，五湖清浅不胜尘"②，但在陈翔"以死力请"之下，才勉强入直。复职后，黄景昉旋加少傅，晋武英殿大学士。③ 隆武二年（1646）四月，随着清军接连攻陷吉安、抚州，闽中"关警频传，人心惑乱"，福京更是"讹传惊避，溃兵窜逸，小寇乘机抄掠"，而且京中"兵单饷绌"，遂致根本之地动摇。面对危局，隆武皇帝谕黄景昉云：

福京讹传惊避，溃兵窜逸，小寇乘机抄掠，兵单饷绌。根本之地，摇动如此，深为可忧。所议归并事权，以宪臣兼制二抚及兵道移驻福清等事，卿其确议力行之！④

然而，隆武朝政把持于郑芝龙之手，且在任阁臣多至二十四人，黄景昉又因与郑氏不合而"竞于朝"，对时局已难有"救偏补弊"之力，⑤ 他在诗中曾言"闽中大命垂当倾"⑥。是年六月，郑芝龙由于至交陈谦被诛之事而"怀异志"，暗通洪承畴，尽撤关隘、水陆之兵，清军在攻下浙东后长驱而入，经由景宁关，过仙霞岭入闽，沿途郡县望风降附。黄景昉知事不可

① （明）陈燕翼：《思文大纪》卷3，第45页；（清）李天根：《爝火录》卷13，隆武元年十一月己酉，浙江古籍出版社1986年版，第597页。

② （明）黄景昉：《瓯安馆诗集》卷20《送陈克翼中翰还朝》。在同卷中，黄景昉还有《读陈克翼中翰国变纪恨诗赋赠》一诗，云："侍郎烈血洒京营，薙发还高鲁两生。杖锡宛然持汉节，吹箎何似过吴城。延秋目极啼乌恨，凝碧心伤落叶声。甄济车来人尽拜，笑他独柳乱纵横。""髯断桥山最上头，尚书英爽照人幽。承家北斗身何惜，许国南冠泣未收。梅尉仙存吴市迹，杜陵老畏曲江游。瓯乡月旦霜明甚，何事栖栖尚此州。"

③ 钱海岳：《南明史》卷23《宰辅年表》，第1361页；卷41《黄景昉传》，第1994页。

④ （清）温睿临：《南疆逸史》卷2《绍宗》，第16页；陈燕翼：《思文大纪》卷5，第91页。

⑤ （清）曹溶：《崇祯五十宰相（初稿）》，周骏富辑《明代传记丛刊》第42册，台北明文书局1991年版，第882页。

⑥ （明）黄景昉：《瓯安馆诗集》卷6《三山灵源阁焚》。

为，于八月"走泉州"，疏请给假告归。① 后来，他在《三山口号释》中也曾借诗隐喻郑芝龙通清之事：

> 紫薇行省额黄衙，骤出高墙国未家。五虎耽耽山外向，有人意不在中华。
>
> [释义] 隆武先以他累禁高墙，后赦出，遇乱奔闽，遂建号。身命畸孤，叔侄兄弟皆如仇敌，相随惟妃曾氏一人耳，无子，虽有国而实未家，仅逾年，国亦非其有矣。悲夫！时最握朝权莫如元勋某，爵上公，一门骤贵，厮役辈尽封流伯，然北师未至，已预遣人间道归附，阴怀外志久矣。福州山形类五虎，正对藩司署，其年署改作宫，圬黄土。顾闽中岂称王地，有识者早为忧之。②

此外，黄景昉还以五代时期王审知在闽称王六十载与隆武改元"不盈二载"而亡做对比，感慨其倾覆之速：

> 灵源阁毁事先知，寇到延津辄乍移。六十年来骑马去，君王犹擅玉为池。
>
> [释义] 丙戌正月，福州定山寺前灵源阁夜焚，相传有"夜焚灵源阁，三山作血池"之语。既焚，众心惴惧，其秋遂有建、延之陷，时驾发顺昌甫数日耳。昔王审知以丙午岁王闽，后再逢丙午而王氏亡，"骑马来，骑马去"，此唐智广禅师遗谶也。王氏犹得六十年，今不盈二载，何先后悬殊乃尔？南台旧有钓龙池，为越王余善钓得白龙处。又王氏有国，凿城西湖导湖水入内，号"水宫"，以有"玉池"之目。③

不久，黄景昉在听闻蒋德璟忧愤而逝后，作《哭蒋八公先生》一诗，除追忆往昔外，也表达了他对隆武政权覆灭的无奈之感："农星惊陨斗南

---

① （清）温睿临：《南疆逸史》卷2《绍宗》，第17页；傅以礼：《华延年室题跋》卷下《残明宰辅年表》，第288—289页。《檗谷黄氏家谱》不分卷《景昉公传》。

② （明）黄景昉：《三山口号释一》，第317页。

③ （明）黄景昉：《三山口号释二》，第318页。

蹢，不为入冥羡得仙。卦止坎离交济后，诗存甲子未书年。风旗云马仍依阙，铁嶂幔亭昨护边。病语喃喃终慨慷，席前犹自枕戈眠"；"穷秋海国气萧森，从此乾坤叹陆沉。龙去鼎湖髯欲堕，鹤飞华表攫能深。渡河竟负三呼恨，聚石宁知八阵心。只看军租输飨士，尽消疏广赐归金"。①

二　决意终隐

隆武政权灭亡后，鲁王曾遣官赍敕，敦请黄景昉赴任，但此次景昉坚辞不赴，并以诗作自明其终隐之意："三山国势渐非尊，建武风规若个存。两镇守关兵玩法，一家当国众移恩。先几智士怀薪火，忍蕴焦头烂额祸。初到儒生赤伏符，诸臣议论业相左。人才谁复过铜官，赤手空拳摈出关。遂令传经伏不斗，翻成骂贼颜常山。身叨先代耄遗老，出处未甘付草草。敢道君家妇难为，羹汤冷煖愁姑嫂。却追囊岁别长安，未受新朝半级官。浃月纶扉鱼欲泣，三章子舍鸟知还。功名温峤复何有，千载绝裾传不朽。鲁国诚为父母邦，区区不信妇言走。陈情拜表真自悲，不才孤负圣明知。便从披髪入山去，海角天涯无定期。"② 翌年（1647）八月，郑鸿逵攻泉州，郑成功引兵襄助，泉州提督赵国祚溃败，遂进围泉州城。是时，泉州已故乡绅郭必昌之子郭显欲谋为内应，但为赵国祚所侦知，而惨遭灭门之祸。③《台湾外纪》曾就此事原委记道："城内已故乡绅郭必昌之子显欲为内应，谋洩，国祚差兵往擒，惟有空室，众骇异。显有爱姬春姊，利显母黄氏珠珥，投国祚，乞拣所藏皮箱十一，愿首告。国祚许之，遂指后园井中旁石是门。祚令人下扳开，果一大穴，全家在焉，共一十三口，收而杀之。春姊拾皮箱，亦为众所杀，并累及原阁部黄景昉。"④ 据《福建通志》记载"（郭）显母，故明阁臣黄景昉女也"⑤，受此牵连，黄景昉也为赵国祚所逮系。

---

① （明）黄景昉：《瓯安馆诗集》卷20《哭蒋八公先生》。
② （明）黄景昉：《瓯安馆诗集》卷6《蒙遣官赍敕召不赴难自明书用写叹》。
③ （清）邵廷采：《东南纪事》卷11《郑成功上》，《台湾文献史料丛刊》第97册，大通书局1987年版，第134页；（清）夏琳：《闽海纪略》，《续修四库全书》第445册，上海古籍出版社2002年版，第2页；（清）阮旻锡：《海上见闻录》卷1，《续修四库全书》第445册，第33页；钱海岳：《南明史》卷41《黄景昉传》，第1994页。
④ （清）江日昇：《台湾外纪》卷6，吴德铎标校，上海古籍出版社1986年版，第99—100页。
⑤ （清）陈寿祺等撰：同治《福建通志》卷268，台北华文书局1968年版，第5082页。

在题为《纪戊子年六月五日事》诗中，黄景昉有自序记此事："前三首为绝命辞，后三首为回生叹，并纪实迹，愤慨交心。"该首组诗，前三首云"安所觅死处，城东县学口。先师作证明，千载风霆吼""虚负累朝恩，迟回已足耻。风迎白刃来，持此报天子""胸中万卷书，死去复何道。墙堵旁观人，解哀黄阁老"，颇能反映景昉自觉必死的心境，其中"累朝恩""报天子"二句则是其对胜朝及崇祯、隆武二帝的追思和感念，而"胸中万卷书"二句则尤凸显是时感伤的悲凉之情。随后的两首，景昉云"神已冥漠游，属有留行者。白日自昭昭，视之等长夜""抽我口中柴，解我背上索。僵卧强含珠，未知谁失得"，前一首表达了事有转机后，待罪时度日如年的复杂心情，而后一首则是其松绑后狼狈形象的真实写照。组诗的最后一首，景昉写道"死生合自繇，恨制仇人手。试命一巡回，徐思亦乌有"，则是其对仇人构陷的愤恨，亦是对易代之后"死生不能由己"的无奈。① 从这首纪实诗中，可知黄景昉自受外孙郭显密谋内应之事牵连系狱，至翌年（1648）六月五日才峰回路转，得幸免于难，但出狱后仍是"出门半步即荆榛，豺虎饥号鲸鳄绥"②，直至是冬方始少息③。不久，景昉回忆自隆武二年以来泉州的乱状，成《纪泉郡丙戌来三年乱状》八首，云"桥拥中亭俯敌台，不知锋过永春来。人家门户重重闭，剩有荒城白日开""固山围札遍浯江，铁骑蒙冲促受降。谁道北人风土异，唤教倡女唱蛮腔""官法荡然扑满喧，雄蛇毒虺肆相吞。巡方自试霜前刃，守郡空嗟井底魂""无人不恨赵提督，有客犹谀沈大厅。皋座作威终夜吓，瓮城流血至今腥""空闭衣冠六十员，席前溲渤臭相熏。人情已惧同撄虎，天意犹怜免拍蚊""暑驻三山歇马迟，前旌垂近少人知。当年最恨辽阳李，却喜儿郎解用师""桃花山净寨营空，洛北漳南路甫通。百丈虹梁三毁折，万金未补向来功""艳妆偏喜嫁呼韩，夹道车迎窄袖官。惟有顽翁顽到底，自搔短发月中看"。④ 组诗不仅反映了清兵南下破城后，对泉州野蛮的统治和屠戮，也可由此中看出景昉对于清廷统治的抵触和不满。

由于黄景昉在著作中未言及其获释的具体经过，现存相关史料中也

---

① 以上六首，均载黄景昉《瓯安馆诗集》卷30《纪戊子年六月五日事》。

② （明）黄景昉：《瓯安馆诗集》卷6《乱中》。

③ （明）黄景昉：《瓯安馆诗集》卷6《乱累年至戊子冬少息始乘间略问篇籍》。

④ （明）黄景昉：《瓯安馆诗集》卷30《纪泉郡丙戌来三年乱状》。

未见记载，故此事之原委尚难尽悉。但以景昉审慎的性格，并且在辞官后"决意终隐，或询朝政弗答"①的态度来看，似可推知景昉当未预谋其外孙郭显内应之策划，因而得以幸免于难。此事的影响，在黄景昉致书追随郑成功抗清的王忠孝时，曾说道："不肖家有八十余岁老母，一举足，则阖门受祸"②，在诗作中他也感叹"声名转大忧方始，文网多繁梦未安"③，大体反映了在清廷统治下景昉作为胜国旧辅局促难安的生活境遇。

黄景昉归隐后，家居泉州，以著述为事，自言："君子上交不谄，下交不渎，言有则也。业身逢易代，罢废屏居，纵不能披发入山，亦宜稍杜门却轨。"④《晋江县志》记其宅邸的位置"在宽仁铺，灵慈宫沟有瓯安馆"⑤，景昉在《宗宅志》中记道：

> 余所居与旧宅毗连，北向，内小委弄相通。弟景昭、姪知章、伯兄澹叟宅并南向，相距仅数十武。余宦归，颇于宅后饰园亭林沼自娱，兄弟姪群效之，踵事增华，颇有钜丽之目。⑥

并有诗自记其瓯安馆宅院的情况，今选录三首如下以见概：

> 径铺石子平，白黑参差配。辟坎树怒生，微栏表其内。我自踯躅行，时与众香汇。落英鸟雀毛，垂菜跻蟅喙。稍翦蔓柯横，当轩别面背。端然见附枝，形解余蝉退。二仲那不来，迟久枝藜废。石凳长夷蹲，袖点胭脂碎。
>
> 董生三载勤，名著经学博。我敢希前儒，天放营丘壑。小园涉趣成，懒慢余生托。晨夕徒倚闻，知觉雄心阁。井溜遥洞穿，花槵细眼缚。递滋雨露鲜，代谢春秋萼。岁久物情通，金刀信手作。更愁系恋

① 《檗谷黄氏家谱》不分卷《景昉公传》。

② （明）王忠孝撰：《王忠孝公集》卷8《相国黄景昉来书》，方宝川、陈旭东点校，福建人民出版社2010年版，第211页。

③ （清）黄晋良：《〈国史唯疑〉抄本原序》，第2页。

④ （明）黄景昉：《戒援上》，《馆阁旧事》附录，并参见《檗谷黄氏家谱》不分卷《景昉公传》。

⑤ （清）周学曾等纂修：（道光）《晋江县志》卷12《古迹志》，第278页。

⑥ 《檗谷黄氏家谱》不分卷《睦宗十二志》。

非，一啸寥天廓。

　　台榭恣游遨，要得安身处。譬彼何曾筵，万钱寡下箸。我轩数尺强，舒卷理攸寓。凉旭辟扉迎，赫飙垂幕护。双丸旦夕经，四序阳秋贝。惟佛与同龛，为亲特供素。吟成适会心，鱼鸟亦欢趣。客侈邵尧窝，窝形如此作。①

　　不幸的是，该宅在鼎革以后也"多为兵将所占居"，黄景昉对此喟叹道："世变后……人马蹂躏，供应不胜苦。斯时也，求塞向墐户，得乎?"②

　　在经历逮系之祸后，黄景昉深居简出"斟酌于疏数之间"，友朋间也"鲜能频过从者"③。但从《瓯安馆诗集》所载的纪事诗来看，除家人外，亦不乏往来者，主要有黄文炤、黄汝良、林欲栋、林欲楫、林徽初、林胤昌、张维机、庄钦邻、唐显悦、杨玄锡、黄澍、周亮工、周廷钺、高世泰、黄季采、江镐臣、王嗣昌等人，大体仍是旧日的友朋知己、姻亲门生。在其诗作中，即有《九日同林素庵、杨碧湖过周芮公园登楼限韵》《集同年张晦中水心亭馆》《林为磐、杨康侯二铨部见过留酌》《集林希庵洋屿栖霞洞中分韵同赋》等题，而参与其间者，如周亮工有《饮东厓先生湘隐园同林素庵、周芮公、杨康侯》等诗为纪，颇能反映当时往来谦集的情形。值得一提的是，《瓯安馆诗集》中有《诗梓垂成未便出书示儿辈》《酒劳诸写刻工人》两诗，由于《诗集》的编排是以分体编年形式，所收诗作虽未标明具体年份，但大体上是依年排列。而这两首诗列在《七言律》的最后一部分，该卷之末为《过康店驿呈陈默庵社长忆曩岁甲寅同过此越今五甲矣风景可知》，据诗题自甲寅"越今五甲"即在顺治十一年甲午，故可证《瓯安馆诗集》所收诗作的下限当在于此。而这些晚年诗作的保存，在一定程度上也呈现了黄景昉入清后的生活交游情形。

　　对于黄景昉的晚年生活，林胤昌称赞其能躬行"旦气之学"，做到"童而习之，老而不衰"④。所谓"旦气之学"，即孟子所倡的"平旦之气"，朱熹解释为"未与物接之时，清明之气也"⑤，而林胤昌则以"发"

---

① （明）黄景昉：《瓯安馆诗集》卷4《瓯安馆坐处有五观焉各系一诗识之》。

② 《樊谷黄氏家谱》不分卷《睦宗十二志》。

③ （明）黄景昉：《屏居十二课》，第336、340页。

④ （清）林胤昌：《屏居十二课跋》，第347页。

⑤ （宋）朱熹：《孟子集注》卷11《告子上》，中华书局1983年版，第331页。

与"未发"来形容："虽发矣，而有未发者存焉。虽不发矣，而有能发者存焉。所谓天命之性，无极而太极，天地之大本是也。人身实实，有个太极，却被私欲蔽锢。憧憧劳扰，未发之中，从何识认？惟日夜所息，至平旦之候，一梦甫终。众缘未乘，天地清宁之气来与我接。此时良知好恶，炯炯不昧，已隐具发而中节体段矣。在天为平旦，在人为未发，此孟夫子'旦气'二字，程子谓其大有功于后学也。"① 也就是说，介乎于二者之间者，即为"旦气"。如在《夜问九章》中，黄景昉就自记其夜起修存旦气之法，并专辟《待旦》一章称"以上八章大要为待旦设"②。而对于家居修习"旦气之学"的生活，黄景昉在《屏居十二课》一书中作了全面的总结，现撮要逐录如下：

一、晨斋。余晨起持蔬素者，十载于兹，非有所慕于释氏也。自惟此生日溜没腥荤中，宜略有虚淡之顷。况晨起尤旦气未远乎？……老子曰："君子以虚其心，实其腹。"姑即实腹寓虚心之义，理亦适乎。……惟未免食鸡于牛乳属，助养穀气，此后当并断之。

二、晚酌。午前从不饮酒，惟晚刻稍酌数杯自娱。黄布衣先生每劝人勿饮晚酒，云："夜气宜静，或午饮乃不妨耳！"余不能从。……自春秋佳景外，夏日长，昼力易倦。冬夜长，夕眠难稳。微酒，将何以伸缩其间？计一岁可得三百六十壶入老子腹中，对客不论也。

三、独宿。……余独身而已，每寝门晨夕启闭，率自为之，未尝有一婢一仆之侍。……夫人之有寝兴，犹其有饥饱也。动静无时，作止随意，奈何以此事烦人，或至于老病不能躬亲，则亦已矣。明知为太孤僻，性难强调，亦非敢以此事律人，各从所好。

四、深居。深居与简出一例，昔有风雨寒暑四不出之说，余非能然也，惟每月出可二三次耳！遇报谒客，辄迟之，积数客至，必不可已者，始勉为一行。……余年业六十余，旧交零落无几，日俯仰少年新贵之间，有何容颜？至步入公府，尤所厌恶，近日解敬老怜旧者几人乎？阖门养威重，既非其时；出门交有功，亦非其事。只斟酌于疏数之间，宁疏毋数焉尔。

---

① （清）李清馥：《闽中理学渊源考》卷76《林素庵先生问问录节钞》，第745页。
② （明）黄景昉：《夜问九章》，第330页。

五、庄内。……余侍内人颇庄，平生未尝同席食，传为怪事。顾已四十余年，习焉安焉。偶旬日一入内，畜犬群吠。所娶妾仅留有子者一人，瑜三十即从独居，余所谓越礼之人耶？友朋中或斋馆不设床榻，余目笑之，彼辄以不外宿为解。嘻！余所谓越礼之人耶？

六、领儿。性懒教儿，听自从师取友，次儿遂坐是废学。虽时增恚怒，莫能改也，久亦废然任之。昔云"丹朱不应乏教，宁戚不闻被筮"，材质真有限，教复何施？若夫良马见鞭影而驰，又非区区辔策所烦从事也。……儿有来白事者，领之而已。……姑为讥防出入，俾勿流于小人之归焉已矣。

七、弟过。二舍弟可冲、可亭，旬夕一再过合饮，非惟谈笑稍洽，亦家事有宜相商者。伯兄风格高峻，既不可强致，间以邻近某熟友参之，语不至哗，饮不至醉，陶陶然至初更罢，愧不能如魏杨播、杨津兄弟聚厅同食，隔障共息，略存其遗意而已。……

八、朋来。……余里中交游非乏，或居远，或务烦，鲜能频过从者。……

九、鸟梦。凌晨每于鸟未鸣时起行，似鸟犹在梦中。忆曩宦京师，供事讲筵，恒早出，其诗有"昧旦先鸟醒，中途遇象回"之句，盖纪实也。家居何妨高枕卧，而宿习已惯，辗转难安，用以吐吸清虚，驱除醉梦，亦一策乎？……

十、鸡灯。冬夜长，夜半即醒，欲强伏枕上，未能也。辄冒寒起，意不欲劳苦仆辈。先宿有炉香，或悬点香毯为度，自撚小纸条炷之。……每危坐，至将旦时，蛎腮平白，此一段光景最佳……

十一、著书。……

十二、惜福。……①

从此节文中可以看出，黄景昉归隐后仍躬践"旦气之学"，不敢有"享受逾溢之事"，不出入于缙绅官宦之间，未有一婢一仆之侍，独宿书斋之中，以著述为每日功课，对其子嗣也仅"讥防出入"，"勿流于小人之归焉已矣"。其中，《惜福》一章是黄景昉对毕生秉性及仕宦居家情形的回

---

① （明）黄景昉：《屏居十二课》，第333—345页。

顾，他说："余少为家贫所累，公车十载，备历苦景，以故生平不敢为享
受逾溢之事。如衣食无所拣择，随着随吃，不求精好。僮仆鲜呵斥者，素
未尝令小仆濯足、浴背、扇面、搥身。客至无少长贵贱咸与为礼，未尝作
斜揖、半揖。人或不足于我，事久忘之，与欢好如初。缙绅公会叙齿坐，
初不论官。待里邻有恩，终不责报，无一字入公门有所干请。视兄弟之子
如己子，四方交游未尝写盟弟，于所司不称治弟，往日试闱主司多同年同
官，耻一及儿名字。遍搜辑先高祖遗迹，有《先德录》《族谱志》《父母
行状》，皆以听伯兄秉笔，罔敢僭易。为同乡觅贤守，觅贤文宗，宁使人
居之为德，未尝使闻。晚抄书，恒覆纸背为之。兴到或自浇花、灌竹，衣
履必穿着至敝始更，恶不竟其用。凡此其至琐细者耳，而亦余惜福一端，
昔人云'留前余不尽之福，以还造化'，余犹之措大本色云尔，他复何
知。"[1] 可见黄景昉平生之自律，不慕于富贵喧嚣，以克己复性为本。同
时，黄景昉的这些习性，从其父母兄弟中也可找到共通之处，亦是秉承庭
训所使然。

康熙元年（1662）七月二十二日戌时，黄景昉于家中病逝，享年六十
有七。据《家谱》记载，他在易篑前三日已"绝粒不呼医"，临终"索纸
笔，于膝上疾书"，成诗二首，掷笔而逝：

> 国亡身合殉，家破弟先归。
> 伤心陵北望，松栢不成园。

又

> 嬉游皆假合，啼笑亦随缘。
> 耿耿孤明处，佯狂二十年。[2]

黄景昉归隐后，对于朝野之事均缄口不言，有问及者亦皆不答。特别是在
易代之际，又经历逮系风波后的混乱局面下，黄景昉对明朝覆灭的悲痛，
对于胜国的感情，更是鲜有表露，故而直至临终之时，方在诗中直抒胸中

---

① （明）黄景昉：《屏居十二课》，第344—345 页。
② 《檗谷黄氏家谱》不分卷《景昉公传》。

的悲愤。黄景昉卒后葬于一都铁灶山。妻慈硕赖夫人，妾张氏。黄景昉共有四子，赖夫人生知白、知雄（出继景昭），张氏生知古、知今。①

《明史》对黄景昉曾评价道"庄烈帝在位仅十七年，辅相至五十余人。其克保令名者，数人而已。"② 张岱则认为："上乃自出虚公，梦求良弼，特相三君子于崇祯末禩。盖三君子者，处则为慧业文人，出则为救时宰相，乃运遭阳九，数月搀扉，不究其用，殊为可惜！但三君子皆学富五车，文起八代，谈言微中，可以解纷。用以拯救正人，挽回冤狱，则三君子之相业，不在杨士奇、李东阳之下矣。"③ 陈盟也称："景昉恂恂雅饬，曲谨事上，雍容朝宁，内外安之，亦其际会然也。但年逾强仕，时值多艰，崎岖里闬，良亦苦矣。"④ 晚近钱海岳亦赞道："景昉雍容讽议……玉质金相，通达国体，平世三公望也。"⑤ 可见自清初以至晚近，从官方到民间对黄景昉的评价颇高，但惜其身处明季乱局，而崇祯皇帝又未能尽其用。

---

① 《檗谷黄氏家谱》不分卷《景昉公传》。
② （清）张廷玉等：《明史》卷 251《赞》，第 6506 页。
③ （清）张岱：《石匮书后集》卷 13《石匮书曰》，第 100—101 页。
④ （清）陈盟：《崇祯阁臣行略》，周骏富辑《明代传记丛刊》第 42 册，第 757 页。
⑤ 钱海岳：《南明史》卷 41《赞》，第 2014 页。

第三章　崇祯朝政治文化与黄景昉的为政思想

崇祯皇帝在位十七载，"无一岁不枚卜"①，入纶扉者达五十人，但能"克保令名者"，仅"数人而已"②。崇祯一朝的中枢政治态势，承续自嘉靖以降内阁与皇权关系的根本转变，阁臣从士大夫群体拥护的领袖沦为皇权的附庸，对上意一味地揣摩逢迎，已使之难以担负起"天下治乱，系于宰辅"③的职责。与此同时，在内外交讧的时局之下，崇祯皇帝"焦心宵旰，治尚操切"，虽然"锐意更始，治核名实"，然而"人才之贤否，议论之是非，政事之得失，军机之成败，未能灼见于中，不摇于外"，在用人上、特别是阁臣的选任上，又"立贤无方，天下之人无所不用"，并且"性多疑而任察，好刚而尚气"④，遂形成"用人太骤、杀人太骤，一言合则欲加诸膝，一言不合则欲堕诸渊。以故侍从之臣，止有唯唯否否，如鹦鹉学语，随声附和"的局面，最终导致"及至危急存亡之秋，并无一人为之分忧宣力"。⑤

黄景昉在回忆崇祯朝阁臣时，曾喟叹道："屈指十七年间，辅臣缢死者二人：韩城（薛国观）、宜兴（周延儒）；遣戍者三人：长山（刘鸿训）、华亭（钱龙锡）、兴化（吴甡）；余为民，闲住尤多。他若逆案中追拟徒、赎诸人尚未概论，盘水鬈缨，莫有峻于此时。"⑥尤其是阁臣之赐

---

① （明）黄景昉：《玉堂三考》，《馆阁旧事》附录。

② （清）张廷玉等：《明史》卷251《赞》，第6506页。

③ （清）张廷玉等：《明史》卷253《赞》，第6551页。

④ （清）张廷玉等：《明史》卷309《流贼序》，第7948页。

⑤ （清）张岱：《石匮书后集》卷1《烈皇帝本纪》，第42页。

⑥ （明）黄景昉：《宦梦录》卷2，第173页。按，在《玉堂三考》中，黄景昉更是详细写道："勒缢死者二人，韩城、宜兴；自尽死者二人，武陵、吴桥；里居殉难者二人，高阳、江夏；谪戍者三人，华亭、长山、兴化；徒二人，晋江、萧山；革职三人，元城、平湖、绵竹；闲住三人，晋江、长洲、遂安。驯至甲申末劫，毕命锋刃者，井研、通州、宜城、縠城四人；事后遂安、曲沃祸尤惨。呜呼！余不忍言之矣。吴桥独烈死国，疑不可与武陵□论，要非令终。今所存惟黄县、兴化暨余三人耳。"（《馆阁旧事》附录）

死，自嘉靖年间夏言之后，唯于崇祯朝一再踵续，时人评价道："自直阁以来，贵极人臣，生赴市曹，惟王毅愍、夏文愍两人耳，于时号酷烈，旋亦湔雪。今我末造，纶扉若为冥涂，韩城、宜兴相继赐尽，四年之内，增惨鼎轴。"① 在明季趋于"操切刻深"的政治文化之下，黄景昉的仕宦生涯自编修以迄宰辅几与崇祯一朝相终始，身处其间又能以致仕善终，是五十相中屈指可数者。本章在结合前文对黄景昉仕宦生涯梳理的基础上，将从崇祯朝的庙堂政治变迁着手，以呈现其事君思想及辅政实践。

第一节 崇祯朝庙堂政治变迁与阁权空间

嘉靖"大礼议"后，随着皇权"绝对权威"的恢复，改变了正统以降，皇帝及其亲近密勿者联结成的内朝圈子与士大夫为主构成的内阁、行政机关"两元并存"的格局②，内阁从士大夫政治领袖的角色异化为皇权的附庸，自是"密勿大臣无进逆耳之言者"③。其间虽然出现过严嵩、徐阶、高拱、张居正等强势内阁，但其权力的来源是依附于皇帝的个人好恶，并基于皇权对六部以下国家行政机构及中下层士大夫控制权的增大，其本质则是皇权的膨胀。④ 万历中叶以后，阁臣有惩于明神宗对张居正的清算，辅政方式呈现出"外畏清议，内固恩宠，依阿自守，掩饰取名，弼谐无闻，循默避事"⑤，同时在明神宗长期怠政、明熹宗假手阉宦的情况下，又进一步加深了士大夫群体的分裂，党争于是愈演愈烈。在此情形之下，即使如叶向高也仅仅是"务调剂群情，辑和异同"⑥，迄于崇祯皇帝即位，明末的庙堂政治态势基本延续着这一格局。

一 温体仁秉政与崇祯阁臣辅政方式的形成

崇祯皇帝初政，刈除奸逆，罢苏杭织造，撤各镇内臣，起复贤名士大

---

① （清）谈迁：《国榷》卷99"崇祯十六年十二月癸亥"条，第6006页。
② 赵轶峰：《明清帝制农商社会研究》（初编），科学出版社2017年版，第302页。
③ （清）张廷玉等：《明史》卷190《石珤传》，第5049页。
④ 参见赵轶峰《明清帝制农商社会研究》（初编），第312—324页。
⑤ （清）张廷玉等：《明史》卷217《赞》，第5728页。
⑥ （清）张廷玉等：《明史》卷240《叶向高传》，第6235页。

夫，对时症的进言从谏如流，如户部郎中刘应遇言天下六大苦"一逮系，二狱死，三追赃，四仕途去就，五新进禁锢，六廷臣被劫"①，南京山东道御史刘汉奏请"崇正学以培治本，励廉耻以清仕路，惜名器以尊体统，重耕农以节财用"②，均能虚怀纳谏，谕旨颁行，时人称颂此时为"海宇喁喁，相望至治"③，"天下翕然称之"④。

但事实上，面对"东西交讧，南北用兵"⑤ 的时局，崇祯皇帝求治之心越发迫切，在改元后不久，已显出"望治之心甚急"⑥，于召对廷臣时"每加诮诘，群臣愈惶悚不能对"⑦，阁臣更是在"奏对之间，往往嗫嚅不尽，稍有所陈，未必果当圣衷，以致都俞少而诘责多，薮纳微而吐弃显"⑧。与此同时，先后发生的"枚卜之争"和"己巳之变"，进一步使崇祯皇帝对士大夫群体产生了"积轻士大夫之心"⑨，令其"疑群臣不足信""疑边臣不足任"⑩。尤其在温体仁将个人"资深望浅"不预枚卜一事导向廷臣植党后，"于是党同之疑中于上者愈深"⑪，"东林"之有门户亦深入圣心："尝叹诸章奏屡牵东林门户，曰东呢林呢，盖宫中语也，久益明习矣。"⑫ 对此，崇祯皇帝在诘问"进言者不忧国而植党，自名东林，于朝事何补"时，首辅韩爌为打消崇祯皇帝的猜疑，曾面奏道："人臣不可以党事君，人君亦不可以党疑臣。但当论其才品臧否，职业修废，而黜陟之。若戈矛妄起于朝堂，畛域横分于宫府，非国之福也。"⑬ 但温体仁坚称"皇上试观两月以来，但见为谦益攻臣者愈出愈奇，而为臣左袒者曾有一人一疏否，则臣之孤立与谦益之有党，皇上亦可以见臣言之不欺矣"⑭，将自己

---

① （清）谷应泰等：《明史纪事本末》卷72《崇祯治乱》，第1173页。
② （清）谈迁：《国榷》卷88"天启七年十二月己酉"条，第5408页。
③ （清）谈迁：《国榷》卷100"崇祯十七年三月辛亥"条，第6058页。
④ （清）谷应泰等：《明史纪事本末》卷72《崇祯治乱》，第1173页。
⑤ （明）金日升：《颂天胪笔》卷4《召对》，《续修四库全书》第439册，上海古籍出版社2002年版，第256页。
⑥ （明）金日升：《颂天胪笔》卷3《召对》，第206页。
⑦ （明）文秉：《烈皇小识》卷1，第19页。
⑧ （清）孙承泽：《山书》卷1《辅臣失体》，第28—29页。
⑨ （清）谈迁：《国榷》卷95"崇祯九年三月丙午"条，第5730页。
⑩ （明）文秉：《烈皇小识》卷首《序》，第3页。
⑪ （清）谈迁：《国榷》卷89"崇祯元年十一月癸亥"条，第5461页。
⑫ （明）黄景昉：《馆阁旧事》卷上。
⑬ （清）张廷玉等：《明史》卷240《韩爌传》，第6247页。
⑭ （清）汪楫：《崇祯长编》卷17"崇祯二年正月壬戌"条，第951页。

的孤立与"臣不忍皇上孤立于上"① 相联系，"劫言者以党"，使崇祯皇帝
深感士大夫群体与皇权的对立，认为"党势已成燎原"②，廷臣之言不可尽
信，最终谕令枚卜暂停，钱谦益革职，章允儒、瞿式耜、房可壮、梁子
璠、耿志炜等进言者分别"坐谦益党，降谪有差"③。

这一事件的后续影响，直接导致了崇祯一朝凡群起弹劾、疏救者，均
被崇祯皇帝视为"党比"，如前文提及的弹劾杨嗣昌夺情、疏救黄道周之
狱、请宽李日宣枚卜之徇情、面救刘宗周之议处等等。同时，温体仁在入
预机务后，因"既已犯众怒，不得不自刻厉以结上心"，而崇祯皇帝又
"焦于求治"，遂使阁臣的辅弼方式进一步呈现为揣摩圣心上的逢迎，并
"因之启上杀机，酿成十数年乖戾刻深之治"。④

崇祯三年六月，上意认为温体仁"孤忠可任"，特旨命其以礼部尚书
兼东阁大学士入预机务。温体仁深知"朝士多与为怨"，在阁时尤"斤斤
自守，不殖货贿"⑤，"用廉谨自结于上，苟苴不入门"⑥，并将其遭到的弹
劾塑造为"孤执不欺，廷臣结党"，于是崇祯皇帝对之始终偏信。崇祯五
年六月，温体仁尚为次辅时，兵部主事华允诚就上言直陈"三大可惜、四
大可忧"，其奏疏大旨在于批评温体仁结党："次辅体仁与冢臣洪学，同邑
朋比，惟异己之驱除。阁臣兼操吏部之权，吏部惟阿阁臣之意，造门请
命，夜以为常。黜陟大柄，祇供报复之私。甚至庇同乡，则逆党公然保
举，而白简反为罪案；排正类，则讲官借题逼逐，而荐剡遂作爱书。"⑦ 并
指出："皇上恶诸臣之欺，欺莫大于此矣。皇上怒诸臣之擅，擅莫专于此
矣。皇上厌诸臣之党，党莫固于此矣。威福下移，举措倒置，奸焰熏灼，
正气消磨，可忧也。"⑧ 但崇祯皇帝"以体仁纯忠亮节"，华允诚"所言总
属浮牵，命罚俸半年"⑨。随后云南道御史赵振业弹劾其在阁"尸位素餐"

①　（明）金日升：《颂天胪笔》卷3《召对》，第241页。
②　（清）汪楫：《崇祯长编》卷21 "崇祯二年闰四月戊寅"条，第1332页。
③　（清）张廷玉等：《明史》卷308《温体仁传》，第7932页。
④　（明）黄景昉：《自叙宦梦录》卷1，中国国家图书馆编《原国立北平图书馆甲库善本丛
书》第554册，第554页。
⑤　（清）谷应泰等：《明史纪事本末》卷72《崇祯治乱》，第1193页。
⑥　（清）张廷玉等：《明史》卷308《温体仁传》，第7933页。
⑦　（清）张廷玉等：《明史》卷258《华允诚传》，第6649页。
⑧　（清）汪楫：《崇祯长编》卷60 "崇祯五年六月己丑"条，第3454页。
⑨　（清）汪楫：《崇祯长编》卷61 "崇祯五年七月己丑"条，第3474页。

之状，"大拜以来，海内多故，未闻勋勚万一"，认为"今日之时何时？阁务之职何职乎？军国借以平章，地非养疴；同僚资其谋断，官非伴食"，建议崇祯皇帝应允其自陈去职，"不然，人言踵至，主眷不光，徒呶呶争辨，章疏之中，词同告诉，庙堂之上，势成斗争"。① 同年十二月，原任云南道御史王象云亦上言批评温体仁"负职旷官"："当日公论不许，廷推不及，宜逊避养高，乃为得体。顾攘臂而争之，几同市儿之登垄。迨既有此一番大攘夺，即当作一番大经纶。而数年以来，曾不闻吐一奇画、进一嘉猷、用一正士、戡一祸乱，惟处一词臣之罗喻义以贾余勇，是攘位之心何其雄，负乘之气何其惫也！恐皇上不负体仁，体仁有负天下；皇上不误体仁，体仁者有误皇上矣。"② 以上言辞虽激切有据，但崇祯皇帝对之始终未置可否。

崇祯六年六月，在温体仁出任首辅后，对其批评弹劾之声更是不绝如缕，是年秋，南京御史郭维经上言："执政不患无才，患有才而用之排正人，不用之筹国事。国事日非，则委曰我不知，坐视盗贼日猖，边警日急，止与二三小臣争口舌，角是非。平章之地几成聚讼，可谓有才邪？"③ 但遭到崇祯皇帝切责。七年正月，刑科给事中李世祺又论温体仁"绝世之奸，大贪之尤"④，被谪处为福建按察司检校。随后，礼科给事中吴家周弹劾温体仁"杜门两月，入闱典试，不先不后，有私垄断而左右望之迹"，认为"朝贺系臣子恪恭之谊，所关在朝廷；取士有私门桃李之藉，所利在身家也"，并且"会场题目，历来与君德政治相关，未有大臣敢妄自称比者"。崇祯皇帝"以其诋牵诬引，着降调"。⑤ 同年五月，崇祯皇帝因旱求言，黄绍杰上疏弹劾温体仁，认为："温体仁者，秉政数载，上干天和，无岁不旱暵，无日不风霾，无处不盗贼，无人不愁怨。秉政既久，窥瞷益工，中外趋承益巧。一人当用，则曰'体仁意未遽尔也'。一事当行，则曰'体仁闻恐不乐也'。覆一疏，建一议，又曰'虑体仁有他属'。不然，则'体仁忌讳，毋撄其凶锋也'。凡此召变之尤。愿陛下罢体仁以回天意。"然而，温体仁在奏辨中将此引向党论，"且讦其别有指授"，黄绍杰

---

① （清）汪楫：《崇祯长编》卷61"崇祯五年七月己巳"条，第3479—3480页。
② （清）汪楫：《崇祯长编》卷66"崇祯五年十二月庚午"条，第3815—3816页。
③ （清）张廷玉等：《明史》卷278《郭维经传》，第7121页。
④ （清）张廷玉等：《明史》卷258《李世祺传》，第6662页。
⑤ （明）李逊之：《三朝野记》卷5《崇祯朝纪事》，第212—213页。

再次上言称："廷臣言事，指及乘舆，犹荷优容。一字涉体仁，必遭贬黜。谁不自爱，为人指授耶？"并在罗列其罪责后，指出："臣所仰祝圣明，洞烛体仁奸欺者，其说则有两端。下惟朋党一语，可以箝言官之口，挑善类之祸；上惟票拟一语，可以激圣明之怒，盖愦愦之愈。"① 此语虽意在诘责温体仁之"奸欺"，却也反映出崇祯时期阁臣"将顺而废匡救"② 的辅政实质，但在温体仁的揭奏下，黄绍杰被降调为上林苑署丞。

崇祯八年二月，凤阳皇陵失守，许誉卿上疏弹劾温体仁"玩寇速祸罪"，随后言官何楷、范淑泰、徐耀、吴履中、张盛美、张肯堂、郭维经，部臣贺王盛、胡江、郑尔说等人接连上言，"不下数十疏"，但温体仁"以门户坐之"，崇祯皇帝遂坚信体仁之言，不为所动。③ 此后对温体仁激烈的弹劾，始于崇祯九年十月刘宗周的上疏，在《身切时艰疏》中，他对当时的庙堂政治总结道：

> 昔唐德宗谓群臣曰："人言卢杞奸邪，朕殊不觉。"群臣对曰："此乃杞之所以为奸邪也。"臣每三覆斯言，为万世辨奸之要。故曰"大奸似忠，大佞似信"。我皇上聪明不世出之主也，其于奸邪之辨，何有不烛照数计？然臣观频年以来，皇上恶私交，而臣下多以告讦进；皇上录清节，而臣下多以曲谨容；皇上崇励精，而臣下奔走承顺以为恭；皇上尚综核，而臣下琐屑吹求以示察。凡若此者，正似忠似信之类，窥其用心，无往不出于身家利禄，而皇上往往不察而用之，则聚天下之小人立于朝，而皇上亦有所不觉矣。人才之不竞也，非无才之患，而无君子之患也。人人知有身家而不知有君父，知有利禄而不知有廉耻，则亦相率为全躯保妻子而已矣。此今日国事之所以败也。④

在该疏之末，刘宗周将以上的事端指向了温体仁的秉政："至于近日刑政之最舛者，成德，傲吏也，而以赃戍，何以肃惩贪之令？申绍芳，十余年

---

① （清）张廷玉等：《明史》卷258《黄绍杰传》，第6660—6661页。
② （清）谈迁：《国榷》卷93"崇祯七年十一月戊寅"条，第5677页。
③ （明）李逊之：《三朝野记》卷5《崇祯朝纪事》，第225页。
④ （明）刘宗周：《微臣身切时艰敢因去国之辙恭申慰悃兼附刍荛之献疏》，吴光主编《刘宗周全集》第3册，第139页。

监司也，而以莫须有之钻刺成，何以昭抑竞之典？至于郑鄤，虽久干乡议，而杖母之狱，欲以诬告坐，何以示敦伦之化？此数事，皆为故辅文震孟引绳批根，即向者驱除异己之故智。而廷臣无敢言者，皇上亦无从知之也。呜呼！八年之间，谁秉国成，而至于是！臣不能为首辅温体仁解矣。"① 刘宗周上疏后，温体仁"上章力诋"，遂致崇祯皇帝大怒，并在御批中对刘宗周所言各事逐项批驳，末句更称："牵掣首辅，尤属不伦！刘宗周明系比私乱政，颠倒是非，本当重处，姑著革了职为民。"

然而，由于刘宗周在士林中的威望，他对温体仁"大奸似忠，大佞似信"的批评，成为此后上疏者的共识，崇祯十年闰四月，河南道御史许自表弹劾温体仁"大奸似忠，大佞似信，凡其肆螫同官，一网一善，俱修怨营私，未尝为朝廷用人起见"。② 同年五月，傅朝佑疏论温体仁六大罪，其中"得罪于天子"一项说道："陛下当边警时，特简体仁入阁。体仁乃不以道事君，而务刑名。窥陛下意在振作，彼则借以快恩仇；窥陛下治尚精明，彼则托以张威福。"并在该疏之末，对崇祯皇帝谏言："夫人主之辨奸在明，而人主之去奸在断。伏愿陛下大施明断，速去体仁。毋以天变为不足畏，毋以人言为不足恤，毋以群小之逢迎为必可任，毋以一己之精明为必可恃。"③ 二人在进言后，均遭到崇祯皇帝的严处。

直至崇祯十年六月，在司礼监太监曹化淳密奏下，崇祯皇帝始知温体仁有党，"逆案之谋翻、总宪之荐霍、与汉儒之疏、匿名之揭、王藩之首，俱出乌程一手握定"④。是时温体仁虽仍"佯引疾，意帝必慰留"⑤，但崇祯皇帝当即改内阁"宣谕"的票拟为"放他去"，甚至于阁票中的"'人夫禄米'等项"，也"御笔抹去"。可见当上意洞悉其情状后，即一改过往认为其"孤忠可任"的态度，坚欲其去。揆诸自华允诚、赵振业、王象云、郭维经、李世祺、吴家周、黄绍杰，到刘宗周、许自表、傅朝佑等人的疏奏，廷臣对温体仁的弹劾主要集中在以下三个方面：其一是批评其尸位宰辅、负职旷官，于内外时局无所劻勷，有负圣恩、有负朝廷。其二是

---

① （明）刘宗周：《微臣身切时艰敢因去国之辙恭申慰悃兼附刍荛之献疏》，吴光主编《刘宗周全集》第3册，第140—141页。
② （清）谈迁：《国榷》卷96"崇祯十年闰四月乙巳"条，第5780页。
③ （清）张廷玉等：《明史》卷258《傅朝佑传》，第6664页。
④ （明）文秉：《烈皇小识》卷5，第131页。
⑤ （清）张廷玉等：《明史》卷308《温体仁传》，第7933页。

揭发其结党朋比，借"黜陟大柄"，驱除异己，排斥正人。其三则是指向温体仁对圣意的揣摩逢迎，废匡救而惟将顺，并借票拟揭帖"激圣明之怒"，导崇祯皇帝以"刻深"，以此"箝言官之口，挑善类之祸"。

以上廷臣对温体仁的弹劾，客观上反映了崇祯时期内阁与皇帝的关系。在经历"大礼议"的异化和嘉、隆、万时期依附皇权的强势内阁后，"后张居正时代"的内阁已然由"赫然为真宰相"① 回归到了经理文牍的职责，继任之阁臣仅能"曲为将顺，后来相沿无所救正"②，并随着天启年间的分票和接连不断的政治倾轧，"上不能持正于皇帝，次不能压制宦竖，下不能不依违于六卿科道之间"，不仅难以成为对外一体的机构行使职能，也丧失了调节稳定政治统治的功能。③ 崇祯皇帝即位以后"锐意取法世宗"④，在承认这种格局的同时，强调"职掌在部院，主持在朕躬，调和在卿等"⑤，"票拟虽阁臣事，主意是朕独断"⑥，内阁通过"拟议批答，以备顾问，平庶政"⑦的职掌趋于弱化。温体仁深悉其中的隐微，故"专务刻核，迎合帝意"⑧，"极称主上神圣，臣下不宜异同"⑨，对票拟之事常言："臣夙以文章待罪禁林，上不知其驽下，擢至此位。盗贼日益众，诚万死不足塞责。顾臣愚无知，但票拟勿欺耳。兵食之事，惟圣明裁决"。又言："臣票拟多未中綮要，每经御笔批改，颂服将顺不暇，讵能窥上旨"。⑩ 换言之，廷臣对温体仁集中弹劾的三个方面，从另一角度恰是说明了随着内阁对皇权依附的绝对化，阁臣"怵于严旨，冀以迎合揣摹，善保名位"⑪，所必然采取的辅政方式。温体仁对诸臣的处置和弹压，实质上是基于对上意的揣摩和迎合，形成"使若发自上者，而主柄阴为所假，上竟不之

---

① （清）张廷玉等：《明史》卷72《职官一》，第1730页。

② （明）叶向高：《苍霞续草》卷17《答刘云峤》，《四库禁毁书丛刊》集部第125册，北京出版社2000年版，第269页。

③ 赵轶峰：《明代的变迁》，上海三联书店2008年版，第66页。

④ （明）李逊之：《三朝野记》卷6《崇祯朝纪事》，第243页。

⑤ （明）文秉：《烈皇小识》卷7，第196页。

⑥ （明）金日升：《颂天胪笔》卷4《召对》，第216页。

⑦ （清）孙承泽：《春明梦余录》卷23《内阁一》，第326页。

⑧ （清）张廷玉等：《明史》卷308《温体仁传》，第7935页。

⑨ （清）谈迁：《国榷》卷93"崇祯七年十一月戊寅"条，第5677页。

⑩ （清）张廷玉等：《明史》卷308《温体仁传》，第7935页。

⑪ （清）孙承泽：《山书》卷5《备察群情》，第111页。

疑"①，于是遂使大臣对其个人的劾论，往往被崇祯皇帝视为是对皇权的批评和对圣意的违忤，是廷臣借之"党比营私"，因而上言者屡遭严处，弹章愈多，体仁之位愈固。迄于北都覆灭之际，崇祯皇帝在回顾温体仁辅政时，仍说："故辅体仁何罪，直以参钱谦益科场一事致犯众怨耳。使体仁若在，朕尚要用他。"②

而温体仁一味揣摩逢迎以善保名位的辅政方式，在崇祯朝的庙堂政治之中，被此后的继任者奉为圭臬，时任次辅的张至发即对之推崇备至，称体仁"孤执不欺，窃愿学之"，并自许标榜为"孤冷自守""砭砭孤执，即有苟悦之臣，不能呈身于臣"③，此后薛国观当政亦"一踵体仁所为"④，迄于末年的陈演、魏藻德仍踵续而行，其间如"谨饬好修"的蒋德璟也以"孤踪独立"⑤为标榜、黄景昉亦恪守"曲谨将顺"之旨，故时人曾总结道："上即位以来，命相三四十人，其中非无贤者，求其精神提挈得起，惟宜兴与乌程二人，但俱不轨于正耳。其初入门，更无少异，惟宜兴近和，乌程近刻，其以自遂一也。乌程最久，不露瑕隙，大意主于逢迎，其后转相摹仿，不离乌程一派，虽精粗不同，而其揆则一也。"⑥ 又言："至于演、藻德之徒，机智弗如，而庸庸益甚，祸中于国，旋及其身，悲夫！"⑦

二 崇祯皇帝"急于求治"下的阁权空间

明清鼎革以后，官私史书对崇祯朝"刻深之治"的批评，往往归咎于温体仁、王应熊、张至发、杨嗣昌、薛国观等人的引导，认为："自温体仁导帝以刻深，治尚操切，由是接踵一迹。应熊刚很，至发险忮，国观阴鸷，一效体仁之所为，而国家之元气已索然殆尽矣。"⑧ 但结合前文的梳理，其端自崇祯皇帝即位之初已然肇始，并随着时局的日渐深重，在"急于求治"的心态下越发凸显。与之同时，阁臣的辅政空间延续着"后张居

① （清）谷应泰等：《明史纪事本末》卷66《东林党议》，第1054页。
② （明）黄景昉：《宦梦录》卷3，第213页。
③ （明）文秉：《烈皇小识》卷5，第140页。
④ （清）张廷玉等：《明史》卷253《薛国观传》，第6549页。
⑤ （明）李逊之：《三朝野记》卷7《崇祯朝野纪》，第341页。
⑥ （明）杨士聪：《玉堂荟记》卷上，第699页
⑦ （清）张廷玉等：《明史》卷253《赞》，第6551页。
⑧ （清）张廷玉等：《明史》卷253《赞》，第6551页。

正时代"的"将顺调和"，在崇祯皇帝乾纲独断之下，亦进一步趋于逼仄。

崇祯元年末，在历经"锐意功业"，而封疆如故，鲜有成效后，崇祯皇帝在召对时曾有上谕说道："凡臣下章奏，朕每朝上夕下，原只求做些实事。若朕既批答诸臣，各有司存住，果亦将朕旨意朝发夕行，天下何愁不治？但只是因循废阁，缓急行止间绝不相应，天下何由而理？"阁臣虽以"但愿求治勿太速"为规劝，但遭到严旨切责，称："朕即位以来，孜孜求治，以为卿等尚有嘉谟奇策，召对商确未及周知者悉为朕告，乃推诿不知，朕又何从知之？……今后朕有旨意，不即遵行，不将实心做事，仍前怠玩者，朕当以祖宗之法从事，决不轻贷。"①

自后随着内外困局的渐趋深重，在朝士大夫也普遍注意到崇祯皇帝"急于求治"的心态，崇祯二年二月杨鹤以左副都御出任三边总督，"见上求治太急"，上疏道："图治之要，在培元气。自大兵大疫，加派频仍，小民之元气伤；辽左、黔、蜀，丧师失律，封疆之元气伤；缙绅构党，彼此相倾，逆阉乘之，诛锄善类，士大夫之元气伤。譬如重病初起，百脉未调，风邪易入，急当培养。而陛下事事励精，临轩面质，或问之而未必尽知；事下六曹，或呼之而未必立应，致干圣怒，数取谴诃，窃以为过矣。今一切民生国计，吏治边防，宜取祖宗成法委任责成，严为之程，宽为之地，图之以渐，镇之以静，何虑不臻太平哉！"② 由于加派、封疆、党争诸事，为万历以降累朝之积弊，并非能一蹴而就者，但崇祯皇帝"以封疆多故，群臣蒙比为奸，削谪逮系，毫不少贷"③，同年九月，针对崇祯皇帝即位以来的诸多举措，刘宗周在疏奏中也有相近的谏言："陛下厉精求治，宵旰靡宁，时举祖宗盛事，召对文华殿，或至夜分，虽尧、舜之忧勤，弗切于此矣。犹以为未也，益躬勤细务，朝令夕考，勒限回奏，庶几太平之立至。然程效太急，不免见小利而速近功，何以效唐、虞之治乎？"接着在分别以"今日所汲汲于近功者，非辽事乎""今日所规规于小利者，非理财之事乎"论及"恢复辽东"和"掊克聚敛之政"后，刘宗周从"用法太苛""责求太过""过用聪明""矫枉过正"等方面着重指出了崇祯皇帝寄望"旦夕致治"之弊，并最终指向形成以上问题的症结："陛下求治

---

① （明）金日升：《颂天胪笔》卷3《召对》，第227页。
② （清）夏燮：《明通鉴》卷81"庄烈皇帝崇祯二年"，第2845页。
③ （明）文秉：《烈皇小识》卷2，第59页。

之心，操之过急，不免酝酿而为功利；功利不已，转为刑名；刑名之不已，流为猜忌；猜忌不已，积为壅蔽。正人心之危，所潜滋暗长，而不自知者。"① 虽然以上所言皆切中崇祯皇帝御极以来之弊，却未能触动上意"急于求治"之心，在御旨中称刘宗周"这所奏不无迂阔，然亦忠盖"，正如时人所言"其后国事决裂，尽如宗周言"。②

随后由于"己巳之变"的震动，崇祯皇帝对于"立致太平"越发迫切，旋即以"本兵备御疏忽，调度乖张"③逮系兵部尚书王洽，旬月之后又以"老成持重，不能仰副圣意"④，勒继任者申用懋致仕。翌年正月，首辅韩爌也因"忠厚拘谨，不能当圣意"⑤，被劾请辞。而在事诸臣凡有诖误者亦均被处以"重典"。与此同时，这一事件使崇祯皇帝深感"廷臣玩愒"⑥"外廷皆不可恃"⑦，认为"文武百官，朕未尝不信用，谁肯打起精神，实心做事？只是一味朦狗诿饰"⑧，并在后来的上谕中说："国家明经取士，期遇甚厚。朕御极之初，撤还内镇，举天下事悉以听之朝士。不意诸臣营私卸过，罔恤民艰，竟置膜外，甚有蚀剥为升官肥家计。间有一二廉谨者，又拘泥迂疏，慢视职掌，或性乏通警，属下欺蒙。即有一二不能不瞻狗情私，又因循推诿，居恒但有虚声，有事均无实济。己巳之冬，致逆虏直薄都下，宗社震惊，举朝束手，此士大夫负国家也。"⑨ 在召对廷臣时也切责道："前年敌薄都下，那是谁致的？""差内臣查核，原出一时权宜。若是参来不行，差他做甚么？你们外臣果肯做事，朕何必要用内臣？"⑩ 自"己巳之变"后，求治勿急、谏遣内臣、慎用重典、尚德缓刑、培养人才等不时成为廷臣谏言疏奏的重点。其间，河南府推官汤开远在崇祯五年十月的疏谏颇具代表性：

---

① （明）刘宗周：《面恩陈谢顶矢责难之义以致君尧舜疏》，吴光主编《刘宗周全集》第3册，第53—58页。

② （清）谈迁：《国榷》卷90"崇祯二年九月辛亥"条，第5497页。

③ （清）张廷玉等：《明史》卷257《王洽传》，第6625页。

④ （明）文秉：《烈皇小识》卷2，第48页。

⑤ （明）文秉：《烈皇小识》卷2，第49页。

⑥ （清）张廷玉等：《明史》卷257《王洽传》，第6625页。

⑦ （明）文秉：《烈皇小识》卷首《序》，第3页。

⑧ （清）孙承泽：《山书》卷6《辅臣内臣两失》，第130页。

⑨ （清）谈迁：《国榷》卷93"崇祯七年八月辛未"条，第5655—5656页。

⑩ （清）孙承泽：《春明梦余录》卷48《提刑按察使》，第1049页。

皇上勇于求治，诸臣救过不给，临御以来，明罚敕法，与工采相濯磨。自小臣以至大臣，自众共推举之臣以至亲简拔之臣，无论为故为眚，俱褫夺戍配，重遣之不少贷，甚则频下禁狱，执迫榜掠，几于刑乱国，用重典矣。皇上凡以求治耳，臣谓天下固不治也，而以已治之心治之，不治也。朝廷犹未甚乱也，即以已乱之法治之，又自乱也。报以体而重，劳以说而忘，诸臣万不敢行市道于君父。然当奉公营职，而虑及天威不测，梦魂亦惊。旧章难恃，耳目俱荧，此而欲鼓豪杰之气，奏精勤之理，不亦难哉！①

此疏奏中，汤开远从"或以荐举不当，疑其党徇""或以执奏不移，疑其貌抗""或以属官之失并罪堂官""或以官守之失并罪有言责者""以策励望诸臣，于是戴罪者多""以详慎望于诸臣，于是认罪者众"等方面对崇祯皇帝自即位以来"急于求治"而"恶廷臣玩愒，持法过严"之项逐一条列后，进而指出："时事孔棘，诸臣有过可议，亦有劳可准；有罪可程，亦有情可原。究之议过不足惩过，而后事转因前事以灰心；声罪不足服罪，而故者更藉误者以实口。综核太过则要领失措，惩创太深则本实多缺。往往上以为宜详宜新之事，而下以为宜略宜仍之事。朝所为缧辱摈弃不少爱之人，又野所为推重忼叹不可少之人。上与下异心，朝与野异议，欲天下治平，不可得也。"②并提出："今诸臣怵于参罚之严，一切加派，带征余征，将无民矣。民穷则易与为乱。皇上宽一分在臣子，即宽一分在民生，如此则诸臣可幸无罪。而尤望皇上宫府之际，推诸臣以心；进退之间，与诸臣以礼；锦衣禁狱，非有寇贼奸宄不可入；而谓大小臣工不图报为安攘者，未之有也。"③与此前上疏者相同，汤开远也遭到了崇祯皇帝的严旨切责。

然而，崇祯皇帝本已"严于参罚"的制驭方式，在温体仁秉政后，复"以刻薄佐之"，遂越发趋于操切严苛，以致"上下嚣然"。④崇祯九年三月，阁臣钱士升鉴于崇祯皇帝"操切近于东湿，擿抉几于察渊"，上《恭

① （清）孙承泽：《山书》卷5《茂安攘之绩》，第113页。
② （清）张廷玉等：《明史》卷258《汤开远传》，第6675页。
③ （清）谷应泰等：《明史纪事本末》卷72《崇祯治乱》，第1178—1179页。
④ （清）张廷玉等：《明史》卷251《钱士升传》，第6487页。

献四箴疏》加以劝谏，其中"宽以御众"云"贤愚并包，功过在宥。大弦毋急，六辔毋骤。不竞不绿，世跻仁寿"，"简以临民"云"要领独挈，条目毕张。无为守正，垂拱明堂。执要则逸，好详则荒"、"平以出政"云"舜贵执中，孔戒已甚。救弊矫偏，参调详审。畏卒怖始，罔或不凛"，皆旨在劝诫"治勿操切"。①虽然崇祯皇帝御批云"览卿奏，宽简虚平，甚于治理有裨，并献四箴，朕深嘉尚"，但随后在钱士升《看详章奏纠参李琏疏》中批谕称"密勿大臣进言，与在外诸臣不同，况值召对即应面奏，何必退后又生议论。即欲名誉，前疏已足致之，无庸汲汲"②，可见崇祯皇帝并未采纳钱氏的建议。同年刘宗周在枚卜召对时，针对人才、粮饷、流寇二事的答问，可谓对崇祯皇帝即位以来"急于求治"的总结："陛下求治太急，用法太严，布令太烦，进退天下士太轻。诸臣畏罪饰非，不肯尽职业，故有人而无人之用，有饷而无饷之用，有将不能治兵，有兵不能杀贼。流寇本朝廷赤子，抚之有道，则还为民。今急宜以收拾人心为本，收拾人心在先宽有司。参罚重则吏治坏，吏治坏则民生困，盗贼由此日繁。"③

这时的庙堂政治及变迁之所由，正如刘宗周随后所上的《痛切时艰疏》中所说：

> 皇上以不世出之资，际中兴之运，即位之初，锐意太平，直欲跻一世于唐虞三代，甚盛心也。而施为次第之间，多未得要领，于是属意恢辽，而贼臣以五年灭胡之说进，更为祸胎。己巳之后，谋国无良，虏氛孔炽，震及宗社，朝廷始有积轻士大夫之心。由此耳目参于近侍，腹心寄于干城，治术专尚刑名，政体归之丛脞，天下事不觉日抵于坏。故自厂卫司讥防而告讦之风炽，自诏狱及士绅而堂帝之等夷，自人人救过不给而欺罔之习转盛，自事事仰承独断而谄佞之风日长，自三尺法不伸于司寇而犯者日众，自诏旨杂治五刑岁躬断狱以数千计而好生之德意泯，自刀笔治丝纶而王言亵，自诛求及琐屑而政体

① （明）钱士升：《赐余堂集》卷1《恭献四箴疏》，《四库禁毁书丛刊》集部第10册，北京出版社2000年版，第436页。

② （明）钱士升：《赐余堂集》卷1《看详章奏纠参李琏疏》，第438页。

③ （清）张廷玉等：《明史》卷255《刘宗周传》，第6578页。

伤，自参罚在钱粮而官愈贪、吏愈核、赋愈逋，自敲扑日繁而民生瘁，自严刑与重敛交困天下而盗贼遍起，自总理任而天下之功能薄，自监纪遣而封疆之责任轻，自督抚无权而将日懦，自武弁废法而兵日骄，自将懦兵骄而朝廷之威并穷于督抚，自朝廷勒限尽贼而行间日杀良报级以幸免无罪，使生灵涂炭，事益亟矣。天启圣衷，一旦撤总监之任，重守令之选，下弓旌之檄，严酷令之威，维新之政，方冀与二三臣工洗心剔虑以联泰交，而不意君臣相遇之难也。得一文震孟，以单词报罢，使大臣失和衷之谊；得一陈子壮，又以过蘉生眚，使朝廷无吁咈之风，此其关系于国体人心又非浅鲜者。于是求治愈殷，纷更四出，市井杂流，咸得操其讠议说，投间抵以希进用，而国事愈不可问。①

至崇祯十四年阁臣范复粹清狱时，未结各犯"内而尚书、侍郎、都察院、科道、部属，外而抚按、道、府、州、县等官，无不毕具"，凡一百四十有奇，称为"我国历朝之所无"。②故易代之后，张岱对崇祯皇帝十七年间的"治尚操切"评价道："先帝焦于求治，刻于理财，渴于用人，骤于行法，以致十七年之天下，三翻四覆，夕改朝更。耳目之前，觉有一番变革，向后思之，讫无一用，不亦枉却此十七年之精励哉！"③在这样的政治生态下，也决定了崇祯阁臣所能发挥的职权空间。

就阁臣的职掌而言，在于"掌献替可否，奉陈规诲，点检题奏，票拟批答，以平允庶政"④，但如前所述，自嘉靖"大礼议"以降，随着皇权的进一步强化，内阁在经历嘉、隆、万的政治变迁后，至崇祯皇帝即位时，已难承担起"平允调和"之责，特别是在皇帝雄猜英察、治尚操切的政治文化之下，仅有的票拟之权也渐成"虚文"。崇祯元年，刑科给事中张国维就指出："陛下求治太锐，综核太严。拙者局蹐以避咎，巧者委蛇以取容，谁能展布四体，为国家营职业者。故治象精明，而腹心手足之谊实薄，此英察宜敛也。祖宗朝，阁臣有封还诏旨者，有疏揭屡上而争一事

① （明）刘宗周：《痛切时艰直陈转乱为治之机以仰纾宵旰疏》，吴光主编《刘宗周全集》第3册，第113—115页。

② （清）孙承泽：《山书》卷14《阁臣清狱》，第352页。

③ （清）张岱：《石匮书后集》卷1《烈帝本纪》，第41页。

④ （清）张廷玉等：《明史》卷72《职官一》，第1732页。

者。今一奉诘责，则俛首不遑；一承改拟，则顺旨恐后。倘处置失宜，亦必不敢执奏，此将顺宜戒也。召对本以通下情，未有因而获罪者。今则惟传天语，莫睹拜扬。"① 其中票拟之权，在嘉靖以降"人主罕与群臣廷决"的情况下，是阁臣"职参机务"的主要职掌，"事之可否，悉取裁于票拟"②。然而，崇祯皇帝自即位以后，对内阁的票拟"间不适意，则或抹或叉"，其乾纲独断与"急于求治"在频繁的谕令"改票"中，使得阁臣"以窥瞷上意为尽心，指摘细瑕为快意，惊魂于回奏认罪"③，以故在拟票时往往"由浅之深"，而"刻者加一等以防驳，巧者留一等以待驳，一驳则重，再驳则再重"，若"诸疏微涉逆鳞，则以'该部知道'尝试，若一改票，便从严"。④ 明季的政治文化在渐成"刻深之治"的同时，阁臣的匡正之责也在反复的揣摩将顺中趋于消解。

其间，面对不断恶化的时局，在朝士大夫对于阁臣的职掌提出了不同看法，章允儒在崇祯元年说道："辅臣当取祖宗典故，礼乐、兵刑、用人、理财大端，一一讲求，凡遇召对，如叩洪钟，毋以不知仰谢明问。盖辅臣平章军国，苟云不知，谁当知者？"⑤ 崇祯五年，王象云在弹劾周延儒时则认为："皇上以天下之大托之辅臣，而辅臣之担当，自票拟之外，一切不关，其何以责六曹，何以责百官，何以率天下群臣，使各尽其职，而措斯世于上理乎？"⑥亦即辅臣在票拟之外，应当总览六部百官之事。崇祯八年，冯元飚在所上的《政本名实宜稽疏》中指出，阁臣"体绝百僚，任兼庶事，有汉唐宰相之重，而更代天言，有国初顾问之荣，而特隆位号，地亲势峻，言听志行，是从古柄用之专且重，莫如今之辅臣矣"，不应自视为"昭代本无相名，吾曹止供票拟，上则诿之圣裁，下则推之六部"，提出皇帝对阁臣票拟之责在于"静以照之，严以呈之"。⑦ 崇祯十年，李汝灿对阁臣职掌更是直言道："若夫辅君德以交修，总庶官以康绩，尤在相矣。相者，中外安攘赖其决策，祖法朝纲、兵权国体赖其匡正，会推内降赖其

① （清）张廷玉等：《明史》卷 276《张国维传》，第 7062—7063 页。

② （清）孙承泽：《山书》卷 7《论中官阁部》，第 166 页。

③ （清）汪楫：《崇祯长编》卷 60 "崇祯五年六月己丑"条，第 3451 页。

④ （明）李清：《三垣笔记》卷上《崇祯》，第 25 页。

⑤ （清）孙承泽：《山书》卷 1《辅臣冢臣忠告》，第 24 页。

⑥ （清）汪楫：《崇祯长编》卷 66 "崇祯五年十二月庚午"条，第 3814 页。

⑦ （清）孙承泽：《春明梦余录》卷 24《纶扉药石》，第 376 页。

执争，有枝彦圣赖其休容，邪党翕訿、玄黄亢战赖其力挽，大旱赖其霖雨。"① 士大夫更为清晰地阐明对内阁职责的期许，则是崇祯十一年中书舍人陈龙正连上的《特阐揆职疏》《再阐揆职疏》两疏，他认为"本朝不设宰相，然今之辅臣，上效启沃，下倡寅恭，职无不统"，其职在于"居恒则位置六卿，有事则谋定大将"，不仅为"吏、兵、部、院之纲领"，且"下至群僚贤否，草野逸才，皆辅臣所宜留心"，不应"专以票拟章疏遂足尽帷幄论思之职业"，并借明世宗之言指出"此官虽无相名，实有相职"，故"天子之事，惟在择任辅臣。辅臣得，则诹谋大将者，亦辅臣事，而天子无烦拊髀也"。② 在陈龙正看来，内阁虽无相名，但在职掌之上应当承担起宰相之责。具体于内阁票拟，陈龙正虽然认为"票拟一事，未足尽辅弼大臣之职"，但"今日辅弼大臣，果欲就票拟一事以尽厥职，则亦有道焉"。在疏奏中，他集中讨论了阁臣职掌票拟应有的态度，提出当"诚心观理，折衷求平""深体圣明发改之心，求至是于初拟，矢至诚于复奏"。对于崇祯皇帝频繁的"改票"，他认为"票拟之中具有启沃之道"，如果"票拟果当，虽偶值发改，亦宜婉悉敷陈，某事的合何如，天心至虚，必能转圜"，并且"皇上孜孜求治，无问巨细，概期精详，所以一再发改者，不过欲事理得平，晓然见其斟酌裁处之故，原非必尽更初拟，始可允惬圣怀"。③ 时至崇祯十五年，当上意帝师礼阁臣时，吏科都给事中章正宸进言，对内阁职掌提出了更为具体的要求，认为"兼裕公私，澄清吏治，内平流寇，外制四裔，孰非阁臣仔肩""感孚帝衷，赞襄庙谟，弘开言路，收拾人心，此四者不由阁臣身亲为之，更由乎谁"，虽然该疏的主旨在于指明"阁臣事办，总在知人""使卿大夫各得任其职为相务"，但从另一方面来说也反映了在危急存亡之际，廷臣对内阁所能发挥之职权的期许。④

以上在朝诸臣对内阁职责的谏言，实际上是希望回到嘉靖"大礼议"以前的政治态势，即以内阁为核心的士大夫群体来负责国家事务。但事实上，在崇祯皇帝"焦心求治，宵旰靡宁"的政治态势之下，其所强调的是"主持在朕躬"，"出一旨，改一字"皆是"圣明处分"⑤，钱士升在致仕后

---

① （清）孙承泽：《山书》卷 10《回天四要》，第 233 页。
② （清）孙承泽：《春明梦余录》卷 24《纶扉药石》，第 379—380 页。
③ （清）孙承泽：《山书》卷 11《阁臣票拟》，第 269 页。
④ （清）孙承泽：《山书》卷 15《师礼辅臣》，第 377—378 页。
⑤ （明）金日升：《颂天胪笔》卷 4《召对》，第 246 页。

曾回顾道："圣明御极，纶綍涣颁，天下翕然诵尧舜焉。十年来厉精干蛊，综核名实，而当国者亦鞠躬竭虑以称上指，凡题请、奏报以及钱穀、刑名之靡碎，断断无稍纵舍。取旨辄下辄喜色，即不当，驳改至再，则惶怖请罪，更端射覆，尽丧其所怀来矣。"① 也就是说，阁臣所秉持的"职在票拟"②，仅是承圣意而行，特别是"自钱龙锡以辅臣下狱，而政府畏罪，一味柔随，即安危大事，嗫嚅莫敢发口矣"③，其结果则是"皇上出言以为是，而辅臣莫敢矫其非"④。以黄景昉仕宦经历关系密切的两位阁臣温体仁、周延儒为例，久任首辅的温体仁，虽"长于心计"，善于揣摩，"凡阁中票拟，每遇刑名钱粮名姓之繁多，头绪之棼错，皆相顾攒眉，独体仁一览便了"⑤，但依然坚持"臣票拟多未中綮要，每经御笔批改""兵食之事，惟圣明裁决"⑥，遇到吏部"拟各官罚俸几月"、兵工部"拟各官吏赏几十几两"，俱"不填，听上裁定"⑦，议处抚按也"必奉改票而后敢拟"⑧，以是"流寇蹂躏畿辅，扰中原，边警杂沓，民生日困，未尝建一策"，上意仍"以为朴忠，愈亲信之"⑨。与温体仁相近，两次出任首辅的周延儒在阁时亦"大意主于逢迎"⑩，但相对于一味地秉承上意裁定，他曾试图通过票拟"委曲弥缝亦将以求济"，自言"诸公票词何太板，吾从来不下一呆实字，要使仁者见之谓之仁，智者见之谓之智耳"⑪。然而当崇祯皇帝知悉其"蒙蔽欺饰"之状后，即遭议处赐死，并称"朕恨其太使乖"，而周延儒对黄景昉则道出其无奈："事如此英主，不使乖，不得也。"⑫ 但即使如此，周延儒在兵事上也与温体仁一样，坚持"边廷事非阁臣所与知者"⑬。

---

① （明）钱士升：《赐余堂集》卷2《纶扉奏草自序》，第453—454页。

② （明）金日升：《颂天胪笔》卷4《召对》，第249页。

③ （清）孙承泽：《山书》卷15《师礼辅臣》，第377—378页。

④ （明）刘宗周：《再申皇极之要以端治本疏》，吴光主编《刘宗周全集》第3册，第121页。

⑤ （明）李清：《三垣笔记》附识上《崇祯》，第165页。

⑥ （清）张廷玉等：《明史》卷308《温体仁传》，第7935页。

⑦ （清）谈迁：《枣林杂俎》，中华书局2006年版，第80页。

⑧ （清）谈迁：《国榷》卷94"崇祯八年六月壬午"条，第5704页。

⑨ （清）张廷玉等：《明史》卷308《温体仁传》，第7935页。

⑩ （明）杨士聪：《玉堂荟记》卷上，第699页。

⑪ （明）黄景昉：《宦梦录》卷3，第241页。

⑫ （明）文秉：《烈皇小识》卷8，第217页。

⑬ （明）夏允彝：《幸存录》卷上《辽事杂志》，第530页。

而崇祯皇帝频繁"改票"的背后①，一方面反映的是"主意是朕独断"的威柄在御，从前文梳理黄景昉在阁期间的经历可以看到，其辅政之时基本也以"将顺"为主，却由于在票拟唐通疏劾赵光抃、惠世扬削籍及推任南守备事时未能遵循上意改票，不仅遭御批"词厉意猜"的诘责，也自此"失上意"，最终不得不请辞归里。极端的例子，如崇祯初年的阁臣刘鸿训，即因拒绝改票，称"票拟何以改为？真是冲主"②，致遭遣戍。而当崇祯皇帝之"圣意不欲人议及"③时，甚至不令阁臣改票，径直御批下发，其对"庚辰特用"举子自诩"荣均及第"及"请谒庙、立石"的疏奏态度即出于此。另一方面体现的则是对臣下"恩威己出"的态度。以前文述及的"黄道周之狱"为例，对黄道周的议处，崇祯皇帝虽本无处决之意，但却连续驳回了两次阁臣的票拟，直至时任刑部尚书刘泽深提醒"自来论死诸臣，非封疆则贪酷，未有以直言诛者"，方在周延儒疏救下，改处永戍。后来黄道周赦罪复职、刘宗周削籍免议等事，虽不无阁臣屡次揭争之功，但亦是基于对崇祯皇帝"恩威自出"，不欲"臣下矫之为名"的态度揣摩后之所为。此外，在进退阁臣时，崇祯皇帝"务抑言官，不欲以其言斥免大臣"，像周延儒、温体仁、杨嗣昌均是"弹章愈多，位愈固"④，甚至于深知王应熊"不协人望"，却因"己所拔擢，不欲以人言去"。⑤以故谢升对崇祯皇帝驭宇之所为曾批评道："人主以不用聪明为聪明，皇上太用聪明。"⑥

不可否认的是，内阁辅政空间虽然在崇祯皇帝的治驭下趋于萎缩，然而一旦阁臣善于揣悉圣意，又往往成为政治斗争中借以打击异己的手段。崇祯十五年，御史吴履中在《攻补阙失疏》就温体仁、杨嗣昌"大奸之罪状未彰"指出：

皇上所信任，无如此二人。二人恃皇上之信任，以售其奸欺，不

① 关于崇祯皇帝"改票"的研究，可参见李文玉《明末的中枢决策与权力格局演进：以崇祯帝"改票"为视角》(《求是学刊》2017 年第 5 期)。
② (明)史惇：《恸余杂记》，中华书局1959年版，第70页。
③ (明)黄景昉：《宦梦录》卷3，第193页。
④ (清)张廷玉等：《明史》卷253《张四知传》，第6546页。
⑤ (清)张廷玉等：《明史》卷253《王应熊传》，第6531页。
⑥ (明)李清：《三垣笔记》附识上《崇祯》，第185页。

知如何忠爱、如何匪躬以自结于皇上，迨深信不疑，然后得为所欲为，无不如意。其所欲为者，先做成一不得不为之机彀，待皇上发一意旨，而遂见诸行事。有执以罪彼，彼不任受，曰："皇上自为之。"皇上亦曰："彼实未尝专擅也。"乃益深信不疑。是以二奸误皇上，而反卸责于皇上，皇上为二奸所误，而反为二奸代受过也。①

吴履中在疏奏中的概括颇能洞见温体仁秉政之款曲，具体于体仁之权术，他说道："温体仁显托严正之义，阴行媢嫉之私，凡正人君子，必百计摧折，以致贤士解体，救过不遑，使朝廷不得任人以治事，而酿成大乱之源者，体仁之罪状也。"这正如《明史》所总结的："所欲推荐，阴令人发端，己承其后。欲排陷，故为宽假，中上所忌，激使自怒。帝往往为之移，初未尝有迹"。② 以吏部尚书谢升疏参许誉卿"营求北缺，不欲南迁"一事为例，钱士升原拟令吏部回奏，温体仁由于屡遭誉卿弹劾，本已记恨在心，欲逐其去职，并借此向文震孟发难，遂票拟"大干法纪，着降级调用"，因其深知"既云'大干法纪'"则例当重遣，翌日果如所料，御批改为"着削籍为民"，震孟也因揭争此事，为体仁揭奏罢归。③ 此外，如姚希孟降调、罗喻义去职皆源于体仁之密奏，而张捷奏荐逆案吕纯如亦出自体仁之指使。当然，从另一方面来说，如果阁臣揣摩上意得当，亦能于皇帝诖误有所补救，时人称周延儒"应对实敏绝，凡圣怒人莫能挽回，惟宜兴谈言微中"④，其再召后"悉反体仁辈弊政"，"内箝大珰，外调言路"，崇祯皇帝亦皆能"忻然从之"⑤。这除了延儒"工于迎合"外，还缘于洞察上意后的"曲谨弥缝"，前述被视为"人皆以为不可救"的黄道周之狱即因此得以转圜。

值得注意的是，崇祯一朝虽然未出现宦官专权的情况，但由于承续自固有的中枢政治体制，内阁的职掌同样受制于宦官，"入阁办事者，职在批答，犹开府之书记也。其事既轻，而批答之意，又必自内授之而后拟

---

① （清）孙承泽：《山书》卷15《两辅酿乱》，第399页。
② （清）张廷玉等：《明史》卷308《温体仁传》，第7933页。
③ （明）文秉：《烈皇小识》卷4，第119页。
④ （明）夏允彝：《幸存录》卷下《门户杂志》，第546页。
⑤ （清）张廷玉等：《明史》卷308《周延儒传》，第7933页。

之"①。崇祯皇帝即位之初，有惩于魏忠贤乱政，尽撤各镇内监、诏谕内臣非奉命不得出禁门、戒廷臣交结内侍，使"政事俱归于外廷"②。然而，"己巳之变"令崇祯皇帝深感"信外臣不如信内臣"③，对外起用内臣出镇，认为"使察天下之情伪，一旦得罪，虽势如凶竖，而我能立除之，无难也"④；在内则借宦官以助谋断，并亲自面考随堂、秉笔太监⑤，形成"上好文墨，初读史，司礼监内臣多阅史，后多延师习时艺，兼务博综"⑥。自是迄于北都陷落，宦官势力"虽然有阶段性的起落和消长"，但在中枢政治中一直扮演着重要的角色，⑦ 所谓"有宰相之实者，今之宫奴也。盖大权不能无所寄，彼宫奴者，见宰相之政事坠地不收，从而设为科条，增其职掌，生杀予夺出自宰相者，次第而尽归焉。有明之阁下，贤者贷其残膏剩馥，不贤者假其喜笑怒骂"⑧。据文震孟之子文秉所记，新任阁臣入直依例需"以名帖同礼帖致意大珰，大珰亦以名帖、礼帖至意"，太监曹化淳曾托人致意"若循例往来，外廷惟所欲为，大珰无不奉命"，文震孟仍坚持："极大珰之力，使我不为宰辅耳，不为宰辅，于我何损？而名帖既入，此辱岂能洗耶？"与之相对的，则是温体仁对宦官的态度："乌程于内廷，凡有执事人员极小者，节中俱有礼相候，掌印及秉笔者，又不必言。"因此，文秉感慨道："先文肃乃孤行一意如此，欲久居揆席，得乎？"⑨ 最终文震孟在曹化淳和温体仁的内外构陷下"三月而斥"，而体仁则在阁先后八载，直至太监曹化淳密揭其所为于崇祯皇帝始去职。相似的还有陈演的入阁，在其擢任詹事府少詹事后，即"与内侍通"，适逢崇祯皇帝"简用阁臣，每亲发策，以所条对觇能否"，太监"探得帝所欲问数事，密授演"，在内臣的帮助下陈演遂以条对称旨入预机务。⑩ 代表性的例子还有后来遭宦官构陷被勒自缢的薛国观、周延儒，国观在召对答崇祯皇帝"朝士

---

① 赵轶峰注说：《〈明夷待访录〉简注·置相》，河南大学出版社2016年版，第136页。

② （明）文秉：《烈皇小识》卷首《序》，第3页。

③ （清）谈迁：《国榷》卷97 "崇祯十三年三月戊子"条，第5859页。

④ （清）谈迁：《国榷》卷100 "崇祯十七年三月戊戌"条，第6029页。

⑤ （明）刘若愚：《酌中志》卷16《内府衙门职掌》，北京古籍出版社2001年版，第97页。

⑥ （明）李清：《三垣笔记》卷上《崇祯》，第27页。

⑦ 周晓光：《论明代崇祯年间的宦官》，《学术月刊》1992年第1期。

⑧ 赵轶峰注说：《〈明夷待访录〉简注·置相》，第136—137页。

⑨ （明）文秉：《烈皇小识》卷4，第106—107页。

⑩ （清）张廷玉等：《明史》卷253《陈演传》，第6547页。

婪贿"之问时，曾称"使厂卫得人，朝士何敢黩货"，以致在侧的东厂太监王化民"汗出浃背"，于是"专侦其阴事，以及于败"①；借太监曹化淳、王之心、王裕民之力再相的周延儒，最初在阁时亦"每借力于内，以示其威权。其语人也，辄以喜怒不测，归之圣意，而实阁中之权尽归于中涓矣"，时人已訾议其"是阁体之坏，自宜兴始也"②，但在起复后则罢内操、罢厂卫、禁朝官与中官往来、诛王裕民、刘元斌，"凡上之所以信宜兴，与宜兴之所以为上信任者，无一不与中贵为难"，于是"诸珰积怨深怒，蓄而待发"，适其请命督师"乃发其欺蒙诸状"，最终惨遭议处。杨士聪在对比周延儒与吴甡的结局后解释道："兴化戍滇，宜兴至死，则以怨兴化者仅一先帝，而怨宜兴者诸珰实鼓煽之，遂至于不可救也。"③ 正如夏允彝所说："烈皇帝太阿独操，非臣下所得窃用，而每当举措，则内珰发其端，似阴中而不觉也。"④ 从上述的情形中不难看出，阁臣的职权空间，既需秉呈上意，又不时受到内廷宦官的掣肘制约，在明季的中枢体制格局中几乎呈现出虚空状态，甚至于"看详章奏，平驳诸司"⑤ 之职，至此时亦难以有效发挥。

最终，在崇祯皇帝"焦心求治，操切擒抉"的情况下，随着皇权的进一步强化，不仅阁权空间遭到挤压以至于"被完全压扁"⑥，同时也造成阁臣"各顾身家"⑦。甚至危急存亡之际，当兵部请移宁远之兵入卫京师，时任首辅陈演仍认为"当奏请旨商酌"，即使崇祯皇帝谕令其"此等重大军机，应行与否，原应先生每主持担任，未可推诿误事"，但在揣知上意游移之后，即揭奏道"万一差错，臣等之肉其足食乎？此真安危大机，臣等促膝密商，意皆如此，实未敢轻议……伏祈圣裁，并祈俯赐鉴宥"⑧。随后，李自成攻陷山西，进逼京城，陈演疏请致仕，蓟辽总督王永吉弹劾其："一味欺蒙，一句不肯直说，一事不肯担当，把持朝纲，变乱成法。"⑨

---

① （清）计六奇：《明季北略》卷16《薛国观免》，第277页。

② （明）文秉：《烈皇小识》卷3，第81页。

③ （清）谈迁：《国榷》卷100"崇祯十七年二月庚辰"条，第6038—6039页。

④ （明）夏允彝：《幸存录》卷下《门户杂志》，第545页。

⑤ （明）黄景昉：《馆阁旧事》卷下。

⑥ 赵轶峰：《明代的变迁》，第72页。

⑦ （清）孙承泽：《山书》卷18《法令之源》，第486页。

⑧ （明）蒋德璟：《愨书》卷11《回奏议调宁远兵》《回奏议撤宁远揭帖》。

⑨ （清）孙承泽：《春明梦余录》卷24《内阁·闻警求去》，第364页。

崇祯皇帝虽怒斥其"朕不要做的，先生偏要做；朕要做的，先生偏不要做"①"汝一死不足尽其辜"②，却仍赐路费许其乘驿归里。如果对比周延儒以蒙蔽任事被处，陈演反以推诿卸责获宽，其本质上的差异从崇祯皇帝自言"主持在朕躬""主意是朕独断"即可窥见，其中微旨在于阁臣虽有"票拟批答，平允庶政"之职，但实际上是奉圣意行事，即如张居正之时亦言"所理者皇上之事也，所代者皇上之言也"③，故在事时应"曲谨事上""取自圣裁"，而不得"蒙昧欺妄以事君"，揆诸崇祯朝能以致仕去位的阁臣，时人传记中均不乏"兢兢""恂恂""谨饬""曲谨""拘谨"等描述。这也凸显了晚明的庙堂政治，在崇祯皇帝"进一步集权于一己"④的情况下，内阁已彻底沦为皇权的附庸，阁臣在具体辅政实践中呈现出来的是"极力附会"⑤"人怀规利自全之心"⑥，中枢政治成为崇祯皇帝"一人而治之"的局面。在这种政治格局之下，客观上也决定了黄景昉的辅政空间和为政方式，正如他所感慨的："末世多虞，圣主难事，信惟余辈所遇为然。"⑦

第二节　"以道事君，不可则止"：黄景昉的事君思想

黄景昉在入仕之初，与友人讨论"勋名所至"时，曾说道："他日稍有补于国家，无得罪于名教足矣。"⑧即景昉所秉持者，在事功方面应有补于国事，同时又不悖于纲常名教。所谓"名教"，袁宏解释道：

> 夫君臣父子，名教之本也。然则名教之作，何为者也？盖准天地之性，求之自然之理，拟议以制其名，因循以弘其教，辩物成器，以通天下之务者也。是以高下莫尚于天地，故贵贱拟斯以辨物；尊卑莫

① （明）李逊之：《三朝野记》卷7《崇祯朝野纪》，第348页。
② （清）孙承泽：《山书》卷18《请诛庸辅》，第505页。
③ （明）张居正：《张太岳集》卷39《被言乞休疏》，上海古籍出版社1984年版，第501页。
④ 赵轶峰：《明代的变迁》，第66页。
⑤ （明）李清：《三垣笔记》卷上《崇祯》，第34页。
⑥ （清）张廷玉等：《明史》卷309《流贼序》，第7498页。
⑦ （明）黄景昉：《馆阁旧事》卷下。
⑧ （明）黄景昉：《宦梦录》卷1，第74页。

大于父子，故君臣象兹以成器。天地无穷之道，父子不易之体。夫以无穷之天地，不易之父子，故尊卑永固而不逾，名教大定而不乱，置之六合，充塞宇宙，自古及今，其名不去者也。未有违夫天地之性而可以序定人伦，失乎自然之理而可以彰明治体者也。①

后世称"名教"为"天地之大经，而古今之恒典"，其核心在于定尊卑、别名分，而"君臣之义，于名教为尤重"。② 黄景昉之事君，秉承两宋以降士大夫"以天下为己任"的追求，在面对皇权进一步强化、辅政空间趋于偪侧的情况下，仍试图在补偏救弊于时局和不悖于纲常伦理之间寻求平衡。因此，他颇为敬仰同乡前辈李廷机，称其"一言一事，无不足为后世法"。③ 关于"事君之道"，李廷机在著作中曾自述道：

> 大臣须办得一点忠诚，不为身，不为家，不为官，不为荫，一心为国为主，禄赐之外更无它营。君虽尊如天，然天而人者也。天尚可感，岂君不可感？君既信之敬之，自然能有所救正，有所转移。而况百僚睹其表仪，闻其声望，自足以压服严惮，使之肃而不敢肆，诎而无得言。即使君难格，人难调，然大臣之道已得矣。道不行，奉身而退可也。④

李廷机认为，士大夫在朝应"以道事君"，一心为国为君，力求能补偏救弊，并且在禄赐之外不再有其他的营求。而当君心无可挽回，则应知止而退。李廷机的这一段解释，恰可为黄景昉前述"他日稍有补于国家，无得罪于名教足矣"作注脚。孔子云："君子之事上也，进思尽忠，退思补过。将顺其美，匡救其恶。"⑤ 在崇祯朝"操切刻深"的政治态势之下，黄景昉的辅政虽力求秉持此旨，以"道"为其事君准则，但在践行"不从君之

---

① （晋）袁宏：《后汉纪》卷26《孝献皇帝纪》，中华书局2002年版，第509—510页。

② （金）元好问：《元好问文编年校注》卷5《资善大夫武宁军节度使夹谷公神道碑铭》，狄宝心校注，中华书局2012年版，第645页。

③ （清）郭庚武、黄任、怀荫布纂修：（乾隆）《泉州府志》卷20《风俗》，第1册第484页。

④ （明）李廷机：《李文节先生燕居录》，《四库禁毁书丛刊》史部第44册，北京出版社2000年版，第667页。

⑤ （宋）邢昺：《孝经注疏》，阮元校刻：《十三经注疏》（清嘉庆刊本），中华书局2011年版，第5567页。

欲"时，对于崇祯皇帝的不当举措，则是在将顺的前提下，力求"正而止之"，其在讲筵、召对、票拟时的启沃、劝谕、谏议之言多出于此。如黄道周之狱"举朝揣恐，相视无人色"①，景昉在经筵上即借讲《尚书》"帝慎乃在位"章之机，向崇祯帝进言规讽道："廓大公之道以应无穷，敛神武之威而归不杀，及举错合万方公论云云。"②又如刘宗周因申救姜埰、熊开元革职待罪时，景昉认为"刘累朝老成，所争执事正，倘令身就牢狱，谓朝论何？谓主德何"，亟请首辅周延儒"宜留批面奏"，并以"律有七十以上收赎之条"向崇祯皇帝祈请宽宥。随后，西协唐通攻讦总督赵光抃，景昉亦不避同门之嫌，票拟该疏"下部察奏发改"，即使崇祯皇帝认为"镇臣非万分屈抑，安敢上疏"令其改票，景昉仍根据时局，揭奏力争道："文武一体，情意固贵流通；上下相维，纪纲尤宜严肃。不便以镇将单词遽罪督臣。并及近旨太优假镇臣状。"③另外，像面奏高起潜拥兵关外凡遇有撤监视内臣之旨即报有警、力争操江独任刘孔昭及揭奏推任南京守备官等事，虽终不得上意，但所为皆出于"忠君为国"之旨。

　　而当黄景昉屡次谏言均不为崇祯皇帝所认可，使其追求之"道"无法付诸政治实践，并被疑为有党比行迹时，因深知"仕为行道，道不行，义不可以素餐"④之旨，慨然疏请辞官归里，以此来表达其诉求："顾国家事实难措手，意向倏移，扞格恒生，徒强颜伴食何益？大臣'以道事君，不可则止'，即圣门律令，亦祇得如是耳！"⑤正如朱熹所强调的："不可则止者，必行己之志。"⑥但即使如此，在临行前，黄景昉仍上疏规劝崇祯皇帝应"简发章奏，爱惜人才；雄断仍本小心，询谋无妨舍己；毋以仁义不效，辄疑王道为迂阔，或狂愚可矜，尚望神威稍霁"⑦，期以此尽其为国之心。

　　同时，与李廷机看法一致，黄景昉在面对万历以降士风日渐败坏，

---

① （明）黄景昉：《宦梦录》卷2，第176页。

② （明）黄景昉：《宦梦录》卷3，第194页。

③ （明）黄景昉：《宦梦录》卷4，第253—254页。

④ （汉）何休：《春秋公羊传注疏》，阮元校刻《十三经注疏》（清嘉庆刊本），第4859页。

⑤ （明）黄景昉：《宦梦录》卷4，第287页。此处"北图本"《宦梦录》有批语云："孔曰：'不可则止。'孟曰：'可以止则止。'可，正从不可中看出，道不行则可以止矣。"

⑥ （宋）朱熹：《论语集注》卷6《先进》，中华书局1983年版，第128页。

⑦ （明）黄景昉：《宦梦录》卷4，第288—289页。

"人心懈弛，吏道陵夷"① 之时，也认为士大夫应注重内在的"克己"，在通籍后所获得的名分及财产之外，不当再"复生事旁求"：

> 兵宪曾公樱尝于讲社极言："士大夫宜安贫。"余曰："以愚所见，祇安富足矣。"曾骇问何故？余曰："公试观海内仕绅，那个是真贫的？自通籍后，谁无数亩之田，数椽之屋，但肯安心于此，勿复生事旁求，即以称贤士大夫可也。"座颇称善，谓余言阴中世情。②

此条记载虽是黄景昉丁忧家居时所言，然而据其此前所经历的诸多事端，结合温体仁当政的时局，其"勿复生事旁求"一句虽未明言，但除了指士大夫宜安于现有之所得外，亦与在朝士大夫诸多"为己"的"营求"有关。自崇祯皇帝"操切求治，宵旰靡宁"，温体仁、薛国观等又"导帝以刻深"，庙堂之上"止有唯唯否否，如鹦鹉学语，随声附和"，士大夫"各顾身家"，而"不肖大臣不学无术，志图温饱，以公忠体国者为假道学，以阿谀软熟者为真作用"，造成"贿赂之风不尽改，权巧之窦不尽绝，以刑狱重情为报怨之薮，以清华要地为私人之宅，直懟者谓之党，雷同者谓之公，死节不必褒，逃叛不必罪，以致盗臣接踵，伪士比肩"③。在朝者遂不思"以道事君"，而期以"迎合揣摹，善保名位"，使"大小卿僚，无不垂涎政府者，咸嚣然有出位之思"④，故当景昉称"祇安富"即可"称贤士大夫"时，听者亦认为所言"阴中世情"。

第三节 "有补国是"与"造福枌榆"：黄景昉的辅政实践

黄景昉所秉持的"以道事君，不可则止"之旨，在崇祯朝的政治态势之下，其辅政实践体现为是否有利于国家，而不悖于纲常伦理。因此，他虽师出阉党之门，又与东林复社诸人多相过从，仍能持正而不党。但同

---

① （清）孙承泽：《山书》卷6《尚德缓刑》，第124页。
② （明）黄景昉：《宦梦录》卷2，第129页。
③ （清）孙承泽：《山书》卷18《富强之本源》，第488页。
④ （明）黄景昉：《馆阁旧事》卷下。

时，与传统的士大夫一样，黄景昉也有浓厚的地域意识，在处置涉及闽地、泉郡的有关事务时，不免有乡土之私。以下拟结合黄景昉立朝时的庙堂举措，对其辅政思想略作梳理。

一　君子不党

万历年间，顾宪成、高攀龙等人讲学于东林书院，面对"官辇毂，志不在君父，官封疆，志不在民生，居水边林下，志不在世道"① 的时局，认为"君子在朝，则天下必治；小人在朝，则天下必乱"②，遂在讲习之余"讽议朝政，裁量人物"，倡导自下而上的"救世"之道，不仅使士大夫中的"抱道忤时"者"闻风响附"，朝士慕其风者亦"多遥相应和"，形成了由"天下清流之士"组成的东林群体，晚明的党争自此"进入实质性阶段"。③ 后来，随着党争的日炽，"凡救三才者，争辛亥京察者，卫国本者，发韩敬科场弊者，请行勘熊廷弼者，抗论张差梃击者，最后争移宫、红丸者，忤魏忠贤者，率指目为东林"④，黄宗羲虽然坚持："东林讲学者，不过数人已耳，其为讲院，亦不过一郡之内已耳。昔绪山、二溪，鼓动流俗，江、浙南畿，所在设教，可谓之标榜矣。东林无是也。京师首善之会，主之者为南皋、少墟，于东林无与。乃言国本者谓之东林，争科场者谓之东林，攻逆阉者谓之东林，以至言夺情奸相讨贼，凡一议之正，一人之不随流俗者，无不概谓之东林，若是乎东林标榜，遍于域中，延于数世，东林何不幸而有是也？东林何幸而有是也？然则东林岂真有名目哉？亦小人者加之名目而已矣。"⑤ 但诚如夏允彝所言："两党之于国事，皆不可谓无罪……其无济国事，两者同之耳。"⑥

黄景昉通籍时，正值魏忠贤乱政，阉党肆虐之时，据前文考证，景昉为逆案中人来宗道、魏广微之门生，称来、魏为"座师""魏师"，但景昉自入仕后即对阉党中人敬而远之。为庶吉士时，霍维华曾请景昉代草寿

---

① （清）张廷玉等：《明史》卷231《顾宪成传》，第6032页。

② （明）顾宪成：《泾皋藏稿》卷2《上相国瑶翁申老师书》，《景印文渊阁四库全书》集部第231册，台湾商务印书馆1986年版，第13页。

③ 张显清、林金树：《明代政治史》，广西师范大学出版社2006年版，第804页。

④ （清）张廷玉等：《明史》卷231《顾宪成传》，第6033页。

⑤ （清）黄宗羲：《明儒学案》卷58《东林学案一》，第1375页。

⑥ （清）黄宗羲：《汰存录》，《黄宗羲全集》第1册，第331页。

序，初次虽"勉诺之"，但再至则坚辞其请，随后更与之断绝来往。① 而对诌谀魏忠贤者，尤为鄙夷，特别是见馆课《古今名宰辅评见》中有作者称颂魏阉"惟魏公卓然为不可及"，馆师亦认为"归结专重魏公，尤为卓识"时，黄景昉斥为"闻堪哕呕"。② 至天启六年五月，黄景昉鉴于是时珰势猖獗，"忧愤无仕宦意"，遂请假归里，为该批庶吉士之首，直至崇祯改元始还朝授职。

值得注意的是，黄景昉虽列名复社，又与黄道周、姚希孟、文震孟、郑三俊、钱士升、何吾驺、姜曰广、曾樱、陈龙正等东林士人相交甚厚，但或因同为闽籍，或有师生之谊，或为故交，或"意气相期"，或同讲"旦气之学"，在庙堂之上并未有明显的朋比行迹。欧阳修在《朋党论》中说："大凡君子与君子，以同道为朋；小人与小人，以同利为朋，此自然之理也。然臣谓小人无朋，惟君子则有之，其故何哉？……（君子）所守者道义，所行者忠信，所惜者名节。以之修身，则同道而相益；以之事国，则同心而共济。终始如一，此君子之朋也。"③ 黄景昉之立朝与此说颇为相合，如割俸金之赒吴裕中，实与吴"非素交"，仅偶识之；成勇更是"仅一识面耳"；而姚希孟与景昉定交，则因其楚《录》中砭切时政之举；而其面救刘宗周，乃因宗周为"累朝老成，所争执事正"。如果仅因黄景昉与东林复社中人往来密切，或是屡为东林复社中人谏言，即将其视为党社中人，而忽视其"以道事君"的辅政理念，则难免以偏概全。故而，明清之际与东林有关的文献多未将景昉列入其中，近人小野和子在考察有关"东林党关系者"时④也未涉及其名讳。黄景昉与东林党人之关系，在一定层面上与前辈叶向高相似，但在程度上或不及叶向高。

除此之外，崇祯末年的江南、江北之争，"朝臣一半是周延儒之党，一半是吴甡之党，两家不和"⑤，周延儒于黄景昉不仅有提携之恩，且二人相交甚厚，但景昉始终未曾卷入其中，并对个中缘由力辩道："江南北省台自相水火，遇周、吴二公同籍、同事，故相欢，坚欲离异之。吴昌时尤

---

① （明）黄景昉：《宦梦录》卷1，第81页。

② （明）黄景昉：《宦梦录》卷1，第84—85页。

③ （宋）欧阳修：《居士集》卷17《朋党论》，《欧阳修全集》，中国书店1986年版，第124—125页。

④ 小野和子：《明季党社考》，上海古籍出版社2006年版，第377—402页。

⑤ （清）孙承泽：《山书》卷17《逮繫二辅》，第465页。

挑撺其间，至谓吴公出督师由周公密挤，及周公身自请行，复谓：'即日出国门，有意明以速形吴之迟。'噫！岂有是哉！忆某给谏语余，各省议论合皆归江北，即贵乡亦然。余不答。"① 与吴甡交厚的李清看法也与景昉相同，认为："予入吏垣时，江之南北各推同乡二政府为主，遂分南北党。"② 另外，黄景昉疏救郑三俊、票驳唐通疏劾赵光抃、轻处陈燕翼、揭争惠世扬削籍等事，均就事而论，并非出自朋比党护之心，这在前文中已作辨析，在此不再赘述。近人孟森称黄景昉立朝"和平中正，不榜门户"③，这一评价可谓恰如其分。

二　重视人才

黄景昉在其仕宦生涯中对人才颇为重视，他认为："用人，国大事也，从公家起见，讵容参私意其间。"④ 而此思想主要体现在典试乡闱和荐举官员上。崇祯九年，黄景昉主考顺天乡试，依例"房考呈卷，主考阅定去取，落卷从无经目者，意省烦，亦避形迹"，但因担心落卷中有可拔擢的人才，遂"悉取《易》《书》二房皿字号落卷审阅"，《易》房拔张罗俊、王龙贲，《书》房擢叶永华，所取三人"俱名士"，而张罗俊、王龙贲此后更是中式崇祯十六年癸未科进士。由于此次黄景昉搜取落卷之举未挟私心，所取考生又皆为才学之士，以故即使王龙贲与景昉同郡"亦无疑者"⑤。

在官员的荐举方面，黄景昉亦尽其所能，如前述提及的成勇、朱天麟不得考选之事，景昉在崇祯皇帝召对问及"保举、考选孰为得人"时，即面奏道："保举多私，近日考选亦不公。推官成勇、朱天麟，廉能素著，乃不能与清华选。"⑥ 随后，景昉擢任詹事府詹事，考虑到"前后辈废谪多"，遂与吏部尚书李日宣商议起复之事，而所拟之人如罗喻义、项煜、刘同升、赵士春等时论皆以"正人"称之。崇祯十五年，登莱巡抚出缺，部推拟由曾化龙出任，是时蒋德璟因与之有"姻谊"，避嫌不便荐举，而

① （明）黄景昉：《宦梦录》卷3，第240页。李清《三垣笔记》卷中《崇祯》，第51、52、85页所记条目实与黄景昉看法相同，周延儒、吴甡二人并未不和，只因台省之故，而被认为以二人为首，朝臣分为江南、江北党。

② （明）李清：《三垣笔记》卷中《崇祯》，第67页。

③ 孟森：《传钞本黄景昉〈国史唯疑〉跋》，第12页。

④ （明）黄景昉：《宦梦录》卷3，第238页。

⑤ （明）黄景昉：《宦梦录》卷2，第142页。

⑥ （清）夏燮：《明通鉴》卷86"庄烈皇帝崇祯十一年"，第2986页。

景昉深知其才，虽在公车时曾受其怠慢，仍极力赞成曾化龙就任此职。同年，对于庙堂“广议兴屯”之策，陈龙正上书《垦荒议》，认为“兴屯不如垦荒”，黄景昉知其“学多考究”，此举亦有可行性，即“面称之御前二次”，只是因阁臣周延儒、陈演的阻隔，崇祯皇帝“仅取所著书进览”，而未竟其用，对此景昉亦感慨道“置真能手不问，诚可怪诧”。[①] 崇祯十六年，在召对武英殿时，景昉又与吏部尚书李遇知同荐钟炌、王志道、程註、贺世寿起复，最终崇祯皇帝认为钟炌、王志道为“革职”，程註、贺世寿仅是“闲住”，遂点用程、贺。由于此四人为时论所推重，因“推挽未全售”，亦使得“群情觖望”。

同时，黄景昉对于闽籍官员，当知其才可堪任用时，亦常举贤不避亲，他认为：“余谓人才苟真知可用，何嫌之避。”[②] 如黄文焕考选翰林院，当同乡何楷过询时，景昉即以其才品为荐：“编修黄公文焕，初以山阳令考选，值推择馆员，同乡多欲得之者。给谏何公楷过询，余曰：‘属黄是，如某某俱亲谊，望亦佳，若论馆员材料，非黄不可。’何曰：‘君何言之决也？’余曰：‘某生平不能作游移语。’事遂定。是年各省以推敲馆员屡致嚷闹，独闽中终始靡间言者。”[③] 又如同邑杨玄锡之任吏部主事，亦缘于景昉之力持：“同乡铨部缺，议推中翰杨公玄锡，适里中有大力欲得之者，首揆周公、冢宰郑公并为言，余难之。已，二公去国，杨同浙江司官某推补疏发阁不点，例须改推，余为从臾。同事陈公、蒋公等具揭称冢臣李遇知新受事，首题二司官不蒙钦点，将来不便用人，因亦附改推旨同进，随即点下。”[④]

从以上数事也可看出，黄景昉对于人才的选任和荐举，均以其人之才是否堪任、其赴任是否有补于国是，因而即使所举者为其同乡、旧交，也未受到时论的非议。

三　闽地意识

黄景昉在朝时，对于福建地区、闽籍官员及任职于闽地者多有关注，谢国桢、熊德基先生亦曾指出其地域观念[⑤]，在黄景昉存世著作《宦梦录》

① （明）黄景昉：《宦梦录》卷4，第277页。
② （明）黄景昉：《宦梦录》卷4，第276页。
③ （明）黄景昉：《宦梦录》卷2，第156—157页。
④ （明）黄景昉：《宦梦录》卷4，第276页。
⑤ 谢国桢：《晚明史籍考》，第60页；熊德基：《〈国史唯疑〉序言》，第7页。

《国史唯疑》中，这一"士人乡土认同"① 尤为凸显，常常称晋江、泉州为"吾邑""吾郡""吾泉"，故凡涉及闽事闽政者，景昉均颇为着意。但这些关注仍然是在其所遵循的"道"的前提下，而并非如明代中期开始的南北人之争，只关注地方的利益，使"国家的利益、社会的发展，在这样的争斗中已不再重要"②。

黄景昉对于福建地区的实际举措，如崇祯十年福建督学出缺，时任吏部尚书谢升过询黄景昉的意见，景昉即就其所知荐举：

> 闽缺督学，太宰谢公升偶过余，询及。余逊辞，谢强余言之，余以翁公鸿业、侯公峒曾、冯公元飏、郭公之奇对。谢面加评品，决用冯，退语人以余言为当。……所举四公，后翁、侯、郭各为督学，冯至巡抚。③

又如崇祯十六年，廷议调福建水师三千赴登莱，需安家行粮七万金，巡抚张肯堂"虑难猝办"，是时黄景昉已入预机务，在召对时建议道：

> 闽水师三千赴登，计费安家行粮七万金，闽抚张公肯堂面对，虑难猝办。余进曰："水师惟郑芝龙颇精，郑镇漳、潮间，闽、粤共之，费宜两省分办为是。"旨允行。④

随后，兵部又议及各省入援京师的折色，福建计需折银三万五千金，黄景昉亦上言：

> 兵部议各省闻警入援，闽、粤、滇、黔稍远，许折输援兵银若干，免调发。闽应折三万五千金。余谓："闽既调水师行，即同入援，

---

① 参见陈宝良《明代士大夫的精神世界》，北京师范大学出版社 2017 年版，第 77—83 页。

② 张显清、林金树：《明代政治史》，第 789 页。

③ （明）黄景昉：《宦梦录》卷 2，第 159 页。

④ （明）黄景昉：《宦梦录》卷 3，第 238—239 页。此记载亦见（清）全祖望《鲒埼亭集》卷 10《明太傅吏部尚书文渊阁大学士华亭张公神道碑铭》，《全祖望集汇校集注》，第 203 页；（清）钱谦益：《牧斋初学集》卷 87《请调用闽帅议》，钱仲联标校，上海古籍出版社 1985 年版，第 1833—1836 页。

视他省之全无调发者迥殊。"票从豁免。①

其间，对于泉州知府的选任，黄景昉亦曾多有谏言。如泉州知府出缺，郡中之人均思以孙朝让赴任，景昉即以其名向谢升荐举，并解释道："余于孙无交，采自舆议耳。"② 后来，门人夏雨金在泉州知府任上颇有政声，蓟辽总督王永吉荐举其出任监军，黄景昉认为夏雨金在泉州"政行方有绪"，此举是"舍近用远"，票拟批驳道：

> 余郡久不治，楚门人夏雨金雅负才，自比部擢，政行方有绪，适蓟督王公永吉举监军道数人列名请，夏末与焉。部遂推夏往，余驳云："监军原举多人，何因舍近用远。"旨竟从中允。愧不能留一贤守造福枌榆，抑心力尽矣。余归，尚有议留者，不果。③

黄景昉对于福建地区的关注，在一定程度上虽然存有"私心"，但并非如门户中人置国家利益于不顾，而是在地方与国家二者之间寻求合理的平衡，故而凡有利于闽地者，则据理力争；对于能有助于闽地治理的士大夫，则力促其留任，或荐举其赴闽。此外，黄景昉对于闽地的关注，更多地反映在其著作之中，对此他也解释道："凡良守令之有造于闽者，余多录示劝。"④ 其宗旨仍与前文所提及者相通，是为了鼓励闽地士人成为"立身行道，少有补国家"的"贤士大夫"。⑤

客观来说，相对于黄景昉在著作中所表达的"经世主张"，由于受崇祯皇帝乾纲独揽的制驭方式及嘉靖以降内阁在庙堂政治中角色嬗变的制约，在明季的政治生态中，他虽力求秉持其事君之道，但在朝期间仍然是以"将顺迎合"为主。上述的辅政实践也是在崇祯皇帝的俯允下才得以渐次施行，而一旦有所违忤，即遭切责，并"失上意"。与此同时，黄景昉在阁"恂恂雅饬，曲谨事上"⑥，谨守不通内、不党比、不欺妄之训，丝毫

---

① （明）黄景昉：《宦梦录》卷3，第239页。
② （明）黄景昉：《宦梦录》卷2，第172页。
③ （明）黄景昉：《宦梦录》卷4，第281页。
④ （明）黄景昉：《国史唯疑》卷12，第365页。
⑤ （明）黄景昉：《馆阁旧事》卷下。
⑥ （清）陈盟：《崇祯阁臣行略》，周骏富辑《明代传记丛刊》第42册，第757页。

未敢触碰崇祯皇帝之忌讳。当失"圣心"时，又能洞悉"盈虚消息，时至则行"① 之说，预为揣知请辞，故能"克保令名"。实际上，黄景昉的仕宦经历、辅政实践也从一个侧面反映了崇祯朝阁臣在施政空间上所能达到的边界。

---

① （明）黄景昉：《宦梦录》卷4，第288页。

第四章　黄景昉的交游与著述

　　黄景昉在十九年的仕宦生涯中，既能于主考乡试、掌印詹翰之时，网罗人才，奖掖后进，又敢于在日讲启沃、召对票拟之际，封驳章奏，揭救忠良，在士林之中享有盛誉，时人称其"作事立言皆不愧古人"。而其为学则至老不怠，"文必师古，事必师古，学必读遍古人书"，更于读书中秘之时，"纵观经史之林，靡不撮其要，而编摩之"，终成数百万言之著述。①然而，由于相关文献记载的阙如以及黄景昉著作的散佚，迄今对其著述、交游情况，尚乏细致的考察。因此，本章拟系统梳理黄景昉的交游及著作，以期更为全面地呈现其学宦的一生。

第一节　黄景昉交游考论

　　黄景昉一生之经历，虽早年困于公车、中年扼于时局、晚年隐于鼎革，但揆诸《宦梦录》《鹿鸠咏》《瓯安馆诗集》等书，其交游所至，上自阁臣，下至布衣，或是师生之情，或因提携之恩，或有讲学之谊，或为闽地之交，或秉持正之论，或具奖掖之情，均不乏记载。本节围绕黄景昉的自述，尝试对其交游作系统梳理，以呈现其仕宦隐居之情形。

一　师门之谊

　　黄景昉自幼好学，转益多师，与帝制时代的大多数士人一样，走着科举入仕之路，并循例与科考、乡试、会试及馆选的主考，形成座主、门生的关系。同时，门生之间由于共同的座主，彼此亦以同门自处。黄景昉与

---

　　①　（明）林胤昌：《屏居十二课跋》，第346、347页。

座主、同门的往来交谊，也影响于此后的仕宦历程。

（一）业师座主

1. 郑三俊

郑三俊（1574—1656），字用章，南直隶建德人。万历二十六年（1598）进士，授南直隶元氏知县，二十九年（1601）转南京礼部郎中，四十一年（1613）迁福建按察司副使兼提督学政。天启元年（1621）调浙江布政司参政，历光禄寺少卿、太常寺少卿，三年（1623）擢都察院左金都御史，寻晋副都御史，天启五年（1625）阉党张讷请毁天下书院，劾三俊与邹元标、冯从吾、孙慎行、余懋衡合污同流，着"褫职闲住"。崇祯改元，以南京户部尚书起复，兼署吏部事，七年（1634）改南京吏部尚书，十年（1637）入为刑部尚书，十五年（1642）代李日宣为吏部尚书，翌年因考选科道误用吴昌时事，为言官连章力攻，遂上疏乞归。

黄景昉自郑三俊督学闽中时，已从师受业，他自记道："太宰郑公三俊为余督学师，乡举后，同林选部、傅给谏晋谒，色严冷，不假一辞也。其后见之京师，乃温蔼家人不啻。"① 而景昉中式天启五年乙丑科进士，亦缘于三俊的荐举。在黄景昉的仕宦生涯中，他与郑三俊的交往尤为密切，如崇祯十一年，三俊因屯豆、钱局事下狱，景昉在召对时上言"刑部尚书郑三俊四朝元老，至清无俦，不当久系狱"，不久三俊即得获释；崇祯十六年，三俊议调吴昌时为文选司郎中，景昉"力言不可"，只是三俊"初许诺，旋改"，以致被弹劾去职。后来崇祯皇帝即因景昉与三俊为师生、与赵光抃为同门，而疑其揭救、票驳之举有"党比"行迹，使景昉不得不上疏乞归。鼎革以后，景昉与三俊仍有诗文往来，在《瓯安馆诗集》中即有其存问三俊起居的诗作。

2. 徐观复

徐观复，原名显，字微之，号一我，浙江上虞人。万历三十八年（1610）进士。历任顺德知县、仙游知县、池州推官，擢刑部主事，改兵部，又转礼部。后因"魏珰渐横"，遂以养母告归，结庐太平山墓侧，自命"林下一人"。所著有拙鸣、甘拙、拙癖、学独、宦独、禅独等《集》。② 万历

① （明）黄景昉：《宦梦录》卷1，第74页。
② （清）唐煦春修，（清）朱士黻纂：（光绪）《上虞县志》卷10《徐观复传》，清光绪十七年刊本，第22a—22b页。

四十三年（1615）福建乡试，徐观复任同考官，为黄景昉房师，他曾记道："礼部徐公观复，余乡试房师也。令粤新会、闽仙游，著廉惠声。性峭直，尝大署枫亭道左云：数丛烟火，一掌溪山，挂颊挹爽气朝来，笑主人；真堪吏隐；撤却红尘，展开青眼，入关讶熏风乍至，问使车可是仙游。诵之可以知其概矣。后弃官学道，每书来，自题'独往散客'。"① 在入仕之初及请辞归里时，黄景昉分别有《上徐一我老师》《寄讯徐一我师》两诗寄呈徐观复，以抒其情。

3. 姜性

姜性（1559—1619），字幼蒙，湖南岳州人，南京兵部右侍郎姜廷颐长子。万历二十年（1592）进士，历任巨野知县、户部主事、刑科都给事中，万历四十五年（1617）归里，越二载卒于家。② 万历四十三年（1615）姜性为福建乡试副考官，黄景昉称其为"副座师"，但仅在乡闱翌年一晤而已。他曾记此事："太仆姜公性，余副座师，仅于丙辰春一晤而已，约束门役，严费特省，所奖许余亦至。师尊人廷颐公，官少司马，世载清德，身后仅一犹子嗣。庚午余典楚试，为橄祀之学宫，赠官诰亦出余手。"③

4. 罗尚忠

罗尚忠（1584—1626），字孝可，南直隶青阳人。万历四十一年（1613）进士，授浙江平湖知县，以丁忧去职，四十七年（1619）服阕补江西建昌知县，历任户科给事中、太常寺少卿。天启五年（1625）会试，罗尚忠任同考官，阅《诗经》房卷，黄景昉即出其门。据景昉自述，在会试前郑三俊曾向罗尚忠推荐景昉："都谏罗公尚忠，贵池人，余乙丑春遇之少司农郑公三俊邸中，以郑为同里姻，逊余揖。郑目余，笑谓罗曰：'此闽中名士，公且入闱，得此公焉。足矣。'比榜放，果出师门。"景昉亦称，罗尚忠对其"诲诱尤至"："罗师素善谈论，酌理揆情，援彼证此，虽昔人霏玉粲花之喻，不能绝喻也。所诲诱余尤至，自云令平湖日，有一孝廉为人祈免徒罪，意未许。越日，忽更请移罪他姓。师答札云'徒法不能以自行，犹可言也。徒取诸彼以与此，则决不敢闻命矣'，其人惭，亟谢罪去。"此后，景昉还曾

---

① （明）黄景昉：《宦梦录》卷1，第75—76页。

② （清）李遇时修，（清）杨柱朝纂：（康熙）《岳州府志》卷23《姜性传》，清康熙二十四年刻本，第11b—12b页。

③ （明）黄景昉：《宦梦录》卷1，第75页。

记二人的交往情况："罗师擢太常，余为办舆棍等物，师柬云：'真藤棍价高，用假者不妨。天下万事不可假，独此可耳。'"天启六年（1626），罗尚忠奉使出行"过里卒"，景昉颇为痛惋，并回忆其言云："（罗尚忠）尝云，为诸生时，梦乘里中刘御史光复车。刘终奉常，竟验。念之痛惋。"①

5. 薛三省

薛三省（1558—1634），字鲁叔，别字天谷，浙江定海人。万历二十九年（1601）进士，授庶吉士，历翰林院检讨、詹事府左春坊左赞善、左谕德、右春坊右庶子。天启元年（1621）晋詹事府少詹事，三年（1623）擢礼部侍郎兼翰林院学士，五年（1625）转吏部侍郎，旋升礼部尚书。以疏论皇极门封荫事，忤魏忠贤之意，勒冠带闲住。崇祯元年（1628），起复南京礼部尚书，疏辞不就，七年（1634）卒于家，享年七十有七。② 所著有《易蠡》《春秋辨疑》《天谷山人诗集》《文集》等。据黄景昉自述，其获选庶吉士，虽是吏部尚书崔景荣所拔擢，实由薛三省选定，其云："时少宗伯薛公三省与联坐，公以阅卷事委之，实定自薛公手。"③

6. 崔景荣

崔景荣（1565—1631），字自强，别号振峰，直隶长垣人。万历十一年（1583）进士，授平阳府推官，以治行擢监察御史，巡按甘肃、湖广、河南、四川等地，积台资十八载，三十三年（1605）晋太仆寺少卿，三十八年（1610）任都察院右佥都御史兼宁夏巡抚，四十一年（1613）入为兵部右侍郎。泰昌元年（1620）晋兵部尚书，以辽沈失地为言官所论，引疾乞归。天启四年（1624），特起任吏部尚书，翌年（1625）以"阴护东林"，为阉党倪文焕、门克新等弹劾，削职为民。崇祯改元，始复原官，四年（1631）卒于家，赠少保。黄景昉中式后，观政于吏部，曾"肃揖堂前"，考选庶吉士时，崔景荣分阅闽卷，首拔景昉。事后，黄景昉与同年张维机趋谒，景荣对之多有训勉。在景荣卒后，受其子之托，黄景昉撰《崔少保传》，称颂其"所推毂贤士大夫无算"，认为"海内尤以完节大名仰公"。④

---

① （明）黄景昉：《宦梦录》卷 1，第 78、83 页。

② （清）于万川修，（清）俞樾纂：（光绪）《镇海县志》卷 22《薛三省传》，清光绪五年刻本，第 8a—11b 页。

③ （明）黄景昉：《宦梦录》卷 1，第 79 页。

④ （清）朱煃修，（清）郭程先续纂：（咸丰）《大名府志》卷 19《艺文》，清咸丰三年刻本，第 64a 页。

7. 丘士毅、李康先

丘士毅（？—1631），字远程，江西丰城人。万历三十二年（1604）进士，选庶吉士，授翰林院检讨，历任詹事府左春坊左赞善、右春坊右庶子。天启四年（1624）晋少詹事，旋出为南京礼部侍郎，以忤阉党去职。崇祯二年（1629）起原官，未几卒，追赠礼部尚书，著有《吾美楼集》。① 李康先（1575—1641），字稚仲，浙江鄞县人。万历三十五年（1607）进士，改庶吉士，授翰林院检讨，天启年间历任詹事府左赞善、右谕德、右庶子、礼部右侍郎、国子监祭酒，以忤魏忠贤去职。崇祯改元，以原官起复，三年（1630）晋吏部左侍郎，五年（1632）擢为礼部尚书，加太子少保。崇祯八年（1635）受应天乡试磨勘之事牵连削籍。② 丘士毅、李康先在天启五年（1625）被选任为庶吉士教习，黄景昉称其为"馆师"。在馆时，对景昉所作之文颇为"器赏"，而李康先的应酬笔札更请景昉代笔。

另外，在《晋江县志》中还提到"黄瑞台"，标注为"万历间副榜。黄景昉业师，及卒，黄景昉有挽诗，见《瓯安馆集》"③，该诗题为《挽黄崧岳尊师》，写道："敝箧寒灯事可伤，先生从此罢开堂。残蜗永夜窥蓬户，病骥秋风哭战场。恨以虀盐终白首，看谁朱紫不黄粱。传经问字多年少，孰赋招魂拟楚羌。"收入《瓯安馆诗集》卷十八"七言律诗二"，编排在"己巳元日早朝恭侍皇极殿班纪事"之前，可推断黄瑞台当卒于崇祯元年。由于其他文献中对黄瑞台鲜有记载，存此作为黄景昉师承之补充。

需要指出的是，魏广微、丁绍轼、冯铨、来宗道虽然于黄景昉有阁师、乡试座师之谊，但由于他们在天启年间党附魏忠贤，而景昉对阉党诸人又颇为不齿，故而时有疏远之意。④ 特别是对冯铨，后来景昉升任阁臣时，对涿州知州刘三聘疏荐冯铨城守功之事，票拟更是"不稍假借"，致使冯铨对其"恨并刺骨"。

---

① （清）何士锦修，（清）陆履敬纂：（康熙）《丰城县志》卷11《丘士毅传》，第24a—25a页。

② （清）钱维乔纂修：（乾隆）《鄞县志》卷16《李康先传》，清乾隆五十三年刻本，第32b—33b页。

③ （清）周学曾等纂修：（道光）《晋江县志》卷31《选举志》，第860页。

④ 按，除丁绍轼早卒外，其余三人在崇祯二年定逆案时均列名其中。像魏广微，虽列名逆案，但在天启七年四月时已卒。而对来宗道，黄景昉则颇有怜悯之情，他曾自记道："座师来公宗道既得配赎旨，小舆诣溯江驿，设坐堂上，躬蒲伏阶下，叩头去，驿宰辈咸惊应。每与余书刺，字细若蝇头，竟用民礼终身，亦可怜也。"[（明）黄景昉：《宦梦录》卷1，第90页] 但对冯铨，则只有鄙夷之意。

（二）中式同门

1. 余煌、刘垂宝

余煌（1588—1646），字武贞，浙江会稽人。天启五年（1625）进士第一，授翰林院修撰，以预修《三朝要典》，崇祯初罢归，旋丁忧。十年（1637）服阙，转詹事府左谕德，晋右庶子，充经筵讲官。后以事乞归。国变后，出仕鲁王，任兵部尚书。顺治三年（1646），清兵南下，鲁王遁海，余煌投水而卒。①

刘垂宝，字克世，号石霞，江西安福人。亦天启五年进士，选庶吉士，以忤魏忠贤，削籍。崇祯初年复职，改吏科给事中。后因弹劾首辅周延儒暮夜入对、阁臣不与，罢黜而归。旋卒于家。②

黄景昉与余煌、刘垂宝均同出罗尚忠之门，景昉记道："师最精鉴识，所得士为一时冠，鼎元余公煌、庶吉士刘公垂宝本《春秋》房孔公贞运落卷，师为搜出之，二公终身执门人礼惟谨。"③ 刘垂宝由于去职较早，景昉与之鲜有交游，但与余煌则颇为相善，但因其与修《要典》，仕途长期滞碍，对此景昉颇为愧疚，他说道："同榜馆文，业概登三品，乃鼎元余公煌尚滞银艾，颇以与修《要典》为累。每拟升，虑启纷纭。然即《要典》同事诸公，亦靡弗跻卿侍者，独沦落自如，真为负彼一官。"④ 崇祯十六年，景昉辞官归里，途经杭州，"特驰数行慰谢之，兼志余媿"，其诗云："银艾从人笑，无妨涉世疏。转詹期汗漫，升揆事孤虚。细讲姚江学，间探禹穴书。汝乡张谕德，名未逊罗诸"；"咫尺西陵渡，波生阻去舟。泽山深韫蠖，雷雨熟眠虬。仲过开三径，吾归老一丘。越闽高岭接，谁遣水分流"。⑤ 鼎革以后，景昉听闻余煌兵败自沉之状，又作五言排律，云："一代龙头选，同年骥足驰。讲闱章慷慨，词苑墨淋漓。竟负衡文寄，微逢废史时。萼华归舍稳，银艾出坊迟。别后闻樵斧，乱来起钓丝。吏兵符并绾，帷幄箸高持。鲁国春陵异，稽山窨石疑。北风涛愈急，南国局难支。盛具衣冠出，阴防仆隶知。乘潮追伍子，题绢觅曹姬。烈性平生足，雄心

---

① （清）张廷玉等：《明史》卷274《余煌传》，第7029 页。
② （清）姚浚昌修，（清）周立瀛纂：（同治）《安福县志》卷10《刘垂宝传》，清同治十一年刻本，第29a—29b 页。
③ （明）黄景昉：《宦梦录》卷1，第78 页。
④ （明）黄景昉：《宦梦录》卷4，第302 页。
⑤ （明）黄景昉：《瓯安馆诗集》卷10《寄余武贞宫庶》。

末路弥。仗谁登典册，留待粤厓碑。"① 在追叙余煌毕生志业后，又对其慷慨赴死颇有表彰。

2. 凌义渠、朱之冯

凌义渠（1593—1644），字骏甫，号茗柯，浙江乌程人。天启五年（1625）进士，除授行人司行人。崇祯三年（1630），擢礼科给事中，历户、兵二部，居谏垣九年，多所建白。十一年（1638）转福建布政司右参政，寻迁福建按察使，升山东布政使，十六年（1643）召任大理寺卿。甲申之变，自缢死，享年五十有二。赠刑部尚书，谥忠清。所著有《湘烟录》《使岷诗》《使岷稿》《四贤祠碑记》《谏垣奏议》《凌忠介集》等。②

朱之冯（？—1644），字乐三，直隶大兴人。亦天启五年进士，授户部主事，旋以丁忧去职。里居键户读性理诸书，"每言为圣人之学舍此无由"。崇祯二年（1629）服阕，起复故官，后历任户部员外郎、浙江布政司理问、行人司副，刑部郎中、浙江驿传佥事、青州参议等职，十四年（1641）补山西副使，虽戎马倥偬，仍"建河东书院，与诸生讲经史"，十六年（1643）擢右佥都御史，巡抚宣府。甲申之变，自缢死。③

黄景昉与凌义渠、朱之冯为同年同门，他对二人之殉难颇有敬佩之意："同门凌公义渠，质清癯，神特渊静，望若世外人。与同馔，惟举肉边蔬菜而已。所著有《湘烟录》《使岷诗》，殊极幽蒨。官大理卿，遇都城破，死之。时同门抗节者二人，宣抚朱公之冯死尤烈，朱有志性命学，至孝，居丧即红皮萝卜亦撒去，余可类推。"④ 虽然在《宦梦录》中，黄景昉还曾记朱之冯嫁妹的轶事，但相对来说，因凌义渠久任京师，似与之往来较多。崇祯十一年（1638），由于吏科给事中刘安行借考选之例令凌义渠外任，义渠临行时将其《奏议》付梓刊行，并求序于景昉，景昉读后写道：

忆曩为庶常，诣阁试，出呈草罗孝可先师。师笑曰："凡为奏议，忌论策气；为论策，亦忌奏议气。子试牍诚佳，惜类奏议耳。"时余谈兵食事稍激，先师因以为规。去之十余年，卒验，负负良媿。以今

① （明）黄景昉：《瓯安馆诗集》卷16《武林旧居停到颐话余武贞末后自沉状》。
② （清）张廷玉等：《明史》卷265《凌义渠传》，第6852—6853页。
③ （清）张廷玉等：《明史》卷263《朱之冯传》，第6807—6808页；（清）周家楣修，（清）张之洞纂：（光绪）《顺天府志》卷98《朱之冯传》，清光绪十五年重印本，第26a页。
④ （明）黄景昉：《宦梦录》卷1，第94—95页。

观于同门友都谏凌君骏甫奏议，抑何直而婉，洞属微至，曲类吾先师所云也。骏甫生辟荤血，望如深山道人，每过其邸中，缣縢散暗，臧获朴谨，惟闻儿曹读书声。与共谈，言言玄远，兰雪内薰，至其气谊较然，虽复炎流金寒涸地，不能易其中之所守移之一盼。往当其里人柄国时，炙手可热，骏甫绝不诣其门，事存岸异，非特不阿之已也。观其初珥笔，即以真心烱烱为盟。"恭勤廉逊"，罗列四箴以绳己，亦以绳人，无只语不堪覆按者。乃余所推服骏甫不惟是。骏甫，一赢秀书生耳，非于兵家事夙授也。迄自总枢垣之重，二载于兹，诸凡奴寇情形、抚镇功罪、东岛衅局、西陲衅端，目览手批，口占眉灼，莫不纚纚然具中机宜，预谈之岁月之前，而其效遂响答于数百千里之外也，可不谓难哉！昔先师宦都谏时，适关外警闻，旬日十疏，迄今颂满人口，日惟骏甫传其衣钵耳。况由今视昔，危苦尤倍过之。然先师竟以是阶奉常，翔翔卿寺，而骏甫不免外迁，岂垣规铨法乃逾晦且苛于往时乎？噫！难言之矣。骏甫所著有《湘烟录》《使岷诗》，家多抄本，未见书，幽蒨特绝，兹其经济一班云。……戊寅重五日，门年弟黄景昉顿首拜书。[1]

在序中，黄景昉对凌义渠所作之奏议推崇备至，认为同门中唯其能传罗尚忠之衣钵，同时也对其被迫外任颇有异议，批评秉政者"岂垣规铨法乃逾晦且苛于往时乎"。而从景昉在序中之所言，也不难看出二人彼此往来之密切。

3. 刘光斗

刘光斗（1591—1652），字晖吉，号讱韦，南直隶武进人。天启五年（1625）进士，授绍兴府推官。光斗精于吏治，在任"捕妖僧置重典，一郡翕然"，复讨败巨寇刘香，"焚贼五百余艘"。擢广西道御史，未任即以丁艰去职。崇祯十四年（1641），以京察去职。弘光元年（1645），起补河南道御史，升大理寺右丞。入清，以大理寺丞安抚常州。后历任行人司司正、工部屯田司郎中，顺治九年（1652）卒。[2] 黄景昉与刘光斗为同门，

---

① （明）黄景昉：《序》，（明）凌义渠《奏牍》卷首，《续修四库全书》第493册，上海古籍出版社2002年版，第1—3页。

② （清）毛际可：《刘公光斗墓表》，（清）钱仪吉纂《碑传集》卷58，靳斯校点，中华书局1993年版，第1651页。

二人在朝时即多相过从，如关于曾樱议处之事，时任御史的刘光斗曾向景昉问询道："参政曾公樱在闽，雅负清矫，忽为厂卫阴缉，称有人来京行贿营升，见获赃五百余，舆论骇然。……时士民为曾伏阙者颇多，御史刘公光斗偶询余：'贵乡曷感曾乃尔？'余以实对，刘笑曰：'奸民当更感也。'"① 刘光斗去职后，景昉在致仕归途中，与之偶遇于济宁，又再次谈及京察之事："同门御史刘公光斗会济上，时丽计典，深扼腕。旧总宪某公挟私修隙，并其邑令某贪淫状。年来赏罚偏颇失平，林壑愤叹，刘过诚不无，才质尚堪鞭策，遽以一眚锢人，无怪其负不平鸣也。询刘以迎其子公车抵济，云迎送皆然，为刘相传家规，亦异。"② 鼎革以后，刘光斗以行人司司正颁诏闽中，与黄景昉再会于泉州，景昉作诗感赠云："廿载萍踪分别离，淮航回首不胜悲。惊闻骑省乘轩过，苦忆乌台拥节时。上雍任安询马走，游齐范蠡字鸥夷。此生凄断重逢日，徒倚河梁起梦思。"③ 鼎革后重逢悲凉之感于诗中可见。

4. 赵光抃

赵光抃（1595—1643），字彦清，江西德化人。天启五年（1625）进士，旋丁父艰。崇祯初，除授工部都水清吏司主事，历兵部职方郎中，十一年（1638）冬，擢右佥都御史，巡抚密云。时清兵入密云，总督吴阿衡败殁，廷议增设巡抚一人，遂以光抃任之。到任后，光抃即疏揭监视中官邓希诏奸谋，反为内臣孙茂霖所诬，遭议处遣戍广东。十五年（1642），兵事益棘，自成罪释用，以兵部右侍郎兼右佥都御史，总督关蓟通津等处军务。未几，清兵入寇，连克蓟州、河间等处，廷臣交章劾光抃"列城被攻不救，退回高阳，坐视沦覆"。翌年（1643），清兵北旋，复败于螺山，遂与范志完同逮系，十一月同斩于西市。④ 时称："延儒抃之于中，希诏党仇之于内，而抃不死封疆，死法矣。伤哉！"⑤

赵光抃与黄景昉同门同年，是其同门中"喜谈兵者"。二人的交往，主要在朝堂事务上，如赵光抃起复总督后，蓟镇西协唐通上疏弹劾，"语

① （明）黄景昉：《宦梦录》卷3，第197页。
② （明）黄景昉：《宦梦录》卷4，第294页。
③ （明）黄景昉：《瓯安馆诗集》卷20《同门刘晖吉大行奉使到感赠》。
④ （清）张廷玉等：《明史》卷259《赵光抃传》，第6270—6271页。
⑤ （清）陈庶修、（清）吴彬纂：（同治）《德化县志》卷32《赵光抃传》，清同治十一年刻本，第21b页。

不伦"，景昉时任阁臣，票拟其"下部察奏发改"，但崇祯皇帝认为："公平出自政本，朕知识寡昧，惟辅臣是赖，镇臣非万分屈抑，安敢上疏？仍改拟。"景昉改票时，仍坚持"不便以镇将单词遽罪督臣，并及近旨太优假镇臣状"，遂致崇祯皇帝颇为"不怿"。① 据黄景昉的自述，其引疾乞归，亦"与赵公光抃同门，前唐通事，上默疑代赵报复"有关。② 从管见所及的文献来看，在仕宦之余，景昉与光抃鲜有往来，但在《宦梦录》中也曾记其逸事云："中丞朱公之冯有二妹，长适工部金公铉，卒；次为朱尊人笃爱，临没嘱朱必嫁一年少官人，门户相埒。朱觅久未得，会同年唐工部公昌世丧偶。唐美风仪，甫壮，朱拟以妹许之，仗同门赵工部公光抃道意。赵时亦丧偶，忽曰：'我与唐同年同官同议继室，曷若归我？'朱愕然。赵年业稍长，于思满面，突有毛遂之荐，共传为笑。朱妹后仍适金公。"③

5. 唐显悦

唐显悦（1596—？），字子安，号梅臣，大章仲子，福建仙游人。早年从学于徐观复、郑三俊，万历四十六年（1618）举人。天启二年（1622）进士，授诸暨知县，六年（1626）补湖州府教谕，升转国子监助教，七年（1627）升南京户部主事，管扬州钞关。崇祯三年（1630）擢襄阳知府，历任荆南道参政、广西苍梧道参议，至崇祯十五年（1642）改任清军、驿传岭南巡道参政，旋以丁艰去职。隆武元年（1645）服阙，升通政司右通政、兵部右侍郎，晋兵部尚书。顺治十二年（1655），入鹭岛，归隐于云顶岩，自号"云衲子"，以寿终。④

黄景昉与唐显悦为同门，自登第前已颇有交游，其《为唐梅臣尊人》一诗即自注道"时唐司教湖州"，时在天启五年。鼎革以后，唐显悦虽从南明政权奔走，景昉仍与之时有诗作往来，如《次唐梅臣归鹤诗韵》就写道："别久来非望，欢踰聚会长。荔蕉红入影，梅柳淡生香。八口添新客，千山让故乡。引声谐节舞，为尔动清商。"⑤ 唐显悦登六秩时，景昉复作

---

① （明）黄景昉：《宦梦录》卷4，第253—254页。

② （明）黄景昉：《宦梦录》卷4，第285页。

③ （明）黄景昉：《宦梦录》卷1，第95—96页。

④ 《天启二年壬戌科进士履历》，国家图书馆藏善本；（清）卢学傅修，（清）郭彦俊纂：（康熙）《僊游县志》卷30《唐显悦传》，清康熙十九年刻本，第23a—27b页。

⑤ （明）黄景昉：《瓯安馆诗集》卷14《次唐梅臣归鹤诗韵》。

《寿仙游唐梅臣六十》，回忆了二人自年少以来的交往："唐公于我为同门，蚤岁经传礼部君。稽水虞山停买棹，曹娥江上见红云。我返钱塘公诸暨，形迹差池从此异。纶阁叩从谢政归，看公行省登枢贰。回首遂如一梦中，公居萦绕鲤湖宫。珠帘玉箸供眠矗，会放青天擦白龙。父老学师兄禅客，一家全类神仙谪。爱儿娇婿并羊车，满路人回称拱璧。公年六袤加我三，闻道删诗比二南。别业东皋夸绝胜，凉生水竹绿鬖鬖。时危四野多荆棘，慎莫苦爱高官职。茹术餐芝好驻颜，便作曩昔游人老亦得。君不见云台唐公飞拔宅，酿酒欣逢李八百。"①

此外，黄景昉在著作中提及的同门还有魏公韩（字小韩，湖广黄冈人）、万元吉（字吉人，江西南昌人）、萧运泰（云南昆明人），三人均为天启五年进士，在《宦梦录》中，他曾回忆道："余同门中喜谈兵者三人：赵公光抃、魏公公韩、万公元吉。"②并提及一件萧运泰与万元吉的逸事，云："司理滇萧公运泰，以教职登第，雅自负。临庶常试，罗师偶集诸同门，有'闭户谢客，肆诗文，多观前辈馆课'之谕。众唯唯。萧忽起，自赞曰：'门生于此道颇工。'闻者晒之。江右万公元吉笑尤剧，为萧怪恨终身。"③囿于文献的记载，景昉与其同门间的具体交游情形，只能暂付阙如。

二 闽地乡情

黄景昉从读书乡里到辞官归隐，闽地的乡谊，特别是与晋江、泉郡士人的交谊，是其关系网络中重要的一环。在举业之时，黄景昉已深得乡里前辈的器赏，为其此后的宦途奠定基础；入仕之后，景昉与同乡友人、姻亲社友密切联系，在庙堂事务、官员迁转、闽官选任、引掖后进、揭救冤狱等方面，多有护持相助；退隐乡居期间，又通过与泉郡士绅、宦闽友朋的社集往来，对鼎革以后泉州地方的社会维系和重建，做出贡献。

（一）乡里前辈

1. 林云程

林云程（1539—1635），字登卿，福建晋江人。嘉靖四十四年（1565）

---

① （明）黄景昉：《瓯安馆诗集》卷6《寿仙游唐梅臣六十》。
② （明）黄景昉：《宦梦录》卷4，第278页。
③ （明）黄景昉：《宦梦录》卷1，第95页。

进士，先后任通州、宿州知州，转九州、汝宁知府，以丁忧归里，遂不复仕，寿九十七，著有《丛兰馆史编抄》《兰窗杂记》等书。云程因"王元美、李于鳞诸名宿，握三尺管，驰驱中原，海内翕然景附，闽中寂无人"，自少即留意词赋，交游诸名公间，从游者有吴中张伯起、句章沈明臣、晋江黄孔昭诸名家，"率以风雅让之"，家居厚德古意，为乡邦模楷。① 黄景昉在登第后曾拜谒林云程，云程以"先后同年"相称："太守林公云程，举嘉靖乙丑进士，及见余辈登第，称先后同年。公嗜诗，多鉴别书画，弘奖风流，当时沈嘉则、黄克晦山人咸依公，年九十七卒。" 黄景昉认为："泉郡相承海滨朴鲁之气，稍稍开辟自公始。"②

2. 李廷机

李廷机（1542—1616），字尔张，号九我，福建晋江人。万历十一年（1583）会试第一，以进士第二授翰林院编修，历任詹事府右春坊右中允、左春坊左庶子、国子监祭酒、詹事府少詹事、南京吏部右侍郎、礼部左侍郎兼侍读学士，三十五年（1607）五月以礼部尚书兼东阁大学士，入参机务。言官以其与申时行、沈一贯密相授受，交章力攻，廷机"求去不已"，避阁不视事，至四十年（1612）九月"疏已百二十余上"，明神宗仍"屡诏勉留"，廷机遂陛辞出都，四十四年（1616）卒于家，享年七十有五。所著有《四书臆说》《春秋讲章》《通鉴性理删》《宋贤事略编》《国朝名臣言行录》《燕居录》等。

李廷机"遇事有执，尤廉洁"，行己居官"择善而从"，史称其"系阁籍六年，秉政止九月，无大过"，其入阁之于闽人的政治意义，正如《明史》所总结的："闽人入阁，自杨荣、陈山后，以语言难晓，垂二百年无人，廷机始与叶向高并命。后周如磐、张瑞图、林釬、蒋德璟、黄景昉复相继云。"③黄景昉则强调其对晋江一地士风的重塑："盖其时缙绅诸君，人人欲以风轨持世，后又得李文节先生领袖其间，一言一事，无不足为后世法。诸缙绅惟恐有一过当使先生闻之，故其子弟僮仆莫不循循唯谨。迨万历丁巳，文节公逝矣，然而士习民风犹然近古，盖典型尚在，风规未

---

① （清）李清馥：《闽中理学渊源考》卷67《郡守林登卿先生云程》，第667—668页。
② （明）黄景昉：《宦梦录》卷1，第88页。
③ （清）张廷玉等：《明史》卷217《李廷机传》，第5741页。

远，习惯自然有若此者。"① 对之颇为景仰，称："李文节公同庶常读书三年，止告假七日耳。官祭酒、少詹事，出入骑马，虽大风雪不改；在部常不欲速迁，恐所兴革不能久；三品例乘帷轿，公独乘明轿。自以一介穷儒，巍科华贯，思自砥砺，报答国恩，无使死之日有余粟余帛，以累君父。噫！今安得有此人此言乎？顾众口交攻，必不容安纶扉一日，真作何解。"② 并以李廷机"行己居官"之所为自励，故时人称景昉"兼李文节之狷洁"。在李廷机晚年寓居晋江之时，黄景昉曾于乡试中举后前往拜谒："余初举于乡，时旧辅李文节公廷机里居，孝廉例三投手板，庭谒如属礼。余惮之，再及门罢。"③

3. 黄克缵

黄克缵（1550—1634），字绍夫，福建晋江人。万历八年（1580）进士，除寿州知州，入为刑部员外郎，历任山东左布政使、都察院右副都御史、兵部尚书、刑部尚书，以奏辨"红丸"事，与时论相左，乘传归里。天启四年（1624）十二月，起任工部尚书，视事数月，因兴工建殿事与魏忠贤不合，遂引疾归。崇祯元年（1628），召授南京吏部尚书，辞不赴任。年八十六，卒于家。所著有《数马集》《杞忧疏稿》《百氏绳愆》《性理集解》《春秋辑要》等书。④

黄克缵立朝"不为东林所与，然特不附东林"，虽不协清流时论，但作为里中前辈，黄景昉与之颇有交游，对其评价亦较中允："少保黄公克缵平生持论与时贤不合，学博才雄，精吏事，稜稜务伸其说。居官实廉甚，抚齐十二载，家无厚赀，为余言：'曩守赣郡满考归，仅存俸金十数两而已。'又云：'幼避倭浮海，浪高数十丈，舟中莫不颠扑呕眩者，独正襟端坐自如，长年辈异之。'钜公伟度，髫龀中盖自不凡。"又记其谶集情形，云："少保公雅善声律，尝同诸公谶集，用妓，得句云：'休言伐木人求友，须念提筐女有夫。'微婉近风人体。比年八十余生子，余为诗贺之，次韵答。屡贻余短幅细书，章草法殊遒媚多致。"⑤

---

① （清）郭庚武、黄任、怀荫布纂修：(乾隆)《泉州府志》卷20《风俗》，第1册，第484页。
② （明）黄景昉：《馆阁旧事》卷上。
③ （明）黄景昉：《宦梦录》卷1，第67页。
④ （清）张廷玉等：《明史》卷256《黄克缵传》，第6606—6608页。
⑤ （明）黄景昉：《宦梦录》卷1，第86页。

4. 李叔元

李叔元（1556—1615），字端和，福建晋江人。万历二十年（1592）进士，授刑部主事，转礼部郎中，疏陈建储国本，宜先册立而后冠婚，历任山东按察司督学副使、浙江温处道粮漕参政、江西按察使、湖广左布政使，后以事辞归。崇祯元年（1528），起任光禄寺卿，兼管太仆少卿事，旋赐闲住归。卒年七十四，赠刑部侍郎。所著《四书说》《春秋传稿》诸书。叔元历仕四朝，自登第后便以世道为己任，"所至政绩丕著，人称神明"，其学"扶树正论，以紫阳为宗"，称"明季乡邦楷式"。① 李叔元家居时，黄景昉曾与之往来，在《宦梦录》中记道："光禄李公叔元家居，数与余通问，好称说李文节、郭恭定旧事，论学宗陈金事琛。公性俭，自云与苏司寇茂相数十年同籍姻好，折柬往来，未尝用一全楮也。简质至此。"并认为其于制举艺"特佳"。②

5. 何乔远

何乔远（1558—1632），字稺孝，号匪莪，学者称为镜山先生，福建晋江人。早年与杨道宾、庄履明、李梦麟、黄克晦结社，称"五子"。万历十四年（1586）成进士，除授刑部主事，十九年（1591）升礼部仪制司郎中，后以事降谪广西布政使司经历，寻乞归；四十八年（1620）召任光禄寺少卿。天启元年（1621）转太仆寺少卿，二年（1622）迁通政使司左通政，三年（1623）晋通政使，翌年（1624）以户部右侍郎致仕。崇祯二年（1629）起为南京工部右侍郎，未几乞休，四年（1631）卒，享年七十四岁。所著有《名山藏》《皇明文征》《闽书》等。后世称乔远："终始四朝，后先一节，安贫乐道，鞠躬厉行。平生德容冲粹，与人交，洞见肺腑。自少励志前修，既立朝，以文章气节自砥。里居多年，益加意学问，因人设教诱迪，以躬行语默之常。"③ 与邹元标、赵南星、冯从吾，并称"四君子"。

黄景昉称何乔远为"邑名德长者"，虽是同乡前辈，亦与其祖黄国彦颇有往来，但直至天启二年始相识于京师，对此景昉记道："壬戌，余始识之京师，尝夜侍，露坐论文，余狂率颇陈所见，公喜。越日，以所撰著

---

① （清）李清馥：《闽中理学渊源考》卷68《侍郎李鹿巢先生叔元》，第674页。
② （明）黄景昉：《宦梦录》卷1，第88页。
③ （清）李清馥：《闽中理学渊源考》卷75《司徒何镜山先生乔远》，第736页。

属余评骘，手柬云：'前辈文章多因身后被后生驳坏，欧阳公所谓，不怕先生骂，怕后生笑也。' 余时以学未成，固谢不敢。公诗文有逼真古人处，余夙枕藉其中。"景昉该科虽下第，但何乔远亦以观政进士诗题为问，并对其能指出郑以伟诗"布伯"二字的出处，颇为赞赏，"亦喜余能记也"。① 而景昉亦盛赞乔远之文章，认为可"列于古作者之林，卓自成家"，称"何公不甚拘尺幅，往往随景生情，圆璧方珪，如其人之所欲貌，别以风趣发之。……诗初殊朗倩，老渐苍凉，亦有颓然自放之失"。② 后来黄景昉作《何镜山先生奏议序》，对何乔远表彰道："先生非今世人也，生平论学，以诚意为宗，以靖共正直为准。著书万卷，动则先王，列爵贰卿，身如寒士。"③ 另外，何乔远次子九云，与黄景昉结社为文，往来密切，其女嫁景昉长子知白。

6. 林尧俞

林尧俞（1558—1626），字咨伯，福建莆田人。万历十七年（1589）进士，选庶吉士，教习内书堂，在史馆十年，始迁詹事府赞善。连丁内外艰，以吏部侍郎杨时乔荐，服阙任詹事府谕德，万历三十六年（1608）改南京国子监祭酒，翌年以避祸归里，杜门十四载，"无片字入长安"。天启元年（1621），起复礼部右侍郎，晋礼部尚书，以《光宗实录》成，加太子太保。后以珰炎日炽，坚意乞归，年六十九卒。所著有《溪堂诗集》《溪堂文集》。④ 黄景昉入仕前虽未识林尧俞，但尧俞与景昉外祖谢吉卿曾有交谊，其中式天启五年乙卯科进士时，尧俞恰以礼部尚书知贡举，对此他曾记道："宗伯林文简公尧俞，长身玉立，善敷奏，余旧未识之，忽一夜梦从外祖谢海盐公集公园亭，分韵赋牡丹诗。未几，余擢第，公时知贡举官。"⑤

7. 史继偕

史继偕（1560—1635），字世程，号莲岳，福建晋江人。万历二十年（1592）以榜眼登第，授翰林院编修。历任南京国子监祭酒、南京吏部侍郎、南京吏部尚书、吏部右侍郎，四十七年（1619）二月迁礼部右侍郎

---

① （明）黄景昉：《宦梦录》卷1，第71—72页。

② （明）黄景昉：《桐郡四征》，《馆阁旧事》卷末附。

③ （明）黄景昉：《奏议序》，（明）何乔远：《镜山全集》书首，第38页。

④ （清）廖必琦修，（清）宋若霖纂：（乾隆）《莆田县志》卷17《林尧俞传》，清光绪五年补刊本，第80b—82b页。

⑤ （明）黄景昉：《宦梦录》卷1，第76—77页。

兼翰林院侍读学士，协理詹事府，九月廷推以东阁大学士入阁。天启三年（1623）为言官所劾，连疏乞休。崇祯八年（1635）卒于家，享年七十五岁，谥文简。① 所著有《云台藏藁》《奏议》《越章录》《怡云草》等。史继偕为黄景昉的同里前辈，他曾记其入仕归乡后的拜谒情形，云："其后史文简公继偕亦然。余为庶吉士，假归，尝一延见，授编修后，屡往辄固辞，前辈严重如此。"②

8. 黄居中

黄居中（1562—1644），字明立，人称海鹤先生，福建晋江人。万历十三年（1585）举人，授上海教谕，迁南京国子监丞，遂侨寓金陵。闻甲申之变，北向号痛，衰绖不食者累月，未几卒，享年八十有三。所著有《千顷斋集》《文庙礼乐志》等。居中为诗"秀骨玲珑，老气无敌"，又嗜藏书，每得未见书，必手自校录缮写，至老不倦，其"千顷斋"积书至六万余卷。子虞稷，能世其学。③ 由于黄居中移居南京，黄景昉与之往来，主要通过书信的方式。崇祯七年（1634），黄景昉在披阅郑之玄遗集后，寄书黄居中，对吴中、竟陵诸派颇有微词："顷亦刻近诗数帙。离群索居，久违绳削，里中亦复鲜以此道相质正者。冥趋狂驰，恐从此为大雅所弃，求先生鉴定，得一言使知省改。年近四十矣，修名不立，头颅如许，日披阅郑大白宫赞遗集，慨然叹息，清新俊逸，故自本色，而亦微有才未尽量之感。都缘平日，因循酬应，神有所分。此公尚耳，况昉之最驽下者乎？然使昉若改从时贤，坠今吴楚诸名流派中，则亦有所不屑。惟鲍叔知我，始敢略吐其胸怀耳。"④ 黄景昉在退隐后还曾言及黄居中云："得雍丞黄公居中信，黄夙伟视余，别后屡图一南行访旧，如南雍闱院部之属，俱适左，念之怅然。其年业八十余，嗜学，神明健善，寓陪京久，余书招其归里，云：'丁令威道成化鹤，犹一归视城廓，矧吾辈乎？'"⑤ 其子黄虞稷在《千顷堂书目》中也著录了景昉的《瓯安馆诗集》《瓯安馆制草》《古今明

---

① （清）郭庚武、黄任、怀荫布纂修：（乾隆）《泉州府志》卷44《史继偕传》，第2册第437—439页。

② （明）黄景昉：《宦梦录》卷1，第67页。

③ （清）蓝应袭修，（清）程廷祚纂：（乾隆）《上元县志》卷19《黄居中传》，清乾隆十六年刻本，第12a—13b页。

④ （清）周亮工编：《尺牍新钞》卷11《黄景昉》，米田点校，岳麓书社1986年版，第411页。

⑤ （明）黄景昉：《宦梦录》卷4，第297页。

堂记》等书。

9. 苏茂相

苏茂相（1566—1630），字弘家，号石水，福建晋江人。万历二十二年（1594）进士，授户部主事，出守彰德，迁河南副使，备兵汝南，"政声懋著，民尸祝焉"，寻督学江西，以"不狥权相关节"，挂冠归里，家居十载。后历官南京尚宝司少卿、太仆寺卿、都察院佥都御史兼浙江巡抚，疏请停差织监、减免织造及加派灾籍税，并发仓谷赈济，多有惠政。时以边事孔急，辽东抚臣王化贞议调浙兵，致悍弁鸷卒鼓噪倡乱，茂相斩枭首犯，人心以定。旋督剿海寇，招降贼首王锺、王锦等。天启二年（1622），擢户部右侍郎兼都察院右佥都御史，总督漕运，五年（1625）晋户部尚书，七年（1627）改刑部尚书。崇祯元年（1628），以老病乞归，帝颜其堂曰"赐美"，三年（1630）卒于家。所著有《皇明宝善类编》《读史韵言》《户部疏草》《刑部题稿》等。① 黄景昉乡试中举时，苏茂相尚家居里中，在阅其乡闱墨卷后，对之颇有奖掖，景昉曾言："司寇苏公茂相，初得余乡举牍，颇见奇，手柬奖藉，特治具欸余。"景昉晚年回忆苏茂相时，亦评价道："公自学宪家居久，弘奖风流，后起至大官，微有身名俱泰之目，然在世路中犹为难得。"②

10. 林釬

林釬（1568—1636），字实甫，福建龙溪人。万历四十四年（1616）以第三人进士及第，授翰林院编修。天启七年（1627），擢左谕德兼翰林院侍讲，管国子监司业事。时监生陆万龄请建魏忠贤祠于太学旁，釬言："孔圣，严师也，礼有人主北面之尊。魏，人臣也，若并列坐，他日皇上入学谒奠，君拜于下，臣偃于上，能安之乎？"力持不可，是夕挂冠棂星门而归。翌日，忠贤矫旨削其籍。崇祯皇帝即位，以国子监祭酒起复。崇祯三年（1630）升詹事府詹事兼翰林院侍读学士，九年（1636）正月枚卜召对，陈用人、理财、靖寇、宁边四策，由礼部左侍郎入阁，六月卒于任上，有"谨愿诚恪"之称。③ 林釬为黄景昉闽省前辈，同官翰林，二人亦

---

① （清）郭庚武、黄任、怀荫布纂修：乾隆《泉州府志》卷 44《苏茂相传》，第 2 册，第443—447 页。

② （明）黄景昉：《宦梦录》卷 1，第 69 页。

③ （清）魏荔彤修，（清）陈元麟纂：（康熙）《漳州府志》卷 22，清康熙五十四年刻本，第 20b—21a 页；（清）张廷玉等：《明史》卷 251《林釬传》，第 6495 页。

时有交游，在《宦梦录》中景昉曾记道："同乡林文穆公釬，好雅谈，余过之，偶及贺公逢圣，公曰：'贺极高明而道中庸。'次及钱公士升，公曰：'钱致广大而尽精微。'余不觉失笑曰：'如老先生，所谓尊德性而道问学也。'公默然。少年狂率，念之迄今汗魄。"① 另外，景昉对林釬入阁遽卒，"弗竟所志"，颇为惋惜，认为他与同时枚卜的刘宗周、孙慎行皆是"颇极一时选"。

11. 丁启浚

丁启浚（1569—1636），字亨文，福建晋江人。万历二十年（1592）进士，历任宝庆、杭州推官，入为户部主事，转吏部文选司郎中，迁考功员外郎。旋丁内艰，服阙补原官，在铨部"慎名器，惜人材，奖恬抑竞"，使"吏不敢欺以弊，人不敢干以私"，考满擢太常少卿提督四夷馆，调南京太仆寺少卿，因阉势熏灼，遂告归。天启六年（1626），以南京太常寺少卿起复，旋升太仆寺卿。七年（1627），崇祯皇帝即位，晋刑部侍郎。时刑部、都察院二正卿俱缺，乃兼理二篆。崇祯元年（1628），劾太监李实"以一疏杀周起元、周顺昌等十三人"，宜拟大辟。翌年（1629），温体仁入阁，所议与之相左，遂引疾求去。年六十八卒于家，所著有《平圃文集》《平圃诗集》。② 丁启浚"性温蔼，好奖诱后进"，黄景昉与之颇为相善，在其任职史馆时与之常有谶集，启浚还曾以"言路之横"见告："司寇丁公启浚署都察院篆时，拟差某御史视北畿学，业咨吏部矣。某求改南畿，属一掌科为公言，以咨讫辞之。掌科笑曰：'咨在也。'出诸袖中，盖密与太宰索回矣。公骇然，叹言路之横至此，持不可。"③

12. 张瑞图

张瑞图（1570—1641），字无画，别字二水，福建晋江人。万历三十五年（1607）进士，以第三名及第，授翰林院编修，历詹事府少詹事、礼部侍郎。天启六年（1626）七月，以礼部尚书兼东阁大学士，预机务。崇祯元年（1628）遣归，翌年（1629）定逆案，崇祯皇帝以"瑞图工书，为忠贤所爱"钦定其名，列"结交近侍又次等"配赎。相对于其他阉党中

---

① （明）黄景昉：《宦梦录》卷1，第119页。

② （清）郭庚武、黄任、怀荫布纂修：（乾隆）《泉州府志》卷44《丁启浚传》，第2册，第440—442页。

③ （明）黄景昉：《宦梦录》卷1，第103—104页。

人，作为同乡前辈，黄景昉对张瑞图颇有惋惜之意，曾记道："旧辅张公瑞图自里中遗余书云：'忆初第谒李文节，为述所闻于申文定者，曰识人多，立朝难。又谓，不肖字不必写，此事到底有是非。由今思之，文节公真圣人也。'张公以善书名处天启丙寅、丁卯间，覆用为累。事后盖深悔之，不止韦仲将头白之恨。"[1] 此外，景昉亦与之有诗作往来，可考者即有《赠范佩兰琴客步师相张二水先生严韵》《呈张二水先生》《题张二水先生白毫庵诗》等作。

13. 骆日升

骆日升（1573—1621），字启新，号台晋，福建惠安人。万历二十三年（1595）进士，授南京礼部主事，署清吏司郎中，未几出为广西提学佥事，历任广东布政司参议、擢江西提学副使。三十四年（1606）丁艰，并乞养母，家居十余年。服阙补四川按察副使，备兵重庆，"缮城垣，建衙署，自徐郡抵南溪，捐修鸟道，悉成坦途"。天启元年（1621），樊龙、樊虎以请饷作乱，日升不屈骂贼，遂遇害，享年四十九。[2] 有《骆台晋先生文集》存世。作为同乡先辈，骆日升于黄景昉有"国士知"，对其多有教诲，他记道："光禄骆公日升于余有国士知，尝序余诗艺，期许良至。记一日以持身大概为问，公毅然曰：'年少或人情物理未谙，谊须共商耳。立身行己，自有法度，奚问为？'"[3] 景昉所提及的《诗义叙》，现收入其文集中，迻录如下：

> 盖闻诗本言志，义取传神。明兴，大称四家颛门，率繇六义。维时朝暾未启，尚軮軋于溟波；春色将华，仅生生于蓓蕾。苞蓄淳固，异乎瓦缶铮铮者矣。自予通籍，稍闻豰音，初则白下三吴，刿心发彩，既而茗华诸秀，连袂同声，斯一变之风骚，而百年之亨运也，郁郁乎盛哉！三十禩来，风尚浸广。晋江黄太穉君，有自其先世东石、观石、东溟公联翩朝省，韫藉瑰奇，予犹及观石公酒后抚掌浩歌，唏嘘吊古。名门隽轨，富王氏之青箱；兰砌芬芳，饶北平之翠竹。君幼而

---

① （明）黄景昉：《宦梦录》卷1，第90页。

② （清）吴裕仁纂修：（嘉庆）《惠安县志》卷23《骆日升传》，民国二十五年铅印本，第99a—99b页。

③ （明）黄景昉：《宦梦录》卷1，第69页。

谙诵，长辄下帷，初试有司，便超仇耦，今秋弱冠，遂掇乡书，羔雁
一悬，众甫自废。当其悠然会心，汩乎兴到，高若凌厉，清若涟漪，
迅若先驱，舒若缓辔。似歌似些，仿凄切于湘累；似激似依，举美丽
于汉藻。莫不风飞云起，玉转珠回，四顾踌躇，神行官止。若乃乌策
龟文，尽供鞭箠，瑶笺怪牒，备入吐吞，拥制百城，璘霈五色。此则
窥观为之溟涬，通人其犹病诸矣。予林卧有年，倦眄未醒，至君而重
雾一披，划如也。诗义策勋，必首君于中兴麟阁，于喁吾党，谅有契
于予言。①

从序中可知，《诗义》为黄景昉弱冠之作，在文中骆日升通过梳理明代
《诗经》学的发展，考镜黄景昉的家学传承，从而褒扬其《诗义》一书之
价值。景昉对骆日升的奖掖颇为感激，后来他自称每还乡里，"未尝不拜
公墓下"。另外，骆日升族子志宾对景昉亦颇有期许，在《宦梦录》中，
景昉曾回忆二人的交游云："孝廉骆君志宾，举癸卯第二人，即光禄族子
也，亦雅期余。君湛精经史，酒间偶诵其《咏史》绝句云：'成信非萧谋，
败信非吕计。不测之恩威，大抵自高帝。'君有韵文，兹其可读者耳。"②

14. 曹学佺

曹学佺（1574—1646），字能始，号雁泽，晚号石仓居士、西峰居士，
福建侯官人。弱冠举万历二十三年（1595）进士，授户部主事，二十六年
（1598）调南京添注大理寺左寺正，三十四年（1606）迁南京户部郎中，
越二载出为四川右参政，升四川按察使。四十年（1612），"蜀府毁于火，
估修资七十万金，学佺以《宗藩条例》却之"，旋以"中察典"议调，遂
归乡里居，构石仓园，以集宾朋。天启二年（1622），起为广西右参议，
多有善政。六年，迁陕西副使，尚未行而以"著《野史纪略》，直书梃击
本末"事，忤魏忠贤之意，遭削籍羁留，旋获释归里。崇祯二年（1629），
复起学佺为广西副使，力辞不就，"家居二十年，著书所居石仓园中，为
《石仓十二代诗选》，盛行于世"。唐王隆武元年（1645），授太常寺卿，寻
擢礼部侍郎，晋尚书，加太子太保。翌年（1646），清军入闽，自缢死，

---

① （明）骆日升：《骆先生文集》卷2《叙黄太穉诗义》，《四库全书存目丛书》集部第177
册，第519—520页。

② （明）黄景昉：《宦梦录》卷1，第69—70页。

年七十有四。所著有《石仓诗文集》《诗经质疑》《春秋阐义》《春秋义略》等。《明史》称："万历中，闽中文风颇盛，自学佺倡之，晚年更以殉节著云。"①

作为同里前辈及闽地的诗界领袖，黄景昉与曹学佺早有往来，在景昉丁艰家居时，学佺还曾招其社集，但景昉因事不能往，作《曹能始观察招社集不赴占谢》以谢其邀："胜招开会府，羁客几曾同。悔度三山日，虚观六代风。白鹰春避暖，神铁书奔虹。未必攒眉令，无心恋远公。"② 后来同事隆武朝，景昉知事不可为上疏归隐，临别时作《别曹西峰侍郎》：

> 夙昔娱山水，于今望斗星。事危惊羽白，时异厌藜青。
> 孟学卑夷惠，齐勋复卫邢。拮据扶北阙，腾踏奋南溟。
> 世路夸通变，儒流局守经。厚赀消粪壤，高爵犯膻腥。
> 幕燕忧将覆，绦鹰怒渐形。野心劳禁戢，朝纪属平亭。
> 我去轻三事，公留系百灵。剑潭非久驻，仓郭合潜扃。
> 蜡信秋来急，瑶音别后听。莫将真志节，空立小朝廷。③

在诗中，黄景昉颇有规劝曹学佺去职归隐之意，然学佺终不能从。在学佺殉难后，景昉曾托谢天枢搜集其《明史选》，最终仅得十之二三，他感慨道："劫火洞烧又一初，祖龙刚有未焚书。代桑衹为衣文锦，汗竹宁教饱蠹鱼。架上缣缃资寝处，壁中蝌蚪动欷歔。爱君犹觅佣挑寄，鹄去空笼意蔼如。""几年罗绮费缝纫，运去惟消一束薪。成住坏空原有数，嘉隆洪永更何人。引商刻羽歌如贯，煮鹤烧琴泪满巾。遥想石仓碑版尽，只今花柳不胜春。"④ 而早在鼎革之际，黄景昉重过石仓山园，知园已易主时，也曾感叹道："老去连书卖，贫余避地耕。有心思共赎，何法罢兼并。最恨来游晚，荒苔白露生。"⑤

----

① （清）张廷玉等：《明史》卷176《曹学佺传》，第7401页；陈庆元：《曹学佺生平及其著作考述》，《福州大学学报》（哲学社会科学版）2016年第2期。

② （明）黄景昉：《瓯安馆诗集》卷9《曹能始观察招社集不赴占谢》。

③ （明）黄景昉：《瓯安馆诗集》卷16《别曹西峰侍郎》。

④ （明）黄景昉：《瓯安馆诗集》卷26《谢尔玄孝廉自三山寄到曹石仓明诗选仅什二三询之业半被焚毁抚卷怆然》。

⑤ （明）黄景昉：《瓯安馆诗集》卷16《洪塘宿曹能始石仓山园时已他属》。

15. 林欲楫

林欲楫（1576—1662），字仕济，号平庵，南京光禄寺卿林欲栋弟，福建晋江人。万历三十一年（1603）进士，选庶吉士，散馆授翰林院编修。后请假归里。天启元年（1621）起为詹事府左中允，四年（1624）累迁至少詹事，六年（1626）晋礼部左侍郎。时魏阉用事，欲楫以水灾疏陈修省数事，忤珰意，迁南京吏部左侍郎。崇祯改元，擢礼部尚书，兼掌詹事府事。以议诛毛文龙事，与阁臣相左，请假归。居家三载起复，十一年（1638）召任礼部尚书。杨嗣昌议增兵饷，欲楫抗言："三空四尽之秋，不宜以穷民养骄兵。"复进《民穷兵哗疏》，力指时弊。十五年（1642），李日宣枚卜、刘宗周议处等事，欲楫皆曾力请乞宽，以考绩晋太子太保。十六年（1643）十月致仕。唐王时，复召入阁，未几，知事不可为复告归。康熙元年（1662）卒于家，享年八十七岁。所著有《易经勺解》《学庸注补》《道德经注》《日记》《友清堂文集》《水云居诗草》等。[①] 作为同里前辈，林欲楫与黄景昉在北都任职时，已时有往来，对于庙堂事务也多有商议，如白广恩之变，二人就曾共同商议处置之法；而对于李日宣之事，亦曾先后上疏申救。鼎革之后，从黄景昉诗集及自述来看，虽与林欲楫往来较少，但欲楫寿辰时，景昉或是与之谶集，或是作诗为赠，正如《寿林平庵宗伯》一诗所言："上卿极品赋归辰，回首勋名梦后身。张果原生尧丙子，陈抟早兆宋庚申。渐看海屋添筹满，为镇山门解带频。深处移家曾有约，百年同作避秦人。"[②] 允为易代之后旧日阁部大臣家居生活的写照。

（二）社友姻亲

1. 黄文炤

黄文炤（1556—1648），字丽甫，参政黄文炳之弟，学者称为季羖先生，福建同安人。早年为晋江诸生，后屡举不第，专意性命之学，潜心力行，述经谈道。曾出游江南，至云间访陈继儒论业，"大相欢契"。崇祯年间，林胤昌建"在兹堂"于笋江，黄文炤与之同倡"旦气之学"。与何乔远、蒋德璟、黄景昉等皆曾往来交游，后来蒋、黄二人入阁，"私拟引新

---

① （清）周学曾等纂修：（道光）《晋江县志》卷38《林欲楫传》，第1138页。
② （明）黄景昉：《瓯安馆诗集》卷22《寿林平庵宗伯》。

会、余干例优之"，为"忮者所格而止"。其为学于朱、陆、王氏异同，一以《朱子晚年定论》为折中，与闽中专尚紫阳者稍异。顺治二年（1645），归隐故里轮山之北，越三年卒，享年九十有三。所著有《道南一脉》《两孝经》《仁诠》《太极图解》《理学经纬》诸书。林胤昌对其学行曾评价道："吾郡自紫阳过化以后，学脉火传，至蔡文庄师弟薪而杨之；近何司徒倡学于泉山，家省庵开讲于不二，又灯而燃之。黄氏季弢，司徒同学友也。司徒与闽直指李公先后曾荐于朝，未及征，升文、笋江二社奉为北斗。先生屏嗜寡欲，绝识去智，以圣贤之书愉其志，以朋友之聚饬其躬，枯坐一室，著述万卷，八十年来有如一日。尝有取于《朱子晚年定论》，其学以未发为宗，其教以躬行为本云。"[①] 黄景昉与黄文焵同讲"旦气之学"，崇祯六年（1633）林胤昌为文焵筑访贤亭、笋江书院，黄景昉分别有《题访贤亭为黄季弢征士》《笋江书院成呈黄季弢社长》两诗相赠，言："出云仍此地，希圣合吾徒。太守祠宣室，诸生集舞雩。泉山群拱紫，闽派首尊朱。礼乐崇先进，章缝盛老儒。市环观磬折，儿解步绳趋。善问攻坚木，清歌叶贯珠。仁窥桃杏种，易溯马龙图。学故为言觉，阿终不至污。树形森羽葆，江气澹眉须。李相堂萧瑟，文翁像有无。耄期谁好道，天意奉元夫。"[②] 诗作在追溯闽学渊源后，寄托了对黄文焵主持书院的期许。在黄文焵九十岁时，黄景昉复作《寿黄季弢布衣九十》云"观心调息薄禅玄，自信儒家理数偏。生睹肃皇成道日，老同鬻子著书年。乡闾喜驻眉间采，帷幄惭虚圯上缘。极目沧桑休感慨，中兴胜事更谁传"[③]，表彰其饯行"旦气之学"，而不堕入佛道静摄之中。后来景昉又作《黄季弢先生岁九十加二赋贺》，认为"八载从容称满百，忻公盛事只如闲"[④]。晚年景昉回忆时，曾指出："同社布衣黄公文焵辑有《道南一脉书》，甚佳。"[⑤]

　　2. 何九云

　　何九云（1581—1649），字舅悌，号培所，何乔远次子，福建晋江人。万历四十年（1612）举人。崇祯十六年（1643）进士，选庶吉士。甲申之变后，寓居乡里。顺治六年（1649）卒，享年六十九岁。所著有《荷野

① （清）李清馥：《闽中理学渊源考》卷77《遗佚黄季弢先生文照》，第755页。
② （明）黄景昉：《瓯安馆诗集》卷15《笋江书院成呈黄季弢社长》。
③ （明）黄景昉：《瓯安馆诗集》卷20《寿黄季弢布衣九十》。
④ （明）黄景昉：《瓯安馆诗集》卷20《黄季弢先生岁九十加二赋贺》。
⑤ （明）黄景昉：《宦梦录》卷2，第129页。

集》。何九云与黄景昉自天启二年（1622）相识于京师后，往来密切，又与蒋德璟、黄道周、郑之玄、庄际昌、林胤昌为文章性命之交。何九云在中举后曾多次就试礼部不第，为此黄景昉将之"特荐于朝"，后来癸未科会试，也因蒋德璟和黄景昉临期上《请发举人会试各疏》，才得以参加会试，并最终及第。黄景昉与何九云的交谊，在《瓯安馆诗集》所收录的诗作中即可反映，跨度从京中相识，迄于九云病逝，历时三十余年，如天启二年景昉会试落第归里，即有《出都奉别何舅悌兼简郑大白太史》之作，后来何九云出任漳平教谕，黄景昉作《送何舅悌姻丈谕漳平》一诗相赠"平明骤马嘶，惨惨朔风厉。忽忆廿载前，偕君榜下涕。我绶行且稀，君裘无乃敝。屈铁网珊瑚，岂希珠贝细？新岁当之官，到时灯月丽。抱拥白雀儿，招邀青鸾婿。久客欢乍归，宾朋踏踏诣。能遽忘我为，当餐或屡嚏。司空古大儒，字汝曰舅悌。婉恋宝仁亲，风谊嗟勿替"；又云"期君三载兴，湔兹十上辱。凤鳞脍炙新，佳梦驯可卜"。① 前一首回忆了旧时落第情形及对九云之官的伤感，后一首则寄寓了次科中式的祝愿。在何九云逝世后，黄景昉更有《哭何培所姻丈》一诗感怀至交好友："豫友惊难认，逢君北地归。旧容都改变，相过但歔欷。节嗌餐甘粝，量腰带损围。每谈孤往乐，如恨再生非。任永权称眚，李华实病痱。约妻偕缟素，贻训薄轻肥。半世公车累，长年子舍依。广文官较称，绌史志空违。魂好栖山镜，梦犹绕帝畿。一杯明水荐，蔬配首山薇。"② 后来又作《何培所太史逝后得所扶旧藤竹杖感题》《赋怀故友郑大白何培所二太史》等诗，追忆往昔结社交游，称："忆昔相从结社时，大家爱酒复耽诗。年华荏苒人方壮，意气凭凌句每奇。"③ 另外，需要补充的是，因黄景昉长子知白娶何九云之女为妻，故在诗作中时称九云为"姻丈"。

3. 黄道周

黄道周（1585—1646），字幼平，号石斋，福建漳浦人。天启二年（1622）进士，选庶吉士，散馆授翰林院编修，任经筵展书官。五年（1625）告假归里，旋丁母忧。崇祯二年（1629），以原官起复。翌年（1630）秋闱，典试浙江，事竣入京，晋詹事府右春坊右中允。以疏救大

---

① （明）黄景昉：《瓯安馆诗集》卷2《送何舅悌姻丈谕漳平》。
② （明）黄景昉：《瓯安馆诗集》卷16《哭何培所姻丈》。
③ （明）黄景昉：《瓯安馆诗集》卷6《赋怀故友郑大白何培所二太史》。

学士钱龙锡事，降三级。未几遘疾乞休，陛辞上《放门陈事疏》，藉《易》数以讽谕阁臣周延儒、温体仁，诏处削籍为民。道周居乡以漳州紫阳书院为"榕壇"，讲学授业，"自远至者可千人"。崇祯九年（1636）复原职，十年（1637）五月升詹事府左春坊左谕德兼翰林院侍讲，十二月进少詹事。十一年（1638）六月，以"杨嗣昌夺情入阁""陈新甲夺情起宣、大总督""方一藻以辽抚议和"三事，道周连上三疏，致崇祯皇帝震怒，谪江西布政司知事。十三年（1640），江西巡抚解学龙升任，荐举黄道周，大学士魏炤乘票拟责解学龙滥荐，遂致崇祯皇帝疑二人有党比行迹，令处削籍，逮系下狱。十四年（1641）冬，得周延儒揭救，遣戍辰阳。十五年（1642）八月，日讲召对，周延儒、蒋德璟、黄景昉等力言道周"清操力学"及永戍边远之惨烈，在阁臣申救下，崇祯皇帝"特准赦罪复职"。道周称病乞休，于十六年（1643）春抵家。弘光即位，召任吏部侍郎，晋礼部尚书，唐王建号，复聘为武英殿大学士。顺治三年（1646）卒于难，享年六十二岁。所著有《易象正》《三易洞玑》《太函经》《黄子录》《黄子外录》等。①

黄景昉与黄道周订交于万历四十三年乡试，通过前文对"黄道周之狱"的梳理，可以看出二人关系之笃厚。同时，黄道周为学"以致知为宗，而止宿于至善，确守朱熹之道脉而独邈宗传"②，而黄景昉则持守紫阳之学，相近的学术旨趣，也增进了彼此的交谊。在仕宦之余，从乡里讲学，到京中请益，二人的往来见诸《瓯安馆诗集》的记载。如崇祯六年（1633），黄景昉丁忧里居，适逢黄道周削籍归闽，在晤面离别时，景昉作《赠别黄石斋先生》云："学高杨慎节舒芬，封事庖西此更闻。日者重关迷白昼，天乎遗槛泣朱云。兰亭帖写安边疏，汲冢书传册士文。不见始宁倪若水，同时冠盖仅推君"；"神灵高庙鉴长存，出处萧然叩不言。朝论衣冠憎绛灌，主恩乡里罢湘沅。横江唳鹤天台寺，去国饥驴海岱门。宁使汝言偏少验，逐臣终老望乾坤"。③ 至崇祯十一年（1638），黄道周居京期间，黄景昉又以讲章十篇请益，道周作《东崖以讲章十篇见示二章》④ 予以褒

① （清）张廷玉等：《明史》卷255《黄道周传》，第6592—6601页；（明）洪思：《黄子年谱》，侯真平、娄曾泉点校：《黄道周年谱》，第1—46页。

② （明）黄道周：《黄道周集》卷首《道光五年二月十六日礼部奏》，翟奎凤、郑晨寅、蔡杰整理，中华书局2017年版，第11页。

③ （明）黄景昉：《瓯安馆诗集》卷19《赠别黄石斋先生》。

④ （明）黄道周：《黄道周集》卷42《东崖以讲章十篇见示二章》，第2197—2198页。

扬，景昉复作《以日讲章呈黄石斋先生辱贻佳篇步谢》二首答谢，诗云："静夜披寻肃，高天合鉴兹。虞工俞且哣，鬻子唯焉疑。云护横签处，香消下爆时。非君襟带合，曾许外廷知"；"里中师事久，非为一官同。冽甚披帷雪，稜生上殿风。野方迷七圣，瓯合长群公。无怪甘盘逊，多惭醴未工"。① 从诗句中，可以看出早在黄景昉乡居读书时，已师视黄道周，并不时向其请谒。崇祯十三年（1640），在黄道周被处下狱后，黄景昉除探访之外，还作《追和黄石斋先生狱中杂咏》《再和前韵》二题二十八首以记其事。后来黄道周获释复职，黄景昉又作《黄石斋先生自戍所召复原官喜寄》称："苦望鸡竿久，欣还鹤署新。普天垂涕说，前夕叩头陈。北寺冰霜骨，西曹煅炼身。重阴终一扫，龙起不无神。"②

崇祯十七年（1644）二月，闻知黄景昉已辞官归里，黄道周作书复景昉来信，云：

> 闻雏驾吉旋，已逾月矣。百里瞻言，千载胜事，周独以沟壑辗转，不得申摧秣之怀，惆怅何极！日前拜曹司李书，乃知姚永言寄信。昨拜台缄，又得刘丁书，非阁下垂念无已，何以得此于朋侪？缅念往时，颠连寝食，唯有挥涕。幸藉肉骨，反首丘陇，为愿逾涯，又安敢闻人动静？去腊陨身百尺之崖，肱膝垂折，今幸稍苏，神理气志，亦觉顿尽。觏阁下书，复生蒲柳之色耳。漳南道梗，行李少通，剿抚两字，迄无定算。周纳足箙中，藏头被里，但知床几井灶，各自有命，了不动其经营也。正月二十日，寇迫漳郡，贱体委顿，自分焦庐已托野火之下，恐出处未明，已勒小疏哀请，不敢上质知己，即有不测，亦当以理数自安。世间何处无颠崖，不复据鼎耳扰其瘝梦也。行人归促，复草草附上，即端日奉候兴居未悉。二月二十四日，道周顿首。③

---

① （明）黄景昉：《瓯安馆诗集》卷10《以日讲章呈黄石斋先生辱贻佳篇步谢》。

② （明）黄景昉：《瓯安馆诗集》卷10《黄石斋先生自戍所召复原官喜寄》。

③ （明）黄道周：《黄道周集》卷17《与黄东崖相国书一》，第705—706页。按，据洪思《黄子年谱》载，黄道周在崇祯十六年腊月"出江东，登逃雨岩，坠崖"[（明）洪思：《黄子年谱》"崇祯十六年"条，侯真平、娄曾泉点校《黄道周年谱》，第23页]，而札中言及"去腊陨身百尺之崖"，可知本札当作于崇祯十七年。又，黄景昉在崇祯十六年九月辞官后，于"除夕前五日抵家"，而道周言"闻雏驾吉旋，已逾月矣"，则至写就此信的"二月二十四日"恰为"逾月"，综上可证本札当作于"崇祯十七年二月二十四日"。

同年五月，福王即位于南京，会推起黄道周为吏部左侍郎兼翰林院侍读学士，并遣使以朝命敦促其就任，在途经泉州时，道周与黄景昉"登源山，北向挥涕"。入朝后，道周见弘光朝政把持于阉党之手，刘泽清、高杰、刘良佐、黄得功四镇及左良玉又"兵骄将悍"，中朝又无从节制，知"事无可为"①，于是年秋作书致黄景昉，谈及其对时局的忧虑：

> 拜七月三山归所惠书，令人感叹。今诸舌战想少憩，然亦无着手处。绵蕞之前，合有此事，无足多怪。但括江淮以奠四帅，鸡鸭已尽，饱鹰难飞，前无可进，后无所处。数月以后，将复如何？山陵松楸，在人掌中，异时搜括，复何所极？诸山陵使能遂了此乎？四帅分江，一左擅湖，我辈无一旅能举其事，消萌建威，徒恃一史道邻，是夫子所叹"才难"也。周病甚，素空疎，加以健忘，见张问李，唯坐江边看儿童竹弓射鸭为乐耳。桑梓又多事，诸招抚者日讹言句、引愚罔，稍稍正之，则腾谤四起，几不可闻。世运否泰，则亦天也，人奈之何？尘界中着百里，百里中着七尺，稍费经营，愈碎愈细，正复叹气伸足，咏彼苕华耳。姜燕老想无归里行，望阁下匡持新命，贻我安席也。②

翌年（1645）五月弘光政权覆灭，唐王入闽，建号隆武，以先朝旧辅征召黄景昉入直。黄景昉虽坚辞不赴，但在隆武皇帝一再敦请下，遂于是冬复职。是时，隆武朝臣"文武争次"，黄道周虽授"将相之任，而故尼其权"，不得已而自请行边，因之当他从蒋德璟的来书中得知黄景昉莅任宰辅后，即致书景昉，分析闽中局势之要，并言及其身处军旅艰险之状：

> 得若椰书，乃知台翁入直，甚喜。机丝方棼，赖天孙整之，不独星序有光，草野余生，亦藉还耕凿也。吴会未收，中原无路；新安既陷，南纪垂绝。虽乐、葛处此，不能缓其袤带，而使弟酸腐书生理之，命凫搏兔，古人所为笑谈也。收人才，练军实，是今日要紧。而徽破以后，人情太乖，昔日所谓豪杰，皆不可复伏。吾土军实尽入荥阳，不肖孤身碎掌，所招逾四千人，飡风吸露，以效忠义。明旨亦云

---

① （明）黄景昉：《黄道周志传》，载《黄道周年谱》，第123页。
② （明）黄道周：《黄道周集》卷17《与黄东崖相国书二》，第706页。

就广信支饷，而信州士民尽室入山，府县催科，徒有仰屋。捐助二三千，又当与信抚施军三股分用。肘腋俱决，为之奈何！今粤中输赋，见有二十四万，吾出劝助亦十余万，分其涓沥，足佐月糈，而委之养威，不恤枵腹，虽有乔松之术，难尽授于熊罴矣。月前见明旨，已以关外重钺寄曾二老，此驾驭英雄、收拾孤老第一善着。而旋又反汗，何也？仇仇不力，退遂难详，将使不肖何以自处？将士既知无权，则轻玩以生；雏敌又知无饷，则祸败立至。此二者，在不肖受之不妨，亦奈何令宗社受之乎？朝无正论，人皆养交，明堂之羹，扬薪愈沸，不知桑梓竟当如何也？军中监纪赵士超，为其父请补金吾，此志士也，幸照察之。小至日，道周顿首。①

黄道周此书写就的次月，在婺源兵败被执，翌年（1646）三月殉节于江宁。黄景昉闻讯作《哭黄石斋先生》，哀悼道："浩气薄奔霆，湛明比日星。墨销存篆迹，瓜削想嬴形。卫律何颜见，谢皋有泪零。白门千树柏，长护孝陵青"；"临风涕泫然，交订忆当年。楚戍湘江碧，杭栖涤洞玄。节完攀槛日，论定盖棺前。群噪初何意，乌鸦任晚天"。② 同年八月，清兵入闽，黄景昉知事不可为，遂疏请告假归里。然而他愧惧交集的心情，甚至于顺治七年（1650）草拟道周碑铭时，仍使其屡屡辍笔，他写道："尼父题碑两人耳，有殷少师吴季子。许繇遗塚在箕山，已著疑辞到迁史。唐纪张巡段秀实，各推韩柳巍峨笔。枉用王磐吊文忠，胡元此道暗如漆。国初羞人危太素，末年遣守余公墓。革除大节王与周，何事西杨强回护。我幸衰颓未至此，焖焖惭公负一死。商容祇合教老聃，欲赞夷齐恐非喜。"③ 黄景昉草拟的碑铭在历经兵燹后似已散佚，但同出其手，为道周子侄所认可，称为能"举立朝居身之大概，列为行状"的《黄道周志传》，则因附载《明季南略》中，幸得流传至今。④

4. 郑之玄

郑之玄（1589—1632），字道圭，号大白，福建晋江人。天启二年

---

① （明）黄道周：《黄道周集》卷17《与黄东崖相国书三》，第706—707 页。按，黄景昉在鼎革之后，仅出仕过隆武政权，据前文考证其入直在隆武元年十一月，而本札落款为"小至日"，即冬至日，则可证黄道周本札当作于"隆武元年冬至"。

② （明）黄景昉：《瓯安馆诗集》卷11《哭黄石斋先生》。

③ （明）黄景昉：《瓯安馆诗集》卷6《拟草黄石斋先生碑铭屡辍笔愧惧交集》。

④ （明）黄景昉：《黄道周志传》，载《黄道周年谱》，第123 页。

（1622）进士，选庶吉士，授翰林院简讨。后因魏阉用事，告假归里。崇
祯三年（1630），典试江西，升詹事府赞善，五年（1632）册封岷王①，
事竣归里，卒于道，享年四十四岁，著有《克薪堂集》。郑之玄"博通经
史"，早年即与黄景昉、何九云、林胤昌、傅元初、黄日升等结社为文，
景昉曾回忆道："宫赞郑公之玄，负绝代才，夙爱余诸生文，比偕计，遂
与定交。公文视余异趣，顾盛相契洽，尝戏评诸人文，各加标目自赞，如
'人家觅失猫子，力索不可得，有时还自来，其来时亦可喜'。合坐大噱。
屈指同社八九人，六举制科，鼎元一，史馆三，两登铨省，信一时意气之
盛也。"②虽然二人之文异趣，但景昉的《制义》《论草》两书，均请之玄
作序，对其制义之文，之玄认为：

> 余见夫古人文章之交矣，在唐曰杜李，曰韩柳，曰元白。子美之
> 赠太白者曰："世人皆欲杀，吾意独怜才。"意何其悲！退之怵于人
> 祸，坚不欲作史。子厚坚属之，且责之痛之，诚知退之也。微之寄乐
> 天诗八十字，乐天报之云："一章百遍读，一句十回吟。珍重八十字，
> 字字化为金。"嗟夫！古人于文字之情，流连叹息，一往弥深，岂徒
> 也哉？古人之为文章者，一言之合，必推之于大道；一字之贵，必亨
> 之以千金。非独古文词也，制义有之。亦有博雅之贤，雏来党往，沈
> 闷取幽，苞塞疑奥，化为时文，灭没矜喜。斯乃连鳌之手，注于射
> 鲋，亦何足云合而可贵也？吾党惟太穉之才，云垂雨注，无之不可。
> 余区区怜之爱之，珍重其言，谓之为金。其必以子厚所属于退之者属
> 太穉矣，岂以制义之文哉？制义之文，太穉曩者曰王、唐、瞿、薛，
> 皆以《毛诗》起家，余乃习《诗》。③

万历四十四年（1616），黄景昉在首次会试落第后，将其《论草》汇刻刊

---

① 按，蒋德璟《敬日草》卷11有《送郑大白宫赞册封岷府》，该诗系于"壬申年"，即崇
祯五年，且在"壬申四月五日"诗之后，"六月既望"诗之前，可知其出使时间。且郑之玄卒于
册封事竣后的入闽途中，故其卒年亦当在崇祯五年。又，王铎作《郑大白传》称其"年四十四竟
卒"，则其生年当在万历十八年。另外，《天启二年壬戌科进士履历》载"郑之玄……丙申九月二
十七日生"，丙申为万历二十四年，则应是其官年。

② （明）黄景昉：《宦梦录》卷1，第73页。

③ （明）郑之玄：《克薪堂文集》卷3《黄太穉制义序》。

行，求序于郑之玄，认为其文惟"郑道圭能见吾长耳"，之玄欣然作《黄太穉论草叙》，因文献难得，谨全文迻录如下：

> 太穉自丙辰归，以为不得第一，宁俟再举耳，慨然有旗鼓中原之志。社中征文，未尝遍失，乃手汇而刻之，以示夫世之中郎解读论衡者，且函而征余叙曰："吾文惟陈弓甫能见吾短，惟郑道圭能见吾长耳。"余叹曰：嗟乎！是也。凡太穉之见，多与余合。余不喜人谈元脉，太穉亦不喜人谈元脉；余不喜人负盛气，太穉亦不喜人负盛气。夫揣摩元脉所在，以禹步而趋，锲舟而求，此皆世之痴人吹烟而灭火，岂复有气乎？譬之沈、宋、王、孟，其风时息，而昌黎之才绝，长吉之鬼派，争出一时，以雕搜而痛快之，何妨以真狂名世也？乃当世所为狂者又异，矜峻嫚骂，若将无人乎？五步之内，读其文则奄奄老人气息，其诵者如狂号而索亡子。余乃大诧而去之，谓此辈不足惊也。方今三寸之管，筑坛相事，我辈亦复落落如人，不能真奇真险，出井陉之口，入蔡州之域，何以服盛气厉色之夫？此太穉所以不屑也。太穉之文，怖之者多，疑之者间有。嗟夫！为文而欲一世之人好，吾悲其为文。今有好人誉己，不好人疑己；好人大誉己，不好人微誉己者，其人固可悲也。且如弇州、济南，过相推许，数年而后，论者谓何？是故镕铸古今，驱役经子，广陵之涛始至，蚕丛之路以开，此太穉之长也。若夫才大而不肯休，思轧而不肯逸，奇胜之兵或为野战，大乘之禅或以破律，此亦太穉之过也。指太穉之长以安怖者，声太穉之过以谢疑者，而后太穉之文可以虎视于坛坫之上矣。①

从序文中可以看出，受晚明经世思潮及文学复古运动的影响，郑之玄与黄景昉唱为同调之鸣，认同其"镕铸古今，驱役经子"的为文之法，不主张揣摩会元脉络，反对作文"盛气厉色"，这在一定程度也是对晚明空疏之学风及力求奇僻之文风的批评。而在仕宦期间，郑之玄与景昉诗文往来络绎，王铎曾言及此事："借岷藩差以避之。入楚益流连山水，洒然自异，

---

① （明）郑之玄：《克薪堂文集》卷3《黄太穉论草叙》。

力于诗，以书贻黄东崖，道平昔之交，言近日多执利，鲜真朋，嫉贤妒能，良有感也。"①《瓯安馆诗集》中就保存了三首郑之玄使岷前后的诗作，如《得郑大白宫赞书有岷藩册使之行却寄》一诗即为答来书之作，诗中言："东华烟树满红尘，未惜将书问所亲。同舍云霄犹念我，迩年风雨实伤神。诸姬绕汉岷初造，九命续骚汝最新。泽芷江枫秋瑟瑟，试归话与倦游人。"② 此时黄景昉正丁忧里居，从"试归话与倦游人"一句中，可知郑之玄已告知其将在册封后有省亲之行，因而在成书后"却寄"。然而，之玄道中病逝，景昉闻讯作《哭郑大白先生》，极尽哀思，称："天地知何意，才高命不容。千秋冤贾马，近代惜袁锺。东禁囊虚荷，西江杵罢春。濑溪呜咽水，终夜泣鱼龙。"③ 崇祯七年（1634），郑之玄《克薪堂集》刊印藏事，其子湿曾、湜曾求序于景昉，景昉遂于孟秋朔日手书序文一篇冠诸册端，以志往昔交游之情。④

5. 蒋德璟

蒋德璟（1593—1646），字中葆，号八公，又号若椰，福建晋江人。天启二年（1622）进士，选庶吉士，以丁父忧归。六年（1626）入京就馆，散馆授翰林院编修，晋侍讲。崇祯二年（1629），至淮府册封金华王，以乞养祖母告假。五年（1632）入都复职，升詹事府右春坊右中允。六年（1633），出使益藩，并典试应天乡试。事竣，复以省亲归里。十二年（1639）以原官起复入京，进詹事府少詹事，条奏救荒事宜，"正宫帷之名分，禁伐采之滥规"。翌年（1640），任詹事府詹事，旋擢礼部右侍郎。十四年（1641）春，杨嗣昌卒于军，命九卿议罪。德璟上言："嗣昌倡聚敛之议，加剿饷、练饷，致天下民穷财尽，胥为盗。又匿失事，饰首功。宜按仇鸾事，追正其罪。"⑤ 十五年（1642）六月枚卜，首辅周延儒荐其"渊博可备顾问，文体华赡，宜用之代言"，以第一名典用入阁。明年进《御览备边册》，凡九边十六镇新旧兵食之数，及屯、盐、民运、漕粮、马价备载其中。十七年（1644）三月，乞归。德璟在阁共一年六个月，赐坐

① （清）王铎：《拟山园选集》卷44《郑之玄传》，《四库禁毁书丛刊》第87册，北京出版社1997年版，第618页。

② （明）黄景昉：《瓯安馆诗集》卷18《得郑大白宫赞书有岷藩册使之行却寄》。

③ （明）黄景昉：《瓯安馆诗集》卷9《哭郑大白先生》。

④ （明）黄景昉：《克薪堂序》，（明）郑之玄：《克薪堂文集》卷首。

⑤ （清）张廷玉等：《明史》卷251《蒋德璟传》，第6500页。

三次、赐宴二次、赐骑马游西苑一次，召对六十余次。其间申救李日宣、张瑄、章正宸、房可壮、宋玫、张三谟、黄道周、刘宗周、金光宸等，“拯救正类，力可回天”。[①] 隆武元年（1645），与何吾驺、黄景昉并召。翌年（1646），以足疾辞归。闻隆武败亡，涕泣不食，卒于家。所著有《敬日草》《慤书》《御览备边册》等。

蒋德璟与黄景昉同乡同里，同入复社，同为周延儒荐用入阁，二人的仕宦生涯更是近乎相始终。据蒋德璟《东厓诗序》所言，在黄景昉首次计偕时，二人已相识里中，而从景昉的自述来看，至迟到天启二年（1622）时已颇为熟络：“余壬戌京中得《嘉隆首辅传》一书，恒寓目焉。蒋公以忧归，偶舟中见之，亟持去不还，蒋时视余一落第举子耳。余亦不便固索，卒与余同升，名在余前，亦其兆也。”[②] 六年（1626），景昉以庶吉士告假，恰逢德璟服阕入京，景昉作《延平遇蒋八公同官别赠》一诗，云：“君方北发我南还，剑水双龙会此间。世事澜翻谁柱砥，乡心草率且荆班。词林立马崇三揖，驿路分飞隔万山。炙地薰天旁自见，恰当闹处要人闲。”[③] 并以诗稿求序于德璟，在《序》中德璟对景昉褒奖有加，因文献稀见，谨迻录全文如下：

灵笔真手，与肉人不交。然而肉人不能为灵，望其灵而未有不伏而气下也。天下之技，灵与肉而已矣。其肉者，壶耳也，鬑鼻也。而灵之至，则作飞鼠，使鼠远避；作飞鹤而复归；作山水小龙，云霞乍生；作骐骥院六马，而夺生马之魂。一二画笔耳，幻变乃尔。若诗，则亦心与境之画也。而变有大焉，千万劫不可穷。然试使肉人为之，自言其心而不能欲，言其耳目之所得而不似，而区区取粉本残沈，非诗也。

自吾与道圭、直夫、擎甫、舅悌诸子，以诗取大于匪莪先生，而太稺方弱冠，上公车，负磊落姿。其诗则已葳蕤儁挺，如鹓雏决起，顾盼而唳苍昊矣。今且十年，而瀹采益奇，扶干弥劲，恠或别风淮雨，壮必奔星宛虹，殆不顾世有肉人与其眼，而望之者竟未有不气下也。

① （清）张岱：《石匮书后集》卷13《蒋德璟传》，第98页。

② （明）黄景昉：《馆阁旧事》卷下。

③ （明）黄景昉：《瓯安馆诗集》卷17《延平遇蒋八公同官别赠》。

记京中，太穉卧为磐邸，柬吾诗，辄句惊人，顾盛推幼玄，而友人楚
王六瑞、吴郑谦止，亦盛推太穉。诸子者，皆所谓灵笔真手者也，其
无肉人交也固宜。①

《诗序》中蒋德璟除了表彰黄景昉的诗作，借王鸣玉、郑鄤之语推扬景昉
外，也提及了他在乡里的交游，其中何乔远、郑之玄、池显夫、蔡国鋌、
何九云等人均是黄景昉的前辈至交，可知二人在里中往来已非泛泛。

崇祯元年（1628），黄景昉入京授职，与蒋德璟的关系愈加密切，据
德璟《己巳元日早朝归邀擎甫小集步黄太穉馆丈韵》一诗，即可为证。在
此后的仕宦生涯中，二人不时护持协商，如崇祯七年蒋德璟因应天乡试磨
勘事受牵连，黄景昉面谒求解于大学士钱士升；又如黄道周之狱、壬午枚
卜诸公之遣戍、刘宗周之议处等事，二人在召对时，皆唱为同调；在入阁
后，二人还相约票拟"早票早汇"，对于公事的处置亦多有商议，如前文
提及的票拟"操江裁革文臣""南守备推用勋臣""发举人会试疏"等事，
皆为二人所共同议定。此外，在公事之余，蒋德璟与黄景昉还同讲"旦气
之学"，林胤昌、黄文炤开讲坛于笋江"在兹堂"时，二人亦与之"相与
发明旦气"。

顺治三年（1646），黄景昉在听闻蒋德璟病卒后，作《哭蒋八公先
生》，极尽哀思，称："长年未放寸阴虚，精瘠神亏亦有诸。缭绕屏间萦塞
曲，回环膝上答乡书。鳣文备应三台兆，椰腹真藏万卷余。自有两朝褒赞
在，不劳人世漫歔欷。"② 晚年居乡时，景昉听闻莆田人方锵以"八公"自
号，当即作诗"祈其少改"，诗云："吾友勋名勒景钟，李桃开烂逊长松。
具敫不少山川禁，耆旧能忘里巷恭。论剑长卿空慕蔺，授琴元叹未齐邕。
七贤九老随君兴，作奏终劳去葛龚。"③ 可见二人之深笃。

6. 林胤昌

林胤昌（1595—1657），字为磐，号素庵、让庵，福建晋江人。天启
二年（1622）进士，授南京户部广东司主事，调南京兵部职方司主事，随

---

① （明）蒋德璟：《敬日草》卷4《东厓诗序》。
② （明）黄景昉：《瓯安馆诗集》卷20《哭蒋八公先生》。
③ （明）黄景昉：《瓯安馆诗集》卷27《莆田方锵字八公与旧同官蒋公号同意箴之祈其少
改》。

即告假归里。崇祯元年（1628），补吏部稽勋司主事，调验封司掌印，升吏部文选司员外郎，"酌定规条，关防严密，自此大选急选皆协群望"，转稽勋司郎中，旋以省亲丁忧。十年（1637），起补吏部验封司郎中，晋吏部文选司郎中，"澄叙官方，疏恤直节，荐扬理学诸名臣"，"铨地情弊丛集，极力振剔"，后以忤杨嗣昌，削籍为民，"立朝仅两岁"。顺治十四年（1657）卒于家，享年六十三岁。① 所著有《经史耨义》《论语耨义》《旦气语录内外篇》《旦气箴》《泉山小志》《周易解义》《笋堤集》等。

黄景昉自入泮即与林胤昌同学交游，后来胤昌建"在兹堂"于筍江，与黄文炤、蒋德璟等同倡"旦气之学"，景昉亦参与其间，并为其堂题联，如《题林让庵铨部石筍山房》《雷荐亭为林让庵勋部》二诗即为胤昌讲社所作。黄景昉在阁时，也曾为胤昌谋起复，其言："选郎林公胤昌，余同社姻好，交最深，部疏上，亟从奥周公推毂，阁揭亦多美词。忽奉旨，有'朦升降十五级之官'等语，出御笔，'十五'二字注其旁，捧读骇然。上万几烦，何精察至此。想林在事日，杜绝请托，内珰辈衔之致是耳。魄不能进一相知贤者，真称缺事。"② 晚年景昉寓居乡里，与林胤昌往来如旧，《瓯安馆诗集》所收诗作中，交游诸人即以胤昌为最，如《林素庵招集洁身堂同杨碧湖黄季采诸丈》《立秋日今傅子讱王何称林为磐郭闇生穿莲东湖分得莲字》《林素庵猎草多余曩对壘之作阅之惘然》《九日同林素庵杨碧湖过周芮公园登楼限韵》等诗，均反映了当时的谦集唱和情形，在胤昌五十五岁时，景昉更有《寿林素庵姻丈》之作："风光五十五回春，柳弹莺娇物外新。伯长乡人裁一岁，儿偕计吏恰兹辰。唐诗晦当清和节，乾卦潜为美利因。强话弹冠心未敢，期君共作瓮边人。"③ 而在为学方面，胤昌以濂洛关闽为宗兼及姚江之学，虽与谨守杨时、朱熹的景昉稍异，但对景昉始终躬践"旦气之学"则钦佩有加，认为："先生与余同讲旦气之学，惟先生实躬践之，余徒能言而已。夫童而习之，老而不衰，知先生者则莫如余矣。"④

这里需要补充的是，黄景昉称林胤昌为"姻丈"，则二人除至交外，尚有姻亲关系。景昉在诗作中有《登林存茹婿跂亭》《林存茹郭亦仲二婿

① （清）郭庚武、黄任、怀荫布纂修：（乾隆）《泉州府志》卷44《林孕昌传》，第2册，第465—470页。

② （明）黄景昉：《宦梦录》卷3，第237页。

③ （明）黄景昉：《瓯安馆诗集》卷22《寿林素庵姻丈》。

④ （清）林胤昌：《屏居十二课跋》，第347页。

落第未还赋怀》等题名，据林胤昌《经史耨义》刊本卷五署有"男逢泰存茹"，考之《泉州府志》《晋江县志》，"逢泰"即为胤昌长子。又，景昉在《家谱》中亦曾言及"余长婿林逢泰亦举丙子科举人，初授陕西陇西令"①，则林胤昌长子逢泰为景昉长女婿亦可定谳。此外，景昉对胤昌诸子也颇有题赠，如《赠林存铉》《赠林存悔》等作中，即寓其教诲之意："无言本是圣人功，乱世兼应隐瞆聋。我久欲瘠依仲长，汝真解语类安丰。篆摹钟鼎窥家学，扁勒园林见国工。昆季名成欣有托，不妨高啸玉壶中。"②

7. 周廷𫓧

周廷𫓧（1608—1673），字元立，号芮公，自称朴园居士，福建晋江人。天启五年（1625）进士，七年（1627）授镇江府推官，时年甫二十。擢吏部验封司主事，转考功、稽勋二司员外郎，升文选司郎中。崇祯十年（1637），以疏驳陈启新议废科举事，忤阁臣及中贵之意，引疾乞归。唐王时起原官，晋詹事府詹事兼翰林院侍读学士，提督四夷馆，知事不可为，复告归。年六十六卒于家，所著有《两都三余篇》《三山草》《去来草》《颐园草》，后汇刻为《朴园诗历》。廷𫓧工诗，凡所为诗"殚美极妍，稽词清俊，阮旨遥深，兼擅其妙，人分其牙，后尚有余芬"③。作为同里同年，黄景昉与之多所往来，如廷𫓧贬谪，景昉作《送周元立姻丈谪归》以赠慰："篱棘丛中拂袖还，依然短棹过金山。谁教傍社薰青鼠，未拟窥笼放白鹇。舞𫄧披纱双慰意，经坛讲座一开颜。吾归丘壑行堪共，三径蓬蒿且暂删。"④晚年里居，更是不时谦集谈诗，如《九日同林素庵杨碧湖过周芮公园登楼限韵》《饮张园同周芮公杨碧湖二丈适大雷雨》《九日步周芮公铨部韵》《月夜从周芮公姻丈过可冲弟园赋答》《周芮公诞日招集戏述所见》皆是反映交游纪实之作。另外需要指出，黄景昉在自述及诗作中都曾说"余姻周公廷𫓧"，据《家谱》所载，景昉次子知雄后来出继其弟景昭，所娶者即周廷𫓧之女，故二人除为知交外，亦为姻亲。⑤

---

① 《檗谷黄氏家谱》不分卷《睦宗十二志》。

② （明）黄景昉：《瓯安馆诗集》卷22《赠林存铉》。

③ （清）郭庚武、黄任、怀荫布纂修：（乾隆）《泉州府志》卷54《周廷𫓧传》，第3册，第97页。

④ （明）黄景昉：《瓯安馆诗集》卷20《送周元立姻丈谪归》。

⑤ 《檗谷黄氏家谱》不分卷《知雄公传》。按，传文云："知雄公，景昭公承袭长子，字原逊，号守斋……妣周氏，铨部周芮公讳廷𫓧公女。"

8. 傅元初

傅元初，字子仁，福建晋江人，傅道唯之孙。崇祯元年（1628）进士，授浮梁令，擢工科给事中，条陈漕运折色、屯政、马政及开福建海禁以通市佐饷等，皆能"切中利弊"，后以弹劾曹景参"巧言党奸"，致考选去职。所著有《尚书撮义》四卷。① 傅元初与林胤昌、黄景昉、郑之玄等结社往来，胤昌称其"思奇而才敏，志孝而愿忠"，景昉则认为"其人特英爽，勇于嗜义"，在《宦梦录》中曾记其交往之事，云："给谏傅公元初为余同社，郑宫赞公尝序其文云：'凡子切文成辄自喜，吾党见子切文亦复大喜，子切见人之喜其文，又复大喜。'傅得之，怒，亟裂去。闻者颇亦谓中肯之谭。"② 从诗作中也可反映傅、黄二人的交往，在傅元初就任浮梁令时，景昉作《柬浮梁令傅子切年丈》一诗相赠，云："有客南州返，从容话邑侯。采诗编户晓，批牒老人求。龙过窥窑变，鱼占兆稼收。日高公事了，知未减风流"；"仍说高斋夜，凝香燕寝尊。素莼花下影，红袖鬓边痕。萍迹从湖海，栖梧定禁垣。颇怀旧事否，沅澧楚臣存"。③ 此后，又有《旅怀寄傅子切林为磐二丈》《送傅子切年丈之饶黄二州》《投傅子切二诗以新茶见答复戏柬之》等往来谦集之作。傅元初去世后，景昉追哭道："同社才称季，齐年谊等昆。觅碑愁隔垅，扶路畏过门。共抱支公痛，尤伤邓伯魂。（自注：傅无子。）宋飈回半鹞，巴泪湿孤猿。因悟盛衰理，渐穷潮汐源。故人零落尽，搔首信乾坤。"④

9. 郭炜

郭炜，字闇生，太仆寺少卿郭如楚子，福建晋江人。崇祯三年（1630）举人，顺治初任广东高雷廉道副使，后以病卒。黄景昉与郭炜为姻亲，他曾说"选部林公胤昌、孝廉郭公炜并余姻"，他们的交游可追溯自天启年间，《瓯安馆诗集》中如《舟同郭闇生曾玄云抵凤山述江上所见》《夜饮石梅庵同郭闇生分韵》《春三日闻吴斯椒林为磐过郭闇生园酌酒限韵微怪其不我以也即用米韵辄得四首》等皆为早年往来之作。鼎革以后，郭炜出仕岭南，景昉作《久不得郭闇生姻丈信》，表达其寂寥感怀之情："青

---

① （清）李清馥：《闽中理学渊源考》卷75《给事傅渼溪先生元初》，第737—738页。
② （明）黄景昉：《宦梦录》卷1，第73—74页。
③ （明）黄景昉：《瓯安馆诗集》卷9《柬浮梁令傅子切年丈》。
④ （明）黄景昉：《瓯安馆诗集》卷15《追哭蒋中陛傅幼心李玄驭三给谏》。

雀孤飞杳未回，自从风雨罢登台。岭南可是无鱼鹏，郭北那知有草莱。别后衣冠惊岁换，愁余拍板向谁开。故人寂寞何须问，肠断高堂白发催。"①

而据《郭太仆复庵北郭草堂称绝丽去之二十年毁尽矣慨寄闇生姻丈并亦仲婿》《喜郭婿亦仲捷秋闱书示次女》等诗题，可知郭炜之子郭亦仲娶景昉次女。又，颜廷榘《丛桂堂全集》刊本卷四题有"同郡后学郭世纯亦仲甫校"，则"亦仲"，讳"世纯"。据考《泉州府志》《晋江县志》，郭世纯举崇祯十二年（1639）乡试，中式顺治十二年（1655）乙未科进士，后由部郎出为池州知府，在《家谱》中，景昉记道："余壻郭世纯中顺治乙未科进士。"② 在其乡闱中举时，景昉作绝句示其次女，云："举案仍须婉娩恭，上林花柳盛春容。黄公好女谦何甚，择婿亲看得卧龙。"③ 后来在《郭亦仲婿示诗佳喜慰》中对之亦多有奖掖："烂然苞采丽朝暾，真看词场有凤鹍。渐喜风流追正始，尽销尖巧入雄浑。米春已白劳筛就，冰积终寒赖玉存。衣钵传将阴慨痦，世间何事不渊源。"④ 而在《喜郭亦仲婿颇欲观余所著书》一诗中更是寄托了对他的期许："藏副名山异代期，文章佳恶更谁知。蔡邕有女宁传粲，郗鉴为公不薄羲。赋草要观涂乙处，经神莫在吐吞时。外孙他日如杨恽，一顷犹堪落豆萁。"⑤

10. 郭必昌

郭必昌，字懋丰，号大薇，福建晋江人。天启五年（1625）进士，授杭州推官，"剖决如流，宿案风扫"。崇祯四年（1631），以行取升广西道御史，"评忠佞，陈利弊，凿凿中窾"，擢江西布政司参政，分守湖西。后以丁艰归里。顺治三年（1646），清兵入闽，受清人之托说降郑芝龙，未几卒。据《台湾外纪》《泉州府志》等书记载，顺治五年（1648）郑成功攻泉州时，"城内已故乡绅郭必昌之子显欲为内应，谋洩，国祚差兵往擒……并累及原阁部黄景昉""显母，故明阁臣黄景昉女也"，前文中对此已作梳理。但据现有史料及黄景昉的自述，似未称郭必昌为其女婿，或是由于郭显事而讳言之故。

---

① （明）黄景昉：《瓯安馆诗集》卷23《久不得郭闇生姻丈信》。

② 《樊谷黄氏家谱》不分卷《睦宗十二志》。

③ （明）黄景昉：《瓯安馆诗集》卷29《喜郭婿亦仲捷秋闱书示次女》。

④ （明）黄景昉：《瓯安馆诗集》卷22《郭亦仲婿示诗佳喜慰》。

⑤ （明）黄景昉：《瓯安馆诗集》卷26《喜郭亦仲婿颇欲观余所著书》。

(三) 旧友新知

1. 张维枢

张维枢 (1573—1639)，字子环，福建晋江人，张维机之兄。万历二十六年 (1598) 进士，授孝乌县令，历任湖州知府、山西兵备道，在晋时"简练兵马，缮葺边墙，营田积谷，筑桥设堡，答酉不敢犯边"，后以病告归。居乡穷研濂洛之学，"诸名宿请业屡满"。天启五年 (1625) 起复陕西陇右参政，擢陕西巡抚，有以建魏忠贤生祠请者，维枢"正色麾之"，秦中遂无祠魏阉者。七年 (1627) 擢南京工部右侍郎，转工部左侍郎。崇祯二年 (1629)，因御史饶京弹劾事，奉旨回籍。年六十七卒，所著有《淡然斋集》。① 黄景昉与张维枢之弟维机为同年，崇祯元年景昉入京授职后，与维枢、丁启浚等常有公谯，他曾记道："余隶史馆时，同邑丁公启浚、张公维枢并为侍郎，同省四衙门醵为公燕，月数集。"②

2. 庄际昌

庄际昌 (1577—1629)，字景说，号羹若，福建晋江人。万历四十七年 (1619) 己未科状元，以廷对制策"一字偏傍偶误"被勘，乞假归。天启元年 (1621) 授翰林院修撰，六年 (1626) 以忤魏忠贤罢斥。崇祯改元 (1628)，起复詹事府右谕德，晋左庶子，旋升翰林院侍读，兼记注官。二年 (1629) 二月，卒于官。时崇祯皇帝"励精宵旰，五漏入侍，率二鼓方罢"，际昌以是积劳成疾，卒年五十二岁。③ 黄景昉与庄际昌为乡试同年，曾同赴会试，他记道："宫庶庄公际昌，余乡举同籍，己未与之连寓。初，得会元报，为色动，即庄亦不自意也。既以鼎元归，每过，观者如堵。尝邀余辈诣其乡，遇暑月，偏袒行酒，戏云：'古语三世仕宦，方知着衣吃饭，明吃饭着衣之未易也。'性特开爽，以廷试牍一字偶误贻讥，无伤盛德。"④ 庄际昌病逝后，景昉在乡居时还为其上坟，并有《上同年庄羹若詹事坟》之作，云"松杉寂寂闭银鱼，往就梁曾二相居。同学几人偕上苑，隔门三里是精庐。拦街紫纖人争看，卧垅丹碑手自书。最忆陈沟停舸处，

---

① （清）郭庚武、黄任、怀荫布纂修：(乾隆)《泉州府志》卷44《张维枢传》，第2册，第452—453页。

② （明）黄景昉：《宦梦录》卷1，第104页。

③ （清）李清馥《闽中理学渊源考》卷72《詹事庄羹若先生际昌》，第707—708页。

④ （明）黄景昉：《宦梦录》卷1，第70—71页。

山阳笛赋近何如。"①

3. 曾樱②

曾樱（1581—1651），字仲含，号二云，江西峡江人。万历四十四年（1616）进士，授工部主事。天启二年（1622）迁常州知府，曾樱持身廉洁，为政恺悌公平，不畏强御，织造中官李实迫其行属礼，樱不从。魏忠贤乱政，正人多赖其保全。七年（1627）以右参政分守漳南道。崇祯元年（1628）为福建按察司副使，旋丁忧去职。四年（1631）服阙起故官，分守兴、泉二郡，晋按察使，分巡福宁。十年（1637）冬，东厂言曾樱行贿谋擢官，崇祯皇帝命械赴京，巡抚沈犹龙、巡按张肯堂及郑芝龙力白其事，遂令其仍以故官巡视海道。十四年（1641）擢右副都御史，翌年（1642）迁南京工部右侍郎。十七年（1644）以登莱失州县事逮系，未几京师陷落，遁还。唐王隆武，起为工部尚书兼东阁大学士，晋吏部尚书。顺治三年（1646）清兵破福州，挈家避海外中左卫，越五年卒。③ 所著有《四书五经管见》。曾樱任兴泉道兵备道时，在公事之余，常与士绅讲学，以躬行实践为先，林胤昌建"在兹堂"于笱江，曾樱亦莅临听讲。黄景昉在丁艰家居期间，于讲社中不时与曾樱讲论："兵宪曾公樱尝于讲社极言：'士大夫宜安贫。'余曰：'以愚所见，祇安富足矣。'曾骇问何故？余曰：'公试观海内仕绅，那个是真贫的？自通籍后，谁无数亩之田，数椽之屋，但肯安心于此，勿复生事旁求，即以称贤士大夫可也。'"④ 景昉认为，曾樱在闽虽"雅负清矫"，但力主"抑强扶弱，伤偏执"，最终导致了泉州发生"斗栳之变"。

4. 李焻

李焻（1585—1641），字洪图，一字玄驭，号唐谷，福建晋江人。崇祯七年（1634）进士，授礼部祠祭司主事。九年（1636），典试粤东，"力变古雅，得士皆名宿"，擢兵科给事中。十一年（1638）召对，力陈"新来之寇宜坚堵，南下之寇宜急剿"，得崇祯皇帝首肯。翌年（1639），差封益王，还朝转礼科右给事中。是年，悼灵王薨，崇祯皇帝欲加封其为"慈

---

① （明）黄景昉：《瓯安馆诗集》卷18《上同年庄龚若詹事坟》。
② 按，曾樱在崇祯年间长期任职于闽中，其与黄景昉的交谊，从管见所及的史料来看，也始于景昉丁忧里居之时，故将曾樱列入此项。
③ （清）张廷玉等：《明史》卷276《曾樱传》，第7068—7070页。
④ （明）黄景昉：《宦梦录》卷2，第129页。

应真君"，命礼臣议皇太后、庄妃、懿妃道号，李焻上言："诸后妃，祀奉先殿，不可崇邪教以乱徽称。"旋令督饷江西，复任粤东，至武林病卒。①

黄景昉自公车时已与李焻往来，他曾记道："甲子冬，同李给谏公焻赴公车，出南都浦口，李公忽梦诣一所，宫阙崇丽，守卫森严，内有鹦鹉声，传'高皇帝将临御，验有文书放入。'余即出文书授之，旁或云入则杀矣。余不顾，入。李难之，给以文书未具，立逡巡，见一衣冠老人，如俗所画朱文公像，呼吏持一碗艾汤饮之，遂醒，不解所谓。越岁，余幸售，李至甲戌始第，出余同年朱公兆柏门，年五十，艾矣，始悟梦中朱艾之说。遡梦时，朱尚未第也，异哉！"② 在京任职期间，景昉与李焻亦时相过访，如《上元月有食之礼部郭仲常李玄驭二丈同自观象台测验归见过留酌》则是谯集后所作，而《舟次剑浦送李玄驭之江右》则为李焻移官江西，景昉送别之作："李侯经世姿，其才利盘错。学道于庖丁，澄情类鸡木。终日垂两眉，未肯轻酬酢。与谈天下事，便便舌转辘。亦有善谈人，中虚无底橐。君言辄简要，动如经手作。十日附舟车，所得良不薄。私恋酒与花，畏君神形肃。相畏复相亲，频拟就君宿。嵇阮与山公，识度故相若。剑水东西流，双龙会干莫。何意此别君，孤舟独拥仆。又似别家时，匆匆三日恶。亦知竟乖分，未谓如此速。岂以延津水，遥思丰城锷。江右我旧游，风景仍在目。山顶麻姑坛，江边滕王阁。坐无狂颠生，独游恐不乐。人生非鹿豕，安得常相逐。努力赋二都，天路终可托。"③ 后来李焻病逝，景昉作诗追哭道："故人零落尽，搔首信乾坤。"④

5. 林徽初

林徽初（1587—1656），字调复，号希庵，福建晋江人。崇祯元年（1628）进士，授户部主事，历任户部郎中、浙江布政司左参议，在职多有善政，后因误给勘合，被劾罢归。顺治十三年（1656）卒，享年七十岁。⑤ 黄景昉虽与林徽初为同里进士，但从景昉《诗集》所收诗作来看，

① （清）郭庚武、黄任、怀荫布纂修：（乾隆）《泉州府志》卷45《李焻传》，第2册，第475—476页。
② （明）黄景昉：《宦梦录》卷1，第77页。
③ （明）黄景昉：《瓯安馆诗集》卷2《舟次剑浦送李玄驭之江右》。
④ （明）黄景昉：《瓯安馆诗集》卷15《追哭蒋中陛傅幼心李玄驭三给谏》。
⑤ （清）周学曾等纂修：（道光）《晋江县志》卷77《林徽初传》，第1866—1867页。

他与林徽初的交游主要集中在晚年归隐时期，其诗题中有《林希庵宅后园多果树岁可赚钱二十千宏旷可知尝约就树啖荔未果》《林希庵招饮棚园属有诗纪游和如阒》《再和林希庵棚园韵》《集林希庵洋屿栖霞洞中分韵同赋》，可见其往来情形。而在《同林希庵吴浯溪步过筍江桥观桥断处微商修复工费》一诗中所言"鞭石未嫌过海迁，济川端的属吾徒"，则反映了士绅里居时所需要承担的乡里职责。

6. 池显方

池显方（1588—?），字直夫，号玉屏子，福建同安人。早岁从学于南居益，天启四年（1624）举应天乡试。以母老，不赴会试。显方"工诗文，喜山水"，所作"空灵飘忽，不可方物"，与钟惺、谭元春、张燮、林胤昌、蒋德璟、郑之玄等诗文名家多有交游，尤于蔡复一称莫逆，为董其昌、黄道周、何乔远、曹学佺等名宿所推重，时人称其"冰璞枯骨，畔幅坊身，学绍青箱，韵高白雪，卓乎不可一世。"所著有《晃岩集》《李杜诗选》。① 黄景昉与池显方在登第前已有往来，在《寄黄可远》一诗中，池显方写道："一自得君书，连宵不能寐。海鹤忽料江，疑是故人至。石尤扑浪高，一苇竟难致。昨梦入桐城，相携饮净寺。仍上最层楼，白云如飞骥。和成两句诗，天人皆惊坠。昉也真奇才，阿方颠无比。醒来心日填，忆人不忆字。"② 景昉亦有答诗一首，云："不报君书已数霜，白门风雨昔连床。渐知别后身能健，早料诗来语必狂。入暮虫声悲蟋蟀，相思鱼腹寄笭箵。吾归自怪疏慵甚，海国无心竞夜郎。"③ 从两篇往来诗作中，可以看出二人已相识有年，并曾往来密切，但在后来的交往中似乎产生了某些嫌隙，故用语颇有针锋之感。由于现存史料的限制，其中的款曲已难尽知。

7. 黄文焕

黄文焕（1595—1664）④，字维章，号坤五，福建永福人。天启五年（1625）进士，历任海阳、番禺、山阳知县，皆有政声。崇祯十年（1637），以推知考选馆员，擢翰林院编修。十三年（1640），受"黄道周之狱"牵连，逮系镇抚司。狱解后，侨寓南京，以著述为事，康熙三年

---

① （清）周凯纂修：（道光）《厦门志》卷13《池显方传》，清道光十九年刊本，第13b—14a页。

② （明）池显方：《晃岩集》卷2《寄黄可远》，厦门大学出版社2009年版，第21页。

③ （明）黄景昉：《瓯安馆诗集》卷18《答池直夫》。

④ 生卒年参见俞国林《黄文焕生卒小考》，《文学遗产》2009年第1期。

（1664）卒，享年七十岁。所著有《书绎》《陶杜诗注》《秦汉文评》《诗经考》等。① 黄文焕与黄景昉为进士同年，同以《诗经》中式，其为文"淹博无涯涘"，故多有往来交谊，文焕所辑《诗经考》，即经景昉校阅。文焕在山阳知县任上"借河库银累万完饷"，为人所劾，景昉"以同乡同年谊"求解于首辅周延儒。后来推择馆员，景昉复力荐文焕于朝："编修黄公文焕，初以山阳令考选，值推择馆员，同乡多欲得之者。给谏何公楷过询，余曰：'属黄是，如某某俱亲谊，望亦佳，若论馆员材料，非黄不可。'何曰：'君何言之决也？'余曰：'某生平不能作游移语。'事遂定。是年各省以推敲馆员屡致嚷闹，独闽中终始靡间言者。"②

8. 何楷

何楷（？—1646），字玄子，福建漳浦人。天启五年（1625）进士，以魏忠贤乱政，肆毒朝绅，不谒选而归。崇祯皇帝即位，起为户部主事，榷浒墅关。事竣，进员外郎。崇祯七年（1634），诏简部曹为言官，大臣多以楷荐，改刑科给事中。八年（1635），张献忠陷凤阳，毁皇陵，楷疏劾巡抚杨一鹏、巡按吴振缨，并及大学士温体仁、王应熊，旋劾二人朋比行私。以忤旨，镌一级视事。复以应熊奏辨，疏言："明旨未下，应熊何知置辨，必有往来侦探漏禁中语者！"崇祯皇帝责应熊自陈，应熊以是去职。十年（1637），改工科给事中，翌年以论杨嗣昌款房、夺情二事，贬二秩，为南京国子监丞。旋以丁母忧去职。十七年（1644）服阕入京，而都城已陷。唐王隆武时，擢户部尚书，清军破漳州，抑郁而终。何楷"生有异质，书过目不忘"，为学"博综群书，寒暑不辍，尤邃于经"，所辑《古周易订诂》《诗经世本古义》等书。③ 黄景昉与何楷的交游，从景昉《歌送何玄子恩贡北上》一诗中"不见何生三年余，何缘美玉未沽诸""吾友词林郑大白，时时称生文章伯"④二句来看，至少在登第前三年已经相识，并且景昉好友郑之玄时常称颂何楷的文章。入仕之后，虽然现存文献鲜有记载，但二人同官京师，当亦往来不断，从前述推知考选馆员时，

---

① （清）徐景熹修，（清）鲁曾煜纂：（乾隆）《福州府志》卷56《黄文焕传》，清乾隆十九年刊本，第8a—8b页。

② （明）黄景昉：《宦梦录》卷2，第156—157页。

③ （清）魏荔彤修，陈元麟纂：（康熙）《漳州府志》卷22《何楷传》，清康熙五十四年刻本，第14a—15b页。

④ （明）黄景昉：《瓯安馆诗集》卷5《歌送何玄子恩贡北上》。

何楷过询黄景昉的意见，即可知二人关系之密切。

9. 王忠孝

王忠孝（1593—1666），字长孺，号愧两，福建惠安人。崇祯元年（1628）进士，二年（1629）授户部河南清吏司主事，总督蓟西督粮道，以忤监视内臣邓希诏，被陷下狱，遣戍福建建州卫。福王即位，以史可法之荐，任绍兴知府。翌年（1645），隆武建号，改授光禄寺少卿。清兵入闽，绍宗被执，与郑鸿逵、郑成功等屡谋恢复而不果。永历时，晋兵部右侍郎，后从郑成功于台湾。康熙五年（1666）卒，享年七十有四。①

黄景昉与王忠孝为泉郡同乡，甲申之变后又曾同仕隆武，在存世的《王忠孝集》中尚保留了二人往来的书札，其中尤具代表性的，是王忠孝移据台湾后，景昉所寄之书，云："自三山奉教后，世界沧桑，即鳞鸿稀遇，所阔候闻问者，八载于斯。台翁翱于海外，不肖局蹐于郡中，独于心微可以相照，而迹则负愧甚深。汉之亡也，诸葛武侯负可兴复之资，拮据全蜀；管幼安则宁以皂帽终老，盖自知其才之不如，各从所志耳。不肖家有八十余岁老母，一举足则阖门受祸。又于当事非夙交，曩福京获戾尊侯，意尝惴惴，故未敢为蹈海之行。数载间，强出应酬，或鼓或罢，或泣或歌，时以诗酒笑骂倒行之，实非其素怀所寄，未审台翁能亮之否？晤当事希代致意，容当自通。潘道宣丈向有文字之雅，为并及之，何如？便信附回，求以宿谊勿摈之。立望德音，临楮神驰。"② 如前所述，黄景昉在经历被逮风波之后，居乡谨守"旦气之学"，缄口不言时政，而从此札中则可看到景昉寓居乡里的真实心境，由此亦可推知二人至交之情。

10. 吴载鳌

吴载鳌，字大车，号竹公，福建晋江人。天启五年（1625）会试中式，以"珰焰方炽"，请假归里。至崇祯元年（1628），始赴殿试，授澄海令，历任浙江按察司经历、金华府推官、工部主事、广东佥事，曾平反马文绍等冤狱九十余人，又以片言谕止嘉湖军旗之乱，甲申之变后，卒于家，享年五十九岁。所著有《宙书悃闻》《君臣问答十吟》《阴符解》《通书集解》《四书要义》等十余种。作为同乡同年，黄景昉与吴载鳌颇有往来，从《瓯安馆诗集》所收诗作来看，即有《知书楼咏为吴大车年丈》

---

① （明）洪旭：《王忠孝传》，（明）王忠孝撰《王忠孝公集》卷12，第265—272页。
② （明）王忠孝：《王忠孝公集》卷8《相国黄景昉来书》，第211页。

《访吴大车不值云有桃源之行戏题其壁》《吴大车计部轮直草场久不赴蒙恩罚俸赋趣之兼代解嘲》《再调吴大车计部》《贺吴大车年丈得第八女》《过清浦访吴大车仓部即别》等，涉及了事功、生活的诸多方面。

11. 曾异撰

曾异撰（1591—1644），字弗人，福建晋江人。崇祯十二年（1639）举人，出福州司理方士亮之门。异撰究心经世之学，每阅邸报，即慨然于门户之分争、苞苴之肆横、齐鲁之凶荒、兵事之决裂、海防之疏虞、兵将之骄庸、科征之暴酷，"往往抵掌言之"。诗文俱佳，"为诗有奇气，不步常迹，古文辞亦跌宕"。十六年（1643）赴会试，归而卒。享年五十有四，所著有《纺授堂集》。① 曾异撰虽与黄景昉为同乡，由于异撰久困场屋，二人的直接交往较少，现可考的在崇祯七年。是时，黄景昉北诣福州，曾异撰寄去长笺，请其为母作传，但直至六年后，景昉告假省母再赴三山时，方才撰就《曾母节孝传》②。崇祯十六年，黄景昉辞官归里，恰逢曾异撰会试落第，遂同舟而行，他记道："孝廉曾异撰附余舟归，喜吟咏，日课数诗，年甫五十余，须发白尽矣。途遇楚门人吴骥，邀与共载，余姻郭阖生炜亦偕行，晨夕对酒剧谈，差不寂寞。渡江后，始渐分去。自笑亦一落第举子比耳，廿年前风味犹在。"③ 并有《曾弗人孝廉善诗吟弗辍未老发尽白戏嘲》之作。抵达里后，曾异撰又作《与黄东崖先生书》，盛赞黄景昉："今世之为古文词者，在吾闽则黄可远太史，被服永叔，哜啜道思，遨游二代间，夷然自适。"④

12. 张汝瑚

张汝瑚，字夏锤，福建晋江人。明崇祯十五年（1642）举人。清顺治十二年（1655）会试，以乙榜授清源令。在任剔除里役、疏浚永济渠，多有善政，以盗案讧误报罢。后起补安陆府通判，却例金以千计，校士论文，所拔识皆为名士，康熙间以老病乞归。汝瑚性嗜学，"凡经史子集，

---

① 欧阳英修，陈衍纂：（民国）《闽侯县志》卷72《曾异撰传》，民国二十二年刊本，第4a—4b页。

② （明）黄景昉：《曾母节孝传》，（清）钱肃润辑评：《文瀚初编》卷14，《四库禁毁书丛刊》集部第173册，第162页。

③ （明）黄景昉：《宦梦录》卷4，第296页。

④ （明）曾异撰：《纺授堂文集》卷5《与黄东崖先生书》，《四库禁毁书丛刊》集部第163册，第576页。

靡不熟复玩味"，曾购求明代遗文三百余家，评骘选刻，脍炙海内。所著有《匏野集》《贤赏堂文集》等。① 黄景昉晚年居乡，与张汝瑚时有交游，并曾多次到其斋中赏游，《瓯安馆诗集》中即有《张夏锺孝廉斋后营台榭临流制殊佳承天寺僧辄露色谓夺我旧放生池诗代解纷》《张夏锺斋后池台甚佳余为诵陆务观题秋风亭常倚曲阑贪看水不安四壁怕遮山水之句以美之》《九日集张夏锺馆赋赠》等作。此外，黄景昉在《集谢稺甫李景先张夏锺三孝廉》中亦寓以期许之意："暂开蓬径拭芳尊，母党师资夙谊存。九日登高行过半，三贤射策后当元。芙蓉拂槛低谁照，翡翠穿波巧自翻。良久东方蟾魄动，更看瑶塔滟金盆。"②

13. 庄鳌献

庄鳌献（1606—?），字任公，福建晋江人。崇祯四年（1631）进士，选庶吉士，六年（1633）授兵科给事中，上《太平十二策》，称"首在格君心、开言路，终以折狱用刑"，极论东厂之害，以忤旨，降浙江布政司照磨。黄道周称许其："当年稽首十二策，我远不及庄任公。"福王即位，以故官起复，未几卒。所著有《葵山文集》。③ 黄景昉虽与庄鳌献为同乡，但据现有史料，二人的交游主要在鼎革以后。在里居时，景昉曾作《问庄任公微疾》通问，云："携榼相过后，梦中几覆薪。著书劳侍史，行散怨姬人。自觉贫非病，谁知懒是真。大炉金踊起，龙剑不无神。"④ 后来庄鳌献与黄景昉、周廷钺、杨玄锡等时有谯集，在洛阳桥修成后，景昉更有《和庄任公桥成韵》诗唱和，云："腹笥门徒苦削边，公劳彩笔点桥掾。问津敢意通迷渡，兴役聊将救旱年。迢递岁过悲晚暮，艰危朋塞美来连。谁能抱柱师痴尾，潮落潮生且醉眠。"⑤

14. 杨玄锡

杨玄锡（1620—1672），字康侯，号碧湖，福建晋江人。十三岁补弟子员，十五岁登崇祯七年（1634）进士，授中书舍人，凡制敕经其手"珍

① 林学增修，吴锡璜纂：（民国）《同安县志》卷28《张汝瑚传》，民国十八年铅印本，第38a—38b页。

② （明）黄景昉：《瓯安馆诗集》卷22《集谢稺甫李景先张夏锺三孝廉》。

③ （清）郭庚武、黄任、怀荫布纂修：（乾隆）《泉州府志》卷45《庄鳌献传》，第2册，第474页。

④ （明）黄景昉：《瓯安馆诗集》卷14《问庄任公微疾》。

⑤ （明）黄景昉：《瓯安馆诗集》卷24《和庄任公桥成韵》。

若拱璧"。考满，迁吏部文选司主事，转考功员外郎，擢文选司郎中，在
铨五载，一尘不染，"品望推重朝端"。甲申之变，居乡不出。清廷以遗簪征
辟，再三力辞，不易其志。康熙十一年（1672）卒于家，享年五十有三。

作为晋江同里，黄景昉与杨玄锡相交甚厚，玄锡得以擢任吏部文选司
之职，即出于景昉任阁臣时的力荐："同乡铨部缺，议推中翰杨公玄锡，
适里中有大力欲得之者，首揆周公、冢宰郑公并为言，余难之。已，二公
去国，杨同浙江司官某推补疏发阁不点，例须改推，余为从臾。同事陈
公、蒋公等具揭称冢臣李遇知新受事，首题二司官不蒙钦点，将来不便用
人，因亦附改推旨同进，随即点下。或诮余曷不避同里嫌，余谓人才苟真
知可用，何嫌之避。凡余所为痴心任事，多此类。陈公虽为余勉具揭，意
亦不悦。"① 鼎革以后，杨玄锡也是黄景昉居乡往来最多的友人之一，在
《瓯安馆诗集》中提及其名讳者就有十五首，如《林为磐杨康侯二铨部见
过留酌》《林素庵招集洁身堂同杨碧湖黄季采诸丈》《九日同林素庵杨碧湖
过周芮公园登楼限韵》《友人诗用小妻字余谓见汉书枚乘传杨康侯曰窦融
传亦有之嘉其强记》《饮张园同周芮公杨碧湖二丈适大雷雨》《史园观梅同
庄任公周芮公杨碧湖诸丈》《杨碧湖台馆东偏改长廊临水制殊佳漫题》《腊
霁夜偕杨碧湖桥上步月》《过饮杨碧湖池廊再用前韵》等作，皆是其交游
谦集、谈诗和韵的真实写照。

另外，黄景昉还曾为杨玄锡题写像赞，称其："童而登第，弱而握铨，
未及壮而归田……即今踰强仕三载，而其称士大夫于里者，则已二十八
年。要尊浮荣，过眼云烟，独其诗章之美，笔法之妍，园兼山水，坐满儒
禅，吾老得君，如瑟赴弦，其殆如韩公之有籍湜，苏氏之得观坚，夫所谓
千秋之契，一代之贤者乎！"②《为张确庵杨碧湖作赞许一舫润笔哂寄》当
是作像赞后所写，诗云："虎头痴黠各清真，蔽日微云眼里人。要令旁观
谨妇孺，长教异代礼尊亲。斛斯本卖文为活，摩诘终夸画有神。笔底干枯
劳润却，酒余心胆大于身。"③ 后来杨玄锡园邸被兵所占，景昉复作《兵寓
杨园赋慰碧湖社丈》安慰道："果园蔬圃画廊开，梅柳何曾涴点埃。地以

---

① （明）黄景昉：《宦梦录》卷4，第276页。

② （清）郭庚武、黄任、怀荫布纂修：乾隆《泉州府志》卷54《杨玄锡传》，第3册，第
100页。

③ （明）黄景昉：《瓯安馆诗集》卷26《为张确庵杨碧湖作赞许一舫润笔哂寄》。

庄严生杀气，人因调御见雄才。龙蛇陆起时方急，鸟兽群同意未猜。知尔食眠妨鼓戟，故应容我啸歌回。"①

15. 周亮工②

周亮工（1612—1672），字元亮，别号栎园，河南祥符人。崇祯十三年（1640）进士，授潍县知县。十七年（1644），行取擢浙江道监察御史，未几李自成陷北京，南奔从福王于留都。顺治二年（1645），清兵下江南，授两淮盐运使。四年（1647）迁福建按察使，六年（1649）转福建右布政使，十年（1653）署兴南道，升左布政使，首尾在闽八年，"以扶士气、拯民瘼为己任"。十一年（1654），晋左副都御史，疏陈闽海用兵机宜，并请斩郑芝龙、停招抚郑成功。寻迁户部右侍郎，以事被诬逮系。清圣祖即位，以其在闽守城功，谕令吏、刑二部议复亮工职，康熙元年（1662）起补山东青州海防道。十一年（1672）卒，享年六十一岁。所著有《赖古堂集》《因树屋书影》等。③

黄景昉与周亮工往来密切，视其为"知己"，在亮工到任福建后不久，景昉就作《迟周元亮方伯抵郡信》二首，第一首称"闽部君游遍，泉山未可遗。寇锋行渐解，民誉久逾推。畏路轻盘错，高人静险夷。已排云雨待，巫峡定清词"，肯定了周亮工到闽后的政绩。第二首言"千万刺桐户，能诗只数家"，在介绍泉州诗家情况的同时，认为能与之唱和者仅数家而已。④ 这在景昉致信周亮工时亦曾说道：

> 东方生有云："丈夫相知，何必抚尘而游，偃伏以日数哉！"谅夫于先生虽未荆识，而庇其德宇，讽其佳吟，若有送抱推衿，默相通于形气之外者，诚不能自解也。抄有拙句数十帙，敬尘清览。目下风雅寥落，惟先生实为正宗。既不可过泗州不谒大圣，又不肖腐心此道，颇亦有年，知己难逢，流光易谢，亦高渐离所慨念畏约、愿自出其匣

---

① （明）黄景昉：《瓯安馆诗集》卷24《兵寓杨园赋慰碧湖社丈》。

② 按，黄景昉与周亮工的往来，也始于其任职闽中之时，故列入此项。

③ 参（清）林佶《名宦户部右侍郎周公亮工传》、（清）姜宸英《江南粮储参议道前户部右侍郎栎园周公墓志铭》、（清）陈维崧《赠周栎园先生序》、（清）钱仪吉纂《碑传集》卷10，第235—237、239—242、242—244 页；清国史馆编：《清史列传》卷79《周亮工传》，王钟翰点校，中华书局1987 年版，第6574—6575 页。

④ （明）黄景昉：《瓯安馆诗集》卷14《迟周元亮方伯抵郡信》。

中装时也。先生案牍之暇，时赐批绳，倘稍有一言几乎道，勿吝教音，一题及之，感且不朽矣。前亦有唁张林宗五诗，仗所善蒋生以进，不审可置之珠玉之侧否？奉晤未期，临楮曷胜翘跂。①

黄景昉以"风雅正宗"相推崇，也从另一个角度肯定了周亮工的诗名。周亮工为诗"宗仰少陵，一禀秦汉风骨，不屑为公家言，剟鉥湔濯，而归之《大雅》"，公事之暇亦时常倡导风雅，他在福建按察使任上曾建"诗话楼"以祀宋代诗人严羽，景昉对其推动闽地诗歌发展的贡献，称赞道："恰将韵事行推广，周朴谢翱亦旧贤"。②

另外，在黄景昉《瓯安馆诗集》中还收录了二人往来谦集之作，如《或馈玉酒壶颇佳辄移送方伯周公元亮》《酒过谢周元亮方伯》，而周亮工的《饮东厓先生湘隐园同林素庵、周芮公、杨康侯》则反映了黄景昉在其湘隐园招饮的情形："海上烽烟阔，闲亭信客来。约萍看止水，分竹上高台。驿路行无尽，梅花见又开。清源十载梦，更待几时回。"③ 在周亮工尊人寿辰时，景昉还曾作诗相贺："汴水章江历尽难，江宁名郡旧郊坛。携将海错杯心供，写出峰容镜面安。申伯望高推峻极，庞公禅静话团栾。文章福慧堪谁并，真作神仙眷属看。"④ 黎士弘在《仁恕堂笔记》中还记录了二人的一段逸事："相国于更代后，酒后风生，不无觚稜之感。与元亮先生席中曾一牴牾，继各以启事谢过。周先生启中有曰：'传书之约，老人几怒其后期。'又曰：'不觉请酒三升，狂谈遽发。'"⑤ 此外，值得注意的是，周亮工在福建任上，拟为黄景昉刊刻《国史唯疑》《古文簿卜》，虽然最终因事而不果，但由此也可见二人相交之深。

三　宦途同道

黄景昉在宦途交游中，除了在朝的闽籍士人外，馆阁前辈、科场同年

---

① （清）周亮工编：《尺牍新钞》卷11《黄景昉》，第412页。
② （明）黄景昉：《瓯安馆诗集》卷24《樵郡诗话楼祀严沧浪为周元亮使君手建》。
③ （清）周亮工：《赖古堂集》卷4《饮东厓先生湘隐园同林素庵、周芮公、杨康侯》，李花蕾点校，华东师范大学出版社2014年版，第78页。
④ （明）黄景昉：《瓯安馆诗集》卷26《周元亮方伯尊人偕寿诗》。
⑤ （清）黎士弘：《仁恕堂笔记》，《丛书集成续编》第215册，新文丰出版公司1989年版，第486页。

也构成了他的主要往来群体。其中，与复社同仁及同年庶吉士的关系尤为密切，景昉后来迁转宫坊、出任讲官、钦点入阁，均与他们的奖掖推毂有关。另外，曾任同官的知交，不仅时有诗文唱和、书札往还，在黄景昉的仕宦生涯中也不乏襄助之举，从而形成了另一重要的交游群体。

（一）馆阁前辈

1. 谢升

谢升（1572—1645），字伊晋，山东德州人。万历三十五年（1607）进士，历任三河、遵化、雄县、滑县知县，天启初年由礼部主事升吏部文选司郎中。崇祯元年（1628），擢太常寺少卿，七年（1634）累升至吏部尚书。十三年（1640）以礼部尚书兼东阁大学士，参预机务。十五年（1642），以议和事，"诽谤君父，泄禁中语"，为给事中方士亮、倪仁祯、廖国遴所劾，致崇祯皇帝大怒，削其籍。顺治元年（1644），清廷诏任建极殿大学士，二年（1645）二月卒。①

黄景昉虽然认为谢升"最落落难合"②，又言"谢城府素深阻，即只字未易窥探"③，但在朝堂之外，他与谢升却"不揣何自投分"，屡有往来。如崇祯十年，福建学政出缺，谢升即询问景昉的意见："闽缺督学，太宰谢公升偶过余，询及。余逊辞，谢强余言之，余以翁公鸿业、侯公峒曾、冯公元飏、郭公之奇对。谢面加评品，决用冯，退语人以余言为当。时颜公继祖为吏都谏，意有他属，怪余挠其议，阴驰信吴抚，疏留冯，嘱部即覆允，时谢业罢归矣。余服谢能知人，私叹都谏器宇之非裕也，所举四公，后翁、侯、郭各为督学，冯至巡抚。"④ 后来关于泉州知府推选，谢升也曾过访听取景昉的建议："谢公升再起太宰，过余，适敝郡缺守，众思得旧守孙公朝让，余以告，许诺，随启事。"甚至景昉长兄黄景明擢任礼部仪制司主事"亦推自公手"。⑤ 而在"黄道周之狱"发生后，黄景昉曾偕蒋德璟、王家彦向谢升寻求营救之法，只是其无能为力，仅能"太息"而已。⑥

---

① 清国史馆：《清史列传》卷79《谢升传》，第6526—6528页。
② （明）黄景昉：《宦梦录》卷2，第172页。
③ （明）黄景昉：《宦梦录》卷3，第195页。
④ （明）黄景昉：《宦梦录》卷2，第159—160页。
⑤ （明）黄景昉：《宦梦录》卷2，第172页。
⑥ （明）黄景昉：《宦梦录》卷2，第178页。

2. 文震孟

文震孟（1574—1636），字文起，号湛持，南直隶吴县人，文徵明曾孙。震孟弱冠以《春秋》举于乡，十赴公车，至天启二年（1622）始以状元及第，授翰林院修撰。十月上《勤政讲学疏》，于明熹宗多有规劝，魏忠贤矫旨廷杖八十，以大学士韩爌申救，令"贬秩调外"，震孟不赴调而归。崇祯元年（1628），起复翰林院侍读，改詹事府左春坊左中允，二年（1629）晋左谕德。五年（1632）擢右春坊右庶子，七年（1634）进少詹事，震孟上疏，言"《熹宗实录》未正"，"国本""梃击""红丸"三案宜厘定，崇祯皇帝召群臣面议，为阁臣温体仁、王应熊所力阻。翌年（1635）七月，以讲筵风度，特擢震孟礼部左侍郎兼东阁大学士，入预机务。旧例，阁臣新命"以名帖同礼帖致意大珰，大珰亦以名帖礼帖致意"，震孟"坚持不可"，遂与内臣忤。① 后以许誉卿事，为首辅温体仁疏参，是年十一月落职闲住。九年（1636）六月卒于家。②

关于文震孟与黄景昉的交谊，在前文中已作梳理，由于同为复社中人，且景昉又为其外甥姚希孟所推重，故震孟在职期间对景昉多有奖掖。在《宦梦录》中，景昉曾记二人关于叶向高秉政之事的交谈，云："文公震孟数为余道其师叶文忠公遗事云，师好诙谐，当国日恒以谈笑解纷，御史周公宗达尝疏诋魏珰不识一丁，珰恨甚。会于工所自叙述数百语，欲重处周。师笑曰：'公如是，虽读书万卷亦何远过？妄言何足介意。'珰为意释。一日，有文书官传旨到阁，拟罪某言官，云某疏诬上好龙阳，应罪。师佯为不省，曰：'龙阳义何解？《易》以龙比君德，如阳刚、阳明类皆佳语，殊不见可罪。'文书官谓公宁有不解理，师曰：'某衰病善忘，诚不解此。'再三言之。其人方少，佽笑面颊，辞去。"③ 后来文震孟去职归里，景昉冒雪送之于郊外。

3. 姚希孟

姚希孟（1579—1636），字孟长，号现闻，南直隶吴县人。文震孟外甥，万历四十七年（1619）进士，改庶吉士，为座师韩爌、馆师刘一爆所器重。天启元年（1621）散馆授翰林院检讨，教习内书堂。时与震孟同入

① （明）文秉：《烈皇小识》卷4，第106页。
② （清）张廷玉等：《明史》卷251《文震孟传》，第6495—6499页。
③ （明）黄景昉：《宦梦录》卷2，第132—133页。

翰林，"甥舅并持清议，望益重"。五年（1625），魏忠贤乱政，赵南星、高攀龙等悉数去位，适母丧，丁忧归里。崇祯元年（1628）起詹事府左赞善，二年（1629）钦定逆案，希孟助大学士韩爌、钱龙锡为之。翌年（1630）主考顺天乡试，旋升少詹事。五年（1632），因忤首辅温体仁，由詹事府詹事降二级，以少詹事掌南京翰林院事。九年（1636）卒于家。①

黄景昉虽与姚希孟同为复社中人，"以文章气谊为重"②，但景昉与希孟定交，则是在崇祯三年主考湖广乡试以后："詹事姚公希孟，高持清议，岳岳少许可，于余初亦淡然耳。自楚归，遂承奖饰，深以意气相期。"③ 翌年，景昉父丧家居，希孟作书写寄，云："台丈灵心标映，高文困雅，不肖所素知，亦海内所共知。至于正骨稜稜，崇论偏偏，近读楚中程士之文，始识一班，而愧向者知之不尽也。每一展卷，辄击节叹服。半年碌碌，未及促膝班荆，共抒胸膈间事，亦谓聚首此中，嘉会易订。昨过高居，门悬素旐，何以咏茇之痛，毒我吉人。在台丈定伤含敛之未躬，而不肖更嗟聚散靡恒也。思一登堂握手，复以瘠毁谢客，凭吊无从，忉怛滋切。戈戈不腆，比于徐孺之一束，惟破格鉴存，望城踊蹴，坏墙绠塞。固知仁孝不能割情副礼，尚望爱此不赀，少增溢米，更于攀木之余，毋替藏山之业，临楮倦切。"④ 可见景昉所撰湖广《试录》在当时士林中的影响，即使高持清议的姚希孟对其亦增敬重之意。

4. 钱士升、何吾驺

钱士升（1575—1652），字抑之，号御冷，浙江嘉善人。早年馆于顾宪成家，与宪成、高攀龙倡明理学，深得濂闽之旨。万历四十四年（1616）状元及第，授翰林院修撰。天启年间，赵南星、魏大忠及同年万燝受珰祸，皆倾力营护，破产助之，为东林所推重。崇祯元年（1628），以少詹事起复，掌南京翰林院事。四年（1631），擢南京礼部侍郎，署尚书事，六年（1633）九月召拜礼部尚书兼东阁大学士，参预机务。七年（1634）入朝，即上《四箴》，劝崇祯皇帝求治宜"宽、简、虚、平"，帝虽不悦，仍"优旨报闻"。九年（1636），以议处李琎事，为崇祯皇帝所

---

① （清）张廷玉等：《明史》卷216《姚希孟传》，第5718—5719页。
② （清）陆世仪：《复社纪略》卷2，《续修四库全书》第438册，第510页。
③ （明）黄景昉：《宦梦录》卷1，第115页。
④ （明）姚希孟：《文远集》卷21《黄太史东崖》，《四库禁毁书丛刊》集部第179册，北京出版社1997年版，第559页。

责，乃引罪乞休。①

何吾驺（1581—1651），字龙友，号象冈，广东香山人。万历四十七年（1619）进士，选庶吉士，散馆授翰林院编修，旋丁忧。天启七年（1627）服阙，升中允。崇祯元年（1628）进左庶子，五年（1632）由詹事府詹事擢礼部右侍郎，翌年（1633）十一月以礼部尚书兼东阁大学士，入预机务。八年（1635），以许誉卿事，助文震孟为言，遭首辅温体仁讦奏，遂致仕归。国变后，历仕隆武、永历政权，引疾乞归，卒于家。所著有《元气堂诗集》《元气堂文集》等。②

钱士升为东林所推重，亦为复社中人；而何吾驺虽仅在魏忠贤的《东林党人榜》中列名，但在任上与东林复社士人皆相友善。黄景昉在丁艰复职后，入仕刚满十载即转任詹事府左春坊左中允，为时所未有，这其中除了文震孟、姚希孟等人的揄扬外，亦与时任大学士钱士升、何吾驺的奖掖不无关系。黄景昉在《宦梦录》中还提到，蒋德璟应天乡试磨勘之事，最终仅处以"降级照旧"，即与其求解于钱士升、何吾驺有关，这在前文中已作了梳理。后来二人去职时，对黄景昉分别以"世道人心为嘱"③ 及 "称余在讲筵风度有异，将来当大用，祝余自爱"④，可见谆谆教诲之意。鼎革以后，黄景昉还曾作诗询问钱士升的起居，云："一江吴越委，流不到闽中。惭省痴顽老，谬陪夔铄翁。迹分南北海，书寄往来风。惆怅迷襄野，莫应遇圣童。"⑤

5. 姜曰广

姜曰广（1583—1649），字居之，号燕及，江西新建人。万历四十七年（1619）进士，选庶吉士，授翰林院编修。天启六年（1626）奉使朝鲜，"不携中国一物往，不取朝鲜一钱归"，朝鲜人为立怀洁之碑。翌年（1627），阉党以曰广名列东林，削其籍。崇祯元年（1628），起任詹事府右春坊右中允，历庶子、少詹事、詹事、南京吏部右侍郎，崇祯九年（1636）转吏部右侍郎，旋以京察事左迁南京太常寺卿，引疾归。十五年（1642）以詹事起复，掌南京翰林院。国变后，从仕留都，因马士英荐起

---

① （清）袁国梓纂修：（康熙）《嘉兴府志》卷17《钱士升传》，清康熙二十一年刻本，第64b—65a 页。
② （清）张廷玉等：《明史》卷251《何吾驺传》，第6532 页。
③ （明）黄景昉：《宦梦录》卷2，第131 页。
④ （明）黄景昉：《宦梦录》卷2，第134 页。
⑤ （明）黄景昉：《瓯安馆诗集》卷14《询钱御冷郑玄岳吴鹿友三老起居》。

阮大铖，力争不得，遂乞休。顺治六年（1649），同金声桓起兵抗清，兵败投池而卒。①

从黄景昉的自述来看，姜曰广虽为天启五年（1625）乙丑科会试同考官，但二人似无师生之谊，其往来主要是在任职馆阁期间，黄景昉记道："南昌姜公曰广每进讲，貌庄词峻，俨若老师宿儒，余辈旁侍，为踧踖。上意寝不悦，坐南迁去。"② 并谈及其京察时回护僚属之状："时温公体仁、王公应熊定议处项公煜，院长姜公曰广不可，王曰：'项某衣冠言动多不循理。'姜以颇读书为解，王曰：'渠读得几句书？'项所由竟免者，姜力也。"③ 崇祯十六年（1643），景昉请辞归里，在途中道遇赴任南京詹事府詹事的姜曰广，除畅谈谦集外，景昉作《武林晤姜燕及少宗伯便送之南院》二首，云："讲筵叨篏迹，风采帝嗟殊。礼觉程颐峻，经从石介迁。避人违北阙，逢我泊西湖。恨不推贤代，空悲出处孤。""为问西江水，流曾到白门。谤消章屡雪，官左道弥尊。寰海烽烟警，陪京礼乐存。遗弓南北护，天意莫深言。"④ 前一首梳理了姜曰广早年的讲筵经历及对不能尽其用的惋惜，后一首则谈到崇祯皇帝令其复任南都似有深意。在杭州之别后，从管见所及的文献来看，黄景昉与姜曰广似未再晤面。

6. 周延儒

周延儒（1593—1644），字玉绳，南直隶宜兴人。万历四十一年（1613）会试、殿试皆第一，授翰林院修撰。天启二年（1622），迁詹事府右春坊右中允，历左春坊左中允、左庶子。崇祯元年（1628）擢礼部右侍郎。二年（1629）十二月，京师有警，特旨以礼部尚书兼东阁大学士，参预机务。未几，温体仁入阁，欲夺其位，屡以事相排挤，延儒遂于六年（1633）六月引疾乞归。后经张溥、吴昌时、冯铨等人襄助，于十四年（1641）二月复召为首辅。十六年（1643）五月，崇祯皇帝以"狡诈欺君"，勒其致仕。十二月，又以"机械欺蔽，比匪营私，滥用金人，封疆贻误"，勒自尽。⑤

① （清）张廷玉等：《明史》卷 274《姜曰广传》，第 7029 页。
② （明）黄景昉：《宦梦录》卷 2，第 137 页。
③ （明）黄景昉：《宦梦录》卷 2，第 149 页。
④ （明）黄景昉：《瓯安馆诗集》卷 10《武林晤姜燕及少宗伯便送之南院》。
⑤ （清）谈迁：《国榷》卷 99"崇祯十六年十二月辛酉"条，第 6006 页；（清）张廷玉等：《明史》卷 308《周延儒传》，第 7925—7931 页。

　　在黄景昉仕的宦生涯中，周延儒是对其提携最多的前辈之一。周延儒与庄奇显为同年进士，二人相交至善，延儒闻其卒时"哭恸以为世安有此人也"，而作为同乡前辈及郑之玄的姻亲，奇显对黄景昉更是多有推重。或许源于此，在景昉入仕之初，延儒早已器赏在心，在《宦梦录》中曾回忆道："周公延儒在阁日，雅以文事知余，躬求余诰命。余闻讣归，特赐吊。"① 随后，黄景昉主考乡试、充任廷试掌卷官等，均出自周延儒的荐举。而景昉好友黄道周得免死遣戍，亦得自周延儒的转圜营救："周公延儒再起元揆，得上意，笔舌松妙，善宛转关生，揭救甚婉。谳上，黄公等得免死，各远戍。"② 后来，黄道周复职、刘宗周免究，也多得延儒斡旋谏议之力。崇祯十五年枚卜阁臣，在周延儒的力荐之下，崇祯皇帝方从众议以第二名点用黄景昉入阁。翌年，周延儒以"蒙蔽推诿"议处时，从前文的梳理中可以看到，黄景昉除了票拟严旨切责言官外，还曾数次请同官"上一处分，或闲住、革职，庶将来免意外祸"③，但终不果行。而景昉的乞休，除屡忤崇祯皇帝之意外，被疑与周延儒有朋比行迹也是重要原因之一，他说："方周公在事，遇吏部起废复官，疏多委余，不知何意。如许公誉卿、蒋公允仪、张公采等，俱经余拟旨释用，上意或疑狗比。"④ 十六年九月，黄景昉辞官归里，途中遇到入京听勘的周延儒，二人叙谈许久，在离别时，景昉称有"知同永诀"之感，并作七古一首，云：

　　　　浮云聚散何不有，朝见白衣暮苍狗。帆高风紧两来船，一顾逢我同心友。此友磊落天下奇，蓝榜巍峩纶扉首。再奉征书尤慰意，佳名往往籍人口。时移事异仄目多，倏忽垂杨生左肘。生怜生爱掌中珠，一朝弃之如敝帚。共道园分沁水奢，谁令箧谤中山久。阁体犹存戒吏侵，宸威渐震劳官守。恶宾竞抱脱粟嫌，弃妇徒伤蒸梨丑。旧栽桃李满园花，不觉陈根变稂莠。追忆青春雨露深，亦疑白昼雷霆陡。窃闻圣主度如天，奚啻藏纳弘山薮。即今烽火正愁人，庙堂能忘安边手。稍从编管隶他州，或可青衣入闽否。因思功大谴犹随，何怪诃归逮下

---

① （明）黄景昉：《宦梦录》卷1，第117页。
② （明）黄景昉：《宦梦录》卷2，第179页。
③ （明）黄景昉：《宦梦录》卷4，第266页。
④ （明）黄景昉：《宦梦录》卷4，第285页。

走。更阑相对两无言，黯黯疏星动鱼箭。①

诗句在描绘二人相逢的场景后，梳理了周延儒宦途的浮沉，并谈及当下时局的艰难，寄寓了处分后再起之望，但由于前途未卜，最终在夜深时仍相对无言。不久，周延儒抵京，十二月被崇祯皇帝赐死，遂使二人济宁之会，成永诀之别。对于周延儒的宦绩，黄景昉认为："总周公功过宜并论，其壬午以前半载所修举补捄善端，卒亦莫得而泯也。"②

（二）科场同年

1. 陈炬奎

陈炬奎，字子羽，号俶闇，福建南安人。万历四十七年（1619）进士，授桐城知县。天启三年（1623）调泰兴知县，翌年（1624）迁青州推官。崇祯初年，擢刑部主事，历员外郎、郎中，六年（1633）升肇庆知府，在任"洁己率属，赋法一清"。十年（1637）谢政归，居家"以名园胜景自娱，日与知旧谈秔说稻，足不履市"。③ 陈炬奎与黄景昉为万历四十三年（1615）乡试同年，二人相交至善。天启元年（1621）景昉出游时，曾得炬奎接济，他记道："余以庚申出游湖海间，困甚，惟同年陈公炬奎有缓急谊，余屡遭白眼。余性不修宿憾，即甚慢，余后遇之，欢好如初，竟忘之矣。陈公终端州守，豪儁好面折人，寡悦者，独与余善，尝语余：'孝友二字，孝诚非所克当，友无愧矣。'闻者亦以为实录。"④ 在陈炬奎升任肇庆知府时，景昉亦有《题陈俶闇年丈霞圃别业》相赠，云："不浅园林胜，郊居意独幽。人烟绿黛染，佛相黄金流。坐对千花笑，行看五马游。昨闻鹦鹆研，装寄自端州。"⑤

2. 黄日昌

黄日昌（1586—1654），字世文，号源简，福建晋江人。天启五年（1625）进士，授户部主事。崇祯三年（1630），出为潮州知府，迁河南按察司副使。八年（1635），以城守功转山东布政使司参政，"治河治兵，皆

① （明）黄景昉：《瓯安馆诗集》卷5《舟次济宁遇周宜兴先生北上怆别》。
② （明）黄景昉：《宦录》卷4，第267页。
③ 苏镜潭纂：（民国）《南安县志》卷24《陈炬奎传》，民国年间铅印本，第12a页。
④ （明）黄景昉：《宦梦录》卷1，第71页。
⑤ （明）黄景昉：《瓯安馆诗集》卷9《题陈俶闇年丈霞圃别业》。

有成绩"。十三年（1640），升广东提刑按察使，历广东左布政使，以户部侍郎乞休。唐王即位，起为户部右侍郎，兼管安民库。翌年（1646），晋刑部尚书，未几请归。顺治十一年（1654）卒于家，享年六十有九。① 日昌与景昉为同乡同年，二人相识于里中，景昉称其为"我友"，晚年乡居更是时通声问，景昉在诗作中记其致仕生活："大夫不徒行，为训昭往牒。匪惟表观瞻，良亦避渎渫。我友北源公，逡逡意独帖。秩同韩退之，田倍郑公业。自罢悬车来，东阡南陌接。山惟着屐登，水即攐裳涉。御冷笼头毡，遮炎蔽面折。市儿识故衣，番卒摩长鬣。输赋田徭充，践更里正摄。自惟宦起家，初不殊鼓箧。所遇邻与亲，我敢以贵挟。三尺剪头雏，粗堪负剑铗。蓬蓬看似周，栩栩俄为蝶。而客或嘲之，公家富婵妾。所资筋力强，步久防颠踬。公但惜钱耳，岂真健眺躞。不见里中豪，千骑纵游猎。余闻俚语悲，颜恶汗沾胁。富当可复贫，勇贵有时怯。公行自可书，尔曹空喋喋。余老逊公多，谬怼官调燮。"② 从诗句中可以看出景昉对日昌的感佩之意。顺治十一年，日昌病逝，黄景昉作《哭同年黄源简侍郎》，表达了对同年好友离世的伤感："相望南北郁嵯峨，高颊长髯未尽皤。七裘稀龄犹少斩，六男异母各能和。市人担避大夫步，童子春停相者歌。乔树连冈横陨却，白头同籍更无多。"③

3. 陈士奇

陈士奇（1587—1644），字弓甫，号平人，福建漳浦人。天启五年（1625）进士，授中书舍人。崇祯四年（1631）考选，升礼部主事，旋擢广西提学金事，以丁忧归。七年（1634）服阕，起任重庆兵备，历贵州学政、赣州兵备参议、四川提学副使，十五年（1642）以右金都御史，巡抚四川。十七年（1644）六月，张献忠陷重庆，士奇兵败被执，卒于难。④

陈士奇与黄景昉为乡会试同年，景昉曾说"余乡、会称同榜相善者，惟公一人"，二人在闽中时已常有往来，士奇"好论文，掎摭利病，虽得

---

① （清）郭赓武、黄任、怀荫布纂修：（乾隆）《泉州府志》卷50《黄日昌传》，第2册，第652—653页。

② （明）黄景昉：《瓯安馆诗集》卷4《同年黄源简家居徒步行未一舆也亦里中佳话乎述示媿仰意》。

③ （明）黄景昉：《瓯安馆诗集》卷27《哭同年黄源简侍郎》。

④ （清）张廷玉等：《明史》卷263《陈士奇传》，第6809—6810页；（清）魏荔彤修，陈元麟纂：（康熙）《漳州府志》卷23《陈士奇传》，清康熙五十四年刻本，第37a—39b页。

隽牍，经其目，鲜弗删改者……或咎词太尽，非所宜言，公意气自若"①，景昉认为："吾文惟陈弓甫能见吾短。"② 可见其对士奇论文之认可。后来陈士奇巡抚蜀中，"以文墨为事，军政废弛"③，为乡里缙绅所訾议，景昉设法令其调任南京，但士奇却滞留不出，《宦梦录》中记道："同年陈公士奇抚蜀后，无只字入都，即疏揭亦少。蜀绅憾，有訾及者，为拟旨改南京别衙门用，余意'蜀论难齐，且拔出荆棘中留此才驻南，将来尚可资缓急。'不知陈何故竟濡滞蜀，业解任逾年，即新抚亦经再推，杳莫得其还山之期，咄咄异事。"④ 在其殉难后，黄景昉作《陈平人中丞丧归自蜀柩形特小不忍观哀告同志》："投簪迟返意难明，何处高牙一剑横。骨断家人劳细敛，棺轻驿卒易孤行。张巡骂贼嗔无齿，杜宇望乡泪有声。白马素车从此逝，他年待我写碑铭。""榜中严事等诸昆，襟袖犹余唾沫痕。掩豆豚肩师俭德，裹尸马革壮忠魂。凄清和月归铜海，呜咽连江出剑门。遥想昂藏天表立，义旗高举满乾坤。"⑤ 前一首谈及其蜀中殉难之状及灵柩归里之情形，后一首在回忆同年文事之交后，表达了黄景昉哀思之情。景昉晚年里居，看到陈士奇子嗣"荡佚"时，作了《同年陈平人中丞子荡佚忧其弗类》一诗，称"吾友尝从事，其人勇且廉。凤推趋义疾，微讳治家纤。长子生非嫡，稚年行不兼。尚书屯屡典，遗宅耗全贴"⑥，在父子的对比中，于其家道中落，颇有担忧之意。

4. 卢世㴴

卢世㴴（1588—1653），字德水，山东德州人。天启五年（1625）进士，授户部主事，以乞养归。服阕起补礼部主事，出为福建道监察御史，复告病里居。甲申之变，斩乡中伪官。清廷以原官起复，辞不就任。顺治十年（1653）卒于家，享年六十有六。世㴴"雅好赋诗，最慕少陵"，著有《杜诗胥钞》《读杜微言》等书，其所作诗文甚富，后总名为《尊水园集》。⑦ 卢世㴴与黄景昉为同年进士，景昉称其有"恬退风"，亦曾往来谈

---

① （明）黄景昉：《宦梦录》卷1，第75页。
② （明）郑之玄：《克薪堂文集》卷3《黄太穉论草叙》。
③ （清）张廷玉等：《明史》卷263《陈士奇传》，第6809页。
④ （明）黄景昉：《宦梦录》卷4，第278—279页。
⑤ （明）黄景昉：《瓯安馆诗集》卷20《陈平人中丞丧归自蜀柩形特小不忍观哀告同志》。
⑥ （明）黄景昉：《瓯安馆诗集》卷16《同年陈平人中丞子荡佚忧其弗类》。
⑦ （清）王道亨修，（清）张庆源纂：（乾隆）《德州志》卷9，清乾隆五十三年刻本，第22a—22b页；（清）田雯：《卢先生世㴴传》，《碑传集》卷136，第4061—4063页。

艺，卢世㴶在《陪黄东崖谈艺》中写道："从君听疑语，诗竟未曾亡。何待人矜重，要须自忖量。高心邻客气，孤秀藉群芳。不尽渊然意，披襟再四商。"①

崇祯十一年，景昉在册封淮府途中，道经德州，与世㴶"欢饮剧谈"，他记道："余过德州，与欢饮，剧谈别去。卢笃嗜杜诗，即家为亭祀之，署'杜亭'，所咏有'将书抵塞三间屋，用酒消融万古愁'之句，余深赏之。"②崇祯十六年，景昉辞官归里，再经德州，世㴶向其索要生《志》，景昉在舟中为其撰成一《传》："德州卢御史世㴶久索生志，舟中为草一《传》投之。卢以久病不谒客，难独破例，仅移札来谢，可谓'发乎情，止乎礼义'也。余《传》中言：《中庸》'遯世无悔'之旨与《易》同在《论语》'用行舍藏'之上。舍者，世舍我也，机由人；遯者，我遯世也，权由己。如兵家之有水遁、火遁，蓦面忽失，虽鬼神莫窥。理甚微，余亦故自河汉之。"③通过上述两则记载，可见二人在诗文上的彼此相契。田雯在《卢先生世㴶传》中说"闽人黄阁学景昉作公传"，则至迟该《传》在清初仍有传本，惜乎其已散佚。

5. 路振飞

路振飞（1590—1649），字见白，号皓月，直隶曲周人。天启五年（1625）进士，除授泾阳知县。崇祯四年（1631），以考绩升四川道监察御史。后疏劾周延儒"卑污奸险，党邪丑正"，被旨切责。未几，复上疏力陈时事十弊。六年（1633）出为福建巡按，大破海贼刘香及外夷。考满以京卿召用，寻劾首辅温体仁，谪河南按察司检校，历任上林苑良牧丞、太仆寺寺丞、光禄寺少卿。十六年（1643），擢都察院右佥都御史，总督漕运。甲申之变后，丁忧归里。唐王即位，晋太子太保、吏部尚书兼文渊阁大学士。顺治三年（1646），清兵入闽，破汀州，振飞避入海岛。六年（1649）卒于粤中，享年六十岁。所著有《白玉斋稿》《非诗草》等。④

---

① （明）卢世㴶：《尊水园集略》诗补遗《陪黄东崖谈艺》，《续修四库全书》第1392册，上海古籍出版社2002年版，第578页。

② （明）黄景昉：《宦梦录》卷2，第159页。

③ （明）黄景昉：《宦梦录》卷4，第292—293页。

④ （清）归庄：《归庄集》卷8《左柱国光禄大夫太子太师吏部尚书兼兵部尚书武英殿大学士路文贞公行装》，上海古籍出版社2010年版，第451—457页；（清）张廷玉等：《明史》卷276《路振飞传》，第7074—7076页。

路振飞与黄景昉为同年进士，其巡按福建时，因馈送之事与时任晋江知县戈简龃龉，适逢景昉丁忧里居，曾为力解此事："御史路公振飞按部，偶檄余邑取二纱充馈送，邑令戈公简疑有他端，具盈箱进。路恚甚，几欲指参。余辈为力解，始罢。"① 景昉归里时，乘驿途经高邮，亦与路振飞晤面。唐王即位后，路振飞、熊开元入闽，景昉作《同年路皓月熊鱼山同入闽喜赠》，云："世事悲流水，天心动宿灰。乾坤颁洞复，雷雨满盈开。梦果飞熊叶，人疑筮路来。魏珠夸照乘，荆璧盛登台。淮海征输苦，吴江抚字哀。各怀潜邸遇，初脱畏途猜。推阃风霜节，杖廷土木骸。骤驰分种蠡，闻见重伊莱。牛女瓯闽宿，龙身将相才。饭犹追麦豆，羹好下盐梅。三统仍归正，六符隐护台。举朝惊瘦削，沿道指鬓鬇。欣听捷书奏，泪看王气回。仗旄呼逖矣，拊瑟咏康哉。"②

6. 叶廷秀

叶廷秀（1599—1651），字润山，号谦斋，山东濮州人。天启五年（1625）进士，历任南乐、衡水、获鹿知县，转顺天府推官。崇祯中出为南京户部主事，连丁内外艰。十三年（1640）服阕，授户部主事，黄道周下狱，廷秀上疏清宽，被杖一百，系诏狱。翌年（1641）十二月，遣戍漳州。十六年（1643）冬，特旨起复户部主事，未赴任而北都陷落。弘光、隆武年间，历任光禄寺少卿、左金都御史、兵部侍郎，后归隐为僧。③

黄景昉与叶廷秀为同年进士，其疏救黄道周之事，前文中已作梳理，在廷秀被杖后，景昉曾前去探望："濮州叶公廷秀，余同年，官户部主事，疏救黄公，业为必死计。卫校至，不入内，即与偕行，小立待杖，进酒饭若平时，寻杖一百。余省之郭外，为言每午后魂气飘荡，九死一生耳。"④ 在其遣戍坐赃时，景昉集合诸位同年为其捐资馈赠："叶公廷秀橐如洗，余为鸠诸同年，复虑伤烈士之志，不务多，人敛二金，得四十余金充赠，为诗送之行，局始粗结。"⑤ 其中提到的"为诗送之行"，题为《送叶润山年丈之漳州》，诗云："峻嶒何止壁千寻，却向清宵暗整襟。豺虎群中征道

① （明）黄景昉：《宦梦录》卷3，第196页。
② （明）黄景昉：《瓯安馆诗集》卷16《同年路皓月熊鱼山同入闽喜赠》。
③ （清）张廷玉等：《明史》卷255《叶廷秀传》，第6601—6602页。
④ （明）黄景昉：《宦梦录》卷2，第176页。
⑤ （明）黄景昉：《宦梦录》卷2，第179页。

力，风雷动处见天心。妇贫旋乞邻家火，山远孰陪客路吟。为说敝乡图画胜，红云高敛碧波深。"① 黄道周获赦后，景昉在召对时也力荐叶廷秀，但因台省"复相继论荐"，致崇祯皇帝起疑而不果，他记道："黄公道周既复官少詹事，余因召对，为同年叶公廷秀极言其清苦力学，且衔恩负咎图报状，上业有转圜意。会省、台连章称赞，并荐及解公学龙等，疑窦开，机会遂塞。"②

7. 熊开元

熊开元（1599—1676），字鱼山，湖广嘉鱼人。天启五年（1625）进士，授崇明知县。崇祯元年（1628）调任吴江。四年（1631），考选吏科给事中。历山西按察使司照磨、光禄寺监事，十三年（1640）迁行人司副，十五年（1642）以弹劾周延儒，廷杖一百系狱。翌年（1643）遣戍杭州。唐王即位，累升至兵部尚书兼东阁大学士。清兵破闽，入苏州灵岩寺为僧。所著有《华山纪胜集》《渔山剩稿》等。③

熊开元与黄景昉为同年进士，同为复社中人，关于熊开元被杖下狱的经过，前文中已作了梳理，在周延儒被勒致仕后，景昉曾奏请宽释熊开元、姜埰，但未得崇祯皇帝谕允。隆武建号，熊开元被唐王召入闽中，前引《同年路皓月熊鱼山同入闽喜赠》即为景昉题赠之作。在其归隐为僧后，景昉在致书门人任乔年时，亦有《寄门人任仙孟兼柬熊鱼山年丈》之作赠熊开元。

除此之外，黄景昉提到的同年尚有张任学、徐世荫、宋玫、冯之骥、黄绍杰、成勇、袁煐、华琪芳、翁鸿业、侯峒曾等，但均为因事而偶及其名，如称成勇"以救黄公道周疏，逮繫累年，困中节愈厉，真铁汉也。余于公同年，仅一识面耳"④，于冯之骥则云"癸酉余同年冯公之骥同给谏刘公安行试闽，发榜甫三日即行，遍谢赠遗，两公清德，闽至今犹艳道之"⑤，徐世荫则言"同时官闽有施公邦曜、徐公世荫，与曾公樱称鼎

① （明）黄景昉：《瓯安馆诗集》卷20《送叶润山年丈之漳州》。
② （明）黄景昉：《宦梦录》卷3，第212页。
③ （清）陈莫缠修，（清）倪师孟纂：（乾隆）《吴江县志》卷23，清乾隆修民国年间石印本，第66a—66b页。
④ （明）黄景昉：《宦梦录》卷2，第158页。
⑤ （明）黄景昉：《宦梦录》卷3，第197页。

· 223 ·

立"①，张任学则是见其所撰碑而忆及："宿武林监院，署中有石亭，为同年御史张公任学碑，云：'忽万雀集庭前，分列前却如布阵状，异之，构此。'张后巡按河南，慨上疏请改授总兵，从之。弃绣斧就兜鍪，大是怪事，雀阵岂其兆乎？竟郁郁谢病归。"② 另外，翁鸿业、侯峒曾则是因吏部尚书谢升询及福建学政人选时而荐及者。③

（三）庶常挚友

1. 李建泰

李建泰（？—1650），字复余，号括苍，山西曲沃人。天启五年（1625）进士，选庶吉士，崇祯元年（1628）散馆，授翰林院编修。七年（1634），升詹事府左春坊左庶子兼翰林院侍读，晋左谕德，十二年（1639）任国子监祭酒，翌年（1640）再升少詹事兼翰林院侍讲学士，以丁艰去职。十六年（1643）五月会推，擢吏部右侍郎，十一月以原官兼东阁大学士，入预机务。十七年（1644），奉敕出征，至保定，城破为贼所擒，后清兵入城，遂降。顺治二年（1645）五月，授弘文院大学士，充《明史》总裁官。七年（1650）五月，以谋反被诛。

李建泰与黄景昉同年同馆，景昉称其为"十数载深交"，二人仕宦中的往来，在前文中已作梳理，而从诗作中则可见公事之余的交谊，天启六年在馆读书时，景昉与李建泰、闪仲俨在清明谯集，醉宿广通寺，写道："树下传杯树不风，遥看殿角缀疏红。谁邀地北天南客，共醉莺花燕柳中。酒价远来思水部，翟巾倒着笑山公。三更道院觅灯火，别有青烟出汉宫。"④ 而在任职詹翰期间所作的《案头古鼎容数升余以注酒饮李括苍年丈一吸辄尽亦快举也为赋》，则描绘了二人畅饮时的情形："我辈涓衣奉至尊，经月不敢近腥荤。休瀚宽逢剧可喜，一杯煖讲古亦尔。岂少银铛金屈卮，鹧鸪班赤绿爪皮。昔贤制器重郊庙，岁久寒威犹自峭。铭功颂德终尘埃，问君谁筑糟丘台。为言鼎耳玉铉吉，燥湿乍投声唧唧。举觞倒尽四筵惊，君身前岂谪仙人。我思浊醪有妙理，细咽雄吞谁较美。燕市狂歌近也

① （明）黄景昉：《宦梦录》卷3，第198页。
② （明）黄景昉：《宦梦录》卷4，第301页。
③ （明）黄景昉：《宦梦录》卷2，第159—160页。
④ （明）黄景昉：《瓯安馆诗集》卷17《清明宴集广通寺醉宿道宫戏呈闪中曼李括苍二年丈太史》。

稀，滇池人去会稽归。同心期保长白首，此中莫言但饮酒。酒酣以往气益振，丰髯隆准烨如神。不妨醉卧仍高枕，更漆胡头待君饮。"① 崇祯十六年，黄景昉在乞休前，本欲与丁艰起复的李建泰话别后再去职，但因时局所迫，不得已请辞求去，出都时仍以《出都留柬少宰李括苍年丈》一首寄语话别。

2. 丘瑜

丘瑜（？—1644），字德如，湖广宜城人。天启五年（1625）进士，考选庶吉士，散馆授翰林院检讨。崇祯八年（1635），擢詹事府右谕德，历右庶子，十四年（1641）晋少詹事，翌年（1642）升礼部侍郎，十七年（1644）以礼部左侍郎兼东阁大学士，入预机务。未几，李自成入京，自缢死。②

黄景昉与丘瑜为同年同馆，相交至善，二人早在考选时，即因谢恩礼"到稍迟"，同为明熹宗所宥。在后来的仕宦生涯中，二人同任经筵日讲官，景昉对其讲筵仪态颇为推重，称："记同事惟丘公瑜最善，神静气肃，安安直若固然。"③ 随后，在同官詹事府左春坊期间，黄景昉作《宿左坊同丘德如宫赞》记其事。④ 崇祯十一年，在丘瑜归里省亲时，景昉作诗相送："竞将仙佩拟征尘，怅忆班行玉立身。驿路烟消乘传少，讲帷岁久抗章频。赐金为佐家筵宠，调鼎从看国论新。别后南云时眺远，可应念我未归人。"⑤ 崇祯十五年（1642），丘瑜因枚卜事被言官所劾，景昉曾力解之于首辅周延儒 "同年丘公瑜自宫坊即与枚卜，屡衰列。是年，颇不誉众口，诸省台苦聊萧之，或以善武陵杨公为辞，值其乡钱天锡、廖国遴交通事益滋葛藤，余力解之首揆周公所"，以是对于丘瑜的殉难，景昉感慨道："丘时有家难，杜门乞归，即余亦代拟旨允放。宸眷终谕留，驯至大用，要其冲襟达识自非浮言所能间也。当日仍允归为福，省后一着。"⑥

3. 闪仲俨

闪仲俨（1598—1642），字人望，一字中畏，云南永昌人。天启五年

---

① （明）黄景昉：《瓯安馆诗集》卷5《案头古鼎容数升余以注酒饮李括苍年丈一吸辄尽亦快举也为赋》。
② （清）张廷玉等：《明史》卷251《丘瑜传》，第6505—6506页。
③ （明）黄景昉：《宦梦录》卷2，第139页。
④ （明）黄景昉：《鹿鸠咏》卷1《宿左坊同丘德如宫赞》。
⑤ （明）黄景昉：《鹿鸠咏》卷2《送丘德如宫谕予假归楚》。
⑥ （明）黄景昉：《宦梦录》卷3，第221页。

（1625）进士，选庶吉士，因出姚希孟之门，七年（1627）遭魏忠贤矫旨削籍。崇祯元年（1628），复授翰林院检讨，预修《熹宗实录》。三年（1630），主考福建乡试。旋以乞养归里。八年（1635）还朝，升詹事府左春坊左中允，翌年（1636）晋左谕德，典试顺天乡闱，以胡维孚、马之骊磨勘事，降四级。未几，丁艰归里。十五年（1642），擢詹事府少詹事，未赴任而卒。①

黄景昉与闪仲俨同年同选庶吉士，他称"同馆中，余最善公（李建泰）及闪公仲俨、丘公瑜"，在后来的仕宦生涯中，二人相交笃厚。如前文所述，崇祯二年在史馆任职时，曾同访申甫，知其"师出必败"；三年，同受命主考乡试，黄景昉典试湖广、闪仲俨典试福建；九年，又同典顺天乡试，同遭磨勘降级。对此，黄景昉在《宦梦录》中记道："宗伯姜公逢元，余出闱偕闪公仲俨谒之，明言其二弟及某姻戚卷佳，不蒙收录。余业讶其不伦，磨勘之役，遂一意吹索。"② 后来议处时，景昉上疏云："宫谕闪公仲俨初偕余典畿试，同降二级，闪复以胡维孚累再降二级。余时请同处分，疏云：'先哲有言，与同功宜，与同过贞，臣自矢不负友，斯不负君。'旨不许。"③ 以是，在十四年四月黄景昉掌翰林院印后，即与吏部尚书李日宣商议，为闪仲俨"开复"。

公事之余，黄景昉与闪仲俨及其季弟闪仲恫也多相过从，在《瓯安馆诗集》中就收录了《为闪中畏太史知愿解元赋寿尊人广山先生》《秦淮书阁图题为闪知愿先辈》《戏柬闪知愿解元》等诗，而谦集之作亦有《仝闪中畏李括苍二年丈集太平庵》《五日过闪中畏邸园》《大雪过闪中畏年丈同用苏长公韵》等作。另外，在顺天乡试入闱时，黄景昉曾作《北闱呈同官闪中畏年丈》，云"闽楚从君谬抗衡，七年依旧赋咸京。稍因寇阻迟开宴，不谓冬寒剧放晴。两队衣冠容伟丽，中宵鼓角韵和平。譬蚕食叶嗟何足，要听春雷出地声"④，随后因磨勘降秩，黄景昉复作《怀闪中畏年丈》感怀道："严谴分当结袂联，自惭无力更回天。讲帏礼数荣孤客，文网风波盛昨年。

① （明）黄道周：《黄道周集》卷26《闪太史墓志》，第1144—1146页；龙云、周钟岳纂修：（民国）《新纂云南通志》卷207《闪仲俨传》，民国三十八年铅印本，第7a页。
② （明）黄景昉：《宦梦录》卷2，第143页。
③ （明）黄景昉：《宦梦录》卷2，第183页。
④ （明）黄景昉：《瓯安馆诗集》卷19《北闱呈同官闪中畏年丈》。

鸡骨行经橦索处，羊肠路比棘闱前。永昌锦字由来远，空对藤花意惘然。"①

4. 张维机

张维机（1577—?），字子发，维枢弟，福建晋江人。天启五年（1625）进士，选庶吉士，散馆授翰林院检讨。崇祯六年（1633），升詹事府左春坊左赞善，八年（1635）晋右春坊右谕德兼翰林院侍读，上疏请止番役以杜告讦之渐、停内操以固寰极之防，不报。十二年（1639）应天乡试，任主考官。十五年（1642），擢詹事府少詹事兼侍读学士，寻补詹事，疏陈选将、练兵、屯田诸事，下部覆行。十六年（1643），廷推礼部侍郎兼翰林院侍读学士，教习庶吉士。甲申之变，为李自成幽禁四十余日，自清军入城，始复原官，未几归里。②

黄景昉与张维机同里同年同选庶吉士，在馆选后，二人即因谢恩礼到稍迟待罪，为明熹宗所宥，后来曾同谒吏部尚书崔景荣，受其教诲。从黄景昉的自述来看，二人的交往主要集中在晚年，《瓯安馆诗集》中收有《集同年张晦中水心亭馆》一诗，云："微茫水气扑花馨，旧是侍郎点易亭。槛外芰荷侵坐冷，桥边槐柳入帘青。崎岖国难回霜雪，璀璨家风重斗星。白首忧时谈慨慷，如公何止梦姬龄。"③ 从诗句中可以看出，国变后寓居乡里的闽籍士人忧愁无奈之感。在张维机八十五岁时，黄景昉曾作《寿张晦中少宗伯时年八十有五》相赠，回顾了两人詹翰相从的经历。而《里中社集少宗伯张公维机冢宰庄公钦邻宫保大宗伯林公欲楫并号达尊昉齿卑叨与末座非伦幸家慈谢太夫人岁亦逾八矣辄有斯咏》《张晦中云冬月恒饮簏浆即用为颂》则是其晚年社集、家居生活的写照。

5. 李觉斯

李觉斯（1584—1667），字伯铎，广东东莞人。天启五年（1625）进士，选庶吉士。七年（1627）散馆，授礼科给事中，历兵科、户科、刑科。崇祯五年（1632），任应天府丞，历南京太仆寺卿、顺天府尹、工部右侍郎，十二年（1639）擢刑部尚书。十三年（1640），黄道周下狱拟罪，崇祯皇帝以觉斯谳轻，严旨切责，寻削其籍。国变后，屏居不仕，病卒于

---

① （明）黄景昉：《瓯安馆诗集》卷 20《怀闪中畏年丈》。
② （清）郭庚武、黄任、怀荫布纂修：（乾隆）《泉州府志》卷 54《张维机传》，第 3 册，第 96 页。
③ （明）黄景昉：《瓯安馆诗集》卷 23《集同年张晦中水心亭馆》。

家，享年八十四岁。所著有《晚翠居集》。①

李觉斯与黄景昉亦为同年同馆，二人在庶吉士谢恩礼时与丘瑜、张维机因"到稍迟"，同为明熹宗所宥。在京任职期间，黄景昉与之时有谦集，作于崇祯二年的《同李晓湘给谏过集郭仲常吉士宅分赋》云："闽山潮海未殊乡，密坐深杯况夜长。莫管市声催箓筴，同将风景忆槟榔。吹笙缑岭神仙相，烙马黄门羽猎装。君自投骁称绝技，滑稽谁更似东方。"② 李觉斯外任南太仆寺卿时，景昉作《送李晓湘大仆之南滁州》相赠："同时挟册侍皋比，去后金绯汝独宜。潭为罩龙留箭在，午当擒凤有钟知。全淮地险关山障，少府官闲冏寺移。莫以亭深忘北望，烽来秋色满旌旗。"③ 后来李觉斯因黄道周之狱削籍，黄景昉也曾与吏部尚书李遇知相商为其谋起复："召对武英殿，余先同冢宰李公遇知有所商。……余原约冢宰以李公觉斯并荐，未果。"④

6. 项煜

项煜（1598—1645），字仲昭，号水心，南直隶吴县人。天启五年（1625）进士，选庶吉士，散馆授翰林院检讨。崇祯七年（1634），出为南京国子监司业，十年（1637）改詹事府右春坊右谕德，十一年（1638）以揭奏张至发考选不公，降三级外任。十六年（1643）擢詹事府左庶子，晋少詹事。十七年（1644），李自成逼近京城，奏请南迁、太子抚军江南，均未能获允其议。三月城陷，项煜出任太常寺卿，旋以祭祀泰山，奔入南京，翌年卒。⑤

项煜与黄景昉同年同馆，在项煜出任南京国子监司业时，景昉以诗寄赠道："北李南陈迹，欣君远媲之。帝询三物解，人奉五经师。堂鼓声多肃，邸围景独奇。自公余眺览，亦未废孜孜。"⑥ 在其弹劾张至发后，景昉复作《柬项仲昭宫谕》一诗："上殿风霜击，高秋独立身。老熊膻自扑，威凤影谁隣。莒逐功侔舜，淝归气慑秦。侧闻前辈说，呼汝再来人。"⑦

① （清）王永瑞纂：（康熙）《新修广州府志》卷34《李觉斯传》，清康熙年间钞本。
② （明）黄景昉：《瓯安馆诗集》卷18《同李晓湘给谏过集郭仲常吉士宅分赋》。
③ （明）黄景昉：《瓯安馆诗集》卷19《送李晓湘大仆之南滁州》。
④ （明）黄景昉：《宦梦录》卷3，第239—240页。
⑤ （清）谈迁：《枣林杂俎·项煜》，第106页；（清）项廷彪：《序》，（明）项煜《项太史全稿》卷首，《明别集丛刊》第5辑第68册，黄山书社2015年版，第1页。
⑥ （明）黄景昉：《鹿鸠咏》卷1《寄项仲昭司业》。
⑦ （明）黄景昉：《鹿鸠咏》卷2《柬项仲昭宫谕》。

《宦梦录》中，景昉对此也记道："宫谕项公煜，以召对面讦首揆张公至发，奉旨议处。部未覆，属经筵，项出供事，既分班立，忽内传'项煜见在议处，不准入班'，项踧踖退，寻外谪。余赠之诗云'席前讲草暮犹删，新散文华殿外班'盖指是也。初张与项并跪辨御前，项厉声叱之，上曰：'辅弼大臣何得轻诋？'因之积嫌项。张亦旋罢政归。"① 这里提到的赠诗，即《得项仲昭宫谕谪官信》，诗云："席前讲草暮犹删，新散文华殿外班。轮对岂知经虎额，谪归终自动龙颜。绵花弹去应消恨，铃索牵余暂放闲。手板达官谁耐汝，莫因搥碎雪溪山。"②

(四) 同官知交

1. 王思任

王思任（1575—1646），字季重，号遂东，浙江山阴人。万历二十三年（1595）进士，授兴平知县，旋以丁忧去职。二十七年（1599）补当涂知县。三十八年（1610）迁青浦知县，所至皆有政声，以争漕事致罢官。崇祯元年（1628），起补松江府学教授。四年（1631）升南京工部营缮司主事。六年（1633）再擢九江佥事，备兵江州。八年（1635）以外察去职。甲申之变后，鲁王召复其官，顺治三年（1646），清军陷绍兴，避兵山中，未几卒。③

黄景昉在登第前，已与王思任相识，《瓯安馆诗集》中收录了其早年之作《夜集王季重先生楼头》，云："廿载江东卧季鹰，酒伦奕律事凭陵。坐悬屐履山如响，气结金银夜不灯。"④ 由于王思任长期外任，二人谯集鲜稀，黄景昉在诗句中就说"十年两度各分飞，觉昔眉须未许壮"⑤，从管见所及的文献来看，他们的往来主要是通过诗作的唱和，如王思任作《赠黄东厓》："不见东厓久，东厓诗遂成。鹤惟云共语，镜与月同情。馆阁无华子，淄尘有素盟。竹居沽最近，一面便堪倾。"⑥ 景昉则作《承王季重先生

① （明）黄景昉：《宦梦录》卷2，第162页。
② （明）黄景昉：《瓯安馆诗集》卷20《得项仲昭宫谕谪官信》。
③ （明）王思任：《王季重先生自叙年谱》，国家图书馆藏清初刊本；（明）张岱：《琅嬛文集》，马涛点校，浙江古籍出版社2016年版，第372—375页。
④ （明）黄景昉：《瓯安馆诗集》卷28《夜集王季重先生楼头》。
⑤ （明）黄景昉：《瓯安馆诗集》卷5《送王缄三秀才归越兼呈贤叔季重先生》。
⑥ （明）王思任：《尔尔集》，收入任远点校《王季重十种》，浙江古籍出版社2010年版，第244页。

佳咏见贻次韵奉答》答谢："四朝词赋客，才得一官成。觉我诗标格，如君宦性情。骊珠中夜照，马笠昔年盟。燕市谁歌者，金台久已倾。"① 故迄于景昉晚年，在翻阅王思任诗作时，仍有效其诗体之作，云："太浓游屐兴，宜不得官怜。采石胎诗思，庐山了净缘。谑穷山水饮，痴落鸟花眠。分手长安远，三生若个仙。"②

2. 钟炌

钟炌（1583—1650），字淑宪，号昭明，江西分宜人。天启二年（1622）进士，授中书舍人。七年（1627），考选户科给事中。崇祯二年（1629）升礼科都给事中，历太常寺少卿、大理寺少卿，七年（1634）擢顺天府尹，九年（1636）转大理寺卿，寻改工部右侍郎，翌年（1637）迁吏部左侍郎，十一年（1638）升左都御史。为人"器识沉练""缜密不妄言"，曾疏请割减袁州重赋、辽饷加派，但"部议格未尽行"，后因会审内臣邓希诏事，秉笔忤旨，着革职为民。崇祯三年（1630），黄景昉与钟炌一同主考湖广乡试，称其"周慎详稳"，典试期间"相与欢"。在景昉撰就《试录》后，钟炌认为其中"多鲠切语"，曾"屡相嫉训"，但景昉"究亦不能从"，致使触忤温体仁、梁廷栋等人。后来温体仁欲借《试录》事兴磨勘之役，已升任礼科都给事中的钟炌力持不可，才使景昉免于追究。钟炌革职后，黄景昉在内阁时曾多次为其推毂，但崇祯皇帝认为钟炌所处为"革职"，而未令其起复。

3. 陈龙正

陈龙正（1585—1645），字惕龙，号几亭，浙江嘉善人。其父陈于王，为福建按察使。龙正早年师从高攀龙，崇祯七年（1634）成进士，授中书舍人，"居冷曹，好言事"。十一年（1638）五月，因荧惑守心，下诏修省，龙正连上《养和》《好生》二疏讽喻"东厂缉事"，崇祯皇帝遂"谕提督中官王之心不得轻视人命云"，此后复上《垦荒议》以助"拯困甦残"。不久，因给事中黄云师、御史黄澍弹劾其"学非而博，言伪而辩"，左迁南京国子监丞。顺治二年（1645），清兵攻陷南京，龙正绝粒而卒。黄景昉主考崇祯九年（1636）顺天乡试时，陈龙正为该科同考官，因受取录胡维孚事牵连降秩，景昉为其讼冤，认为"闱中所拔，如黄国琦、朱充

① （明）黄景昉：《瓯安馆诗集》卷8《承王季重先生佳咏见贻次韵奉答》。
② （明）黄景昉：《瓯安馆诗集》卷14《偶翻王季重诗戏效其体》。

鑶辈，才已穷，姑取胡维孚殿后……拟胡实于陈无涉，第以胡维孚同姓同经，颇曾来往，不无瓜李之嫌"。后来陈龙正上《垦荒议》，景昉亦曾面称于御前："时广议兴屯，中翰陈公龙正学多考究，谓兴屯不如垦荒，谈凿凿。余尝面称之御前二次，省台中亦有荐及者，仅取所著书进览，亦竟漠如。"在《几亭全书》刻本中，还保存了《答黄东崖掌院》《候黄东崖相公》两书，前书涉及陈龙正对人才的荐举，后一书则回顾了黄景昉对其仕宦期间的奖掖和回护，称："每忆数年来，蒙相公之鉴拔与保护，不可枚举，中心藏之，世世无斁之。"①

4. 吴甡

吴甡（1589—1670），字鹿友，南直隶兴化人。万历四十一年（1613）进士，先后任邵武、晋江、潍县知县。天启二年（1622）征授山西道御史。崇祯改元，历任河南、陕西巡按、巡抚山西右佥都御史、兵部侍郎，十五年（1642）六月擢礼部尚书兼东阁大学士，晋太子少保、户部尚书兼文渊阁大学士，所著有《柴庵疏集》《忆记》。黄景昉与吴甡虽曾列名"二十四气"之说，但从现有的记载来看，二人在枚卜前鲜少来往。入阁后，景昉与吴甡在诸多事务的处理上，由于"无分毫私意夹杂"，颇能倡为同调，如揭救李日宣、申救黄道周、面救刘宗周及票驳冯铨等事。另外，在吴甡受命督师之时，景昉曾有所规劝，并作《送吴鹿友枢辅南征仍用前韵》为赠，而于其邑人李嗣京之被纠劾亦以"李某在地方诚不见有所振刷，亦无显过，正是庸才耳，各省巡方类此者尚多，恐不胜处"为之奏辨。鼎革以后，二人尚不乏往来，景昉更有诗作询问吴甡起居。

5. 张镜心

张镜心（1590—1655），字晦臣，河南彰德人。天启二年（1622）进士，授萧县知县，历定远、泰兴二县。崇祯元年（1628）考选，以治行考授礼科给事中。六年（1633）擢吏科都给事中，在台数言时政，规劝崇祯皇帝"求治毋太急，御下毋蓄疑"，其所条陈皆能"切劘时病"。十年（1637）升兵部右侍郎兼右佥都御史、总督两广，在粤五载，"数平剧寇，缮兵立学"，多有善政。十五年（1642），廷推兵部尚书兼右副都御史，总督关蓟通津军务，以母老请侍辞归。甲申之变后，隐居不仕，自号云隐居

---

① （明）陈龙正：《几亭全书》卷50《候黄东崖相公》，《四库禁毁书丛刊》集部第12册，第531页。

士。顺治十二年（1655）卒。所著有《云隐堂集》《大易解》等书。①

张镜心在朝"气意忱慨，不为崖异"，与黄道周、蒋德璟、王铎等人相善，而黄景昉亦与以上诸人交谊笃厚，于是与镜心定交。崇祯十二年，镜心《奏议》付梓，作书求序于景昉，云：

> 台臺品重圣书，言垂信史，苞事功于节义，摅经济为文章，道可陶铸人伦，识足主持政本。远方杨、李，尚多謇谔精神；近跨郑、王，更着休容器略。天绵周鼎，世望商霖，人有同心，敢云阿好。某瓦石贱器，迂固罕闻，鹿鹿鱼鱼，浮湛中外，独于台臺有道之前，读其文，想见其人，拟于星日之尊，麟凤之特，梦寐胶结而不可解。夫志之所在，耳目毕归，业之不岐，是非可订，谨函小草，仰正坛宗，愿赐片言，奉为趋向。某数种灾梨，参差未竟，大略皆告君质友之言。詹詹者，无救于世，而贻疚于心也。行之不远，其奚存？……一人之取舍，忽难自持；一事之得失，每成参半。学问所驳者，气而养不闻；中晚所灾者，言而口不折。至于制兵临敌，尤非所任，或持则固，或任则乖，不习而行，危机所伏。诸如此者，言莫匿之，故罪；行年五十，而过不寡，故省也。倘台臺不惜规诲，以消镕其悔吝，良有厚幸。问千秋之业，心也何人，存一字之箴，公其知我。②

景昉在接书后，于同年九月，撰成序文，对其在朝谏言多有表彰："先生立朝最分别邪正，长谏垣，章数十上，即其为制阃督，诸大吏中有败群辄弹去之，不少假借。"认为："先生既夙以鲠直名，他日功成，必且入为掌铨，分别邪正，尤冢臣职矣。先生视数年以来，铨槱举错，当人意者有几？出其学聚问辨，宽居之素，应之裕如也。"并借王铎之言，推扬其诗文，称："余又闻之王觉四宗伯曰'先生所为诗文特高妙，时罕见之者'，尚当披其立诚之业，与海内共评定之。"③从上下两篇文字中，可见二人彼

---

① （清）陈廷敬：《午亭文编》卷47《故明前兵部尚书张公墓碑铭》，张建伟点校，三晋出版社2015年版，第758—760页；《天启二年壬戌科进士履历》。

② （明）张镜心：《云隐堂文集》卷18《与黄东厓太史》，《明代诗文集珍本丛刊》第214册，国家图书馆出版社2019年版，第7—8页。

③ （明）黄景昉：《张湛虚先生奏议序》，（明）张镜心《云隐堂文集》卷首，《明代诗文集珍本丛刊》第212册，第232页。

此相契，但囿于史料，其具体的往来则仍有待续考。

6. 王邵

王邵（1591—1641），字二弥，又字炳藜，山西保德人。崇祯四年（1631）进士，选庶吉士，散馆授翰林院检讨，有《王太史遗稿》十卷存世。王邵与杨廷麟同出倪元璐之门，在馆期间，与黄道周、文安之、王铎、黄景昉相善，以名节相砥砺，兼留心古学。王邵为学，"蕴藉经史，取裁古人，发为文章，伐毛洗髓，陈言务去，以天下为己任"①，与景昉论学颇有相合之处，以故景昉曾回忆道："简讨王公邵，山西保德州人，貌寝，气谊挺然，最服膺黄公道周，亦与余善。轮对，颇为上属目。典楚试，中湿病，归卒。志业未就，为同人所共嗟惋。"② 在《鹿鸠咏》中收录《谢王二弥馆丈送鱼》一诗，可见其在馆中之交谊："伊鲂洛鲤虽无价，谁向龙门溯浪回。柳贯青丝将马足，刀飞白雪近鲈腮。坐中未少和羹手，醉后终怜跋扈才。不厌老饕能数饱，知君连钓六鼋来。"③

7. 王铎

王铎（1592—1652），字觉斯，河南孟津人。天启二年（1622）进士，选庶吉士，散馆授翰林院检讨，七年（1627）为翰林院侍讲。崇祯五年（1632），升詹事府右中允，历右谕德、左庶子，因与首辅温体仁不合，八年（1635）出掌南京翰林院。九年（1636）擢詹事府少詹事。十一年（1638）晋詹事，转礼部右侍郎。十三年（1640）迁南京礼部尚书，旋以丁艰去职。十六年（1643）召任礼部尚书，未赴任而北都已陷。福王即位，起任东阁大学士，寻加太子少保、户部尚书、文渊阁大学士。翌年，清兵南下，与钱谦益迎降。顺治三年（1646），以礼部尚书管内翰林弘文院学士，充《明史》副总裁。九年（1652）卒于家，赠太保，谥文安。④

黄景昉与王铎早在公车时已定交，他记道："孟津王公铎，自余偕计即定交，每见惟极论诗文，罕及他事。躯干伟，饮啖兼人，车后衣箱遍藏

---

① （清）王岱：《太史王二弥先生传》，（清）王克昌修，（清）殷梦高纂（康熙）《保德州志》卷10，民国二十一年铅印本，第26b页。

② （明）黄景昉：《宦梦录》卷2，第162页。

③ （明）黄景昉：《鹿鸠咏》卷2《谢王二弥馆丈送鱼》。

④ 清国史馆编：《清史列传》卷79《王铎传》，第6543—6544页；张升：《王铎年谱》，上海书店出版社2007年版；薛龙春：《王铎年谱长编》，中华书局2020年版。

餐具。善书，用两人张缣素于前，笔如风雨，诗草真妙绝一时。"① 天启七年，景昉因魏忠贤乱政，忧愤无仕宦意，告假里居，王铎作《晋江黄太稚称予诗然望予则奢不禁黯怀》感怀，云："离离龙眼出高丘，南望江山秋复秋。怀古思君双泪落，今朝合在一行流。"②

在后来的仕宦途中，王铎与黄景昉更是时相过访、谦集唱和，如崇祯七年，景昉服阕回京，王铎即以《过黄太稚》写赠。十年秋，在与景昉、周廷铖等人夜集时，王铎作《宋今礎黄东崖周芮公王介清长安秋夜》："旅舍惊秋晚，撩人鸿雁初。朋睽知蕙变，衣冷觉荷疏。晏坐灵晖转，独居澄气虚。萤飞潜过幔，灯晃细临书。"③ 是年冬，当王铎患病时，景昉与黄锦前来探访，在《黄絅存黄东崖相继枉过》中，王铎写道："病余当冬月，鸟鸣寒树阴。徘徊庭前行，萧然生素心。良俦有襟期，意念何其深。室中一罇酒，为尔当自斟。谈诗日云暮，风雅未陆沉。学诗为世笑，畴与论雅音。人亦从所好，何能无幽寻。"④ 翌年四月，黄景昉自请册封淮王出京，王铎复作《送黄东崖以使事由江右之晋安》为赠："离坏有深浅，江潭为客时。客行莲叶绿，谁与共心知。山当浔阳变，桑柘升烟陋。而我有归意，梦随君屡移。此别隔梅花，余亦庋新诗。如雪乱中心，悠悠奚所思。"⑤ 崇祯十三年，王铎任职南京期间，还曾寄诗景昉，云："早岁谈诗侣，如今只独吟。情从别后剧，景向梦中寻。古道风华贵，春光龙跃深。不能袁氏半，胡以共分岑。"⑥

鼎革以后，王铎仕清，黄景昉归隐，但二人仍时通音讯，顺治九年，景昉在听闻王铎病逝时，作《悼王觉四宗伯》，以寄哀思："南北驱驰倦，缣缃墨解飞。啖兼留腹尺，冠屡易头围。国难愁倾覆，朋情忍是非。一匡成底事，终老合渔矶"；"论文源凤岁，词苑日追攀。莫话三生石，终淹二品班。水侵浮马寺，云闭伏牛山。千载孟津渡，河梁怅别颜"；"儿弟森翔贵，称诗幸至哉。汴梁先辈法，河洛一时才。腕负吴兴秀，心伤彭泽杯。

① （明）黄景昉：《宦梦录》卷2，第136页。
② 转自薛龙春《王铎年谱长编》，第130页。
③ 转自薛龙春《王铎年谱长编》，第486页。
④ 转自薛龙春《王铎年谱长编》，第488页。
⑤ 转自薛龙春《王铎年谱长编》，第526—527页。
⑥ 转自薛龙春《王铎年谱长编》，第626—627页。

墓碑谁写出，恩命两朝回"。①

8. 林增志

林增志（1593—1667），字任先，号念庵，浙江瑞安人。崇祯元年
（1628）进士，授蒲圻知县，在任"明理学以振人文，勤爱养以奠民命，
申禁约以正僚属"，七年（1634）考选为翰林院编修，十二年（1639）以
误荐降待诏，十六年（1643）升詹事府右中允。甲申之变，被执拷掠，后
乘间脱归。唐王即位，召任礼部右侍郎，兼东阁大学士，翌年晋礼部尚
书、文渊阁大学士。清兵入闽，遂剃发逃禅，"洁其身于名山古刹"，康熙
六年（1667）卒，享年七十有五。②

黄景昉虽然与林增志往来较少，但曾有同官之谊，崇祯三年景昉主考
湖广乡试时，林增志为该科同考官，在《宦梦录》中景昉记道："房考林
公增志精内典，戒杀。闱中例，日供鸡鸭等物，林祈余为言之直指罢给。
直指事烦，所司仍循例供，林勉纳之。发榜前一日，尽数驱出，语余曰：
'早出，等杀耳。姑豢畜之，为暂留数日之生，过此，心力尽矣。'余为悚
然。林魁南宫，其邑人梦报捷旗，大书不淫不杀之报。"并表彰其在蒲圻
的治绩云："时令蒲圻，有惠政，尝一致甘露祥。"③ 后来林增志降补待诏，
适逢崇祯十四年黄景昉出掌翰林院印，亦为其请复："林公增志以他误自
编修降补待诏有年，为请，亦复原官，稍酬宿志，兼存衙门体。"④ 在黄景
昉奏请后不久，林增志即官复原职。

9. 徐汧

徐汧（1597—1645），字九一，号勿斋，南直隶常州人。崇祯元年
（1628）进士，选庶吉士，散馆授翰林院检讨。四年（1631），黄道周疏救
钱龙锡谪外，倪元璐"请以己代谪"，徐汧上疏颂二人之贤，"且自请罢
黜"，为崇祯皇帝所诘责，遂乞假归。十二年（1639），以詹事府左春坊左
赞善起复。十四年（1641），晋右春坊右谕德兼翰林院侍读学士，以册封
益王府，便道还家。福王即位，召任詹事府少詹事，上疏痛陈朋党之弊，

---

① （明）黄景昉：《瓯安馆诗集》卷14《悼王觉四宗伯》。
② （清）王云翔修，（清）李曰瑚纂：（乾隆）《重修蒲圻县志》卷10《林增志传》，清乾隆
四年刻本，第14b—15a页；孙延钊：《林阁部增志》，陈光熙编《明清之际温州史料集》，上海社
会科学院出版社2005年版，第32—34页。
③ （明）黄景昉：《宦梦录》卷1，第107—108页。
④ （明）黄景昉：《宦梦录》卷2，第183页。

"以化恩雠、去偏党为言"，并奏辨人才、课职业、敦寅恭、励廉耻、核名实、纳忠谠、破情面等时政七要，弘光皇帝以"国事方棘，竟寝其议"。翌年（1645），清军破南京，徐汧投虎丘剑池中而卒。享年四十九岁。①

徐汧为复社魁首，而黄景昉则被推为一方"宗主"，其往来交谊"以文章气谊为重，尤以奖进后学为务"，在朝为政"不假结纳，而四海盟心"，"在外则代之谋方面，在内则为之谋爱立，皆阴为之地而不使之知"，遂使复社"门墙日广、呼应日灵"。② 黄景昉与徐汧的交往，见诸文字的较少，但在其辞官归里途中，曾赴徐汧之约："赴宫谕徐公汧招，偶云：'苏郡近青衿恣横，挟持官长，诸绅莫敢问。连值中丞张、黄二公折节下士，单篚短幅，可立投进。诸友相遇问何之？云适从黄又生谈来耳，即中丞公别号也。'余骇甚，不意士习澜翻至此，贤帅诸公不得不任其责。"③ 并作绝句三首致谢道："羌舸勾栏接槛开，新声唱彻凉州来。便从分手双鸿远，得听吴歌祇此回"；"词林旧事话伤神，汉室相传积滞薪。一跃龙门随解化，愁他无数曝鳍鳞"；"别酒吴江黯自携，半塘花柳弱莺栖。烦公且掷东山伎，强起淮沘破孽氏"。④ 诗作的第一首是对二人吴中之会的叙述，第二首在忆旧的同时，谈及时下的士风，在最后一首中则寄寓了对徐汧再起重振士风的期许。从黄景昉与徐汧的交谈及诗作的内容上看，二人似非泛泛之交，而是意气相期的旧交故人。

10. 王鸣玉、黄问

王鸣玉（1598—?），字六瑞，湖广景陵人。万历四十年（1612）举人。天启二年（1622）进士，选庶吉士，散馆授兵科给事中。五年（1625）升工科右给事中，翌年再升吏科左给事中，魏忠贤憎其不附己，出为陕西按察司副使，七年（1627）迁陕西布政司参政。崇祯元年（1628）召任刑科左给事中，二年（1629）因失纠刑部逸囚降谪。五年（1632）复擢为工部主事，八年（1635）改礼部祠祭司主事，后以疾引归。⑤ 著有

---

① （清）张廷玉等：《明史》卷267《徐汧传》，第6887—6888页；（清）李光祚修，（清）顾诒录纂：（乾隆）《长洲县志》卷24《徐汧传》，清乾隆十八年刻本，第37a—37b页。

② （清）陆世仪：《复社纪略》卷2，《续修四库全书》第438册，第510—511页。

③ （明）黄景昉：《宦梦录》卷4，第299页。

④ （明）黄景昉：《瓯安馆诗集》卷29《姑苏赴徐九一宫谕舟中宴占谢》。

⑤ 参《天启二年壬戌科进士履历》，国家图书馆藏善本；（清）张尊德修，（清）谭篆纂：（康熙）《安陆府志》卷22《王鸣玉传》，清康熙八年刻钞本，第42a页。

《补山斋集》《朝隐堂集》。黄问（？—1624），字伯素，湖广景陵人。万历四十年举人，天启二年任蕲水教谕，居官"一秉先型，力驱浇俗"。四年以分校云南乡试，卒于道。①

王鸣玉、黄问均为黄景昉旧交，崇祯二年，王鸣玉外谪时，黄景昉作《送王六瑞给谏南还》："茶井香厨久断醺，巾车犹湿华山云。远趋国难围方急，新署刑章遣不分。怪底桃僵缘李树，天然鹤骨在鸡群。灵均既放空骚愤，汝学风流尹子文。"②翌年，景昉典试湖广后，特迁道过访："景陵王给谏鸣玉、黄广文问，余旧交，记壬戌落第，给谏别余诗：'南归莫作悲秋赋，闽楚于今有二黄。'至是，广文已没，给谏方谪外里居，余特迁道过存，流连累日。"③在听闻黄问已逝后，景昉作诗追哭道："九从别后见秋新，便使生逢也怆神。寂寞苎桑悲往代，烦冤首蓿闭斯人。寒赏镜具频经湿，昼过书堂半委尘。犹慰西华并衣褐，结交知未寡朋嫣。"④在竟陵的数日中，王鸣玉与黄景昉多有谦集，其《竟陵承王六瑞给谏邀同黄仲宅胡公远公占诸丈集东林水亭泛河雨宿西塔分赋》写道："双湖舟十里，一半是荷衣。故遣穿芦渚，犹贤闭棘闱。骤寒烟养晦，惟酒夕忘机。随意投林宿，钟声何处微。"⑤在回京时，黄景昉复作《口占别王六瑞昆弟》道别："西庄松桂叶初干，豫作稜稜九月寒。水阔湘江山大别，恋君未敢厌长安。""九郎眉宇婉清扬，差减令兄一尺长。不嫌试官头脑恶，公来伴我宿僧房。"⑥此外，谭元春在其弟中举后，也是经由王鸣玉的介绍，才得以拜访黄景昉。

11. 韩霖

韩霖（1601—1649），字雨公，号寓庵，山西绛州人。天启元年（1621）举人，屡赴公车不第。尝从大学士徐光启学兵法、西人高一志学铳法，"每与人谈兵，以火攻为上策"。喜交天下士，为姚希孟、马世奇、刘余佑、张明弼、倪元璐、黄道周、王汉等人所推重。归里后"谈道著

① （清）多祺纂修：（光绪）《蕲水县志》卷6《黄问传》，清光绪六年刻本，第32a—32b页。
② （明）黄景昉：《瓯安馆诗集》卷18《送王六瑞给谏南还》。
③ （明）黄景昉：《宦梦录》卷1，第110页。
④ （明）黄景昉：《瓯安馆诗集》卷18《追哭黄广文伯素》。
⑤ （明）黄景昉：《瓯安馆诗集》卷8《竟陵承王六瑞给谏邀同黄仲宅胡公远公占诸丈集东林水亭泛河雨宿西塔分赋》。
⑥ （明）黄景昉：《瓯安馆诗集》卷28《口占别王六瑞昆弟》。

书，教授后学"。李自成陷绛州，降闯授参谋，旋以兵败归隐稷山，顺治六年（1649）卒于难。所著有《守圉全书》《救荒全书》《铎书》等。① 黄景昉称韩霖为"前辈"，与之颇有交游，在《次韵赠韩雨公先辈》一诗中，景昉就谈及了二人的相识往来情形，云："阙下上书不称意，归来眠暴犹堪打。过夏何妨只醉眠，新诗况复数行写。忆昔逢君十载前，风格深苍已作者。往就彭城太守兄，弄月吹箫黄楼下。晋人往往夸三韩，仆婢都教读尔雅。云鬟宫样古蛾眉，郫甘俛世学妖冶。平生意气君自知，而祖低头拜东野。同时岂少籍湜雄，文不在兹道姑舍。瓶中注水寡方圆，各自纵横流漫泻。以兹感慨谢旧游，独爱绍兴狂司马。环堵谁编醉白堂，妙年未齿耆英社。便将袖手老是乡，窃谓于君非计也。峩峩玉署倚云霄，词翰如山足挥洒。迟君健翮早飞翔，偓臂洪崖行可把。"② 另外，韩霖为李建泰姻亲，而黄景昉又与建泰相善，由此也进一步加深了彼此的情谊，从诗作中也可见黄、韩二人之交厚。

12. 方以智

方以智（1611—1671），字密之，号鹿起，湖广巡抚方孔炤之子，南直隶桐城人。崇祯十三年（1640），以二甲第五十四名成进士，是时其父孔炤为杨嗣昌弹劾下狱，以智奔走乞宽，遂于翌年得释。十五年（1642），入都授翰林院检讨，任定王训讲。甲申城陷被执，备受拷掠，后乘间南奔，避入粤中。顺治三年（1646），桂王由榔称号于肇庆，擢为詹事府右中允，越年再授礼部侍郎兼东阁大学士，旋请辞不赴，屡诏不起。七年（1650），剃发逃禅，更名弘智，字无可，别号药地。康熙十年（1671），卒于惶恐滩。③

黄景昉在登第前已与方以智相识，作于天启五年的《寄桐城方肃之》写道："木叶辞风江欲波，思君犹忆共维摩。纵横有策劳三上，游夏能文合四科。莫倚酒狂燕市惯，只今憔悴皖人多。别来貂黑如真敝，未信裁衣

① （清）刘显第修，（清）陶用曙纂：（康熙）《绛州志》卷2《韩霖传》，清康熙九年刻本，第56b—57a页。生卒年参考师刚道《明末韩霖史迹钩沉》，《山西大学学报》1990年第1期；黄一农《天主教徒韩霖投降李自成考辩》，《大陆杂志》第93卷第3期，1996年。

② （明）黄景昉：《瓯安馆诗集》卷5《次韵赠韩雨公先辈》。此外，在《诗集》卷30中，还收有六言绝句《韩雨公幽香谷咏》。

③ 方以智的生平经历，参见余英时《方以智晚节考》（允晨文化实业股份有限公司2011年版）、任道斌《方以智年谱》（安徽教育出版社1983年版）及马其昶《桐城耆旧传》卷6《方密之先生传》。

少薜萝。"① 该诗中有景昉自注云"方旧客维摩庵",结合"思君犹忆共维摩"一句,则二人相识当早于是时。崇祯十三年(1640),方孔炤被逮下狱,方以智上疏屡不获请,乃作《激楚》以抒其情,并求序于景昉,景昉遂作《激楚序》,谨迻录如下:

> 初看花长安,杏园雁塔,分部游游,即昔人弗禁也。吾友方君密之于其时,独痦嗟食咄,邑邑若不终日。既已,上书阙下,不获请,数扶服策塞,诣圄扉,躬亲潎洒,于是乎飘风之什作焉。情异反骚,义从激楚。原失骚所由名,《离骚》犹离忧也,王逸注曰:"离,别也;骚,愁也。"密之起盛年隽誉,称射策子大夫,族又鼎贵,所至群趋之,车骑为满,非刘兰初椒比。而直以家难未平,国威方震,庶几借孝子履霜之操,一伸其羁臣、罪帅、弃友、怨妇,壹郁无聊赖之感,说在乎女娟氏之歌《河激》也。观其攘袂操楫,凌波浪,狎蛟龙,倡为祷福恕醉之咏,虽偏主未免神动,矧天日赫然者乎?先是,密之为诸生时,辄已拟《九章》《七发》,善楚声,盖亦性近之矣。予姑援先朝旧事,为密之慰,无论娄东二美,终憾分宜,即如云间冯行可、黄梅瞿甲,岂不亦括发刺肤,自缚登闻鼓下,或侥死而始一济,视密之何如哉!兹且拥银艾,奉板舆,归拜家庆为欢,复以殊恩当擢为诸侯王傅相,淮南小山诸篇,日益纷出。由斯言之,密之即变其激楚之音,为虞夔周颂焉可矣。或云:"《激楚》义类深意别有在。"噫!天下事坏于楚,而蔓滋于激楚者,予何敢言之,亦未知密之意果出是否也。遇端策拂龟其人,其尚为予质之。崇祯辛巳,晋江黄景昉拜书。②

从该序中黄景昉所言,则此文当作于方孔炤获释之后。《序》中言及方以智此书所作之缘由,并以王世贞、王世懋及冯行可、瞿甲救父之事为类比,对以智之孝行多有表彰。另外,《序》文中称方以智为"吾友",且在其父事解后即请序于景昉,则可知二人交谊之深。

---

① (明)黄景昉:《瓯安馆诗集》卷17《寄桐城方肃之》。
② (明)黄景昉:《激楚序》,(明)方以智《浮山文集前编》卷4,《清代诗文集汇编》第35册,上海古籍出版社2010年版,第459页。

四　举业门人

黄景昉在《重称师》中曾谈及其不喜"阳托之教育英才，阴利为延声誉"，除了"湖广庚午、顺天丙子两榜外，未尝受人半脯之贽"。[①] 也就是说，他认可的门人，主要是典试崇祯三年（1630）湖广乡试、九年（1636）顺天乡试时所取举人。虽然他较少提及与门生在仕宦过程中的交谊，但如夏雨金的议调、王汉巡抚河南时的庙堂策划，景昉均曾参与其事。并且从《瓯安馆诗集》所收诗作中，亦可管窥其退隐后与门人的交往情形。此外，像高兆、黄晋良则是其归隐里居时期，在泉郡的受业门生。

1. 夏雨金

夏雨金，初字汉云，改字韩云，国变后改字寒云，湖广江陵人。崇祯三年（1630）湖广乡试举人，授绍兴府推官。崇祯七年（1634）进士，改任河间府同知，晋刑部郎中。十年（1637），擢泉州知府，适逢南安府斗栳倡乱，雨金单骑谕解之。十六年（1643）升河南卫辉道副使。甲申之变后，归隐不仕，与友人诗酒唱和，"乐天知命以终"。[②] 黄景昉为夏雨金乡试座师，在其就任泉州知府后，对其治绩颇为认可，他在《宦梦录》中记道："余郡久不治，楚门人夏雨金雅负才，自比部擢，政行方有绪，适蓟督王公永吉举监军道数人列名请，夏末与焉。部遂推夏往，余驳云：'监军原举多人，何因舍近用远。'旨竟从中允。魄不能留一贤守造福枌榆，抑心力尽矣。余归，尚有议留者，不果。"[③] 鼎革以后，夏雨金仍不时来闽拜谒黄景昉，景昉曾言"楚榜九十七人中，惟子于我数相见"，《瓯安馆诗集》中即收录了《夏韩云旧守至新安宴呈》《偕诸丈邀韩云夏公登清源绝顶晚过百丈坪遇风小憩新亭同和夏韵》等诗。顺治七年（1650），景昉在夏雨金过访作别时，曾作七古《别意赠夏寒云太守》，颇寓劝诫勿仕之意："出处飞沈各有时，来莫矜夸去莫恋。天意茫茫讵可知，吾曹何妨老贫贱。子云四载且重来，深恐此诺未易践。末流道路畏荆榛，何况四载浮云变。惟子殷勤保寸心，相思时祝加餐膳。可怜临别更低声，慎勿人呼伪部

---

① （明）黄景昉：《重称师》，《馆阁旧事》附录。
② （清）廖腾煃修，（清）汪晋征纂：（康熙）《休宁县志》卷6《夏雨金传》，清康熙三十二年刊本，第26a—26b页。
③ （明）黄景昉：《宦梦录》卷4，第281页。

院。"① 并托其寄讯楚中友人门生，云："昔年持节地，嘉意属江陵。忍看弹冠士，都成薙发僧。瑟希空与点，衣在欲传能。治乱天生久，微躬或有凭。"② 夏雨金归里后，亦不时寄信闽中，景昉在《得夏寒云书答寄》一诗中，即答复道："游子还乡喜，羁人怅别违。敢期生再见，私恐信仍稀。暗裹如云鬓，时添半臂衣。旧经攀折柳，丝缊马蹄肥。"③

2. 谭元礼

谭元礼，字服膺，号柘皋，元春胞弟，湖广竟陵人。崇祯四年（1631）进士，授德清知县。为政"端洁公方，纤芥弗苟"，在县中"尤善奖拔士类"，所刻《清溪课士录》"传诵四方"。行取擢户部云南司主事，舟次扬州，疾作而卒。其兄元春（1586—1637），字友夏，天启七年（1627）乡试解元，与同里钟惺，评选《古诗归》《唐诗归》，矫公安体"戏谑嘲笑，间杂俚语"之弊，倡为"幽深孤峭"之诗风，以竟陵体名满天下。竟陵谭氏本以《尚书》名家，元礼则专治《诗经》，崇祯三年（1630）湖广乡试以"《诗》冠本房"，黄景昉作为该科主考，对之"深加奖赏"。④ 元礼中举后，谭元春在黄景昉友人王鸣玉的介绍下，至武昌拜访，作《黄可远太史典试得六弟元礼因有晤赠》相赠，诗云："悬两星眸照楚疆，天高烛郎夜皇皇。三年策问推任昉，一段桥碑爱蔡襄。因友知君深梦寐，得师教弟荷穹苍。才闻棘撤吾帆挂，秋蟹秋鳊汉水长。"⑤ 黄景昉亦作《谭友夏就访鄂城答赠时余将有景陵之行》答谢："相思不藉弟为媒，萧槭江帆肯自开。历览东南存北草，掀翻雅颂见骚才。张华颇负知龙鲊。陆羽重看出鶡胎。我过寒河君滞此，反嗟容易刺船来。"⑥ 翌年，元礼联第中式，是时黄景昉为廷试掌卷官。

3. 任弘震、任乔年

任弘震，字澹公，号雪柯，湖广嘉鱼人。崇祯三年（1630）举人，十三年（1640）成进士，授户部主事，政绩卓然，品格清高，以文名于时。

① （明）黄景昉：《瓯安馆诗集》卷6《别意赠夏寒云太守》。
② （明）黄景昉：《瓯安馆诗集》卷12《因夏韩云还寄讯楚中诸友及门友》。
③ （明）黄景昉：《瓯安馆诗集》卷13《得夏寒云书答寄》。
④ （清）王希琮修，（清）张锡谷纂：（道光）《天门县志》卷22《谭元礼传》，清道光元年刻本，第9a页。
⑤ （明）谭元春：《谭元春集》卷18《黄可远太史典试得六弟元礼因有晤赠》，陈杏珍点校，上海古籍出版社1998年版，第498页。
⑥ （明）黄景昉：《瓯安馆诗集》卷18《谭友夏就访鄂城答赠时余将有景陵之行》。

子乔年，字仙孟，同举崇祯三年湖广乡试，同登十三年进士。父子均为黄景昉所取举子，对二人的中式，他记道："楚督学蔡公官治衡文，不甚洽士论，发榜后，或题句嘲之云：'案首一枝花，遗才四十八。嘉鱼四五等，桥梓一时发。'时楚士以领批得隽仅江陵王泰征一人，嘉鱼任弘震偕其子乔年俱劣等，赴诉，蔡仍朴责之。是科任父子同榜，楚人以为讥。王泰征、任弘震寻登进士。"①二人在中举后，曾投诗景昉，云："点参有道皆宗孔，洵轼何缘得遇欧。"②鼎革之后，景昉与之仍有往来，其《寄门人任仙孟兼柬熊鱼山年丈》一诗云："任公投揣出嘉鱼，鱼腹浮沉十载余。词赋凌云终好在，须髯植戟近何如。丰城夜闷双龙剑，蜀道春回五马车。无数长杨夸羽猎，为防熊馆近周阹。"③

4. 吴骥

吴骥，字既闲，一字如琴，号晞斋，湖广竟陵人。崇祯三年（1630）举人，为黄景昉典试湖广时所取士。钱谦益称其为"楚士杰出"，对其"一晴先暮鼓，群动出精蓝"之句极为赏识。十六年（1643）再赴会试，学士方拱乾虽力荐，仍不第。是时，黄景昉辞官归里，吴骥附舟而行，景昉作《楚门人吴既闲孝廉附舟至广陵别赠》，诗云："奇尔在童驹，今看袅袅须。札勤交献纻，舔勇从乘桴。隽自挥谈麈，狂空击唾壶。昔贤经世乱，匡济未全无。"④颇寓感慨惋惜之意。吴骥归乡后，建"春及园"于里中，"淡泊踽凉，不求荣朓"⑤，晚年为诗更趋于白居易、刘长卿之间，年七十四卒，所著有《浮园诗集》。⑥

5. 王汉

王汉（？—1643），字子房，山东掖县人。崇祯九年（1636）顺天乡试举人，十年（1637）联第进士，授高平知县，调河内，以擒巨寇刘二、破妖僧智善及杨六郎著声。十五年（1642）六月行取入京，授广东道御史，出监楚、蜀军，与督军侯恂赴汴，解开封之围。旋擢右佥都御史，巡

---

① （明）黄景昉：《宦梦录》卷1，第106—107页。
② （明）黄景昉：《宦梦录》卷1，第108页。
③ （明）黄景昉：《瓯安馆诗集》卷26《寄门人任仙孟兼柬熊鱼山年丈》。
④ （明）黄景昉：《瓯安馆诗集》卷10《楚门人吴既闲孝廉附舟至广陵别赠》。
⑤ （清）罗正钧编纂：《船山师友记》卷11《吴处士骥》，岳麓书社2010年版，第122页。
⑥ （清）胡翼修，（清）章镛、章学诚纂：（乾隆）《天门县志》卷16《吴骥传》，民国十一年石印本，第7a—7b页。

抚河南。翌年（1643）二月，讨永城叛军刘超，入城招抚，为贼所杀。诏赠兵部尚书。王汉为黄景昉顺天乡试所取士，于王汉有乡试座师之谊，而翌年廷试，景昉叨任弥封官，亦曾亲见其卷。在王汉卒后，景昉作《哭王子房中丞》，痛悼云："妖星突地缠，隐协彭亡谶。雅意击鹏鲲，不防狐蜮细。贼曹万段余，公造滔天庪。遂令永城云，顽惨经旬蔽。千里泪填河，至尊亦雪涕。叹息羽林孤，诏予金吾世。犹传白衣巾，折竹道旁祭。"① 在《宦梦录》中，景昉也感慨道"汉不死，勋业当别有可观"。②

6. 张罗俊、王龙贲、叶永华

张罗俊（1594—1644），字元美，神机营左副将、前军都督府都督金事张纯臣长子，直隶清苑人。崇祯十六年（1643）登癸未科进士，甲申之变，卒于难，享年五十一岁。王龙贲（1599—1646），字上白，号华燕，福建南安人。崇祯十六年进士，授行人司行人。以奉使粤西，还报称旨，改礼部精膳司主事，寻擢工科给事中。未几旋里，国变后卒于家，享年四十八岁。叶永华，字果玉，浙江松阳人。与揭重熙、王宗熙，并称"海内三奇"，以读书劳瘁卒。三人均为黄景昉崇祯九年（1636）主考顺天乡试时，从翻阅皿字号落卷中荐取者，其中"《易》拔张罗俊、王龙贲，《书》拔叶永华"。在《宦梦录》中，他曾记其批阅叶永华朱卷的情形，云："叶永华，松阳人，即逊国御史叶希贤后。卷有'南陔白华，深衣投壶'等语，余虑为不知己者诟，厉批曰：'过用《六经》。'"③后来叶永华归里，黄景昉作《送叶永华门人还松阳》一诗为赠："国初和尚庵名雪，唐室仙师曲入云。华胄龙蟠仍继武，词坛鹿挢合中分。深宵得我搜遗卷，举世无人识古文。归去万松烟绕屋，括苍峰望武夷君。"④ 其早逝，也令景昉"痛惋久之"。另外，在国变后，景昉听闻王龙贲之卒，亦有《哭王上白门人》之作，写道："宿债宜兵解，嗟惟命所安。披垣官仓卒，乡国事艰难。庭醵惊犹覆，匣琴痛忍弹。枉劳浮海意，从此罢渔竿。"⑤

7. 刘子壮、左敬祖

刘子壮（1609—1652），字克猷，湖北黄冈人。明崇祯三年（1630）

---

① （明）黄景昉：《瓯安馆诗集》卷2《哭王子房中丞》。
② （明）黄景昉：《宦梦录》卷3，第229页。
③ （明）黄景昉：《宦梦录》卷4，第264—265页。
④ （明）黄景昉：《瓯安馆诗集》卷19《送叶永华门人还松阳》。
⑤ （明）黄景昉：《瓯安馆诗集》卷11《哭王上白门人》。

湖广乡试举人，旋试礼部不第，时值寇乱，遂杜门不出。入清，中顺治六年（1649）一甲一名进士，授国史馆编修。八年（1651）请告里居，踰岁卒，享年四十有四。刘子壮为学"博综群籍，精制举文，雄厚排奡"①，所作文"融贯经史，尤长于论古"②，著有《屺思堂集》。左敬祖（1618—1673），字念源，直隶河间人。明崇祯九年（1636）顺天乡试举人。清顺治六年（1649）会试第一，二甲进士。选庶吉士，八年（1651）散馆，授内翰林国史院编修，历官詹事府赞善、中允、内翰林院侍读学士。康熙元年（1662）擢通政使司通政使，六年（1667）升都察院左副都御史，翌年（1668）以病乞休。十二年（1673）卒于家，所著有《易经抄训》。敬祖在任，凡有关民生国计、地方利弊、水旱灾荒无不条陈剀切，为时所称。③

二人分别为黄景昉主考湖广、顺天乡试时所取举子，于之有座师之谊，顺治六年（1649），景昉在听闻亲朋谈论二人中式之事后，以诗答问云："有客上都回，盛言莲榜开。欣君门下士，双具揽天才。红紫丽繁枝，物生各有宜。棘心吹转大，刚值朔风时。沉讽白头吟，终知君子心。燕山饶积雪，楚泽郁重阴。昨得黄州书，全经涕泪余。人情窥不远，天意谅何如。"④ 由此可见其感慨复杂的心情。囿于史料，此后师生的交谊情形已难具见，但在顺治八年，谢太夫人八秩寿辰时，刘子壮曾作文为贺，对黄景昉鼎革后能自全气节盛赞道："吾师当时之变，自全所守，山水诗酒之间，大节存焉。"⑤

8. 冯圣兆

冯圣兆（1605—?），字鲁望，号潳洲，直隶束鹿人。明崇祯九年（1636）顺天乡试举人，授山西潞安府通判，在任多有惠政，潞人德之。清顺治二年（1645），以城守功，特擢都察院右佥都御史，巡抚宣府。十一年（1654），晋都察院右副都御史，巡抚延绥，赞理军务。十五年

---

① 清国史馆编：《清史列传》卷71《刘子壮传》，第5715页。
② （清）邓廷辑修，（清）熊为霖纂：（乾隆）《清江县志》卷18《刘子壮传》，清乾隆四十五年刻本，第11a页。
③ （清）杜甲修，（清）黄文莲纂：（乾隆）《河间县志》卷4《左敬祖传》，清乾隆二十五年刻本，第67a页。
④ （明）黄景昉：《瓯安馆诗集》卷3《门人河间左念源黄冈刘克犹同时会殿二试各举第一亲朋或侈其事咸赋答》。
⑤ （清）刘子壮：《屺思堂文集》卷5《黄太师母八袠寿序》，《四库全书存目丛书》集部第216册，第811页。

（1658），以母老乞终养。后以病卒于家。黄景昉于冯圣兆有乡试座师之谊，在鼎革后，圣兆出任宣抚，期间曾致书景昉通问，景昉作诗答之，云："识汝燕都里，长姿伟鬣松。舆题荣上党，关锁重居庸。世事悲萍梗，勋名祝鼎钟。一函劳远致，牙戟若为容。"① 诗句在回忆相识及感慨时局的同时，也寄予了祝愿之意。

9. 揭重熙

揭重熙（1606—1651），字君缉，号万年，江西临川人。崇祯九年（1636）顺天乡试、十年（1637）会试皆以五经中式，授福建福宁州知州。甲申之变，福建按察司副使郭之奇倡义募兵，举重熙为帅，遂同副总兵洪日升起兵勤王。历任兵部验封司主事、吏部考功司员外郎兼兵科给事中，永历时擢兵部尚书兼右副都御史，总督江西。顺治八年（1651），兵败邵武，被执就义，享年四十六岁，有《揭蒿菴先生全集》存世。②

黄景昉为揭重熙乡试座师，在其联第进士时，景昉作《揭万年以五经连隽二榜喜赠》以志喜："浪涌万川百灌河，西江才子更谁过。真膺射策明经选，重荐宏词博学科。中夜墨胥愁腕脱，满堂星史羡胸罗。称师吾敢康成并，现撤皋比拟负戈。"③ 揭重熙在福宁州任上，建书院于长溪，请黄景昉记其事，遂有《长溪新建书院记》之作，称："在敝闽，自武夷精舍外，三山、泉山诸望郡遗构矻存，士恒讲艺其间，乃未闻长溪之北，前有以书院著者。询长溪之有书院，自州大夫揭侯为政日始也。……书院成，并来授简，余恐后之，纪侯治绩，仅举汉以下循良茂宰为辞。夫侯所原本，固姬氏尊亲之遗，吾尼父变齐变鲁之意，侯盖学为圣人之道者也。余特为书其大者，庶几以异日良执政望侯，亦阴用汉史迁指云。"④ 至顺治二年（1645），弘光政权覆灭，清兵入江西，是时尚在丁忧的揭重熙招集乡勇，起兵入援，黄景昉在《揭万年州守自请督援师南行别赠》中写道："三千骠骑营，晨过不闻声。感激驰驱壮，忧危抚字轻。长途开智勇，九

---

① （明）黄景昉：《瓯安馆诗集》卷13《答门人冯鲁望宣抚》。

② （清）童范俨修，（清）陈庆龄纂：（同治）《临川县志》卷44《揭重熙传》，清同治九年刻本，第13a—22b页。

③ （明）黄景昉：《瓯安馆诗集》卷19《揭万年以五经连隽二榜喜赠》。

④ （明）黄景昉：《长溪新建书院记》，（明）揭重熙《揭蒿庵先生全集》附录，《四库禁毁书丛刊》集部第182册，北京出版社1997年版，第631—632页。

庙鉴精诚。李泌衡山起，终看复二京。"① 后来听闻揭重熙殉难，已归隐里中的黄景昉连作《闻揭君缉铨部信哀寄》《揭潜铭铨部哀信闻为位哭酹之以诗》两诗，极尽哀思云："委质群儋爵，临危孰报恩。铜山千树拱，汝水百川源。国破声孤震，营开势绝援。奋身撄虎豹，提剑立乾坤。隐遁过刘龂，凄凉吊屈原。玉光终射斗，虹气肯投暂。寻被弋人识，颇传樵者言。整襟神独暇，端委礼逾敦。谈笑轻殊类，衣冠奉至尊。梦犹趋辇毂，朝不数胡元。冥雾建州黯，骤风柴市昏。草间畴负骨，江上与招魂。张许班呼友，陆文齿任昇。岂怜三党尽，遑恤一呱存。夙昔经淹贯，平生史讨论。锁闱欣得隽，携笈荷登门。我愧襄阳老，君真曼硕孙。抚弦悲绝调，覆醢痛烦冤。俛仰当仁让，巍义取义骞。只应扶接筍，长为哭宵猿。"②

10. 王尔禄

王尔禄（1614—1688），字天锡，号念尼，直隶清苑人。明崇祯九年（1636）顺天乡试举人，十六年（1643）进士。清顺治二年（1645），授礼部员外郎，历官山东按察使司佥事、扬州江海道、湖广按察使司佥事，三年（1646）转湖广布政使司参议兼提调湖北学政，六年（1649）升浙江按察使司副使，十二年（1655）积官至刑部左侍郎。尔禄"生平戆直，好读难字古书，赈贫济困，戒杀放生"③，以寿终于京师。王尔禄为黄景昉顺天乡试所取举人，在其任职湖北学政期间，曾寄书景昉，景昉在获观是时楚士诗文后，作《门人楚学宪王念尼书到获观楚士近诗文概题其简》一诗，慨叹道："楚人才气天下雄，误摈仲尼风雅中。坐令骚流生怨诽，高飘云海御飞龙。我忝登坛观楚宝，渡江汝亦拾瑶草。莫欺甘公三户残，不及江汉澄清好。武昌汉阳夹江面，缥缈君山洞庭见。状头新出楚黄州，勃勃军心思一战。窥汝条教师道尊，稽山学问溯渊源。竟陵别派淘难尽，也听巫山峡里猿。诗道向来森荟蔚，清机妙理亦神物。君不见唐末李洞号能诗，声声呗诵贾岛佛。"④

11. 祁熊佳

祁熊佳（？—1673），字文载，浙江山阴人，祁彪佳从弟。崇祯十三

---

① （明）黄景昉：《瓯安馆诗集》卷11《揭万年州守自请督援师南行别赠》。
② （明）黄景昉：《瓯安馆诗集》卷16《揭潜铭铨部哀信闻为位哭酹之以诗》。
③ （清）杨廷蕴纂修：（康熙）《黄陂县志》卷9《王尔禄传》，清康熙五年刻本，第11b页。
④ （明）黄景昉：《瓯安馆诗集》卷6《门人楚学宪王念尼书到获观楚士近诗文概题其简》。

年（1640）进士，授南平知县。熊佳"博学有政才，廉介长厚"，在任"息讼省刑""月申乡约""朔望与诸生讲论道学""募乡勇习骑射严武备"，多有建树。国变后，闻彪佳赴水死，随即归隐。① 祁熊佳为黄景昉顺天乡试所取举人，景昉在崇祯十六年辞官归里时，曾途经延平府，于此会见时任南平知县的祁熊佳。

12. 王嗣昌

王嗣昌，字德远，直隶高邑人。举崇祯九年（1636）顺天乡试，顺治二年（1645）授沔阳知县。丁父忧，补侯官知县，课士恤民，治绩称最，擢广西平乐通判。后以母丧，遂不复仕。黄景昉为王嗣昌乡试座师，在闽期间，嗣昌不时向景昉请益，亦间有唱和。王嗣昌初到任时，黄景昉即有《答侯官令王德远门人》之作，勉励道："邑推赵李旧齐名，更羡衡斋水镜清。入坐三鳣占法象，渡江五虎避前旌。两家寿母斑斓庆，千里贤郎襏襫情。讲德中和惭我拙，犹堪歌叶鹿鸣声。"② 其间，景昉亦曾以《侯官令王德远门人画图贻诗见祝和答》和答其祝诗："秦北闽南地，欢传制锦工。静琴阶散吏，驯雉陌依童。黯淡波吞白，琉球日射红。怪来英卫绩，犹自忆王通。"③ 顺治八年，嗣昌升任平乐通判，景昉作《送门人侯官令王德远擢判平乐》为赠："北客今南客，闽轺又粤轺。更从章贡发，空望太行遥。剧县容挥霍，监州职和调。盖应陪五马，旌稍历三苗。倩雁传芳讯，剖椰当酒瓢。远方安色笑，穷海奉科条。"④ 诗中对之多有教诲之意。

13. 赵良士、吕翁如

赵良士，字济略，直隶新城人。顺治十年（1653）任邵武知县，翌年遭弹劾去职。吕翁如（？—1655），字正始，直隶清苑人。崇祯十三年（1640）进士，翌年（1641）授杞县知县。顺治十年（1653），任分巡浙江杭严道佥事，十二年（1655）"以愤郁卒于官"⑤。二人均为黄景昉主考崇

① （清）傅尔泰修，（清）陶元藻纂：（乾隆）《延平府志》卷35《祁熊佳传》，清同治十二年重刊本，第29b页。

② （明）黄景昉：《瓯安馆诗集》卷23《答侯官令王德远门人》。

③ （明）黄景昉：《瓯安馆诗集》卷11《侯官令王德远门人画图贻诗见祝和答》。

④ （明）黄景昉：《瓯安馆诗集》卷16《送门人侯官令王德远擢判平乐》。

⑤ 据周亮工《过清苑哭吕正始是日次大汲》一诗自注云："乙未正始备兵杭严，以愤郁卒于官，枢犹未返。"[（清）周亮工：《赖古堂集》卷5《过清苑哭吕正始是日次大汲》，第88页]

祯九年顺天乡试时所取举人，鼎革后与景昉仍时有往来。顺治十一年（1654），赵良士被劾离任，景昉作诗写道："凫飞双舄意何如，枉道闽川字鲜鱼。观汝事师情许淡，料他获上理应疎。半生诵读亏鸡帐，万里驱驰困犊车。功令正苛归橐尽，自惭无计劾吹嘘。"① 表达了沧桑后，面对门生骤然去职时的慨叹无奈之感。同年，他寄诗另一位门人吕翕如，则表达了对其劫后履新的期许："岭高分水若为邻，鱼腹书来绣段新。杞县风波犹忆汝，虎林烟霭最宜人。南侨白下家初徙，北望云中宅旧湮。何日闽山纡剑履，况逢薇省有良媚。"②

14. 高兆、黄晋良

高兆，字云客，号固斋，福建侯官人。崇祯时县诸生。为人"恬澹有大度"，时人陆水修、汪魏美、沈甸华、应嗣寅推之为"当世士"。所作诗"酸涩而多排偶"，为宁都魏禧所称许，名列"平远社七子"。③ 著有《续高士传》《启祯宫词》《遗安草堂集》等。黄晋良（1615—1689），字朗伯，晚号东叟，福建侯官人，明季生员。早岁有志于经世之学，三试秋闱不第，唐王入闽，授中书舍人，寻升工部营缮司主事。后知事不可为，归隐家居，晚年精研儒释之辨，尤爱黄道周《易》学诸书。康熙二十八年（1689）卒，享年七十五岁。晋良"重气节，善排难解纷"，兼擅诗文书画，为严绳孙、高士奇所推重，"名满吴、越，人比之王穉登"。④ 所著有《唐诗剩义》。高兆、黄晋良在黄景昉的自述中虽未称之为门人弟子，然而据前文所述，景昉著作被其子黄知白典当于延平后，实为高兆所访得，现可考的《国史唯疑》《宦梦录》《屏居十二课》《夜问九章》《纷纭行释》等早期抄本，均出自高兆之手。而黄晋良在《国史唯疑序》中称"云客，公之高足弟子也"，可知高兆曾受业于景昉之门。另外，黄晋良自言："公林居，予小子曾趋侍瓯安馆，累晨夕。"⑤ 则晋良亦曾师从于景昉。

除以上提及者外，黄景昉可考的门人，尚有湖广乡试所取举人傅汝

---

① （明）黄景昉：《瓯安馆诗集》卷27《门人新城赵良士令邵武再岁未一相闻旋挂弹章惜之》。
② （明）黄景昉：《瓯安馆诗集》卷27《寄杭宪吕正始门人》。
③ 欧阳英修、陈衍纂：（民国）《闽侯县志》卷72《高兆传》，民国二十二年刊本，第6a页。
④ （清）郑梁：《黄君晋良墓志铭》，（清）钱仪吉纂：《碑传集》卷138，第4113页；（清）徐景熹修，（清）鲁曾煜纂：（乾隆）《福州府志》卷60《黄晋良传》，清乾隆十九年刊本，第43a页。
⑤ （清）黄晋良：《〈国史唯疑〉抄本原序》，第2页。

为，顺天乡试所取举人卜三奇、黄耳鼎、萧时彦、刘砥中、张继盛、韦章玉等，并据《瓯安馆诗集》所收诗作的诗题①，另有陈泰交、林道生。

这里需要补充的是，黄景昉在其仕宦归隐的生活中，交游往来的群体远不止以上所提及者，如同里前辈黄汝良、庄钦邻，黄景昉在其寿辰时，分别有《黄毅翁宫傅寿九十加三赋贺》《寿庄阳初冢宰八十》等诗相赠；又如刘宗周、惠世扬、倪元璐，景昉对之以前辈时贤相推举，而当其因事议处时则为之力请乞宽；而如杨观光、杨汝成则为庶吉士同馆，顾锡畴、方逢年、张四知、何瑞徵同官记注，陈子壮同事讲筵，黄宗昌同考湖广乡试，傅宗龙、郑鄤、陈亮采、葛大同为旧日相识，吴淳夫、林贽为在朝同乡，戈简、简钦文、闵肃、史起明曾任职闽地，张燮、蔡国铤为闽中诗文之交，艾儒略则是在闽耶稣会士。此外，黄景昉还有因事而言及者，如为吴裕中"割金助赙"，为洪如钟、陈燕翼"代浣雪"，为罗喻义、赵士春、刘同升、程注、贺世寿、王志道、马世奇、郭之祥、赖垓"谋起复"，以及荐举朱天麟、冯元飚、郭之奇等。当然由于史料的阙如，不仅上述诸人的交游需要进一步爬梳，黄景昉的其他交游情况亦有待于异日一一考索还原。

通过上述的梳理，可以看到黄景昉的交游主要包括受业师门、闽地乡谊及宦途同道三个群体，这些群体的影响贯穿于他的仕宦归隐生涯之中。首先，在举业方面。黄景昉虽然弱冠中举，但在及第之前曾三赴会试，自称"公车十载，备历苦景"②，直至天启五年其督学师郑三俊擢任京职，向该科同考官罗尚忠荐举，才得以中式。随后景昉考选庶吉士，又恰逢吏部尚书崔景荣分阅闽卷，在其观政时本已对之多有赏识，遂得获"首拔"，读书中秘，为此后的仕宦之路奠定基础。

其次，是在宦途迁转方面。黄景昉在明季得以入仕十一载即由翰林院迁转詹事府，并出任经筵日讲官，与同为复社中人的钱士升、文震孟、何吾驺、姚希孟的推扬不无关系，正如他所说"既转坊，则不复濡滞，大约十八年可望三品矣"。③ 黄景昉从迁转到入阁最终仅用了七年，则缘于首辅周延儒的力荐。在景昉入仕之初，周延儒已对其多有奖掖，使之获得出任

---

① （明）黄景昉：《瓯安馆诗集》卷16《门人林道生给谏流泊久苦不得其确耗》、卷19《门人陈泰交广文投诗答寄》。

② （明）黄景昉：《屏居十二课》，第344页。

③ （明）黄景昉：《馆阁旧事》卷上。

殿试、乡试考官的机会，在枚卜时，周延儒的意见也对崇祯皇帝的点用起到了至关重要的作用。除了迁转之外，宦途中同官知交亦对之多有帮助，如大学士温体仁因湖广乡试之事欲议处黄景昉时，即因曾同任主考的钟炌谏止方得幸免于祸；在其出任讲官时，其讲稿亦得黄道周、余煌、项煜等人的指正，使其在讲筵中深得圣眷；而入阁后，蒋德璟、吴甡在召对、票拟时亦能与景昉唱为同调，如黄道周复职、刘宗周免咎，在召对时均得二人相助为言。

最后，在荐举选用人才方面。随着黄景昉迁居要津，入预机务，在涉及闽地官员、要职选任及起复任用时，如郑三俊、谢升、李日宣、何楷等人或问询其意见，或与之商议，这其中就涉及了李建泰、罗喻义、项煜、刘同升、赵士春、杨玄锡、黄文焕、钟炌、陈士奇、王志道、陈龙正、曾化龙、孙朝让、夏雨金等人。

然而，也由于上述交游群体的影响，使崇祯皇帝对黄景昉产生了"朋比"的猜疑，尤其是在揭救郑三俊、为周延儒代拟起复奏疏、疏驳唐通、拟轻处陈燕翼、请宽惠世扬等事相继发生后，更进一步加深了他的怀疑，最终导致黄景昉不得不坚辞求去。

在辞官归隐后，黄景昉交游的群体主要是闽籍士人，特别是里居泉郡的胜朝士绅，以及宦闽的门人、友朋，其中就有林欲楫、张维机、庄钦邻、林胤昌、林徽初、杨玄锡、周廷铖、王尔禄、周亮工等人。通过彼此的往来社集，倡导风雅，维系世风，并承担起捐资助赈、修复旧观的乡里责任，《瓯安馆诗集》中即有《捐六十金助修雒阳桥工成纪事》《重修门前礼拜寺塔》《重修笋江桥时余所捐视洛桥可三之一》《重新崇阳门楼即事》《公修城外石鼓塔》等诗之作，同时寓居乡里的林徽初、庄鳌献、周廷铖等也皆有和诗为助，表彰此事。而如《谕南邑里正》一诗言"食毛何敢缓输征，顷刻粗宽颂满城"①，则是旨在为民乞宽，谏谕官守。虽然黄景昉鼎革后绝意仕进，但通过其在乡的官绅影响，为清初泉郡社会的维系和重建，发挥了积极作用。②

---

① （明）黄景昉：《瓯安馆诗集》卷27《谕南邑里正》。
② 关于官绅在地方行政中所发挥的作用，参见瞿同祖《清代地方政府》（法律出版社2011年版，第288、290—295页）；张仲礼《中国绅士研究》（上海人民出版社2020年版，第40—56页）；高寿仙《晚明的地方精英与乡村控制》[《晚明社会变迁：问题与研究》，商务印书馆2005年版，第272—304页]。

第二节　黄景昉见存著作考述

黄景昉一生著述丰赡，"总数百万言"，在晚年时他曾在《屏居十二课》一书中专辟《著书》一节，对毕生的著作情况进行总结："余先后所著书，有《湘隐堂文集》四十卷、《瓯安馆诗集》三十卷、《古史唯疑》十六卷、《国史唯疑》十二卷、《制词》十卷、《古文籑卜》四卷、《六朝诗话》二卷、《唐诗话》十卷、《宋诗话》八卷、《连媵斋嚏言》今存二卷四卷①、《古今明堂记》六卷、《奏疏》二卷、《试录》二卷、《讲章》一卷、《馆阁旧事》二卷、《经史要论》六卷、《对句》一卷、《尺牍》二卷、读《洪范》《豳风》《月令》《易林》各一卷、《读〈世说新语〉〈何氏语林〉》二卷、《朱陆集》二卷、《杂记》一卷、杂著《三考》《四征》《五怀》《六化》《七遗》《八箴》《九说》《十志》《十二课》《十五绎》之类若干卷，总数百万言。"② 与此前后，在为《家谱》所作的《睦宗十二志序·宗才志》中，也说道："余所著《湘隐堂文集》、《瓯安馆诗集》、《读史唯疑》、《国史唯疑》、《连蜷斋嚏言》、《古文籑卜》、《古诗弋获》、《古今明堂记》、《经史对句》、《馆阁旧事》，与其他杂著若干卷。"③ 但以上著作，却鲜有能刊刻者，对此情形黄景昉感慨道："嗟乎，士岂能自为才哉！有其才矣弗遇，没齿黭然，如先世诸伯叔是也；遇矣，不幸遭世末流，以有降志辱身之嫌，余是也。余箧中可一二十万言，所梓唯《瓯安馆诗》耳。赀已罄，遑问其他。周元亮方伯前携《史疑》、《文籑》二种，许为杀青，事竟否。"④ 也就是说，到了黄景昉晚年，所刻者唯《瓯安馆诗集》，周亮工虽许为刊印《国史唯疑》《古文籑卜》二书，但最终未能如愿。

据清人傅燮詷的记载，在黄景昉身后，其子黄知白曾携景昉著作十余种拜谒四方故旧"欲谋不朽计"，但"间有一二投赠，又不足供其缠头之

---

① 此书"雪堂本"《屏居十二课》有著录，而砚云甲编本则无，故特注之。
② （明）黄景昉：《屏居十二课·著书》，第343—344页。
③ 《檗谷黄氏家谱》不分卷《睦宗十二志序·宗才志》。
④ 《檗谷黄氏家谱》不分卷《睦宗十二志序·宗才志》。

挥霍"，以致"狼狈而归，途穷无告"，不得已将乃父著作典当于"延津质库"，此后虽幸由高兆访得，却已多有散佚。① 现据黄景昉在自述中所提及的著作，综合各类善本书目、馆藏目录及相关数据库的检索②，谨就检寻所得，将存佚情况表列如下：

序号	书名	卷数	存佚情况
1	《瓯安馆诗集》③	三十卷	存
2	《古史唯疑》	十六卷	存
3	《国史唯疑》	十二卷	存
4	《宦梦录》	四卷	存
5	《古今明堂记》	六卷	存
6	《馆阁旧事》	二卷	存
7	《屏居十二课》	一卷	存
8	《夜问九章》	一卷	存
9	《纷纭行释》八首，附《金陵叹释》二首、《三山口号释》二首④	共十二首	存
10	《刻黄太稺先生四书宜照解》	十九卷	存
11	《新镌三太史评选历代名文凤采文集》	五卷	存
12	《湘隐堂文集》	四十卷	佚
13	《六朝诗话》	二卷	佚
14	《唐诗话》	十卷	佚
15	《宋诗话》	八卷	佚
16	《连姥斋嚘言》	四卷	佚

① 汤蔓媛撰辑：《傅斯年图书馆善本古籍题跋辑录》第 1 册，"中研院"历史语言研究所印行 2008 年版，第 43 页。

② 按，表中所录，是根据访查、检索《中国古籍总目》《中国古籍善本书目》《稿本中国古籍善本书目书名索引》《中国善本书提要》《北平图书馆善本书目》《四库全书总目》《续修四库全书总目》《续修四库全书总目提要》（稿本）《四库全书存目丛书目录》《四库未收书分类目录》《四库禁毁书丛刊总目录》《中国丛书综录》《明别集丛刊》以及国家图书馆、上海图书馆、台湾"国家"图书馆、台湾"中研院"图书馆、台湾"中研院"傅斯年图书馆、台湾汉学研究中心、日本所藏中文古籍数据库、东京大学东洋文化研究所藏汉籍目录、CALIS 联合目录公共检索系统以及国内主要大学图书馆馆藏目录、数据库等绘制而成。

③ 按，钱海岳《南明史·艺文志》中还提及黄景昉有《东崖诗稿》《瓯安馆诗续》（《南明史》卷 14《艺文志》，第 683 页）。

④ 据考黄景昉《瓯安馆诗集》卷 29《纷纭行颇及都下近状》、卷 30《金陵叹》《三山口号》，仅有绝句，而无《纷纭行释》《金陵叹释》《三山口号释》中之训释文。

续表

序号	书名	卷数	存佚情况
17	《制词》①	十卷	佚
18	《奏疏》	二卷	佚
19	《试录》	二卷	佚
20	《讲章》	一卷	佚
21	《古文纂卜》	四卷	佚
22	《古诗弋获》	未详	佚
23	《经史要论》	六卷	佚
24	《对句》	一卷	佚
25	《尺牍》	二卷	佚
26	《读〈洪范〉》	一卷	佚
27	《读〈豳风〉》	一卷	佚
28	《读〈月令〉》	一卷	佚
29	《读〈易林〉》	一卷	佚
30	《读〈世说新语〉〈何氏语林〉》	二卷	佚
31	《朱陆集》	二卷	佚
32	《楚水吟》	未详	未详
33	《吴楚游吟》②	未详	未详
34	《杂记》③	一卷	佚
35	杂著未列全名，不可考	略	略

　　根据表中所列，黄景昉晚年所述及的著作，大部分今已散佚，且因流传鲜稀，时人及后世书目对之亦罕有著录，故已难尽悉各书之旨要。但所幸至今存世者尚复不少，如《国史唯疑》《宦梦录》《馆阁旧事》《瓯安馆诗集》《鹿鸠咏》《纷纭行释》等书，不仅涉及其仕宦经历的记载，亦不乏对明代史事的评骘。其中，除《国史唯疑》《宦梦录》为本书的主要研

---

　　① 《千顷堂书目》卷30《制诰类》列有黄景昉《瓯安馆制草》十卷，与《制词》卷帙相同，而黄景昉在《宦梦录》中曾言"余前后再司制诰详具《制词》中"，则《制词》一书即其先后所撰之制诰，故疑《瓯安馆制草》即黄景昉所言之《制词》。[（清）黄虞稷撰，瞿凤起、潘景郑整理：《千顷堂书目》，上海古籍出版社2001年版，第734页；《宦梦录》卷1，第94页]

　　② 《楚水吟》《吴楚游吟》两书，见钱海岳《南明史》卷14《艺文志》，第683页。

　　③ 此书所指，疑为（道光）《晋江县志·杂志》中曾多次引用的《东崖杂记》。

究对象①，将在后面详述外，其他黄景昉的见存著述尚有《屏居十二课》《夜问九章》《纷纭行释》《古今明堂记》《馆阁旧事》《瓯安馆诗集》《鹿鸣咏》《读史唯疑》《刻黄太穉先生四书宜照解》及《新镌三太史评选历代名文风采文集》。以下谨就此数种存世著作，分为大陆见存、其他见存两部分，略述各书之内容。

一 大陆见存著作

（一）《屏居十二课》（附《夜问九章》）

《屏居十二课》一卷，末附《夜问九章》，据黄景昉在《晨斋》一节的自述云"余晨起持蔬素者，十载于兹"，则至少是归隐十年后所著，故可知此二书当为黄景昉晚年的著作。奉宽认为，该书是"处士闲居消遣时，检束身心之事例"②，周中孚与之看法相近，亦认为："是编皆其所自警之词，凡十二条，末附《夜问九章》，各有标题。金古还淳跋云：'此徐虹亭太史钞白藏本。晋江相国为崇祯五十宰相之一人，入阁年余，急流勇退，读其自课，可想见其人矣。'"③ 该书十二课分别为：一晨斋、二晚酌、三独宿、四深居、五庄内、六额儿、七弟过、八朋来、九鸟梦、十鸡灯、十一著书、十二惜福。九章为：一觅火、二量月、三听漏、四闻鸡、五星烂、六虫吟、七摊书、八屏酒、九待旦。林胤昌为《屏居十二课》所写的跋文，则进一步指出该书为黄景昉晚年躬行"旦气之学"的真实写照，并评价道：

> 今屏居十余年，历沧桑变幻，先生自课十二，则如《晨斋》《晚

---

① 选取《国史唯疑》《宦梦录》为主要研究对象的原因，有如下几点：一、《国史唯疑》一书黄景昉无专记崇祯年间之事，只是遇事而发，而《宦梦录》则是专记其举业至崇祯末年之事，合二书则内容上不仅可以贯通有明一代，并能较为系统地还原黄氏的生平及思想。二、二书体例大致相同，前书是对国史之疑，且兼有史评和反思；后书除直书其所见闻外，"间得自同里同朝同籍同官所见所闻"，故此二书相对于黄景昉的其他著作，史料价值更高。三、细看《国史唯疑》卷十一，所记之事大致到天启六年止，《宦梦录》从黄景昉乡试始，主要叙述内容则从天启五年起，与前书时间段相弥合，只是《宦梦录》在记述时序上更具条理性。孟森说："黄氏（《国史唯疑》）述万历以来为'所见世'，崇祯朝局因感慨而涉，可见烈皇之勤于接朝臣，而不甚明于听纳，颇有言外之意。"其中"所见世"的崇祯部分，即是由《宦梦录》续成，故此书可视为黄景昉续《国史唯疑》之作。

② 中国科学院图书馆整理：《续修四库全书总目提要》（稿本）第 5 册，齐鲁书社 1996 年版，第 171 页。

③ （清）周中孚：《郑堂读书记》卷 25《补逸》，第 604 页。

酌》《独宿》《深居》，见饮食起居之有节；《庄内》《颔儿》，见谨仪教子之有方；《弟过》《朋来》为性分乐事；《鸟梦》《鸡灯》皆旦气流行；而《著书》《惜福》，则终身用之不尽者也。余常私论先生有叶文忠之广大，而兼李文节之狷洁。其广大处，人皆知之；其狷洁处，人未必尽知也。先生与余同讲旦气之学，惟先生实躬践之，余徒能言而已。夫童而习之，老而不衰，知先生者，则莫如余矣。①

从跋文中可见林胤昌对黄景昉"童而习之，老而不衰"，一生躬行"旦气之学"的钦佩。黄景昉对于"旦气之学"的躬行，在《夜问九章》中也有体现，如《闻鸡》一章云：

> 鸡声初在远近间，若是若非，若断若续，徐之则渐闻矣，又久之则大彻矣。方彼气候未至，求一声岂可得哉？倏而至有莫知所以然者，居恒疑孟子所云："鸡鸣而起，孳孳为善为利。"夫鸡鸣初起，一念未动，正释氏不思善、不思恶时也。《中庸》喜怒哀乐未发气象，最可静观，而区区以舜跖善利参之，杂矣。平旦而后，事不可知，然非所论于鸡鸣之际，于此际万宜珍重。②

黄景昉此举又与林胤昌对"旦气"解释为"发"与"未发"之际相近。《夜问九章》所记多与此有相通之处，但《待旦》一章有云："宁戚扣角歌曰：'长夜漫漫兮何时旦？'彼自意图遇主，与余趣殊。若乃饭牛家风，例须夜作，敝布单衣，余适不幸类之。知我者庶或有感其言乎？"③ 或有对明亡之悲。该书流传甚广，已出版的有《罗氏雪堂藏书遗珍》本、《砚云甲编》本、《丛书集成初编》本。

（二）《纷纭行释》（附《金陵叹释》、《三山口号释》）

《纷纭行释》八首，末附《金陵叹释》二首、《三山口号释》二首，黄景昉在序文中曾自述其笺释目的：

---

① （明）林胤昌：《屏居十二课跋》，第347页。
② （明）黄景昉：《夜问九章》，第324—325页。
③ （明）黄景昉：《夜问九章》，第330—331页。

诗尊述崇祯癸未年事，时朝政多端，有足异者。余以是秋解绶还，追思触目，成八绝句。中隐旨瘦词，义须训释，因各为条注其后。或曰："前官词十首不宜注与。"噫！余不忍言之矣！①

《纷纭行释》八首，《瓯安馆诗集》卷二十九题为《纷纭行颇及都下近状》，依黄景昉自述，可知原为追述崇祯十六年时事之作，先成绝句八首，后因"句中隐旨瘦词，义须训释"，乃复撰释文各为条注，只是收入《诗集》时，因人之劝，又将所注释悉数删去。谨例举其文如下：

月壮飔驰盛引弓，埋羊缚马直云中。纍纍督抚僵西市，尚有人夸节钺雄。

【释文】北号"引弓之国"，行师视月盛衰，汉武帝《轮台诏》云："匈奴缚马前后足，置城下，又使巫埋牛羊于所出诸道，欲以诅军。"时边警屡闻，上重责封疆之臣，督臣罪死者：熊文灿、范志完、赵光抃三人；抚臣罪死：如颜继祖、张其平、杨一鹏、马成名、潘永图之类；大司马陈新甲亦坐伏法。先是，仕宦以边道为捷径，不数载旋登督抚，顾无奈斧钺之随其后也。其他死于敌者尤多，然热宦之慕为督抚自如，不以是悔，老子曰："民不畏死，奈何以死惧之？"贾生亦言："夸者死权。"信夫！②

又如：

中台星坼事纷纭，刘屈氂亡遗未分。萧傅素刚难就吏，故应门下得朱云。

【释文】上初登极，于熹庙旧辅多所追罪，嗣是刘鸿训、钱龙锡并谪戍。末年则薛国观、周延儒先后自家逮至，羁某寺庙勒自缢死，其视累朝诸辅臣中最多故矣。方钱公之系狱几殆也，赖周公为叩头力救免，比周公获罪，无复持斯议者。汉丞相自公孙弘后，李蔡、严青翟、赵周、公孙贺、刘屈氂五人咸坐事诛。元哀之际，萧望之从其门

---

① （明）黄景昉：《纷纭行释》序，第307页。
② （明）黄景昉：《纷纭行释》第二首，第308—309页。

下生朱游之言，以生就牢狱为鄙，饮鸩没，而王嘉则云："丞相岂儿女子耶！"竟自诣吏。二端不同，要非盛世事，君臣均有责焉。抑惟薛、周二公蒙眷甚，得祸亦烈，其以寻常平进者，即遭谴，至闲住为民已耳。士亦何乐徼明主非常之眷以赝实祸？噫！食肉不食马肝，岂为不知味哉！①

其余数首诗文训释亦与此相类，诚如黄景昉在序中所言，诗文所述多为"隐旨廋词"，非熟知前代史事，而亲历其间者，不能知其旨要。所附《金陵叹释》二首、《三山口号释》二首，即《瓯安馆诗集》卷三十之《金陵叹》、《三山口号》，其内容分别隐指弘光、隆武朝事，体例与《纷纭行释》相近，如《三山口号》第一首，诗云"紫薇行省额黄衙，骤出高墙国未家。五虎眈眈山外向，有人意不在中华"，其释文则直指郑芝龙暗通清廷，认为"时最握朝权莫如元勋某，爵上公，一门骤贵，厮役辈尽封流伯。然北师未至，已预遣人间道归附，阴怀外志久矣"。② 据笔者爬梳所及，《纷纭行释》、《金陵叹释》及《三山口号释》仅附于雪堂本《宦梦录》之后，未见单行本流传，所载共计十二首绝句及释文。

（三）《古今明堂记》

《古今明堂记》六卷，据《中国古籍总目》《中国古籍善本书目》著录，现存世的有两种版本：一种是明刻本，分别藏于中国人民大学图书馆、南通市图书馆、福建师范大学图书馆；另外一种是清抄本，现藏于浙江省图书馆，此本有郑道乾的跋文。这两种版本的《古今明堂记》笔者皆曾寓目，明刻本所见为福建师范大学所藏本，该版本六卷，分装为三册，内封题"黄东崖先生著，《古今明堂记》，湘隐堂藏版"，序文钤有"古闽黄肖/岩书籍印"、"懋复之印"，序文每半叶五行，每行十字；正文每半叶九行，行二十字，四周单边，白口，单鱼尾，鱼尾上刻书名"古今明堂记"、下刻卷数页码。清抄本则为浙江省图书馆藏本，此抄本共六册，每册一卷，首页题"明堂记"三字，内页首录《明史·黄景昉传》，次为序

---

① （明）黄景昉：《纷纭行释》第七首，第313—315页。
② （明）黄景昉：《三山口号释》第一首，第317—318页。

文，钤有"健盦""郑道乾""倪蜕翁读书记""秀水金氏珍藏"等印章，卷一《周召穆公虎》下有"蒋氏珍藏"印章，书后跋文则有"健盦""郑道乾"两印章，该版本《明史》列传部分每半页七行，行十九字；序文及正文部分每半页八行，行二十字；跋文则是每半页七行，行十八字。谨将郑道乾跋文迻录如下：

> 右旧钞本明晋江黄东崖相国景昉《古今明堂记》六卷，纸墨古雅，中有钩勒改正处，知为当时原钞清本无疑。此书绝无刊本，且从未见各家著录。有朱文"倪蜕翁读书记"、白文"蒋氏珍藏""秀水金氏珍藏"各图记。按《明史》列传，东崖于崇祯十五年间与蒋德璟、吴甡并相，其著作则《艺文志四·别集类》载有《瓯安馆集》三十卷，而朱竹垞太史《明诗综》只采其诗，不著其集，后检《禁书目》，乃知《瓯安馆集》为禁书也。《拜经楼藏书题跋记·宦梦录》一则，载徐菊庄钒跋，谓"辛未夏，客三山，曾从侯官高固斋所钞得黄相国东崖《国史唯疑》□卷"，而亦未及此书，可知其失传已久矣。偶阅《余杭县志·寓贤传》称："相国官阁学，时邑令马用锡为乡人延请讲学，士子沐其教者甚多。"此书或为主讲余杭时所作，故至今流传于浙水间也。以三百年失传之秘籍，而完好无阙，岂不重可宝哉！仁和郑道乾识于悔卢。[1]

该书所评人物自东周以迄元代共 198 人，分别是卷一 37 人、卷二 35 人、卷三 28 人、卷四 35 人、卷五 30 人、卷六 33 人。黄景昉撰著该书的目的在自序中曾明白道出，其云：

> 《左传》载晋狼瞫之语其友曰："周志有之，勇则害上，不登于明堂。"杜预注："明堂，祖庙也。所以策功序德，故不义之士，不得升。"按，《礼·明堂位》曰："明诸侯之尊卑也。"孟子亦云："夫明堂，王者之堂也。"由狼瞫言，不但诸侯之尊卑于此而明，并其卿大夫之贤否于此而定。升降黜陟，具有成书。如令甲所记功臣庙、忠臣

---

[1] （清）郑道乾：《古今明堂记跋》，（明）黄景昉《古今明堂记》，浙江省图书馆藏清抄本。郑道乾在《跋》中说"绝无刻本"，有误。笔者所见福建师范大学藏本，即是明刻本。

祠之属焉者，亦云严矣。杜注独以祖庙为言："古爵人必于庙。"蔡邕
尝论："古之有明堂、清庙、太庙、太室、太学、辟雍，六者为同事
而异其名，其实一也。"杜注亦此意乎？于是余取之以名是书。书所
载仅可二百人，其获登名兹简者，亦仅仅耳。要皆王侯将相、磊落之
才，间有身贱迹微、名晦灭者，特标出之，亦必其神思气谊，雅足相
衡。是故并谋也独深，并断也独决，众缩手忧其难矣独易，众惊心虑
其危矣独安，有权有度，孰雌孰雄，虽复虞廷之分九德，孔门之列四
科，未过是也。《神仙传》称："金庭桐栢之间有异宫焉，属王子乔主
之。太上三年一降此宫，校定天下学道之人功行品第。"南岳魏夫人
降语杨羲曰："吾昨考真仙籍，顿落四十七人，复上者三耳。"虽世外
语，未足全信，然世间真有此理，不闻上官昭容之去留昆明池沈宋诗
乎？余尝有二绝句题其后曰："名登兹简谅知难，千载英雄将相坛。
赵女今为厮养妇，未忘眉黛写邯郸。"又："少希高节老无成，绕指刚
消罢请缨。传与后贤经济诀，大都心地要光明。"抑"心地光明"其
首举者耳。就中事理尚复多端，王远既授陈尉符，仍教之曰："君心
中亦当知其轻重，临时以意治之。"刘晔有言："对明主非精神不接，
精神可学而得乎？"噫！事未易为迂儒道也，有真正英雄其人，庶几
解此。[1]

可见黄景昉著《古今明堂记》在于"策功序德"，表彰历代有功于社稷之
人。其以"明堂"命名是书，则是借蔡邕对"明堂"的定义："古之有明
堂、清庙、太庙、太室、太学、辟雍，六者为同事而异其名，其实一也。"
故该书所选的人物不拘一格，上自宰辅下至妇人，但必先"心地光明"，
并在孔子四科"德行、言语、政事、文学"之中有可彰显之处。兹举数
例，以见是书之概，其如召穆公：

> 彘之乱，宣王在召公之宫，国人围之，召公曰："昔吾骤谏王，
> 王不从，以及此难也。今杀王子，王其以我为怼而怒乎？夫事君者，
> 险而不怼，怨而不怒，况事王乎！"乃以其子代宣王，宣王长而立之。

---

① （明）黄景昉：《古今明堂记》序，福建师范大学藏明刻本。

厉王之虐，众至欲杀其子，信怨毒之于人深也。召公初意匿王子，既终不可匿，以其子代，视程婴、杵臼事尤难，遂启一代中兴之治，岂偶然哉！《诗·江汉》仅叙其功，不知其忠怀激烈若是。宋靖康难，孙傅诡欲匿太子民间，以死乱报，久无肯承者，盖世风之日下矣。①

又如辛毗：

时中书监刘放、令孙资见信于主，制断时政，大臣莫不交好，而毗不与往来。毗子敞谏曰："今刘、孙用事，众皆影附，大人宜小降意，和光同尘；不然必有谤言。"毗正色曰："主上虽未称聪明，不为闇劣。吾之立身，自有本末，就与孙、刘不平，不过令吾不为三公而已，何危害之有？焉有大丈夫欲为公，而毁其高节者耶？"

今人为一官半级，丧其所守者多矣！况作三公乎？然魏世作三公者何限，姓名荒尽，惟毗此语独传，毗所得孰与仲多？余所感者，毗自答其子耳，家人语孰闻之者，卒传千载，即前史之虚怀乐善，好察迩言可知。②

再如耶律楚材：

太祖之世，岁有事西域，未暇经理中原，官吏多聚敛自私，赀至钜万，而官无储偫。近臣别迭等言："汉人无补于国，可悉空其人以为牧地。"楚材曰："陛下将南伐，军需且有所资，诚均定中原地税、商税、盐、酒、铁冶、山泽之利，岁可得银五十万两、帛八万匹、粟四十余万石，足以供给，何谓无补哉？"帝曰："卿试为朕行之。"乃奏立燕京等十路征收课税使，凡长贰悉用士人，如陈时可、赵昉等皆宽厚长者，极天下之选，参佐皆用省部旧人。辛卯秋，帝至云中，十路咸进廪籍及金帛陈于廷中，帝笑谓楚材曰："汝不去朕左右，而能使国用充足。"即日拜中书令。

---

① （明）黄景昉：《古今明堂记》卷1《周召穆公虎》，第1a—b页。
② （明）黄景昉：《古今明堂记》卷2《魏辛毗》，第22a—b页。

中国之民之不尽为鱼肉，此姚枢之功也；中国之地之不尽为瓯脱，此耶律楚材之功也。元百年合尸祝二公，而本朝所为扫荡勋烈，真与羲轩并矣，猗欤休哉。①

此外，《古今明堂记》中还有数则论及明代史事，如对蔡兴宗的评论：

先是，大明世奢侈无度，多所造立，赋调烦严，征役过苦，至是发诏悉皆削除。由此紫极殿南北驰道之属皆被毁坏。兴宗于都坐慨然谓颜师伯曰："先帝虽非盛德，要以道始终。三年无改，古典所贵。今殡宫始撤，山陵未远，而凡诸制度兴造，不论是非，一皆刊削，虽复禅代，亦不至尔，天下有识，当以此窥人。"师伯不能用。

先朝隆庆之初，时事鼎新，其世庙西苑离宫遗制概行毁拆。于东阿文定尝举兴宗此语为叹，意以阴咎华亭也。语自佳，然使章惇、蔡京得之，用为倾覆司马光群贤之地，则祸乱基是矣。昔云"在母言之为慈母，妇言之为妒妇"，事难例论，又当以审时度势为先。②

又如对李揆的评论则涉及明代京营及锦衣卫：

京师多盗，至骖衢杀人，尸沟中，吏禔气。李辅国方横，请选羽林骑五百，备徼捕。揆曰："汉以南、北相统摄，故周勃因南军入北军，以安刘氏。本朝置南、北衙，文武区别，更相检伺。今以羽林代金吾，忽有非常，何以制之！"辅国议格。

羽林主团练，即本朝所谓京营也；金吾主巡徼，即本朝所谓锦衣卫也，南北界然。张柬之诛二张，先结李多祚，玄宗自临淄王起清内难，亦得诸拆冲、果毅力，前似用北军，后似用南军，然恐唐所谓羽林者，即如今缇骑名，实易混。考李揆兹议较豁然，李辅国欲以羽林代金吾，譬厂卫大珰兼管京营之例，南、北军皆在其手，威势赫然，故揆以非常难制为防。观本朝石亨、曹吉祥逆谋，揆言于是乎愈验。③

---

① （明）黄景昉：《古今明堂记》卷6《元耶律楚材》，第35a—b页。
② （明）黄景昉：《古今明堂记》卷3《宋蔡兴宗》，第10a—b页。
③ （明）黄景昉：《古今明堂记》卷4《唐李揆》，第31a—b页。

该书内容大体类此，即先叙可彰之言行，后为黄景昉之评论，所选之人，亦大致相仿，而尤重于德行、政事，而言语稍逊，文学又次之。

（四）《馆阁旧事》

《馆阁旧事》一书，现已知存世者，仅有清抄本一部藏于国家图书馆，《中华再造善本丛书》曾将之影印出版。是书凡二卷，每半页九行二十四字，末附《玉堂三考》《桐郡四征》《追旧十志》①《连栖五怀》②《砭俗八针》③ 等十四篇文章。该书与《宦梦录》颇有互补之处，《宦梦录》一书侧重于黄景昉个人经历的自述，而《馆阁旧事》则多为其所见之内阁规制的记载。该书的成书时间，由于史料的阙如，尚难论定，但书中黄景昉曾云"闻南海、宜城、曲沃三家祸尤惨"，其中曲沃即李建泰，清顺治七年（1650）以谋反被诛④，故是书之成当晚于此时。

关于该书的撰著缘由，黄景昉在书中曾说："忆乙酉冬，余将诣三山，刻有《内阁典仪》，题其端云：'两都倾覆，故籍无存。视此恍汉官威仪，爰付梓人，以示吾邑之后来居此者，抑为廊庙诸公言耳。山林中那复关是，呼牛呼马，直应之矣。'兹《馆阁旧事》成亦同此意。"⑤ 可见是书的撰写，旨在保存明代内阁之故实，凡其在馆阁之所见所闻皆备载其中。如枚卜钦点后的仪制及入阁情况，政书中鲜有提及，黄景昉在书中则记道："枚卜钦点后，例上疏辞二次。得旨，择吉到任，首揆具揭题知，仍各疏谢恩，附有敷陈。遇朝，行面恩礼，候至三六九免朝则已"；"初入阁，于板房坐候首揆。到，出揖，与同入，如是者匝月。以后随到随入，到齐公揖，夜仍公揖出，行必后首揆数步，寓退让意，次辅以下不拘"⑥ 关于票拟过程的记载，则是黄景昉任阁臣时所亲历，对于了解崇祯朝的情形尤具史料价值：

---

① 按，标题题注"内录一条"。
② 按，标题题注"内取讲幄同官怀一条"。
③ 按，标题题注"内录五条"。
④ （清）巴泰、图海、索尔图等：《清世祖实录》卷47"顺治七年二月甲午"条，中华书局年1985年版，第380页。
⑤ （明）黄景昉：《馆阁旧事》卷下。
⑥ （明）黄景昉：《馆阁旧事》卷下。

每晨发本，除不须出旨，止该部知道者，中书官自行彙出填签，余总送首揆分票。如五六十本，则每位照数得若干，多寡匀配。往日为次辅甚逸，以事并关决首揆也。

本发后，遇事体重大者，不时另发，用黄绢小匣封固，御题某日某时送内阁，及拟票签封进，亦照原匣写某日某时臣某等谨封，其余分项入套，用文渊阁印钤送，品式最为详明。夜彙票，将本详细阅过，防有错名错字及错夹票签等弊，关系非轻。

本批红发下部科，复将亲批票签密封发阁，如拟进敕谕蒙批行，原稿发下，亲书某年某月某日发某部讫为验，其慎密古未有也。①

此外，关于内阁首辅的确定，书中亦曾记道："往首辅虚，则次辅以序迁，坐居所直房，翰林官衣绯入贺，然非谕札有元辅之称，未即真也。"②

又如经筵日讲制度，虽然明代政书中均有提及，但对于明季的情形则多语焉不详，黄景昉则通过他值讲的经历，从讲官的数量、进讲的流程、讲筵的地点、讲官的着装等方面详细记述了崇祯朝经筵日讲的具体规程。其中关于讲官的讲授情形，他记道："既上殿分班，随中堂入殿屏后，于穿殿门旁立，上呼先生每进来，同俯躬承旨入，行叩头礼。中堂为一班，讲官为一班，东西退立，候举案。当讲官一躬出班，进近御案前，一躬向左，盘旋三步至案，取所讲书展开，用金尺压定，或压上，或压旁，八字斜安俱可，以右手俯靠案，左手执红牙签，读本文二遍，方讲。……读时，签指书某句，以次移下，讲如之。讲本章完，略起以大意□□，间及时事。既毕，就案掩书，压金尺，签置书旁，头向上仍一躬盘旋三步，退就本班。次讲者如前仪，进退俱矩步行，有虑退背圣躬，作邪行者，佥谓非体。"③

复如詹事府、翰林院、文渊阁三印，其款式、用途各有不同，黄景昉以其署篆的经历详述了三者的差异："詹事府印，永乐二年造；翰林印，正统六年造，俱铜铸。詹印稍加巨，用紫粉，院印间用朱，移各衙门，有写衔不写衔，佥名不佥名之分。……文渊阁银印，玉箸篆，用密封章揭，直达御前，不以下诸司也。下诸司用翰林院印。崇祯壬午冬，宜兴周公以

---

① （明）黄景昉：《馆阁旧事》卷下。
② （明）黄景昉：《馆阁旧事》卷下。
③ （明）黄景昉：《馆阁旧事》卷上。

元辅出视师，请携文渊阁印行，许之，阁中用翰林印者累月，为从来未见之事。"①

另外，在《馆阁旧事》中，黄景昉也有对崇祯朝时局的批评，如对崇祯七年定议庶吉士考选"须历推、知"的做法，他就认为"于学""于人""于味""于体"皆有弊端，并感慨道："遇崇祯甲戌、丁丑间，动更张自喜。久兴阑，癸未寻复旧制，顾于时无及矣。"② 又如，对召对推升的制度，他指出"召对之名甚美，寔非要着"，容易造成"实虚恢辨之士屡得巧售"，况且"能言者未必能行，屡见应对辨给之才，多不甚称"。③ 而对于崇祯皇帝频繁枚卜阁臣，黄景昉也批评道："内外杂进，年年枚卜，政本之轻，未有甚于此时。"④

此外，书中关于乡试会试的阅卷录取、阁臣的考选、阁员的值宿等记载，对于探究明季的馆阁制度，实为不可多得的材料。

二　其他见存著作

（一）《鹿鸠咏》

《鹿鸠咏》二卷⑤，为黄景昉的编年诗集，共收诗作九十五首。该书现已知存世的版本，仅有明抄本一部藏于台北"国家"图书馆，《明别集丛刊》第五辑即据此本影印。民国《福建通志》《续修四库全书总目提要》《"国立中央"图书馆善本序跋集录》《"国家"图书馆善本书志初稿》均著录了该书。其中，《续修四库全书总目提要》对之介绍尤详，不仅节录了《鹿鸠咏》的序文，还对黄景昉的诗作评价道："古体大抵失之艰涩，近体尤工雕绘，与江南诸子格调异趣，可谓毅然自立无所依附者矣。"⑥

台湾《"国家"图书馆善本书志初稿》著录了该书版本信息，现据之迻录如下：

---

① （明）黄景昉：《馆阁旧事》卷上、下。
② （明）黄景昉：《馆阁旧事》卷上。
③ （明）黄景昉：《馆阁旧事》卷下。
④ （明）黄景昉：《馆阁旧事》卷下。
⑤ 按，《"国立中央"图书馆善本序跋集录》和《"国家"图书馆善本书志初稿》著录"《鹿鸠咏》一卷"，《续修四库全书总目提要》（稿本）等书则记为"二卷"，近年《明别集丛刊》据台北"国家"图书馆藏本影印的《鹿鸠咏》内容分为"卷一""卷二"，可知实为"二卷"，故"一卷"之说当是《"国立中央"图书馆善本序跋集录》《"国家"图书馆善本书志初稿》著录之误。
⑥ 中国科学院图书馆整理：《续修四库全书总目提要》（稿本）第 25 册，第 334 页。

《鹿鸠咏》一卷一册 明抄本 明黄景昉撰

景昉（1596—1662）字太穉，号东厓，晋江人。天启五年（1625）进士，历官詹事，直日讲，崇祯间升户部尚书，文渊阁大学士，屡有建白，旋乞归，国变后家居十余年卒，年六十七。

全幅高 25.4 公分，宽 16.3 公分。每半叶八行，行十八字。

卷端首行顶格题"鹿鸠咏卷一"，第二、三行低八格题"晋江黄景昉太穉著/道陵胡恒公占阅"。卷首有黄景昉自序，并描绘"景昉"圆印和"东厓/居士"白文方印。黄氏自序之前有钞写人之题识，云："吾师东厓先生刻也，丙申夏于南陵兄借得录之。"此本乃一诗集。

书中钤有"直（？）/心"白文扁方印、"宁远/将军章"白文方印、"春/未了"朱文方印、"国立中央图/书馆收藏"朱文长方印。①

该书卷首，有黄景昉所撰《自序》一篇，云：

初入都，有以生鹿饷者，槎角不甚驯，时抵触客，稍伐木为柴畜之。邻某给谏园特宏旧，多猿鹤声，晨夕响答，萧若山寺。会移傲，因辍遗之傲近古塔旁。庭二槐树，可数围，鼠耳渐长，游丝满院，小刺猬辄蠕蠕其下，有双白鸠日来栖止，鸣音凄异，毛羽缟如。都中例鲜谈诗，属有劝讲役，匆匆靡暇。出闱后，益愤惑无佳思，所存感怀燕赠诸什，聊具体耳。什用鹿鸠为颜，志始也。《风》始鸠，《雅》始鹿，仆何人，敢附斯义？抑《诗》疏云："鸠性拙，不能为巢。"情质差近。又魏元忠有言："臣犹鹿也，猎者苟须臣肉为之羹耳。"往岁所遭，乃不幸类之矣。戊寅冬日景昉识。②

从序文中可以看出，该诗集乃黄景昉感事之作，其言"出闱后，益愤惑无佳思"，当指其顺天乡试积忤温体仁，并为陈启新所弹劾之事。又言"臣犹鹿也，猎者苟须臣肉为之羹耳。往岁所遭，乃不幸类之矣"，则是其

---

① 台北"国家"图书馆特藏组编：《"国家"图书馆善本书志初稿》集部（三），台北"国家"图书馆 1998 年版，第 145 页。

② （明）黄景昉：《自序》，《鹿鸠咏》卷首，《明别集丛刊》第五辑，黄山书社 2016 年版，第 503 页。

入仕后，迄于崇祯十一年所遭之数事。关于《鹿鸠咏》的成书时间，诗集的最后一首为《出都留别诸同人》，诗作中言"五年别柳屡萦尘，此日歌骊亦到身。老子归与江獭鳌，诸公幸矣阁图麟""家梦蚕悬钟阜晓，宦情全似蠡湖风。故人便使能相念，已隔闽山东复东"，从崇祯七年黄景昉服阙抵京算起至十一年恰为五年，则该诗之作当在其自请册封淮王出京之时。同时，《自序》的落款署"戊寅冬日"，"戊寅"为崇祯十一年，是年册封淮王后，黄景昉告假省母，于秋日抵家，遂在里居之暇编成此集。故结合上述的梳理，《鹿鸠咏》应成书于《自序》撰写之年，即崇祯十一年。此后，《鹿鸠咏》中的诗作均以分体编年的方式重新编入《瓯安馆诗集》中。

（二）《瓯安馆诗集》

《瓯安馆诗集》三十卷，是黄景昉存世书目中卷帙最大的一部。该诗集分体编年排列，卷一为四言古诗、古乐府，卷二至卷四为五言古诗，卷五至卷六为七言古诗，卷七至卷十四为五言律诗，卷十四至卷十六为五言排律诗，卷十七至卷二十七为七言律诗，卷二十八至卷三十为七言绝句，卷末附六言绝句、五言绝句，共收诗两千四百二十一首。

《诗集》所收诗作，上起黄景昉早年公车，下迄晚年归隐，且据《集》中《林翀汉公禄以甲乙联第岁复甲午时年八十四矣秋榜伫开赋祝纪盛》《过康店驿呈陈默庵社长忆蚤岁甲寅同过此越今五甲矣风景可知》二首诗题，可知最晚的诗作已至顺治十一年。关于《诗集》的刊刻，据《集》中《诗梓垂成未便出书示儿辈》"晚来题咏费光阴，梨枣工竣泪满襟。乱草千篇留佛腹，圆瓢一合接江心"一句所言，要满足黄景昉诗中所指者必须符合两个条件，第一是收录了他晚年的诗作，第二是所收诗作至少有千篇以上，而同时符合这两个要求的仅有《瓯安馆诗集》。结合《诗梓垂成未便出书示儿辈》《酒劳诸写刻工人》二首的编排位置，可推知《诗集》的刊刻亦当藏事于顺治十一年前后。[①]

《诗集》中所收录的诗作，多涉明季史事及黄景昉的仕宦经历，如

---

① 按，《林翀汉公禄以甲乙联第岁复甲午时年八十四矣秋榜伫开赋祝纪盛》《诗梓垂成未便出书示儿辈》《酒劳诸写刻工人》《过康店驿呈陈默庵社长忆蚤岁甲寅同过此越今五甲矣风景可知》四首，均列在《瓯安馆诗集》卷二十七，"七言律诗"的最后一部分，且《过康店》一诗为该卷最后一首，故《诗集》下限当在"顺治十一年"。

《观政后呈同部诸公》《阁试鸿鹧来宾》《文华门赐经略尚方剑蟒玉纪事》《北闱呈同官闪中畏年丈》《磨勘试卷严赋呈礼部科诸公》《追和黄石斋先生狱中杂咏》《黄石斋先生自戍所兆召复原官喜寄》《骑马游西苑坐宴仍观放火箭恭纪》《癸未二月上丁遣祭国学礼成识》《送吴鹿友枢辅南征仍用前韵》《舟次济宁遇周宜兴先生北上怆别》《闻甲申三月十九日京师报痛绝》《得弘光南都纪元诏》,黄景昉后来单独注释的《纷纭行》《金陵叹》《三山口号》亦收录其中。

值得一提的是,《瓯安馆诗集》中不乏黄景昉入仕之前、丁艰家居、告假回里及鼎革之后的诗作,如《上徐一我老师》《皇极殿成赐百官宴辅臣献诗志喜》《立夏日邀同社诸公过集四弟可冲斋头分赋》《大兄可文魁闽书志喜》《先封史诞辰实值中秋余乙卯举于乡岁闰八月得驰舫为寿去之二十年甲戌伯兄可文成进士归适中秋再闰而先封史不复作矣涕述寄仲兄可发兼示可冲可程二弟》《病中》《哭黄石斋先生》《蒙遣官赍敕召不赴难自明书用写叹》《哭蒋八公先生》《纪戊子年六月五日事》《纪泉郡丙戌来三年乱状》《寿张晦中少宗伯时年八十有五》《里中社集少宗伯张公维机冢宰庄公钦邻宫保大宗伯林公欲楫并号达尊昉齿卑叨与末坐非伦幸家慈谢太夫人岁亦踰八秩辄有斯咏》等诗,这些诗作除了反映黄景昉诗风转变及文学成就外,对于进一步厘清他的生平事迹及仕途经历中的款曲隐微亦具有难得的史料价值。

《瓯安馆诗集》在乾隆四十三年(1778)被列为"明末国初悖谬之书"①,而惨遭清廷查禁。但直到民国初年所编的《续修四库全书总目提要》,尚著录了该书,并标注所据为"康熙六年重刊本",可知该书在顺治年间刊成后,还曾被重刊,且未因清廷的禁毁而失传,其在大陆的散佚则应是近代之事。②

该诗集现已知存世者,仅有日本内阁文库所藏刻本,台湾汉学研究中

---

① (清)荣柱刊:《违碍书目》,《丛书集成新编本》第2册,新文丰出版公司1985年版,第349页。

② 民国二十七年(1938)李厚基、陈衍等人编纂的《福建通志·艺文志》,也著录了《瓯安馆诗集》,并撰有提要,其中除某些语句顺序与《续修四库全书总目提要》(稿本)不同外,内容大体一致。(李厚基修,沈瑜庆、陈衍纂:(民国)《福建通志》总卷25《艺文志》分卷63,民国二十七年刊本)

心、台湾"中研院"傅斯年图书馆曾据该本影印。[①]

（三）《读史唯疑》

《读史唯疑》十六卷，现存世的仅有台湾"中研院"傅斯年图书馆所藏抄本。该书十六卷，编为八册，每半页十行，每行二十六字，书前有清同治十年陈步蟾手书题记，钤有"诗酒生涯""管山""东方文化事业总委员会所藏图书印"阳文印章。在陈步蟾《题记》之后，次为《泉州府志·黄景昉传》，再次为该书之目录，落款题"南安陈步蟾桂屏氏藏，时同治辛未（1871）中春修补"。

陈步蟾的题记介绍了该书大致内容及流传概况：

> 我朝仁和杭大宗先生讳世骏，有《读史然疑》一书，已刊入《知不足斋丛书》也。然起自后汉，终以北史，观其论断，惟胸中熟于史者，乃能知其义。若此书则始三皇而终宋代，凡所论断足以称特议而破群疑，真有挟三长以著之也。是书本吾心之所欣慕，后入吾徒田雪桥之手，予乃以丐而归之，装潢既成，为志颠末于卷首。同治十年（1871）七夕后三日，桂屏记，时年六十有四。[②]

根据《题记》、落款及前述印章，可知此本《读史唯疑》，最初为田雪桥所有，而后陈步蟾从田雪桥处"丐而归之"，并于同治十年春加以修补，至是年秋装潢藏事，遂手书《题记》详其流传始末。民国年间，《读史唯疑》为东方文化事业总委员会所收藏，1949年后复迁入台湾"中研院"傅斯年图书馆，现为该馆善本之藏。

该书内容，上起三皇，下至宋代，卷一为三皇、夏、商、周，卷二为周上，卷三为周下，卷四为战国、秦、楚，卷五为西汉，卷六为东汉，卷七为三国，卷八为晋，卷九为宋、齐、梁、陈，卷十为魏、周、齐、隋，卷十一为唐上，卷十二为唐中，卷十三为唐下、后梁、后唐、后晋、后汉、后周，卷十四为宋上，卷十五为宋中，卷十六为宋下。陈步蟾认为，书中"凡所论断足以称特议而破群疑"，平步青则指出："黄景昉有《古史

---

① 承蒙陈庆元先生惠赐台湾汉学研究中心《瓯安馆诗集》影印本复印件，在此谨致谢忱！
② （清）陈步蟾：《题记》，（明）黄景昉《读史唯疑》书首，台湾"中研院"傅斯年图书馆藏钞本；汤蔓媛撰辑：《傅斯年图书馆善本古籍题跋辑录》第1册，第120页。

唯疑》十六卷,《国史唯疑》十二卷,书名盖本之鬻子。"① 该书不仅在书名上与《国史唯疑》相通,在著述目的上亦旨在考索历代朝政的治乱得失、朝士言行的功过是非,并兼有博闻与史评之长,只是所涉者为前代之史事而已。如批评大臣交结内侍,则以窦怀贞为例,并论及时人:"怀贞善结权贵,尤畏奉宦官,或遇无须人,误为之礼。以余所见交游中颇有犯是者。"② 而对于霍光之得祸,也以之与张居正作对比,指出:"宣帝立,霍光即稽首归政,上也。尚德缓刑,施优渥恩,与士大夫更始,次也。既见不及此,势尊重,体复严峻,想无复温润之容,盛满之惧,持此安归乎? 光生平颇近本朝张江陵,得祸亦类。"③ 另外,对于闽中先贤,书中也颇有称颂,如对袁枢之撰《通鉴纪事本末》,赞许道:"袁枢以司马光《资治通鉴》浩博,为区别其事而贯通之,号《通鉴纪事本末》。余及见之,诚有用书也。"④ 可见该书所秉持的撰著宗旨亦与《国史唯疑》一脉相承。

除以上数种存世著作外,已知的黄景昉存世著作尚有藏于山东省图书馆的《新镌三太史评选历代名文凤采文集》(刘弼虞乔山堂刻本)和藏于日本龙谷川大学的《刻黄太穉先生四书宜照解》(明天启七年刻本)。从两书的命名来看,似为举业之书。由于笔者未能获见原书,且前人亦无关于此二书的评论,故只好暂付阙如,以待来日。

---

① (清)平步青:《霞外攟屑》卷6,第407页。
② (明)黄景昉:《读史唯疑》卷11《唐上》。
③ (明)黄景昉:《读史唯疑》卷3《西汉》。
④ (明)黄景昉:《读史唯疑》卷16《宋下》。

第五章　晚明"经世史学"思潮
与《国史唯疑》的结撰

　　《国史唯疑》是黄景昉现存著作中最为著名的一部，凡十二卷，自洪武以迄天启为十一卷，第十二卷为补遗，分条记述，合计共得一千八百三十四条。① 该书黄景昉"于《国史》旧文，节取成编"②，对其中"不实和偏颇之处"加以补正，并"以理为衡"对"一朝之是非，一局之隆替"，据其所见所闻，予以公正的判断，而"不容微有偏倚"。③ 实际上，是面对晚明深重的社会危机，黄景昉在经世思潮影响下，通过对明朝历代政治得失及士大夫治行功过的考量，试图从过往历史中探求救世的途径，以挽救大明王朝国势日非、士风日靡的局面。

　　黄景昉何以用"唯疑"命名？在该书的《原序》中，时人黄晋良指出"夫'唯'也者受而不辞也，'疑'也者俟诸人惧偏也"，又说"读前代史而漫无所可否，如矮人观场，失劝惩之旨，昧美刺之文……故老盱衡往牒，动关君父之大，重摘宗国之隐，故特触事敷言，简练标举，不得如承讹听直，截然定案，法也，礼也"，并认为"《弇州史料》，凡例不同，犹疑孤愤，间涉轩轾，料焉而已。何氏《名山藏》，苦心详略，亦或百一存疑，藏焉而已"。④ 在他看来，该书以"唯疑"命名，体现了"既不同于野史，也不同于考异，而兼有博闻与史评之长"⑤ 的特点，即通过书中对

---

　　① 按，卷一洪武、建文一百五十条，卷二永乐、洪熙、宣德一百四十六条，卷三正统、景泰、天顺一百四十四条（实计一百四十三条），卷四成化、弘治一百四十九条，卷五正德一百四十八条，卷六嘉靖一百四十八条，卷七嘉靖一百四十六条，卷八隆庆、万历一百五十条（实计一百五十一条），卷九万历一百四十六条，卷十万历一百五十条，卷十一万历、泰昌、天启一百五十九条，卷十二补遗一百九十八条，实计得一千八百三十四条。另，所谓的"国史"并不单指"明实录"，也包括万历年间陈于陛等所撰修的"国史"。

　　② （清）黄晋良：《〈国史唯疑〉抄本原序》，第1页。

　　③ 熊德基：《〈国史唯疑〉序言》，"序言"第4页。

　　④ （清）黄晋良：《〈国史唯疑〉抄本原序》，第1页。

　　⑤ 熊德基：《〈国史唯疑〉序言》，"序言"第4—5页。

史事的考辨及评骘可以反映出黄景昉的史学思想。

稍后，平步青在《霞外攟屑》中则提出了以"唯疑"命名的另一层含义，他认为其源可溯自鬻子："鬻子对文王、武王、成王皆曰：'唯疑。'岂方唯而忽疑乎？对君之体也。太史公曰：'唯唯、否否。'盖古之对友如此，又可以证。按黄景昉有《古史唯疑》十六卷，《国史唯疑》十二卷，书名盖本之鬻子。"① 考贾谊《新书》，鬻子答君王之问皆以"唯疑"启答②，而内容则涉及国家治乱，黄景昉以之命名是书，即在于阐发其"探索历代朝政的治乱得失，朝士言行的是非功过"③ 之旨趣，寄托他史以经世的思想。由此，则"唯疑"之命名不仅体现了黄景昉在史学和经世两方面上的期许，也反映了他的史学思想和经世思想。

《国史唯疑》的成书时间，由于史料的阙如，尚难定论，但黄景昉在其晚年著作《屏居十二课》中已著录了此书，因此，至迟在清顺治年间已经成书。④ 该书问世后，时人如张岱、徐乾学、温睿临等在各自著作中已曾提及此书，朱彝尊的《日下旧闻》更是引用了书中的记载，此后全祖望、傅以礼、缪荃孙、傅增湘、孟森、谢国桢等学人皆曾为该书撰写过跋文、提要，并对该书的版本、内容提出各自的看法。然而迄今为止，学界对《国史唯疑》的记载虽多有采择，却尚乏深入的研究，代表性的仅有熊德基的《〈国史唯疑〉序言》、杨艳秋的《〈国史唯疑〉双云堂抄本传藏考略》。其中，熊先生虽然提出了关于《国史唯疑》版本、成书时间及史源等三个问题，但在《序文》写就的同年即遽尔长逝，留下了尚待解决的问题。本章在接武前贤的基础上，拟从卷数的辨析着手，澄清既往研究中的讹误，并通过细致地梳理《国史唯疑》的内容，还原该书的史源，在此基础上探究黄景昉撰著是书的原则、方法及其史学思想。⑤

---

① （清）平步青：《霞外攟屑》卷6，上海古籍出版社1982年版，第407页。

② （汉）贾谊：《新书·修政语下》，《贾谊集》，上海人民出版社1976年版，第165—170页。

③ 熊德基：《〈国史唯疑〉序言》，"序言"第4页。

④ 按：黄景昉的好友林胤昌曾为《屏居十二课》写过跋文，据乾隆《泉州府志》记载，林胤昌卒于顺治十四年，故此文撰写必早于是年，而黄景昉在《屏居十二课》已言及《国史唯疑》，故至迟在顺治十四年《国史唯疑》已经成书。[（清）郭庚武、怀英布等纂修：乾隆《泉州府志》卷44《林孕昌传》，第2册，第465—470页]

⑤ 按：据现有的史料，从该书内容进行考订，尚不足以突破傅以礼、熊德基关于《国史唯疑》成书时间的两重论断（即国变前、后），难以定谳其具体的成书时间，故本书不拟就这一个问题再展开讨论。

第一节 十二卷本《国史唯疑》析疑

黄景昉的著作在其生前多未刊行，卒后其子又谋刻不果，仅有抄本行世①，以致在流传过程中，因后人获见的版本不一，而产生了关于十二卷本《国史唯疑》是否为足本的争论。这一问题的提出，源于全祖望在所作《国史唯疑跋》中称："晋江黄相国东厓《国史唯疑》，黎媿曾尝见之，云有一尺许。周栎园许为之刻而不果。相国殁后，媿曾访之其子知章，云经乱散失不全矣。李化舒曰：'三山高云客钞有副本。'雍正壬子，予从同里范太守笔山家抄之，祇四册，殆亦非足本也。"② 此后，傅以礼承袭全氏的说法，认为："今是编十二卷四册，殆即全氏所云节抄之本。书中纪有明一代事实，起洪武迄崇祯，逐则胪列。于治乱得失，直书无隐，盖成书在易代后也。惟无一语及国变后事，其非足本，即此可证。"③ 由于全、傅相传，遂致四册十二卷本《国史唯疑》被认为是"节钞本"。而孟森则从书中内容分析，否定全、傅的观点，提出十二卷本即为足本："稿本尺许，安知其字之大小？其十二卷之次，洪武、建文为一卷，永乐、洪熙、宣德为一卷，正统、景泰、天顺为一卷，成化、弘治为一卷。明开国后百三十八年，又加太祖起兵以来，十六七年故事，祇得四卷。正德十六年占一卷，时渐近，文已渐繁。嘉靖二卷，隆庆合万历初一卷，其下即万历，又

---

① 按：黄晋良在序文中称黄景昉"独留其副于高云客氏"，而傅燮詷在《国史唯疑》的跋文中则称"未授梓人而公捐馆。久之，公之令嗣携是书及他著作十余种出游四方，幸谒故旧，欲谋不朽计，迄无所遇。间有一二投赠，又不足供其缠头之挥霍，竟至狼狈而归，途穷无告，乃典是书于延津质库。迨后榕城学士有知之者，备价购回。"（汤蔓媛撰辑：《傅斯年图书馆善本古籍题跋辑录》第1册，台北"中研院"历史语言研究所印行2008年版，第43页）又据高兆《宦梦录》跋文云："（《宦梦录》）湘隐先生著撰，尝从其长公虚教授所借观请抄，教授许刻成寄贻，遂载之豫章。越二载，教授客死，书散逸。吾友郭君殷见于延平，语余。访之，仅得此四卷，命用溪纳环峰抄归，为之三叹。"[（明）黄景昉：《宦梦录》附录，《罗氏雪堂藏书遗珍》第9册，第348页] 高兆在此所言虽指《宦梦录》，但由于《国史唯疑》兹时亦被景昉之子典质于延津当铺中，因此《国史唯疑》很可能是高兆将之与《宦梦录》一同访寻抄归，而非所谓的"独留其副于高云客氏"。

② （清）全祖望著，朱铸禹汇校集注：《鲒埼亭集外编》29《国史唯疑跋》，《全祖望集汇校集注》，第1317页。

③ （清）傅以礼：《华延年室题跋》卷上，第120页。

有二卷半，盖万历一朝占三卷。泰昌、天启合占半卷。共为十一卷。至十二卷为补遗，又通历朝言之。后半卷并专记闽事。其编次非随意为之，不及崇祯朝者，崇祯朝无实录，无国史可'唯'与'疑'也。国变以后更不必言。观其所命名，即限制瞭然，本非泛记时事之作也。"① 晚近，熊德基据《檗谷黄氏家谱》考证知章非黄景昉之子②，而是仲兄黄景晔之子，并通过比对最早的抄本"高兆本"和"麓原林氏藏书本"③，赞同孟森之说，认为十二卷本即为足本。笔者虽认同孟森、熊德基的观点，但由于二位先生仅据书中的内容或早期的版本，因此仍有必要通过对比现存的版本，结合黄景昉的《屏居十二课》和《宦梦录》的内容进行梳理，以期能较为全面地说明十二卷本的相关问题。

据《中国古籍总目》《中国古籍善本书目》《傅斯年图书馆善本古籍题跋辑录》《（台湾）"国家"图书馆善本书志初稿》以及熊德基先生在《〈国史唯疑〉序言》中所著录的诸多版本，现将其表绘制如下④：

编号	版本	基本情况	馆藏地
1	鉴堂汇钞本	熊德基为校勘《国史唯疑》之便，而过录的林吉人抄本。	不详
2	林吉人钞本	此抄本八册十二卷。第一册，卷一、卷二；第二册，卷三、卷四；第三册，卷五、卷六；第四册，卷七、卷八；第五册，卷九；第六册，卷十；第七册，卷十一；第八册，卷十二。其中第十卷首页有"麓原林氏藏书"章，第十二卷首页同样有"麓原林氏藏书"章，两卷字迹相同，仅一小部分为另一人补抄，且此两卷版框、行款及纸张完全相同，应为林氏原抄。其余诸卷皆为补抄本。	福建师范大学特藏馆

① 孟森：《传钞本黄景昉〈国史唯疑〉跋》，第12页。
② 据《瓯安馆诗集》卷4中《兄子知章别墅有源川澄阁超然台诸胜前夏韩云太守假馆其中》一诗，亦可知章为其兄子。
③ 这两种抄本即黄晋良在序言所提到的副本："独留其副于高云客氏。云客，公之高足弟子也，沧桑之后，云客以授林同人、吉人昆弟，同人又授郑允几亭及予，于是三山始有抄本，凡四家。"[（清）黄晋良：《〈国史唯疑〉抄本原序》，第1—2页]
④ 关于《国史唯疑》版本及描述，除特别说明外，皆引用自熊德基《〈国史唯疑〉序言》。

编号	版本	基本情况	馆藏地
3	高兆本	此抄本为四册十二卷①。熊德基对这一版本有详细的描述："本书卷四及卷十首页有阳文篆刻'明四旌忠孝节义之家'，又长方阳文篆刻'遗安草堂藏书印'二章。卷九及卷十二末页有阴文篆刻'高兆'之印，为高兆所得黄景昉之副本。此书有边栏，乌丝行，版心无任何字，半页九行，行二十五字。书法极工整，全部有圈点，甚至有多圈者，或出于高兆之手。……书中间有眉批十一处，长短不一，长者六十六字，短者四字而已。有一处载'在翰考，《宣德鼎彝谱》已有向节慎库领风磨铜，似非自嘉靖始'。赵在翰于嘉庆丁卯（1807）曾藏此书，惟历时太久，致卷一缺七条半、卷三缺十条、卷六缺九条、卷七缺四条，除卷七外，其余均有补抄。但脱句、错字亦不少。"又说："榕城卑湿，藏书多有虫伤，纸又脆裂，幸得嘉庆庚午（1810）修补，虽有短跋，惜未署名，固一好书之士。凡有损伤处皆细致修理，故得保全至今。"	南京图书馆藏
4	虹亭本	徐釚抄本，四册十二卷。据熊德基所记："此书题记谓：'辛未（1691）偶客三山，从高云客借抄。'下有篆字'虹亭'小印。又有'菊庄''友蕙''杭州叶氏藏书''合众图书馆'等印，疑即藏园所见本。白纸素抄，每半页九行，行三十三四字不等，较之林吉人本稍晚，未加校勘，故仍有脱句三句，脱字一百七十字，讹字不少。"	上海图书馆藏

---

① 南京图书馆提供藏书信息为"四册，十二卷"非"四册，十二本"。

续表

编号	版本	基本情况	馆藏地
5	双云堂本①	此抄本四册十二卷，熊德基记道，有篆文"笔山藏书之印"，"范光阳章"。此即全祖望所见之本。全书四册，仅存第二册（卷四至卷六）为原抄本。乌丝行、版心有"双云本"三字。每半页九行，行二十字。卷六字迹稍逊，当出另一人之手。其第一、三、四册为其后人范邦棠于同治十一年壬申（1872）自卢氏抱经堂转抄归②，有黄晋良序，并补录笔山题记五十四字，足证旧抄于康熙四十三年甲申。③ 补抄本④三册均白纸素抄，半页九行，行二十字。系出于数抄手而经邦棠自校。每册均有篆刻阴文"范邦棠印"。又卷三末题"同治壬申五月廿五、六、七日柳泉请以上三卷，略校讹字，未尽也"。所校不精，致有脱简、脱字、讹字甚多。四册首页均有"范氏禾安"篆文小印。末页均有篆刻"澄清堂"及"白战楼"章各一。卷一前附有范禾	宁波天一阁藏

---

　　① 此处所涉范光阳、范邦棠、范禾识语及信札，转引自杨艳秋《〈国史唯疑〉双云堂抄本传藏考略》（《汉学研究学刊》2012 年 10 月，总第 2 辑）。

　　② 按："抱经堂"为卢文弨藏书之所，"抱经楼"为卢址藏书之所，而《国史唯疑》在《抱经楼书目》中有著录，并有存世抄本，故疑"抱经堂"当为"抱经楼"之误。又转抄本有范邦棠识语云："道光癸卯，二伯父将宰黔阳，索此书及海宁查声山谕德赠公守延津诗卷，余匿此书之第二册，谓书已非完本，冀或置之，然竟携三册及诗卷而去。二伯父告退，寓义乌，旋谢世，经兵燹后，随宦物糜有孑遗。《鲒埼亭外编》有《国史唯疑跋》，知全氏有传写本。谢山太史身后，遗书归卢氏。今夏，登抱经楼，见架上有此书，亟请钞补。卢氏以禁借为辞，检阅首卷，另有一纸书公识语。因指示之曰：'君家得传抄于百家，岂吾家不得转抄于君家乎？'其宗老曰，以人就书则可，以书就人则不可，于是遣官至楼，辰入酉出，十日而毕。略加校对，卢本亦多错误。其书每页界栏九行，如吾家，旁嵌'抱经楼'，非全氏传写本也。谨按，公之手识在康熙甲申，时公七十有五岁，是年正月，始迁居充安堂，迄今同治壬申，历百六十九年矣！其第二册为公手泽所存，尤当宝贵，重新装订，子孙其慎守之，是年五月端二日，昆孙邦棠敬志。"

　　③ 此处范光阳题记为："此书闽中止有三家传写，并无刊本，熟识明代事，方知此书之议语甚佳，子孙当宝藏之。康熙甲申年十一月三日，笔山老人手识于充安堂。"

　　④ 按，补抄本卷首有范邦棠题识云："《国史唯疑》十二卷，康熙乙亥先中宪公出守延平，由闽中抄归，钉为四册，卷首有公手识五十四字。"

续表

编号	版本	基本情况	馆藏地
5	双云堂本	于庚子（1960）正月①托孟颙将此书藏天一阁之亲笔信一纸②，述笔山以来此书展转散佚及补抄经过③，足资参考。	宁波天一阁藏
6	烟屿楼钞本	原四册，仅存二册（卷一至卷三、卷七至卷九）。此本紫色栏格，版心记书名、页数，下档前有"烟屿本初本"字样，惟卷九页十九起题作"六一山房抄"五字。每半页十行，行二十一字，字迹工整，有原序。烟屿楼为徐时栋家藏书处，此本仅卷三末有题记"同治十三年闰六月四日，始校此书，至七夕完"，而卷七至卷九未见校记。熊德基认为："诚如孟森所云：'徐氏史学不精，校改每误。'此本或由邦棠处转录，未及细校，以致未竣全功，且脱句多处，脱字误字亦多。"	国家图书馆藏

———————

① 此处，熊德基将"庚子"原定在"1900年"，据杨艳秋考正，当在"1960年"。

② 按，此亲笔信为："孟颙先生道席：一别十年，风景不殊，而禾鬓发都白矣，为可慨也！比闻先生康强如昔，依然手不释卷，可钦可喜。禾羁旅泥塥，归里无日，惟一条穷性命暂留人间，差幸饥寒能忍，余无可告者。去腊，族侄纯夫年已及耄，持笔山先生抄归晋江黄相国东厓《国史唯疑》四册见赠，惜三册补抄，原抄仅存第二册。彼家传之十世，不致虫蚀，亦云幸矣，并嘱子孙永宝。噫！何其不达乃尔。吾家世乏学者，不能充双韭山房洒扫之役，虽传百世，亦属无为。禾拟归天一阁藏之，庶不负纯夫之托也。今托妥人寄奉，愿先生为我送去。此书从未校刻，全氏抄自我家，抱经楼卢氏转抄之，抱经楼之书，先生尚能及见，未晓有见之否？因念及全太史仲家桥之墓，禾幼时曾随先君及梁莲溪、忻绍如二先生同去打扫，至今思之，历历在目。室必防护无恙，此是先生之责，今日吾甬舍先生其谁属。便乞赐知，拜祷！拜祷！即请撰安。世晚范禾奉（下钤'范禾安印'白文，篆字）庚子正月望日。"

③ 另外，杨艳秋在《〈国史唯疑〉双云堂抄本传藏考略》（《汉学研究学刊》2012年10月，总第2辑）一文中曾详细考察该本的流传情况，并对该版本描述云："此书形制，各册不同。其第二册，乌丝栏，每页界栏九行，版心有'双云堂'三字，当为原范光阳之双云堂抄本。第一、三、四册，白纸素抄，其中字迹有数处不同，应为数抄手共作。此抄本第一册卷首依次有范禾（范禾安）写给'孟颙'之亲笔信（末钤'范氏禾安'印，篆字，白文）、黄晋良之《国史唯疑抄本序》（下钤'澂清堂'三字扁印，篆字，白文）、范光阳题识（范邦棠转录）、范邦棠题识（题识末钤'范邦棠印'，篆字，白文）、全祖望《国史唯疑跋》（系转录）。第一册卷一有'范氏禾安'印；第二册首页有'范氏禾安'印，末页镌'澂清堂'印；第三册首页镌'范氏禾安'与'澂清堂'印。"

续表

编号	版本	基本情况	馆藏地
7	1. 周星诒校本① 2. 杨氏冠悔堂钞本	国图所藏"周星诒校本"和傅图所藏"杨氏冠悔堂钞本"均为四册十二卷。熊德基先生对"周星诒校本"的描述如下："双栏乌丝抄，独有目录。疑是周氏所补。每半页九行，行二十四五字不等。字迹欠工整，系当时仓促抄就。此本前九卷原为蒋香山太守所得，有跋而未署名。光绪辛巳七年（1881），傅以礼在福州见之，有跋（按傅氏《华延年室题跋》所载，乃后来得见全书所改，故与此跋略异），后三卷为周季贶太守所得。遂校此书并有跋，署名已翁。此外，又有汤浚②光绪癸未九年（1883）跋，除脱句、脱字、误字外，脱简特多，如卷一前脱九条，卷三末脱十一条，卷六末脱九条，卷七前脱四条，卷十自十七条下共脱五条，卷十二末脱六条，大约当时分订六册，故诸卷首尾脱条多。"③《傅斯年图书馆善本古籍题跋辑录》对"杨氏冠悔堂钞本"记云："清光绪间杨氏冠悔堂钞本，清光绪九年杨浚手书题记并录蒋香生、傅以礼题跋，钤杨浚审定、	1. 国家图书馆藏 2. 台湾"中央"研究院傅斯年图书馆

① 据台湾"中央"研究院傅斯年图书馆提供的馆藏信息，该图书馆亦藏有《国史唯疑》，并与熊德基先生对周星诒校本的描述有相似之处，但也略有不同：其一，该本为清光绪年间冠悔堂杨氏钞本；其二，该本分别有清光绪七年（1881）傅以礼的序文，九年（1883）蒋凤藻的序文和杨浚的序文，而周星诒校本皆为跋文；其三，有朱笔校正；其四，则是注明"杨浚审定"，"雪沧善本印记"。虽然傅斯年图书馆所藏杨氏冠悔堂钞本在版本描述上与周星诒校本略有不同，但笔者推测这两个版本应该是同源的，并且周校本中的跋文，在杨氏冠悔堂钞本中被提前为序文，而周校本中的"汤浚"应为"杨浚"，当为笔误所致。且据杨浚题记"嘱焘儿茂侄迻孙录副存之"一句，则傅图所藏杨氏冠悔堂钞本当是杨氏据周星诒校本过录的副本。

② "汤浚"误，据原书应为"杨浚"。

③ 熊德基：《〈国史唯疑〉序言》，"序言"第10—11页。

编号	版本	基本情况	馆藏地
		雪沧所得善本等印记。"① 并附录了杨浚的题记，但未对板式等进行描述。②	
8	杞菊轩钞本	此抄本四册十二卷③，简称"杞菊轩本"。熊德基云："原德化李盛铎藏书，有'麟嘉馆'印篆文章。缪荃孙朱笔校，惜无题记。白纸素抄本，版心下档有'杞菊轩'字样，上记书名、卷数、页数。有黄晋良朗伯原序。脱字、讹字各百余，脱句三，惟卷七前脱七条，当是原书多有缺页所致。"	北京大学图书馆
9	抱经楼钞本	卢氏抱经楼钞本，共四本。④	黑龙江省图书馆
10	台杞本	此抄本四册十二卷。版匡高 19.5 公分，宽 14.7 公分。左右双边。每半叶十一行，行二十字。版心上黑口，下白口，单黑鱼尾。鱼尾下方记书名卷第（如	台北"中央图书馆"

① 汤蔓媛撰辑：《傅斯年图书馆善本古籍题跋辑录》第 1 册，第 43 页。

② 按，杨浚题记云："此黄东崖相国《国史唯疑》十二卷，前九卷蒋香生太守所得，后三卷周季贶太守所得，龙剑合会，洵奇缘也。光绪壬午小除夕（八年，1882），傅节子太守由东冲邮到，嘱浚觅温陵旧本补其首尾残缺，浚甲戌（同治十三年，1874）秋随防鹭岛，途经泉郡，老友陈桂屏明经持赠相国所著《读史唯疑》一书，为嗜痂者攫去，比复索得副本，即系《读史》，凡十六卷，自三皇至南宋。此书则专纪胜朝逸事，未审清紫烟罗中，尚可一获庐山真面目否？据《郡志》所载，相国著述有《馆阁旧事》《读史唯疑》《宦梦录》《经史要论》《经史汇对》《双声叠韵谱》《古今明堂记》等书，'馆阁'上空七字，已成书后凿去者，未知何书，或即此欤？节翁借得他人书，喜为校雠，浚亦喜为他人书补缀装池，此四册零片未订，略为整顿好，所谓为书延寿也。嘱泰儿茂侄迻孙录副存之。光绪癸未（九年，1883）二月二日，杨浚识于三千年吉乐之楼。杨浚审定雪沧所得善本。"（汤蔓媛撰辑：《傅斯年图书馆善本古籍题跋辑录》第 1 册，第 43—44 页）

③ 原文为"四册，十二本"，据北京大学所藏"杞菊轩本"订正。

④ （清）卢址：《抱经楼书目》，《罗氏雪堂藏书遗珍》第七册，第 78 页。《四明卢氏藏书目录》则记"《国史唯疑》十二卷，抱经楼抄本，不著撰人名氏，序称明季东崖相国所作"。

续表

编号	版本	基本情况	馆藏地
10	台杞本	"国史唯疑卷"卷第未填补),版心最下方记"杞菊轩/钞本"。首卷首行顶格题"国史唯疑卷之一",下低四格后人墨笔填补"明黄景昉著"。本书为条列明各朝事迹,卷一洪武、建文,凡一百五十条。卷二永乐、洪熙、宣德,凡一百四十六条。卷三正统、景泰、天顺,凡一百四十四条。卷四成化、弘治,凡一百四十九条。卷五正德,凡一百四十八条。卷六嘉靖,凡一百四十八条。卷七嘉靖,凡一百四十六条。卷八隆庆、万历,凡一百五十条。卷九万历,凡一百四十六条。卷十万历,凡一百五十条。卷十一万历、泰昌、天启,凡一百五十九条。卷十二补遗,凡一百九十八条。第三册卷七、八、九为后人补钞,故版式字体完全不同。书中钤有"国立中/央图书/馆考藏"朱文方印、"李/作梅"朱文方印、"向秫守之"朱文椭圆印。①	台北"中央图书馆"
11	史语所蓝丝栏钞本	此抄本六册十二卷。每半页九行,每行二十二字,此本据嘉业堂藏本传钞。②	台湾"中央研究院"傅斯年图书馆
12	傅燮詷钞本	此抄本六册十二卷。此本熊德基未曾提及,乃傅燮詷于康熙三十九年过录自"高兆本"。书后有傅氏跋文,叙及	台湾"中央研究院"傅斯年图书馆

---

① 台北"国家"图书馆特藏组编:《"国家"图书馆善本书志初稿》子部(三),台北"国家"图书馆 1998 年版,第 98 页。

② 信息录自傅斯年图书馆馆藏目录。

续表

编号	版本	基本情况	馆藏地
12	傅燮詷钞本	黄景昉著作辗转流传的大致脉络及其抄录高兆本《国史唯疑》的过程，颇具参考价值。①	台湾"中央研究院"傅斯年图书馆

通过对表中已知的《国史唯疑》版本梳理，根据上述所录的信息，可作以下分析：首先，就册数及卷数而言，现存已知的《国史唯疑》版本，除"林吉人钞本""傅燮詷钞本""周星诒校本"和"史语所蓝丝栏钞本"② 外，均为四册十二卷。而"林吉人钞本"仅有卷十和卷十二是原抄本，其余为补抄，难以确定原抄本的册数；"傅燮詷钞本"则是据"高兆本过录"，故当以"高兆本"为准；"周星诒校本"则是六册重新装订为四册，但不管是哪个抄本，最多的卷数即为十二卷，并无超过此卷数的版本。并且全祖望所见之"双云堂本"、傅以礼所见之"周星诒校本"卷数亦与黄景昉的副本"高兆本"相同，皆为十二卷。而黄景昉在晚年著作《屏居十二课》中也说"余先后所著书……《国史唯疑》十二卷"③，张岱、温睿临等明清

---

① 按，傅燮詷跋文云："明庄愍帝时阁丞黄公著《国史唯疑》一书，由开国至熹宗而止，识见高卓，议论正大，而笔墨简洁，全无矮人观场语。未授梓人而公捐馆。久之，公之令嗣携是书及他著作十余种出游四方，幸谒故旧，欲谋不朽计，迄无所遇。间有一二投赠，又不足供其缠头之挥霍，竟至狼狈而归，途穷无告，乃典是书于延津质库。迨后榕城学士有知之者，备价购回，好事家转相抄写，然亦不过三四人耳，不特是也，咸珍重密藏以为帐中之秘，往往不肯轻以示人。有他郡号称名家者，思得一见，极力搜求，究不可得，遂于其著述中致慨叹焉。己卯（康熙三十八年，1699）冬日予由燕京再返闽省，侨寓乌石山后，与固斋高君之居相去咫尺，因获订交，为文字之契，每促膝抵掌，纵谈天下古今之事，言及是书，思得一览，以识其梗概，固斋欣然于架头抽付予手，予读而趑之，即情人录出一部，于是可见固斋之为君子长者也。届庚辰（康熙三十九年，1700）春暮，雠较再周始毕，是役劳心力昏眸者，几两阅月，装潢成帙而置之笈中。然黄公立长之业，诚可不朽，不可不为之广其传，若轻以示人，亦似有不可者，在审其人为何如人，以斟酌焉而已，无噌噌！闽自鼎革以来，数遭兵燹，是书保无残缺，是何如其幸也；遭令嗣弃之延津，落贾人之手，几不可再得，又何如其不幸也；榕城士人购得而转录之，不可谓之不幸；然束之高阁，不肯示人，徒饱鼠腹蠹肠，又不得谓之幸矣。他人求一见而不得，固斋借予读且录之，将来携之而归，传之燕赵之间，则是是书之幸欤？抑予之幸欤？吾故曰于是益见固斋之为君子长者也。黄公讳景昉，泉州人，人称瓯安先生。康熙庚辰（三十九年，1700）春暮，半僧傅燮詷书于三山邸舍。"（汤蔓媛撰辑：《傅斯年图书馆善本古籍题跋辑录》第一册，第42—43页）

② 此本据"嘉业堂藏本"传钞，当为较晚出之钞本，且该书亦为十二卷，故在此不作讨论。

③ （明）黄景昉：《屏居十二课·著书》，第343—344页。

之际的史家也著录《国史唯疑》为十二卷①，如此则卷数上已相同。

其次，从《国史唯疑》的内容分析，黄景昉在其自述仕宦经历的著作《宦梦录》中，虽言该书"始乙卯，讫癸未"②，但书中的内容主要集中在崇祯朝，并且该书在体例方面一本于《国史唯疑》，仅仅是每卷内容的编排上较《国史唯疑》更有条理而已。而《宦梦录》的内容则恰恰补充了《国史唯疑》所缺的崇祯朝部分，诚如孟森所说"（《国史唯疑》）不及崇祯朝者，崇祯朝无实录，无国史可'唯'与'疑'也……崇祯朝局因感慨而涉之"③，更接近于实情。

另外，傅氏所谓"无一语及国变后事"，在甲申之变后，黄景昉虽在隆武年间短暂复出，但不久即"决意终隐，或询朝政，弗答"④。并且景昉由于其外孙郭显在永历年间响应郑鸿逵、郑成功的反清活动而遭受牵连，被赵国祚系狱⑤，"一举足则阖门受祸"⑥，自叹"声名转大忧方始，文网多繁梦未安"⑦，即如所作《金陵叹释》《三山口号释》也仅以诗隐喻，故而假使《国史唯疑》成书于甲申之变后，要其在书中谈及国变后事，实属勉为其难。故据以上分析，笔者认为十二卷本的《国史唯疑》应为足本，并非所谓的"节抄本"。

第二节 《国史唯疑》史源述论

黄景昉著《国史唯疑》取材不限于"国史"，而是参阅了其他的官、私著作，诚如熊德基先生所说："除'节取《国史》旧文'外，并曾参考诏令、奏疏、私史、方志、别集、笔记，以及个人的亲见亲闻。"⑧此外，

---

① （清）张岱：《石匮书后集》卷13《黄景昉传》，第100页；（清）温睿临：《南疆逸史》卷20《黄景昉传》，第140页。

② 案："始乙卯，讫癸未"，乙卯为万历四十三年（1615），即黄景昉乡试中式之年；癸未（1643）为崇祯十六年，即黄景昉请辞退隐之年。

③ 孟森：《传钞本黄景昉〈国史唯疑〉跋》，第12页。

④ 《檗谷黄氏家谱》不分卷《景昉公传》。

⑤ （清）陈寿祺等撰：（同治）《福建通志》卷268《国朝外纪》，台北华文书局1968年版，第5083页。

⑥ （明）王忠孝撰：《王忠孝公集》卷8《相国黄景昉来书》，第211页。

⑦ （清）黄晋良：《〈国史唯疑〉抄本原序》，第2页。

⑧ 熊德基：《〈国史唯疑〉序言》，"序言"第6页。

该书还参阅了家谱、行状、碑文和墓志，如解缙的《家谱》、倪岳所撰的《于肃愍碑》、罗洪先撰的《杨名墓志》、汤显祖撰的《龙宗武墓志》① 等，足见取材之丰赡。虽然熊先生已经注意到《国史唯疑》的取材问题，但尚未深入的梳理，故而本节仅就《国史唯疑》的史料来源略加厘清，详述如下：

（一）**明代历朝实录**。一般情况下"国史"的含义包括两种概念，一种是指"本朝的历史"，另一种是指"一国之正史"，指对当朝历史具有权威性记载的史著。② 《国史唯疑》之所以以"国史"命名，无疑是指"本朝的历史"，而"一国之正史"则是该书首要参考的资料。但有明一代无"国史"，所谓"国史"，如无特指的情况下，在明人的语境中一般指"历朝实录"，沈德符曾言："本朝无国史，以列帝实录为史。"③ 李维桢亦言："本朝无史，而遂以《实录》为史，有识者病之，野史因是纷然错出。"④ 明末李建泰的看法亦与此相同，称："国家历祀几三百年，迄今成史无闻，问其所用传信者，不过曰累朝之《实录》。"⑤ 故而《国史唯疑》所疑之"国史"，主要仍应是指明代的历朝实录。在是书中，黄景昉也多次直接谈及"实录"，如称"（于）谦与王文初拟凌迟，用瑄言改斩，出《实录》""当于《实录》、《宝训》征之""今《实录》业经改正"。⑥ 可见许多史事的辨析也是源于历朝实录。

（二）**万历官修"国史"**。黄景昉撰著《国史唯疑》，除了参考"历朝实录"外，还曾参引过万历年间陈于陛等奉敕纂修的"国史"，如卷四所载："《国史》称余肃敏榆林之功，修筑边墙，延袤二千余里，虏望啮指去。"⑦ 又如卷七所载："董份、万案、王材、唐汝楫、白启常，国史列为严世蕃私人……。"⑧ 这些记载应即出自吴道南所说的《国史》"弘治诸

---

① （明）黄景昉：《国史唯疑》卷2，第35页；卷3，第79页；卷7，第188页；卷8，第247页。

② 谢贵安：《明实录研究》，第13页。

③ （明）沈德符：《万历野获编》卷2《实录难据》，第61页。

④ （明）李维桢：《大泌山房集》卷8《史料序》，《四库全书存目丛书》集部第159册，齐鲁书社1997年版，第466页。

⑤ （明）李建泰：《名山藏序》，（明）何乔远：《名山藏》，福建人民出版社2010年版，序言第3页。

⑥ （明）黄景昉：《国史唯疑》卷3，第84页；卷5，第143页；卷8，第224页。

⑦ （明）黄景昉：《国史唯疑》卷4，第97页。

⑧ （明）黄景昉：《国史唯疑》卷7，第207页。

臣""嘉靖诸臣"列传。①

需要说明的是，熊德基曾指出《国史唯疑》卷四提到的《水利志》、卷八提到的《俺答志》皆出自"明代所修《国史》草稿无疑"。② 笔者虽认同熊先生的这一判断，但《水利志》《俺答志》是否出自"国史"，似仍需进一步的讨论。关于明"国史"的存佚情况，钱茂伟在《明代史学的历程》、李小林在《万历官修本朝正史研究》已作了充分的梳理，现据之表绘如下：

序号	名称	作者	卷帙	出处
1	《皇明后妃》	杨继礼		详见《万历官修本朝正史研究》第104—107 页
2	《妃嫔传》	杨继礼		详见《万历官修本朝正史研究》第104—107 页
3	《河渠志》	吴道南	2	吴道南《吴文恪公文集》卷 4—10；详见《万历官修本朝正史研究》第 72—73 页
4	《国史经籍志》	焦竑	5	版本较多，详见《万历官修本朝正史研究》第 46 页
5	《明典礼志》	郭正域	20	《四库全书存目丛书》史部第 270 册《续修四库全书》第 824 册
6	《兵制志》	史继偕		天启《皇明兵制考》《皇明修文备史》抄本《万历官修本朝正史研究》第 53—54 页
7	《四夷志》	叶向高		叶向高《苍霞草》卷 19—20（《四库禁毁书丛刊》集部第 124 册）宝颜堂订正本（丛书集成新编第 98 册）

---

① （明）吴道南：《吴文恪公文集》卷2《正史议》，《四库禁毁书丛刊》集部第31册，北京出版社1997 年版，第313 页。

② 熊德基：《〈国史唯疑〉序言》，（明）黄景昉：《国史唯疑》，第6 页。

续表

序号	名称	作者	卷帙	出处
8	《国史乐律志》	陈于陛	4	佚
9	《职官志》	杨继礼		佚
10	《赋役志》	陶望龄		佚
11	《同姓诸王传》存 《正史七太子传》 《正史庙祔十五王传》 《正史汉庶人传》	陈懿典	20	陈懿典《陈学士先生初集》卷10 （《四库禁毁书丛刊》集部第79册） 《明季野史汇编》 《万历官修本朝正史研究》第143页
12	《外戚传》	杨继礼	1	佚
13	《开国功臣传》	陶望龄		佚
14	《正史理学名臣传》	焦竑		佚①
15	《国朝献徵录》	焦竑	120	版本较多②

由此观之，现存可考的明"国史"并无《水利志》和《俺答志》。而关于陈于陛的修史成果，参与其事的吴道南曾记道：

万历皇上甲午岁特允大学士陈公于陛之请，诏工部葺馆，诏礼部自正卿而下，以至詹坊翰林分款受事，二、三阁臣实总成焉。又明年，诸所派定者，亦各各就绪，奈天不憖遗一老而不获竟千秋之大业，惜哉！今其款目具在，可睹镜也。帝之本纪、皇后之本纪，有建文、景泰，位号虽经题复，而《实录》附载，专纪有待。志之类二十有二，郊祀大志、庙祀大志、典礼、乐律以至天文、历法、宗藩、学校、选举、职官、经籍、赋役、货币、漕运、河渠、盐法、军政、兵制、马政、刑法、郡国、九边，纲目犁然，图画间有。传之类二十有六，国初之荡平群雄，杨、徐、滁阳之三王，若亲王则高祖之十七

---

① 按，钱茂伟注此记载出处为陈懿典《陈学士先生初集》卷35《焦老师》，《四库禁毁书丛刊》集部第79册。

② 按，此书李小林在《万历官修本朝正史研究》一书中认为是官修正史的成果，而钱茂伟在表中未列此书，特此注明。

藩，成祖之一藩，仁宗、英宗各四藩，宪宗之三藩以至外戚；洪武之功臣、诸臣，建文诸臣，永乐之功臣、诸臣，洪宣诸臣，正统、天顺诸臣，景泰诸臣，成化诸臣，弘治诸臣，正德诸臣，嘉靖诸臣，隆庆诸臣；又如理学、文苑、循吏、高逸、孝节、乱逆、嬖幸、方技、四夷，亦既毕举无遗矣。①

据此记载，则兹时《志》部分已完成，但同样无《水利志》和《俺答志》。再考熊先生所依据《国史唯疑》之原文云：

> 《余肃敏传》云："西安水苦咸，公为开新渠引泉，人得户汲，号余公渠。泾阳山高，水流迅，溉田病鲜停蓄。其凿山浚堰，转灌田千顷，亦赖余力。"不知二役并肇自国初，一曹国公李文忠事；一长兴侯耿炳文事。见《水利志》中。②

以《水利志》命名似多见于方志之中，故笔者疑此《水利志》出于方志，而非出于"国史"。而余子俊的传文，据《孝宗实录》云：

> 景泰二年进士，授户部主事，进员外郎，知西安府。西安水卤不可食，子俊凿渠引潏河水贯城中，以达于渭，公私便之……历转右都御史，移镇陕西，督责逋赋，以严办称。修泾阳废堰，溉田千余顷，凿南山道，直抵汉中，以便馈运。③

可见其表述方式明显与《国史唯疑》所引的《余肃敏传》不同。而笔者查阅郑晓的《吾学编》④，发现该书的《余子俊传》与引文相似，黄景昉在《国史唯疑》中对郑晓的著作多有参引，故疑此传或出自郑晓的《太保余

---

① （明）吴道南：《吴文恪公文集》卷2《正史议》，《四库禁毁书丛刊》集部第31册，第313页。

② （明）黄景昉：《国史唯疑》卷4，第96—97页。

③ 《明孝宗实录》卷23 "弘治二年二月辛亥"条，台湾"中研院"历史语言研究所1962年校印本，第533—534页。

④ （明）郑晓：《吾学编》卷17《太保余肃敏公》，《续修四库全书》第424册，上海古籍出版社2002年版，第521—523页。

肃敏传》，而非出自《孝宗实录》或"国史"，抑或"国史"传文源于《吾学编》，故而文字相近。此外，熊先生提到冯时可所撰《俺答志》亦出自"国史"，在《万历官修本朝正史研究》一书中，李小林据《万历起居注》《明神宗实录》《明史》等书考察了参与编修的人员，但其中并无冯时可的相关记载，而《国史唯疑》的原文则是："冯时可自负甚高，与王元美不协。即徐文贞，其乡衮父执也，亦无美辞。自云生平不作寿诗轶章，虽尊者不敢承；其无赞而丐，虽亲者不能应，恐诸名家无此矜激。惟所撰《俺答志》古鍊，学左氏，信奇作！觉元美传差逊。"① 黄景昉曾参考过《冯时可集》②，现存《皇明经世文编》收录的《冯元成文集》中即有《俺答前志》和《俺答后志》，故黄景昉所言的《俺答志》当本于此，而非出自陈于陛敕修的"国史"。

（三）**其他官私著作**。黄景昉除参考"明实录"和明"国史"外，所涉文献还包括了诸多官、私著作，这些从《国史唯疑》所引书目中即可窥见，如《大诰》《皇明祖训》《明集礼》《明会典》《吾学编》《嘉靖以来首辅传》《名山藏》等。由于《国史唯疑》中黄景昉所参考的著作繁多，势难一一溯源，故据书中明确提及者具表如下，以见其梗概③：

卷数	文献名称	著者	《国史唯疑》页码
卷一	1《大诰》	朱元璋	2
	2 御制《平西蜀纪》	朱元璋	4
	3《候早朝》诗	高启	8
	4《名山藏》	何乔远	9
	5《大庖西封》	解缙	11
	6《孟子节文》	刘三吾	12
	7《送人入太学》诗	蒋山卿	13
	8《太学碑》	宋讷	13

① （明）黄景昉：《国史唯疑》卷8，第236页。
② （明）黄景昉：《国史唯疑》卷8，第232页。
③ 此表绘制的原则：一、为保持完整性，凡提及参考"明实录"及"国史"的地方皆列入表中，不作删减。二、黄景昉在《国史唯疑》中所提到的著作多不具全名，有些难以判断出自何书，故依书中所载名称迻录。三、黄景昉所引用的文献，在文中提到著者的即按其所载照录；未提到著者，但可考见者，则以存世著者著者姓名列于表中，凡无可考的皆在著者一栏以"？"标示。另，表中所标注《国史唯疑》页码，均出自上海古籍出版社2002年点校本。

续表

卷数	文献名称	著者	《国史唯疑》页码
卷一	9《开国诏》	朱元璋	13
	10《洪武正韵》	乐韶凤等	14
	11《唐韵》	?	14
	12《大明集礼》	徐一夔	14
	13《野记》	祝允明	14
	14《应天试录》序	方孝孺	15
	15《宋潜溪集》	宋濂	15、21
	16《小名录》	?	18
	17《祭光禄寺灶神文》	朱元璋	18
	18《涌幢小品》	朱国桢	20
	19《都督佥事谢彦碑》	李景隆	21
	20《登华岳诗》	李景隆	21
	21《郊祀颂》	方孝孺	21
	22《方正学集》	方孝孺	21
	23《唐愚士传》	?	21
	24《祖训》	朱元璋	23
	25《从亡随笔》	程济	24
	26《革朝志》	许相卿	24
	27《致身录》	史仲彬	24
	28《唐史》	?	24
	29《太祖实录》	杨士奇等	24
	30《王艮墓志铭》	解缙	24
卷二	1《武当歌》	王世贞	33
	2 解缙家谱（解《家谱》）	?	35
	3 御制《驳韩愈颂伯夷文》、驳柳宗元《马退山亭记》（出自《谕幼儒敕》）	朱元璋	39
	4《罗汝敬传》	?	39
	5《北征录》	金幼孜	43、44
	6《达奚司空立南海王庙门外》诗	汤显祖	44

续表

卷数	文献名称	著者	《国史唯疑》页码
卷二	7《名山藏》	何乔远	45
	8《梁潜墓志铭》	杨士奇	47
	9《成敬墓志铭》	乔世宁	51
	10《古今录》	黄溥	51
	11《吾学编》	郑晓	53
卷三	1《夏太常瑄行状》	?	63
	2《吴先贤赞》	刘凤	65
	3《杨述墓志铭》	许彬	67
	4《古穰杂录》	李贤	68
	5《菽园杂记》	陆容	69
	6《进金史表》	阿鲁图	70
	7《名山藏》	何乔远	71
	8《岳正补传》	李东阳	76
	9《毛玉行状》	岳正	76
	10《于肃愍碑》	倪文毅岳	79
	11《丙子畿录》	黄景昉	81
	12《清风店诗》	李梦阳	83
	13《日录》（《天顺日录》）	李贤	83
	14《守溪笔记》	王鏊	83
	15《古穰录》	李贤	84
	16《吾学编》	郑晓	84
	17《实录》（《英宗实录》）	陈文、彭时等	84
卷四	1《王翱行状》	姚夔	92
	2 王云凤贻一清书	王云凤	92
	3《朱文公行状》	黄榦	94
	4《岳正补传》	李东阳	94
	5《覆从祀疏》	姚夔	95
	6《余肃敏传》	?	96
	7《水利志》	?	96
	8《国史》	?	97

续表

卷数	文献名称	著者	《国史唯疑》页码
卷四	9《流民说》	周洪谟	98
	10《张宾墓志铭》	崔铣	98－99
	11《刘因集》	刘因	105
	12《实录》(《孝宗实录》)	李东阳、焦芳等	105
	13《宋名臣言行录》	朱熹、李幼斌	106
	14《堂官管见》	蔡清	107
	15《祖训》	朱元璋	107
	16《彭惠安墓碑》	林俊	108
	17《兴复哈密记》	马文升	109
	18《平番始末》	许进	109
	19《蔡清集》	蔡清	111
	20《钱福墓志铭》	李东阳	113
	21《林玭墓志铭》	？	114
	22《松江志》	？	115
卷五	1《孝庙实录》	李东阳、焦芳等	123
	2《周廷征传》	？	127
	3《名山藏》	何乔远	128
	4《闻筝诗曲》	王廷陈	128
	5《康对山集》	康海	128
	6《邵升墓志铭》	康海	128
	7《姚镆墓志铭》	？	131
	8《沈海传》	？	131
	9《游春记》	王九思	132
	10《病榻遗言》	高拱	132
	11《康修撰墓表》	何瑭	133
	12《李空同墓志铭》	崔铣	133
	13《遗弟》诗	黄巩	134
	14《类博稿》	岳正	134
	15《土兵行》《余干行》	李梦阳	135
	16《杨石淙集》	杨一清	135

续表

卷数	文献名称	著者	《国史唯疑》页码
卷五	17 《薛方山传》	？	137
	18 《赠安庆林郡丞序》	方良永	138
	19 《答荆湖周方伯书》	郑善夫	138
	20 《南昌行》	王廷相	139
	21 《志喜》诗	费宏	140
	22 《郑宗仁墓志》	杨廷和	142
	23 《巡幸考》	王世贞	143
	24 《实录》《宝训》（《武宗实录》）	费宏、石珤等	143
	25 《杨石斋行状》	孙志仁①	144
	26 《皇明通纪》	梁亿	144
	27 《杨循吉自撰墓志铭》	杨循吉	144
	28 《修同州廨记》	韩邦奇	146
	29 《拟谏迎佛疏》	王守仁	146
	30 《鸿猷录》	高岱	146
	31 《邹昊墓志铭》	康海	146
卷六	1 《方献夫传》	？	155
	2 《刘泉墓志铭》	邹守益	155
	3 《夏良胜集》	夏良胜	161
	4 《王元美传》	？	162
	5 《延平诗》	徐阶	165
	6 《修边论》	韩邦奇	168
	7 《尚书·洪范》	？	169
	8 《庚申纪事》	张泼	170
	9 《朱子晚年定论》	王守仁	174
	10 《困知录》	罗钦顺	174
	11 《陈琛集》	王慎中	175
	12 《王艮墓志铭》	赵贞吉	175
	13 《沈斋传》	？	175

---

① （明）焦竑：《国朝献徵录》卷 15《内阁四·杨公廷和行状》，《续修四库全书》第 525 册，上海古籍出版社 2002 年版，第 487—503 页。

卷数	文献名称	著者	《国史唯疑》页码
卷六	14《顾可久墓志铭》	？	175
	15《覆给事曾仲魁兴革五事疏》	梁材	176
	16《述友篇》	方豪	176
	17《吴会墓志铭》	湛若水	177
卷七	1《陈言时政十渐疏》	余珊	187
	2《杨名墓志铭》	罗洪先	188
	3《名山藏》	何乔远	191
	4《涌幢小品》	朱国桢	196
	5《李允简墓碑》	归有光	197
	6《郑洛书传》	徐观澜	198
	7《吕文安传》	王世贞	199
	8《熊桴传》	？	201
	9《福州府志》	林材	204
	10《马汝骥行状》	王维桢	206
	11《王维桢年谱》	？	206
	12 国史列传	？	207
	13《谷山笔麈》	于慎行	208
卷八	1《世经堂集》	徐阶	224
	2《实录》（《世宗实录》）	张居正、吕调阳等	224
	3《嘉靖以来首辅传》	王世贞	226、236
	4《答殷总督书》	高拱	227
	5《冯时可集》	冯时可	232
	6《嗤彪赋》	汤显祖	234
	7《先贤赞》	刘凤	235
	8《瞿汝稷墓志铭》	？	235
	9《李于鳞传》	？	235
	10《俺答志》	冯时可	236
	11《唐荆川集序》	王慎中	236
	12《无题》诗	田一儁	246
	13《宗伯集》	田锺台	246
	14《龙宗武墓志铭》	汤显祖	247

续表

卷数	文献名称	著者	《国史唯疑》页码
卷九	1《谷山笔麈》	于慎行	253
	2《孙继皋墓志铭》	叶向高	254
	3《魏志》（魏书）	魏收	255
	4《新唐书》	欧阳修	261
	5《观政进士疏》	薛敷教	263
	6《朱文懿赓行状》	邹元标	264
	7《申文定集序》	邹元标	264
	8《祥刑要览》	吴讷	272
	9《三梦传奇》	汤显祖	272－273
	10《五杂俎》	谢肇淛	276
卷十	1《太常考》	？	282
	2《直陈天下安危》	吕坤	285
	3《妇寺论》	郭子章	302
	4《窹言》《寐言》	顾宪成	304
	5《格物训》	瞿稷	306
	6《范槚墓志铭》	陶望龄	306－307
卷十一	1《李廷机集》	李廷机	324
	2《李春熙墓志铭》	董应举	326
	3《芜史》	刘若愚	337
	4《余冬序录》	何孟春	342
卷十二	1《北伐中原诏》《伐吴谕民榜》	朱元璋	348
	2《辽史》	脱脱等	349
	3《金史》	脱脱等	349
	4《泉品》	黄谏	349
	5《大明会典》	李东阳、申时行等	350
	6 刘文安龙《记》	刘龙	350
	7 马铎《志》	马铎	352
	8《中庸章句》	朱熹	352
	9《武经七书》	赵玠敕编	354

续表

卷数	文献名称	著者	《国史唯疑》页码
卷十二	10 戚少保《志》	戚继光	356
	11 唐豫《乡约禁》《黄泰泉佐传》（皆出自《粤大记》）	郭棐	356
	12《林可成御史行状》	余寅	356
	13《杂记》	陆深	358
	14《海运议》	丘浚	358
	15《山海经》	？	359
	16《足军食议》	唐顺之	360
	17《王文端集》	王家屏	362
	18《汉书》	班固	363
	19《泉州府志》	？	365
	20《顺德志》	？	366
	21《朱子家礼》	朱熹	372
	22《周铸传》	？	372
	23 归有光《志》①	归有光	373

根据上表所列，黄景昉所征引的文献，可考见其名称者，已涉及历代正史、儒家经典、诏令、奏疏、私史、文集、笔记、方志、碑文和墓志铭等，并且具有以下几个特点：

首先，是对墓志铭、墓碑、墓表、行状的重视。据表中所列，全书对此类文献的征引多达36人次。这类文献虽然史料价值高，但由于执笔者多为墓主生前好友、门生，因而在涉及墓主声名的事情上多有曲笔之处，而黄景昉于此多所辩证，如龙宗武杀吴仕期，汤显祖为其曲笔，景昉辩道："汤于龙凤相欢好，事关千载，讵容为故交曲笔！"② 又如何观弹劾王直、胡淡等老滑宜罢，给事中毛玉议重罪何观，致"观坐杖谪"，但岳正为毛玉作行状却盛加奖饰，景昉即称："玉品行可知……岂正稍以维桑谊曲笔欤？抑果有可观者乎？"③ 再如崔铣所作《光禄寺卿张宾墓

---

① 按，实出自《震川集》卷29《弘玄先生自序赞》。
② （明）黄景昉：《国史唯疑》卷8，第247页。
③ （明）黄景昉：《国史唯疑》卷3，第76页。

志铭》中曾云"宾按察江西，时副使蔡清、林廷玉皆行义士。一日相诟，欲相击也，诣宾求直，既见，愧悔不敢言而罢"，景昉则质疑道："崔语不知何据？林廷玉或未敢言，若蔡祭酒贞风渊轨，望之使人意消，决无此等气象耳。铣亦雅知学，何意厚诬贤者？凡及见此书者，宜即裂去。"①

其次，对于明人私修当代史的征引，如《吾学编》《鸿猷录》《名山藏》等。黄景昉在征引的同时，对于私史中的疑、误之处亦一并指出，如《吾学编》中关于英宗晚年有意更换太子的记载，景昉就辩道："按事鲜经见。太子初废于景泰，复辟始还，堪再摇动乎？英庙末，驭宦侍峻，后宫静谧，讵有夺嫡之谋？疑讹傅。"②《鸿猷录》所记武宗崩后，杨廷和等秘不发丧，密旨召江彬事，他亦持怀疑态度："考彬业出成服，值坤宁宫安脊吻，遣祭见收，宁不知鼎湖信，大丧讵可秘耶？更以曹爽释兵归第事为比，益去之远。"③ 而《名山藏》中关于刘三吾事迹的记载，景昉则指出应再行考证："刘三吾以主会试谪戍，不详所终。阅何氏《名山藏》云，建文中尝召还，献《大明一统赋》，至永乐初暴卒。所载赋词甚典雅。何公吾邑前辈，最笃学，如纪冯宋公胜，傅颖公友德事，多异前闻，不审所据何书？当续考之。"④

再次，文集、笔记史料亦是其主要的参考文献，如《世经堂集》《李廷机集》《冯时可集》《涌幢小品》《谷山笔麈》等。但黄景昉对于这类史料的去取十分谨慎，从对《涌幢小品》的征引即可看出，景昉于该书荒诞之处当即指出，而称道之处则于文中表彰，如关于明太祖为志公后身的记载，就认为是"诞罔不伦"⑤。但对于王世贞"借文报仇"之举，则认为"惟朱国桢《涌幢小品》中，颇能阐之"⑥。此外，方志也是《国史唯疑》重要的参考文献，书中提及的就有《松江志》《福建通志》《泉州府志》《顺德志》等。⑦

---

① （明）黄景昉：《国史唯疑》卷4，第98—99页。
② （明）黄景昉：《国史唯疑》卷3，第84页。
③ （明）黄景昉：《国史唯疑》卷5，第146页。
④ （明）黄景昉：《国史唯疑》卷1，第9页。
⑤ （明）黄景昉：《国史唯疑》卷1，第20页。
⑥ （明）黄景昉：《国史唯疑》卷7，第196页。
⑦ （明）黄景昉：《国史唯疑》卷4，第115页；卷7，第204页；卷12，第365页。

（四）**个人的见闻**。《国史唯疑》的史源除上述所提到之外，尚有黄景昉的亲见、亲闻。黄景昉通过这些见闻与"国史"等书的记载互证，或正史书之误，或补充史书记载的缺失，或与史书记载对比，区分异同之处，详述如下：

1. 正史书之误。如长陵明楼碑在万历年间重修时已改为碑石，但史书仍称其为木袭，黄景昉则指出："（长陵明楼碑）至万历乙巳重修，业改竖碑石。今人犹循声称木袭，非是。余少从光禄何公谒陵，语亦如前，比阅史，始觉其误。"① 又如万历三十一年（1603）的楚王案，景昉因主考湖广乡试而拜谒楚王，认为楚王不假："郭文毅所争楚王真假作何定论。余以庚午较楚闱讫，例谒王，去文毅没业二十余载，而所覩汝阳眉宇犹庞然也，以比于垤泽之呼似无膺祸理。"② 复如万历四十二年，刘光复弹劾李三才盗皇木营建私第、侵夺官厂为园囿一事，黄景昉因亲临过李三才的"废园"，认为李三才"虽不能持廉"，但并非巨富，实则辨此事为诬枉："林（如楚）宦履无玷，惟李三才皇木厂事发，言者尤其居室宏侈非制，遣官勘，林报略依违。然李废园旧存，余过之，荒榛满地而已，其家亦非甚巨富"。③

2. 辨史载之异。黄景昉通过其见闻，指出当下与史书记载的差异之处，如《太常考》关于四孟享太庙时辰的记载"四孟享太庙，惟孟秋以子时，余皆用午""至神庙初年，秋享亦改用午时，而以其日寅时省牲"，但至景昉所见时已是"四孟俱昧爽行礼，在寅卯间，惟岁暮祫祭一用午耳"。④ 又如明初朝班不以阁部为序，李贤以侍郎入阁仍居尚书王翱之后，到了崇祯年间，景昉"点朝班日"所见，则是"阁臣自为一班，冢卿虽加一品，仍缀于阁臣二三品之末"。⑤

3. 补史书之缺。黄景昉自通籍后即任职于翰林，从编修以至宰辅，其亲历见闻有足补于史书者。如关于御用"红萝炭"的记载即是一例："易州厂专司柴炭供御用者，询止三种木：曰青信、曰白枣、曰牛肋，总谓之甲木，尊其名也。惟紫荆关六十里至金水口产此。万历中，管厂主事张新

---

① （明）黄景昉：《国史唯疑》卷2，第46页。
② （明）黄景昉：《国史唯疑》卷10，第305页。
③ （明）黄景昉：《国史唯疑》卷11，第323页。
④ （明）黄景昉：《国史唯疑》卷10，第282页。
⑤ （明）黄景昉：《国史唯疑》卷3，第80页。

请于厂后隙地植四万株。从之。炭长尺大如小椽，火力可竟日不衰。每召对阁臣，直房中纯烧此。俗呼为'红萝炭'。"① 芭蕉园为明代焚毁《实录》副稿之处，景昉赐游西苑时经过此处，并记录其位置："《实录》成，择日进呈，藏皇史宬中。其副藁虑为人见，例焚之芭蕉园。园在太液东，余赐游西苑日所经到。"② 而阎立本所画的《十八学士真像》则是廷试掌卷时所亲见，他对画像的辗转及在明代的贮存详述道："阎立本画《十八学士真像》一卷，于志宁讚，沈存中跋，旧蒲州监生魏希古家物。嘉靖中，因条陈边事附此卷封进。会世宗不好翰墨，所条陈又无足采，谩以疏并卷发兵科，因藏科中。余辛未掌廷试卷日，及一见之。"③ 另外，黄景昉从周延儒处所听闻的明神宗优容侍从之状，亦与崇祯皇帝对待大臣之刻深形成感同身受的对比，故感叹"终是太平气象"，其文曰："宜兴周公为予言，收捕王曷门客旨，初未知也。是日适偕同馆数人过曷饮，抵夜未散，捕者以密闻，旨俟诸翰林席散始收。越日，闻各大惊，迄无累及。神庙之优容侍从，爱惜才华，于是为不可忘，终是太平气象。"④

此外，在《国史唯疑》中尚有黄景昉拜谒先朝气节之臣的记载，如翁正春则记道："余通籍后，及一再见之，温然长者也。"⑤ 又如卞孔时，万历年间为税珰陈奉所诬逮，景昉在天启年间与其相识于南京，感慨道："老矣！慷慨谈笑，风规犹在。"⑥ 景昉于此记翁、卞晚年之风尚，以证其盛年之气节，实为阐扬大臣"出处光明之义"。

第三节　《国史唯疑》的撰著原则与方法

明中叶以降，在"崇实黜虚"的经世思潮影响下，随着考据学的

---

① （明）黄景昉：《国史唯疑》卷9，第276页。

② （明）黄景昉：《国史唯疑》卷12，第350页。按，《馆阁旧事》亦记此事："《实录》成，择日进呈，恭藏皇史宬中，原稿虑为人见，命焚于巴蕉园。园有小山曲水，在太液池东，余所躬到。自申文定、陈文端两番较雠，始有携归私宅，转相抄传者，费百余金，非好读书兼有力人不办。"

③ （明）黄景昉：《国史唯疑》卷12，第369页。

④ （明）黄景昉：《国史唯疑》卷11，第325页。

⑤ （明）黄景昉：《国史唯疑》卷11，第320页。

⑥ （明）黄景昉：《国史唯疑》卷10，第292页。

发展，①"理学化史学风逐渐衰落，传统的实证史学风气开始盛行"②，这一学风凸出的表现为"对本朝《实录》的批评"和"私家著史开始采取客观态度"，迄于明代后期，"许多史书都能以客观的态度，以《实录》为本位，兼采私家史著，互相印证"。③ 黄景昉之撰著《国史唯疑》"于《国史》旧文，节取成编"，虽志在经世，但其对史事的考辨则持以客观的态度，对于未详之事则曰"当续考"，并曾多次批评王世贞"轻持论"、何乔远有"轻信好奇之过"，可见其深受史学考证之风的影响。④ 黄晋良在序文中曾说，黄景昉于是书的撰著"始终必以理为衡，固不容微有偏倚"⑤，通过对该书内容的梳理，这一宗旨主要体现在以下两个方面：

（一）"详考证，存阙疑"的撰著方法

黄景昉深受考信之风的影响，其表现即在于对史事的考证上。从前文对《国史唯疑》史料来源的梳理来看，黄景昉所参考的史料颇为丰赡，不局限于某一时代，或某一类的史料，这与杨慎等人所提倡的"博古考据"之学风相通。而他对史事的考信也承袭隆、万以来的实证史学之风，即对可考的史事，则据实而证，无法下定论的史事，则采取阙疑的态度。

具体于黄景昉对史事的考订，主要有以下三种方式：其一，是从所据文献本身进行考辨。如李文忠之非善终即是一例，他通过对其诰词的考证，认为："李岐阳文忠识礼张玄，玄以延其宗，亦其平生好文重士之报。

① 对于经世思潮与考据学的关系，钱茂伟认为，明中叶以降"当代史编纂的勃兴"主要受"经世史学思潮与史汉风的兴起"的影响，并指出史汉风的兴起与明中叶的前七子的复古主张有关，而万历年间史汉风的高潮则与后七子的大力提倡和图书出版繁荣有关，史汉风对史学的影响，体现在实证精神重新受人重视。（《明代史学的历程》，社会科学文献出版社 2003 年版，第 212—216 页）杨艳秋则认为，嘉靖、万历以降，明代的史学思潮表现为"以史经世思潮的兴起""史学考证潮流的兴起"，考据学的发展受经世思潮中"崇实避虚"的实学思想影响。（《明代史学探研》，第 70—82 页）林庆彰则将明代考据学的兴起析分为五点，其中也涉及"废学之反动""复古运动之影响"和"刻书业之兴盛"，但并未明确提到经世思潮。（《明代考据学研究》，华东师范大学出版社 2015 年版，第 22—28 页）值得注意的是，三位学者都认为明代史学考信之风，肇始于杨慎。而钱茂伟还特别指出王世贞"由他批判理学化史学、提倡实证考信史学风确立的"，并由其开创了明代的当代史考信之风。

② 钱茂伟：《明代史学的历程》，第 138 页。

③ 杨艳秋：《明代史学探研》，第 80—81 页。

④ 值得注意的是，黄景昉也深受复古思潮的影响，如林胤昌在《屏居十二课跋》中称其"先生文必师古"（《罗氏雪堂藏书遗珍》第 9 册，第 347 页），《国史唯疑》周校本中的蒋凤藻按语也说："晋江笔墨坚涩，意在复古。"（《国史唯疑》卷 5，第 149 页）关于复古思潮与实证史学思潮之间的关系，前揭林庆彰、钱茂伟、杨艳秋等先生的著作中都曾详论及。

⑤ （清）黄晋良：《〈国史唯疑〉抄本原序》，第 1 页。

阅诰词云：'非智非谦，几累社稷，身不免而自终。'当非善卒也。或如宋、颍二公例耶？"① 又如关于内阁的创制，他认为可追溯自洪武年间，则是从"国史"中考察所得："刘仲质、宋讷、吴沉、吴伯宗，洪武中并为殿阁大学士。又儒士王本等位四辅官，次公侯都督，当时保傅内阁之职，业隐具矣。今谓阁臣始永乐中解缙等，似未深考。"② 其二，则是据其他文献证史传之误。如黄景昉据林俊弹劾刘瑾的奏疏证史传之误："林贞肃劾刘瑾疏云，张敷华以忧死，又差出都给事中许天锡，寻事吓勒，逼令自杀。二端足证史传讹。"③ 杨名上疏，认为是廖道南主使，景昉则据汪铉奏疏考证为席春，而并非廖道南："杨名下狱，逼供主使。或云廖道南素忌名，同邑席书位己右，授意名指之。不从。意事未辨真否？按道南在讲筵，屡赞典礼，蒙眷，如罢姚广孝配享，改正庆成乐章，及四郊分祀议，多所倡明。中一谪徽州判，旋召复。虽张孚敬、汪铉莫能间也。席文襄任用在先，无相轧理。或其弟春事也乎？阅汪铉劾春疏，果首指及。足证志文之误。"④ 王世贞在《皇明奇事述》记有两张永，黄景昉则考证仅有一个："张永先同杨襄定宁夏变归，计诛刘瑾。比王文成龃龉于张忠、许泰之间，形迹危！复赖永婉解，永似可与言者、既坐降司香，文襄特荐起督团营，功亦难泯。王元美记正德间有两张永。考止是一人耳，岂偶误欤？"⑤ 其三，则是据其见闻进行辩证。如前文所述长陵明楼碑在万历年间重修已改为碑石事，即是黄景昉据其见闻证史载之误。⑥ 又如祝允明在《野记》中记洪武年间，御史与校尉"同居官舍重屋"，欲使之"互相纠察"，王世贞驳其误，认为"此时原不设校尉刺事"，而黄景昉则以其所见证为非误："余闻近税珰杨某之在扬州，其把牌与榷关户部，同分处上下楼屋，视枝山语乃不甚殊，往来多见之者。今南京御史廊尚在，云旧是台官住处。"⑦

　　而对于史事难以下定论者，黄景昉皆予以存疑，并以"当续考""俟熟考""未知信否"阙之。王世贞曾言："《春秋》，圣人之书也，其有疑

---

① （明）黄景昉：《国史唯疑》卷1，第6页。
② （明）黄景昉：《国史唯疑》卷1，第9页。
③ （明）黄景昉：《国史唯疑》卷5，第127页。
④ （明）黄景昉：《国史唯疑》卷6，第159页。
⑤ （明）黄景昉：《国史唯疑》卷5，第141—142页。
⑥ （明）黄景昉：《国史唯疑》卷2，第46页。
⑦ （明）黄景昉：《国史唯疑》卷1，第14—15页。

焉者，阙之。阙之，尊之也。"① 黄景昉对于王世贞此法颇为遵循，如《名山藏》中载哈铭之语，称也先有复立英宗之举，即认为何乔远"属轻信好奇之过。"② 对于洪武初年，太祖立于宫门的"内臣不得干预朝政"铁牌，后世史书虽多有记载，但他认为"纸上语终难轻信"："相传洪武初，铸有铁牌三尺许，镌八字其上曰：'内臣不得干预朝政。'万历中御史潭希思引及之。诏诘所从来，茫莫置对。盖禁中失此牌久矣。"③ 而对于传闻之言，景昉亦不轻信，如陆深从靳贵处听闻关于杨士奇、杨导父子之事，即认为"如陆言，是以文贞为卖友，导为杀兄也。余不敢信"。④ 再就因俗传或好事者文饰之事，虽传闻已久，但若未经考辨，亦不轻信，如对"刘子钦由省元会元，以过自负，为解缙所抑"，即认为"出俗传"，而其"一日之间，自庶吉士充工部办事吏，复还原职，色不少动者"之举，经其考辨后，认为："本朝无此高品，恐非子钦所办，疑好事家故文饰之。"⑤ 此外，对于一时难以下定论的史事，黄景昉则存之以待考。如明武宗之祭靳贵，有传言其文为"朕在东宫，先生为傅；朕即帝位，先生为辅；朕今渡江，闻先生讣。哀哉！"在此条之后，景昉有按语称："按史，仅遣番僧绕咒之，不闻祭文。而辞气高古曲折，尽六言中，又非杜撰所办，当于《实录》《宝训》征之。"⑥ 又如泉州知府张嵩，因其事迹难明，景昉亦采以存疑的态度："吾郡太守张公嵩，成化中改任，政尚严明。浚市河，通舟楫；毁僧尼庐舍，改建社学；杖杀里豪王大观等，为其子稠入京诬奏，泉人交颂其贤，诬寻白。稽《郡志》或应详载，惟云：'郡有大道，民惑于邪怪，废，弗繇，公单骑造焉，道始复辟。'百年沧桑，今不知此道谁是？当续考之。"⑦

（二）"据实而论，不擅褒贬"的撰著原则

在《国史唯疑》中，黄景昉除对史事进行考辨外，对涉及的人物、事件亦多有评论，他主张"凡评论古今人，忌从私意起见"，如对王琼的评

---

① （明）王世贞：《弇州四部稿》卷111《读春秋四》，《景印文渊阁四库全书》集部第219册，台湾商务印书馆1986年版，第746页。

② （明）黄景昉：《国史唯疑》卷3，第71页。

③ （明）黄景昉：《国史唯疑》卷1，第16—17页。

④ （明）黄景昉：《国史唯疑》卷3，第63页。

⑤ （明）黄景昉：《国史唯疑》卷3，第39—40页。

⑥ （明）黄景昉：《国史唯疑》卷5，第143页。

⑦ （明）黄景昉：《国史唯疑》卷12，第365页。

价，他就认为不应过扬亦不当过抑，称："王晋溪生平，扬之则为名臣，抑之则为奸党，两非定论，视王威宁同。晋溪与杨新都为仇，桂文襄、霍文敏特誉不容口，过誉晋溪，正为巧抑新都地。度才诚过人，守劣矣。"[①]而王世贞为李本作传，盛赞李本，景昉认为当王世贞为父颂冤时，必定得到过李本的帮助，并以杨继盛的奏疏驳斥其过誉之言："王元美为《吕文安传》，誉不啻口。独不记杨椒山疏乎？云'李本愞熟庸鄙，奔走严嵩门下，沈錬劾嵩疏本，先送世番票拟，后封进。'按李后复姓吕，计王颂父冤时，吕在阁，必得其力，不觉谀颂。然前事实难为解。"[②]高拱因未予王忬恤典，而遭王世贞丑诋，但景昉赞同孙鑛的看法，认为评论高拱，语出王世贞者则多不可信："王弇州以高新郑之持其父恤典也，啣之，徐华亭因得收为德。《首辅传》叙高多丑词，至诬以赇贿。即如顺义款贡事，何等大功，仅一二语及之。孙月峰谓语出弇州，多不足信，信然。"[③]万历年间，张居正治葬归里，有荐起复徐阶，而未有言及高拱者，但王世贞却认为高拱有行贿求复之举："起华亭说或有之耳。王元美谓高拱使贿武清伯，乘江陵行，求复入。又内珰或谋为殷士儋地。暧昧语何凭？肆蔑名辈，徒益张阁威权。"对此，黄景昉就批评王世贞："每轻持论类尔"。[④]

此外，黄景昉在史评中"不擅褒贬"，还体现在对已有共识的逆臣上，如其有可褒扬的行径，亦不以其奸佞而抹灭，如论胡惟庸云："方克勤守济宁，会所部指挥非时役民筑城，力争之不能得，自署名密上之中书丞相胡惟庸以闻，即罢役。见惟庸亦有可喜处，难以人废。"[⑤]又如王振，景昉认为他在宣德、正统年间亦有善举："陆容《菽园杂记》有云：'自宣德年间，朝廷起取花木鸟兽诸玩好物，内官道接踵，扰甚！至王振悉禁绝之，未尝轻差一人，民赖休息。'考正统中，尝敕禁内使毋得与外庭私交，嘱托营求，又特严饶州府私造异色瓷器之刑。前说颇非虚。"[⑥]再如徐有贞，其人虽奸，但"治河、治兵俱著绩，兼精象纬"。[⑦]同时，名臣不善之举，

---

① （明）黄景昉：《国史唯疑》卷5，第146页。
② （明）黄景昉：《国史唯疑》卷7，第199—200页。
③ （明）黄景昉：《国史唯疑》卷8，第226页。
④ （明）黄景昉：《国史唯疑》卷8，第248页。
⑤ （明）黄景昉：《国史唯疑》卷1，第21页。
⑥ （明）黄景昉：《国史唯疑》卷3，第69页。
⑦ （明）黄景昉：《国史唯疑》卷3，第79页。

黄景昉亦据事而论，如杨士奇虽为名臣，但也有为人所不齿的行径："罗汝敬素不满其（杨士奇）所为，数面斥之，西杨因荐罗巡抚宁夏，罗年老遇虏丧师，明故陷之死地，作好恶甚矣，非止谤方孝孺、沮王直罪过已也。"① 又如于谦，南宫之变时，身任兵部尚书，却对此毫不知情，景昉评道："于身大司马，统兵政，致人半夜纳兵禁城，毫无闻知。职掌谓何?"②

第四节 《国史唯疑》与黄景昉的经世史学思想

明中叶，随着经济的发展与社会的转型、王学的兴起以及文学的复古，在思想领域逐渐改变了明初以来程朱理学"师承有自，矩矱秩然"的局面，对理学的批判之风日盛，并试图摆脱其束缚。③ 至正德、嘉靖时期，阳明心学逐渐取代程朱理学成为当时思想的主流，出现了"笃信程、朱，不迁异说者，无复几人矣"的情形。④ 然而，面对正、嘉以降社会危机的加深、时局的动荡及对理学批判的深入，经世思潮及复古思潮随之步趋而起，与之互为表里的，则是当代史编纂的臻盛及考史之风的兴起。万历中后期，明代政治"达于无可救药状态"，在此环境下，"士大夫中普遍流行着关于世风、政风败坏、山雨欲来、危机逼近的言论"。⑤ 同时，"谈良知者几且盈天下"⑥，王学仍然是当时思想的主流。故以顾宪成、高攀龙等人为代表的东林士人力辟王守仁"致良知"之学，指斥王学使理学中断，认为"姚江之学兴，而濂洛之脉断"⑦，贬斥王学为"虚学"⑧，倡导"由王学向朱学回归"⑨，并以讲学干预朝政，提出："夫救世者有二端，有矫之于上，有

① （明）黄景昉:《国史唯疑》卷 2，第 51—52 页。
② （明）黄景昉:《国史唯疑》卷 3，第 79 页。
③ 钱茂伟认为，王学的兴起对明代史学的影响，表现在两个方面，其一是独立思考精神的提倡；其二是阳明提倡"五经皆史"说。（《明代史学的历程》，第 101—108 页）
④ （清）张廷玉等:《明史》卷 282《儒林序》，第 7222 页。
⑤ 赵轶峰:《明清帝制农商社会研究》（初编），第 325—344 页。
⑥ （明）顾宪成:《小心斋札记》卷 2，《续修四库全书》第 943 册，上海古籍出版社 2002 年版，第 139 页。
⑦ （明）高攀龙:《高子遗书》卷 8 上《答张鸡山》，《景印文渊阁四库全书》集部第 231 册，台湾商务印书馆 1986 年版，第 498 页。
⑧ （明）高攀龙:《高子遗书》卷 8 下《答方本庵一》，第 507 页。
⑨ 陈祖武:《清初学术思辨录》，中国社会科学出版社 1992 年版，第 15 页。

矫之于下。上难而下易，势使然也。"① 期望由下至上扭转风气，以此"道德救世，救厚风俗"②。明季的经世思潮就在这种挽救时局之危的思想推动下，继正、嘉以来的经世思潮、实学思潮而勃兴，正如学者所指出："晚明的经世思潮，是一个旨在挽救社会危机的学术潮流，它具有益趋鲜明的救世色彩。因而一时学术界中人，无论所治何学，救世都成了一个共同的论题。"③

与此同时，随着内忧外患的日益深重，在经世思潮的推动下，伴随着郑晓、陈建、何良俊等有识之士的倡导，史学的研究也逐渐转向当代史，出现了以史经世的思潮，认为："镜治理于方今，则不必袭太上之空言；览先达之献替，则不必起贾董于异代。"④ 黄景昉的仕宦生涯主要在崇祯年间，是时明王朝已深处空前的危机之中，在内，崇祯皇帝继神宗、熹宗之困局，虽"殚心治理"，但"积习难挽"；在外，流寇四起，后金扰边，而无制御之良策。面对危局，救世成为晚明经世思潮的中心，亦是晚明士大夫探讨的焦点。而从本朝史事中探求"世道之盛衰，人物之升降，风俗之隆替"⑤，则是"史以经世"的重要途径之一。时人陈仁锡在《皇明世法录》自序中即透露此观点：

> 祖宗之法，而循以为行，故能久长而勿替，然则今之世有能恪勤纂述，丕显谟烈，自靖自献，以佐盛明在天之灵，或固有待矣。……略仿二氏之意，考明旧章而推广之，著为《皇明世法录》。首辑二祖之谟烈，以为万世法，而又明礼乐以和神人，辨历象以示修省，恤民以固邦本，积储以裕国用，明罚敕法以厚俗，稽漕河、记防海以通水利，纪元辅、录名臣以彰景范，诘戎兵以严武备，考四夷以示怀柔。⑥

---

① （明）顾宪成：《泾皋藏稿》卷8《赠凤云杨君令峡江序》，《景印文渊阁四库全书》集部第231册，台湾商务印书馆1986年版，第102页。

② 刘泽华、葛荃主编：《中国古代政治思想史》，南开大学出版社2006年版，第492页。

③ 陈祖武：《清初学术思辨录》，第17—18页。

④ （明）李幼滋：《序》，（明）顾尔行：《皇明两朝疏抄》卷首，《四库全书存目丛书》史部第73册，齐鲁书社1997年版，第518页。

⑤ （明）何良俊：《四友斋丛说》卷5，中华书局1959年版，第41页。

⑥ （明）陈仁锡：《皇明世法录》序，《四库禁毁书丛刊》史部第13册，北京出版社1997年版，第407—409页。

由黄景昉鉴定过的《皇明经世文编》，徐孚远在序文中也说道：

> 今天下学士大夫无不搜讨缃素，琢磨文笔，而于本朝故实，罕所措心，以故刬藻则有余，而应务则不足……余尝得《高庙实录》副本，恭诵数四，虽莛叩钟音，不测其洪蕴，而运化之迹，有可晓睹。观夫当日立制之初意，与夫后来沿习浸以失之，末举而本不存，目设而纲不振者，盖已多矣。尝欲探其源流，别其同异，条其可施于当今者数十事，以为能行此数十事，则治平不足言矣，而才识庸陋，卒卒未能也。又念祖制所以浸失者，虽则奉行之吏未能虔共厥职，而其变易亦有繇也，盖以法立而例生，始简而后烦，或小小补葺，一时一事，人以为便，而移改既多，形执顿垂。向者圣祖之制，所谓如绳贯，如丝连，一经一纬，不复可识也。然则欲追复祖制，当先观列圣以来诸名贤之议论，推其所以，出入于祖宗之制度，其为损为益，轻重较如，则今日所以补救之宜，可得而知也。①

黄景昉深受这一思潮的影响，"特别强调历史的经验教训对当世的实际作用"②，正如前文所述，《国史唯疑》以"唯疑"命名，已蕴含了黄景昉"史以经世"的意旨。③ 黄晋良在《原序》中就强调了黄景昉"留连往复于本朝之故……莫此书（《国史唯疑》）为甚"④，即由疑"国史"而反

---

① （明）徐孚远：《皇明经世文编》序，（明）陈子龙、徐孚远等《皇明经世文编》卷首，第35—37页。美国学者邓尔麟就《皇明经世文编》的编纂提出看法，认为经世之学开始反映一部分新组织起来的士人的观点，他们最坚信儒学复兴的必要性，但为了平衡经世改革中可能产生的"好"的积极影响与"坏"的消极影响，使之适应变迁的形势，于是儒学复兴的探索按部就班地跨入经世实践的范围。（[美]邓尔麟：《嘉定忠臣——十七世纪中国士大夫之统治与社会变迁》，宋华丽译、卜永坚审校，中央编译出版社2012年版，第156页）笔者不对邓尔麟的这种说法作评价，但就《国史唯疑》来看，更接近于单纯探求祖制中可施行于崇祯朝的制度，或者在此前已变坏的制度中，探求其创立的本意以施用于时局。

② 葛兆光：《明代中后期的三股史学思潮》，《史学史研究》1985年第1期。

③ 黄景昉在其仕宦生涯中已表现出经世致用的志向，早年主考湖广、顺天乡试时即以《试录》砭切时政而触忤温体仁，随后在讲筵又以敷陈时政而受知于崇祯皇帝，并敢于直言时局之弊，救贤士大夫于危难之中，同时又与"以救世为己任"的东林士人、复社学人颇有往来，故而在宦途末年、已位居宰辅的黄景昉对于时局的种种困境，必定不能熟视无睹。

④ 按，此语出自黄晋良转述，以明黄景昉著述之旨，文字与《古今明堂记》原序略有差异。[（清）黄晋良：《〈国史唯疑〉抄本原序》，第1页]

思时局，并试图从"国史"中探寻解决困境之法。① 在《国史唯疑》中，黄景昉不乏类似的主张，如对明初"每蠲赋，皆预免见征，非追赦积逋"的方式，他就颇为认同，而对于崇祯朝的蠲赋方式则认为"仅托空言"，称："国初每蠲赋，皆预免见征，非追赦积逋也，有深意！赋法严，良民安敢拖欠，其积逋皆豪强大户，赦之反长其奸，况贪吏恒窟穴其中，往往有'黄纸赦白纸催'之谚。即就赦本年亦实无惠，今催征法动以前岁十月内开仓故耳。稽前辈疏议中屡及之。顾亦仅托诸空言何！"② 而对于崇祯年间裁驿站之举，则认为是"谩言之耳"，并引陆深之语，言裁驿之弊："考陆文裕深议及之：'近驿禁严，舆卒无所得食，流为寇。'"③ 明季流贼盛行与裁撤驿递不无关系，《明史》对此评论道："山、陕游民仰驿糈者，无所得食，俱从贼，贼转盛。"④ 对于可行的制度，黄景昉认为不当因创制者之品行而废除，并以李裕创制吏部考察之法为例："考察旧有老疾、罢软、贪酷、不谨四条。吏部尚书李裕谓迟钝似软，偏执似酷，特创'才力不及'条益之，得照品降调用。盖前四条凡丽及皆黜，兹始寓爱惜人才意，遂为定法。裕，弘治初以附李孜省斥，于诸铨宰中品最卑。不谓法迄今遵行，不以人废。"⑤

对于官员选择及任用，黄景昉认为大臣保举之法"法久弊生，递为循环"，应当废止，并以崇祯八年行保举法"茫无寸效"而未几即废为证："诏罢大臣举官，从吏部选擢，如旧制。先是，宣德中虑铨衡未精，改命大臣保举，既复滋弊，总法久弊生，递为循环。杨文贞名能荐贤，得誉以此，间有牢笼报复，嫌亦坐此。近亦一修行保举法，茫无寸效，未几

---

① 对于晚明经世思想的产生，鱼宏亮认为源于晚明士大夫在政治上和思想上所受的双重压力。其中，对经世之学的强调也暗示了单纯依赖道德修养的功夫并不足以完成儒家的政治理想和应对现实的政治问题，技术型专门治国人才的强调以及历史经验和典章制度的研究成为学者重要的研究内容，是明清之际士大夫从自身角度应对晚明政治危机所作出的调适。（北京大学出版社2008年版，第45—46页）黄景昉之撰著《国史唯疑》，与此中所提到的"历史经验和典章制度的研究"有切合之处。

② （明）黄景昉：《国史唯疑》卷12，第360页。

③ （明）黄景昉：《国史唯疑》卷6，第168页。按，在《宦梦录》卷一中，黄景昉也谈及此事："南兵驿递裁，诸驿夫无所得食，往往散为盗，有言之娓娓可听，实室碍难行，此类是也。闻邮亭中多画刘懋像射之。"［（明）黄景昉：《宦梦录》卷1，第121页］

④ （清）张廷玉等：《明史》卷309《李自成传》，第7949页。

⑤ （明）黄景昉：《国史唯疑》卷4，第95页。

废。"① 他还指出"三途并用"之说，于崇祯朝已不可行，称"然如近日
并用三途，有侥幸混淆弊，不若加恩广额，俾人人甲榜自命之为愈也"。②
而对于吏员不得应科考的规制，景昉颇为认可，他以"其后有阑入言路
者"暗指崇祯年间陈启新由"淮安漕运理刑胥役"授给事中事，认为"吏
员心术已坏"不可用。③ 黄景昉对于明初官员久任之法，不论在皇帝的层
面，还是在制度的层面都能加以保障，也颇为赞许，并以明太祖、成祖审
慎对待官员的升转为例："魏骥自松江训导荐擢太常寺博士。文皇曰：'刘
履节九年御史，我皇考方授此官，不轻畀人也。'观此知祖宗慎重官人，
故倖位少。洪武中，解缙以祠部主试出为应天教授，语之曰：'勿谓官小，
京学也。'同是。"④ 又举蹇义、黄福、周忱、刘纲久任之例，称："永乐
朝，吏部尚书惟蹇忠定一人，更无他授，在部实三十三年。国初尚久任
法，不易其官。黄福、周忱之出镇抚二十余年。刘纲知陕西宁州至三十四
年，尤异。"⑤ 甚至于像林玭刚满三年即由浙江金事升任云南副使被认为是
"数十年间见"、李隆由副使升参政仅用三年而自叹"我何负于职，遽升
乎"，但从明中期开始，随着官员迁转的加快，官员久任渐少，景昉感慨
道："后乃有飞廉走参之说，江河日下矣。"⑥ 另外，对于宦官的任用，黄
景昉以王振用事为例，认为是"误国的祸根"⑦，赞同明初诸帝严于制宦的
方式⑧，并对明世宗撤回镇守内臣之举颇为赞许，即如力主其议的张璁、
李承勋等亦称其"功难泯"⑨，实乃黄景昉借此反思、总结先朝任用宦官的
教训。

　　诸如此类推崇祖制、借鉴前贤的言论，在《国史唯疑》中颇多，可见
黄景昉著书之目的实欲从前代的经验中探求挽救时局之道。而黄景昉这种

---

① （明）黄景昉：《国史唯疑》卷3，第66页。
② （明）黄景昉：《国史唯疑》卷6，第160页。郭培贵认为明代"三途并用"之说，形成
于天顺以后，即"进士为一途、举贡为一途、吏员等为一途"的格局。并且认为有明一代"三途
并用"的含义有不同理解，如"进士、举人、岁贡""科举、岁贡、荐举"等。（《明史选举志考
论》，第306页）
③ （明）黄景昉：《国史唯疑》卷2，第36页。
④ （明）黄景昉：《国史唯疑》卷2，第38页。
⑤ （明）黄景昉：《国史唯疑》卷2，第36页。
⑥ （明）黄景昉：《国史唯疑》卷4，第114页。
⑦ （明）黄景昉：《国史唯疑》卷3，第70页。
⑧ （明）黄景昉：《国史唯疑》卷2，第53页。
⑨ （明）黄景昉：《国史唯疑》卷6，第160页。

以史经世的思想，在《国史唯疑》中则具体表现为以下几个方面：

（一）扬忠斥逆

自万历四十六年（1618），努尔哈赤以七大恨起兵，明代守边将领虽有为国尽忠者，但多数封疆大臣或战败即降，或不战而降，有甚者兵未至已暗通纳降。崇祯年间，面对流寇势强之时更甚，以致末年，李自成所到之处，降者为多，黄景昉在《古今明堂记》中就感叹道："呜呼！《春秋》之义不明，此后世乱臣贼子之所为接踵也欤！"① 《国史唯疑》中，黄景昉对于忠义之臣的表彰、奸佞之臣的斥责，主要体现在评骘靖难殉主、纳降的大臣上，而对于有功社稷之臣亦加以褒奖、奸佞之臣则予以挞责。

其对忠义之臣的表彰，如在靖难之变中殉主的方孝孺、徐辉祖，黄景昉就盛赞为"三代人物"："殉主之忠，方孝孺最烈；保障之略，铁鼎石独优。至徐辉祖以元勋之重，元舅之亲，宁舍之，其就牢狱，其权衡于公私义利之间，何等超卓！不得不以三代人物归之。"② 又如方孝孺不肯草拟明成祖登极诏、楼琏具草而自经，黄景昉称许道："以文皇排山倒海之威，不能没烈士之名，可以观人心焉。"并认为真正的"烈士"当不惧于刑戮，以此告诫"抑徒逞刑戮者"。③ 再如于谦，黄景昉不仅嘉奖其力守主城之功，对其力斥何文渊废云、贵布政、按察二司之举为有"社稷功"："贵州苗反，久未平。何文渊请罢藩、臬二司，专设都司，以一大将镇之。于少保谦不可，曰：'若不设二司是夷之也，何以通滇粤道？且无故弃祖宗疆内地，不祥。'遂寝。即此议于功亦在社稷。时云、贵之不为安南续者几希。"④ 复如吴杰以医术谏宦官而诡安江彬，促使武宗回銮之举，黄氏亦嘉其功："武庙驾南回，亦医院使吴杰功。杰每诡安江彬以万寿无疆状，而密言于大阉曰：'察上脉，幸可及还内耳，脱至宣府不讳，吾与若岂有葬所？'阉感惧，百计邀上还。昔云'工执艺事以谏'，其杰谓乎？"⑤

而对于奸佞之臣的斥责，黄景昉着眼之处更多的在于大臣是否能忠君，这从他对靖难降臣的评价上即可看出，如对泄谋之李友直就颇为鄙

---

① （明）黄景昉：《古今明堂记》卷2《魏陈泰》，福建师范大学藏明刻本，第25b页。
② （明）黄景昉：《国史唯疑》卷1，第23页。
③ （明）黄景昉：《国史唯疑》卷2，第34页。
④ （明）黄景昉：《国史唯疑》卷3，第73页。
⑤ （明）黄景昉：《国史唯疑》卷5，第144页。

夷，称："李友直，一北平按察司掾耳，以阴泄张昺谋，受知，官至尚书。"并赞同许相卿《革朝志》中将蹇义、夏原吉等名臣视为与李友直同类："叙蹇、夏、解、杨诸名臣与同传，若曰是亦李友直之类焉尔！"但也认为此举对蹇、夏已"严于霜钺矣。"① 又如与解缙、胡靖、王艮同论殉国之吴溥，虽为明初名儒吴与弼之父，景昉亦对其"引分自宽"之举颇有斥责："北师入，吴溥语解缙、胡靖、王艮曰：'三子受知深，事在顷刻，若溥去就固可从容也。'稽胡、王与溥同榜。溥会元，首二甲，官终司业。不知时何职，而明引分自宽若此。"② 再如胡广，黄氏则借其漠视金幼孜堕马，责其"于君臣谊漠如"："金幼孜扈从北征，道堕马，同行胡广、金纯不顾去。杨荣独为整理鞍辔，且让所乘马。既达，文皇嘉之。荣以僚友谊对，上曰：'胡广、金纯不僚友耶？'噫！广于君臣谊漠如，何论僚友。天语严于斧钺，即生平可知。"③ 并认为胡广"不如艮多矣"④。复如陈瑄，虽董理海运、漕运有功，但对其暗通朱棣，以防江之舟迎降，则认为："瑄才自可观，恨卖国名难浣耳。"⑤

此外，黄景昉对于阿附逆珰，谋求贵显的大臣亦颇有斥责，李良即是一例："光禄卿李良始事刘健甚谨，得美迁，又以女字健孙。及健为刘瑾所憾，良惧累，诈言女死，谋他适，为御史张仕隆劾罢。小人丑态可恨！"⑥ 又如李鲁生，在天启年间不仅取媚于魏忠贤，并为冯铨谋入阁曲解谕旨，黄景昉在书中尽揭其丑态："李鲁生疏多纰缪，不但解中旨为'执中之帝，用中之王'已也。方枚卜，旨需老成干济。鲁生言'成即为老，干乃有济，老于识而非老于年'，盖显为冯涿州地。传笑破人口。时与李恒茂、李蕃并称'三李'，而鲁生尤甚。"⑦ 由以上数例即可看出黄景昉实欲借褒忠义、斥奸佞，以使"乱臣贼子惧"，鼓舞士大夫为国尽忠，做有功于社稷的大臣，以期改变"官辈毂，志不在君父，官封疆，志不在民生，居水边林下，志不在世道"⑧ 的现状。

---

① （明）黄景昉：《国史唯疑》卷1，第23—24页。
② （明）黄景昉：《国史唯疑》卷1，第25页。
③ （明）黄景昉：《国史唯疑》卷2，第37页。
④ （明）黄景昉：《国史唯疑》卷1，第22页。
⑤ （明）黄景昉：《国史唯疑》卷2，第48页。
⑥ （明）黄景昉：《国史唯疑》卷5，第126页。
⑦ （明）黄景昉：《国史唯疑》卷11，第338页。
⑧ （清）张廷玉等：《明史》卷231《顾宪成传》，第6032页。

（二）奖掖能臣

晚明士大夫因受王学空谈之风的影响，"应试高者谈性天，撰语录；卑者疲精死神于举业，不唯圣道之礼、乐、兵、农不务，即当世之刑名、钱谷，亦懵然罔识，而搦管呻吟，自矜有学"①，实多为"有学无能"之士。崇祯皇帝屡次改革，如庶吉士的考选、申言"三途并用"、恢复保举，但都难得其人，以致如施邦曜"少好王守仁之学，以理学、文章、经济三分其书而读之，慕义无穷"，临危则只能感叹："惭无半策匡时难，惟有捐躯报主恩。"② 清初顾炎武对士大夫空谈之风就批判道："刘石乱华，本于清谈之流祸，人人知之。孰知明代之清谈，有甚于前代者。昔之清谈，谈老庄，明之清谈，谈孔孟。未得其精，而已遗其粗，未究其本，而先辞其末。……以明心见性之空言，代修己治人之实学。股肱惰而万事荒，爪牙亡而四国乱，神州荡覆，宗社丘墟。"③ 并诟病士大夫倾心性命之学，"舍多学而识以求一贯之方，置四海之困穷不言，而终日讲危微精一之说"。④ 黄景昉深悉此中情形，故而在《国史唯疑》中，对于能臣的阐扬，自首辅以至知县皆有论及，欲以此"多录示劝"⑤，以期士大夫能"崇实黜虚"。

黄景昉对于能臣的关注，重点在于中央官员，特别是辅弼大臣，如他对张居正能知人用人就极为钦佩，称："江陵最能知人用人。考在事如蓟辽宣大俺答贡用王崇古、方逢时、吴兑；辽东王杲擒用张学颜；岭东盗平用殷正茂；岭西罗旁傜平用凌云翼；四川九丝蛮平用曾省吾；河工成用潘季驯；部院用杨博、谭纶、陆树声、葛守礼等；将则戚继光、李成梁；所取冠多士则邓以赞、张元忭，蒸蒸盛矣。"⑥ 对高拱亦然："辽东土蛮援俺答例要贡，抚臣张学颜不许，曰：'虏款而得请，是羁之也，重在内；蛮逼而与和，是媚之也，重在外。外将不可久。'遂发兵拒走之。俺答闻，

---

① （清）戴望：《颜氏学记》卷6《恕谷三》，《续修四库全书》第952册，上海古籍出版社2002年版，第709页。

② （清）谈迁：《国榷》卷100"崇祯十七年三月丁未"条，第6050页。

③ （清）顾炎武著，陈垣校注：《日知录校注》卷7《夫子之言性与天道》，安徽大学出版社2007年版，第384页。

④ （清）顾炎武：《亭林文集》卷3《与友人论学书》，上海古籍出版社2012年版，第92—93页。

⑤ （明）黄景昉：《国史唯疑》卷12，第365页。

⑥ （明）黄景昉：《国史唯疑》卷8，第239页。

益推附焉。张此举有虚有实，得声东击西之势。高文襄果不谬知人。"① 并盛赞徐阶、高拱、张居正能倾心于边事："江陵自云：'一日之内，神游九塞者再三。'所往复边镇督抚书，睹如灼照，大家悚服，乐为尽力。闻自养有探报人，分布各边，耳目最广，往往有旨下，边将尚未及知者。所资给良厚。徐文贞、高文襄皆然。"但也感慨后世的阁臣因时局所致"那得有此心力"②。对于高拱款虏之功，黄景昉认为"有功于社稷"，并指出明季边境屡屡失守，非因款局而实由"承平备驰"所致："款贡议起，当局诸公咸冀事完全，虑有破绽，独高文襄谓必有破绽而后可保完全，明将他日渝盟端说破，使虏无所要挟，士大夫无所借口。胆识绝人远矣！当时顺义虽就封，阴窜其子黄台吉、弟老把都东西讲嚷，亦殊有操纵，赖诸公应之，著著中窾，终归我戎索，未易言也。承平久，备之弗图，反归咎款贡误国，更为耳食。"③ 对申时行、石星能善处漕卒之失亦颇寓赞许之意："江南岁运到漕粮，偶经雨湿润，管仓部臣不听输，议却回责偿。漕卒汹汹，赖阁部调停，以十三输京仓，余留通州。其输仓者到随发，不限时日。初诸军犹有难色，石司农星急索釜甑，对众炊饭，皆可食，始以次支给，无哗者。是役也，申文定处置颇得宜，而司农亦应机敏。"④

而对于地方官宦绩可嘉奖者，黄景昉也多有记载，正如他在"毕亨"条中评论所言，其着眼之处在于士大夫对所治辖区是否有贡献，如杨云才不增费而城增二尺许之举，景昉即详录其事以示赞许："杨云才任荆州贰守，值拓城工具，台檄下，忽议增二尺许，监司颇窘。杨驰至陶所，取旧模视。佯怒，谓不佳，尽碎之。出所制模予之曰：'第式是！'工视式无异也。实于中阴溢二分，得如所增额。城成迄无加费，时服其才。"⑤ 再如杨珽、李汶巧抑权贵事，景昉亦记道："杨珽令丹徒，会中贵经过，屡缚守令舟中，责赂始释。珽选善泅水者二人，着耆老衣冠往迎。中贵怒曰：'令安在？'命执之。二人即跃入江中，潜遁去。珽徐至，以驱民命溺江为罪嚇之，中贵惧谢，亟行。按此亦形格势禁法。"⑥ "景藩之国，中使持宠

① （明）黄景昉：《国史唯疑》卷8，第231页。
② （明）黄景昉：《国史唯疑》卷8，第239页。
③ （明）黄景昉：《国史唯疑》卷8，第227页。
④ （明）黄景昉：《国史唯疑》卷9，第265页。
⑤ （明）黄景昉：《国史唯疑》卷12，第364页。
⑥ （明）黄景昉：《国史唯疑》卷12，第366—367页。

王横甚。至徐，谨言舟胶。李汶适都水，阴令善没者与抗，急即投水。因扬言中使杀人当论奏。王为谢过，趣敛舟驰去。前杨珊丹徒策又再见耶？"① 此外，黄景昉还主张政以宽民，认为唐时英"宽一分，民受一分之赐；蚤一刻，舟行一刻之程"之说，为"最切中"。②

（三）推重礼制

黄景昉在入仕之初即言："他日稍有补于国家，无得罪于名教足矣。"③"名教"的核心在于定尊卑、别名分，而礼则是"万世经也"④，是维持"名教"的重要途径："民之所由生，礼为大。非礼无以节事天地之神也，非礼无以辨君臣、上下、长幼之位也，非礼无以别男女、父子、兄弟之亲，昏姻疏数之交也。"⑤ 在《国史唯疑》中，黄景昉对于尊卑之礼极为重视，如赞许明太祖革去正一派道教首领张正常"天师"之称是"极洗千古蒙陋"即是一例。⑥ 对张智不以懿文太子之丧而废祭祀之乐的建议，则称为"议最明妥"。⑦ 但对于隆庆初年祧宣宗之举则不苟同，认为："隆庆初当祧庙，给事陆树德请毋祧宣宗，而祧睿宗，以旧所建世室奉祀。最确论也，格不行。将无以子改父孙议祖为疑乎？"⑧ 而万历初年，两宫徽号无别，黄景昉对张居正唯唯之举，亦颇有诟病："万历壬午以元子生，加两宫圣母徽号各二字。忽有旨增加慈圣徽号四字，张四维等持不可，从之。按此大典礼所系，岂容小轩轾其间。若论旧制慈圣还减二字为是，不见成化中尊慈懿钱太后事乎？咎在登极初，江陵唯唯内比，致两宫无别，益思彭文宪执奏之功。"⑨

此外，大臣之体也是黄景昉瞩目之处，如对大臣摧抑勋臣以"自雄"的做法，即认为是"非礼"："国初重勋爵。武臣黄福为交址二司带尚书衔，犹以属官礼事黔、英二公，观黄所与二公札可见。后宦滇人，辄思摧

---

① （明）黄景昉：《国史唯疑》卷12，第367页。
② （明）黄景昉：《国史唯疑》卷12，第367页。
③ （明）黄景昉：《宦梦录》卷1，第74页。
④ （明）黄景昉：《国史唯疑》卷8，第224页。
⑤ 《礼记注疏》，（清）阮元《十三经注疏》（清嘉庆刊本），中华书局2011年版，第3496页。
⑥ （明）黄景昉：《国史唯疑》卷1，第17页。
⑦ （明）黄景昉：《国史唯疑》卷1，第19页。
⑧ （明）黄景昉：《国史唯疑》卷8，第224页。
⑨ （明）黄景昉：《国史唯疑》卷9，第259页。

抑黔公自雄，信属非礼。"① 朱裳屈膝于俺答的做法，景昉则批评其为"辱国"："俺答初受顺义王封，不识何官？谀者绐之曰：'礼秩与代王等，边吏当拜。'及参政朱裳诣其营，迫令下拜，裳恐坏款局，遂屈膝焉。盖名器之不可轻假如此。裳宜以辱国论。"② 而对于杨俊民作为礼官，能守礼笃行，则颇有赞许："杨俊民初为礼部郎，有诏赐戚里，黄门趣召宣给，杨曰：'此内赐也，宜于迎和门颁之，非礼官所得与。'上闻是之。礼官守礼，又名臣子，谙习旧章，称盛事。"③ 有学者指出"'三礼'之学既为国家提供了制度设计的方案，同时也为规范普通人的日常生活提供了论理教条"④，即《明史》所说："要其用之郊庙朝廷，下至闾里州党者，未尝无可观也。惟能修明讲贯，以实意行乎其间，则格上下、感鬼神，教化之成即在是矣。安见后世之礼，必不可上追三代哉。"⑤ 黄景昉对于"礼"的重视在此两方面兼而有之，但更多地注重于上层，而非下层，并欲借"礼"来恢复专制秩序的指导理论。

（四）重视士风

明代士大夫的风气自"大礼议"而变⑥，然礼议之初"尚微存气义"，张孚敬、桂萼虽骤贵，但却为当时在朝士大夫所鄙夷："初张、桂虽骤遇，词林鄙之，业以詹事兼学士贵显矣，一应实录、经筵、日讲、主试、教习诸典礼，皆摈弗使与。唐顺之为张所首举，固自远，朔望诣门投刺，趣跃马驰去，致恨刺骨，空词林署逐之，别选六曹郎充入。事亦稍激云。"而自后则"茅靡矣"⑦，即如贤臣胡世宁亦须结上自固："每先为将顺亲暱之言，以自结于上，徐引之正，讲义三章，几同告密。挟术任数行已在通介之间。疑一时风气使然，贤者不免。"⑧ 黄景昉在《国史唯疑》中对士风的关注则是基于崇祯朝而回溯前代，如他在钱习礼、王直由学士出理部事条中，就曾感叹道："昔日恨夺凤池遗意，今求之恐不克矣。世风日下，即

---

① （明）黄景昉：《国史唯疑》卷 2，第 44 页。
② （明）黄景昉：《国史唯疑》卷 10，第 288—289 页。
③ （明）黄景昉：《国史唯疑》卷 8，第 234 页。
④ 鱼宏亮：《知识与救世：明清之际经世之学研究》，第 120 页。
⑤ （清）张廷玉等：《明史》卷 47《礼序》，第 1223 页。
⑥ 关于明中后期士风的嬗变，可参见赵轶峰《明代嘉隆万时期政治文化的嬗变》，《社会科学辑刊》2012 年第 4 期。
⑦ （明）黄景昉：《国史唯疑》卷 6，第 154 页。
⑧ （明）黄景昉：《国史唯疑》卷 6，第 158 页。

此是其一端。"①

黄景昉虽然对晚明的"世风日下"充满担忧，但从他所推崇的士大夫行止中，也可窥见其对恢复士风的主张。首先，黄景昉认为士大夫在朝不当以追求富贵为业，而应安贫持廉，如何塘、王鏊对宦宅"甲第连云""治第过华"持斥责态度，他称许道："前辈素风类尔。"② 而从他对李渭拒赂之事的评论中也不难看出其对士大夫为官当持清廉的推重："有能知金珠之为吾蛇蝎者，吾与之论政，与之论学。"③ 其次，在实际的施政中，黄景昉认为应当持正，不应以"私恩掩公义"，并借袁袠不德张璁，而张璁仍以其置于鼎甲事为例，感叹崇祯朝士大夫以一己之私而掩公义的行径："袁永之袠以解元高第，入廷对。永嘉得其卷，奇之，拟冠多士。时永嘉方为学士，摈于廷论，故抑置首二甲。既拆封，知为袁，众有悔色。永嘉以得袁自喜，屡傺述其事。袁不答，亦不诣谢，衅怼遂作，竟出诸庶常部僚，仍危法中之。呜呼！世有显擢人高官而不为德者乎？于唐应德、袁永之见之。亦先朝士大夫学问素明，不以私恩掩公义，今亡矣夫！"④ 再次，则主张士大夫应勇于任事，不当遇事推诿，他以常居敬、叶梦熊、梅国桢的例子，批评崇祯朝的士风，认为："曩值方隅警，辄不乏慷慨请缨之士，今即当局人避之恐不克矣。"⑤ 复次，黄景昉认为士大夫"贵兢持晚节"，并以邹应龙等人晚年威望渐损之事作警醒："邹应龙初极论分宜著声，其抚滇乃以墨败，吴时来、董传策望亦渐损，是故君子贵兢持晚节也。"⑥ 最后，景昉借顾清"牧羊于郊，豢豕于圈，非爱之，须其肥而食之也；无因之馈，其将羊豕我乎？逢蛇而奔，遇虎而伏，非敬之，知其毒而避之也；不情之礼，其将蛇虎我乎"之语，认为士大夫所宜复者在"爱敬畏"。⑦

此外，对于致仕士大夫，黄景昉也提出其主张，认为宜遵行明太祖"闭门谢客"的戒谕："太祖谕汪仲鲁归曰：'近侍归，郡邑官势须来见，

---

① （明）黄景昉：《国史唯疑》卷3，第67页。
② （明）黄景昉：《国史唯疑》卷6，第167页。
③ （明）黄景昉：《国史唯疑》卷12，第366页。
④ （明）黄景昉：《国史唯疑》卷6，第158页。
⑤ （明）黄景昉：《国史唯疑》卷10，第284页。
⑥ （明）黄景昉：《国史唯疑》卷9，第261页。
⑦ （明）黄景昉：《国史唯疑》卷5，第130页。

当戒门绝之。否则笔之棘，俾童仆示之，若曰：仲鲁幸蒙恩予告还乡，理宜杜门谢客，输租应役，其敢以是自速厥戾。' 美哉！谟训煌煌，凡致政士大夫，所宜遵守。"[1] 并以刘忠等人归乡谢客之举，与崇祯朝致仕士大夫"见之必骇且怪矣"的反应作对比："刘野亭忠归乡，不见客。或劝之，答曰：'谀词巧说，不曾习学，卑礼谄态，不曾操演。'此公终朴峻有体。不惟此公，记许石城毂、文衡山璧，晚家居，并未谒谢客云。"[2] 同时，黄景昉还反对老臣致仕之后再起："杨一清、费宏皆以右大礼议召用，老臣废居久，厌苦寂寞，或不无徙辙趋时意。惜王鏊先卒，不然必首征矣。然安知非鏊福？二公迄不为后进所容，被丑诋去。费再三起，尤烦人。昔云：'冠一免，安可复著。'"[3]

（五）究心军事

黄景昉的仕宦生涯虽未曾任职于兵部，但由于面对晚明内忧外患的时局困境，他对兵事颇为关切，自两京以至九边、浙、赣、闽形势在《国史唯疑》中皆有论及，并对战守之法屡有评骘。关于北京的城防及粮饷供应，黄景昉借蔡汝楠之语，认为无须在京城之外筑罗城[4]，并指出通州之粮不宜搬运入京，以便于发援："知府吴仲请搬运通州粮入京，防意外虞，引土木之变于谦议烧通仓为辞。尚书梁材谓无故示弱，持不可。稽历代仓厫不尽入都，有立于水次者，恐各镇或被攻围发援为便。疑文皇帝深意在此。"[5] 对于靳学颜疏请京军轮戍宣府、蓟镇的建议，黄景昉认为："禁旅远征，恐贻唐人神策之变，即边兵入卫亦非制，且虑虏衅生。惟用戍近畿，每岁惟防秋三阅月耳，事毕，仍回营。法较可行。"[6] 而对于南京的沿江防卫，景昉则以成祖靖难时直取南京为戒，认为："以淮安、凤阳各宿重兵，间道由泗州渡淮，经天长至江上，遂招下扬州、仪真、镇江。咽喉已塞，北虽有淮、凤，南虽有苏、常，勤王师无所用之，约略与侯景、曹彬法同。始知平时沿江防守，全不济事，最要害不过数著耳。"[7]

---

① （明）黄景昉：《国史唯疑》卷1，第10页。
② （明）黄景昉：《国史唯疑》卷5，第129页。
③ （明）黄景昉：《国史唯疑》卷6，第154页。
④ （明）黄景昉：《国史唯疑》卷12，第356页。
⑤ （明）黄景昉：《国史唯疑》卷12，第357页。
⑥ （明）黄景昉：《国史唯疑》卷8，第233页。
⑦ （明）黄景昉：《国史唯疑》卷2，第33页。

对于九边的论述，黄景昉主要借助前代的论议或大臣的奏疏，如对于紫荆关、居庸关的战守形势，即借元人阿鲁图的《进金史表》中所言"劲卒捣居庸关，北捣其背，大军出紫荆口，南搤其吭"为警示，认为"是千古都燕炯鉴"①。又如对韩邦奇《修边论》中"急山西三关，缓宣大"的建议，景昉则持反对意见："苑洛意急山西三关，缓宣大，微不可晓。据云为屏蔽天下计，顾缓视之可乎？"但由于他对此地的战守情形未能悉知，故而未提出自己的看法，仅云："当更询之识者。"② 再如边外的雾灵山，黄景昉认为据此守备可减少防守的区域："边外有雾灵山，势高峻，口子不多，路亦甚狭。其南即哈哈赤所驻牧地，若据此守之，自古北至喜峰只三百里，而今所守乃七百里，盖弓弦弓背之分也。计当筑边墙不过三五十里，前辈王襞谷、张熙斋策每及之。"③ 复如谭纶守备蓟镇之法，则评骘道："谭二华抚蓟镇，缘塞修垣，跨敌台其上，金汤屹然，岁糜金钱数亦稍溢焉。"④ 此外，黄景昉对于戚继光募南兵镇守蓟镇墩台的做法也颇为赞许，称其能"惯用所长"。⑤

而黄景昉关于浙、赣、闽等地的看法，则多借事而论，如认为明初所设的昌国卫是倭寇"出入所由道"，汤和裁撤此卫是"千虑一失"。⑥ 对于江西的守备，则支持杨必进的说法："江西大势：如境内有警，赣州为项背；境外有警，九江为咽喉。杨必进请于湖口增设一军，割南康、黄州二郡，隶九江兵备，而以巡江御史往来监之，则荆、蜀诸盗不敢窥九江，赣、瑞诸盗不敢窥湖口，虑自深远。"⑦ 而对于福建海防，黄景昉以其亲身经历，指出"类山东登莱形势"，赞同胡宗宪"闽诸郡，兴、泉二面当海，福、漳一面当海，险莫如福宁州。于地势东南尽处，突出海中，如人吐舌"，应"独当东南北三面"的主张。⑧

此外，黄景昉对于战守之法也颇有评骘，如守边之法，则认可王琼"不欲多创城堡，虑力分；不欲多用民壮，虑势扰；不欲虚设总制，虑致

① （明）黄景昉：《国史唯疑》卷3，第70页。
② （明）黄景昉：《国史唯疑》卷6，第168页。
③ （明）黄景昉：《国史唯疑》卷12，第361页。
④ （明）黄景昉：《国史唯疑》卷8，第232页。
⑤ （明）黄景昉：《国史唯疑》卷7，第204页。
⑥ （明）黄景昉：《国史唯疑》卷7，第204页。
⑦ （明）黄景昉：《国史唯疑》卷12，第358—359页。
⑧ （明）黄景昉：《国史唯疑》卷12，第359页。

拘牵；不欲广行征调，虑滋劳费"的观点。① 同时，对刘焘的守边之法，亦颇有赞许："刘焘不主修边议：谓虚估工价，多派人夫，劳民伤财，莫甚于此。见今十路列兵各有汛地，若即以春秋防守期兴工，分派既定，年年不移，所修墙即彼自为性命计，既省行粮，兼难推诿。刘自云是不修之修，亦一奇也。"② 对于骑兵，黄景昉赞同夏良胜"除边军外，勿给与马匹，非惟夺其逃生之具，亦且坚其必死之心"的说法，认为："总骑战中国所短，法当避短击长。"③ 并反对将战车之法用于边防，指出："若夫中国与夷狄战，其地则险阻，其人则步与骑，而我之车布不能成列，动不能疾驰，是坐而待困也。"④《国史唯疑》中关乎军事的记载尚多，而其所关注之处则在倭与虏，足见其对明代边防困境的思考。

值得注意的是，黄景昉在《国史唯疑》中还保存了诸多关于天人感应的记载。考史书专志《五行》，始于班固《汉书》，而溯源则自孔子《春秋》"记灾异而不著其事应"，继之由董仲舒治《公羊传》"始推阴阳"，认为天与人相通："为生不能为人，为人者天也，人之人本于天，天亦人之曾祖父也。此人之所以乃上类天也。人之形体，化天数而成；人之血气，化天志而仁；人之德行，化天理而义。人之好恶，化天之暖清；人之喜怒，化天之寒暑；人之受命，化天之四时。"⑤ 提出："以类合之，天人一也。"⑥ 并指出灾异是对国家失道的警示："臣谨案《春秋》之中，视前世已行之事，以观天人相与之际，甚可畏也。国家将有失道之败，而天乃先出灾害以谴告之，不知自省，又出怪异以警惧之，尚不知变，而伤败乃至。以此见天心之仁爱人君而欲止其乱也。"⑦ 自董仲舒确立天人合一、天人感应思想，后世史书多承袭此说，"史志五行，始自《汉书》，详录五行传说及其占应。后代作史者因之。……孔子作《春秋》，纪异而说不书。彼刘、董诸儒之学，颇近于术数機祥，本无足述。班氏创立此志，不得不

① （明）黄景昉：《国史唯疑》卷5，第136页。
② （明）黄景昉：《国史唯疑》卷12，第361页。
③ （明）黄景昉：《国史唯疑》卷6，第170页。
④ （明）黄景昉：《国史唯疑》卷12，第362页。
⑤ （汉）董仲舒撰，（清）凌曙注：《春秋繁露》卷11《为人者天》，中华书局1975年版，第385页。
⑥ （汉）董仲舒撰，（清）凌曙注：《春秋繁露》卷12《阴阳义》，第418页。
⑦ （汉）班固撰，（唐）颜师古注：《汉书》卷56《董仲舒传》，中华书局1962年版，第2498页。

详其学之本原。"①

黄景昉的天人感应思想主要反映在对于帝王与个人两方面，而帝王方面则是与国家气运相关联，即董仲舒所说："唯天子受命于天，天下受命于天子。"② 如明太祖之有天下，景昉认为是有预兆的："周世宗显德中至淮南，尝言荆涂二山为濠州朝冈，有王气。后四百年，我圣祖出焉，地理适符，岂偶然哉！"③ 建文逊国，也是天意使然："懿文太子性慈仁雅，有以宽济猛之思，震于威严不获遂。即其泣就宋濂死，不克，至自溺，故极事师之笃，然稍伤恩矣。建文继之，遂渐成文弱。自古汉惠、唐高，传皆柔懦不甚类其父，若天意亦默哀益其间。"④ 洪武年间数次迁都未果，自成祖始定，也被认为是"神灵若阴启之"："《祭光禄寺灶神文》：'朕经营天下，事事按古有绪，惟宫城前昂中窪，形势不称，本欲迁都，年老精力倦；又天下初定，不欲劳民，废兴有数，只得听天。惟愿鉴朕此心，福其子孙'云。可见开基都金陵非满志事。初欲都临濠，以刘基言止。再欲都汴，以懿文太子薨止。而高皇亦已老矣！文皇北迁，盖神灵若阴启之。"⑤ 正德年间，黄河连清，则寓意将有藩王入继大统："李梦阳诗云：'今瑞定于今帝应，世人休拟圣人生。'盖婉辞也。至嘉靖改元，始直书其事，为入继大统之祥，云：'紫盖复从嘉靖始，黄河先为圣人清。'旧有河宜浊反清，应阴变阳诸侯变王之说。"⑥ 嘉靖年间，营建兴烦，南倭北虏屡次扰边，亦有先兆："嘉靖甲申，五星聚于营室，占主建营宫室。时彗出东井，井居东方，其方其宿木，将来土木烦兴其应也。又占主天下兵谋，亦为倭虏交警之兆，征验不爽。"⑦ 万历末年四路溃师，京师则有天象示警："戊午四月，京师自宣武门至正阳门外三里许，河水尽赤如溃血。其月建酉首犯抚顺。逾年，己未二月午后，风雨骤作，黄尘赤雾四塞，天色晦墨如深夜。余时以计偕寓邸中，业上灯矣，徐乃渐明。未几，而四路溃师报至，正其日也。"由于黄景昉在会试时亲历此事，故而感叹道："天人应征之

---

① （清）张廷玉等：《明史》卷28《五行序》，第425页。
② （汉）董仲舒撰，（清）凌曙注：《春秋繁露》卷11《为人者天》，第386页。
③ （明）黄景昉：《国史唯疑》卷12，第348页。
④ （明）黄景昉：《国史唯疑》卷1，第19页。
⑤ （明）黄景昉：《国史唯疑》卷1，第18—19页。
⑥ （明）黄景昉：《国史唯疑》卷6，第153页。
⑦ （明）黄景昉：《国史唯疑》卷6，第178页。

奇,真如影响,非身历不信。"①

　　个人方面:首先,黄景昉认为贵人当有异兆,如薛瑄"生亦异,体如水晶,见五脏,总禀清气致然"②。薛惠"始生三月,辄见芒神,连呼之,家人惊以水沃之方止"③。许国"少读书宛陵山寺,有两青鸟飞鸣其前,移时乃去。僧言此碧鸡也,相传唐李翰林携来,前惟舒梓溪状元一见之"④。其次,则认为生死贵贱皆有天命,如李贤、项忠能从土木溃军中脱归,叶盛、林聪等人免于随英宗北征,景昉认为:"李文达贤、项襄毅忠、杨兴济伯善,土木之溃,俱从虏营自拔归,克济时艰,亦天意也。时六科给事中各一人行,惟兵、刑二科文书多,议用二人,叶盛、林聪正在数中。既得旨,掌印官去,获免行止。死生有数,非意虑及。"⑤ 王守仁因未赴宁王宴请,而免于祸,则认为:"宸濠生旦……时王文成亦趋赴省,倘与宴,不审何如?似关天意。"⑥ 最后,黄景昉相信轮回转世之说,如认为袁崇焕是曾铣转世:"闻袁崇焕生时,其家梦铣来,后得祸同。孙枢辅承宗以诗哭之曰:'炼汝千番炼不成,空言曾铣是前生。'余闻之孙幕客蔡鼎云。且铣业转身再世矣,仍从兵解。信定数耶?"⑦ 又如高叔嗣,景昉以其相貌、卒年与陈友谅相似,认为是陈友谅转世:"高叔嗣生而臂毛逆上,庚申与陈友谅同。官楚按察使。卒年三十七,亦如汉亡之岁。异甚!疑或转世。"⑧

---

① (明)黄景昉:《国史唯疑》卷11,第325—326页。
② (明)黄景昉:《国史唯疑》卷6,第177—178页。
③ (明)黄景昉:《国史唯疑》卷6,第177页。
④ (明)黄景昉:《国史唯疑》卷8,第230页。
⑤ (明)黄景昉:《国史唯疑》卷3,第68页。
⑥ (明)黄景昉:《国史唯疑》卷5,第145页。
⑦ (明)黄景昉:《国史唯疑》卷7,第192页。
⑧ (明)黄景昉:《国史唯疑》卷12,第373页。

第六章　甲申之变与"宦梦"追忆：
《宦梦录》的成书及其史料价值

《宦梦录》亦称《自叙宦梦录》，全书共四卷，分条记述：卷一，一百三十条（实计一百二十九条）①；卷二，一百二十条；卷三，一百二条；卷四，一百五条，实计共为四百五十六条。记述的时间"始乙卯，讫癸未"，即始于黄景昉乡试中举，止于辞官退隐；著述意图上，黄景昉认为与"宋欧阳永叔《归田录》似矣"②，凡"朝廷之遗事，史官之所不记，与夫士大夫笑谈之余而可录者，录之以备闲居之览也"③；内容上则"间得自同里同朝同籍同官所见所闻，或以册封主试，旁采风谣，或于掌院署詹，详翻典故，以及讲幄之所赓飏，纶扉之所票拟，主恩国论，世态物情，备载其中"④，即黄景昉在此二十九年间的所见所闻及其立朝作为，但细读该书，可发现实则以其立朝十九年间的事迹为主。

据现有史料所见，对《宦梦录》最早的评价出自全祖望，他在《鲒埼亭集外编》中说道："黄太稺《宦梦录》言魏藻德之骤进，由于冯铨，其言足补《明史》。然藻德之福命，逊于铨多矣。但太稺与李建泰善，极称之，则失人也。建泰本有时名，故夏文忠公《幸存录》亦称之。及观其当大难时，特庸人耳。太稺颇讥兴化受督师之命而惰，然兴化之才远在太稺之上，其督师非惰也，实当事不可为之时耳。"⑤ 并在《题冯邺仙尚书行状

---

① 由于标计与实计差距不大，笔者推测应是抄写时将需要提行的一段，未提行而造成，如"雪堂本"中"省垣谈兵疏"条即未提行，而混入前一条中，而"北图本"中则提行。"北图本"《宦梦录》卷一实计为一百二十八条，又缺"雪堂本"中的"工部葛公大同"条。

② （明）黄景昉：《宦梦录》自序，王荣国、王清原编《罗氏雪堂藏书遗珍》第9册，第63页。

③ （宋）欧阳修：《归田录》自序，《欧阳修全集》，第1011页。

④ （明）黄景昉：《宦梦录》自序，第63页。

⑤ （清）全祖望撰，朱铸禹汇校集注：《鲒埼亭集外编》卷29《题宦梦录》，《全祖望集汇校集注》，第1340页。

后》中称:"野史谓宜兴欲复涿州冠带而不能,尚书劝其引兴化同升,以为助。兴化既相负前约,于是与宜兴有隙。此说亦不核,兴化亦岂反复若此。据黄氏《宦梦录》,则谓尚书不甚合于兴化,力纠袁继咸,不任江抚,又与前说相背。此等皆不足信之言。"① 由此可见,全祖望虽认为《宦梦录》有"足补《明史》"之处,但也存在纰漏。那么《宦梦录》的史料价值如何,是否如全祖望所言,则需要进一步探讨。同时,由于《宦梦录》仅有抄本行世,流传鲜稀,且著录者如吴骞的《拜经楼藏书题跋记》、谢国桢的《晚明史籍考》、王重民的《中国古籍善本书目》亦只照录原书序文、跋文,迄今学界尚未有专文进行研究。故本章拟先考证《宦梦录》的成书时间,梳理该书的版本及流传,再辨析其史料价值。

第一节 甲申之变与《宦梦录》的成书

关于《宦梦录》的成书时间,王重民认为"景昉得年六十余岁,而是书为五十以后所记者"②,即甲申之变后所作;而熊德基则依据全祖望的跋文,推断"成书于'国变'之前夕"。③ 那么《宦梦录》成书于何时,有必要做进一步讨论。

为便于梳理,谨将《宦梦录》序文迻录如下:

> 余以癸未秋谢政归,逼腊抵里,越岁春,忽国变闻,意皇甚,忽忽无生。稍间,收召魂魄,因追叙余平生交游,始乙卯,讫癸未,为《宦梦录》四卷。间得自同里同朝同籍同官所见所闻,或以册封主试,旁采风谣,或于掌院署詹,详翻典故,以及讲帷之所赓飏,纶扉之所票拟,主恩国论,世态物情,备载其中。于壬癸之际尤呜咽,有余悲焉。宋欧阳永叔《归田录》似矣,要多戏谑之谈。又,昔贤居大位者,类有幕客、门徒为之左右追随,代述其事。余性简,坐无杂宾,

① (清)全祖望撰,朱铸禹汇校集注:《鲒埼亭集外编》卷30《题冯邺仙尚书行状后》,《全祖望集汇校集注》,第1357页。

② 王重民:《中国善本书提要》,上海古籍出版社1983年版,第345页。

③ 熊德基:《〈国史唯疑〉序言》,"序言"第6页。

即子弟辈不以自侍。记与某公同直召对，每对讫，辄修饰寄归，镂板行，家传户诵矣。余家人亦以为请，答曰："某公所对，所可知可言者也；余对，其所不可知不可言者也。"余意造膝之谊，昔尚秘密，温树几何，人防窥测，自谓所履之地宜尔。既复思岁月如流，时代已革，失今辍笔，后世何闻焉？噫！此《宦梦录》之所为作乎？作去今十五六年，觉彼时投簪未几，心力方壮，每一披寻，历历如睹，不然将并其人其事忘之。然其有取于梦，何也？今夫朝野，梦场也；省署，梦栖也；余尤其梦中伴、梦中身，毫无可把捉想象者也。庄子有言："方其梦也，不知其为梦也。觉而后知为梦也。"余襄滞公车十年，通籍仕宦者十有九年，至癸未四十八岁而梦醒矣。然则后此皆醒局乎？否否，凡人昼动夜静，觉动梦静，仕动隐静，少动老静。惟是，梦中所冤苦劳剧，有百倍于觉，往往而是。吾乌知昼夜之所由分者乎？且即隐矣，梦常及仕；老矣，梦常及少。自验鲜梦隐、梦老之时，岂宦之于梦较习欤？抑魂气颠倒为之也？尚期隐愈深，老愈甚，梦或异是。异日有持《宦梦录》示之，将不审为何人之词也，而后梦境庶少清夫。①

在序文中，黄景昉言"越岁春，忽国变闻，意皇甚，忽忽无生。稍间，收召魂魄，因追叙余平生交游"，与此同时他在撰写的《读史于鼎革之际得十九人各随其性所近遇所宜人为一诗冀览者或哀其志》《闻甲申三月十九日京师报痛绝》《哭临承天寺》《变闻大临》等诗中，表达了对北都陷落的痛悼，如云"鳌断三山陨，乌号万国哀"②、"大痛讵能忍，炎州六月寒。引声风送咽，倾泪海增澜"③、"天崩地塌欲何归，四海凄惶泣帝畿。尤比大行嗟更惨，侍臣空着斩衰衣"④，可知黄景昉撰写《宦梦录》的直接动因，是缘于"甲申之变"的刺激。另一方面，据序中所言，则是认为"岁月如流，时代已革"，此前谨守的馆阁纶扉之密，随着甲申鼎革，"失今辍笔，后世何闻"，故而追叙仕宦之见闻。由此可断定《宦梦录》必

① （明）黄景昉：《宦梦录》卷首《序》，第63—65页。
② （明）黄景昉：《瓯安馆诗集》卷11《闻甲申三月十九日京师报痛绝》。
③ （明）黄景昉：《瓯安馆诗集》卷11《哭临承天寺》。
④ （明）黄景昉：《瓯安馆诗集》卷30《变闻大临》。

当作于甲申之变后,但具体成书于何时,则只能借助序文所提及的几个时间点作进一步梳理:

首先,序文写道:"余以癸未秋谢政归,逼腊抵里,越岁春,忽国变闻,意皇甚,忽忽无生。稍间,收召魂魄,因追叙余平生交游,始乙卯,讫癸未,为《宦梦录》四卷……既复思岁月如流,时代已革,失今辍笔,后世何闻焉。噫!此《宦梦录》之所为作乎?作去今十五六年,觉彼时投簪未几,心力方壮,每一披寻历历如睹,不然将并其人其事忘之。"从此句推测,《宦梦录》作于甲申之变后不久,但序文很可能是补作于《宦梦录》完稿后的十五六年。又据黄景昉《变闻大临》所云"三月凶音五月闻,迢迢闽岭隔燕云。兴亡旧例今翻覆,覆国惊看到圣君"[1],则其听闻国变之事,已经到了甲申五月,那么《宦梦录》之作当在"五月"之后。

其次,据《家谱》记载,黄景昉卒于康熙元年(1662)七月[2],那么补作该序文的最迟下限即在康熙元年。复据《序文》"作去今十五、六年"一句,则《宦梦录》的至迟完稿时间当在顺治三年(1646)或四年(1647)。虽然黄景昉曾在顺治二年(1645)十一月至三年(1646)八月间短暂复出任职于隆武政权,但据序文中"觉彼时投簪未几"和"稍间,收召魂魄,因追叙余平生交游"追溯写作缘由的一句,成书时间应当早于顺治三年(1646)。另外,书中在谈及其辞官经过时,还提到"想蒋公犹能忆此",蒋德璟卒于顺治三年,如是时"犹能忆此",可进一步确认该书当成于顺治三年以前。故笔者认为《宦梦录》作于甲申之变后不久,最晚在黄景昉复出之前完稿,即成书于顺治二年十一月之前。

最后,黄景昉在"甲申后十有三年"为《族谱》所作的《睦宗十二志序·宗才志》中未著录《宦梦录》,并且同为晚年著作的《屏居十二课·著书》亦未见著录。[3] 由此推测,很可能是由于该书的内容涉及明代崇祯年间史事,而不便将之示人,故而在自述著作时刻意不提及该书。[4]

---

① (明)黄景昉:《瓯安馆诗集》卷30《变闻大临》。

② 《樊谷黄氏家谱》不分卷《景昉公传》。

③ 据黄景昉的自述及林胤昌的《屏居十二课跋》,《屏居十二课》至少为黄氏致仕十年以后的作品。[(明)黄景昉:《屏居十二课》,第333页;(明)林胤昌:《屏居十二课跋》,第347页]

④ 黄景昉在清初局促不安的处境,从前引自述及写给王忠孝的信函中即可窥见。

综上所述，虽未能确定《宦梦录》的具体成书时间，但根据黄景昉在《自序》及诗作中的自述，该书当作于其听闻甲申之变后不久，且成书时间不会很长，即作于崇祯十七年（1644）五月之后，而完稿于顺治二年（1645）十一月之前，序文则补作于成书后的十五、十六年。成书后，因书中内容涉及明季史事，并认为与欧阳修的《归田录》相似，故而黄景昉不愿将此书示人，在回顾毕生著作时也未提及该书。

第二节 《宦梦录》的版本与流传

现存世的《宦梦录》版本，据《中国古籍善本书目》《罗氏雪堂藏书遗珍前言》《北平图书馆善本书目》《中国善本书提要》《晚明史籍考》及《原国立北平图书馆甲库善本丛书目录》，可推测应该有两种版本，其一，是王重民、谢国桢在北平图书馆所见，现藏于台北故宫博物院的旧抄本（以下称"北图本"）①；其二，则是由罗振玉收藏的《罗氏雪堂藏书遗珍》本（以下称"雪堂本"），现藏于辽宁省图书馆。

"雪堂本"②与"北图本"③在板式上相同，都是每半页"九行二十五字"，但存在以下几点不同：第一，所钤印章不同，"雪堂本"在自序部分及卷一首页钤有"偶园居士""魏唐金氏筱眉印""魏唐金氏偶园珍藏""罗继祖印"等印章，而"北图本"则钤有"四明卢氏抱经楼藏书印""延古堂李氏珍藏"等印章；第二，从字体上看，以卷一首页为例，如"叙""初""廉""亦""归"等字，两个版本写法明显不同，并且"北图本"相对于"雪堂本"书写更为工整；第三，内容上，"北图本"比"雪堂本"多出 35 条按语，如卷四"西协总兵唐通疏侵蓟督赵光忭"条后，增入"文臣凌压武［臣］，在承平时则然，兵兴以来，武臣寖骄蹇，

---

① 2013 年国家图书馆编辑出版的《原国立北平图书馆甲库善本丛书》是据美国国会图书馆赠送北平图书馆的微缩胶片，将此版本的《宦梦录》影印出版。

② 雪堂藏书的辗转经过，详见《罗氏雪堂藏书遗珍》前言。（王清原：《前言》，王荣国、王清原编《罗氏雪堂藏书遗珍》第 1 册，第 4—15 页）

③ "北图本"《宦梦录》的辗转流传经过，可参阅《原国立北平图书馆甲库善本丛书·出版缘起》（中国国家图书馆编：《原国立北平图书馆甲库善本丛书》第 1 册，国家图书馆出版社 2013 年版，第 1—5 页）。

非复向时卑靡矣。上意偏右镇将,终是矫枉过正,然非弼直如先生,亦何敢犯颜苦诤乎"①;第四,从附录和题跋上看,"雪堂本"卷末附有《纷纭行释》八首、《金陵叹释》二首、《三山口号释》二首、《夜问九章》、《屏居十二课》、林胤昌《屏居十二课跋》,以及高兆、徐釚的跋文,而"北图本"卷末则无附录及跋文。②

《宦梦录》的流传,据"雪堂本"附录的题跋可梳理出最初的流传情况,全录高兆、徐釚跋文如下:

> (《宦梦录》)湘隐先生著撰,尝从其长公元虚教授所借观请钞,教授许刻成寄贻,遂载之豫章。越二载,教授客死,书散逸。吾友郭君殿见于延平,语余。访之,仅得此四卷,命用溪纳环峰钞归,为之三叹。己巳(1689)六月七日,高兆识。

又

> 辛未(1691)夏,余客三山,曾从侯官高固斋所钞得黄相国东崖《国史唯疑》□卷,今又借钞此本,已三年矣。时康熙甲戌(1694)六月,再游闽中记。菊庄徐釚。③

跋文中,长公元虚,即黄景昉长子黄知白④。从跋文中可知黄景昉卒后,著作由其子知白保存,并曾谋求将之刊刻,但因不幸客死异乡,书稿随之散佚。而后在康熙二十八年(1689)由高兆将之访得,徐釚又在康熙三十三年(1694)重游福建时将之过录。关于黄景昉书稿散佚的原因,傅燮詷在《国史唯疑》跋文中曾提及,可资补充:

---

① (明)黄景昉:《自叙宦梦录》,中国国家图书馆编《原国立北平图书馆甲库善本丛书》第554册,第593页。

② 笔者查阅国家图书馆善本部藏CBM胶片,"北图本"《宦梦录》无附录及跋文。[(明)黄景昉:《宦梦录》,国家图书馆善本部藏CBM胶片,索取号:CBM No.486210:1—133。《宦梦录》CBM胶片所据拍摄版本即"北图本"《宦梦录》,而《原国立北平图书馆甲库善本丛书》虽据此套胶片选录影印,但该丛书"不著录行款、题跋项"。]

③ (明)黄景昉:《宦梦录》附录,第348页。

④ 黄知白,字原虚,元虚即原虚之误(《檗谷黄氏家谱》不分卷《知白公传》)。

未授梓人而公（黄景昉）捐馆。久之，公之令嗣携是书及他著作十余种出游四方，幸谒故旧，欲谋不朽计，迄无所遇。间有一二投赠，又不足供其缠头之挥霍，竟至狼狈而归，途穷无告，乃典是书于延津质库。迨后榕城学士有知之者，备价购回，好事家转相抄写，然亦不过三四人耳，不特多也，咸珍重密藏，以为帐中之秘，往往不肯轻以示人……然黄公立长之业，诚可不朽，不可不为之广其传，若轻以示人，亦似有不可者，在审其人为何如人，以斟酌焉而已……遭令嗣弃之延津，落贾人之手，几不可再得，又何如其不幸也；榕城士人购得而转录之，不可谓之不幸。①

傅燮詷的跋文是过录《国史唯疑》时所作，关于黄景昉著作的流传亦当闻之于高兆，虽然二人说法相似，但傅燮詷的跋文有助于更清晰地厘清《宦梦录》的流传经过：黄景昉卒后，其子知白欲筹资将其著作付梓，携黄氏"著作十余种"访寻故旧，但"间有一二投赠，又不足供其缠头之挥霍，竟至狼狈而归，途穷无告"，不得已将黄景昉的著作典当于延津，所以傅燮詷说："遭令嗣弃之延津，落贾人之手，几不可再得，又何如其不幸也。"不久，黄知白"以丁艰补大田学"，未就任而卒②，黄景昉著作也就存于延津当铺之中。由于高兆是黄景昉的"高足弟子"③，在跋文中出于为亲者讳，仅云"教授客死，书散逸"，而不言黄景昉著作为其子所典当。黄知白的"客死"亦非卒于谋求刻书途中，而是卒于丁艰起复途中。此后，在友人帮助下，高兆将之访得，所谓"迨后榕城学士有知之者，备价购回"与高兆跋文中"吾友郭君殿见于延平，语余。访之，仅得此四卷"，虽言二书，当指一事，"榕城学士有知之者"即指高兆。而后徐釚在康熙三十三年从高兆处抄得。据"雪堂本"首页所钤印章，可推测此书辗转为魏塘金安清所得，最后才为罗振玉收藏，"雪堂本"《宦梦录》很可能就是徐釚的抄本。吴寿旸《拜经楼藏书题跋记》对《宦梦录》的描述与"雪堂本"一致，但吴骞所收藏的是否即是这个本子，则仍有待考证。

① 汤蔓媛撰辑：《傅斯年图书馆善本古籍题跋辑录》第 1 册，第 43 页。
② 《檗谷黄氏家谱》不分卷《知白公传》。
③ （清）黄晋良：《〈国史唯疑〉抄本原序》，第 1—2 页。

"北图本"《宦梦录》,因有"四明卢氏抱经楼藏书印"、"延古堂李氏珍藏"等印,则卢址①及天津延古堂李氏皆曾收藏过该书。但如前所述,"北图本"在内容上与"雪堂本"存在差异,所以"北图本"与"雪堂本"是两个系统的抄本。由于"北图本"无题跋,故而卢址从何处抄得②,又何以为延古堂李氏所收藏,则仍待考证。但从现存抄本及清人题跋来看,该书在清代的流传并不广,直至乾隆年间,私人藏书目录和《泉州府志》《晋江县志》中才见著录该书。

第三节 《宦梦录》史料价值辨证

崇祯朝无实录,史事多有缺载之处,因而更需要私人撰述加以补充。关于私人撰述的价值,陈寅恪曾评价道:"通论吾国史料,大抵私家纂述易流于诬妄,而官修之书,其病又在多所讳饰,考史事之本末者,苟能于官书及私著等量齐观,详辨而慎取之,则庶几得其真相,而无诬讳之失矣。"③可见当实录尚存之时,仍需与私人撰述"等量齐观",在无实录可据的情况下,私人著述的价值则更为凸显。黄景昉的仕宦经历几乎贯穿崇祯一朝,《宦梦录》即是其为官十九载的见闻,并且景昉长期任职于翰林院、詹事府,在崇祯末年更是以礼部尚书兼东阁大学士入阁,故其见闻亦非一般官员所能悉知,即其所言:"某公所对,所可知可言者也;余对,其所不可知不可言者也。"④但从前引全祖望对《宦梦录》的评价来看,虽然全氏认为该书有"足补《明史》"之处,但在整体上却评价不高,因而有必要通过辨析《宦梦录》的记载,以体现该书的价值。故本节将以官修《明史》为主要参照,辅以《国榷》《春明梦余录》《三垣笔记》《玉堂荟

---

① (清)卢址《抱经楼藏书目》中著录了《国史唯疑》和《宦梦录》,其中《宦梦录》当为《宦梦录》之笔误。[(清)卢址:《抱经楼书目》子部,王荣国、王清原编《罗氏雪堂藏书遗珍》第7册,中华全国图书馆文献缩微复制中心 2001 年版,第 196 页]

② 据杨艳秋先生《〈国史唯疑〉双云堂抄本传藏考略》一文的考证,全祖望死后,其藏书为卢址所有,而全氏又曾评价过《宦梦录》,所以,笔者推测卢址所藏《宦梦录》很可能是全氏的旧有藏书。(《汉学研究学刊》2012 年 10 月总第 2 辑)

③ 陈寅恪:《〈顺宗实录〉与〈续玄怪录〉》,《陈寅恪集·金明馆丛稿二编》,生活·读书·新知三联书店 2011 年版,第 81 页。

④ (明)黄景昉:《宦梦录》卷首《序》,第 64 页。

记》等明季史书，将《宦梦录》所述之事与诸书对比，以此体现该书的史料价值。

一 补明季史事之缺载

（一）崇祯十三年庚辰科殿试与"庚辰特用"

崇祯十三年（1640）庚辰科殿试与以往稍有不同，但《明史》并未详明此事，以往殿试以"对策"定名次，此科则在"对策"之后，将选中的应试者召对面问："庚辰殿试日，上御舆张盖，下丹墀遍观诸进士对策，及十六日呈进，十七日上忽召四十人对文华殿。"[1]《国榷》载："丁酉，召贡士三十六人于文华殿。初阁臣呈十二卷，上再加、三加，各十二卷，遂至三十余人。上问：'内外交讧，何以报仇雪耻？'诸人以次对……时欲精阅，改十九日读卷，二十日传胪。"[2] 李逊之所记尤详："庚辰三月十五日，上御皇极殿，策诸进士。上乘步辇，降殿阶，从容周视，距诸士几案咫尺。上亲阅试策，谕礼部传胪展期，十九日传旨，召进士杨琼芳等至会极门，中使执名册传呼某人等四十人至文华门外序立。上御殿，诸进士行五拜三叩头礼毕，上谕曰：'尔等前日所对策，切实的固有，浮泛的亦多，特召尔等四十人来，问报仇雪耻一事。尔等学问之功既久，时势之感又深，各将胸中所见明白奏来。如切实可用，朕不拘常格用。'诸士承旨起，过东遍立，中使捧一黄绫函，传御题十幅，即面谕语每四人共阅。阅毕，以次跪报姓名对。上注听甚殷，执御笔书录数语，或有名注圈点者，分十班对毕，行礼出。二十日，传胪……"[3]《宦梦录》中对此记道：

---

[1] （清）孙承泽：《春明梦余录》卷 7《策士》，第 116 页。

[2] （清）谈迁：《国榷》卷 97 "崇祯十三年三月丁酉" 条，第 5860 页。

[3] （明）李逊之：《三朝野记》卷 6《崇祯朝纪事》，第 278—279 页。李清《三垣笔记》与此记载相似，其云："庚辰三月之望，上御皇极殿，策会试中式举人，乘步辇，降殿阶周视，距诸士几案咫尺，天颜霁悦。已，亲阅试策，谕礼部传胪，展期二日。十九日黎明，传旨召贡士，中使出，执一名册，传呼黄云师等四十人进，至文华门外。午余，上御殿，召问灭敌雪耻一事，中使传御题十幅，每幅四人共阅，阅毕，以次跪对。上注听甚殷，执笔亲录数语，或有名上注圈点者，天颜晬穆，任人敷陈。二十日卯刻，胪传讫，亭午，吏部接出上谕，以赵玉森、姚宗衡、刘瑔、孙一脉、严似祖五名授翰林，黄云师、周正儒、宣国柱、胡周萧、李如璧五名授科，冯垣登、陈纯德、陈羽白、魏景琦、吴邦臣五名授御史，余董国祥、颜浑等授吏兵二部有差。"（附识上《崇祯》，第 178—179 页）

庚辰廷试，上就中选四十人入对，自鼎甲外，优补科、道、吏、兵部属。有进士某，试牍偶忘提头，旋追改，涂注满纸，亦与选中，得御史。时方急材，不复以区区帖括为意矣。同邑蔡公肱明，胪传首二甲，应授礼曹，竟从新例改兵曹，亦称异事。①

据此，黄景昉所记与孙承泽、李逊之、李清同，皆记召对四十人，景昉于是科为"廷试受卷官"，所记当不误，而《国榷》记"三十六人"恐不确。此科选中召对者，如"试牍偶忘提头，旋追改，涂注满纸"亦能中选，不似初年偶有讹误即遭黜落。并且召对称旨者，"优补科、道、吏、兵部属"，不必经历观政："黄云师、周正儒、宣国柱、周𡍼、李如璧为给事中，云师户科，正儒礼科，国柱兵科，𡍼刑科，如璧工科；冯垣登、陈纯德、陈羽白、魏景琦、吴邦臣为试监察御史；颜浑、黄国祥为吏部稽勋验封主事；张朝綖、葛奇祚、钱志驹、张经、吕阳、陈缥、卢若腾为兵部主事，俱前召对称旨即钦授。"② 同时，黄景昉提到的"同邑蔡公肱明，胪传首二甲，应授礼曹，竟从新例改兵曹"，其中"应授礼曹"的旧例，即"二甲第一名例除礼部主事"，而"从新例改兵曹"则因"时中外多警，上雅意边才，议以枢密席礼曹之上"③，所以二甲第一名授兵部主事而非礼部。

庚辰科殿试之后，崇祯皇帝谕吏部云："年来资格畛域，抑坏人才，考选屡奉旨举贡兼收，究竟不遵，非祖宗破格用人至意。就教贡士并试过岁贡生共二百六十三人，俱着于六部司属、都、通、太常寺各司属及推、

---

① （明）黄景昉：《宦梦录》卷3，第193页。《明史》卷253《魏藻德传》言"既殿试，帝思得异才，复召四十八人于文华殿……"所记人数恐有误。（第6548页）另外，《国榷》卷九十七"崇祯十三年三月丙申"条记"策贡士杨琼芳等三百人于建极殿"，据陈长文《明代科举中的"告殿"现象》一文依据《崇祯十三年庚辰科进士履历便览》的考证，实为此科会试中式者300人，告殿者5人，前科补殿试者1人，因而此科参加殿试人数为296人，而《国榷》此处记载有误。（陈长文：《明代科举文献研究》，山东大学出版社2008年版，第220—244页）此外，郭培贵《明代科举史事编年考证》一书中关于崇祯十三年庚辰殿试的表述恐不确切，并非"廷对者杨琼芳等二百九十六人"，应为"廷试者杨琼芳等二百九十六人"，前引《春明梦余录》《宦梦录》关于策士的记载，皆可证先廷试，并在廷试"对策"中选出四十人召对，而非廷对所有殿试贡士。因此科与以往稍有不同，言"廷对者"恐误为先廷对二百九十六人，并于此中再选中召对。（郭培贵：《明代科举史事编年考》，科学出版社2008年版，第316页）

② （清）谈迁：《国榷》卷97"崇祯十三年三月辛亥"条，第5861页。

③ （清）周学曾等纂修：（道光）《晋江县志》卷76《杂志下》，第1846—1847页。（道光）《晋江县志》关于此事的记载引自黄景昉的佚文《东崖杂记》。

知正官通行察阙，依次填补。此系特用，后不为例。"① 并在五月特授：
"岁贡生史惇、俞泰交、章晋锡、陆禹思、张奕颖、王榜、陈兆珂、陈兴
言、徐有声俱户部主事；吴康侯礼部主事；吴炆伟兵部主事；王辰、曾瑞
来、潘汝嘉、项如皋、杨垂云、林转亨、雷演祚、吴文炽、陈礼、张煜
芳、钟镇、王廷授俱刑部主事；王灏、饶元珙、方梦祯、钟奇俱工部主
事；巢昆源吏部司务；顾经祖户部司务；吴元伯礼部司务；董养河、杨畏
知工部司务；关家炳、曾益南京户部兵部司务。"② 名列其中的史惇亦言：
"先帝有厌进士之意，故将庚辰乞恩举人与廷试贡士尽留特用，先翰林、
科道，其余以次序补。明纶已下阁矣，阁臣恐在廷汹汹异议，密揭反汗，
于是从六部司属始，而后以推知正官足之。"③ 然而，由于受周延儒《特赐
题名碑录》落款"崇祯十五年七月二十六日立石"的影响，相关史书中长
期将"庚辰特用"误为"崇祯十五年壬午科"④，《宦梦录》中对"庚辰特
用"的记载足资纠谬：

> 庚辰廷试……会试后，举人乞恩就教，忽有旨，概授部属、推、
> 知，其廷试贡士亦选百余人，一体擢用。阁臣陈公演揭请，上手报数
> 百言，有"赞襄在卿，威福惟辟"之语。诸人辄自称"庚辰特用"，
> 请释褐、竖碑，穷乡俚传，或呼"御进士"，至有给假家居公用进士
> 冠服者，尤可怪也。余后在阁见江右一举子疏，自诩"荣均及第"，
> 驳之。比旨下，已从删削，知圣意不欲人议及。⑤

据此记载可证"庚辰特用"即在崇祯十三年，而并非在崇祯十五年。

---

① （清）谈迁：《国榷》卷 97 "崇祯十三年四月丙寅"条，第 5862 页。
② （清）谈迁：《国榷》卷 97 "崇祯十三年五月丁酉"条，第 5865 页。
③ （明）史惇：《恸余杂记》，第 84 页。《明史》在雷演祚本传中也记道："雷演祚……十三
年夏，帝思破格用人，而考选迁及进士，特命举人贡生就试教职者，悉用为部寺司属推官知县，
凡二百六十三人，号为庚辰特用。而演祚得刑部主事。"[（清）张廷玉等：《明史》卷 274《雷演
祚传》，第 7032 页]
④ 代表性的书籍，如《国朝历科题名碑录初集》《钦定国子监志》《明清进士题名碑录索
引》等均将"庚辰特用"系于崇祯十五年。按，陈长文曾撰文《崇祯十三年赐特用出身科年考
实》，考证了"庚辰特用"的科年，纠正《明清进士题名碑录索引》等书因承袭《国朝历科题名
碑录初集》记载而误将"庚辰特用"系于"崇祯十五年壬午科"的讹误，并详述了致误之缘由。
（陈长文：《崇祯十三年赐特用出身科年考实》，《文献》2005 年第 3 期）
⑤ （明）黄景昉：《宦梦录》卷 3，第 193 页。

而对"庚辰特用"，崇祯皇帝持以"圣意不欲人议及"的态度，在史惇的记载中即可窥见："特用诸人亦自谓盛典，于是史惇等上疏，请援进士例，谒文庙行释菜礼，并立石题名二事。下礼部议，已具覆矣。费县阁臣张四知票旨不允，上大怒，尽行抹去，不发改票，御笔直批：'这所请谒庙、立石俱依议行。'然后外廷无敢哗者。"① 崇祯皇帝不愿阁臣对此有异议，故而不发内阁重票，直接御批议行。而崇祯皇帝删削"庚辰特用"举子自诩"荣均及第"的举动，正如张自烈所言"此又明旨之不可以告中外臣民者也"②，看法与黄景昉相同。黄景昉作为庚辰科殿试的"廷试受卷官"，庚辰科殿试人数、召对情形皆其所亲见，故记载详备，足资参考。

（二）宗伯姜逢元

姜逢元在《明史》中无传，其在天启年间曾任《三朝要典》副总裁官，但因"呈身门户"而被逐，倪元璐在《请毁要典疏》中提到："至于纂修词臣之在当日，更有难焉者，丹铅未下，斧镬先悬，姜逢元搁笔一叹，朝闻夕逐矣。"③ 姜逢元在崇祯九年七月至十年十二月间任礼部尚书，因陈启新论其考选事而罢官。黄景昉主考顺天乡试曾亲见其学识浅薄，并于同年丘瑜处亲闻其交通内侍之状，足补于《明史》：

> 宗伯姜公逢元，余出闱偕闪公仲俨谒之，明言其二弟及某姻戚卷佳，不蒙收录。余业讶其不伦，磨勘之役，遂一意吹索。尝于朝语余云："闱卷有'草者草之'四字，何解？"余私念卷俱亲阅，无如许纰谬理，查为刘砥中二场论，释题内"蕴"字云："蕴，从艸，从糸，从皿。艸者，草之微生者也。"余原批云："亦《说文》《字说》遗意，勿哂其支。"始知刘一句八字成文，姜故中断之，不惟文理不通，并句读亦不识矣。大宗伯舛陋至此，将无令天下学子笑人。④

① （明）史惇：《恸余杂记》，第 85 页。
② 史惇等谒庙时，南居仁初不肯受拜，在听闻王素臣"特用盛典，年兄必立异同，皇上闻之何以自解"的劝告后，即出受拜，可见崇祯皇帝对于"庚辰特用"的态度。（《恸余杂记》，第 85 页）
③ （清）谈迁：《国榷》卷 89 "崇祯元年四月丙辰"条，第 5433 页。
④ （明）黄景昉：《宦梦录》卷 2，第 143—144 页。

姜公日广尝语其门人丘公瑜曰："讲筵遇午节，忽大珰馈遗丰甚，怪安从致此，辞之。其人谓：'送礼容或不受，此答礼耳，无不受理。'姜谕'无之'。其人惊，自咎云：'错错。'本送礼部尚书姜逢元，以姓同，日讲同，误抵是耳，足见其通内有素也。"在礼部纳贿无算，屡与枚卜，摈不用。每廷推，上笑曰："驼背子又来矣。"以姜背微伛故。其后因考选滥圈多人，御批"何广知若此，着闲住去"，舆论快之。①

姜逢元曾在崇祯九年四月及十年六月获廷推，但始终未被点用，因而崇祯皇帝嬉言为："驼背子又来矣。"据此二则史料所载，从姜逢元对其亲属的庇护及其个人的贪贿之状，即不难看出何以考选时"滥圈多人"。同时，崇祯年间士大夫学识之浅薄亦可由此窥见，其与郑以伟、张至发等实亦相类，《明史》说"明季士大夫问钱谷不知，问甲兵不知"②，亦非全是贬抑之词。而在"己巳之变"后，崇祯皇帝重新起用宦官，大僚与内侍交通成为常态，虽"禁止交通，而权仍在掌握"，欲"诸臣之不投身阉寺，不可得矣"③，即如阁臣被命亦需"投刺司礼大奄，兼致仪状"④，黄景昉关于姜逢元所受答礼"馈遗丰甚"的记载也从另一个侧面反映了当时的情形。

另外，黄景昉对于姜逢元在天启年间修《三朝要典》时"投笔一叹"也持怀疑态度，并认为是"阴倩人出脱"：

《要典》一书初议焚，孙之獬忽诣阁免冠痛哭，若风狂然，为时姗笑。孙无足责耳，乃有当日躬任笔削，仍附声议毁，致来秦灰鲁壁之讥。而又有阴倩人出脱，如姜逢元投笔一叹云云。意当姜投笔时，谁见之哉。⑤

---

① （明）黄景昉：《宦梦录》卷2，第144—145页。
② （清）张廷玉等：《明史》卷252《赞》，第6524页。
③ （清）彭而述：《明史断略》卷四《宦侍误国》，《四库未收书辑刊》第1辑第21册，北京出版社2000年版，第656页。
④ （清）张廷玉等：《明史》卷251《文震孟传》，第6498页。
⑤ （明）黄景昉：《宦梦录》卷1，第116页。

同时,崇祯年间定逆案,士大夫求脱之情形在《宦梦录》中亦可窥见:

> 逆案定,属蒲州韩公爌当国。姚公希孟、侯公恪,其门人也,经二公手居多,中不无苛滥。惟是书以维持名教,惧后世乱臣贼子,当逆奄时,士大夫自不合仕宦,稍有牵染,总属罪过,即微枉一二人,亦何足惜。闻其时,多辇金求脱,往往将称颂红本潜匿去,利半归蒲州姻戚。①

对于定逆案的情形,谈迁评论道:"闻阁议主于钱龙锡,而姚希孟出龙锡之门,劾笔为多,故姑苏人独不预。虽罗入吕纯如,原非苏人所归也,古人云:'受尧之诛,不能称尧,彼曹子有次骨之怨'。其后龙锡中祸,亦此案酿之矣。"②谈迁的看法与黄景昉相近,皆认为定逆案存在不公的情形。而黄景昉对于姜逢元的怀疑并非全无依据,其"投笔一叹"除清人陈鼎所辑的《东林列传》记载稍异外,现可考见的记载,史源皆出自倪元璐的《请毁要典疏》。而景昉之所疑,或因姜氏之为人,或由于亲历当时求脱逆案之风。

(三) 崇祯帝之博学

《明史》等书关于崇祯皇帝的记载更多的侧重在"治道"之上,对其"在位十有七年,不迩声色,忧勤惕励",而"祚讫运移,身罹祸变"颇为惋惜③,谷应泰对此曾说道:"呜呼!自古未有端居深念,旰食宵衣,不迩声色,不殖货利,而驯致败亡,几与暴君昏主同失而均贬者。"④孟森则认为:"在万历以前,非亡国之君也;在天启之后,则必亡而已矣。"⑤《宦梦录》中亦有涉及崇祯皇帝在"治道"方面的记载,但细考前人著述,如用人、为政等方面的举措均能找到相近之处,而关于学识方面的记载则为他书所不经见:

---

① (明)黄景昉:《宦梦录》卷1,第115—116页。
② (清)谈迁:《国榷》卷90"崇祯二年三月乙亥"条,第5476页。
③ (清)张廷玉等:《明史》卷24《赞》,第335页。
④ (清)谷应泰:《明史纪事本末》卷72《崇祯治乱》,第1210页。
⑤ 孟森:《明史讲义》,第315页。

给谏刘公斯㙯，名以来从土，上初呼来音，旋改呼已音，众茫然，查灰韵实无㙯字，始深服圣学之博。闪仲俨尝语余："凡韵本十四寒内无完字音，即为俗本。"①

又

总宪刘公宗周，初以少司空抗疏革职归，即家起少宰，未赴，连拜疏劝上勿溺情二氏学，多规切语。圣意不悦，晚御中左门召对，问："曾见刘宗周疏否？"周公对："见过。"复问："何如？"周公揣知微旨对："其人素著清执，议论略迂。"上曰："清执须为朝廷做事，若徒寻好题目，博自己声名，便是假的。朕记昔人有言：'宁为真士夫，毋为假道学'。"周公对："却非假的，其人苦节已数十年，实是真品。"上曰："如此尚做得些事乎？"周公对："㑃做得。"天颜渐霁。周公善奏对，数言尤中肯綮。余按，"宁为真士夫"二语，出我朝邵文庄宝，不审何自达御览，博综今古之学，即是可推。②

由此两则记载即可看出崇祯皇帝之博学，其对音韵的熟稔，更是为在朝士大夫所叹服。关于崇祯皇帝的为学根柢，他曾自述道："幼无人讲授，自点《尚书》数遍，省难字辄从《正韵》考释。"③ 实则皆由勤学而来。文中提到的"邵文庄宝"，即邵宝，为明中叶士大夫，在《明史》中列入《儒林传》，"学以洛、闽为的"，后受知于李东阳，"吾愿为真士大夫，不愿为假道学"为其习程朱理学之感言。此语至明季程朱理学衰微之时，崇祯皇帝仍能熟知，亦可见其涉猎书籍之广博。以上的追忆出自黄景昉国变后的记载，他在崇祯士大夫中即以"博学有识"著称，由其对崇祯皇帝"博综今古之学"的钦佩，可见崇祯皇帝在学问造诣上确有可观之处。

---

① （明）黄景昉：《宦梦录》卷1，第121页。
② （明）黄景昉：《宦梦录》卷3，第206页。
③ （明）黄景昉：《宦梦录》卷4，第290页。按，时人李清的相近记载，其云："上笃好文学，励精求治，尝因讲席咨问《春秋》传义，左右陈说无称旨者。或荐文翰林震孟，特赐燕对，震孟援引侃侃，上嘉悦之。"［（明）李清：《三垣笔记》附识上《崇祯》，第163页］

(四) 崇祯帝诸子

《明史》将崇祯皇帝诸子归为一传,所记皆较简略,《宦梦录》中有三条记载涉及崇祯皇帝诸子,分别是:两条涉及太子慈烺,一条涉及定王慈炯、永王慈炤,可资补正:

> 上召对阁部大臣,间命皇太子侍立,诸臣致词云:"臣等恭叩皇太子殿下。"叩头毕,面答:"先生每辛苦。"一日,勋戚、科道各官同在列,皇太子意有所疑,跪请旨,久之,上曰:"照例传。"因起答如前语。宫闱礼法严,每起居辄行跪拜,兹举尤见其权度之精。①

又

> 皇太子讲读亦时问难,讲《尚书》"敷在宽"章,问:"尧舜之世还有五品不逊的百姓么?"讲《大学》"见贤不能举"章,问:"贤不贤至为难知,操何术以辨之?"此余侍班日所亲闻,他尚多。既讲官对讫,徐答曰:"本宫知道了。"举止端凝,音亦亮,但睿体差短小耳。②

又

> 无论皇太子英睿夙成,即定、永二王眉宇并天人,诵书清圆,作字端楷。讲罢,呼"先生每吃茶",音如玉。册封业蚤定,雍雍肃肃,无前代园绮之虞,众所共瞻。余行时,已有旨选长公主婚,寻亦未果。③

据此足见崇祯皇帝诸子礼数有度,而关于太子慈烺讲读之记载,则可窥见其勤学好问。此三条记载为黄景昉所亲见,皆足补于《明史》。

---

① (明) 黄景昉:《宦梦录》卷4,第247页。
② (明) 黄景昉:《宦梦录》卷4,第249页。
③ (明) 黄景昉:《宦梦录》卷4,第290—291页。

（五）黄道周坐赃遣戍

"黄道周之狱"在前文已曾详述，但关于黄道周坐赃的记载，则独见于《宦梦录》中①，其云：

> 少司寇惠公世扬久经摧折，乍到，衣冠古朴，举止生疎，具有先辈典型。初为黄公解网计甚力，值其门人陈公新甲在中枢，必欲坐赃，必注定辰州戍，亦弗能移也。②

据此可知二事，其一，陈新甲为惠世扬门人；其二，黄道周坐赃、戍辰州皆缘于陈新甲。黄景昉此处并未言及陈新甲何以欲陷黄道周坐赃，但考之《明史》，黄道周在崇祯十一年六月廷推阁臣时，曾疏劾杨嗣昌、陈新甲等，即可知此事之缘由，其论陈新甲云：

> 守制不终，走邪径，托捷足。天下即甚无才，未宜假借及此。古有忠臣孝子无济于艰难者，决未有不忠不孝而可进乎功名道德之门者也。臣二十躬耕，手足胼胝，以养二人。四十余削籍，徒步荷担二千里，不解扉屦。今虽逾五十，非有妻子之奉，婢仆之累。天下即无人，臣愿解清华，出管锁钥，何必使被棘负涂者，被不祥以玷王化哉！③

黄道周弹劾陈新甲，因时逢卢象升丁忧，杨嗣昌荐其堪代，"夺情任之"，但道周认为："我朝自罗伦论夺情，前后五十余人，多在边疆。故嗣昌在边疆则可，在中枢则不可；在中枢犹可，在政府则不可。止嗣昌一人犹可，又呼朋引类，竟成一夺情世界，益不可。"④崇祯皇帝最终未听其言，仍破格用杨嗣昌、陈新甲等。至黄道周系狱时，杨嗣昌、陈新甲蒙眷而不救："督辅杨公嗣昌、司马陈公新甲最蒙眷，俱以夺情事被

---

① 如《明史·黄道周传》《国榷》《烈皇小识》《崇祯朝野记》《明季北略》《石匮书后集》等书皆未载此事。
② （明）黄景昉：《宦梦录》卷2，第180页。
③ （清）张廷玉等：《明史》卷255《黄道周传》，第6596—6597页。
④ （清）张廷玉等：《明史》卷255《黄道周传》，第6598页。

劲,恨甚,有讽杨希、文潞公故事者,弗应。"① 周延儒复相时,杨嗣昌已卒,陈新甲恰为兵部尚书,鉴于此前不救黄道周之事,于此时令其"坐赃"亦非不可能,因而有为黄道周"醵金输纳"事:"谳上,黄公等得免死,各远戍,黄加永远,坐赃五百余,诸同志阴醵金输纳,不使黄知也。"② 黄景昉与黄道周交厚,黄道周"坐赃"之事为其所亲历之事,所记当亦不误。

二　揭明季史事之隐讳

(一)　孙承宗殉难未得恩恤

崇祯十一年十一月,后金军围高阳,孙承宗率家人拒守,城破"望阙叩头,投缳而死",子孙亦多殉难,却仅得"但复故官,予祭葬而已",并且终崇祯之世,未得任何赠官和封谥。至福王时,始赠太师,谥文忠。明制"三品得谥,词臣谥'文'"③,孙承宗复故官,则品级高于三品,应得封谥,实则不然,《明史》对此解释为"当国者杨嗣昌、薛国观辈阴扼之"④,《国榷》则记:"知县雷之渤宣言其靳饷生变,薛国观惑其说,故未恤。"⑤ 黄景昉指出,实因其"违忤"崇祯皇帝之意所致:

> 枢辅孙公承宗自关宁归数载,会事急,即家召入,先遣巡阅城守,比面对,稍拂上指,趣遣守通州,竟未一莅阁任也。时贼骑充斥,公自募数十丁行,夜抵通,城闭,呼炬自缒入。未几,以筑大凌城议罢。公高阳人,丙子邑陷,合家殉节,恩恤久稽,犹因前违忤故。⑥

黄景昉的说法考之《明史》可见其端倪:

---

① (明) 黄景昉:《宦梦录》卷2,第178页。
② (明) 黄景昉:《宦梦录》卷2,第179页。
③ (清) 张廷玉等:《明史》卷60《礼十四·赐谥》,第1488页。
④ (清) 张廷玉等:《明史》卷250《孙承宗传》,第6477页。
⑤ (清) 谈迁:《国榷》卷96"崇祯十一年十一月戊辰"条,第5824页。
⑥ (明) 黄景昉:《宦梦录》卷1,第100页。

二年十月……诏以原官兼兵部尚书守通州，仍入朝陛见。承宗至，召对平台。帝慰劳毕，问方略。承宗奏："臣闻袁崇焕驻蓟州，满桂驻顺义，侯世禄驻三河，此为得策。又闻尤世威回昌平，世禄驻通州，似未合宜。"帝问："卿欲守三河，何意？"对曰："守三河可以沮西奔，遏南下。"帝称善，曰："若何为朕保护京师？"承宗言："当缓急之际，守陴人苦饥寒，非万全策。请整器械，厚犒劳，以固人心。"所条画俱称旨。帝曰："卿不须往通，其为朕总督京城内外守御事务，仍参帷幄。"趣首辅韩爌草敕下所司铸关防。承宗出，漏下二十刻矣，即周阅都城，五鼓而毕，复出阅重城。明日夜半，忽传旨守通州。时烽火遍近郊，承宗从二十七骑出东便门，道亡其三，疾驰抵通，门者几不纳。①

此段史料中，崇祯皇帝在询问孙承宗方略后即说道"卿不须往通，其为朕总督京城内外守御事务，仍参帷幄"，但次日即"传旨守通州"。以崇祯皇帝对大臣"一言合则欲加诸膝"的用人态度，却于顷刻间改变，实则是孙承宗在召对问答时已不得上意，故而次日即令其出守通州，孙承泽对此记道："中外闻公之出也，皆惊而相告，尚书李腾芳、郑以伟，讲官罗喻义要众伏阙请留。"②可见兹时在朝大臣对孙承宗出守通州亦觉突然，虽伏阙请留，仍未获允，由此亦可推测此举实出自崇祯皇帝之意，钱谦益对此解释道："事秘，人莫得知，知者亦莫之敢指，斯其故难言之矣。"③在其殉难后，崇祯皇帝谕言道："故辅承宗，骂贼死义，惨及阖门。朕心殊恻。该部其从优议恤。"但"部覆疏上，诏止复原官，予祭葬，而赠荫易名，皆未许"，此规格"视他阁臣考死牖下者有不逮焉"。④此事在许多史料中都被认为是"当国者主之"，但薛国观败后，也未见封赠，因而可判断黄景昉认为孙承宗"违忤"之说实为有据。

---

① （清）张廷玉等：《明史》卷250《孙承宗传》，第6473页。
② （清）孙承泽：《畿辅人物志》卷11《孙阁部承宗》，北京出版社2010年版，第123页。
③ （清）钱谦益：《牧斋初学集》卷47《特进光禄大夫左柱国少师兼太子太师兵部尚书中极殿大学士孙公行状》，上海古籍出版社1985年版，第1203页。
④ （清）钱谦益：《牧斋初学集》卷47《特进光禄大夫左柱国少师兼太子太师兵部尚书中极殿大学士孙公行状》，第1222页。

(二) 赵光抃之戮

赵光抃之戮,论者皆以为冤,但黄景昉则认为必然,《宦梦录》载:

> 蓟督赵公光抃自戍罪释用,未受事,寇已大入,率各总兵逐寇。过都门言:"诸将愿一望清光,求赐对,假之颜色。"上悦,如所请召见,命光禄寺备宴,阁臣陪,具仪卫以待。踰午不至,忽疏称:"总兵白广恩赴召,垂入城,有密言于马首云:'召非佳意,疑即席擒之。'广恩惧,奔还。虑他变,臣立驰诣其营,慰安之,召未能赴。"举朝愕然,不得已改谕边报急,诸将免召见,筵席牛酒等物仍齎赐。缘广恩职镇蓟门,有失信地罪,方自危,憸弁得乘机要嚇,顾所伤国体多矣。上所为深憾赵,卒置之法坐是,非外廷耳目所知。①

此事赵光抃使崇祯皇帝颜面尽失,"所伤国体多矣",其与范志完同诛,究其因实由此事而起。② 不久,西协总兵唐通疏侵赵光抃,黄景昉票拟驳之③;而后,雷演祚、吴履中及蒋拱宸皆弹劾范志完而为赵光抃奏辨,诸大臣亦疏攻范志完而不一及赵光抃,使崇祯皇帝深疑廷臣有党,并且崇祯皇帝"憾范志完轻、赵光抃重",鉴于此前白广恩事,遂致赵光抃与范志完同诛:

> 督师范志完为御史吴履中劾奏,下诏狱。上面召两人对质,阴令锦衣卫备刑具俟,既因范详愬边吏危苦状,姑遣出。上意憾范志完轻、赵光抃重,且以诸臣多攻范,不一及赵为党,然又不便独宽范,众知二公无生理矣。④ ……上既遣吴昌时出,旋呼蒋拱宸,询察办西协事。蒋具述情状,颇为赵光抃讼功。上怒,并挐蒋下狱。……⑤

---

① (明) 黄景昉:《宦梦录》卷3,第229—230页。
② 按,万斯同《明史稿》看法与此相同,认为:"光抃尝荐白广恩,请召见赐宴,帝从之。广恩抗命不赴,帝以是恶光抃,与志完同日诛。"此后《明史》亦采此说。[(清) 万斯同:《明史稿》卷364《赵光忭传》,《续修四库全书》第330册,上海古籍出版社2002年版,第443页。]
③ (明) 黄景昉:《宦梦录》卷4,第253—254页。
④ (明) 黄景昉:《宦梦录》卷4,第271页。
⑤ (明) 黄景昉:《宦梦录》卷4,第272页。

黄景昉时以阁臣陪侍，白广恩事为其亲见，故记载详于他书；唐通疏侵赵光抃，票拟批驳出自其手，则为他书所不载；而对赵光抃致戮之所由，崇祯皇帝疑大臣党护赵光抃之心态，则可补《明史》之未详，揭赵光抃必然被戮之隐晦。

（三）冯铨之于明季

冯铨在天启年间党比于魏忠贤，后因触忤忠贤之意而罢职。崇祯二年定逆案，冯铨以"交结近侍又次等"配赎①，随后屡欲谋复冠带而不果，但其在朝野中的影响力却能使周延儒复相、魏藻德三年入阁，并屡有称其守涿州之功为谋复冠带者。周延儒曾感叹为冯铨谋复冠带之难："冯旧辅之起，难于外，而易于内。"② 谈迁则就其守涿州与孙承宗守高阳作对比，说道："冯氏保涿州而有余，孙氏保高阳而不足，二相轩轾悬甚，而坚瑕相反，此其故又未易解也。"③ 实则指孙承宗阖门殉难而遭构陷，而冯铨则屡有颂其功者，并阴指其有通清之嫌。《宦梦录》中关于冯铨的记载，多为黄景昉票拟、廷对时所亲见，现兹列数条如下，以见冯铨于明季之影响力：

> 余夜偕吴公甡宿直，有涿州守疏陈城守事，内及州绅某公，称为硕辅。吴议应驳，余即从之，票特严。录此见于票拟事无分毫私意夹杂，惟义所在。
>
> ……
>
> 涿州冯公铨，为周公同籍缔姻，雅相善，屡议复冠带示酬，惮众论，未果。吴公尤力持之。以余有阁师谊，前票涿守疏不稍假借，恨并刺骨。其人负敌国富，通神手，逆案徒党时为前茅，并东南诸浮慕名流亦阴归之，余辈祸胎，是即通州暴致亨融，抑或其力。察厂卫狱词，有为涿州所笑等语。后通州面对，亦直举冯某守城输饷劳为词，微指可知。
>
> ……

---

① （清）谈迁：《国榷》卷90"崇祯二年三月乙亥"条，第5474页。
② （明）李清：《三垣笔记》附识中《崇祯》，第195页。
③ （清）谈迁：《国榷》卷96"崇祯十一年十一月戊辰"条，第5824页。

召对，魏公藻德奏数十年来畿辅人才屡被摧折，历举冯铨、史
菫辈。①

按此，周延儒为冯铨姻亲，延儒再相得冯铨之力为多，故欲为其谋起
复以"示酬"。但冯铨为逆案中人，周延儒因"惮众论"，而不果。同时，
大学士吴甡也反对为冯铨复冠带②，黄景昉票拟"涿州守疏"亦"不稍假
借"，所以屡议起复，而屡遭驳斥。但冯铨在朝野中的影响力，从逆案中
人称其为"硕辅"，并屡有为其谋复冠带者即可窥见一斑③，且魏藻德未三
载入阁，亦与冯铨不无关系，黄景昉即说魏藻德"暴致亨融，抑或其力"。
魏藻德在入阁后也曾多次荐举冯铨，这从引文中即可印证。同时，《宦梦
录》中言冯铨"其人负敌国富，通神手"，则不难解释何以"（睿亲王）
以书征铨，铨闻命即至"。④《明史》中关于冯铨私通后金、谋复冠带及魏
藻德入阁等事皆罕见记载，而冯铨在顺治年间充任明史总裁官，朱彝尊曾
记："《熹宗实录》成，藏皇史宬。相传顺治初，大学士涿州冯铨复入内
阁，见天启四年纪事，毁己尤甚，遂去其籍，无完书。"⑤ 冯铨既可借大学
士的身份亲见《熹宗实录》，并去其"毁己"的记载，则不难隐匿与之相
关的其他记载。《宦梦录》对冯铨的记述均为黄景昉所亲历亲闻，且冯铨
于景昉有阁师之谊，以常理当为其隐讳，但在书中却直书其丑态无假借，
可见当非诬枉之词。

---

① （明）黄景昉：《宦梦录》卷4，第260—261、265页。
② 吴甡反对冯铨复冠带的记载见于《明史·吴甡传》（第6523页）、《冯元飚传》（第6641
页），《明史》的记载与全祖望所认为的野史说法相似。但从《明史》、《宦梦录》中吴甡认为冯铨
逆案中人不可复冠带的态度来看，吴甡不太可能在之前答应为冯铨谋复冠带，疑与"冯元飚为甡
谋，说延儒引甡共为铨地"，实乃冯元飚为吴甡入阁而阴许诺周延儒，而非吴甡许诺。另外，前引
全祖望《题冯郏仙尚书行状后》称："据黄氏《宦梦录》，则谓尚书不甚合于兴化，力纠袁继咸，
不任江抚，又与前说相背。此等皆不足信之言。"据考《宦梦录》原文，仅称"周公所为不答者，
虑吕难独任，又袁督为吴公甡力荐，吴得罪，冯公略窥微指，因以为逢耳"（卷4，第263—264
页），所指的是冯元飚在甡获罪后，窥伺崇祯皇帝旨意，而尢"尚书不甚合于兴化"之意，全
氏此说或因"吴得罪冯公"一语致误。
③ 《国榷》分别在崇祯九年八月壬午、十三年六月癸亥、十六年正月癸丑记有大臣为冯铨讼
功，并求为其复冠带，如"湖广宗贡蕴荐故大学士冯铨""涿州知州刘三聘奏荐逆辅冯铨"（第
5755、5868、5960页）。
④ 清国史馆编：《清史列传》卷79《冯铨传》，第6555页。
⑤ （清）朱彝尊：《曝书亭集》卷45《书〈两朝从信录〉后》，吉林文史出版社2009年版，
第497页；全祖望亦言"冯涿州再相，奋笔改《熹庙实录》"。[（清）全祖望撰，朱铸禹汇校集
注：《鲒埼亭集外编》卷42《移明史馆帖子二》，《全祖望集汇校集注》，第1647页]

三 述明季史事之未详

（一）分票与“阁揭”

内阁的票拟，弘治、正德以迄万历初年，逐渐形成由首辅把持的事例，万历中复归于同官“协恭”，天启年间始行分票，至崇祯十年复令阁臣票拟署名。对于这一演变过程，先行研究中已有细致的考证，在此不作赘述。① 其中关于崇祯年间大学士的分票情形，黄景昉在《宦梦录》中屡有记载，如“进贤傅公冠……在阁日尝分票疏章”②，据考《明史》，傅冠在崇祯十年八月入阁，至十一年八月致仕③，除在崇祯十一年六月至八月间位居次辅外，在阁中排名皆不靠前，但同样能获得票拟权即是一证。又如黄景昉④，他自崇祯十五年六月入阁至十六年九月去职，虽未曾任首、次辅，却仍有票拟之权：

> 周公奉旨，会法司清理刑狱，所宽贷多，或云其仆戚夤缘受人金钱，难全信。以余所见，如旧总河刘公荣嗣坐赃二十余万，追比法穷，尽从豁免；闽陈志广计部，其门人也，榷浒关以岁荒缺额七万，属余票拟，亦免追补。……⑤

> 方周公在事，遇吏部起废复官，疏多委余，不知何意？如许公誊卿、蒋公允仪、张公采等，俱经余拟旨释用……⑥

由此可见，崇祯年间内阁的票拟延续着天启年间的分票制度，凡入阁者皆有票拟之权，而非如明中期由首辅独掌票拟，此数条记载即可为证。⑦

---

① 赵轶峰：《明代的变迁》，第65页。

② （明）黄景昉：《宦梦录》卷2，第136页。

③ （清）张廷玉等：《明史》卷110《宰辅年表二》，第3388页。

④ 另外，与黄景昉同任阁臣的蒋德璟，也曾有关于“分票”的记载：“是时，阁中惟璟与东厓黄公二人，本章到阁，分票讫。”［（明）蒋德璟：《敬日草》卷八《丁祭文庙钦遣正献恭纪》］

⑤ （明）黄景昉：《宦梦录》卷3，第218页。

⑥ （明）黄景昉：《宦梦录》卷4，第285页。

⑦ 按，在《馆阁旧事》中，黄景昉曾补充道：“每晨发本，除不须出旨，止该部知道者，中书官自行汇出填签，余总送首揆分票。如五六十本，则每位照数得若干，多寡匀配，往日为次辅甚逸，以事并决首揆也。分票起天启初，其签内填臣某等拟起崇祯初，遇改票则原拟旨某自行改进。”“本发后，遇事体重大者，不时另发，用黄绢小匣封固，御题某日某时送内阁，及拟票签封进，亦照原匣写某日某时臣某等谨封，其余分项入套，用文渊阁印钤送，品式最为详明。夜汇票，将本详细阅过，防有错名错字及错夹票签等弊，关系非轻。”［（明）黄景昉：《馆阁旧事》卷下］

并且从"方周公在事,遇吏部起废复官疏多委余"一语,可推知首辅有票拟选择权和委任权。崇祯初年,章允儒曾上疏:"自魏广微交结逆珰,专擅票拟,一时辅臣,依阿诿涩,而中旨夺封驳之权,至黄立极专取易者与己,难者与人,而票拟乃分,后遂为固然。"① 黄立极自天启九年顾秉谦乞归后升任首辅②,其"专取易者与己,难者与人",可见天启年间首辅已有票拟选择权,至崇祯末年,黄景昉在内阁时仍遵此例。

此外,《宦梦录》中也有关于"阁揭"的记载:

> 阁揭例出元揆手,周公笔舌松敏,雅善是,尝诮余辈曰:"诸公票词何太板,吾从来不下一呆实字,要使仁者见之谓之仁,智者见之谓之智耳。"余辈亦私以太虚圆、多情寡执病之。一日,拟候安圣躬揭,周公小恙,属井研陈公具草,偶用《易》颐卦"养正则吉"语,即日奉御批甚长,内云:"朕官中自览章疏,外惟琴、射二项颇通,他无所好。"众惶恐谢。上意或疑有所讥故也。陈笔稍拙滞,每措词几不可了。③

《明史》载"下之达上,曰题,曰奏,曰表,曰讲章,曰书状,曰文册,曰揭帖,曰制对,曰露布,曰译"④,"阁揭"当为内阁上呈给皇帝的"揭帖",即"内阁揭帖"。据引文可知,明代"阁揭"例出首辅,首辅不直阁,则属次辅。黄景昉在《国史唯疑》中亦引证了申时行的例子:"申文定即杜门称病,阁揭自宜首列其名,讵容抵赖!惟揭奉御批无'该部知道'字样,例不发科抄。"⑤ 此即文秉所言:"旧例,阁揭竟留御前,无发出之理。"⑥ 据此记载,即使在首辅未直阁时,"阁揭"署名仍需列首辅,

---

① (清)孙承泽:《山书》卷1《辅臣冢臣忠告》,第24页。

② 按,《明史·黄立极传》云:"明年(天启六年——引者注)夏,绍轼亦卒,铨罢。其秋,施凤来、张瑞图、李国㮅入。已而秉谦乞归,立极遂为首辅。"[(清)张廷玉等:《明史》卷306《黄立极传》,第7846页] 黄立极入阁及升任首辅的时间,参见《明史·宰辅年表》。[(清)张廷玉等:《明史》卷110《宰辅年表二》,第3380—3381页]

③ (明)黄景昉:《宦梦录》卷3,第241—242页。关于"阁揭"的款式,《馆阁旧事》中记道:"阁揭首大学士臣某等谨题,末列诸同官姓名,不用全衔。揭每幅写五行,体制特小,答四方书牍,亦用副启之短而狭者,每面三行,非内阁不敢用三行。"(《馆阁旧事》卷下)

④ (清)张廷玉等:《明史》卷72《职官一》,第1732页。

⑤ (明)黄景昉:《国史唯疑》卷9,第266—267页。

⑥ (清)文秉:《先拨志始》卷上,《丛书集成新编本》第119册,第711页。

只是无"该部知道"字样，不发抄而已。之后温体仁为首辅时鉴于申时行之事，其所上阁揭皆不存阁中："体仁自念排挤者众，恐怨归己，倡言密勿之地，不宜宣泄，凡阁揭皆不发，并不存录阁中，冀以灭迹，以故所中伤人，廷臣不能尽知。"①

同时，"阁揭"还有"密疏"的作用，"中外大小臣工上封事，外有通政司，内则会极门，俱有号簿。惟内阁独得进密揭"②，谈迁在《枣林杂俎》中对"阁揭"记道："阁揭，万历前不数进，事关重大，命元辅秘启，多所嘉纳。先帝时屡渎，视为故事，不复经意。"③ 又如"向高密揭曰乾、孔学皆京师无赖，诗张至此，此大类往来妖书；但妖书匿名难诘，今两造俱在法司，其情立见。皇上第静俟，勿为所动，动则滋扰。上初览曰乾疏，震怒。及见揭，意解，遂不问。东宫遣取阁揭，向高曰：'皇上既不问，则殿下亦无庸更览。'"④

此外，"阁揭"上呈时还需有"文渊阁印"作为题识，《明会典》载道："文渊阁银印自宣德中特赐，凡机密文字，钤封进呈，至御前开拆。其余公务行移各衙门，皆用翰林院印，而各衙门章奏文移，亦止曰行翰林院。"⑤ 申时行说："累朝以来，阁中凡有密奏及奉谕登答者，皆称为揭帖。其制视诸司题式差狭而短，字如指大，以文渊阁印缄封进御，左右近侍莫能窥也。……军国要机，朝廷大政，上意之所欲出而事理未安，政体所宜行而渊衷未发，诸司待命而未报。言官力净而难回者，未尝不从中调剂，就事匡维，其妙用全在一揭。"⑥ 黄景昉亦称："阁中有文渊阁印，印文玉箸篆，独异诸司。凡封进诏草登答章疏用之，不得下诸司，即下诸司以

---

① （清）张廷玉等：《明史》卷308《奸臣·温体仁传》，第7936页。

② （明）沈德符：《万历野获编》卷7《内阁密疏》，第198页。

③ （清）谈迁：《枣林杂俎》，第603页。

④ （清）谷应泰：《明史纪事本末》卷67《争国本》，第1073页。

⑤ （明）申时行等：《明会典》（万历朝重修本）卷221《翰林院》，第1096页；郑晓在《今言》中也记道："长陵即位之初，阁中有文渊阁印，印文玉箸篆，惟封上、诏草、题奏、揭帖用之，不得下诸司。下诸司以翰林院印。"（卷1《七十五》，中华书局2007年版，第40—41页）据王剑在《明代密疏研究》中的考证，文渊阁印在永乐年间已出现。（中国社会科学出版社2005年版，第72页）刘若愚《酌中志》亦载："宣庙赐有文渊阁印一颗，玉箸篆文，凡封进题本、揭帖、圣谕、敕稿用此印钤封。"（《酌中志》卷17《大内规制纪略》，北京古籍出版社2001年版，第150页）

⑥ （明）申时行：《赐闲堂集》卷9《纶扉筒草序》，《四库存目丛书》集部第134册，齐鲁书社1997年版，第195页。

翰林院印,诸司欲上内阁,亦称翰林院。"① 也就是说,"文渊阁印"仅能在内阁中使用,此可从周延儒督师之事窥见。崇祯十六年周延儒自请督师,因事起仓促,周延儒随身携带文渊阁印章,而内阁则用翰林院印为题识:

> 寇北折思遯,久屯驻三河、武清间,诸援兵莫敢击。周公慨具揭,身请视师。上悦,即召见,谕"本日酉时出东方吉",褒奖良至。周公退,趣装不复过家,抵城门,夜深,已上鑰矣。坐门勋臣特疏闻启鑰,验出,留郊外二日,遂行。事起仓卒,暂携文渊阁印往,用为题识,阁中权用翰林院印代之,称二百年未有异事。②

按此,内阁首辅在常态下具有对"文渊阁印"的支配权,但仅能在阁中使用,不得私自携带外出,文秉的记载即可印证:"十六年癸未,大学士周延儒请督师剿清兵,又以军机事密,章奏无以为信,携文渊阁印以行。说者以阁印不宜移动,动必有咎,后果罹韩城之祸。"③ 综上所考,可知"阁揭"为内阁"下之达上"的"密疏",需要"文渊阁印"的"铃封",而"文渊阁印"常态下由内阁首辅掌控,所以"阁揭"例署首辅之名。但在首辅不直阁的情况下,则轮序由次辅属拟"阁揭",亦需以"文渊阁印"为题识,因而"文渊阁印"仅能在内阁中使用,但所上"阁揭"仍然要首列首辅。《宦梦录》所记"阁揭"为黄景昉直阁所亲历,当亦可信。

(二) 经筵、日讲与讲官升黜

黄景昉自崇祯元年至十六年,数任经筵、日讲官,直讲"深得圣眷",其后得膺"纶扉之简"与其在讲筵上深得圣眷密切相关。有学者指出"给

---

① (明) 黄景昉:《国史唯疑》卷12,第350页。按,黄景昉在《馆阁旧事》中也说:"文渊阁银印玉箸篆,用密封章揭,直达御前,不以下诸司也。下诸司用翰林院印。"[(明) 黄景昉:《馆阁旧事》卷下]

② (明) 黄景昉:《宦梦录》卷4,第251—252页。关于文渊阁印、翰林院印在用途上的区别,黄景昉在《馆阁旧事》中也曾解释道:"文渊阁银印,玉箸篆,用密封章揭,直达御前,不以下诸司也。下诸司用翰林院印。崇祯壬午冬,宜兴周公以元辅出视师,请携文渊阁印行,许之,阁中用翰林印者累月,为从来未见之事。噫!独无可另给者乎?"(《馆阁旧事》卷下)

③ (明) 文秉:《烈皇小识》卷7,第206页。

皇帝讲书无疑是一种殊荣，同时，一朝获知于皇上则进身之阶由此畅通"①，通过讲筵表现也成为选拔内阁官员的重要途径。②《宦梦录》中对于讲筵的记载颇多，涉及讲筵制度、讲官仪态，特别是讲官在讲筵中的表现，直接关系到讲官的升黜。

关于讲筵制度，从《明史·礼制》及《明会典》记载中可以看出，有明一代讲筵制度分为"经筵"和"日讲"，但"经筵"和"日讲"往往被合二为一，前人研究中已对"经筵"和"日讲"混淆的原因及其异同进行了辨析③，而《宦梦录》对二者差异之处，从卫胤文因讲音过于宏亮而被更换的记载中已特别指明：

> 余草编修卫公胤文敕命，内云"秦声能夏，敷畅迥异寻常；汉礼为容，周旋不失尺寸。"卫，陕人，大声，音微带西气，余阴以是规之，卒坐讲音太宏更换去。日讲视经筵不同，天颜咫尺，自无取发扬蹈厉。记同事惟丘公瑜最善，神静气肃，安安直若固然。④

日讲与经筵不同，据《明会典》载：

> 上御文华穿殿，止用讲读官、内阁学士侍班，不用侍卫、侍仪、执事等官侍班。讲读等官入见，行叩头礼，东西分立，先读《四书》，次读经，或读史，每本读十数遍后，讲官先讲《四书》，次讲经，或讲史，务在直说大义，明白易晓。讲读后，侍书官侍上习书毕，各官叩头退。文华殿赐茶（原注：今不行），文华门赐酒饭。⑤

而经筵与日讲相比，在形式上则复杂得多，仅从仪制及侍从人员上即可看出：

---

① 谭天星：《明代内阁政治》，中国社会科学出版社 1996 年版，第 66 页。
② 朱子彦：《明万历朝经筵制度述论》，《社会科学战线》2007 年第 2 期。
③ 晁中辰：《明"经筵"与"日讲"制度考异》，《东岳论丛》2012 年第 7 期。
④ （明）黄景昉：《宦梦录》卷 2，第 138—139 页。
⑤ （明）申时行等：《明会典》（万历朝重修本）卷 52《日讲仪》，第 339 页；亦见（明）俞汝楫等编《礼部志稿》卷 14《日讲仪》，《景印文渊阁四库全书》史部第 597 册，台湾商务印书馆 1986 年版，第 198 页。

其制,勋臣一人知经筵事,内阁学士或知或同知。尚书、都御史、通政使、大理卿及学士等侍班,翰林院、春坊官及国子监祭酒二员进讲,春坊官二员展书,给事中御史各二员侍仪,鸿胪寺、锦衣卫堂上官各一员供事,鸣赞一赞礼,序班四举案,勋臣或驸马一人领将军侍卫。[1]

黄景昉在《馆阁旧事》中也曾说明其区别:

经筵与日讲不同,经筵岁只二次,日讲可十数次。经筵自大九卿、勋臣、戚臣、各掌印官,并科道侍班官具预,日讲只阁臣讲官数员耳。经筵称官人,日讲称先生,日讲必兼经筵,经筵未必尽兼日讲,此其分也。[2]

日讲与经筵在讲授方式上也不同,"故事,经筵有二案,一在御前,一在讲官前,俱有讲章。而日讲则止一御案,第以经书置案上,讲官指书口讲,无讲章也。"[3] 日讲是"讲官指书口讲",因而日讲官与皇帝之间的距离更近,讲官无须"发扬蹈厉",卫胤文即因此而被更换,所以黄景昉曾总结"经筵显,宜词严义正;日讲亲,宜气温色和"[4]。同时,日讲在崇祯十五年时也有所变化:

日讲例先进讲章,临期手牙签指本文讲。壬午冬,上始命案前铺设讲章如经筵体,遇疑义多所辨析。记讲"狂而不直"章,谕云:"此圣人思狂狷之意。"讲"吾有知乎哉"章,谕云:"惟无知故无不知,如明镜空无一物,妍媸毕照。"天语屡出人意表。他如"罕言利"章、"颜渊喟然叹"章,以讲官辞未畅,命阁臣面加训解,首揆周公至另撰讲章进览。蒸蒸向学,莫有盛于此时。[5]

---

① (清)张廷玉等:《明史》卷55《礼九》,第1405—1406页。
② (明)黄景昉:《馆阁旧事》卷上。
③ (明)李清:《三垣笔记》附识中《崇祯》,第208页。
④ (明)黄景昉:《馆阁旧事》卷上。
⑤ (明)黄景昉:《宦梦录》卷4,第247—248页。

李清的记载与黄景昉相似，只是缘由稍有不同而已："讲官韩翰林四维屡次遗忘，上谓阁臣曰：'日讲可照经筵例，亦置讲章，朕有所疑，可据以问难，而讲官亦不至遗忘。'此后遂用讲章在御前，讲官用牙签指讲云。"①

对于讲官仪态，《宦梦录》的记载也多有涉及，他特别指出讲官升黜与其在讲筵中的表现密切相关，现选列数条如下：

> 刘公鸿训每对御，多所指陈，词或俚质，辄招呼诸同官前，卒得祸重。上意或疑为轻己耳。其后觇温公体仁于讲筵屏气鞠躬，进止有度，觉恭谨之气浮眉目间，因之受眷独隆。《礼》云："严威俨恪，非所以事亲也。"观温、刘得失之殊，可为事英主、冲主鉴。……曲沃李公建泰伟仪观，音吐如钟。为编修日，职宣读，偶下直，上特遣中使即其家召入……②

> 南昌姜公曰广每进讲，貌庄词峻，俨若老师宿儒，余辈旁侍，为踧踖。上意寝不悦，坐南迁去。其后谕首揆周公延儒曰："初枚卜，吏部廷推曰广有'清任和合而为一'之目，朕嫌部过誉，奈何以孔圣加人，命再察核。次日，曰广进讲，声色俱厉，知其意不慊朕也，朕亦姑容之。越数日，进讲复然。"周为叩头谢，闻者战慄。圣意默窥人言动间，汉景帝曰："此非不足君所乎？"正同。③

> 吴门文公震孟在讲筵专讲《春秋》，上每倾听，亦以其神采英毅异恒人，故入阁。……④

> 香山何公吾驺亦坐吴门累，罢归。临行夕，称余在讲筵风度有异，将来当大用，祝余自爱。时甫供事旬月，局踖甚，不审公何自见赏，恒媿谢其意。⑤

由以上数则可以看出，讲官在讲筵中的表现直接决定了日后的仕途，如温体仁、文震孟、黄景昉、李建泰等人得以获简入阁与其在讲筵中受知于崇祯皇帝有关，而刘鸿训、姜曰广等人则缘于讲筵的表现不得上意而被

---

① （明）李清：《三垣笔记》附识中《崇祯》，第208—209页。
② （明）黄景昉：《宦梦录》卷1，第93页。
③ （明）黄景昉：《宦梦录》卷2，第137页。
④ （明）黄景昉：《宦梦录》卷2，第132页。
⑤ （明）黄景昉：《宦梦录》卷2，第134页。

降谪。其中，刘鸿训虽是因改敕书之事谪戍代州，但更与其对待崇祯皇帝的态度有关："鸿训居政府，锐意任事。帝有所不可，退而曰：'主上毕竟是冲主。'帝闻，深衔之，欲置之死。"① 前述引文中黄景昉也指出，刘鸿训"卒得重祸"是由于"上意或疑为轻己耳"，认为他在讲筵中的言语有轻视崇祯皇帝之意，是其谪戍重处的主要原因。姜曰广与刘鸿训情况相似，讲筵时"貌庄词峻，俨若老师宿儒"，令崇祯皇帝"意寝不悦"，而枚卜未获点用之后，对崇祯皇帝更是"声色俱厉"，致使崇祯皇帝将其讲筵的态度传谕周延儒知悉，李清所记与此相近："内阁尝题升姜少詹曰广，不下，及召见时，语次有言曰广相材者，上曰：'尝有称曰广为清任和者，朕谓此三字亦难胜，此后曰广进讲，对朕辄悻悻，岂休容大臣耶?'"② 《明史》亦载："庄烈帝尝言：'曰广在讲筵，言词激切，朕知其人。'每优容之。"③ 屡次言及此事，可见崇祯皇帝对其讲筵仪态的不满，只是因崇祯皇帝的优容，姜曰广才未得重祸，仅降调为南京太常寺卿。

此外，黄景昉在《国史唯疑》中还曾借薛瑄、岳正的例子谈及大臣仪态的重要性："奏对自非易事。薛瑄于御前误称学生，岂小可疵谬? 岳正率意尽言，口唾鼻息溅触御衣，亦非恭敬之道。第观李贤、彭时言论，气象自是不侔矣。此虽世俗之见，要身履始知。吾幸侍天颜有年，阅历多，颇悟其旨。"④ 据此观之，《宦梦录》之记载实为有据。

（三）崇祯十五年御前考选

崇祯十五年考选科道官员，与往例不同，《明史》载："给事中、御史谓之科道。……考选视科道缺若干，多寡无定额。其授职，吏部、都察院协同注拟，给事皆实补，御史必试职一年始实授，惟庶吉士否。……考选之例，优者授给事中，次者御史，又次者以部曹用。虽临时考试，而先期有访单，出于九卿、台省诸臣之手，往往据以为高下。"⑤ 科道官员考选需"吏部、都察院协同注拟"⑥，而此次考选，召对称旨即面注，无须吏部和

① （清）张廷玉等：《明史》卷 251《刘鸿训传》，第 6484 页。
② （明）李清：《三垣笔记》附识上《崇祯》，第 192 页。
③ （清）张廷玉等：《明史》卷 274《姜曰广传》，第 7029 页。
④ （明）黄景昉：《国史唯疑》卷 3，第 79—80 页。
⑤ （清）张廷玉等：《明史》卷 71《选举三》，第 1717、1718 页。
⑥ 郭培贵先生在《明史选举志考论》一书中考证指出："'吏部、都察院协同注拟'为御史选授例；而给事中，则由吏部独立注拟。"（第 343—344 页）

都察院"协同注拟"。《宦梦录》记此事：

> 考选，召对诸推、知，阁臣并冢、宪二臣入侍，赐坐，给笔札几
> 前，命录所对语。冢臣郑公三俊、宪臣刘公宗周竟辍笔，惟余辈草草
> 登记耳。对讫，二公另出班奏："考选属部院事，兵部不宜预题十余
> 人，夺臣职掌。"且言："诸臣或以军功、城功减奉行取，近速化，虑
> 启幸端。"上用他语谕慰之，意色不悦。实御前考选非体，易致赝售。
> 二公侃侃执争，亦自是老成举动也。①
>
> 上仍将考选姓名发阁臣看拟，事属首揆为政。余见周公所拟定，
> 前列谏垣，信铮铮极一时选。逾年，公罢政归，所倡先发难丑诋不遗
> 余力，即曩前列数公中，有绝可怪诡者。余别公诗："伤人可但防荆
> 棘，桃李栽成也碍衣。"要世态从来如此，无足深叹。②

按此，黄景昉的记载与《明史·郑三俊传》③ 相近，但考选名单由周
延儒看拟的记载则不见于他书。此次考选科道，因崇祯皇帝疑前此考选有
徇私，改由御前拟定："考选科道，吏部、都察院职掌也，上疑徇私，故
戊寅考选，召对候考各官，壬午复行之。"④ 虽然郑三俊上言："考选者部、
院事，天子且不得专，况枢部乎？乞先考定，乃请圣裁。"⑤ 但崇祯皇帝仍
坚持面注授官。景昉则认为"御前考选非体，易致赝售"，并赞许郑三俊、
刘宗周谏诤是"老成举动"。而兵部尚书张国维"预题十余人"，则因：
"（刘宗周）先生既拜疏严考选，诸营竞者惧。无何，新太宰郑三俊入朝，
三俊素称刚执，不可干以私。诸人念三俊与先生典选必阂。已，益走延儒
门以进。会边警告急，行间急须人，延儒授意大司马张国维，令以边才荐

---

① （明）黄景昉：《宦梦录》卷3，第217页。
② （明）黄景昉：《宦梦录》卷3，第217—218页。
③ 按，此处《明史》原文为："十五年正月召复故官。会吏部尚书李日宣得罪，即命三俊代
之。时值考选，外吏多假缮城、垦荒名，减俸行取，都御史刘宗周疏论之。诸人乃夤缘周延儒，
嘱兵部尚书张国维以知兵荐，帝即欲召对亲擢。三俊言：'考选者部、院事，天子且不得专，况枢
部乎？乞先考定，乃请圣裁。'帝不悦，召三俊责之，对不屈。宗周复言：'三俊欲俟部、院考后，
第其优劣纯疵，恭请钦定。若但以奏对取人，安能得真品？'帝不从，由是幸进者众。"［（清）张
廷玉等：《明史》卷254《郑三俊传》，第6565页]
④ （明）李清：《三垣笔记》附识上《崇祯》，第184页。
⑤ （清）张廷玉等：《明史》卷254《郑三俊传》，第6565页。

候考诸人，国维阿指，上疏荐某某武略可用，并请上亲较，第延儒从中调旨许焉。"① 召对后，考选名单又由周延儒拟定，实则张国维所荐诸人，只要召对称旨，则授科、授道皆由周延儒裁定，故而"俱授兵科给事中，所云通贿者多与焉"②。时敏的例子则是周延儒拟定考选的又一证:"初，敏令固始县，转主事。因礼部主事吴昌时通周延儒，自奏固始御寇，求考选，得首对。上面注御史。敏出语人曰:'安能以兽补向人乎?'是夕延儒揭入，改给事中。"③ 黄景昉亲见其在周延儒名单中"前列谏垣"，此事在《国榷》中也可找到印证:"时敏、李永茂、傅振铎、龚鼎孳、曹良直、周而淳俱兵科给事中，立往真定、顺德、广平、大名、保定、河间料理城守，坚壁清野。申芝芳、袁彭年俱礼科给事中;郝纲刑科给事中;陈燕翼、彭管工科给事中。"④ 李清也说:"得省十二人，余俱台，异数也。"⑤ 而弹劾周延儒"所倡先发难丑诋不遗余力，即曩前列数公"，即指龚鼎孳、曹良直、袁彭年等人。据以上考证，黄景昉对此事的记述，实可用来补充正史所未详之处，特别是召对面注后，周延儒看拟考选名单一事。

(四) 郑三俊与吴昌时议调

郑三俊之乞休，虽缘于奏对时不得上意，但引咎去职则是因误荐吴昌时所致。《明史》对此甚为惋惜:"三俊为人端严清亮，正色立朝。惟引吴昌时为属，颇为世诟病。"⑥ 黄景昉在《宦梦录》中记道:

冢宰郑公三俊既以奏对失上意，所拟起废赐环事皆中格，即推升亦屡驳换，疑阁中有参差形，实斗杓之地，默自转移，非拔山力所能助也。老人于后进才品势难周知，亦稍伤偏听，至议调仪郎吴昌时选司。余力言不可，初许诺，旋改，知有阴误之者。疏上，余太息曰:"郑公祸始是矣。"吴素佻狡，诡自附名流，遂一疏外转省台十余人，

①　(清) 刘汋:《刘忠介公年谱》卷下，第362页。
②　(清) 刘汋:《刘忠介公年谱》卷下，第364页。
③　(清) 谷应泰:《明史纪事本末》卷72《崇祯治乱》，第1205页。
④　(清) 谈迁:《国榷》卷98"崇祯十五年十一月癸未"条，第5948页。
⑤　(明) 李清:《三垣笔记》附识上《崇祯》，第183—184页。
⑥　(清) 张廷玉等:《明史》卷254《郑三俊传》，第6565页。

复破例不用陪推，语籍籍，憾者益众。①

上览调吴昌时疏，召问阁臣，选郎每用资深司官，或起家居，遍审旧牍，无调自仪郎例，因询吴昌时何如人？周公对："冢臣疏调必有见，愿召质之。"意亦惮代人任过故也。随独召郑公入，郑难他诿，不得不誉吴，且举世庙时尝一调为词，事始定。其后诋周公罪辄指是，余为辨云："周某原不承当，上不记召冢臣语乎？"上曰："当朕召冢臣时，再加诘问，即郑某已不敢坚承。"天鉴昭然，盖繇时局装罩成，郑公虽悔之，亦无从自脱耳。②

初郑公议用旧铨郎孙公昌龄、林公胤昌典选，旨不许，仅就近起刘廷谏一人。刘盗虚浮望，非端品，苦无得力司官，至议调吴。余后询郑公调吴何意，答云："吴与首揆周公厚，欲借吴用周。"然亦太委曲矣。时同事二少宰，王公锡衮荷上眷，沈公维炳凤负謈谔声，以郑公一语不诹及，亦恚。积忤已深，犹得容成礼驰驿归，赖周公力，乃更谓周有意逐己，非余所知也。③

按此，郑三俊在议调吴昌时为吏部文选司主事之前，曾先举荐孙昌龄和林胤昌，但崇祯皇帝皆不允，而就近起用的刘廷谏又"非端品"，不得已才荐用吴昌时。议调之事虽为他人所误，但郑三俊亦有用吴昌时之意，谈迁记道："昌时好结纳声气，通司礼太监王化民等，觊铨司。三俊尝以问乡人徐石麒，答曰：'真君子也。'三俊特荐，盖石麒畏昌时机深，非忠告也。"④《明史》则云："首辅周延儒力荐于帝，且以嘱三俊，他辅臣及言官亦多称其贤，三俊遂请调补。"⑤ 据《宦梦录》所记，郑三俊是时已接受黄景昉的劝阻，但"有阴误之者"使其决定荐举吴昌时，而周延儒既"惮代人任过"，则其"力荐于帝"似不合事理。《明史》此处所记似不确切，而《国榷》所载郑三俊为徐石麟所误应更近于实情。同时，郑三俊认为："吴与首揆周公厚，欲借吴用周。"可知用吴昌时虽为他人所误，但亦出己意。而后，崇祯皇帝召郑三俊问议调吴昌时之事，因旧例"选郎每用

① （明）黄景昉：《宦梦录》卷3，第234—235页。
② （明）黄景昉：《宦梦录》卷3，第235页。
③ （明）黄景昉：《宦梦录》卷3，第236—237页。
④ （清）谈迁：《国榷》卷99 "崇祯十六年三月丁酉"条，第5966页。
⑤ （清）张廷玉等：《明史》卷254《郑三俊传》，第6565页。

资深司官，或起家居，遍审旧牍，无调自仪郎例"①，郑三俊已觉不妥而"不敢坚承"，虽有悔意，但由于吴昌时为其所特荐，无可推诿，故"不得不誉吴"。

而例转科道一事，缘于崇祯皇帝"恶言官不职，欲多汰之"②，并授意郑三俊施行。郑三俊曾与吴昌时商议，吴甡对此记道："来之改选郎，出首辅意。到司，即欲例转台省。往例，台二省一，来之欲破格用十余人。一日谓予曰：'惟此着可为郑太宰结知主上地。'予曰：'不然，大臣以休容为度，当保全言路。子甫入而破例行之，怨不独归子。郑公贤者，黜斥或当，但此端一开，后此而不肖者，驱逐言官，必借郑公为口实，恐忠直之士亦皆寒心。'来之不听。已，见郑公，复言其不可。郑公初亦然之，后见选郎意坚，第于呈牍中留二人。然已台转五人，省转三人，倍往例矣。旨下，台省大噪，疏攻来之，且以议太宰者，怨谤盈朝。"③ 最终，此次春季例转给事中范士髦等四人、御史陈荄等六人，实出吴昌时之意④，黄景昉所言"一疏外转省台十余人，复破例不用陪推"即指此。"往时科道年例在二、八两月，科一人，道二人，间或吏部一人"⑤，吴昌时"特广其数，意嚇台省，为异日驱除地"⑥，例转之人"又

---

① 按，李清曾记吴甡与同里至戚吴昌时关于议调之事的谈话，可资补充："旧例，吏部繇别部调者，不过主政。天启时，赵冢宰南星在部，始调兵部邹员外维琏于吏部，时犹大哄。若以礼部正郎调吏部文选司正郎，则又自吴昌时始。予邑吴辅甡与密，讽之曰：'闻文选司一官必起家久任，后辈无先者，公或以稽勋验封带管文选何如？'昌时正色曰：'天子欲为天下得人，故特简一文选，况目前铨部诸君皆予手援，彼后辈也。'未几竟败。"［（明）李清：《三垣笔记》卷中《崇祯》，第49页］

② （清）张廷玉等：《明史》卷254《郑三俊传》，第6566页。

③ （明）吴甡：《忆记》卷4，第718页。

④ （清）谈迁：《国榷》卷99"崇祯十六年三月戊午"条，第5968页。时人李清曾言："吴铨曹昌时既破格调，思以奇策坚上意，且箝制台省口，春季例转皆自己出，吏科吴都谏麟征、掌河南道祁侍御彪佳，并未商也。科道十，几两倍旧额。盖因上疑台省横，屡旨申饬，且恐他日有指摘，则以例转挟忿为言耳。时浙江同乡诸公集议，本省新吏部昌时、麟征、彪佳皆比，咸努目视，惟向侍御北诟誶尤力，几饱以拳。"又记："旧例，六垣例转，皆听吏科都为政，五科都唯唯而已，左右散以下皆不得闻。自廖给谏国遴、杨给谏枝起等入，始雌黄先辈，谓某堪某不堪。及吴吏曹昌时越额例转，人疑有所授，吴都谏麟征语予曰：'皆廖、杨所为。'时两人已下狱，予惊问故，麟征曰：'此皆伊素所雌黄指为不堪者耳。'"［（明）李清：《三垣笔记》卷中《崇祯》，第49—51页］

⑤ （明）文秉：《烈皇小识》卷8，第211页。

⑥ （清）谈迁：《国榷》卷99"崇祯十六年三月戊午"条，第5968页。

皆庸软无能为者"，致使"给事、御史大哗"。① 不久，祁彪佳、徐殿臣、贺登选各疏劾吴昌时紊制弄权，郑三俊因此引咎求去。②

由此观之，黄景昉言郑三俊之去职"盖由时局装罩成"，确为有据。郑三俊原荐举孙昌龄、林胤昌等人典选，但不为崇祯皇帝所允，继而因周延儒、徐石麟等人之称誉，遂破例以吴昌时调补，事后虽觉不妥，然事出特荐，至御前召对时已难改口追悔。此后例转科道一事，缘出崇祯皇帝之意，而又定自吴昌时之手，然而因昌时为郑三俊所特荐，又是其部属，故而科道弹劾时，三俊难辞其咎。但肇始之过，不能全归咎于郑三俊，实由崇祯皇帝、周延儒、徐石麟、吴昌时诸人所共同促成，正如时人所总结："此一事也，皇上自皇上，太宰自太宰，昌时自昌时，各有主意，绝不相谋，而事适相凑。在太宰不失为君子之疏，而昌时为狡猾、为无赖矣。"③

（五）王汉之卒

王汉，字子房，为黄景昉门生④，在《宦梦录》中，景昉对其颇有称赞：

> 召候考县令王燝、苏京、王汉入对，并授御史，遣监军。汉，山东掖县人，余丙子畿闱举士也，令河内，治声冠一时，旋改巡按河南，甫三月超擢巡抚。汉负才略胆决，屡剿寇，躬冒矢石，自视在韩襄毅、王威宁之间，中州人尤盛赞之。每书来，余辄举惧谋为祝。⑤

---

① （清）张廷玉等：《明史》卷254《郑三俊传》，第6566页；谈迁：《国榷》卷99"崇祯十六年四月乙丑"条，第5971页。

② 按，祁彪佳《年谱》中关于此事所记甚详，其云："吏部吴昌时，依附正人，窃声气。时方营入选司，适帝命台省敷历藩、枭后始入卿寺，昌时即借以耆慑。台省旧例，外转者二，昌时顿增至八。先生曰：'上意在练材，非外之也。余首篆，请身先之，可破重内轻外积见。然行之宜渐，不宜骤，恐骇观听，伤国体。'昌时阳唯唯应之。故事，台员升转，必由掌道牒送，昌时竟疏推六员。先生曰：'本朝掌故，自此堕矣！'遇昌时于朝，面叱其'招权敢法'，昌时又阳谢之，先生遂连疏言昌时奸邪状。举朝素慑昌时，见先生廷叱，皆咋舌走。时先生方以疏留掌院刘公为帝所忌，及闻累疏参驳，愈危之。然帝之疑昌时，亦自此始。"[（明）王思任原本，（清）梁廷枏、龚沅补编：《祁忠敏公年谱》，《北京图书馆藏珍本年谱丛刊》第63册，北京图书馆出版社1999年版，第418页]

③ （明）杨士聪：《玉堂荟记》卷下，第710页。

④ 按，黄景昉曾记道："记丁丑廷试，予叨弥封，门人山东王汉完卷迟，独映月书，不纯楷，竟列三甲。"[（明）黄景昉：《国史唯疑》卷3，第78页]

⑤ （明）黄景昉：《宦梦录》卷3，第219页。

崇祯十五年六月，王汉以召对称旨，授广东道御史，命出监楚、蜀军，与督军侯恂赴汴，解开封之围。① 随后王汉在汴连战皆捷，适逢高名衡谢病请辞，遂擢为右佥都御史，巡抚河南，以"广间谍，收土豪，议屯田，谋所以图贼"②。是年十一月，刘超叛于永城，王汉率军征讨，因轻敌而被杀，黄景昉对其殉难颇为扼腕，在书中记道:

> 御史魏景琦家居，与总兵刘超交恶，超杀魏一家，据永城反。城中仕绅如丁魁楚、练国事等皆被拘禁，诏移师讨之。巡抚王汉师抵城下，超不出，诸绅密通，约内应。五鼓，启北门纳师，直攻超，势垂穷蹙。会暴雨，汉营城外，自步入登城楼，手持免死票，大呼:"勿混杀我百姓。"忽超弟越率百余骑来，汉意我兵，即越骑亦不知为巡抚，挥刀立伤汉。事闻，上当宁泣下，中州人并痛踊失声，谓汉死，事无可为者矣。汉善拊循吏卒，意气英发，感动人。方拟屯田扼险，招徕各山寨豪杰，两河回应，不意死，全域遂坏。朝议益发兵，超、越就擒。俘献，磔都下。诏赠汉兵部尚书，荫一子锦衣世袭。令汉不死，勋业当别有可观，亦稍伤轻敌过，惜哉! 一子甫褓襁，未知后成立何如。③

王汉对于河南战局至关重要，黄景昉认为，他的败亡直接导致了河南势危，在其所作《哭王子房中丞》诗中更是感慨道:"两河堡寨空，来归动万计。粮思蒸麦为，旗就揭竿制。忠义感人心，欢呼到仆隶。指顾大功成，长驱扫氛曀。俯仰先朝勋，庶几韩雍俪。"④ 清人屈大均的看法与黄氏相近，认为:"公在河南方一载，诛讨剧贼，绥纳降附，恩威已著，十万之众悦服受其指麾。公苟不死，廓清摧陷之功，河南其足平乎? 陕西不得

---

① （清）谈迁:《国榷》卷98 "崇祯十五年六月丙辰、庚申"条，第5930—5931页。

② （清）张廷玉等:《明史》卷267《王汉传》，第6886页。

③ （明）黄景昉:《宦梦录》卷3，第228—229页。对于王汉之卒，谈迁有不同看法，他认为:"王汉在台不半载躐开府，超进之速，前此未有也。身陷永城，出于不意，虽未为失策，于成事何居焉? 而隆爵世荫，恤典之渥，设珍大寇，奏奇捷，又何以加焉? 当事不揆本末，幽光过溢，此曹子爵以少牢，亦足以死矣。"其判断仅从王汉拔擢过速、身后恩遇过隆上着眼，似未当时明廷对河南全局的制驭之策上考量。[（清）谈迁:《国榷》卷99 "崇祯十六年二月之末"条，第5965页]

④ （明）黄景昉:《瓯安馆诗集》卷2《哭王子房中丞》。

长有孙督师，河南不得长有王巡抚，是皆天也。当是时，朝臣有欲弃河南以委于贼者，公至河南，而后河南有生气矣，乃不旋踵而公身与河南俱没，岂天之欲弃河南，必欲使河南一十七郡胥无人类而后已耶！"① 时人彭尧谕闻王汉卒，以诗哭之："敢奋螳螂臂，轻伤节钺威。甲光随雨暗，将气入宵微。自分前驱往，空令舆榇归。不知身予敌，长使泪沾衣。"② 据此可见，黄景昉对于王汉之卒的记载不仅较他书加详，而且对其轻敌败亡能秉笔直书，不因师生之谊而讳言其故。

此外，值得注意的是，在《宦梦录》中还不乏制度、大臣、风俗、诗文等记载，并且多为黄景昉所亲见，可谓"世态物情，备载其中"，是了解晚明政治与社会的直观史料，兹分类摘录数则，以见其概：

制度方面，《宦梦录》对会试、乡试、内阁选人及破格用人等方面多有涉及，在此仅举三例略述，如关于顺天乡试发榜过程的记载，此后即为乾隆年间敕修的《日下旧闻考》所征引③，其文记道："北闱考试官出东长安门，乘舆诣顺天府宴，宴罢入闱，比撤棘，仍骑马归。次日宴，往返亦如之。闱中略仿会试体，用中书官写白纸题捲入大竹筒，加小铜锁，外黄绢装裹，具香案拜，府丞鼓乐接出进呈，始阖闱试。填榜夕，先画格填号呼'草榜'，余纪事诗'乌丝画榜驰为帖，黄袱装题锁入筒'指是。"④ 又如，大学士票拟出阁时辰的记载："旧例，每日申时出阁，迄今吏报缴牌申时本此。后延至夜深，或二三鼓，固内旨叠传，亦诸公自行迟滞之过。余既与蒋公对秉钧轴，相约早票早汇，簿暮即报竣矣。行抵长安门始灯，渐复古制。每夜一人轮宿直，事简心间，中书官叹十数年稀见。"⑤ 再如张至发入阁，《明史》称"自世宗朝许讃后，外僚入阁，自至发始"⑥，黄景昉亲历此事，认为张至发以刑部右侍郎入阁是"上兼用别衙门之始"，并记道："淄川张公至发，以少司寇入阁，为上兼用别衙门之始。先是，召

① （清）屈大均：《明四朝成仁录》卷3《王汉传》，周骏富辑《明代传记丛刊》第66册，第261页。
② （清）郑廉：《豫变纪略》卷6，浙江古籍出版社1984年版，第152页。
③ （清）于敏中等编纂：《日下旧闻考》卷65《官署》，瞿宣颖点校，北京古籍出版社2000年版，第1079页。
④ （明）黄景昉：《宦梦录》卷2，第153页。
⑤ （明）黄景昉：《宦梦录》卷4，第283页。
⑥ （清）张廷玉等：《明史》卷253《张至发传》，第6533—6534页。

各部侍郎卿寺偕词林诸臣集廷中，给笔札，人予一疏，面拟旨进览，余与焉。越日，发下查履历者九人，竟特用张。其人宽然长者，非梦想及，或云官光禄卿日，群阉善之，或云出乌程密荐，欲为姻某公地，迹秘难明。余《感事》诗云'相事遂烦司寇摄'，指是。"①

大臣方面，黄景昉在书中多记轶事，如同乡前辈李廷机，在万历三十五年以廷推入阁，虽因科道官以其"出沈一贯门"，屡次交章弹劾，但由于明神宗"雅重廷机"，屡次挽留，其"廉洁"更是为神宗所深知，《明史》称其"清节不污"。②从景昉所记家居之状，即可见其人之清节不善交纳："余初举于乡，时旧辅李文节公廷机里居，孝廉例三投手板，庭谒如属礼。余惮之，再及门，罢……前辈严重如此。"③又如关于张瑞图、来宗道的记载，则可知入逆案者晚年落魄、悔恨之状："旧辅张公瑞图，自里中遗余书云：'忆初第谒李文节，为述所闻于申文定者，曰：'识人多，立朝难。'又谓：'不肖字不必写，此事到底有是非。'由今思之，文节公真圣人也。张公以善书名处天启丙寅、丁卯间，覆用为累。事后盖深悔之，不止韦仲将头白之恨。……座师来公宗道既配赎旨，小舆诣浙江驿，设坐堂上，躬蒲伏阶下，叩头去，驿宰辈咸惊匿。每与余书刺，字细若蝇头，竟用民礼终身，亦可怜也。"④再如冯元飙，《明史》称其"多智数""能料事"⑤，但履任兵部尚书实无建树，观景昉的记载，清人所谓"明之末也，朝庙无一可倚之臣，天下无复办事之官。坐大司马堂，批点《左传》；敌兵临城，赋诗进讲"⑥并非虚语："冯公元飙忽诣阁请见，有喜色，云：'汴围解，周藩及巡抚各官已渡河。'询之，徐及河决事。余骇然，奈何以百万生灵易数十人命，当有他故。久始知诸臣困围中，援绝计穷，藉决河自救，冀乘涨浮筏出，即满城鱼鳖不遑顾矣。冯公时以侍郎视篆，惟虑失周蕃为罪，骤闻之喜，未细思耳。后有旨升赏巡抚各官，益属乖滥。"⑦又："司马冯公元飙对客喜漫谈，在御前亦尔，虽其家人狠琐语亦以上闻。

---

①　（明）黄景昉：《宦梦录》卷2，第134页。
②　（清）张廷玉等：《明史》卷217《李廷机传》，第5741、5744页。
③　（明）黄景昉：《宦梦录》卷1，第67页。
④　（明）黄景昉：《宦梦录》卷1，第90页。
⑤　（清）张廷玉等：《明史》卷257《冯元飙传》，第6640、6641页。
⑥　（清）李塨：《恕谷后集》卷4《与方灵皋书》，陈山榜等点校《李塨集》，人民出版社2014年版，第1401页。
⑦　（明）黄景昉：《宦梦录》卷3，第216页。

如云：'臣兄津抚元飏顷中风疾，遇广东会试举人，购得牛黄丸，始渐苏醒。'诸如此类，难更仆。曩每遇冯公奏事，刺刺不休，诸同官为脚痹终日，上恒倾耳听，不为忤。所谓鱼水之缘者乎？"① 而关于韩四维的记载，则可窥知明季士大夫"空疏不学"之状："司业韩四维，先以保举受贿，事觉，被降调。缘周公师生谊，叙复旧职，旋题补日讲官。无论神情诡陋，学识肤疏为所共见，每诣御前，辄茫然不忆何语，始遗落数行，后并全篇失记，哑立移时，俯躬退。阁臣代请罪，以病解，上曰：'韩某精神不足，值嗫嚅时，朕为微引其端，几是矣，竟讲不出。'"②

风俗方面，如对中州士大夫奢靡习气的记载，则反映了明季河南地区的士风："中州士大夫豪富，仆妾多，仆以数十计，妾以数十计，直谓固然，各省直未有也。小民积愤不堪，逞于一决，如褚泰初、曹文衡之祸，可为炯鉴。闻北三郡俗朴重，士大夫尚知自好，迥异中州气习。"③ 又如黄景昉在辞官归闽途中，亲见杭州"喜讹言"的风俗，甚至连邸报亦"抄传非确"："杭俗喜讹言，即邸报抄传非确。或訹语余云：'常、玉、铅山一带盗起，路不通，宜改从江浦入闽便。'余私念奉旨驰驿行，大臣之义，岂可闻警迁驰，眩人视听，仍由孔道抵衢州。睹商贩踵接坦然，益悟前说之为风鹤耳。幸余不为所惑，不然其不贻轻动之诮也者几希。"④

诗文方面，《宦梦录》摘录记载亦多，其中黄景昉为左光斗、温体仁所撰诰敕尤具史料价值，其所撰左光斗三代诰敕为："'柴市悲扬尘之惨，如可赎号百身；虞渊念夹日之勋，犹将宥之十世。'本宋人语，变化用之。又其父诰云：'伍奢尽节，预明胥尚之心；狐突抗辞，不改偃毛之事。'其母诰云：'读范滂诀母之语，能不悲伤；虽苏轼为儿之时，已知慨慕。'颇精切，为时传诵。"⑤ 另外，黄景昉虽数次违忤温体仁，但温体仁却仍求其撰拟三代诰敕，景昉由此感叹道"此公终识文字"，并记道："余既以北闱事积忤温公体仁，分无完理。一日温忽诣余，求为撰三代诰。此公终识文字，每制词中，甫自觉一二字未安，随点出。柄国累年，于所憎无弗毒螫者，余犹佹全，因为撰数语云：'凝尘蔽席，人莫敢干；积案如山，判可

---

① （明）黄景昉：《宦梦录》卷3，第215页。
② （明）黄景昉：《宦梦录》卷4，第248—249页。
③ （明）黄景昉：《宦梦录》卷2，第148页。
④ （明）黄景昉：《宦梦录》卷4，第302—303页。
⑤ （明）黄景昉：《宦梦录》卷1，第94页。

立尽。'亦不尽没其实也。"①

　　综合本章的梳理，正如黄景昉在《自序》中所说，《宦梦录》的内容出自他在天启、崇祯两朝的亲见亲闻，并"间得自同里同朝同籍同官所见所闻"。通过对《宦梦录》记载的辨析，可以看到书中关于明季史事的记载多不见于其他史书，而见于其他史书的记载，所记则更为准确且详备，特别是在补明季史事之缺载、揭明季史事之隐讳、述明季史事之未详等方面，具有较高的史料价值。并且从本章所举隅的数则来看，除黄景昉所亲见亲历之事外，考之《明史》《国榷》及相关的明季史籍，其余的记载或多或少都能找到印证之处，这也从另一个侧面佐证了《宦梦录》记载的可靠性。诚如谢国桢所言，明季史事多阙讹隐讳、臆改失真，有赖于私人著述"考证旧闻，订补正史"②，《宦梦录》于此也起到了订讹补阙的文献价值。另外，需要指出的是，黄景昉受明中期以降"实证史学"风气的影响，对待史事大体能采取客观的态度，而全祖望对《宦梦录》的指斥，多与吴甡有关，本书对此已作了辨证。全氏盛赞《三垣笔记》而诋斥《宦梦录》，但李清的记述却与《宦梦录》多有相互印证之处，究其缘由实因全氏有意为吴甡辩白，亦其"性本偏激"所致。③

---

① （明）黄景昉：《宦梦录》卷2，第146页。
② 谢国桢：《增订晚明史籍考·自序》，第8页。
③ 谢国桢：《明清笔记谈丛》，上海书店出版社2005年版，第226页。

结语　一个崇祯阁臣的归宿

　　明清易代之后，已步入人生晚境的黄景昉在泉州"罢废屏居"，不时回忆起自己"政治的人生"，他说"隐矣，梦常及仕；老矣，梦常及少"，对于这段经历，他将之界定为："余曩滞公车十年，通籍仕宦者十有九年，至癸未四十八岁而梦醒矣。"① 在黄景昉看来，他的人生以崇祯十六年（1643）为界，划分为前后两个阶段，前一阶段读书科考、追求仕进，后一阶段退隐屏居、追忆宦梦。黄景昉在顺治年间撰写的《崇祯十七年阁臣考》中，曾感慨在历经世变后，"今所存惟黄县、兴化暨余三人耳"②，对于当时的处境，他形容为"声名转大忧方始，文网多繁梦未安"③。作为"五十相"中最后离世的两位崇祯阁臣之一④，黄景昉在清初的经历，虽然是晚明士大夫众多的出处抉择之一，却也代表了一个胜朝旧辅的最终归宿。

　　回顾黄景昉的一生，如果再加细分的话，在上述两个阶段之前，其实还有一段早年儒染家学的时期。黄景昉出生的晋江檗谷黄氏家族，不仅是泉州的科举世家，也是闽地著名的文学家族。明中叶以降，福建地区社会经济发展、文化繁荣、科考之风鼎盛，在泉州府"家诗书而户业学"⑤ 的氛围影响下，自八世祖黄克复受业于同乡蔡清学《易》，黄氏家族开始走上读书科考之路。经过黄容、黄克复父子两代的积累和努力，克复长子黄润以《易》为本经考中正德十六年（1521）进士，自此完成了由匠到儒的家族转型，确立了"家世业儒"的传统，并在家族内部形成"讲贯授学"的学术传承。与此同时，黄氏家族也非常重视通过联姻来拓展乡里的人际

---

① （明）黄景昉：《宦梦录》卷首《序》，第64页。

② （明）黄景昉：《崇祯十七年阁臣考》，《馆阁旧事》附录。

③ （清）黄晋良：《〈国史唯疑〉抄本原序》，第2页。

④ 按，除了黄景昉外，最后一位离世的阁臣是与他同时枚卜典选的吴甡，即引文中提及的"兴化"。

⑤ （清）郭庚武、黄任、怀荫布纂修：（乾隆）《泉州府志》卷20《风俗》，第1册第482页。

网络，从黄克复一辈开始，即与乡里名儒、世家缔结姻亲，到了黄润一辈，由于其通籍入仕，家族的向上流动使得此后与黄氏家族联姻者，非里中仕宦之家，即为名士之后。而专研《易》经的家学传授，也在黄润一辈与惠安张氏通婚后，转向对《诗》经的兼通。从其长子伯敬以降，子侄辈黄国彦、黄国贤，到曾孙辈黄景明、黄景昉，在三代中四举乡试、两登甲科，皆是以《诗》为本经。

黄景昉生长于其间，自幼秉承庭训，在良好的家庭教育和学术传承之下，展现出过人的天赋和笃定的志向，"识者占为大物"①。但相对于远慕高祖黄润的遗范，对年幼的黄景昉来说，祖父黄国彦、父亲黄宗彝、母亲谢太夫人言传身教的熏陶及与二位兄长共学的经历对其产生了更为直接的影响，从后来的人生历程中可以看到他在立朝为政、为人处世方面的共通之处，晚年时还曾自述道"承先父祖之训，罔敢陨越"②。在家庭之外，借助上一辈的同窗之谊和社集之交，黄氏家族的人际网络也在代际间承续。黄景昉之所以能在总卯的年龄得到郡县耆宿、仕宦的赏识和奖掖，除了自身的勤学外，很大程度上也得益于祖父黄国彦、外祖谢吉卿同窗社集的交游圈和在郡县中的世家名望。在内外环境的鞭策下，入泮两年之后，黄景昉遂以弱冠之年登万历四十三年乙卯科举人。

然而，少年登科的黄景昉，接下来却备历了十年公车之苦。在首次会试落第后，黄景昉认为"不得第一，宁俟再举"③，遂与郑之玄、何九云结社乡里，先后同社者还有林胤昌、黄道周、蒋德璟、庄际昌、傅元初、王之骏、黄日昇等人。其间，由于受晚明时局的影响，社中同道除了切磋制义、评骘文章、探讨性命之学外，也以世道时局相期许，形成社集的群体认同，黄景昉亦曾表达其立朝为政"有补于国家"的期许，在黄氏家族的人际网络之外，进一步拓展了个人的交游圈。天启二年的会试，黄景昉虽然再次落第，但这次赴考却在京中获识了泉州耆宿何乔远，并得到他的推重。随着业师座主的升迁、友朋同道的先后登第及闽中耆宿的奖掖，在他们揄扬荐举之下，天启五年黄景昉第四次入京会试时，京中舆论已视其为"闽中名士"，从而在该科中顺利登第入仕。而在这一阶段奠基乡里的人际

---

① （明）林胤昌：《屏居十二课跋》，第 347 页。
② （明）黄景昉：《鉴通谱》，《馆阁旧事》附录。
③ （明）郑之玄：《克薪堂文集》卷 3《黄太穉论草叙》。

网络，不仅在读书科考时期，也在此后其仕宦的不同阶段，为黄景昉发挥过积极的作用。

通籍入仕后，黄景昉观政于吏部，并在不久后的考选中，以第三名改授为翰林院庶吉士，由此获得了通向高级官员的阶梯。从会试到庶吉士考选，其业师郑三俊、房师罗尚忠及吏部尚书崔景荣、礼部侍郎薛三省对之均有推毂拔擢之情。在馆期间，黄景昉虽然"每阁试未尝起草，惟诗一再推敲"①，但其为诗作文，颇得馆师丘士毅、李康先的赏识。然而，随着魏忠贤总揽内外之权，天启一朝的政治氛围日趋恶化，同时阉党对东林士人进行全面清算，也令在馆士子难以安心读书。不久，黄景昉亲历了吴裕中被杖及同馆庶吉士削籍事件，更使其"忧愤无仕宦意"②，遂于天启六年六月告假归里。从黄景昉存世的著作来看，他不仅对阉党中人颇为不齿，甚至对魏广微、丁绍轼、冯铨、来宗道等阁师座主党附魏忠贤的行径也多有批评。

在度过近两年的居乡生活后，黄景昉于崇祯元年（1628）六月入京授职。这时的庙堂政治，承续自嘉靖以降的基本位势格局，内阁在高度依附皇权后，已不再承担起士大夫政治领袖的角色，面对内外交讧的时局，除了"调和折中"外，难有妥善应对之法，并随着周延儒、温体仁的先后入阁，呈现出揣摩迎合以善保名位的辅政方式，形成"以窥上意为尽心，指摘细瑕为快意，惊魂于回奏认罪"的局面③，甚至"皇上出言以为是，而辅臣莫敢矫其非"④。而崇祯皇帝也在经历即位之初重用士大夫，又鲜有成效后，在"急于求治"的心态驱使下，制驭方式转向"操切刻深"，特别是在接连发生温体仁枚卜事件和"己巳之变"后，在进一步加深"积轻士大夫之心"⑤ 的同时，也逐渐奠定了崇祯一朝君臣关系的基本格局及政治文化的走向。黄景昉身处其间，自编修以迄宰辅，在十六年的仕宦生涯中，力求补偏救弊于时局，虽然在具体政治实践中，不可避免的需要揣摩迎合上意，但仍试图贯彻其"有补于国家，无得罪于名教"的思想，从

---

① （明）黄景昉：《宦梦录》卷1，第80页。
② （明）黄景昉：《宦梦录》卷1，第84页。
③ （清）汪楫：《崇祯长编》卷60"崇祯五年六月己丑"条，第3451页。
④ （明）刘宗周：《再申皇极之要以端治本疏》，吴光主编《刘宗周全集》第3册，第121页。
⑤ （清）谈迁：《国榷》卷95"崇祯九年三月丙午"条，第5730页。

《试录》砭切时政、召对请释郑三俊、讲筵敷陈时事、力言考选不公、疏请恢复庶吉士考选，到申救赦免黄道周之狱、封驳议处刘宗周之诏、荐处白广恩之法等，均出于此。事实上，在崇祯朝的政治态势下，一旦违忤上意，触碰逆鳞，即会失去圣心的眷顾。黄景昉在自述中也提及其"失上意"是缘于票驳唐通疏劾赵光抃、疏请轻处陈燕翼、代毛士龙面奏黄澍按楚、揭救惠世扬削籍、力争操江独任刘孔昭及揭奏推任南京守备官等事所致，特别是在申救郑三俊、赵光抃及受周延儒器重被崇祯皇帝认为有"党比"行迹后，更是令其在阁"以日为岁"，不得不"连疏引归"。当时大明王朝的形势及其个人的处境也让黄景昉深感："国家事实难措手，意向倏移，扞格恒生，徒强颜伴食何益？"① 在现实与理想之间，他最终选择了"不可则止"，并以"发章奏，惜人才，稽古逊心，询谋舍己"② 作为对崇祯皇帝最后的劝诫。正如钱海岳先生所评价的，黄景昉为"平世三公望"③，然而身处明末乱局，其"得君行道"的理想和经世实践，也仅能付诸于著作之中。

面对晚明的社会危机，当救世成为士大夫共同的论题时，在经世思潮的影响下，失意于庙堂的黄景昉也将其救世的探索转向了史事的研究。他不仅鉴定过陈子龙、徐孚远所选编的《皇明经世文编》，也试图从本朝过往的历史经验中，寻求走出时局困境之法。在爬梳明代历朝实录、万历官修"国史"及历代正史、儒家经典、诏令、奏疏、私史、文集、笔记、方志、碑文和墓志铭等官私文献后，黄景昉综合个人的见闻，撰成《国史唯疑》一书。在书中，黄景昉除了着眼于制度设计之优劣、官员选择任用之法外，在"扬忠斥逆""奖掖能臣""推重礼制""重视士风""究心军事"等方面关注尤多。与此同时，由于受明中叶以降实证史学思潮的影响，该书虽志在经世，但对史事的考辨则能持以客观的态度，并突出表现为"详考证，存阙疑"的撰著方法和"据实而论，不擅褒贬"的撰著原则。以上的撰述宗旨和方法原则，在黄景昉另一本经世之作《读史唯疑》中也得到了延续。

不幸的是，黄景昉在退隐仅半载之后，崇祯十七年（1644）三月十九

---

① （明）黄景昉：《宦梦录》卷4，第287页。
② 《檗谷黄氏家谱》不分卷《景昉公传》。
③ 钱海岳：《南明史》卷41《赞》，第2014页。

日，李自成攻陷北京，崇祯皇帝自缢于万岁山。黄景昉听闻这一消息时，已经到了是年的五月，在"鳌断三山陨，乌号万国哀"①的悲痛中，他开始回顾自己的仕宦生涯，撰写《宦梦录》。在该书中，黄景昉不仅追叙其平生交游，亦间得同里同朝同籍同官之见闻，正如他在《自序》中所言："或以册封主试，旁采风谣，或于掌院署詹，详翻典故，以及讲幄之所赓扬，纶扉之所票拟，主恩国论，世态物情，备载其中。"②以晚近的视角来看，由于黄景昉在撰述时能秉持据实而论的态度，在辨析《宦梦录》的记载与时人的记述后，可以发现书中关于明季史事的记载多不见于他书，而见于他书的记载，其所记则更为准确且详备，特别是在"补明季史事之缺载""揭明季史事之隐讳""述明季史事之未详"等方面尤具史料价值。

在两京相继陷落后，唐王聿键建号于福州，改元隆武，以黄景昉"敏慎宏亮，才堪救时"，力聘其复职。黄景昉虽连疏请辞，但在隆武皇帝一再敦请之下，不得已勉强赴任。然而，隆武朝政把持于郑芝龙之手，黄景昉在朝不仅难有作为，且不时与郑芝龙意见相左。不久，清兵在攻克浙东后，南下入闽，黄景昉知时局已不可为，遂请辞归里，自此决意终隐，开始了他易代屏居的生活。

值得补充的是，作为文学家族的代表人物，黄景昉除了仕宦生涯外，在诗文方面的成就也应当予以关注。早年黄景昉的好友郑之玄对其文评价道："镕铸古今，驱役经子，广陵之涛始至，蚕丛之路以开，此太稺之长也。若夫才大而不肯休，思轧而不肯逸，奇胜之兵或为野战，大乘之禅或以破律，此亦太稺之过也。指太稺之长以安怖者，声太稺之过以谢疑者，而后太稺之文可以虎视于坛坫之上矣。"③推重之意于此可见。对于作文之法，黄景昉自言服膺同里王慎中，从《史记》《汉书》入手，注重"即近穷远，推微见著，缭绕回环，以无庚乎六经之旨"④，林胤昌也曾说"先生文必师古"⑤，揭橥了他文学复古的倾向。入仕之后，黄景昉的文章也得到馆阁同僚的称许，如周延儒即时常以诰敕章奏之事相委，甚至对其颇有成

---

① （明）黄景昉：《瓯安馆诗集》卷11《闻甲申三月十九日京师报痛绝》。
② （明）黄景昉：《宦梦录》卷首《序》，第63页。
③ （明）郑之玄：《克薪堂文集》卷3《黄太稺论草叙》。
④ （明）黄景昉：《文苑征》，《馆阁旧事》附录。
⑤ （明）林胤昌：《屏居十二课跋》，第345页。

见的温体仁也"求为撰三代诰"①。晚年黄景昉在《文苑征》中引用魏文帝"年寿有时而尽，荣乐止乎其身，二者皆必至之期，未若文章之无穷"一语，认为："夫其人鹊起以文章垂世，岂易易哉！资禀有限者无论矣，幸而负绝人之姿，苦不肯竟学；肯竟学，遇或□之，疲于官守，卒卒无撰述之暇；又朋友生徒，不足以广其传，发其声，光业亦替焉。盖必兼斯四者，始列于古作者之林，卓自成家。"② 以上四者，如果说是黄景昉对文章如何才能垂世的总结，毋宁说是对自己难以得兼的感慨："余初入史馆，每阁试未尝起草，时略恃经史涉猎，旁顾侪偶，亦有无甚差池之意。中复以宦冗夺，坐自懒废，苟其时已能如近四五年躭书，临事得力，当有百倍于此者。"这种遗憾，在归隐后得到了一定的弥补，他说"余自归田后，手鲜释卷，即枕上、厕上亦然"，特别是对于自己的诗作，颇为自得："今于诗□尤逊心，所咏五七言近体，几五千首，余称是，滑滑然觉其来之易矣。"③ 事实上也正如黄景昉所言，揆诸晚年付梓的《瓯安馆诗集》，在三十卷的《诗集》中，五七言近体诗就占据了其中的二十四卷。

对于诗学的态度，黄景昉在与黄居中论诗时，曾明确地表达道："使昉若改从时贤，坠今吴楚诸名流派中，则亦有所不屑。"④ 也就是说，对于当时盛行的吴中、公安、竟陵诸派，黄景昉皆难以与之唱为同调，他在致门人的信中也同样写道："竟陵别派淘难尽，也听巫山峡里猿。诗道向来森荟蔚，清机妙理亦神物。君不见唐末李洞号能诗，声声呗诵贾岛佛。"⑤ 其好友黄道周就说过"吾闽人之称诗也，与尔吴人异"⑥，黄景昉所倾心的实际上是闽中诗派的传统。具体于黄景昉的诗风，蒋凤藻认为其"意在复古"⑦，明代福建的文学本就"带有明显的复古倾向"，特别是到了晚明时期不仅"十分重视声律的圆润和格调的谨严"，同时"又强调了'性情'

---

① （明）黄景昉：《宦梦录》卷2，第146页。
② （明）黄景昉：《文苑征》，《馆阁旧事》附录。
③ （明）黄景昉：《劝悖书》，《馆阁旧事》附录。
④ （清）周亮工编：《尺牍新钞》卷11《黄景昉》，第411页。
⑤ （明）黄景昉：《瓯安馆诗集》卷6《门人楚学宪王念尼书到获观楚士近诗文慨题其简》。
⑥ （清）叶矫然：《龙性堂诗话初集》，郭绍虞编选《清诗话续编》，上海古籍出版社2016年版，第898页。
⑦ （明）黄景昉：《国史唯疑》卷5，第149页。

在诗歌写作过程中的作用"①，好友林胤昌就曾对他评价道："初为诗宏放自适，后以馆阁体稍就绳墨，晚则笔兴所如，头头是道。"② 朱彝尊则认为："黄东崖相公务去陈言，专尚新警，其近体尤雕缋……要不作沿袭语。"③ 田茂遇则形容道"东崖先生诗如山水然，连冈叠嶂，逶迤平远，中间亦有奇峰仄涧，深岩复壁，使游者窈窕而忘归。又如园墅然，前堂后榭，靓深宏敞，复有邃庭曲廊，层轩精舍，使过者纡回而迷复"，并指出："其取境也不一轨，选材也不一家。以川岳之精灵，写浩荡之胸臆。小儒戋戋，何足拟之?"④ 而叶矫然则称"东崖诗句多入妙处"⑤，又言"东崖诗极瑰奇，极葩艳，钱牧斋多掇拾其警句"⑥。从上述层面来说，由于黄景昉受闽中诗学传统及仕宦经历的影响，他的诗风不仅承续了闽中诗派的特点，也融合了台阁体的文风，并呈现出抒发胸臆、务去陈言的特色。以是之故，黄道周将黄景昉推为"今诗四大家"⑦，杭世骏认为黄景昉所言"徒以身叨禁从，出言有章，意欲斟酌情文，谬附于昔人和合朝野之谊"，可以"为馆阁言诗之法"。⑧ 陈田亦言其："于闽人成派，别开生面。"⑨ 由此可见，不管是时人，还是后人，对黄景昉的诗文成就及影响都给予了很高的评价。

回到黄景昉易代后的生活，实际上并未能如其所愿。顺治四年八月，郑鸿逵、郑成功进围泉州，黄景昉外孙郭显谋做内应，为泉州提督赵国祚所侦知，惨遭诛杀。受此连累，黄景昉也遭逮捕系狱，历经一年的生死徘徊，至顺治五年冬始得平息。在获释后，黄景昉以著述为事，深居简出，秉持"斟酌于疏数之间，宁疏毋数"之旨，而同里旧交虽多，"或居远，或务烦"，也"鲜能频过从者"⑩，他自言："身逢易代罢废屏居，纵不能

---

① 陈庆元：《福建文学发展史》，福建教育出版社1996年版，第279、338页。

② （明）林胤昌：《屏居十二课跋》，第346页。

③ （清）朱彝尊：《静志居诗话》卷18《黄景昉》，黄君坦校点，人民文学出版社1990年版，第558—559页。

④ （清）田茂遇、董俞辑：《十五国风高言集》卷1《黄景昉》，《四库全书存目补编》第41册，齐鲁书社2001年版，第138页。

⑤ （清）叶矫然：《龙性堂诗话初集》，第943页。

⑥ （清）叶矫然：《龙性堂诗话续集》，第984页。

⑦ （清）谈迁：《北游录》纪邮下，中华书局2006年版，第96页。

⑧ （清）杭世骏：《榕城诗话》卷中，福建人民出版社2012年版，第19页。

⑨ 陈田辑撰：《明诗纪事》辛籤卷18，第3256页。

⑩ （明）黄景昉：《屏居十二课》，第336、340页。

披发入山，亦宜稍杜门却轨。"① 从《瓯安馆诗集》收录的纪事诗来看，除家人外，他往来的群体主要还是昔日的友朋知己、姻亲门生。当然，这一时期为了泉州社会的重建，黄景昉也曾通过社集，倡导风雅，维系世风，并承担起捐资助赈、修复旧观的乡里责任。但在这些"强出应酬"中，他"或鼓或罢，或泣或歌，时以诗酒笑骂倒行之"，实非其"素怀所寄"②，在绝笔诗中他就明确表达了易代后的心境是："嬉游皆假合，啼笑亦随缘。耿耿孤明处，佯狂二十年。"③

最终，在"一举足则阖门受祸"的政治环境中，黄景昉走完了他局促不安的易代余生。而他期许"藏诸名山俟之其人"④ 的著作，也因儿孙辈未能传其志业，在谋刻未果后，散佚殆尽。这是曾经惨淡经营于庙堂的晚明士大夫的结局⑤，也是一个崇祯阁臣的最后归宿。

①　（明）黄景昉：《戒援上》，《馆阁旧事》附录。
②　（明）王忠孝撰：《王忠孝公集》卷8《相国黄景昉来书》，第211页。
③　《檗谷黄氏家谱》不分卷《景昉公传》。
④　（明）黄景昉：《屏居十二课》，第344页。
⑤　按，赵轶峰先生在《晚明士大夫的救世情怀》一文中总结梳理了6类晚明士大夫的取向，具体来说，黄景昉在思想和行为取向上更趋近于闽省前辈叶向高的类型。[《明清帝制农商社会研究》（初编），第341—344页]

附录一　檗谷黄氏家族世系表[①]

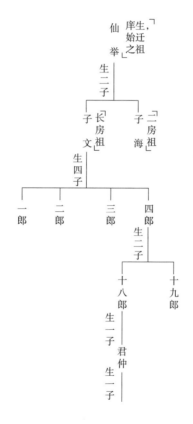

①　此表内容根据《檗谷黄氏家谱》所载世系绘制。按，据黄景昉五世祖黄君仲所作《永乐元年族谱世系图序》载，黄氏世系可追溯至南宋绍兴年间的黄瑀、黄龙，但黄景昉在《睦宗十二志·宗系志》中对此提出了质疑，他说道："考我家旧志云：'唐末，远祖岸自光州固始避地入闽。宋绍兴间，有为永春令者，卒于官。子仙举奉葬晋江石龟山，而居十都之檗谷，始占籍焉。'潜庵公《行状》又云：'宋绍兴祖瑀，字德藻，闽县人。举进士，知永春令，以廉能擢侍御史。其少子龙，尹龙溪，迁于晋江仁和之檗古村，乐其形胜，因家是。'按《宋史》，瑀子幹，字直卿，朱文公婿，学者尊为勉斋先生。今福州黄巷、莆田金敦，咸祖勉斋，龙或其弟行否？史阙载。总黄之先，有为县令者，未知永春乎？龙溪乎？若直指为御史瑀，则诬矣，只称知县公为是。……考《文公集》所撰《黄瑀墓志》，瑀子杲、东、查、幹、枸五人。幹、枸先卒，无所谓少子龙也，即五子中亦无尹龙溪者，定属相传之误。"为审慎起见，黄氏世系一遵景昉之所述，考自黄仙举始。

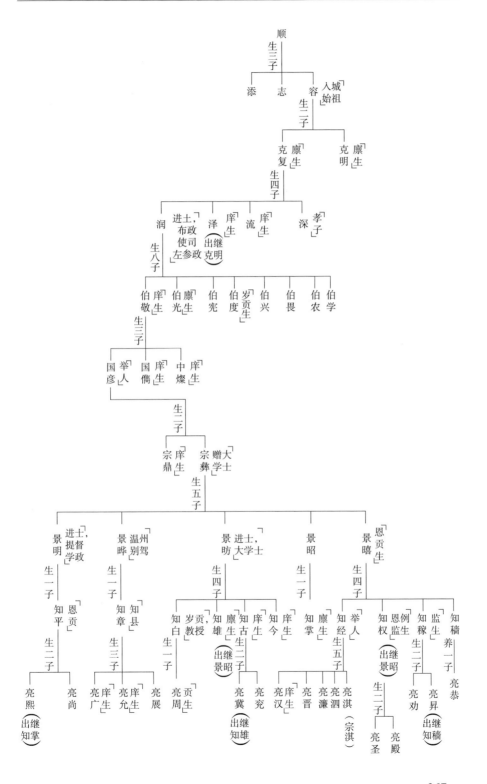

附录二　黄景昉生平年表

本书正文已对黄景昉的生平作了梳理考证，因头绪纷繁，且黄景昉的《东崖年谱》已佚，仅能就正文考订所得，编为《黄景昉生平年表》附于书后，以清眉目。唯正文中间有生平事迹难以详为系年者，本《年表》亦未能尽为囊括，谨略具黄景昉生平之大要。不当之处，祈请方家指正。

明万历二十四年丙申（1596 年），一岁

十一月初六日，卯时，生于福建泉州府晋江县。

万历三十四年丙午（1606 年），十一岁

八月三十日，辰时，四弟景昭生。

万历三十五年丁未（1607 年），十二岁

长兄景明、仲兄景晔入泮。

万历三十七年己酉（1609 年），十四岁

七月二十七日，祖父黄国彦卒。

万历三十九年辛亥（1611 年），十六岁

八月初八日，卯时，季弟景曦生。
是年，谢太夫人连岁病羸，黄景昉叩头吁天，愿自减算益母。

万历四十一年癸丑（1613 年），十八岁

是年，入泮。

万历四十三年乙卯（1615 年），二十岁

八月，应福建乡试，以第十六名中式举人。

万历四十四年丙辰（1616 年），二十一岁

春，晤副座师姜性。

三月，应礼部试，不第。

是年，与郑之玄、何九云结社乡里。

万历四十七年己未（1619 年），二十四岁

三月，再赴会试，落榜。

万历四十八年庚申（1620 年），二十五岁

出游湖海间，得同年陈烜奎接济。

天启二年壬戌（1622 年），二十七岁

春，初识何乔远于京师。

三月，三赴会试落第。是科，黄道周、郑之玄、蒋德璟、林胤昌登第。

秋，黄景昉离京，与何九云、郑之玄话别。

天启五年乙丑（1625 年），三十岁

春，遇罗尚忠于郑三俊宅邸。谒黄道周。

三月，再赴会试，以第九十三名中式，廷试二甲十八名。周廷钺亦于该科登第。

六月，考选翰林院庶吉士，名列第三。

十二月，御史吴裕中因弹劾丁绍轼，为阉党矫旨廷杖于阙下。时人无敢临其丧，独黄景昉割俸赙之。

天启六年丙寅（1626 年），三十一岁

五月朔，为刘光复《刘见初先生全集》作序。

是月，鉴于珰焰日炽，黄景昉忧愤无仕宦意，请假归，为该批庶吉士

之首。

崇祯元年戊辰（1628 年），三十三岁

正月，黄景昉拟入京复职。事因元旦拜庆，景昉尚未授职，二尊人仍初服，其父黄宗彝"色微不怿"。

三月，傅元初中进士。

六月，还朝，授翰林院编修。

七月，管理诰敕，充经筵展书官。

十二月，同纂修《熹宗实录》。

崇祯二年己巳（1629 年），三十四岁

四月，充召对记注官。

六月，起居馆编纂六曹章奏。

七月，徐弘祖持母传册见示，景昉作诗《徐仲子弘祖持贤母传册见示为赋仍送南还》为赠。

崇祯三年庚午（1630 年），三十五岁

五月，黄景昉与吏科给事中钟炌主考湖广乡试，因《试录》砭切时政，触忤大学士温体仁、兵部尚书梁廷栋等。

八月，刑科给事中吴执御弹劾周延儒，兼及黄景昉"楚《录》箴砭异同"之事。

崇祯四年辛未（1631 年），三十六岁

三月，廷试，充掌卷官。

五月朔，因久旱，崇祯皇帝亲至南郊祈雨，黄景昉为导驾官。

六月，接父黄宗彝讣告，奔归乡里。

崇祯五年壬申（1632 年），三十七岁

夏，郑之玄卒，享年四十四岁。

是年，徐明彬侍父南旋，过晋江造访黄景昉，作《侍家君南旋过温陵造黄东崖年伯扇头诗见赠赋此次谢时先生方读礼也》诗二首："寻籦呼药

侍亲闱，何似平津牧豕归。问字白华诗始就，消愁竹叶蚁初肥。未能合道
潘毛近，岂屑干时蒯舌违。一自山居长历落，曾无才藻咏江妃。""月照礼
堂慰屋梁，孤云贫士各无乡。世交早缔黄叔度，家学先惭徐伯阳。座入冰
天容曳裾，人还春水正沾裳。敢多轧茁劳天地，犹博怜才石渠旁。"

崇祯六年癸酉（1633 年），三十八岁

林胤昌讲"旦气之学"于"在兹堂"，黄景昉亲自为其堂题联"泉山
群拱紫，襟江带海，斯文重遇在兹时。闽学首尊朱，穷理致知，吾党更观
未发处"。

秋，与林胤昌、谢元珧同建"襆云亭"于南台。

八月，长兄景明，应癸酉科乡试，中式第十名。

崇祯七年甲戌（1634 年），三十九岁

三月，长兄景明会试联捷，以第五十一名中进士。

七月，为郑之玄《克薪堂集》作序。

秋日，黄景昉道过福州纳妾，曾异撰有《秋日黄可远太史道过三山纳
姬姬为郑解元之后几沦落吾友文忠公孙叶君节收而嫁之走笔为花烛诗纪
事》之作纪此事。

是冬，抵京，补原职。

崇祯八年乙亥（1635 年），四十岁

三月，转詹事府左春坊左中允兼翰林院编修。

八月，题补日讲官暨经筵讲官。

崇祯九年丙子（1636 年），四十一岁

正月，升詹事府左春坊左谕德兼翰林院侍读。

九月，黄景昉与闪仲俨主考顺天乡试。旧例，黄景昉应主考应天乡
试，由于湖广乡试《试录》得罪首辅温体仁，故特改其主考顺天乡试，因
"辇下习烦嚣，口语嘈嘈，风波易起"。榜出，黄景昉以马之骊为解元，
"下第者吹索字句投揭"，温体仁令陈启新出疏弹劾黄景昉，致使黄景昉与
闪仲俨同降二级。

崇祯十年丁丑（1637 年），四十二岁

三月，充廷试弥封官。

六月，为赵用贤《松石斋集》作序。

是年，为《浦江县志》作《丁丑重修浦江县志序》。

崇祯十一年戊寅（1638 年），四十三岁

正月，升詹事府右春坊右庶子兼翰林院侍读。

二月，崇祯皇帝御经筵，问"保举、考选，孰为得人"，黄景昉上言"刑部尚书郑三俊四朝元老，至清无俦，不当久系狱"，并认为推官成勇、朱天麟"廉能素著"，不得预考选，是考选不公。

四月，自请往江西册封淮王，秋抵家省母。

五月五日，为凌义渠《奏牍》作序。

冬日，《鹿鸠咏》编成，作《自序》一篇。

崇祯十二年己卯（1639 年），四十四岁

九月，为张镜心作《张湛虚先生奏议序》。

筑屺湘公坟，工竣还朝，腊月入京。

是年，蔡献臣致书景昉，称其"结知明主，特召非遥望"，并嘱咐道："方今之时，非无事之时也。方今所乏者，文武有用之人也。而为阁为铨，以是致意中者鲜矣，故必广搜访，细评论，而后可备国家缓急之用。"

崇祯十三年庚辰（1640 年），四十五岁

三月，充廷试受卷官。是月，崇祯皇帝下诏撤各镇监视中官，高起潜亦在其列，但其拥兵关外不愿撤回，大臣虑有变，而无敢言者，黄景昉在召对时力言："近撤还监视中官高起潜，关外辄闻警报，疑此中有隐情。臣家海滨，见沿海将吏每遇调发，即报海警，冀得复留。触类而推，其情自见。"

四月，与李建泰、李绍贤同升为詹事府少詹事兼翰林院侍讲学士，黄景昉以少詹事署理府事。

秋，再题补经筵讲官。

八月，黄道周下狱，黄景昉趋视于刑部狱，并在讲筵以"用舍喜怒之间，须再加斟酌"规劝崇祯皇帝。

十二月，升詹事府詹事兼翰林院侍读学士，署掌府事。

崇祯十四年辛巳（1641 年），四十六岁

二月，京察，奉有"学行素优"之旨。

四月，以詹事府詹事兼翰林院侍读学士改掌翰林院印。

七月，再题补日讲官。

八月，重建太学成，崇祯皇帝躬临太学释奠，钦点黄景昉、宋之普、房可壮、宋玫、朱兆栢、丘瑜、孙从度、朱统鉎等八人分奠，以礼部侍郎蒋德璟为导引官。是月，伯兄景明出任广西按察司提督学政佥事，景昉作《送大兄可文仪部出视粤西学政》诗二首为赠。

是月，轮讲经筵一次。

是年，为方以智《激楚》作序。

崇祯十五年壬午（1642 年），四十七岁

正月初五至初十日，崇祯皇帝亲行祈穀礼，黄景昉为上香导引官。

是月，黄景昉疏请恢复庶吉士考选、厘正起居注体及召还修撰刘同升、编修赵士春。

五月，廷推阁员，名列其中。

六月，召对中极殿，奏对称旨，与蒋德璟、吴甡同升礼部尚书兼东阁大学士，入预机务。随题充实录、会典总裁，同知经筵日讲。

八月，黄景昉与周延儒、蒋德璟借崇祯皇帝问"张溥、张采何如人"之机，进言请求赦免黄道周。不久道周赦还，复任少詹事。

九月，崇祯皇帝赐游西苑，同游者有阁臣周延儒、陈演、蒋德璟、吴甡、勋臣成国公朱纯臣、京营恭顺侯吴惟英、署吏部侍郎王锡衮、户部尚书傅淑训、署兵部右侍郎冯元飚、署工部侍郎沈惟炳、侍郎刘余祐等。

十月，驸马都尉巩永图请上建文君谥号，黄景昉力言此事。

十一月，谏处白广恩之法，崇祯皇帝不听。

闰十一月，刘宗周因疏救姜垛、熊开元而遭议处，黄景昉求解于周延儒，以"律有七十以上收赎之条"面对请宽。最终刘宗周革职为民，不

拟罪。

是年，作《昌黎五峰山修建韩文公祠并抚道两台生祠记》。

崇祯十六年癸未（1643 年），四十八岁

二月，黄景昉遣祭国学。

三月，黄景昉上言闽、粤两省应同担福建水师赴登州之饷金。得旨允行。初，议调福建水师三千赴登州计需费七万金，巡抚张肯堂"虑难猝办"，景昉遂助为言。

五月，黄景昉与蒋德璟、吴甡同升太子少保、户部尚书兼文渊阁大学士，荫子入国子监，并赐金币；唐通疏劾赵光抃，黄景昉票拟驳之，始失上意；黄澍出任湖广巡按御史疑有排挤，黄景昉以《会典》有"南人不差三边，北人不差两广"之制，为毛士龙说情，触怒崇祯皇帝。是月，大学士周延儒、吴甡致仕，吏部尚书郑三俊以误荐吴昌时引咎罢。

八月，黄景昉以揭争惠世扬削籍、操江独任刘孔昭与推任南京守备等事，违忤崇祯皇帝，再失上意。

九月，黄景昉具疏乞休，谕准驰驿归里。八月会试，崇祯皇帝以太子少保户部尚书武英殿大学士陈演、少詹事兼东阁大学士魏藻德主礼闱。此次会试，轮序当属蒋德璟主考，但崇祯皇帝最终越次点用魏藻德，以示其意之所向。

是月，何九云中进士。

十二月，抵家。周延儒赐死。

明崇祯十七年/清顺治元年甲申（1644 年），四十九岁

三月，崇祯皇帝自缢于万岁山。

五月，黄景昉闻北都之变，始著《宦梦录》。

顺治二年/弘光元年/隆武元年乙酉（1645 年），五十岁

闰六月，唐王聿键即位于福州，改号隆武。随后下诏"敷求耆硕"，黄景昉虽以先朝旧辅名列其中，但上疏力辞。

十一月，唐王遣中书舍人陈翔以死力请，黄景昉始勉任其职。

十二月，黄道周兵败婺源被执。

是年，黄景昉以叙捐助功，晋勋阶二级。

顺治三年/隆武二年丙戌（1646 年），五十一岁

三月，黄道周殉节于江宁。

四月，清军接连攻陷吉安、抚州，闽中"关警频传，人心惑乱"，使福京根本之地动摇，隆武皇帝谕黄景昉："福京讹传惊避，溃兵窜逸，小寇乘机抄掠，兵单饷绌。根本之地，摇动如此，深为可忧。所议归并事权，以宪臣兼制二抚及兵道移驻福清等事，卿其确议力行之！"

八月，黄景昉知时局不可挽回，疏请给假告归。是月，隆武皇帝被执，卒于福州。

九月，蒋德璟卒。

顺治四年/永历元年丁亥（1647 年），五十二岁

八月，郑鸿逵、郑成功进围泉州，黄景昉外孙郭显谋内应，为赵国祚所侦知，而惨遭灭门。景昉受此牵连被逮捕系狱。

顺治五年/永历二年戊子（1648 年），五十三岁

六月，事解得释。

顺治七年庚寅（1650 年），五十五岁

十二月，为黄道周作《黄道周志传》。

顺治十一年甲午（1654 年），五十九岁

三月十三日，酉时，仲兄景晔卒。

是年，作书致王忠孝。《瓯安馆诗集》刻成。

顺治十二年乙未（1655 年），六十岁

八月十二日，亥时，母谢太夫人卒。

顺治十三年丙申（1656 年），六十一岁

作《屏居十二课》。

为《家谱》作《睦宗十二志序》。

顺治十四年丁酉（1657 年），六十二岁

十月，林胤昌卒。

顺治十七年庚子（1660 年），六十五岁

七月，为赵振芳《易原》《易或》题辞。

康熙元年壬寅（1662 年），六十七岁①

六月十八日，卯时，四弟景昭卒。
七月二十二日，戌时，黄景昉卒，享年六十七岁。

---

① 《檗谷黄氏家谱》记黄景昉生于万历二十四年丙申，卒于康熙元年壬寅，享年六十八岁，当是因黄景昉生于年末，以虚岁计龄之数。

附录三　黄景昉存世著作及其馆藏地①

序号	书名	卷数	版本	馆藏地	备注
1	《国史唯疑》	十二卷	清抄本	有多种抄本存世，详见熊德基《国史唯疑序言》及本书第五章《晚明"经世史学"思潮与〈国史唯疑〉的结撰》	
2	《宦梦录》	四卷	清抄本	辽宁省图书馆	《罗氏雪堂藏书遗珍》第九册
			清抄本	台北故宫博物院	《原北平国立图书馆藏甲库善本丛书》第五五四册
3	《古今明堂记》	六卷	明刻本	中国人民大学图书馆 江苏省南通市图书馆 福建师范大学图书馆	
			清抄本	浙江省图书馆	郑道乾跋
4	《馆阁旧事》	二卷	清抄本	中国国家图书馆	中华再造善本
5	《读史唯疑》	十六卷	清抄本	台湾"中央"研究院傅斯年图书馆	陈步蟾跋

---

① 按，仅存书名而未知具体馆藏地者，皆不列入本表中。

续表

序号	书名	卷数	版本	馆藏地	备注
6	《屏居十二课》附《夜问九章》	一卷	清刻本	《砚云甲编》本。馆藏较多，不具列。	《丛书集成初编》据《砚云甲编》本排印
			清抄本	辽宁省图书馆（《纷纭行释》《金陵叹释》《三山口号释》仅见于此抄本）	《罗氏雪堂藏书遗珍》第九册
7	《瓯安馆诗集》	三十卷	清刻本	日本内阁文库	台湾汉学研究中心、台湾"中央"研究院傅斯年图书馆皆据日本内阁文库本复制
8	《鹿鸠咏》	二卷	明抄本	台北"国家"图书馆	《明别集丛刊》第五辑据台北"国家"图书馆藏本影印
9	《刻黄太穉先生四书宜照解》①	十九卷	明天启七年刻本	日本龙谷大学	黄景昉撰，刘孔敬、杨九经校定
10	《新镌三太史评选历代名文风采文集》	五卷，诸子三卷	清刻本	山东省图书馆	翁鸿业、项煜、黄景昉同评选

---

① 此书据吴格先生惠赐之《黄景昉著述偶辑》补入。

附录四　抄本《鹿鸠咏》整理

　　明黄景昉撰，景昉字太穉，晋江人，天启乙丑进士，改庶吉士，授编修，历中允、谕德、庶子、少詹事，推礼部尚书兼东阁大学士，参预机务，加太子少保，改户部尚书，进文渊阁大学士，引归。唐王时，起原官，复告归，国变后，家居十余年，卒。事迹具详《明史》本传。此编古今体诗杂厕，首有戊寅冬日自序，戊寅为崇祯十一年，略云："初入都，有以生鹿饷者，庭有二槐，有双白鸠日来栖止，鸣音凄异，毛羽缟如，爰'《风》始鸠，《雅》始鹿'之义，以'鹿鸠'颜所作诗。"是此集所载，乃入都后作。考《龙性堂诗话》，称："景昉作《有感》限韵诗八十二首，有'有泪铜人甘恋汉，无情玉马苦朝周''罍尊醉益看花感，弦管凄增落叶哀''元亮诗成题甲子，伯仁宴罢泣山河''枯鱼此日将书至，旅雁何年系帛回'之句。"与此帙相较，无一合者，盖此乃单行别出之本，他作当于《瓯安馆集》求之，惜已不可见矣。景昉作诗，务去陈言，专尚新警，如《曹能始观察招社集不赴》云"阁笔桐花雨，皈心贝叶乘"，《题访贤亭》云"牛青关尹气，鸥白海人机"，《林益谦给谏自凤阳省陵还》云"淮流桐柏远，禹穴会稽长"，皆其极诣。此外，古体大抵失之艰涩，近体尤工雕绘，与江南诸子格调异趣，亦可谓毅然自立无所依附者矣。①

自序②

　　初入都，有以生鹿饷者，槎角不甚驯，时抵触客，稍伐木为柴畜之。邻某给谏园特宏蒨，多猿鹤声，晨夕响答，萧若山寺。会移傲，因辍遗之

---

　　①　赵万里：《鹿鸠咏》提要，《续修四库全书总目提要》（稿本）第 25 册，第 334 页。
　　②　按，抄本卷首有批眉云："吾师东崖先生刻也，丙申夏于南陔兄借得录之。"

傲近古塔旁。庭二槐树，可数围，鼠耳渐长，游丝满院，小刺猬辄蠕蠕其下，有双白鸠日来栖止，鸣音凄异，毛羽缟如。都中例鲜谈诗，属有劝讲役，匆匆靡暇。出闱后，益愦愦无佳思，所存感怀燕赠诸什，聊具体耳。什用鹿鸠为颜，志始也。《风》始鸠，《雅》始鹿，仆何人，敢附斯义？抑《诗》疏云"鸠性拙，不能为巢"，情质差近。又魏元忠有言："臣犹鹿也，猎者苟须臣肉为之羹耳。"往岁所遭，乃不幸类之矣。戊寅冬日景昉识。

卷一

晋江黄景昉太稺著　竟陵胡恒公占阅

赠董叔会 为国博嵩生君尊甫

博士官归早，闻君意豁如。敛帆看客过，当局摄儿书。石鼓岐碑徙，玉杯汉篆虚。郑公非不伟，空复注虫鱼。

其二

偏因家谶喜，窥尔意难平。病骥嘶秋甚，雌雷捲地行。玉璜钩不曲，山鼓击能鸣。莫以田光老，终当识庆卿。

送陈道掌还三山

到看寒门两度旗，喜于灵鹊并先知。神鱼欲化雷烧尾，倦客初逢剑竖眉。虚有诗名供画饼，颇将业障咎灾梨。闻君近学餐霞诀，可识梁山老炼师。

寄题张绍和征君万石山馆

层层佳处倩烟缝，肃客恒呼石户农。梦到药房青不彻，写成珠苑墨无容。藤萝悄闭闲仙犬，蝙蝠高飞护蜕龙。最是酒阑香散后，一声天外武安钟。

其二

学屼羊群渐解飞，多君冥邋更能肥。岩珠吐溜盘僧顶，石角舒稜避客衣。待诏三升何足恋，故人千里未相违。祗应圯上黄公约，与话深更博浪威。

次韵赠许樗

诗里图君貌，遥怜太瘦生。小冠盲愈博，长颈丑能明。梦有吞爻感，身谁避席迎。时平轻竹箭，家冷剩桃笙。可解黄中理，难忘白下情。孝廉归到未，孤剑尚南征。

为陈礼之题画兼送之端州

泉石生情照美妍，似纚装裹镜台前。衣分霞圃荔支雨，梦湿炎州翡翠烟。园鹿近闻双免乳，海棠何意独高眠。新诗寄内知应就，织锦苏兰剧可怜。

送诸葛沪水大参藩温处

画戟弨弓四望尊，吾乡海北越东藩。碑询旧迹谢康乐，宅表先贤刘伯温。子舍金章翔独鹤，哥窑雪碗媚清鸳。总将祠柏凌霜色，一洗龙泉剑水浑。

题访贤亭为黄季弢征士

似听樵苏说，孤亭右洞新。夕桥欹隼轵，烟壑绣鱼鳞。园绮非闻道，伏申不避人。多君持古节，风俗近还淳。

其二

肆三歌雅后，未觉鸟鸣稀。静女辞彤管，群公礼布衣。牛青关尹气，鸥白海人机。回首台阶表，煌煌一少微。

过莆拜彭惠安墓下

弄笔常苦柔，衔觞常苦劲。吾闽邹鲁乡，前哲类刚正。矫矫司寇公，生禀纯金性。首飞西署章，三长内台柄。传闻官去日，珰畹辄相庆。是时风化淳，莆学尊林郑。端毅作宰平，宪孝如天圣。太守旧辅臣，屡条磊落政。复有同志贤，于公勋烈并。苦死献太常，易名议未称。君臣朋友间，吁嗟何乃盛。稍觉时贤殊，改颜学柔靓。虽复致通荣，终为时诟病。富贵如云浮，得失信有命。不见章蔡家，后人羞道姓。下马抚遗碑，临风发清咏。去去敢公诬，墓前石如镜。<small>篇中颇及岳文肃、王端毅、林贞肃遗事。又，林蕴、郑露二公，实莆学开始。</small>

曹能始观察招社集不赴次谢

胜招开会府，羁客几曾同。悔度三山日，虚观六代风。白鹰春避暖，神铁昼奔虹。未必攒眉令，无心恋远公。

其二

去去将何道，风流魄代兴。鼋颐安珝井，牛首背金陵。阁笔桐花雨，皈心贝叶乘。阮公空复啸，瘖杀老孙登。

为叶君节君馨二丈赋寿贤母龚太夫人兼谢①

羹汤十载侍凰池，阁下森森五色芝。神庙有灵天鉴佑，闽山无恙福撑持。萧家渡稳风帆见，荔子林香雪鬓知。最是小窗人致祝，鸾鞾恩重嫁文姬。

郑平远携姬暂之将乐舟别赋赠

群峰峭碧澹生波，小启船窗露臂罗。隔渚月明桃叶渡，邻帆人唱竹枝歌。鼓山田瘠宜归早，剑浦龙腥奈别何。空载乘珠分手去，不知秋气为谁多。

自太平驿捨船行四十里至建州作

舟车理亦齐，抖擞客身泥。树过眠松鼠，山围叫竹鸡。滞烟蒸作雨，遥瀑挂成霓。肯避黄茅瘴，劳劳嗅木樨。

---

① 按，《为叶君节君馨二丈赋寿贤母龚太夫人兼谢》，《瓯安馆诗集》卷19《为叶君节君馨赋寿贤母龚太夫人兼谢》。

其二

立马俯惊滩，岚威作意寒。泽渔风荡艇，桥佛露临栏。水竹腰筒引，畲田口字安。此中丹碧地，耕凿事非难。

其三

野迹混闲鸥，何籖报水邮。茶荒销雀乳，莲老熟鸡头。玉版前溪煮，朱华晚树留。幔亭人去远，悲复闰中秋。

先封史诞辰实值中秋余以乙卯举于乡岁闰八月得驰觞
为寿去之二十年甲戌伯兄可文成进士归适中秋再闰而
先封史不复作矣涕述寄仲兄可发兼示可冲可亭二弟

驰到泥金母弟开，三年负土恨蒿莱。春风得意饶莺语，夜月伤心损蚌胎。幼种黄杨仍再厄，仙飞华鹤不重回。即看幔底曾孙宴，也唱人间曲子哀。

傲舟清湖敝甚兰溪遇陈石夫司理为易假官舫占谢

小鸟帆穿不耐风，官人估客躲身同。彷徨屋下询何物，恰喜江亭着沈充。

其二

衢橘溪兰信有神，靓妆公遣照帘新。昨宵可忆雷滩底，一叶孤舟两个人。

枫桥雨泊

帆敛莫论程，潇潇湿鼓声。野雷冬不蛰，江火暮还生。窥箔防蚕烂，傍堤羡马行。石尤良益我，天遣薄春明。

其二

行止动迟留，吾生不系舟。塔铃朝暮语，城角古今愁。萍过粘鱼网，鹤归暝虎丘。伏波西域贾，终念老壶头。

呈京口张斗垣太公

甕环江铁户深扃，不少家书到洞庭。小艇时穿浮玉塔，遗碑旧对却金亭①。即看井里仓为社，谁识宾筵客是星。忆昨庞公床下拜，欣君句句续箴铭。

桃源赠龚君路明府

之官先拜疏，意敢薄朝歌。友觉繁华媿，其如磨厉何。户归牛种贵，风举鲎帆多。看取桃花涨，年年减浊河。

其二

无怪相逢左，眉须改旧青。乱丝梦自理，难族借为硎。朝议资从甲，民艰地配丁。想当批牍夜，丹笔几回停。

过郏城

河流垂断处，行且入齐东。云覆峄山麓，沙墟郏子宫。帝谟师鸟迹，天意养鸿蒙。犹忆溪桥过，青狮鬣爪工。

赠李通州

潞河只尺近天阍，自信沧波肯变浑。目极青牛归李耳，心伤白马讼王尊。新碑雨湿官车过，敝署霜寒子墨存。空笑野乌无意绪，鸿冥何处不飞翻。

送丹阳贺景崖宪副献表还兼祝初度

同时香散属车尘，有美风流贺季真。何处象犀来岭表，昨朝鸿雁过天津。微官抗疏仍诸子，上客称觞况此辰。肯解金龟歌送酒，只今谁是谪仙人。

为王霍童馆丈二尊人寿②

沙堆署口傍金銮，新例瀛洲拜李官。夏至双星临楚阔，年来四野入淮

---

① 按，"遗碑旧对却金亭"，《瓯安馆诗集》卷19作"遗碑旧到却金亭"。
② 按，《为王霍童馆丈二尊人寿》，《瓯安馆诗集》卷19作《为王霍童司李尊人寿》。

宽。好寻碧草黄泥坂，纔赐朱樱赤玉盘。家庆朝恩谁不羡，总知报主是承欢。

送同年黄水簾给谏之南京兆幕兼柬李晓湘孙鲁山二丈

吾兄给谏天下奇，抗章那肯问狐狸。叫阍排云呵不止，为言臣以死争之。汉廷册免缘灾异，不道直臣仍弃置。青驹白舫照眉乌，谪去传非明主意。薇省华原复上苑，何处莺花不入眼。生憎苕水绕吴兴，强将刻峭文清远。南京府主旧同官，兄但时来共往还。江左孙郎亦好事，一杯终念主恩宽。

林益谦给谏自凤阳省陵还话及愤叹

城阙罢中都，高皇意有无。百灵森自拱，群盗尔谁驱。鼎雉关商德，园灾问汉儒。沛丰樊灌里，身过合踟蹰。①

其二

鸟眚妖先告，天人劫数齐。兵连长豫楚，盗恶甚羌氐。石马凌空汗，城乌入夜啼。似闻秦锐卒，早晚到淮西。

其三

金粟堆前树，凭君数几重。野终收破觅，碑故护真龙。四壁归逃户，中宵泣罪宗。昨颁哀痛诏，颇否及三农。

其四

赈发属行囊，香花送省郎。淮流桐柏远，禹穴会稽长。密疏千门启，单车六传将。应知仁孝主，迟尔荐新尝。

答何凝生

投章莫怪和来迟，福慧冲人胆不支。屋北仙祠存往事，岭南佛性异当时。螺枯作枸浮鹦鹉，蠏躁将糖混蛤蜊。一入春明乡梦远，更谁重草落花诗。

---

① 按，《瓯安馆诗集》卷9诗末有附注言：“凤阳旧无城，屡议修筑，竟罢。”

寄项仲昭司业

北李南陈迹，欣君远媲之。帝询三物解，人奉五经师。堂鼓声多肃，邸园景独奇。自公余眺览，亦未废孜孜。①

其二

珍重数行书，追欢念偄庐。踞床笺老子，行野吊望诸。客到香孤引，军前箸尺余。旧闻翰对切，亲自驻宸裾。

送李晓湘太仆之南滁州

同时挟册侍皋比，去后金绯汝独宜。潭为罩龙留箭在，午当擒凤有钟知。全淮地险关山障，少府官闲同寺移。莫以亭深忘北望，烽来秋色满旌旗。

续小游仙诗

仙阶也复巧迟人，昨到朝元最后宾。蝙蝠虚传尧丙子，猕猴实怕禹庚辰。犹嫌瀚海坳如带，可许琼枝斧作薪。在昔岁星词难客，不知何意羡仪秦。

其二

骑过玄都草树香，上皇恩许假徜徉。输龙纵博芝千本，用橘挥毫墨数行。曼倩有妻终弃去，锺离为将亦奔亡。祗应三纪篱边坐，与话人间杜五郎。

漫兴

虚堂坐致空仓雀，小笔时分内院花。但使麋兴安左次，何妨鹤去唳他家。

其二

宣纶劝讲让时贤，政值凉生水木烟。一幅荆关看未足，有人诗酿放生钱。

---

① 按，《瓯安馆诗集》卷9诗末云："南司业衙署，传甚佳。"

其三

合家解事强持斋，最小庵名放鹿柴。侍食双姬凭觑见，准教徐积莫安排。<small>语本胡瑗，陆放翁诗每用之。</small>

其四

三食神仙字渺如，蒸梅阁雨费烘书。长安事事输南远，差慰多情老蠹鱼。<small>燕中蠹不侵书，屡验之，良信。</small>

何兄悌太常邀步南郊觌圆丘享殿斋宫诸制恭述

皇矣穹窿广，君哉制作殊。改弦歆世庙，分祀别留都。日练金支秀，春回华盖趋。竹宫灵放愬，羽客韵虚无。茧栗三牺用，瓜华百末敷。篆烟飏郁邑，罳影入珊瑚。富媪坛仍峻，高皇座稍隅。殿询公玉带，庭接鬼臾区。忆昔陪清跸，于兹飨大雩。鸟啣斋馔素，沙点布袍乌。重许窥闉闍，预知辨濮泸。帝真云汉主，天转斗牛枢。禁地人雍肃，祠官汝敏肤。秩从夷典礼，伦始契司徒。谁献河东赋，空吹冀北竽。戚干容肆雅，卿景合赓虞。

用韵答闪中畏年丈

十载谁袊契，吴趋更越趋。鹤欣鸣自远，鱼耻沫相濡。潦倒陪深酌，伊优隐令壶。颇因狂态发，私觉四邻无。

其二

忆昨轩墀对，分班夹陛趋。副瓜甘特冷，余墨湿犹濡。四野惊多垒，中流急一壶。白公终弃外，空复识之无。

送周诚生南还 ①

家隶先朝陛楯郎，儒衣肘后也丹方。辽阳断绝参稀贡，归去洞庭橘未霜。

---

① 按，《送周诚生南还》，《瓯安馆诗集》卷29 作《送周诚生医士南还》。

石节母诗为印须水部赋兼送之荆州

寂寂荒园四望烟，谁知泪落是珠蠙。囊垂鱼笏偕兄贵，阙表乌头念母贤。邻曲旧传霜柏操，主恩新给水衡钱。南荆不少思亲赋，试一登楼问仲宣。

移傲书别邻鹤

又飞杖锡傍觚稜，恰忆霜晨梦似冰。此夜邻鸡空膈膊，讲堂何处木鱼僧。

其二

青猿倒挂院森沉，送与伊尼助好音。花鸟留连吾肯尔，相传烈士感秋深。

宿左坊同丘德如宫赞

不为日南至，传呵傍禁钟。微霜凄铁马，初月吐铜龙。绛帕横戈数，青绫襆被重。饭蔬谁最惯，吾久学周颙。

其二

减膳劳明主，多应谢素餐。井舆高太白，钟鼓静长安。宝时燔方举，天河洗未干。预愁琼阙迥，高处欲生寒。

感事

舞罢宫罗又赐貂，红鞍随例唤坊寮。金人往事思铭口，玉署新恩许折腰。岭海鲸奔波暂息，园陵貙老柏曾烧。空瞻百二秦关壮，大角星寒岁动摇。

其二

重烦天语谕清高，罢遣军容帝独劳。便殿筝闲经燕蹴，中原鼓急入狐嗥。昨颁笔札询韩范，谁擅丹青写鄂褒。隶也优游惭寸补，古来迁史一牛毛。

其三

公然西射向轩辕，河洛风尘昨又昏。相事遂劳司寇摄，军麾今识总戎尊。表通曹植宽青社，家起谢安护白门。罪己诏书天陨泣，不嫌饥浸禹汤存。

其四

斋居修省事如何，恩解微文罢小苛。栈阁霜繁归铁骑，淇园竹短给黄河。最穷少府均输笑，新复西京辟召科。礼乐渐兴郊再举，此生仍癖梦松萝。

其五

南来消息渐蒙茸，漕輓军储损上供。楚树黄梅安庆险，吴歌白苎广陵冲。桐阴底事难胡俨，熊轼无人念况锺[①]。极目云屯朝荟蔚，虚将左耳滞乖龙。

其六

神皇廿载閟渊临，山远蟪蛄嗑嗑音。旁斗三星箕翕舌，先秋七月火流心。凭他禹簠夸灵宝，到死商丘恨实沈。平勃交欢劳燕念，应输陆贾得籯金。

其七

高切豸冠扈显陵，中都百堵役初兴。两雍璧水周胶序，三辅扶风汉股肱。事急佣胥堪作牧，功成降将欲皈僧。即看补衮群公在，谁赋清风续大蒸。

其八

长因颐雷俯天颜，身在銮和缥缈间。何意闽儒叨讲席，近欣贾子复朝班。泽虞稽首辞朱虎，宫锦横腰换白鹇。终忆襀云亭下月，有人书副傲空山。

---

① 按，"熊轼无人念况锺"，《瓯安馆诗集》卷19作"隼轼无人念况锺"。

吴大车计部轮直草场久不赴蒙恩罚俸赋此趣之兼代解嘲[①]

车给追锋骑綮驿，寻遍吴郎杳无迹。面西招水叹何深，三宿犹应未出画。_{齐有画邑，误作昼。}汝可能入海浮槎，乘风倒锡，东走扶桑西碣石。不然毁车杀马携断柯，仍老金华陪王质。秋高场草森如棘，诏下金商泪沾臆。穀米蹙蠋畿甸供，刍藁例充鸟兽食。分司御史入场来，马索刍青奴饭白。安得吴郎不解事，拄颊高吟卷未释。大农儒者重才贤，念欲飞章难显斥。月请俸钱笑哑哑，方朔侏儒原苦饥，从此吴郎愈萧槭。君不见司徒马宫汉耆硕，大度能容磊落人，曹事陈遵废满百。

趋朝口号

青袍白颈队如鸦，月笼寒灯簇早衙。不信先朝先辈说，拦街经醉李长沙。

其二

岂真崔铣狂难比，骚雅长沙近已无。不用临风欷往事，羽书惊复犯中都。

门人陈泰交广文投诗答寄

华开昙钵事惊奇，俸缩官闲学未迟。随处羊裙留白练，累年鸿爪负乌丝。令能缪敬休干谒，家有宣文好护持。空笑马融夸算术，现输门下五经师。_{尊公守安宁，昙花盛开，有《鸿爪集》，索余序，未就。}

喜大兄可文谒铨至赋呈

吾宗光固来，田园特爽垲。祥发武皇初，大声起东海。薇省晋雄藩，桐乡吴小宰。终焉弃若遗，飞章谢裴楷。祇今六七朝，未觉门庭改。代颇熟弦歌，儿不识欺绐。驯及左史公，益表原田每。烨烨姚黄花，深芬阆蓓蕾。神秀感哲兄，冠珠被兰茝。一为凤凰吟，弥壮经天彩。

---

① 按，《吴大车计部轮直草场久不赴蒙恩罚俸赋此趣之兼代解嘲》，《瓯安馆诗集》卷5作《吴大车计部轮直草场久不赴蒙恩罚俸赋趣之兼代解嘲》。

其二

灯围老瓦喧，用博慈颜莞。冠盖集京华，欢乃自今晚。炭烧榾柮红，银注鑿落满。臧获到如归，谁觉天涯远。兄德秉清刚，于礼先一饭。差池台阁间，何异琼与琬。弟妹各长成，绮罗羞南阮。为长心独辛，能不念翩反。迩且猎长缨，行春字茂苑。尚冀三树珠，同枝鸣睍睆。

讲筵恭纪

十载侍明光，铅朱昼几行。圣朝尊朴学，天意被遐荒。虞夏书浑灏，春秋义渺茫。即看风化首，谁复继韦匡。

其二

楚水复滇云，同声到处闻。暨皋怀九德①，微管服三薰。宝案龙团锦，天书鸟篆文。不妨从拜献，家世旧河汾。

其三

呵引韵悠如，钩陈却豹车。跸临东左个，班用内句胪。九圣森黄幪，中天丽绮疏。肃皇诒训远，尽扫竺乾书。②

其四

肃听传宣入，东西夹队趋。上卿腰带重，中贵耳珰殊。矩步循砖折，雄心到榻无。未应霄汉侧，虚着一癯儒。

其五

佩委凭绨几，当心觉左高。丹容瞻日角，玄论析秋毫。屡厉羞危素，音讹避霍韬。嗢噱时点首，终念圣躬劳。③

---

① 按，"暨皋怀九德"，《瓯安馆诗集》卷9作"暨皋谟九德"。
② 按，《瓯安馆诗集》卷9诗末云："御拜先圣，用内臣赞班。又，正德中，为杂祀佛像之地，至世庙初始革。"
③ 按，"终念圣躬劳"，《瓯安馆诗集》卷9作"无乃圣躬劳。"又，该诗末云："霍事见本传。"

其六

殿角耀金明，衣香杂杜蘅。踞觚常慕孔，折柳太迂程。拜手飏文祖，斋心扈武英。臣言能许久，消受礼先生。[①]

其七

掩卷卧红牙，欢颜出内家。顶门迟拜馔，东阁集呼茶。讲草裁宽幅，宫衣隐漏纱。薄醺齐上马，归路满栖鸦。

其八

可但经筵宴，良辰楛屡携。醓羞光禄饷，罗绮婕妤题。月饼宫花细，春盘簇仗齐。旧闻解吉水，千策大庖西。

其九

相逢夸谏草，规讽属经帏。帖子朝悬阁，词头夜揽衣。迹存千载史，谈中偶然机。窃比乌三足，飏金日里飞。

其十

寒暑从休沐，无何握又开。鼓钟兴太学，卿裔动中台。当路嫌多口，诸天鉴不才。黄金双镇尺，经阅累朝来。

送林石房大行使蜀兼柬陈平人蜀宪

輶轩经处重咨询，劳送巴江远入闽。吕览书成终去国，涛笺花好莫怀人。同朝华省迟葳琐，夹道松根老茯神。慭笑饭牛星渚客，久无消息问严遵。○时护送巴县相君行。

再调吴大车计部

古人每进重三揖，晋国未闻欲仕急。天语纷驰雨样催，吴郎昨始逡巡入。上林兽薨暮应稀，鞭挞穷商心自悲。空拜阆氏图画里，尚方饭马何

---

① 按，《瓯安馆诗集》卷9诗末云："日讲官例呼'先生'，出天语。经筵官只赞，呼'公人'。"

繇肥。

家叔竺侯弟可贲兄子原含同应拔贡试意殊期之

先世缓农商，诸君最上庠。如金同作贡，何箭独称良。寺涌庭窥塔，山连宅负冈。犊裈标小阮，鸦颈话诸王。未脱江湖气，须依日月光。骅骝嘶向北，鹰隼击为霜。系万名终大，歌三雅莫忘。水哉源赴海，繇也学升堂。仆马来千里，衣冠盛两厢。庙碑摹石鼓，家宴错冰糖。敢谓簪绅美，粗期蜡腊长。御沟新柳色，春到合舒黄。

卷二

晋江黄景昉太稺著　永福黄文焕维章阅

上元月有食之礼部郭仲常李玄驭二丈同自观象台测验归见过留酌

六桥星火暗珠胎，二妙何期得得来。词客自将春比署，历人相与露为台。龙头窘蠢输胪唱，豹尾葳羰念史才。莫话升沉盃待久，且容圆魄一吹开。_{○郭旧同馆丈李先拟廷试第一，不果。}

送许班王戍归

为指悬河口，归惟饱荔支。岭云看自足，城旦论非宜。蜀道惊心后，秦廷痛哭时。汝乡饶往哲，须念薛中离。_{薛侃，揭阳人。}

经幕王式弓死凤阳难甚烈赋悲之

白乌宵啄屋，嗟汝势难支。矢尽高皇鉴，魂归伍相知。裂冰浮古粉，飞雨送灵旗。字影分明见，中都留守司。

行散

行散时时过药栏，拟将庭牓署槐安。呼鹦典客谈无误，积蠹凭他卧不看。朝爱竹光明碎瑟，近知犀理馥沉檀。侵淫耳目吾何敢，要试洪炉雪样丹。

戏咏游丝

白日游丝静，于今忆杜陵。倚风粘鸟翼，当暑濯蚕冰。卧看投梭戏，闲疑拔宅昇。物情吾惯识，忧汝直如绳。

其二

不畏风吹断，孤光混杳冥。钓缗垂水白，鞦索委簾青。叹老思添发，骹玄学炼形。五禽仙戏妙，元采及熊经。

赐扇

蒿汤麦饼外，仍此奉恩洪。丽动江山日，凉分殿阁风。月形移小曲，露掌擢高空。愿比南薰咏，千春帝泽同。

其二

忽从归华省，通梦入岷峨。祝岁征恒有，观风罢小苛。蜀王驰骑贡，秦女乘鸾过。也复怜臣甫，宫衣与赐罗。

赐鲥鱼

进鲜船久滞江滨，及到初秋已累旬。鸿雁来时何乃晚，樱桃赐后此为新。艻连玉瀒横分筯，糁落金盤细作鳞。戚里侯家长夜宴，不愁溪老钓鱼人。

仲兄可发以夏末入都旋踉跄就南试是晨适陪祀 太庙复诣礼部护日归追送弗及诗用写叹

屡乖当道意，累尔去留难。马又遵前路，鹰终刷远翰。朱丝萦社鼓，玄酒荐斋盤。恰值匆匆别，愁人是此官。

其二

海上麒麟斗，腾精薄太阳。文心从此悟，别恨与之长。庙史茅征楚，江神瑟赋湘。奋飞时可矣，吾意愰名场。

惊闻昌平失守报

幕府高翻大将旆，不防山后戍屯稀。突来昴毕侵黄道，何处熊罴守翠微。瓜菓上陵无使至，麦苗栖亩合谁肥。巩华门户崿函闭，莫放胡烽遍蚁飞。

其二

角楼雷火动曦晖，堪说红门裹面围。诸路火催鹅鹳阵，大家金祛蟒蛇衣。浮图着箭师难缓，朝鲜扬帆将未归。己巳经营今七载，可应无恙独纶扉。

慰蔡擎父

国门风惨动旌麾，怪得孤舟入夜危。犀革有灵官告在，牸衣无恙母针为。陈平貌美装仍薄，李涉诗豪盗岂知。雄气未应销减尽，即如初厄简江时。蔡旧有水厄。

送韦圣俞判钦州

装束盛骖骓，胡烽近解围。久交愁遄发，同出羡先归。摘露收椰乳，投珠养蚌晖。莫言黎种异，终自奉恩威。

其二

三载同经案，窥君罅隙无。否臧辞鲜失，舒卷道能需。郡迹题铜柱，家声念罴湖。政成看五马，腾踏过皇都。韦尊人旧守高邮，多惠政。

为王讷吾藩参寿母兼送之江右①

金沙宝地接仙源，中有真人魏华存。教就风骚归水部，功成殿阁丽湘藩。班昭训美难丰女，袁粲门高字愍孙。此去西江攘幔过，姑坛碑迹许谁论。

---

① 按，《为王讷吾藩参寿母兼送之江右》，《瓯安馆诗集》卷19作《为王讷吾年丈寿母兼送之江右》。

鲁青海馆丈索寿母诗赋呈

三珠琼树拂云来，移向蓬壶深处栽。岁伫潘舆临上国，宵占婺彩动中台。机前怒喜关慈性，烛后平反验史才。珍重大官饶赐醢，肯容斋粥六时开。

北闱呈同官闪中畏年丈

帷前稽首拜恩同，例许驱车诣至公。禹贡九州岛高碣石，汉京三辅秀扶风。乌丝画榜驰为帖，黄袱装题锁入筒。旧忆麻衣仍此地，[①] 忽惊身在画图中。

其二

闽楚从君谬抗衡，七年依旧赋咸京。稍因寇阻迟开宴，不谓冬寒剧放晴。两队衣冠容伟丽，中宵鼓角韵和平。譬蚕食叶嗟何足，要听春雷出地声。

壁上追和张永嘉辞场之作

翕赫终当底散场，犹传陷壁数行章。唐罗得意班如玉，桂霍批根笔有霜。[②] 公望岂真关偶兴，儿曹空复鬮迷藏。貂珰敛手纶扉肃，遗事差存汉纪纲。唐荆川、罗念庵为先生主试所得士。

得林婿存茹贤书报时在闱中

垂垂额角鬒犹红，健翮飞腾不赖风。谁信泥金阑得住，数声院鼓阒门东。

其二

内帘分队锦衣齐，侵夜祥光灿斗奎。珍重凤锵龙跃句，他年留着序昌黎。

---

① 按，"旧忆麻衣仍此地"，《瓯安馆诗集》卷19作"旧忆麻衣仍此夜"。
② 按，"唐罗得意班如玉，桂霍批根笔有霜"，《瓯安馆诗集》卷19作"唐罗得意欣如许，桂霍批根恨未央。"

韩雨公幽香谷咏

筹边屡询废将，学道特遣瑶姬。似此肝肠铁石，谁知韵宇兰芝。

其二

衡山老子墨妙，绛县真人趣同。刻羽引商白雪，氾兰转蕙光风。

秦淮书阁图题为闪知愿先辈

七年惊别闪季子，那得诗成邃如许。渡海或逢紫竹僧，沿溪将饭胡麻女。谓言坐对蒋山青，槛外烟波夜不屙。昨者致我一幅绢，衣香透阁韵流楳。阁转廊回草树稀，酒客渔歌浅绛衣。图穷塔见题者谁，无乃君家老陆机。弟劝兄酬好标格，怪我沉吟卷难释。君不见，育王舍利五色光，为君变容从琥珀。闪自云鄞县礼塔时所见。

闷寄

遂令天下士，投笔乐从军。孛彗横侵宿，兜鍪勇论文。儁谁收郭隗，狂欲杀刘蕡。枉用曹称礼，遗经渐可焚。

其二

早春长伏枕，多病损朝参。世路真三窟，词坡妄一男。鸡尸空祝祝，虎视久眈眈。惆怅江淹拙，何因魄羡蚕。

为钱希声进士题其大父前临江守哀册

东阿麈笔也荒唐，果报真须问彼苍①。射策登朝容再世，讼冤伏阙见诸郎。谁知玉剑埋干莫，不尽金貂恕杜张。皓首生还家又起，噫嘻神祖德深长。

代寿某金吾

帝城西望郁葱葱，恰值雷收雨霁中。南极瑞高辉七曜，北军威重拟三

---

① 按，"果报真须问彼苍"，《瓯安馆诗集》卷19作"果报终须问彼苍"。

公。严更每赖干撤肃，盛世无劳组织工。二八歌钟清禁彻，为欢端合赐醹同。

直讲筵三载值皇五子六子及二公主生迭被宫花红纻之赐赋纪

皇情当燕誉，后德合螽诜。泽播三宫宠，欢逢万国春。联珠裁褓细，偎月试汤新。舒掌虞为叔，横波洛有神。梦奇征祝史，恩迥湛儒绅。岂谓经帏讲，能将雅籥陈。北山欣梓茂，南木拜樛仁。纨锦猩唇丽，瑶花豹尾珍。服应诨里社，簪许乐朋姻。尧女裳窥鹊，周男趾颂麟。授环鸣以节，绕膝教宜身。愿溥㲜鹭庆，多怜牧犊人。

再乞归未允①

驱车云偶尔，瓜栗比三年。鼎养违闽粤，笙歌悔楚燕。敢虚明主意，私忆故人怜。薄暮铃牵急，春心折杜鹃。

其二

近得江乡讯，东皋种未稀。荔蕉当夏熟，乌鹊向南飞。烁口明金性，量腰准革围。一官吾肯恋，无计谢刘几②。

送郭闇生姻丈南还

记君三伏里，屡度展征车。再至桃应煖，初归菊有华③。棹防淮北夜，山叠海东霞。别酒纷纶劝，今宵已当家。

其二

园亭仍翠复，归去好垂帘。杜牧情须减，温筠格近纤。临岐憎琐细，渐老斗深严。岁月凭君爱，相逢昔未髯。

过石镫庵

镫出窥唐制，何年此陆沉。代犹输鼓石，檀不仰园金。蔬笋销尘慧，

---

① 按，《再乞归未允》，《瓯安馆诗集》卷10题为《再乞归不允》。
② 按，"无计谢刘几"，《瓯安馆诗集》卷10作"无计谢渔矶"。
③ 按，"初归菊有华"，《瓯安馆诗集》卷10作"初归菊有花"。

龟鱼识梵音。过逢谁解脱，霜柏暮容深。

敬器图诗为傅渼溪给谏

受姓源星象，传家阅古今。庙犹荣宋制，工欲讽虞箴。再请因登几，初观合整襟。柱悬端稍锐，钟卧色微黔。叩角龙纹峻，垂腰藻采深。画成征小篆，摩久发元音。岂鲜泥沙厄，终知天地心。宝应先璧马，波不贵蹄涔。祖德称人玉，忠魂表使金。腊蒸仍旧举，府第最高临。轼散西江雨，窗含右掖阴。共看弹出袖，公用笔为簪。纳约辞宁婉，持盈意每钦。大弓尊鲁卫，遗佩忆姜任。<small>为宋宣仁后所赐。</small>魏傅清留笏，卢郎润比琛。铭盂师所尚，熟釜帝宜歆。砌绕芝三秀，坡围竹十寻。日余官左护，于礼侍长琴。束发风期契，援毫雪思侵。勖哉赓说命，庸汝作商霖。

雪甚衣雨衣诣会极门捧勅归自哂①

踏踏东华襆被劳，廊停阁掩谢风饕。列衔底要称三字，吹鬓谁教缀二毛。玉委墀深明翡翠，金销帐煖负羊羔。油衣易瓦真堪笑，输与袁安一梦高。

送李衡峤给谏归②

鹓行缘尔罢光辉，又看夕郎惨淡衣。虏退自宜优阁赏，狱成谁肯霁台威。琅珰去国冰将泮，舴艋浮家雁与飞。莫话求言哀痛诏，几番鹰诏几人归。

送何舅悌姻丈谕漳平

平明骤马嘶，惨惨朔风厉。忽忆廿载前，偕君榜下涕。我绥行且稀，君裘无乃敝。屈铁网珊瑚，岂希珠贝细。新岁当之官，到时灯月丽。抱拥白雀儿，招邀青鸾婿。久客欢乍归，宾朋踏踏诣。能遽忘我为，当餐或屡嚏。司空古大儒，字汝曰舅悌。婉恋宝仁亲，风谊嗟勿替。

---

① 按，《雪甚衣雨衣诣会极门捧敕归自哂》，《瓯安馆诗集》卷19作《雪甚被雨衣诣会极门捧勅归自哂》。

② 按，《送李衡峤给谏归》，《瓯安馆诗集》卷19作《送李衡峤给谏谪归》。

其二

矫矫孤鸿征，饥匪慕鸡鹜。君辞辟召科，高风响岩谷。岂其遗千锺，难此数苜蓿。知君有深趣，义取抱关独。漳平万山中，生徒礼颇肃。时焚丙夜膏，稍饱丁旬肉。繇来磊落人，于理不得速。吴门偕杞县，祇今齿芬馥。期君三载兴，湔兹十上辱。凤鳞脍炙新，佳梦驯可卜。

书到

老母粤中返，新秋入望纾。瑱环迎夹路，冠盖候停车。展镜花簪满，行园菓摘余。兢询斋邸事，风物美何如。

其二

先德毗陵古，承家伯最多。鸿来传尺素，蛟徙避弦歌。下濑凭谁共，游邛奈客何。一溪吟啸稳，终让老衿轓。

其三

岁歉郡催租，衣冠饗大雩。漫游愁少弟，穷老念诸姑。国史栖迟甚，门生慰藉无。敝予裁裋褐，遮莫绣天吴。

其四

书到逢除夕，踟蹰意鲜欢。几廻陪甲帐，三度辍辛盘。婚嫁都凭妇，行藏莫问官。所亲仍勉慰，佳婿近乘鸾。

赠何平子步王觉四先生韵

君才称二妙，代厉肯输秦。骤奉贤良诏，争看磊落人。燕台谁市骏，越岭旧披榛。梅尉无妨隐，羊裘客未贫。

其二

清切王维句，明珰拟大秦。一官宁滞汝，先辈雅亲人。儒伟珍藏席，闺虔赟用榛。异书归载好，终念省郎贫。

送丘德如宫谕予假归楚

竞将仙珮拟征尘，怅忆班行玉立身。驿路烟消乘传少，讲帏岁久抗章频。赐金为佐家筵宠，调鼎从看国论新。别后南云时眺远，可应念我未归人。

寿诗呈某令君

野获双麟讵偶然，遥遥福报在西川。共周蓝甲先三月，新掇龙标是昨年。太守行供东序酒，诸宗岁食曲阿田。书床茗椀欢堪对，况复河阳满树烟。

皇太子冠侍班叨赐银币恭述

玄圃传嘉庆，青阳发睿姿。节逢灯后盛，星近纪前宜。_{十二年为一纪，时方十龄。}一索爻居震，三加礼尚缁。鼓钟初动处，簪导欲安时。宾赞依银牓，坊寮满玉墀。陛容貂畹戚，班夹羽林儿。嫡长贤兼贵，君亲教并师。应声关德慧，著代表容仪。鹤禁仍高启，凤楼肯绝驰。膝瞻新藻火，袍隐小龙螭。尊道方规汉，近人好颂姬。精缪填袖出，文绮称身披。郑重追神祖，光华荷圣慈。为晞恒日照，多遣普天和。

松梅合干图_{拟应制}

祖德分明饗大禋，苍髯绿萼见兹辰。露沾蛱蝶空中影，香散虬龙雨后鳞。月出樱桃虚汉制，波来桐柏诧淮神。连枝奇木谁堪对，好问昂霄耸壑人①。

怀闪中畏年丈

严遣分当结袂联，自惭无力更回天。讲帏礼数荣孤客，文网风波盛昨年。鸡骨行经橦索处，羊肠路比棘闱前。永昌锦字縌来远，空对藤花意惘然。

---

① 按，"好问昂霄耸壑人"，《瓯安馆诗集》卷20作"合请长缨系远人"。

题画

竹石幽香态韵多，林良吕纪法如何。春风昨透帏绡梦，寂寂梅花语八哥。

礼稽山馆唐像铸为贞观年，尉迟敬德监制

五金微辨色，伊郁仰真慈。匠岂规天竺，官犹重尉迟。燕尘萦鬘少，越水供花宜。休用旃檀拟，千春只霎时。

送王斗瞻督储甘固

繻弃未多时，边行拥大旗。露凝甘枸杞，沙覆汉膑脂。议蠥堂官哷，筹间套虏知。酒泉张掖地，吭扼古今宜。

赠黄孝翼征君①

道院青杨斗大围，重来燕市素交稀。车经梁苑陪枚乘，剑系吴门忆陆机。新诏璧蒲荣华发，旧京烟柳动乌衣。征君晚节嶙峋甚，殊众未应咏楚妃。

和刘渔仲韵答赠

空唱妃豨和雉斑，批鳞无效媿疎顽。爱居底事思逃海，疏属何人议徙山。世态窥屏恒教谲，君才象鼎合图奸。只看眉眼稜稜黑，肯为风霜一逊颜。

其二

真人何意复东行，恰值宣云歘市成。轳辘剑存惊斗室，蘼芜花发艳江城。弓招欲往凭吾道，车过纷停想物情。傅粉李公书向说，休将宾礼负樊英。

周元立选部投咏索未见书赋答

藜火枉窥臣，萧萧一病身。梦嫌莺稍佞，书感蠹能仁。石髓仙遥闭，

---

① 按，《赠黄孝翼征君》，《瓯安馆诗集》卷19作《赠黄孝翼征士》。

牙签婢错陈。犊竿庭晒腹，空笑阮家贫。

其二

吏部文章伯，紬书月损金。踞觚时谛听，拥鼻屡高吟。史愧藏山久，禅希面壁深。亦闻陶处士，声薄有弦琴。

送周元立姻丈谪归

篱棘丛中拂袖还，依然短棹过金山。谁教傍社薰青鼠，未拟窥笼放白鹇。舞綵披纱双慰意，经坛讲座一开颜。吾归丘壑行堪共，三径蓬蒿且暂删。

纪恩诗

岁在摄提贞，仲春月几望。晨蕤正衙朝，句胪礼屡唱。风动赭黄袍，恍惚蛟龙上。台史引归班，东西肃穆向。诏召千官前，怵惕群疑溕。帝真尧舜主，温良恭俭让。天语听琅琅，词旨特高畅。初虑水旱仍，继言奴虏抗①。厥赖股肱贤，亦资爪牙壮。即如皋陶瘖，垂老负官谤。疏误罪岂辞，念彼削瓜状。节宜砥孤贞，诛不连翼亮。宁从白兽酾，遂下金鸡放。是时早春寒，溶溶天地旷。曦御照胸明，一扫浮云障。感泣不敢声，欢呼到卫仗。马为蹀躞嘶，飞飞旌旗飚。皇灵匪不昭，所重福威当。忆昨御筵开，臣忝侍经帐。免冠昧死陈，黄耈四朝尚。稍可释颂幽，归许盖帷葬。廷厌盖宽狂，孔忧季路行。何期尘土姿，谬荷吾君谅。稽昔抗疏贤，谈及色惆怅。迹投蛇魅群，肤碎虎贲杖。谁能撼长松，斧斯不一创。明主可忠言，灼灼理非妄。有如噤寒蝉，则焉用彼相。法当执简书，仿周柱下藏。高庙树基宏，千秋泽弥王。

经岁

短章漫灭在，经岁腹能裁。昧旦先乌醒，中途避象回。骤逢宣室召，新值禁林开。自有鸣岗志，饥鹰莫浪猜。

---

① 按，"继言奴虏抗"，《瓯安馆诗集》卷2作"继言胡虏抗"。

其二

何预闲曹事，朝恩未忍孤。竟将心刺虺，遑问尾吡乌。密迩瞻龙准，仓皇捋虎鬚。达官凭见笑，天地有情无。

谢王二弥馆丈送鱼

伊鲂洛鲤虽无价，谁向龙门漱浪回。柳贯青丝将马足，刀飞白雪近鲈腮。坐中未少和羹手，醉后终怜跋扈才。不厌老饕能数饱，知君连钓六鼇来。

柬项仲昭宫谕

上殿风霜击，高秋独立身。老熊膙自扑，威凤影谁隣。莒逐功侔舜，渑归气慑秦。侧闻前辈说，呼汝再来人。黄石斋宫詹称君在汲长孺、唐子方之间。

其二

路稳踏堤沙，名传谤亦哗。可容萝施柏，终念杞包瓜。银牓东朝峻，金貂北里斜。物情归岂免，吾媿未忘家。

赠熊足庵先生兼呈雪堂铨部

家为南国风骚长，老狎东湖竹石盟。岁诣烟亭祠孺子，人来菜圃觅云卿。仙郎抗疏窥何意，海客浮槎冀此行。闻道司封封最宠，花开九锡玉连城。①

案头古鼎容数升余以注酒饮李括苍年丈一吸辄尽亦快举也为赋

我辈涓衣奉至尊，经月不敢近腥荤。休澣宽逢剧可喜，一杯煖讲古亦尔。岂少银铛金屈卮，鹧鸪班赤绿爪皮。昔贤制器重郊庙，岁久寒威犹自峭。铭功颂德终尘埃，问君谁筑糟丘台。为言鼎耳玉铉吉，燥湿乍投声唧唧。举觞倒尽四筵惊，君身前岂谪仙人。我思浊醪有妙理，细咽雄吞谁较美。燕市狂歌近也稀，滇池人去会稽归。谓闪中晃、朱茂如二丈。同心期保长白首，此

---

① 按，《赠熊足庵先生兼呈雪堂铨部》，《鹿鸠咏》抄本仅有诗题，据《瓯安馆诗集》卷20补。另，该诗在《瓯安馆诗集》中题作"赠熊足菴兼呈贤子雪堂铨部"。

中莫言但饮酒。酒酣以往气益振，丰髯隆准烨如神。不妨醉卧仍高枕，更漆胡头待君饮。①

得项仲昭宫谕谪官信

词臣外谪数熙朝，吴赵舒罗迹未遥。颇怪明珠轻抵鹊，何缘修竹苦弹蕉。谏行华省羞簪笔，赋罢深宫忆洞箫。即论尔乡名哲盛，风流端复继文姚。

其二

席前讲草暮犹删，乍散文华殿外班。轮对岂知经虎颔，谪归终自动龙颜。绵花弹去应消恨，铃索牵余暂放闲。手板达官谁耐汝，莫因搥碎雪溪山。②

以讲章十七札呈黄石斋先生辱贻佳篇步谢

静夜披寻肃，高天合鉴兹。虞工俞且咈，鬻子唯焉疑。云护横签处，香消下爆时。非君襟带合，曾③许外廷知。

其二

里中师事久，非为一官同。冽甚披帷雪，稜生上殿风。野方迷七圣，瓯合长群公。无怪甘盘逊，多惭醴未工。

将归料阅所携书慨题其简

排庙铺宫损俸钱④，但愁压损驿人肩。南方卑湿嫌多蠹，未必携归尽可怜。

---

① 按，《案头古鼎容数升余以注酒饮李括苍年丈一吸辄尽亦快举也为赋》，《鹿鸠咏》抄本仅有诗题，据《瓯安馆诗集》卷5补。

② 按，《得项仲昭宫谕谪官信》，《鹿鸠咏》抄本仅有诗题，据《瓯安馆诗集》卷20补。

③ 按，"许外廷知"以上，《鹿鸠咏》抄本原阙，据《瓯安馆诗集》卷10补。另，《以讲章十七札呈黄石斋先生辱贻佳篇步谢》，《瓯安馆诗集》作《以日讲章呈黄石斋先生辱贻佳篇步谢》。

④ 按，"排庙铺宫损俸钱"，《瓯安馆诗集》卷29作"排庙铺宫费俸钱"。

其二

架满瑶签客未贫，扶携南北拟交亲。儿曹莫笑归囊涩，开值饥时也饱人。

出都留别诸同人①

五年别柳屡萦尘，此日歌骊亦到身。老子归与江獭鳖，诸公幸矣阁图麟。守心荧惑行当退，射昴欃枪莫又新。镇日帷前挥涕说，拟将危苦向谁陈。

其二

节拥皇华亦自公②，敢希驰传赐金崇。饿麟无意长游薮，羁鸟但求一出笼。家梦蚤悬钟阜晓，宦情全似蠡湖风。故人便使能相念，已隔闽山东复东。

---

① 按，《出都留别诸同人》，《瓯安馆诗集》卷20作《出都别诸同人》。
② 按，"节拥皇华亦自公"，《瓯安馆诗集》卷20作"节拥皇华也自公"。

参考文献

一　黄景昉著作

（明）黄景昉：《国史唯疑》，陈士楷、熊德基点校，上海古籍出版社2002年版。

（明）黄景昉：《宦梦录》，罗振玉辑《罗氏雪堂藏书遗珍》第9册，全国图书馆文献缩微复制中心2001年版。

（明）黄景昉：《屏居十二课》，罗振玉辑《罗氏雪堂藏书遗珍》第9册，全国图书馆文献缩微复制中心2001年版。

（明）黄景昉：《夜问九章》，罗振玉辑《罗氏雪堂藏书遗珍》第9册，全国图书馆文献缩微复制中心2001年版。

（明）黄景昉：《屏居十二课》，《丛书集成新编》第24册，新文丰出版公司1985年版。

（明）黄景昉：《夜问九章》，《丛书集成新编》第24册，新文丰出版公司1985年版。

（明）黄景昉：《纷纭行释》，罗振玉辑《罗氏雪堂藏书遗珍》第9册，全国图书馆文献缩微复制中心2001年版。

（明）黄景昉：《古今明堂记》，福建师范大学藏明湘隐堂刻本。

（明）黄景昉：《古今明堂记》，浙江省图书馆藏清抄本。

（明）黄景昉：《馆阁旧事》，国家图书馆藏清抄本。

（明）黄景昉：《鹿鸠咏》，台北"国家"图书馆藏明抄本。

（明）黄景昉：《瓯安馆诗集》，台湾"中研院"傅斯年图书馆藏日本内阁文库刻本影印本。

（明）黄景昉：《读史唯疑》，台湾"中研院"傅斯年图书馆藏清抄本。

二 古籍文献

《明实录》，"中央研究院"历史语言研究所 1962 年校印本。

《明□宗□皇帝实录》，"中央研究院"历史语言研究所 1962 年校印本。

《崇祯实录》，"中央研究院"历史语言研究所 1962 年校印本。

《崇祯长编》，"中央研究院"历史语言研究所 1962 年校印本。

《礼记注疏》，阮元校刻《十三经注疏》（清嘉庆刊本），中华书局 2011 年版。

《孝经注疏》，阮元校刻《十三经注疏》（清嘉庆刊本），中华书局 2011 年版。

《东林书院志》整理委员会整理：《东林书院志》，中华书局 2004 年版。

（汉）董仲舒撰，（清）凌曙注：《春秋繁露》，朱方舟整理，朱维铮审阅，中华书局 1975 年版。

（汉）贾谊：《贾谊集》，上海人民出版社 1976 年版。

（汉）班固撰，（唐）颜师古注：《汉书》，中华书局 1962 年版。

（晋）袁宏：《后汉纪》，张烈点校，中华书局 2002 年版。

（唐）刘知几著，（清）浦起龙注：《史通通释》，王煦华整理，上海古籍出版社 2009 年版。

（宋）欧阳修：《欧阳修全集》，中国书店 1986 年版。

（宋）朱熹：《四书章句集注》，中华书局 1983 年版。

（明）陈子龙、徐孚远等：《皇明经世文编》，中华书局 1962 年版。

（明）陈仁锡：《皇明世法录》，《四库禁毁书丛刊》史部第 13—16 册，北京出版社 1997 年版。

（明）陈燕翼：《思文大纪》，《台湾文献史料丛刊》第 99 册，大通书局 1987 年版。

（明）陈龙正：《几亭全书》，《四库禁毁书丛刊》集部第 12 册，北京出版社 1997 年版。

（明）陈盟：《崇祯阁臣行略》，周骏富辑《明代传记丛刊》第 42 册，明文书局 1991 年版。

（明）陈镐撰，（清）孔胤植补：《阙里志》，国家图书馆藏清刻本。

（明）邓球：《皇明泳化类编》，《北京图书馆古籍珍本丛刊》第 49—50 册，北京图书馆出版社 1998 年版。

（明）方孝孺：《逊志斋集》，徐光大校点，宁波出版社 2000 年版。

（明）顾宪成：《小心斋札记》，《续修四库全书》第 943 册，上海古籍出版社 2002 年版。

（明）顾宪成：《泾皋藏稿》，《景印文渊阁四库全书》集部第 231 册，台湾商务印书馆 1986 年版。

（明）高攀龙：《高子遗书》，《景印文渊阁四库全书》集部第 231 册，台湾商务印书馆 1986 年版。

（明）高岱：《鸿猷录》，《续修四库全书》第 389 册，上海古籍出版社 2002 年版。

（明）归有光：《震川先生集》，周本淳校点，上海古籍出版社 1981 年版。

（明）何良俊：《四友斋丛说》，中华书局 1959 年版。

（明）何乔远：《名山藏》，福建人民出版社 2010 年版。

（明）何乔远：《闽书》，福建人民出版社 1994—1995 年版。

（明）何乔远：《镜山全集》，陈节、张家壮点校，福建人民出版社 2015 年版。

（明）洪思等撰：《黄道周年谱》，侯真平、娄曾泉点校，福建人民出版社 1999 年版。

（明）黄道周：《黄道周集》，翟奎凤、郑晨寅、蔡杰整理，中华书局 2017 年版。

（明）胡应麟：《少室山房笔丛》，上海书店出版 2009 年版。

（明）焦竑：《国朝献徵录》，《续修四库全书》第 525 册，上海古籍出版社 2002 年版。

（明）焦竑：《玉堂丛语》，中华书局 1981 年版。

（明）揭重熙：《揭蒿庵先生全集》，《四库禁毁书丛刊》集部第 182 册，北京出版社 1997 年版。

（明）蒋平阶：《东林始末》，《四库全书存目丛书》史部第 55 册，齐鲁书社 1997 年版。

（明）蒋德璟：《悫书》，国家图书馆藏抄本。

（明）蒋德璟：《敬日草》，国家图书馆藏刻本。

（明）姜埰：《敬亭集》，印晓峰点校，华东师范大学出版社 2011 年版。

（明）郎瑛：《七修类稿》，上海书店出版社 2009 年版。

（明）李贤等撰：《大明一统志》，《景印文渊阁四库全书》史部第 472—473 册，台湾商务印书馆 1986 年版。

（明）李维桢：《大泌山房集》，《四库全书存目丛书》集部第 159 册，齐鲁书社 1997 年版。

（明）李廷机：《李文节先生燕居录》，《四库禁毁书丛刊》史部第 44 册，北京出版社 1997 年版。

（明）李光缙：《景璧集》，曾祥波点校，福建人民出版社 2012 年版。

（明）李清：《三垣笔记》，中华书局 2008 年版。

（明）李清：《南渡录》，《南明史料》（八种），江苏古籍出版社 1999 年版。

（明）李逊之：《三朝野记》，文津出版社 2020 年版。

（明）梁维枢：《内阁典仪》，上海图书馆藏钞本。

（明）刘光复：《刘见初先生全集》，台湾"中央"图书馆藏明崇祯十六年刻本。

（明）刘若愚：《酌中志》，北京古籍出版社 2001 年版。

（明）刘宗周：《刘宗周全集》，浙江古籍出版社 2007 年版。

（明）陆容：《菽园杂记》，中华书局 2007 年版。

（明）骆日升：《骆先生文集》，《四库全书存目丛书》集部第 177 册，齐鲁书社 1997 年版。

（明）沈德符：《万历野获编》，中华书局 2007 年版。

（明）申时行等修：《明会典》（万历朝重修本），中华书局 2007 年版。

（明）申时行：《赐闲堂集》，《四库全书存目丛书》集部第 134 册，齐鲁书社 1997 年版。

（明）史悼：《恸余杂记》，中华书局 1959 年版。

（明）谭元春：《谭元春集》，陈杏珍点校，上海古籍出版社 1998

年版。

（明）王守仁：《王阳明全集》，吴光、钱明、董平、姚廷福编校，上海古籍出版社 2011 年版。

（明）王守仁：《王阳明全集补编》，束景南、查明昊辑编，上海古籍出版社 2016 年版。

（明）王世贞：《弇山堂别集》，魏连科点校，中华书局 2006 年版。

（明）王世贞：《嘉靖以来首辅传》，《景印文渊阁四库全书》史部第 452 册，台湾商务印书馆 1986 年版。

（明）王世贞：《弇州四部稿》，《景印文渊阁四库全书》集部第 218—220 册，台湾商务印书馆 1986 年版。

（明）王世贞：《弇州史料》，《四库禁毁书丛刊》史部第 49 册，北京出版社 1997 年版。

（明）王忠孝：《王忠孝公集》，方宝川、陈旭东点校，福建人民出版社 2010 年版。

（明）王思任原本，（清）梁廷枏、龚沅补编：《祁忠敏公年谱》，《北京图书馆藏珍本年谱丛刊》第 63 册，北京图书馆出版社 1999 年版。

（明）文秉：《烈皇小识》，上海书店出版社 1982 年版。

（明）文秉：《先拨志始》，《丛书集成新编》第 119 册，新文丰出版公司 1985 年版。

（明）吴甡：《忆记》，《四库禁毁书丛刊》史部第 71 册，北京出版社 1997 年版。

（明）吴甡：《柴菴疏集》，《四库禁毁书丛刊》史部第 51 册，北京出版社 1997 年版。

（明）谢肇淛：《五杂组》，上海书店出版社 2009 年版。

（明）徐溥撰，（明）李东阳重修：《明会典》，《景印文渊阁四库全书》史部第 375 册，台湾商务印书馆 1986 年版。

（明）徐弘祖：《徐霞客游记》，褚绍康、吴应寿整理，上海古籍出版社 2011 年版。

（明）杨嗣昌：《杨嗣昌集》，梁颂成辑校，岳麓书社 2005 年版。

（明）姚希孟：《文远集》，《四库禁毁书丛刊》集部第 179 册，北京出版社 1997 年版。

（明）于慎行：《谷山笔麈》，吕景琳点校，中华书局 2007 年版。

（明）余继登：《典故纪闻》，中华书局 2006 年版。

（明）俞汝楫：《礼部志稿》，《景印文渊阁四库全书》史部第 597—598 册，台湾商务印书馆 1986 年版。

（明）张岱：《石匮书后集》，中华书局 1959 年版。

（明）张永祺等：《甲申史籍三种校本》，栾星辑校，中州古籍出版社 2002 年版。

（明）张自烈：《芑山诗文集》，《四库禁毁书丛刊》集部第 166 册，北京出版社 1997 年版。

（明）张嘉和：《通纪直解》，《四库禁毁书丛刊》史部第 55 册，北京出版社 1997 年版。

（明）赵用贤：《松石斋集》，复旦大学图书馆藏万历四十六年刻本。

（明）曾异撰：《纺授堂集》，《四部禁毁书丛刊》集部第 163 册，北京出版社 2000 年版。

（明）郑晓：《今言》，李致忠点校，中华书局 2007 年版。

（明）郑晓：《吾学编》，《续修四库全书》第 424 册，上海古籍出版社 2002 年版。

（明）郑之玄：《克薪堂文集》，国家图书馆藏明崇祯七年刻本。

（明）郑元勋：《媚幽阁文娱》，《四库禁毁书丛刊》集部第 172 册，北京出版社 1997 年版。

（明）朱元璋：《洪武御制文集》，张德信、毛佩琦编，黄山书社 1996 年版。

（明）朱国桢：《涌幢小品》，中华书局 1959 年版。

（明）朱隗：《明诗平论二集》，《四库禁毁书丛刊》集部第 169 册，北京出版社 1997 年版。

（清）曹溶：《崇祯五十宰相（初稿）》，周骏富辑《明代传记丛刊》第 42 册，明文书局 1991 年版。

（清）陈田：《明诗纪事》，上海古籍出版社 1993 年版。

（清）杜登春：《社事始末》，《中国野史集成》第 27 册，巴蜀书社 1993 年版。

（清）傅维鳞：《明书》，国学基本丛书本，商务印书馆 1937 年版。

（清）方苞：《方苞集》，刘季高点校，上海古籍出版社 2008 年版。

（清）谷应泰：《明史纪事本末》，河北师范学院历史系点校，中华书局 1977 年版。

（清）顾祖禹：《读史方舆纪要》，贺次君、施和金点校，中华书局 2012 年版。

（清）顾炎武：《日知录校注》，陈垣校注，安徽大学出版社 2007 年版。

（清）顾炎武：《亭林诗文集》，刘永翔校点，上海古籍出版社 2012 年版。

（清）国史馆编：《清史列传》，王钟翰点校，中华书局 1987 年版。

（清）杭世骏：《榕城诗话》，福建人民出版社 2012 年版。

（清）胡承诺：《绎志》，《续修四库全书》第 945 册，上海古籍出版社 2002 年版。

（清）黄宗羲：《明儒学案》，夏瑰琦、洪波点校，浙江古籍出版社 2012 年版。

（清）黄宗羲编：《明文海》，中华书局 1987 年版。

（清）全祖望：《全祖望集汇校集注》，朱铸禹校注，上海古籍出版社 2000 年版。

（清）计六奇：《明季北略》，任道斌、魏得良点校，中华书局 2008 年版。

（清）计六奇：《明季南略》，任道斌、魏得良点校，中华书局 2008 年版。

（清）蒋良骐：《东华录》，鲍思陶、西原点校，齐鲁书社 2005 年版。

（清）李塨：《李塨集》，陈山榜等点校，人民出版社 2014 年版。

（清）李清馥：《闽中理学渊源考》，何乃川点校，商务印书馆 2018 年版。

（清）李天根：《爝火录》，仓修良、魏德良校点，浙江古籍出版社 1986 年版。

（清）李慈铭：《越缦堂读书记》，由云龙辑，中华书局 1963 年版。

（清）黎士弘：《仁恕堂笔记》，《丛书集成续编》第 215 册，新文丰出版公司 1989 年版。

（清）凌雪：《南天痕》，周骏富辑《明代传记丛刊》第 107 册，明文书局 1991 年版。

（清）留云居士辑：《明季稗史初编》，上海书店出版社 1988 年版。

（清）龙文彬：《明会要》，中华书局 1956 年版。

（清）陆世仪：《复社纪略》，《续修四库全书》第 438 册，上海古籍出版社 2002 年版。

（清）平步青：《霞外攟屑》，上海古籍出版社 1982 年版。

（清）钱谦益著，（清）钱曾笺注：《牧斋初学集》，钱仲联标校，上海古籍出版社 1985 年版。

（清）钱谦益，（清）钱曾笺注：《牧斋有学集》，钱仲联标校，上海古籍出版社 1996 年版。

（清）钱谦益，（清）钱曾笺注：《牧斋杂著》，钱仲联标校，上海古籍出版社 2007 年版。

（清）钱谦益：《列朝诗集小传》，上海古籍出版社 1983 年版。

（清）钱仪吉：《碑传集》，靳斯校点，中华书局 1993 年版。

（清）屈大均：《明四朝成仁录》，周骏富辑《明代传记丛刊》第 66 册，明文书局 1991 年版。

（清）阮旻锡：《海上见闻录》，《续修四库全书》第 445 册，上海古籍出版社 2002 年版。

（清）邵廷采：《东南纪事》，《台湾文献史料丛刊》第 97 册，大通书局 1987 年版。

（清）沈季友：《檇李诗系》，《景印文渊阁四库全书》集部 1475 册，台湾商务印书馆 1986 年版。

（清）孙奇逢：《夏峰先生集》，朱茂汉点校，中华书局 2004 年版。

（清）孙承泽：《春明梦余录》，王剑英点校，北京古籍出版社 1992 年版。

（清）孙承泽：《畿辅人物志》，李洪波点校，北京出版社 2010 年版。

（清）孙承泽：《山书》，裴剑平点校，浙江古籍出版社 1989 年版。

（清）谈迁：《国榷》，张宗祥校点，中华书局 2005 年版。

（清）谈迁：《枣林杂俎》，罗仲辉、胡明校点校，中华书局 2006 年版。

（清）谈迁：《北游录》，汪北平点校，中华书局 1997 年版。

（清）万斯同：《明史稿》，上海古籍出版社 2008 年版。

（清）万斯同：《群书疑辨》，《续修四库全书》第 1145 册，上海古籍出版社 2002 年版。

（清）王铎：《拟山园选集》，《四库禁毁书丛刊》第 87—88 册，北京出版社 1997 年版。

（清）温睿临：《南疆逸史》，中华书局 1959 年版。

（清）文庆等：《钦定国子监志》，北京古籍出版社 2000 年版。

（清）吴伟业：《吴梅村全集》，李学颖集评标校，上海古籍出版社 1990 年版。

（清）夏燮：《明通鉴》，沈仲九点校，中华书局 2009 年版。

（清）夏燮：《吴次尾先生年谱》，《续修四库全书》第 553 册，上海古籍出版社 2002 年版。

（清）徐鼒著，（清）徐承礼补遗：《小腆纪传》，中华书局 1958 年版。

（清）徐鼒：《小腆纪年附考》，王崇武点校，中华书局 2006 年版。

（清）徐乾学：《憺园文集》，《续修四库全书》第 1412 册，上海古籍出版社 2002 年版。

（清）徐开任：《明名臣言行录》，《续修四库全书》第 521 册，上海古籍出版社 2002 年版。

（清）杨士聪：《玉堂荟记》，《丛书集成新编》第 88 册，新文丰出版公司 1985 年版。

（清）夏琳：《闽海纪略》，《续修四库全书》第 445 册，上海古籍出版社 2002 年版。

（清）叶矫然：《龙性堂诗话初集》《龙性堂诗话续集》，郭绍虞编选《清诗话续编》，上海古籍出版社 2016 年版。

（清）于敏中等编纂：《日下旧闻考》，瞿宣颖点校，北京古籍出版社 2000 年版。

（清）查继佐：《罪惟录》，浙江古籍出版社 2012 年版。

（清）赵翼：《廿二史札记》（补订本），王树民校证，中华书局 2007 年版。

（清）张廷玉等：《明史》，中华书局 1974 年版。

（清）张怡：《玉光剑气集》，魏连科点校，中华书局 2006 年版。

（清）郑廉：《豫变纪略》，王兴亚点校，浙江古籍出版社 1984 年版。

（清）周亮工：《书影》，上海古籍出版社 1981 年版。

（清）郑杰等辑录：《全闽诗录》，福建人民出版社 2011 年版。

（清）邹漪：《启祯野乘一、二集》，《四库禁毁书丛刊》史部第 40—41 册，北京出版社 1997 年版。

（清）朱彝尊：《曝书亭全集》，王利民、胡愚等校点，吉林文史出版社 2009 年版。

（清）朱彝尊：《静志居诗话》，黄君坦校点，人民文学出版社 1990 年版。

（清）朱彝尊：《明诗综》，中华书局 2007 年版。

三　目录、工具书

（明）焦竑：《国史经籍志》，《续修四库全书》第 916 册，上海古籍出版社 2002 年版。

（清）丁丙：《善本书室藏书志》，《续修四库全书》第 927 册，上海古籍出版社 2002 年版。

（清）傅以礼：《华延年室题跋》，主父志波标点，杜泽逊审定，上海古籍出版社 2018 年版。

（清）黄虞稷：《千顷堂书目》，瞿凤起、潘景郑整理，上海古籍出版社 2001 年版。

（清）纪昀等：《钦定四库全书总目》（整理本），中华书局 1997 年版。

（清）荣柱刊：《违碍书目》，《丛书集成新编》第 2 册，新文丰出版公司 1985 年版。

（清）吴寿旸辑：《拜经楼藏书题跋记》，郭立暄标点，上海古籍出版社 2007 年版。

（清）张之洞编撰，范希曾补正，孙文泱增订：《增订书目答问补正》，中华书局 2011 年版。

（清）周中孚：《郑堂读书记》，黄曙辉、印晓峰标校，北京图书馆出版社 2007 年版。

陈垣：《二十史朔闰表》，古籍出版社 1956 年版。

陈垣：《史讳举例》，中华书局 2012 年版。

崔建英辑：《明别集版本志》，中华书局 2006 年版。

杜信孚、杜同书编：《全明分省分县刻书考》（福建、河南），线装书局 2001 年版。

方品光编纂：《〈福建通志〉艺文志索引》，福建师范大学图书馆 1980 年版。

傅增湘：《藏园群书经眼录》，中华书局 2009 年版。

来新夏：《近三百年人物年谱知见录》（增订本），中华书局 2010 年版。

谭其骧主编：《中国历史地图集》（元·明时期），中国地图出版社 1982 年版。

汤蔓媛撰辑：《傅斯年图书馆善本古籍题跋辑录》，"中研院"历史语言研究所印行 2008 年版。

王重民：《中国善本书提要》，上海古籍出版社 1983 年版。

吴哲夫：《清代禁毁书目研究》，台北嘉新水泥公司文化基金会 1969 年版。

吴荣光、陈垣：《中国古代名人生卒·历史大事年谱》，北京图书馆出版社 2002 年版。

严绍璗：《日藏汉籍善本书录》，中华书局 2007 年版。

杨廷福、杨同甫：《明人室名别称字号索引》，上海古籍出版社 2008 年版。

赵万里撰集：《北平图书馆善本书目（一九三三）》，人民文学出版社 2011 年版。

朱保炯、谢沛霖编：《明清进士题名碑录索引》，上海古籍出版社 1998 年版。

南开大学历史系等编：《中国家谱综合目录》，中华书局 1997 年版。

上海图书馆编：《中国丛书综录》，上海古籍出版社 1982 年版。

天津图书馆编：《稿本中国古籍善本书目书名索引》，齐鲁书社 2003 年版。

台湾"中央图书馆"编：《明人传记资料索引》，中华书局 1987 年版。

台湾"国立中央"图书馆编：《"国立中央"图书馆善本序跋集录》，台北"国立中央"图书馆 1993 年版。

台北"国家"图书馆特藏组编：《"国家"图书馆善本书志初稿》，台北"国家"图书馆 1998 年版。

引得编纂处编：《八十九种明代传记综合引得》，中华书局 1987 年版。

中国科学院图书馆整理：《续修四库全书总目提要》（稿本），齐鲁书社 1996 年版。

中国古籍善本书目编辑委员会：《中国古籍善本书目》，上海古籍出版社 1993 年版。

中国古籍善本书目编辑委员会：《中国古籍总目》，中华书局、上海古籍出版社 2009—2013 年版。

中国科学院北京天文台主编：《中国地方志联合目录》，中华书局 1985 年版。

中国社会科学院历史研究所明史研究室：《百年明史论著目录》，安徽教育出版社 2012 年版。

四　地方志、谱牒

（清）金鉽等修：（康熙）《福建通志》，《北京图书馆古籍珍本丛刊》第 34—35 册，北京图书馆出版社 1998 年版。

（清）郝玉麟、卢焯、周学建等：（乾隆）《福建通志》，《景印文渊阁四库全书》史部第 285 册，台湾商务印书馆 1986 年版。

（清）陈寿祺等撰：（同治）《福建通志》，《中国省志汇编》，华文书局股份有限公司 1968 年版。

李厚基修，沈瑜庆、陈衍纂：（民国）《福建通志》，民国二十七年刊本。

福建通志局编纂：《福建通纪》，台北大通书局 1968 年版。

（清）郭庚武、黄任、怀荫布纂修：（乾隆）《泉州府志》，《中国地方志集成》，上海书店出版 2000 年版。

（清）方鼎等修、朱升元等纂：（乾隆）《晋江县志》，《中国地方志丛书》，台北成文出版社 1967 年版。

（清）周学曾等纂修：（道光）《晋江县志》，福建地方志编纂委员会主编：《福建地方志丛刊》，福建人民出版社 1990 年版。

（清）刘汋：《刘忠介公年谱》，《北京图书馆藏珍本年谱丛刊》第 58 册，北京图书馆出版社 1999 年版。

姚名达：《清邵念鲁先生廷采年谱》，王云五主编《新编中国名人年谱集成》第十七辑，台湾商务印书馆1982年版。

福建晋江《檗谷黄氏家谱》，檗谷村村委会藏清光绪二十六年长房家乘钞本复印本。

五 今人著作

（一）著作类

陈祖武：《清初学术思辨录》，中国社会科学出版社1992年版。

陈庆元：《福建文学发展史》，福建教育出版社1996年版。

陈长文：《明代科举文献研究》，山东大学出版社2008年版。

陈支平：《福建族谱》，福建人民出版社2009年版。

陈宝良：《明代士大夫的精神世界》，北京师范大学出版社2017年版。

陈宝良：《明代秀才的生活世界》，北京师范大学出版社2020年版。

陈时龙：《明代的科举与经学》，中国社会科学出版社2018年版。

多洛肯：《明代福建进士研究》，上海辞书出版社2004年版。

樊树志：《崇祯传》，中华书局2021年版。

樊树志：《内忧与外患》，中华书局2019年版。

樊树志：《王朝的末路》，中华书局2019年版。

顾廷龙校阅：《艺风堂友朋书札》，上海古籍出版社1983年版。

顾诚：《南明史》，光明日报出版社2011年版。

郭培贵：《明史选举志考论》，中华书局2006年版。

郭培贵：《明代科举史事编年考证》，科学出版社2008年版。

胡丹：《明代宦官史料长编》，凤凰出版社2014年版。

黄云眉：《明史考证》，中华书局1980年版。

黄云眉：《史学杂稿》，齐鲁书社1980年版。

嵇文甫：《晚明思想史论》，中华书局2017年版。

来新夏：《清人笔记随录》，中华书局2005年版。

李洵：《下学集》，中国社会科学出版社2006年版。

李洵：《明清史》，人民出版社1956年版。

李小林：《万历官修本朝正史研究》，南开大学出版社1999年版。

李渡：《明代皇权政治研究》，中国社会科学出版社2004年版。

林庆彰：《明代考据学研究》，华东师范大学出版社 2015 年版。

刘承幹：《明史例案》，《四库未收书辑刊》第五辑第 4 册，北京出版社 2000 年版。

刘海峰、庄明水：《福建教育史》，福建教育出版社 1996 年版。

刘叶秋：《历代笔记概述》，北京出版社 2003 年版。

刘泽华、葛荃主编：《中国古代政治思想史》，南开大学出版社 2006 年版。

柳无忌编：《南明史纲·史料》，柳亚子文集编辑委员会主编《柳亚子文集》，上海人民出版社 1994 年版。

罗宗强：《明代后期士人心态研究》，中华书局 2019 年版。

孟森：《明清史论著集刊》，中华书局 2006 年版。

孟森：《明史讲义》，中华书局 2006 年版。

缪荃孙：《缪荃孙日记》，凤凰出版社 2014 年版。

南炳文审定，李小林等主编：《明史研究备览》，天津教育出版社 1988 年版。

南炳文：《南明史》，南开大学出版社 1992 年版。

钱穆：《国史大纲》，商务印书馆 1996 年版。

钱穆：《中国历代政治得失》，生活·读书·新知三联书店 2005 年版。

钱海岳：《南明史》，中华书局 2006 年版。

钱仲联主编：《清诗纪事》，凤凰出版社 2004 年版。

钱茂伟：《明代史学的历程》，社会科学文献出版社 2003 年版。

瞿同祖：《清代地方政府》，法律出版社 2011 年版。

潘星辉：《明代文官铨选制度研究》，北京大学出版社 2005 年版。

孙殿起：《贩书偶记续编》，上海古籍出版社 1980 年版。

容肇祖：《明代思想史》，河南人民出版社 2016 年版。

谭天星：《明代内阁政治》，中国社会科学出版社 1996 年版。

田澍：《明代内阁政治研究》，人民出版社 2018 年版。

王其榘：《明代内阁制度史》，中华书局 1998 年版。

王天有：《明代国家机构研究》，北京大学出版社 1992 年版。

王亚南：《中国官僚政治研究》，中国社会科学出版社 1981 年版。

王汎森：《晚明清初思想十论》，复旦大学出版社 2004 年版。

王汎森：《权力的毛细管作用——清代的思想、学术与心态》，北京大学出版社 2015 年版。

王剑：《明代密疏研究》，中国社会科学出版社 2005 年版。

吴晗：《读史札记》，生活·读书·新知三联书店 1956 年版。

万明主编：《晚明社会变迁：问题与研究》，商务印书馆 2005 年版。

武立新：《明清稀见古籍叙录》，江苏古籍出版社 2000 年版。

谢国桢：《晚明史籍考》，北京出版社 2014 年版。

谢国桢：《南明史略》，吉林出版集团有限公司 2009 年版。

谢国桢：《明清之际党社运动考》，北京出版社 2014 年版。

谢国桢：《明末清初的学风》，上海世纪出版集团 2006 年版。

谢国桢：《明清笔记谈丛》，上海书店出版社 2005 年版。

谢贵安：《明实录研究》，湖北人民出版社 2003 年版。

徐宗泽：《明清间耶稣会士译著提要》，上海世纪出版集团 2010 年版。

徐泓：《明清社会史论集》，北京大学出版社 2020 年版。

薛龙春：《王铎年谱长编》，中华书局 2020 年版。

杨学为、王戎笙、王天有编：《中国考试通史·明清卷》，首都师范大学出版社 2004 年版。

杨正泰：《明代驿站考》，上海古籍出版社 2007 年版。

余英时：《士与中国文化》，上海人民出版社 2003 年版。

余英时：《宋明理学与政治文化》，台北允晨文化实业股份有限公司 2004 年版。

鱼宏亮：《知识与救世：明清之际经世之学研究》，北京大学出版社 2008 年版。

张显清、林金树：《明代政治史》，广西师范大学出版社 2006 年版。

张显清主编：《明代后期社会转型研究》，中国社会科学出版社 2008 年版。

张德信、谭天星：《孤独的崇祯》，中国社会科学出版社 2008 年版。

张分田：《中国帝王观念》，中国人民大学出版社 2004 年版。

张仲礼：《中国绅士研究》，上海人民出版社 2020 年版。

张治安：《明代政治制度研究》，台北联经出版事业公司 1992 年版。

浙江省文史研究馆编：《张宗祥文集》，上海古籍出版社 2013 年版。

赵轶峰：《明代的变迁》，上海三联书店 2008 年版。

赵轶峰：《明清帝制农商社会研究》（初编），科学出版社 2017 年版。

赵轶峰：《明清帝制农商社会研究》（续编），科学出版社 2020 年版。

赵毅：《明清史抉微》，吉林人民出版社 2007 年版。

赵园：《明清之际士大夫研究》，北京大学出版社 1999 年版。

赵园：《制度·言论·心态——〈明清之际士大夫研究〉续编》，北京大学出版社 2006 年版。

郑克晟：《明代政争探源》，故宫出版社 2014 年版。

郑礼炬：《明代福建文学结聚与文化研究》，人民文学出版社 2015 年版。

朱希祖：《明季史料题跋》，辽宁教育出版社 1998 年版。

朱维幹：《福建史稿》，福建教育出版社 1986 年版。

左东岭：《王学与中晚明士人心态》，商务印书馆 2014 年版。

［美］牟复礼、［英］崔瑞德编：《剑桥中国明代史》，张书生等译，中国社会科学出版社 1992 年版。

［美］邓尔麟：《嘉定忠臣——十七世纪中国士大夫之统治与社会变迁》，宋华丽译、卜永坚审校，中央编译出版社 2012 年版。

［美］何炳棣：《明清社会史论》，徐泓译注，联经出版事业股份有限公司 2013 年版。

［美］司徒琳主编：《世界时间与东亚时间中的明清变迁》，赵世瑜等译，生活·读书·新知三联书店 2009 年版。

［日］小野和子：《明季党社考》，李庆、张荣湄译，上海古籍出版社 2006 年版。

（二）期刊、学位论文

晁中辰：《崇祯帝"君非甚暗"透析》，《文史哲》2001 年第 5 期。

晁中辰：《明"经筵"与"日讲"制度考异》，《东岳论丛》2012 年第 7 期。

蔡惠茹：《明代福建科举家族研究》，博士学位论文，福建师范大学，2019 年。

陈时龙：《崇祯元年会试考释——读明人蒋德璟〈礼闱小记〉》，《中华文史论丛》2016 年第 4 期。

陈庆元：《曹学佺生平及其著作考述》，《福州大学学报》（哲学社会科学版）2016 年第 2 期。

丁修真：《明代福建地区的科举竞争与地域专经》，《安徽师范大学学报》（人文社会科学版）2021 年第 5 期。

樊树志：《崇祯：攘外与安内的两难选择》，《学术月刊》1996 年第 7 期。

高寿仙：《明代制义风格的嬗变》，朱如诚编《明清论丛》第 2 辑，紫禁城出版社 2001 年版。

葛兆光：《明代中后期的三股史学思潮》，《史学史研究》1985 年第 1 期。

郭培贵：《论福建科举在明代的领先地位及其成因》，《福建师范大学学报》（哲学社会科学版）2013 年第 6 期。

黄一农：《明清天主教在山西绛州的发展及其反弹》，（台湾）《"中研院"近代史研究所集刊》第 26 期，1996 年 12 月。

黄一农：《明末韩霖〈铎书〉阙名前序小考——兼论历史考据与人际网络》，（澳门）《文化杂志》第 40—41 期，2000 年。

洪早清：《明代阁臣群体研究》，博士学位论文，华中师范大学，2007 年。

蓝东兴：《归隐：晚明士大夫的政治退避与个性张扬》，《贵州社会科学》2002 年第 5 期。

李渡：《论明代的阁权》，《文史哲》1995 年第 6 期。

李伯重：《明代后期国家决策机制研究》，《中华文史论丛》2019 年第 1 期。

李佳：《论明代的君臣冲突》，博士学位论文，东北师范大学，2011 年。

李文玉：《崇祯五十相研究》，博士学位论文，吉林大学，2016 年。

梁希哲、王昊：《励精图治的亡国之君——评崇祯帝的用人政策》，《吉林大学社会科学学报》1990 年第 4 期。

梁希哲：《明代内阁与明代的官僚政治》，《史学集刊》1992 年第 2 期。

梁芳：《闽人旧族谱研究》，硕士学位论文，福建师范大学，2008 年。

冷东：《也谈崇祯年间的宦官》，《学术月刊》1993 年第 3 期。

刘晓东：《监阁共理与相权游移——明代监阁体制探赜》，《东北师大学报》1998 年第 4 期。

刘明鑫：《明代科举考试费用及其影响研究》，博士学位论文，福建师范大学，2018 年。

　　林金水：《利玛窦与福建士大夫》，《文史知识》1995 年 4 月。

　　林丽月：《明末东林运动新探》，博士学位论文，台湾师范大学，1984 年。

　　牛建强：《明代中后期士风异动与士人社会责任的缺失》，《史学月刊》2008 年第 8 期。

　　王昊：《论崇祯帝》，《史学集刊》2001 年第 4 期。

　　吴震坤：《温体仁与崇祯时期的朝政》，硕士学位论文，"国立中央"大学，2018 年

　　徐泓：《明代福建社会风气的变迁》，《浙江学刊》2007 年第 5 期。

　　杨艳秋：《〈国史唯疑〉双云堂抄本传藏考略》，《汉学研究学刊》2012 年 10 月，总第 2 辑。

　　杨业进：《明代经筵制度与内阁》，《故宫博物院院刊》1990 年第 2 期。

　　张升：《明文渊阁考》，《故宫博物院院刊》2002 年第 5 期。

　　张升：《明代内府抄书初探》，《图书馆杂志》2003 年第 5 期。

　　张宪博：《复社的政党化趋向》，《明史研究论丛》第六辑（2004）。

　　赵轶峰：《明代嘉隆万时期政治文化的嬗变》，《社会科学辑刊》2012 年第 4 期。

　　赵轶峰：《明代政治文化研究的视阈》，《古代文明》2014 年第 1 期。

　　周晓光：《论明代崇祯年间的宦官》，《学术月刊》1992 年第 1 期。

　　朱子彦：《明万历朝经筵制度述论》，《社会科学战线》2007 年第 2 期。

　　朱曦林：《黄景昉〈宦梦录〉史料价值初探》，《古代文明》2015 年第 3 期。

　　朱曦林：《黄景昉年谱简编》，《明史研究论丛》第十四辑（2015）。

　　朱曦林：《〈宦梦录〉校点》，《明史研究论丛》第十五、十六辑（2016、2017）。

　　朱曦林：《黄景昉的家世及生平补正——通过对〈檗谷黄氏家谱〉的利用》，《史志学刊》2015 年第 4 期。

　　朱曦林：《黄景昉〈国史唯疑〉探微》，《史学史研究》2017 年第 4 期。

　　朱曦林：《黄景昉见存著作考述》，《古籍整理研究学刊》2022 年第 2 期。

后　记

　　本书的初稿，是完成于十年前的硕士学位论文《黄景昉及其著作研究》。虽然书中的部分章节，曾陆续发表，但当我决定将之结集为专著时，发现近年来有关晚明的史料与研究，相对于十年之前，不管是可资利用的文献数量，还是相关研究的深度，已不可同日而语。如果不加以细致修订，离作为"书"的标准尚有不小的距离。这促使我重新检视旧稿，对全书内容进行增订。2019年11月，拙稿经修订后送呈中国社会科学院文学研究所学术委员会审核，经推荐，有幸于2020年7月通过中国社会科学院创新工程学术出版资助的评审。因须克期出版，最终决定以黄景昉与晚明政局为主线，将原先的上下编，整合为六章，并在2021年集中精力对书稿的内容进行了系统修订。只是由于本人学殖寡浅，识力匮乏，书中的陋误讹夺，当所在多有，祈请各位方家同仁指正。

　　本书得以出版，首先要感谢我的硕士导师赵轶峰先生。本书最初的成稿，是在先生指导下选定以黄景昉为题撰写的硕士学位论文，在开题之时，先生曾鼓励我尽量系统地搜集黄景昉的著作，并尽己所能地进行研究，本书的主要章节即是在硕士论文成稿的基础上加以完善。攻读博士学位阶段由于转向了《清儒学案》研究，关于晚明的议题只好暂且放下，其间虽偶有涉足，但皆浅尝辄止。直至2020年10月，在本书修订期间，先生来京参加会议，会后我特向先生汇报了本书的修订思路，先生又从宏观上提出了需要深入思考的问题及具体的改进方向。限于学力，本书现在所能呈现的面貌，仅是先生当时建议中的部分内容。在此谨向赵老师多年来的关怀和指导致以诚挚的谢忱！

　　其次，要特别感谢我的博士导师陈祖武先生。2013年，承蒙先生不弃，得忝列师门，亲炙先生之学。每每回想起博士复试时，向先生汇报硕士学位论文的场景及复试后先生的勉励，虽已过去多年，仍历历在目，宛若就在昨日。本书关于晚明思潮的论述，最初即受先生的启发。2020 年有幸协助先生编订《读史学步录》《学步录》《感恩师友录》及《中国学案史》等书，在先生教诲下再次系统地阅读先生的论著，不仅对先生关于晚明清初学术史的研究有了更为深刻的领会，也使本书的修订受益匪浅。本书在修订过程中，先生曾多次询问书稿的进展，反复叮嘱要审慎认真，在修订蒇事后，先生又不顾术后静养，慨然应允题签鼓励，令学生感愧倍至！

感谢刘跃进老师一直以来不管在科研，还是工作方面，所给予的支持和帮助。本书的主要史料《宦梦录》《馆阁旧事》即在刘老师的鼎力推荐下得以付梓出版。在本书成稿后，又蒙刘老师的鼓励，赐序增荣。吴光兴老师自我到文学所后，从博士后报告的拟题，到具体的写作建议，皆予以悉心指导，本书的修订也时蒙吴老师的督促和鼓励。郑永晓老师从本书的初稿到定稿，都曾提出具体而微的意见。李超老师在繁忙的工作之余，从书稿的申报到后续的修订，时常抽暇听我絮叨每一部分的修改思路，提出改进建议。刘倩老师通读了全书的所有章节，是本书每章修订后的第一位读者，她的勉励使我在修订过程中倍受鼓舞。与同事李芳、邰同麟、王宣标的讨论，也为本书的修订提供了新的思路。

杨艳秋老师对本书主要章节的修改提出了宝贵的建议，还惠赐珍藏的《国史唯疑》双云堂本有关资料供我参考。读博期间，承张兆裕、陈时龙先生抬爱，邀约编订《黄景昉年谱》、整理《宦梦录》，在文稿修订过程中，使我获益良多。俞国林、朱兆虎、刘明先生为本书主要史料的整理出版付出了巨大的心血。同时，要感谢赵毅、习书仁、王剑、罗冬阳、刘晓东教授在开题和答辩时的指正和建议，吴格、陈庆元、汪高鑫、张升、黄云鹤、王立民、张剑、杨之婉教授以及黄氏后人黄居城、黄尤敏先生在本书文献搜集及修订期间所给予的帮助。此外，还要感谢王达敏、袁立泽、林存阳老师的指导和帮助，同门师友赵现海、李立民、梁仁志、李媛、谢进东、田雨、陈玉芳、常文相、刘波、王慧明、李文昌、王豪的鞭策和鼓励。责任编辑宋燕鹏先生时时督促、精心编校，为本书的出版受累尤多，感激无任！

　　最后，要感谢我的爷爷奶奶、外公外婆、父亲、母亲，我的一点一滴的成长和进步，都离不开他们的关爱和教导。在此谨以本书献给已故去多年的外公和奶奶，以寄思念之情！

朱曦林 谨识
壬寅春节于鮀城